Michael Klein

Westdeutscher Protestantismus und politische Parteien

Anti–Parteien–Mentalität und parteipolitisches Engagement von 1945 bis 1963

Mohr Siebeck

MICHAEL KLEIN, geboren 1964; Studium der Theologie, Diakoniewissenschaft und Geschichte. 1994 theologische Promotion, 1996 Diplom im Fach Diakoniewissenschaft, 2003 theologische Habilitation, 2004 geschichtswissenschaftliche Promotion, Privatdozent für Kirchengeschichte an der Kirchlichen Hochschule Wuppertal.

ISBN 3-16-148493-2
ISSN 0340-6741 (Beiträge zur historischen Theologie)

Die Deutsche Bibliothek verzeichnet diese Publikation in der Deutschen Nationalbibliographie; detaillierte bibliographische Daten sind im Internet über *http://dnb.ddb.de* abrufbar.

© 2005 Mohr Siebeck Tübingen.

Das Buch wurde von Computersatz Staiger in Rottenburg/N. aus der Bembo-Antiqua gesetzt, von Gulde-Druck in Tübingen auf alterungsbeständiges Werkdruckpapier gedruckt und von der Buchbinderei Spinner in Ottersweier gebunden.

Beiträge zur historischen Theologie

Herausgegeben von

Albrecht Beutel

129

Für Larissa

Vorwort

Die vorliegende Arbeit ist im Sommersemester 2003 von der Kirchlichen Hochschule Wuppertal als Habilitationsschrift angenommen worden und erscheint nun im Druck.

Der Abschluss eines solchen Werkes ist immer auch Anlass, Dank zu sagen: Mein Dank gilt zunächst den Mitarbeiterinnen und Mitarbeitern der Archive, in denen ich arbeiten konnte. Ihre Hilfsbereitschaft und ihr Mitdenken weiß ich sehr zu schätzen.

Dank möchte ich auch Herrn Prof. Dr. Hellmut Zschoch und Herrn Prof. Dr. Manfred Schulze aussprechen. Ihre Hinweise und Vorschläge haben die kritische Prüfung der eigenen Thesen befördert und zur profilierten Formulierung ermuntert.

Mein Dank gilt auch der Evangelischen Kirche im Rheinland, die es mir ermöglichte, mich neben meiner beruflichen Tätigkeit wissenschaftlichen Fragestellungen zu widmen. Darüber hinaus hat sie die Drucklegung der Arbeit durch einen Zuschuss gefördert. Mein Dank gilt insbesondere Herrn Landeskirchenrat Jörn-Erik Gutheil.

Herrn Professor Dr. Albrecht Beutel möchte ich ferner danken, dass er die Aufnahme meiner Arbeit in die Reihe „Beiträge zur Historischen Theologie" befürwortet hat.

Hamm/Sieg, im Januar 2005   *Michael Karl-Heinz Klein*

Inhaltsverzeichnis

Abkürzungen

Hier nicht eigens aufgeführte Abkürzungen folgen dem Abkürzungsverzeichnis der Theologischen Realenzyklopädie (TRE).

ApU	Altpreußische Union
BCSV	Badische Christlich-Soziale Volkspartei
BdD	Bund der Deutschen
BDV	Bremer Demokratische Volkspartei
BHE	Bund der Heimatvertriebenen und Entrechteten
Bgm.	Bürgermeister
BK	Bekennende Kirche
BVP	Bayerische Volkspartei
C.A.G.	Christliche Arbeitsgemeinschaft
CDAP	Christlich-Demokratische Aufbaupartei
CDP	Christlich-Demokratische Partei
CDU	Christlich-Demokratische Union Deutschlands
CDUD	Christlich-Demokratische Union Deutschlands (Berlin)
CSAP	Christlich-Soziale Arbeiterpartei
CSP	Christlich-Soziale Partei
CSRV	Christlich-Soziale Reichsvereinigung
CSU	Christlich-Soziale Union Deutschlands
CSVB	Christlich-Soziale Volkspartei Badens
CSVD	Christlich-Sozialer Volksdienst
CSVP	Christlich-Soziale Volkspartei
CVD	Christlicher Volksdienst
DDP	Deutsche Demokratische Partei
DDR	Deutsche Demokratische Republik
DEK	Deutsche Evangelische Kirche
DEKA	Deutscher Evangelischer Kirchenausschuss
DFU	Deutsche Friedensunion
DNVP	Deutschnationale Volkspartei
DP	Deutsche Partei
DStP	Deutsche Staatspartei
DU	Demokratische Union
DVP	Deutsche Volkspartei
EKD	Evangelische Kirche in Deutschland

EKHN   Evangelische Kirche von Hessen und Nassau
EKiR   Evangelische Kirche im Rheinland
EKvW   Evangelische Kirche von Westfalen
EOK   Evangelischer Oberkirchenrat
ESK   Evangelisch-Soziale Konferenz
EVD   Evangelischer Volksdienst
EVG   Europäische Verteidigungsgemeinschaft
EVRA   Evangelischer Reichsausschuss
FDP   Freie Demokratische Partei Deutschlands
FSK   Freie Soziale Konferenz
FSU   Freie Soziale Union
FVP   Freie Volkspartei Deutschlands
GG   Grundgesetz
GVP   Gesamtdeutsche Volkspartei
KiHo   Kirchliche Hochschule
KPD   Kommunistische Partei Deutschlands
KSB   Kirchlich-Sozialer Bund
LDPD   Liberaldemokratische Partei Deutschlands
LKA   Landeskirchenamt
MdA   Mitglied des (Berliner) Abgeordnetenhauses
MdB   Mitglied des Bundestages
MdNR   Mitglied des Norddeutschen Reichstages
MdPA   Mitglied des Preußischen Abgeordnetenhauses
MdPL   Mitglied des Preußischen Landtages
MdR   Mitglied des Reichstages
NG   Neue Gemeinschaft
NG   Notgemeinschaft für den Frieden Europas
NRW   Nordrhein-Westfalen
OB   Oberbürgermeister
OKR   Oberkirchenrat
Prof.   Professor/ Professur
RBR   Reichsbruderrat
SAP   Sozialistische Arbeiterpartei
SED   Sozialistische Einheitspartei Deutschlands
SPD   Sozialdemokratische Partei Deutschlands
SRP   Sozialistische Reichspartei
VELKD   Vereinigte Evangelisch-Lutherische Kirche in Deutschland
VKL   Vorläufige Kirchenleitung
VKV   Volkskonservative Vereinigung
Z   Zentrum

Einleitung

Themenstellung

Der Protestantismus hat über Jahrhunderte das Spannungsverhältnis zwischen Macht und Moral, Politik und Ethik weitgehend durch eine personalistische Interpretation der Politik zu lösen versucht. Der Fürst als der „Amtmann Gottes", der im Geistlichen seinen Berater fand, war allgemein der Bezugspunkt reformatorischer politischer Ethik. Dabei ließ es etwa Martin Luther trotzdem nicht an Kritik an den „großen Hansen" fehlen. Im Ergebnis förderte der entscheidende Anteil der Fürsten an der Reformation[1] den Ausbau ihrer eigenen Machtstellung, insbesondere auch durch die Einführung des landesherrlichen Kirchenregiments, und er verfestigte die personalistische Dimension im protestantischen politischen Denken. Mit dem Zerbrechen der feudalen Welt und der Heraufkunft der Moderne, die ganz entscheidend durch die Einführung parlamentarischer Herrschaftssysteme und die politische Gewaltenteilung gekennzeichnet war, stellten sich für den Protestantismus und seine politische Ethik dann Fragen, die er lange nicht zu beantworten verstand. Er reagierte mit einem „deutschen Sonderweg" der Staatsverherrlichung und der Fixierung auf eine Herrschergestalt, so dass die politisch-emanzipatorischen Tendenzen einer sich formierenden bürgerlichen Gesellschaft weitgehend auf der Strecke blieben.

Mit dem völligen staatlichen Zusammenbruch Deutschlands 1945, der unmittelbaren Besatzungszeit (1945–1949) und der Ära Adenauer (1949–1963) kam es dann zu einem politisch-kulturellen Konstellationswechsel, der mit einigen teilweise sich überlagernden Leitbegriffen charakterisiert werden kann: Auf der politisch-mentalen Ebene trat an die Stelle des „Okzidentalismus" die „Westernisierung", im geschichtlichen Entwicklungsgang endete der „deutsche Sonderweg" und stattdessen wurde der „lange Weg nach Westen" (Heinrich August Winkler) angetreten. Diesem neuen Weg korrespondierte in der Staatsphilosophie die Abkehr von der „politischen Romantik" aus dem Geiste der Gegenaufklärung hin zur demokratischen Gesinnung. Dies alles kann summarisch als ein Prozess der „Modernisierung im Wiederaufbau"[2] begriffen werden. Dabei ist selbstverständlich, dass dieser

---

[1] Vgl. zur später umstrittenen Rolle der Fürsten, SCHULZE, Fürsten, 1ff.
[2] Vgl. dazu das gleichnamige Buch von SCHILDT/SYWOTTEK.

Konstellationswechsel nicht einfach eine „Umstellung" bedeutet, sondern eine differenzierte und teilweise widerspruchsvolle Entwicklung.

Die genannten Topoi sollen dabei als den Gesamtstoff strukturierende Arbeitsbegriffe dienen: „Okzidentalismus"[3] ist in diesem Zusammenhang der jüngste Begriff. Er wurde von Ian Buruma und Avishai Margalit 2002 in den akademischen Diskurs über den 11. September 2001 gebracht und meint in Analogie zum „Orientalismus" des Kulturwissenschaftlers Edward Said hier „a cluster of images and ideas of the West in the mind of his haters."[4] Eine Haltung, deren bisher geschichtlich besonders wirksame Ausprägung Buruma und Margalit in der deutschen politischen Kultur und deren abwertender Wahrnehmung des Westens im Rahmen eines vermeintlichen Kampfes zwischen volkhaftem Gemeinschaftsbegriff und technisch-rationaler Zivilisation sehen, zwischen „the Intellect (the West) and the Soul (Germany)"[5], wie es der konservative Revolutionär Edgar Jung formulierte, den Buruma und Margalit als Beispiel für diese Denkhaltung heranziehen.

„Westernisierung" hingegen meint „die Herausbildung einer gemeinsamen Werteordnung in den Gesellschaften diesseits und jenseits des Nordatlantik"[6], deren Wurzeln in der europäischen Aufklärung, angelsächsischem Pragmatismus und dem politischen Liberalismus in seinen verschiedenen nationalen Varianten zu finden sind. Damit wird dann eine „Wertegemeinschaft der westlichen Länder"[7] bezeichnet, der Deutschland zumindest bis 1945 nicht angehörte.

Als weitere Beschreibung dieser historischen Gegebenheiten wird der „deutsche Sonderweg" genannt. Ein politischer „Weg", der maßgeblich mit der gescheiterten Revolution von 1848 einsetzte und seine Auswirkung u.a. in einem zwar ökonomisch erfolgreichen, politisch aber marginalisierten Bürgertum, der Herrschaft vorindustrieller Eliten, einem schwach ausgeprägten Demokratiegedanken und grundsätzlicher konservativer Dominanz im Bereich des Politischen fand.[8] Dies ist eine zwar unter Historikern nicht unumstrittene und im Einzelnen sicher zu differenzierende Interpretation,[9] die jedoch nach Vorläufern wie Hellmuth Plessners „Die verspätete Nation" und Friedrich Meineckes „Die deutsche Katastrophe" mit dem Buch Hein-

---

[3] BURUMA/MARGALIT, „Occidentalism"; vgl. auch Edward W. SAID, „Orientalism". Der Grundgedanke wird natürlich auch in den „Ideen von 1914" (vgl. etwa LÜBBE, Ideen), aufgenommen. Der Begriff des „Okzidentalismus" macht jedoch das aggressive Element noch deutlicher, dem freilich im Ersten Weltkrieg eine heftige alliierte Gegenbewegung korrespondierte (zum Hintergrund vgl. WALLACE, War; HORNE/KRAMER, Atrocities).

[4] Ebd., 4.

[5] Ebd., 6.

[6] DOERING-MANTEUFFEL, Westernisierung, 13.

[7] Ebd.

[8] GREBING, Sonderweg, 194.

[9] Vgl. als Kritik GREBING, a.a.O.; aber auch differenziert WINKLER, Westen, 641.

rich August Winklers „Der lange Weg nach Westen" jüngst eine neuerliche Entfaltung gefunden hat. Ob dieser Sonderweg zugleich auch zwingend ein Irrweg sein musste, der aus der Völkergemeinschaft führte, bleibt eine offene Frage.[10]

Die „politische Romantik", ein von Carl Schmitt mit abwertender Absicht eingeführter Begriff,[11] soll hier als eine gegen die westliche Auffassung von Gewaltenteilung, Demokratie und rational begründeter politischer Struktur gerichtete politische Haltung verstanden werden, die ihre Wurzeln in der Gegenaufklärung hat, wie sie von dem Ideenhistoriker Isaiah Berlin[12] beschrieben wurde, und die im politischen Bereich in einer zu differenzierenden Weise etwa mit den Namen Joseph de Maistre, Giambattista Vico, Karl Ludwig von Haller und Friedrich Julius Stahl zu verbinden ist.[13] Dabei wird deutlich, dass die Gegenaufklärung kein rein deutsches Phänomen darstellt. Ihre politische Ausprägung hat jedoch in Preußen und später im Deutschen Reich, wie sich zeigen wird, die günstigsten Bedingungen für eine nachhaltige Wirkung gefunden. Ihr Ergebnis war u.a. eine Anti-Parteien-Mentalität besonders des konservativen Protestantismus, der in dieser politischen Romantik gründete.

Zu dem nach 1945 eingetretenen Konstellationswechsel gehörte auch eine Revision des Staatsverständnisses. Anstelle bisheriger obrigkeitsfixierter Herrschaftsformen, die ihre furchtbare Übersteigerung im nationalsozialistischen Führerstaat gefunden hatten, trat nun eine Adaption des westlichen liberalen Parlamentarismus und damit zusammenhängend die Annahme einer demokratischen Staatsform, gegen die die o.g. politische Romantik bisher immer Widerstand geleistet hatte.[14] Verfassungsrechtliche Prozesse, geschichtliche Ereignisse und mentale Dispositionsveränderungen entwickeln sich jedoch kaum synchron. Ihre Ungleichzeitigkeit, etwa die Weiterwirkung konservativ-romantischen politischen Denkens in einer parlamentarisch verfassten Demokratie, macht dabei die Brisanz der Untersuchung der mit den Leitworten begrifflich hochkomprimierten Entwicklungsprozesse

---

[10] Vgl. dazu die Überlegungen von Ernst TROELTSCH, besonders seine Schrift „Naturrecht und Humanität in der Weltpolitik".

[11] Der von Schmitt auf Adam Müller bezogene Begriff, der wohl als Allegorie auf Wilhelm II. gemeint war, hat sich von dieser konkreten Zuspitzung abgelöst, und, zumal Schmitt selbst „ein Romantiker hohen Grades" (SONTHEIMER, Denken, 20) war, auch auf diesen selbst bezogen. Gelegentlich ist die Berechtigung dieses Begriffes überhaupt bestritten worden (SCHULZE, Romantik, 51ff.), da schon die „Romantik" als Begriff manchem „ein Mittel der Abstempelung im beinahe kriminalistischen Sinne" (KROCKOW, Entscheidung, 82) ist. Als Arbeitsbegriff ist die „politische Romantik" jedoch in durchaus differenzierter Weise eingeführt (vgl. FRITZSCHE, Konservatismus, 59; STROHM, Romantik, 33ff., bes. 42ff.; DOERING-MANTEUFFEL, Westernisierung, 14).

[12] BERLIN, Geläufige, 63ff.

[13] Ebd.; FENSKE, Ideen, 419ff.

[14] FENSKE, Ideen, 405ff.

in ihrer einzelnen Differenziertheit aus. Insgesamt ist für die Entwicklung
der politischen Kultur in der Bundesrepublik Deutschland im Blick auf den
hier zu untersuchenden Zeitraum 1945–1963 die Formulierung von der
„Modernisierung im Wiederaufbau" (Axel Schildt/Arno Sywottek) hilfreich. Wobei als „Modernisierung" u.a. folgende *Trends* beschrieben werden:

„Der Trend zur Rationalisierung und Verwissenschaftlichung; ... zur Demokratisierung von Staat und Gesellschaft, einschließlich der Ausweitung der Partizipa-
tionsmöglichkeiten und der Emanzipierung von überkommenen Autoritäten (und
Bindungen); ... zur Steigerung demokratischer und partizipativer Teilhabe an der Gestaltung sozialer Strukturen; ... zur Säkularisierung ...; ... zur Individualisierung."[15]

Modernisierung meint hier also „eine Beschreibung des komplizierten und
komplexen Wandlungsprozesses ... auf sozialem Gebiet, in den Wert- und
Normensystemen, überhaupt im gesamten geistigen und allgemeinen mentalen Bereich",[16] der damit keineswegs in seiner auch ambivalenten Wirkung bestritten werden soll.[17] Überhaupt handelt es sich bei der Beschreibung dieses Vorganges weniger um eine ausgearbeitete Theorie, denn um
ein Verständniskonzept bzw. ein Deutungsmuster,[18] das aber eine weitgehend ideologisch geprägte und zu grobe Kategorisierung in Begriffe wie
„Neuanfang" oder „Restauration"[19] vermeidet.

Dieser Modernisierungsvorgang soll hier an einem konkreten Beispiel,
dem der politischen Parteien, untersucht und auf die Haltung des Protestantismus zu ihnen hin zugespitzt werden. Damit wird die Frage nach dem Beitrag des Protestantismus bzw. seiner Haltung gegenüber diesen mit dem
Stichwort „Modernisierung" beschriebenen Entwicklungen an einem konkreten Fall beleuchtet.

Die „Grundentscheidung für die *parlamentarische Regierungsweise*"[20] nach
1945, in der den politischen Parteien nun gegenüber dem Kaiserreich und
auch der Weimarer Republik erhöhte Bedeutung zukam,[21] war sicher einer
der historisch-politisch am nachhaltigsten wirkendsten Modernisierungs-
schritte nach 1945, da er die politische Kultur Deutschlands in tiefgreifender
Weise veränderte. Das Wort „Partei" hatte (und hat) jedoch in Deutschland
keinen guten Klang. Es kann geradezu von einer „Verfemung"[22] des Parteiwesens gesprochen werden. Schon Goethe schrieb an seinen Freund
Schiller: „Die Fratze des Parteigeistes ist mir mehr zuwider als irgendeine

---

[15] Schäfers, Gesellschaft, 309.
[16] Greschat, Neuanfang, 159.
[17] Ebd.
[18] Ebd., Schildt/Sywottek, Modernisierung, 1ff.
[19] Dazu grundsätzlich Greschat, Neuanfang, 1ff.
[20] Beyme, Willensbildung, 820.
[21] Vgl. Hofmann, Geschichte, 191f.
[22] Faul, Verfemung.

andere Karikatur".[23] Aus diesen Zeiten führt eine ungebrochene Linie über Kaiser Wilhelms II. Ausspruch zu Beginn des Ersten Weltkrieges: „Ich kenne keine Parteien mehr, ich kenne nur noch Deutsche!"[24] bis hin zur seit längerem diagnostizierten „Parteienverdrossenheit"[25] der Deutschen.

Es zeigt sich besonders an der Haltung zu den politischen Parteien, wie widerstrebend die Deutschen den „langen Weg nach Westen" gingen. Es war ein Weg, der eben auch eine Anerkennung des parlamentarischen Systems in der Form der Parteiendemokratie mit sich brachte. Mittlerweile blickt die Bundesrepublik Deutschland in ihrem westlichen Teil auf über ein halbes Jahrhundert insgesamt erfolgreicher parlamentarischer Demokratie zurück. Trotzdem hat sich die skeptische Einstellung gegenüber den politischen Parteien nicht grundlegend gewandelt. Den Ursachen dafür soll nachgegangen werden.

Zu diesem „tradierte[n] deutsche[n] Antiparteienaffekt"[26] bzw. zur Anti-Parteien-Mentalität hat besonders der Protestantismus, wie sich zeigen wird, eine große Affinität. Den „Staat des Grundgesetzes als Angebot und Aufgabe" wahrzunehmen, unternahm eine 1985 erschienene Denkschrift der Evangelischen Kirche in Deutschland.[27] Hier erfolgte vierzig Jahre nach dem Ende des Zweiten Weltkrieges erstmals auf repräsentativer Ebene im Raum des deutschen Protestantismus eine theologisch-ethische Begründung der liberal-parlamentarischen Demokratie. Es fällt dabei jedoch eines auf: Trotzdem sich die Bundesrepublik in ihrer demokratischen Praxis als „Parteiendemokratie" etabliert hat, wird den Parteien in der genannten EKD-Denkschrift ein nur relativ kurzer Abschnitt gewidmet. Obwohl schon Anfang der Fünfziger Jahre der Jurist und Staatsrechtler Gerhard Leibholz[28] auf die fundamentale Bedeutung der Parteien für die Verfassungswirklichkeit der Bundesrepublik hinwies,[29] bleiben sie in der Denkschrift unter einer Art Generalverdacht. Sie werden weitgehend negativ-skeptisch beschrieben: So versuchen Parteien etwa, „alle Felder politischer Willensbildung in ihren Griff und unter ihren Einfluss zu bringen."[30] Weiter heißt es:

---

[23] Zit. in: ALEMANN, Parteiensystem, 9.

[24] Die genaue Formulierung lautete: „In dem jetzt bevorstehenden Kampfe kenne ich in Meinem Volke keine Parteien mehr. Es gibt unter uns nur noch Deutsche. Und welche von den Parteien auch im Laufe des Meinungskampfes sich gegen mich gewandt haben, ich verzeihe ihnen allen." Zit. in: RÜRUP, Geist, 2.

[25] NIEDERMAYER, Parteiensystem, 120.

[26] KLEIN, Parteienstaat, 11. Hier soll von „Anti-Parteien-Mentalität" gesprochen werden, da die Vorbehalte gegen die Parteien keineswegs nur heftig-emotional, sondern auch sachlich begründet waren.

[27] Evangelische Kirche und freiheitliche Demokratie.

[28] Zu Leibholz vgl. auch KLEIN, Leibholz, 528ff.; STROHM, Nationalsozialismus, bes. 54ff.

[29] KLEIN, Parteienstaat, 29ff.

[30] Evangelische Kirche und freiheitliche Demokratie, 33.

„Die Parteien haben ihren Einflußbereich in weite Lebensbereiche hinein ausgedehnt und damit die Freiräume politischer Willensbildung außerhalb und neben den Parteien eingeengt. … Es findet ein Zusammenspiel von Führungsgruppen, eine Konzentration wirtschaftlicher und politischer Macht statt, durch das die Freiheit der Bürger und das Leben des Gemeinwesens Schaden leiden können."[31] Daraus folgt: „Die Demokratie braucht das Forum einer breiten und informierten Öffentlichkeit, die den Einfluß der Parteien kritisch begleitet und begrenzt."[32]

So richtig diese skeptische Analyse ist, bleibt doch erstaunlich, dass außer der kritischen Begleitung der Parteien im Rahmen einer Bürgergesellschaft[33] kein Ansatzpunkt geboten wird, wie innerhalb, mit und durch die politischen Parteien die aufgezeigten Problemfelder gelöst oder doch zumindest geklärt werden können.

Die von der Denkschrift benannten problematischen Tendenzen sind jedoch keineswegs neu. Schon 1902 erschien in den USA Moisei Ostrogorskis grundlegendes Werk „Democracy and the Organisation of Political Parties", das in der Problemanalyse in wesentlichen Teilen schon zu den in der Denkschrift genannten Ergebnissen gelangte. Im Gefolge der Kritik Ostrogorskis kam es in den USA zu einer Revision des Parteiensystems, indem die Vorwahlen, die „primaries", und damit eine Ebene direkter Bürgerbeteiligung eingeführt wurde, die die interne Personalauswahl der Parteien beeinflusste und so eine wichtige Binnenfunktion der Parteien mit der inhärenten Gefahr der gesellschaftlichen Verselbständigung entscheidend schwächte. Wenige Jahre später, 1911, analysierte der Kölner Soziologe Robert Michels dann schon die oligarchischen Tendenzen in den entstehenden Massenparteien.[34] Die EKD-Denkschrift nimmt diese Vorbehalte auf, es bleiben hingegen Verbesserungsvorschläge aus. Sie bewegt sich letztlich im Blick auf die politischen Parteien in einer fast ungebrochenen Anti-Parteien-Mentalität.

Es wäre sicher nicht richtig, den politischen Katholizismus in seiner geschichtlichen Entwicklung per se als demokratienäher zu bezeichnen. Seine vielfältigen historischen Hemmungen gegenüber „Verfassungsstaat und Demokratie" hat Rudolf Morsey noch einmal deutlich herausgearbeitet.[35] Trotzdem besteht ein signifikanter Unterschied zum Protestantismus darin, dass der Katholizismus in seiner Geschichte, natürlich auch nicht ohne Ausnahmen,[36] ein wesentlich pragmatischeres Verhältnis zu den politischen Par-

---

[31] Ebd.

[32] Ebd.

[33] Zur kritischen Auseinandersetzung damit vgl. LUHMANN, Unbeliebtheit, 177ff.

[34] MICHELS, Soziologie; zu Michels und Ostrogorski vgl. auch EBBINGHAUS, Parteiendemokratie; zur problematischen Persönlichkeit Michels', SCHWARZ, Parteiführer, 68ff.

[35] MORSEY, Katholizismus.

[36] Ein historischer Vergleich belegt diese Behauptung: Während in Deutschland die Weimarer Republik unter starker Beteiligung des Protestantismus dem Ansturm der Antidemokraten erlag, war es im katholisch geprägten Österreich nicht zuletzt Bundeskanzler Ignaz Seipel, ein katholischer Prälat, der mit seiner wiederholten Kritik am parlamenta-

teien hatte. Die Gründe für die spezifischen Hemmungen des Protestantismus gegenüber dieser politischen Organisationsform sollen in der Arbeit untersucht werden.

Die skeptische Haltung gegenüber den politischen Parteien ist auch kein spezifisch deutsches Phänomen. Der patriotische „überparteiliche" Ton eines Kaiser Wilhelm zu Beginn des Ersten Weltkrieges hatte beispielsweise im parlamentarischen Frankreich sein Pendant. So stellte Präsident Poincaré anlässlich des Kriegseintrittes Frankreichs fest: „Zu dieser Stunde gibt es keine Parteien mehr. Es gibt nur noch das einige Frankreich."[37] Überhaupt ist die Kritik am parlamentarischen System, gedeutet als ein grundsätzlicher Widerspruch gegen die politische Moderne, auch in traditionell „westlichen" Ländern, wie etwa Frankreich, ebenfalls vorhanden.[38]

Selbst im Mutterland der parlamentarischen Demokratie, in Großbritannien, war und ist das Ansehen der politischen Parteien keineswegs ungetrübt, und doch ist der Unterschied fundamental: Während es in Deutschland lange Zeit zu einer weltanschaulich aufgeladenen Verachtung alles Parteilichen kam, blieb „eher unsentimental"[39] in Großbritannien völlig unbestritten, dass Parteien als politisches Instrument zur parlamentarischen Demokratie unabdingbar hinzugehören. Ob zu dieser ideologischen Dynamisierung des deutschen Parteilebens allerdings nicht der Protestantismus einen besonderen Beitrag geleistet hat, soll hier gefragt werden.

Parteienskepsis ist also nicht einlinig etwas deutsch-protestantisches. Aber hier gibt es eine zu untersuchende besondere Mentalität, die der Distanz gegenüber den Parteien eigentümlichen Grund und besonderes Profil gegeben hat. Damit verbindet sich die Frage nach dem spezifischen Beitrag des Protestantismus zum oben beschriebenen Modernisierungsprozess der Parlamentarisierung der deutschen Politik. Schlossen sich beide Tendenzen aus, oder gibt es ein differenziertes Ineinander von aus protestantischer Geisteshaltung erwachsender Anti-Parteien-Mentalität und politischer Modernisierung im Sinne der Etablierung einer liberalen parlamentarischen Demokratie?

Der Untersuchungszeitraum dieser Arbeit erstreckt sich schwerpunktmäßig auf die Jahre 1945 bis 1963, das heißt von der sogenannten „Stunde Null" bis zum Ende der „Ära Adenauer". Epochenabgrenzungen und -bezeichnungen haben immer etwas Willkürliches, so auch die Frage des „Nullpunk-

---

rischen System den Ständestaat eines Engelbert Dollfuß vorbereitete; vgl. RENNHOFER, Seipel.

[37] RÜRUP, Geist, 3.

[38] GRESCHAT, Rechristianisierung, 14; vgl. auch im letzten Jahrhundert den politischen Weg Francois Mitterands, PÉAN, Jugend.

[39] ROHE, Parteien, 240.

tes".[40] Allerdings lässt sich für den Zusammenbruch der nationalsozialistischen Herrschaft und damit auch das vorläufige Ende der deutschen Staatlichkeit 1945 die Dimension einer historisch zutiefst einschneidenden Zäsur
– bei allen untergründigen Kontinuitäten – nicht ernsthaft bezweifeln, so
dass das Jahr 1945 als Einsatzpunkt der Untersuchung gerechtfertig ist.

Aber auch das Ende der „Ära Adenauer" ist über das historische Datum
des Rücktritts des ersten deutschen Bundeskanzlers hin umstritten. Teilweise
wird das eigentliche Ende dieser Ära – ausgehend von der politischen Präge-
kraft des Bundeskanzlers – früher, im Jahre 1961, gesucht. Mit dem Mauerbau und dem Ende der absoluten CDU-Mehrheit im Bundestag, den Koalitionsverhandlungen, die die Amtszeit Adenauers zeitlich begrenzten, und
der 1962 folgenden „SPIEGEL-Affäre" scheint für viele schon das Ende dieser Ära gekommen.[41] Andere Forscher greifen über die Regierungszeit
Adenauers hinaus und rechnen auch noch die Amtszeit Ludwig Erhards, gegebenenfalls sogar die Kurt-Georg Kiesingers, hinzu.[42] Gelegentlich wird
sogar von der „Adenauerzeit" gesprochen, die dann von 1945 bis zum Tode
des ersten Bundeskanzlers 1967 reicht. Hier steht allerdings eine eher an gesellschaftlichen Entwicklungen orientierte Abgrenzung im Vordergrund, die
die nah beieinander liegenden Todesdaten von Konrad Adenauer und dem
bei den Berliner Studentenunruhen im Zusammenhang des Schah-Besuches
getöteten Benno Ohnesorge als gesellschaftsgeschichtliche Wasserscheide
versteht.[43] Da diese Arbeit wesentlich an politischen Ereignissen und ihrer
Deutung orientiert ist, wird hier das formelle Ende der Kanzlerschaft Adenauers 1963 als Begrenzung angenommen, ohne jedoch die schon vorher
zunehmenden Signale des Ausklangs dieser Ära zu übersehen.

Somit werden im Untersuchungszeitraum dieser Arbeit zwei geschichtliche Perioden zusammengefasst: die unmittelbare Nachkriegszeit, die gekennzeichnet ist durch das Fehlen staatlicher Organisation und deren Institutionen in Deutschland sowie die noch nicht definitiv vollzogene Teilung
des deutschen Staates und schließlich die Gründungszeit der Bundesrepublik
Deutschland. Im Blick auf den Untersuchungsgegenstand erweist sich diese
Zusammenfassung als unbedingt notwendig. Die nach 1945 eintretende
Neuformierung des Parteiensystems führte zu einer Verhältnisbestimmung
hinsichtlich des Protestantismus zu den politischen Parteien, die für die
nächsten anderthalb Jahrzehnte prägend blieb. Erst mit dem Ende der Fünfziger Jahre kam es hier zu einer Aufweichung der zwischenzeitlich entstandenen Konstellationen, so dass diese zeitlich durchaus mit der Endphase der
Adenauer-Ära übereinstimmen.

---

[40] Vgl. SCHULZE, Geschichtswissenschaft, 16ff.
[41] Vgl. THRÄNHARDT, Geschichte 16f.; 20ff.
[42] NEEBE, Deutschland.
[43] DOERING-MANTEUFFEL, Entwicklungslinien, 6ff.

Die Arbeit greift jedoch in ihren Ausführungen auch hinter den genannten Untersuchungszeitraum weit zurück. Dies ist notwendig, um die Entwicklungslinien, die zu der sich ab 1945 ergebenden Lage im Verhältnis „Protestantismus – politische Parteien" geführt haben, zu verdeutlichen.[44] Dabei erweist sich, dass diese Entwicklung ungefähr mit der Entstehung der Parteien, die in Deutschland mit dem Jahr 1848 und dem Paulskirchenparlament relativ gut fixiert werden kann, übereinstimmt. Die sich damals entwickelnden Zuordnungs- und Konfliktverhältnisse sollten ein gutes Jahrhundert weitgehend konstant bleiben.

Den Untersuchungsgegenstand bilden die politischen Parteien in Westdeutschland, d.h. in den westlichen Besatzungszonen einschließlich Berlins, und später in der Bundesrepublik Deutschland. Diese Begrenzung auf den westlichen Staatsteil ist insofern schon ab 1945 berechtigt, da sich gerade in der sehr früh hervortretenden unterschiedlichen Entwicklung der Parteien in Ost und West die spätere Spaltung Deutschlands präfigurierte, die auch durch teilweise erfolgte „reichsweite" Organisationen nicht überdeckt werden konnte. Zu nennen sind hier etwa die Konflikte um die gesamtdeutsche Führung in der SPD zwischen der Gruppe um Kurt Schumacher in Hannover und dem Anspruch der Berliner SPD um Otto Grotewohl sowie die zwangsweise Verschmelzung von SPD und KPD zur SED in der damaligen Sowjetischen Besatzungszone. Das unterschiedliche politische Umfeld zwischen ostzonaler CDUD und ihren Schwesterparteien in den Westzonen sowie die politische Anpassung der CDUD an die SED nach dem Sturz der Parteivorsitzenden Jakob Kaiser und Ernst Lemmer 1947 machte auch die „Arbeitsgemeinschaft der Christlich-Demokratischen und Christlich-Sozialen Union Deutschlands" zu einer zwar gesamtdeutschen aber weitgehend kraftlosen Organisation. Ähnliches gilt für die westdeutschen liberalen Parteien und die östliche LDPD, die sich in der kurzlebigen „Demokratischen Partei Deutschlands" zusammenschlossen.[45]

Literarische Orientierung

Zur Geschichte der Parteien ist hier auf eine Reihe von Einzelstudien hinzuweisen: Für die CDU/CSU zu nennen sind die zwar zeitlich schon sehr frühen, aber immer noch hoch informativen Arbeiten von Hans-Georg Wieck „Die Entstehung der CDU und die Wiedergründung des Zentrums im Jahre 1945" (1953) und „Christliche und Freie Demokraten in Hessen, Rheinland-Pfalz, Baden und Württemberg 1945/46" (1958). Besonders hervorzuheben ist das voluminöse Werk von Horstwalter Heitzer „Die CDU in der britischen

---

[44] Vgl. GRESCHAT, Neuanfang, 158.
[45] Vgl. SUCKUT, SBZ/DDR, 51ff.

Zone 1945–1949", das eine Fülle von Details aus der Entstehung der CDU
in der britischen Zone bietet. Zu erwähnen ist auch auf die stärker über-
blicksartig angelegte Arbeit von Winfried Becker „CDU und CSU 1945–
1950" sowie die mehr biografisch orientierte Untersuchung von Günter
Buchstab und Klaus Gotto „Die Gründung der Union". Über die Zeit der
Besatzungszonen hinaus greift Arcadius R. L. Gurland mit seinem Werk
„CDU/CSU", das allerdings den linksorientierten politischen Standpunkt
des Verfassers klar erkennen lässt. Eine überblicksartige „Geschichte der
CDU 1945–1982" verfasste Hans-Otto Kleinmann. 2001 ist das Werk von
Frank Bösch „Die Adenauer-CDU" erschienen, das erfreulicherweise der
konfessionellen Problematik in der CDU Aufmerksamkeit schenkt. Für die
Geschichte der CSU ist besonders auf Alf Mintzels „Die CSU" hinzuweisen.
Im Blick auf die SPD sei neben der „Kleinen Geschichte der SPD" von Hein-
rich Potthoff besonders das Werk von Kurt Klotzbach „Auf dem Weg zur
Staatspartei" genannt, das die programmatische Entwicklung der SPD ab 1945
mit einer Fülle von Details nachzeichnet. Die Gesamtdeutsche Volkspartei hat
Josef Müller in seiner Dissertation „Die Gesamtdeutsche Volkspartei" unter-
sucht. Für die Deutsche Partei ist neben der Arbeit von Hermann Meyn „Die
Deutsche Partei" auch auf den ausführlichen Beitrag von Richard Schmollinger im von Richard Stöss herausgegebenen Parteienhandbuch hinzuweisen.
Hinsichtlich der FDP ist für den Untersuchungszeitraum an in die Tiefe ge-
hender Literatur das Werk von Jörg-Michael Gutscher „Die Entwicklung der
FDP von ihren Anfängen bis 1961" zu nennen. Für die Besatzungszeit sind
Dieter Heins Werk „Zwischen liberaler Milieupartei und nationaler Sammlungsbewegung. Grundlagen, Entwicklung und Strukturen der Freien Demokratischen Partei 1945–1949" und hier für die Britische Zone „Die F.D.P.
in der britischen Besatzungszone 1946–1948" von Karsten Schröder besonders zu erwähnen.

All diese Arbeiten behandeln das Verhältnis der jeweiligen Parteien zum
Protestantismus als Gesamtphänomen höchstens am Rande. Es gibt jedoch
auch einige theologische Einzelstudien zum Verhältnis des Protestantismus
zu einer einzelnen Partei. Im Blick auf die CDU ist hier das mittlerweile erschienene Werk von Reinhard Schmeer „Volkskirchliche Hoffnungen und
der Aufbau der Union" zu nennen. Schmeer bietet eine Fülle von Details
und Einzeluntersuchungen zu den lokalen Gründungsvorgängen der Union,
allerdings wird der norddeutsche Raum nicht berücksichtigt. Schmeers Arbeit basiert auf früheren eigenen Untersuchungen und dürfte hinsichtlich
des Verhältnisses von evangelischer Kirche und CDU das bisher umfang-
reichste Werk sein. Die Haltung des Protestantismus gegenüber der CDU im
Hinblick auf das konservative Milieu der Bundesrepublik sowie unter ideen-
geschichtlichen Gesichtspunkten beschreibt Thomas Sauer in seiner Dissertation „Westorientierung im deutschen Protestantismus?" anhand des sogenannten Kronberger Kreises, einer Gruppierung protestantischer Persön-

lichkeiten aus dem Bereich des öffentlichen Lebens, die als Vermittler zwischen kirchlichem Bereich und CDU-Politik tätig waren und so ein Gegengewicht gegen den bruderrätlichen Protestantismus um Martin Niemöller u.a. bildeten.

Die Beziehung zwischen SPD und evangelischer Kirche in den Jahren 1945–1950 stellt Martin Möller in seiner Dissertation „Das Verhältnis von Evangelischer Kirche und Sozialdemokratischer Partei" dar. Möller ist allerdings stark an einzelnen Ereignissen, wie etwa dem Gespräch zwischen Kirchenvertretern und SPD-Vorstand 1947 in Detmold, orientiert. Die sicherlich verdienstvolle Arbeit des Religiösen Sozialisten Ludwig Metzger wird sehr ausdrücklich herausgehoben. Dadurch entsteht im Gesamteindruck ein verschobener Blick auf die wesentlich differenzierteren Wechselverhältnisse zwischen Kirche und SPD. Das Verhältnis von CDU und SPD zu den Kirchen nimmt auch Frederic Spotts im letzten Kapitel seines Buches „Kirchen und Politik in Deutschland" in den Blick, das 1973 in englischer Sprache und 1976 in deutscher Übersetzung erschien.

Weder für die GVP noch für die DP oder die FDP sind theologische Studien zu nennen. Da die GVP überwiegend protestantisch geprägt war, bezieht Josef Müller in seiner Arbeit aber den kirchlichen Hintergrund und die Beziehung der Partei zu kirchlichen Kreisen sehr ausdrücklich mit ein.

Nur einige wenige Werke untersuchen das Verhältnis von Protestantismus und westdeutscher Demokratie im Überblick. Neben dem schon genannten Beitrag Spotts' sei hier auch auf die Arbeit von Harry Noormann „Protestantismus und politisches Mandat 1945–1949" hingewiesen, der immer wieder auch auf die Rolle der politischen Parteien zu sprechen kommt. Ähnliches gilt für Michael J. Inackers Dissertation „Zwischen Transzendenz, Totalitarismus und Demokratie", die die „Entwicklung des kirchlichen Demokratieverständnisses von der Weimarer Republik bis zu den Anfängen der Bundesrepublik" nachzeichnet. Unter stärker systematischen Gesichtspunkten bearbeitete 1970 Hans Gerhard Fischer als einen „Beitrag zum Problem der politischen Theologie" – so der Untertitel – die Frage des Verhältnisses von „Evangelischer Kirche und Demokratie nach 1945". In diesem Zusammenhang fand auch die Stellung der evangelischen Kirche zu den Parteien, besonders aber die der evangelischen Theologie zur Problematik des „C" in der CDU, Berücksichtigung. Im Jahre 2002 erschien mit dem Werk „Die evangelische Christenheit und die deutsche Geschichte nach 1945" von Martin Greschat eine kirchengeschichtliche Gesamtdarstellung der Jahre 1945–1949. In ihr geht Greschat auch summarisch jeweils auf die parteipolitischen Verhältnisse in den Besatzungszonen ein.[46]

Der hinsichtlich der Fragestellung dieser Arbeit dürftige Forschungsbefund wird allerdings dann durch einige Einzelstudien angereichert. Dazu

---

[46] GRESCHAT, Christenheit, 191ff., 221ff., 251ff., 267ff.

sind etwa die Aufsätze von Gerhard Besier, die sich unter der Überschrift
„‚Christliche Parteipolitik' und Konfession" mit dem Evangelischen Arbeitskreis (EAK) der Union und dem politischen Werk Hermann Ehlers'
(„Hermann Ehlers. Ein evangelischer CDU-Politiker zur Frage der deutschen Einheit") beschäftigen, zu nennen. Hinzuweisen ist hier auch auf
Diether Kochs umfangreiches Werk „Heinemann und die Deutschlandfrage", das im Zusammenhang dieser konkreten Problematik auch die parteipolitischen Implikationen des politischen Weges von Gustav Heinemann
nachzeichnet.

Insgesamt lässt sich sagen: Auch wenn sich die Kirchliche Zeitgeschichte
intensiv und kontrovers mit dem Untersuchungszeitraum dieser Arbeit beschäftigt hat,[47] so blieb doch eine ausführliche Aufarbeitung des Verhältnisses des Protestantismus zu den politischen Parteien nach 1945 bisher aus.
Zwar sind durchaus Einzeluntersuchungen zu besonderen Politikfeldern,
wie etwa zu dem Streit um die Wiederbewaffnung[48] und den damit bedingten parteipolitischen Implikationen, erfolgt, aber eine grundsätzliche Auseinandersetzung mit den politischen Parteien als Institutionen der politischen Wirklichkeit der Bundesrepublik Deutschland und dem Verhältnis des
Protestantismus zu ihnen in historischer Perspektive fehlt.

Methodik

Die Arbeit versteht sich methodisch als ein Beitrag zur Erforschung der
Kirchlichen Zeitgeschichte.[49] Sie arbeitet deshalb mit den zeitgeschicht-
lichen Standardmethoden, wie der Erforschung zeitgenössischer Quellen,
etwa im Studium von offiziellen Dokumenten, oder der Auswertung von
Nachlässen von ehemals handelnden Personen, der Analyse einschlägiger
Zeitschriften und schließlich der Befragung von Zeitzeugen. Der Schwerpunkt liegt eindeutig auf der historischen Quellenanalyse. Dabei soll es sich
keineswegs um eine rein deskriptive Beschreibung, sondern um eine per-
spektivische Deutung des Geschehenen handeln. Diese Arbeit geht dabei,
nicht zuletzt unter dem Gesichtspunkt wissenschaftlicher Kommunikations-
fähigkeit von der Annahme aus, dass auch die Erforschung der Kirchlichen
Zeitgeschichte ein „weltlich Ding"[50] ist und Glaubensurteile nicht in ihr
Aufgabengebiet fallen. Einen wichtigen Stellenwert nimmt in diesem Rahmen die Mentalitätsgeschichte ein. Mentalitäten werden hier mit Greschat
als „lange, d.h. aktuelle Ereignisse übergreifende"[51] Denkhaltungen verstan-

---

[47] BESIER, Kirche, 32ff.
[48] PERMIEN und VOGEL.
[49] Vgl. DOERING-MANTEUFFEL/NOWAK, Zeitgeschichte.
[50] So NOWAK, Überlegungen, 65.
[51] GRESCHAT, Rechristianisierung, 9f.

den. Mentalitäten sind gerade für die Kirchliche Zeitgeschichte ein wichtiges Arbeitsfeld, handelt es sich doch hier um das spannungsvolle „Ineinander von sozioökonomischen Fakten und geistig-kulturellen Prägungen und Normierungen"[52]. Dieses Ineinander angesichts des mehrfachen Zerbrechens der politischen Systeme in Deutschland seit 1848 in seinen Auswirkungen auf die Mentalität des Protestantismus hinsichtlich der Stellung gegenüber den politischen Parteien zu untersuchen, soll hier geleistet werden.

Die eigentliche Partnerwissenschaft außerhalb der Theologie ist deshalb hier die Geschichtswissenschaft. Da sie ihrerseits in der Geschichte der Parteien, wenn auch aus zeitgeschichtlicher Perspektive, immer wieder Überschneidungen zur politikwissenschaftlichen Fragestellung hat, werden auch politikwissenschaftliche Begriffe an verschiedenen Stellen eingeführt und gebraucht, ohne dass die Arbeit sich im strengeren Sinne als eine politologische versteht.

Die Studie legt in einem ersten Abschnitt die Entwicklung des wechselseitigen Verhältnisses von politischen Parteien und Protestantismus dar. Dazu wird als Entstehungszeitraum die Zeit des Vormärz und der März-Revolution 1848 gesetzt. Mit Konservatismus, Liberalismus, Sozialismus und politischem Katholizismus haben sich nach dem Epochenjahr 1848 die politischen Strömungen herausgebildet, die in der Folgezeit – im Wesentlichen bis heute – das Spektrum der politischen Ideologien ausmachen. Die Entwicklungen werden dann bis ins Jahr 1933 hineinverfolgt.

Für das sogenannte „Dritte Reich" gilt eigentlich, dass es wegen des Fehlens demokratischer politischer Parteien aus dem Untersuchungsbereich herausfällt. Andererseits entstanden damals aber weitgehend informelle Strukturen des politischen Widerstandes, die für die Nachkriegsentwicklung der politischen Parteien von hoher Bedeutung waren, so dass der Zeitraum der nationalsozialistischen Herrschaft unter diesem Aspekt hier auch Beachtung findet.

Im Hauptteil wird dann diachronisch die Entwicklung des Verhältnisses von Christlich-Demokratischer bzw. Christlich-Sozialer Union (CDU/CSU), Gesamtdeutscher Volkspartei (GVP), Deutscher Partei (DP), Sozialdemokratischer Partei Deutschlands (SPD) und Freier Demokratischer Partei (FDP) zum Protestantismus dargestellt. Hinsichtlich der CDU/CSU liegt ein besonderes Augenmerk auf den verschiedenen Entstehungszentren der 1945 gegründeten lokalen bzw. regionalen Parteien und ihrer zunächst unterschiedlichen programmatischen Ausrichtung. Die Beteiligung von Protestanten an der Begründung der CDU/CSU wird besonders herausgearbeitet. Daran schließt sich die Darstellung der Bemühungen um die Integration der Protestanten innerhalb der Union und deren Einsatz um eine stärkere Repräsentanz in der Partei an.

---

[52] Ebd., 10.

Mit der kurzlebigen GVP findet eine Partei Beachtung, die vom politikwissenschaftlichen Standpunkt aus als unerheblich angesehen werden muss,
der wegen der überproportional hohen Beteiligung von Protestanten an ihrer Arbeit jedoch unter diesem Gesichtspunkt eine hohe Bedeutung zukommt.

Die DP ist als schließlich gescheiterter Versuch einer sich teilweise dezidiert protestantisch gerierenden konservativen Partei von Interesse.

Hinsichtlich der SPD wird besonders der 1945 einsetzenden Frage der
geistigen Neuorientierung der Partei und des protestantischen Beitrages
dazu nachgegangen. Mit dem Eintritt ehemaliger GVP-Mitglieder und dem
„Godesberger Programm" von 1959 werden hier entscheidende Wegmarken
in der Neubegründung des Verhältnisses von Protestantismus und Sozialdemokratie nachgezeichnet.

Die FDP soll auf dem Hintergrund der Frage eines Wechselverhältnisses
von politischem und theologischem Liberalismus untersucht werden.

Mit begründeter Ausnahme von GVP und DP beschränkt sich diese Arbeit auf die Parteien, die in wechselnden Koalitionen die Bundesrepublik
Deutschland als Regierungsparteien bis zur Wiedervereinigung 1990 bzw.
bis zur Bundestagswahl 1998 − und damit fast zeitgleich bis zum Regie-
rungsumzug 1999 nach Berlin − geprägt haben. Sie bilden in unterschiedlicher Zusammensetzung die „Bonner Koalition", die die zweite deutsche
Republik befestigt und alles in allem zu einer demokratischen Erfolgsgeschichte gemacht hat. Deshalb liegt auf ihnen das Hauptaugenmerk. Kurzlebige Parteien, wie etwa der „Bund der Heimatvertriebenen und Entrechte-
ten" (BHE), Kleinstparteien, wie die „Deutsche Gemeinschaft" (DG), oder
als antidemokratisch zu beurteilende Parteien wie die Kommunistische Partei Deutschlands (KPD) oder die Sozialistische Reichspartei (SRP), werden
nicht berücksichtigt.

Die Haltung der evangelischen Kirche sowie der evangelischen Theologie
zum Phänomen der politischen Parteien wird parallel zu den konkreten Entwicklungen in der Arbeit ebenfalls durchgängig beleuchtet und in einem eigenen abschließenden Kapitel besonders untersucht.

Definitorische Klärungen

Für das Phänomen politischer Parteien,[53] gibt es eine Vielzahl von Defini-
tionen und Herleitungsansätzen. Sie reichen von der frühen Definition Edmund Burkes aus dem Jahre 1770

---

[53] Vgl. zur Problematik HOFMANN, Geschichte Parteien, 13ff.; BEYME, Parteien, 22ff.;
BACKES/JESSE, Merkmale, 4ff.; MEHLHAUSEN, Art.: Parteien, 26ff. u.a.

„Party is a body of men, united for promoting by their joint endeavors the national interest upon some particular principle in which they all agreed"[54].

über die klassische Definition Max Webers

„Parteien sollen heißen auf (formal) freier Werbung beruhende Vergesellschaftungen mit dem Zweck, ihren Leitern innerhalb eines Verbandes Macht und ihren aktiven Teilnehmern dadurch (ideelle oder materielle) Chancen (der Durchsetzung von sachlichen Zielen oder der Erlangung von persönlichen Vorteilen oder beides) zuzuwenden"[55]

bis zu modernen systemischen und funktionalistischen Ansätzen.[56]

Weber traf auch die Binnendifferenzierung in persönliche Gefolgschaftsparteien, bürgerliche Honoratiorenparteien und Massenparteien.[57] Letztere wurden später durch Sigmund Neumann durch die Unterscheidung zwischen demokratischen und totalitären Massenintegrationsparteien weiter differenziert,[58] wobei die letztgenannte Form wegen ihres undemokratischen Charakters aus dem hier erfassten Untersuchungsbereich hinausfällt.

Schließlich ist noch die für den Untersuchungszeitraum ab 1945 hoch relevante und von Otto Kirchheimer beschriebene „Allerweltspartei der Nachkriegszeit"[59] oder auch „catch-all-party", bzw. Volkspartei, zu nennen, die weniger in einem bestimmten politischen Profil, denn in dem Versuch, möglichst viele Wählerschichten mit einer breiten politischen Plattform zu erreichen, ihre Bedeutung hat.

Hier sollen unter politischen Parteien verstanden werden: *Die auf Dauer angelegten Gruppierungen (also keine Bürgerinitiativen etc.), deren Programmatik in die Breite des politischen Raumes reicht (also keine Interessenverbände) und die durch die Teilnahme an Wahlen im parlamentarischen System ihre politische Zielsetzungen in die politische Willensbildung einzubringen und umzusetzen versuchen.*

Wenig scharf umrissen ist auch der Begriff „Protestantismus".[60] In der Formulierung Schleiermachers, der Protestantismus sei „eine nach allen Winden hin offene Halle", wird die Schwierigkeit einer begrifflichen Klärung treffend veranschaulicht. Tatsächlich kann im Protestantismus kaum „eine klar abgrenzbare oder gar einheitliche soziale und politische Formation"[61] gesehen werden. Insofern ist die Definition des Begriffes schwierig. Der Pro-

---

[54] Zit. in: ALEMANN, Parteiensystem, 10.
[55] Zit. in: MEHLHAUSEN, Art.: Parteien, 27.
[56] Vgl. NIEDERMAYER/STÖSS, Perspektiven.
[57] Vgl. BESIER, Parteien, 134.
[58] Ebd.
[59] KIRCHHEIMER, Wandel, 20ff.
[60] Vgl. FISCHER, Art.: Protestantismus I.II (Begriff und Wesen), 542ff.; GRAF, Art.: Protestantismus II (Kulturbedeutung), 551ff.
[61] SCHMITT, Wahlverhalten, 39.

testantismus schließt geradezu „Bewegung, Unabgeschlossenheit, neue Aufbrüche ein."[62] Seine Vielgestaltigkeit und das Fehlen bindender Autoritäten bzw. allgemein anerkannter Grundsätze macht seine theologische Definition kaum möglich. Selbst Stichworte, wie etwa das sogenannte „Schriftprinzip", eignen sich kaum dazu, den Protestantismus als ungefähr fassbare Größe abzugrenzen.[63] Im Gegenteil tragen gerade die Konflikte um dieses „Schriftprinzip" zu Beginn des Darstellungszeitraumes dieser Arbeit dazu bei, den Protestantismus eben nicht als einheitliche Größe erscheinen zu lassen.

Die Interpretation des Protestantismus als eines „kritischen Prinzips"[64] trifft sicher den dynamischen und offenen Charakter besser, enthebt aber nicht davon, doch eine empirisch fassbare Beschreibung des soziologisch vorfindlichen Phänomens „Protestantismus" zu versuchen.

Da es für den „praktizierenden Katholiken" im evangelischen Raum kein Pendant gibt, sondern vielmehr das „eigentümliche Phänomen einer christlich-bürgerlichen aber unkirchlichen Existenz",[65] wäre grundsätzlich die Gesamtzahl der evangelisch Getauften zum Protestantismus zu zählen. Soweit dies auch im Rahmen formaler Beschreibung bzw. einer Auseinandersetzung über den Begriff „Volkskirche"[66] zutreffen mag, würde es doch hier als Arbeitsbegriff kaum zu einer Klarheit des Untersuchungsgegenstandes beitragen. Auch die Formulierung „kirchlicher Protestantismus" hilft nicht viel weiter, da es im Rahmen des hier abgesteckten Arbeitsfeldes gerade auch Strömungen wie den Religiösen Sozialismus oder den religiös-protestantischen Liberalismus, die zu kirchlichen Strukturen in einem ambivalenten Verhältnis standen, so dass hier wiederum im Protestantismus „Christlichkeit und Kirchlichkeit nicht identische, sondern nur lose miteinander verknüpfte Größen"[67] sind. Andererseits soll gerade das lediglich als Humusboden einer bürgerlichen Lebensgestaltung zu sehende Christentum oder gar die zur Indifferenz erhobene Distanz getaufter Christen zum Glauben oder zu kirchlichen Strukturen hier nicht mit dem Prädikat „protestantisch" belegt werden.

Während jüngst Sauer als Definition vorschlägt, „Protestantismus" möge die Gesamtheit aller „Gedanken, Programme und kulturellen Phänomene beinhalten, die unter Berufung auf reformatorische Tradition in der Geschichte wirksam geworden sind"[68], soll die Definition hier weniger mit einem geistesgeschichtlichen, denn mit einem soziologischen Schwerpunkt versehen werden.

---

[62] Lück, Lebensform, 13.
[63] Wolf, Art.: Protestantismus, 648.
[64] Ebd., 652, 649ff.
[65] Hauschild, Demokratie, 35.
[66] Hauschild, Volkskirche; Lück, Volkskirche.
[67] Schmitt, Konfessionsverhalten, 41.
[68] Sauer, Westorientierung, 14.

Deshalb soll Protestantismus hier meinen:

„Die Gesamtzahl der Christen in den sich als auf dem Boden der Reformation gründend verstehenden Kirchen und religiösen Gemeinschaften, die über die vorausgesetzte Tatsache der formalen Mitgliedschaft hinaus, ihren als evangelisch verstandenen Glauben auch als strukturierende Kraft der individuellen Weltanschauung und des persönlichen Handelns verstehen und sich auf die Beziehung zum Protestantismus im öffentlichen Raum behaften lassen. "

Noch unklarer ist die Bezeichnung „politischer Protestantismus". Seine Verwendung ist eigentümlich ungebräuchlich, obwohl der Begriff „Protestantismus" gerade im *politischen* Raum mit der „Protestation" von Reichsfürsten und Reichstädten 1529 in Speyer entstand und in der Folgezeit gerade hier auch als positive Selbstbezeichnung diente.[69] Nach einem 1926 erschienenen Werk „Der politische Protestantismus in Deutschland" hat erst 1961 wieder Herbert Christ dezidiert von einem „Politischen Protestantismus in der Weimarer Republik" gesprochen. 1981 stellte Heinz Gollwitzer „Vorüberlegungen zu einer Geschichte des politischen Protestantismus nach dem konfessionellen Zeitalter" an.[70] Heinz Gollwitzer lenkte den Blick auf die gesellschaftlichen Implikationen des Protestantismus, die nicht allein in besonderen Gruppen wie den WASP's (White anglo-saxonian Protestants) in den USA oder dem starken politischen Einfluss der protestantischen Minderheit in Frankreich („Banque Protestante de France") besteht: „Schon das Vorhandensein protestantischer Bevölkerungen als solches ist ein Politikum."[71] Er resümierte:

„Die konfessionelle Komponente der Politik ist, namentlich was den Protestantismus betrifft, weithin verdeckt. Es sollte gelingen, sie sichtbar zu machen, ohne sie zu isolieren und ohne die wechselnden Relationen des politischen Protestantismus zu anderen universalgeschichtlichen Faktoren zu übersehen."[72]

Diesem Anspruch fühlt sich auch diese Arbeit verpflichtet. Den Begriff „politischer Protestantismus" übernahm 1987 Friedrich Wilhelm Kantzenbach für seine Sammlung von Einzelstudien zur „politische[n] Dimension des Christentums".[73] 1997 verwandte Michael Haspel in seiner Dissertation „Politischer Protestantismus und gesellschaftliche Transformation", einer Studie über die „Rolle der evangelischen Kirchen in der DDR und den schwarzen Kirchen in der Bürgerrechtsbewegung in den USA" – ebenfalls diesen Topos. Während Christ gleich zu Beginn seiner Arbeit vermerkt,

---

[69] THADDEN/KLINGEBIEL, Protestantismus, 1007.
[70] GOLLWITZER, Vorüberlegungen.
[71] Ebd., 10.
[72] Ebd., 11.
[73] KANTZENBACH, Protestantismus, 9.

„daß der Begriff ‚Politischer Protestantismus' problematisch ist"[74] und er darunter als Arbeitshypothese eine „verwirrende Fülle von Erscheinungen keineswegs einheitlichen Charakters zusammenschauend begreifen"[75] will, setzen Kantzenbach und Haspel offensichtlich ein Verständnis des Gemeinten voraus. Beide verzichten auf eine Definition, bzw. eine Auseinandersetzung mit dem Begriff.

Wenn – möglicherweise auch verängstigt durch die imponierend erscheinende Geschlossenheit des „politischen Katholizismus" – der Begriff des „politischen Protestantismus" weitgehend vermieden wird, mag das auch daran liegen, dass gerade vom Katholizismus her das Verständnis des Begriffes schon indirekt vorgeprägt ist und dann nur im Sinne einer Mangeldiagnose für den Protestantismus aufgefasst werden kann. Es gibt im Protestantismus keine politische Geschlossenheit. Doch gerade hier kann das Verständnis des Protestantismus als eines „Prinzips" fruchtbar gemacht werden. Einheitliche Geschlossenheit widerspricht diesem. Gerade im Raum des Politischen sollte es nicht als ein Mangel sondern als die Stärke des Protestantismus verstanden werden, dass er sich nicht als einheitliches Konzept sondern als vielgestaltige Kraft versteht und deshalb z.B. nie eine dauerhaft erfolgreiche protestantische Partei, anders als der Katholizismus im Zentrum, geschaffen hat. Schon 1932 gab Rudolf Smend zu bedenken, dass der

„Protestantismus hier in anderer Richtung die größere produktive Chance hat. ... [Seine] Leistung wird nicht eine autoritative, einhellig befolgte Lehrmeinung sein, aber eine religiös-geistige Kraftwirkung. Der Protestantismus ist Träger solcher Wirkungen nicht als formell geschlossene Macht, wie der Katholizismus, sondern als ein diffuses Element, verteilt und wirksam durch alle geistigen, politischen, religiösen Kreise ... hindurch."[76]

Möglicherweise ist der Verzicht auf den Begriff „politischer Protestantismus" aber auch einer spezifischen Geisteshaltung geschuldet, die das Feld des Politischen überhaupt mied, obwohl etwa der Nationalismus in Deutschland im protestantischem Umfeld geradezu die Gestalt einer „politischen Religion"[77] annahm. Es war wohl gerade dieses Phänomen der „religiös-moralischen Überlegitimierung des Politischen",[78] das es unmöglich machte, Politik und gar Parteien als ein dezidiert *weltliches* Handlungsfeld zu erfassen.

Um hier nun nicht inflationär jede öffentliche Wirkung des Protestantismus als „politischen Protestantismus" zu werten, soll unter politischem Protestantismus unter Zuhilfenahme politikwissenschaftlicher Begriffe verstanden werden:

---

[74] CHRIST, Protestantismus, 5f.
[75] Ebd., 6.
[76] SMEND, Protestantismus, 12f.
[77] GRAF, Protestantismus II, 571.
[78] Ebd., 570.

Jegliches Auftreten bzw. Wirken des Protestantismus bzw. von Protestanten im oben definierten Sinne im Raum der politischen Institutionen (polity), der politischen Auseinandersetzung (politics) bzw. einer bestimmten Politik (policy).

Wie schon festgestellt, wirkte der politische Protestantismus anders als der politische Katholizismus nicht als geschlossene Größe, sondern gleichsam verteilt auf die unterschiedlichen politischen Großströmungen, so dass hier weiter differenziert werden muss:

Für den protestantischen Konservatismus[79] sind mehrere Bezeichnungen gebräuchlich, die letztlich auf verschiedene Schwerpunkte in der konkreten Programmatik hinweisen, aber oft synonym verwandt werden. Grundsätzlich soll zunächst als Konservatismus mit Klaus Tanner die Denkhaltung verstanden werden, die besonders die „Autorität des Gewordenen"[80] betont. Unter diesem Oberbegriff sind die spezifizierenden Begriffe zu betrachten.

Buchheim unterscheidet in seiner „Geschichte der christlichen Parteien" im Blick auf den Protestantismus besonders die christlichen Konservativen, die sich ab 1848 um Männer wie Ernst Ludwig von Gerlach gruppierten,[81] und die Christlich-Sozialen, die eine Generation später von Adolf Stoecker inspiriert wurden.[82] Tatsächlich kommt es aber auch hier zu mannigfachen Überschneidungen, was Buchheim selbst sieht.[83] Die Gruppe um Gerlach hatte durchaus ein waches soziales Empfinden – und Victor Aimée Huber kann wechselweise als „Christlich-konservativ"[84] oder „christlich-sozial"[85] bezeichnet werden. Männern wie Gerlach eignete wiederum eine stark pietistische Prägung, die sich nicht bei allen christlichen Konservativen findet, so dass Gerlachs Haltung wiederum mit der Gesinnung der Mitglieder im späteren pietistischen Christlichen Volksdienst (CVD) verglichen werden kann. Andererseits hatte er jedoch mit den Korntaler Zeitgenossen, die tatsächlich die Vorläufer des CVD waren, keinen Kontakt. Schließlich sind beide Begriffe, „christlich-konservativ" und „christlich-sozial" nicht exklusiv für Protestanten festgelegt,[86] so dass hier als Oberbegriff zunächst von einem *protestantischen Konservatismus* als einer Erscheinungsform des politischen Protestantismus gesprochen werden soll. Da es in einem näher beschriebenen Sinne keine „konservative" Theologie gibt, sondern dann eher von „Orthodoxie" etc. gesprochen wird, unterbleibt hier das erläuternde Adjek-

---

[79] Den Begriff verwendet ebenfalls GOLLWITZER, Vorüberlegungen, 24ff.
[80] TANNER, Art.: Konservatismus, 668.
[81] BUCHHEIM, Parteien, 175ff.
[82] Ebd., 239ff.
[83] Ebd., 267.
[84] SCHOEPS, Art.: Konservatismus, 721.
[85] DAHLHAUS, Art.: Christlich-Sozial, 241.
[86] Vgl. SCHOEPS, Art.: Konservatismus, 721ff.; DAHLHAUS, Art.: Christlich-Sozial, 241ff.

tiv „politisch". In der Binnendifferenzierung des Begriffes protestantischer Konservatismus sollen die oben eingeführten Begriffe dabei weiter verwandt werden.

Ein Differenzierungsbedürfnis ergibt sich auch hinsichtlich des Liberalismus. Der protestantische theologische bzw. religiöse Liberalismus und der politische Liberalismus sind nur lose verknüpfte Größen gewesen. Schnittmengen ergaben sich zum ebenso wenig definitorisch klar fassbaren Begriff des „Kulturprotestantismus"[87] wie auch zum Nationalprotestantismus, der seinerseits in Teilen zum konservativen Protestantismus gehört. Hier wird, wo politisch liberales Engagement und Protestantismus im oben beschriebenen Sinne zusammenkommen, von einem *politisch-protestantischen Liberalismus* gesprochen.[88]

Mit dem Religiösen Sozialismus wird eine eingeführte Begrifflichkeit verwandt, die, „da der religiöse Sozialismus … ganz überwiegend auf protestantischem Boden wuchs",[89] den Wortgebrauch im Hinblick auf den politischen Protestantismus zulässt.

---

[87] KUPISCH, Art.: Kulturprotestantismus, 747.
[88] Anders GOLLWITZER, Vorüberlegungen, 29ff., der meist von protestantischem Liberalismus spricht.
[89] Ebd., 35.

Die Entwicklungslinien im Verhältnis
zwischen Protestantismus und politischen Parteien

1. Der protestantische Konservatismus

1.1. Die christlichen Konservativen und die politische Reaktion

Nach dem Zerbrechen des Corpus Christianum der mittelalterlichen Welt, das mit der Reformation und der Glaubensspaltung seinen Anfang nahm, waren durch die Ideen der Aufklärung und schließlich durch die Französische Revolution und die ihr folgenden Napoleonischen Kriege auch die letzten Reste einer Selbstverständlichkeit dieser alten, hierarchisch gegliederten Welt hinweggefegt worden. Sinnenfälliger Ausdruck dessen war das Zusammensinken des längst zur inhaltslosen Hülle gewordenen „Heiligen Römischen Reiches Deutscher Nation" 1806. Ein von den Kräften und Anschauungen des Christentums geprägter Staat oder eine wie auch immer genau zu definierende christliche Politik waren keine unhinterfragbaren Gegebenheiten mehr. Es stellte sich jetzt dringend die Frage, wie das christliche Verständnis von Staat und Gesellschaft theoretisch begründet, verteidigt und durchgesetzt werden konnte. Männer wie Adam Müller mit seinem Buch „Die innere Staatshaushaltung systematisch dargestellt auf theologischer Grundlage" (1820) und Karl Ludwig von Haller, der mit seiner mehrbändigen „Restauration der Staatswissenschaft" (1816ff.) der politischen Epoche den Namen gab, schufen die theoretische Grundlage. Einer der ersten, der die konservativen Anliegen mit dem damals modernen Mittel der Parteibildung umzusetzen versuchte, war der aus der Erweckungsbewegung kommende Jurist Ernst Ludwig von Gerlach.[1] Überhaupt waren es Erweckungsbewegung und Luthertum, die im Zeichen eines zunehmenden Konfessionalismus in der ersten Hälfte des 18. Jahrhunderts in Deutschland immer mehr gegen den Liberalismus zusammengingen.[2] Dabei zeichneten sich die Konflikte tatsächlich auch zunächst auf theologischem und kirchenpolitischen Gebiet ab. Dazu trug besonders die Bewegung hin auf eine synodal organisierte Kirche in Preußen bei, die seit dem Ende der Befreiungskriege immer stärker wurde. „Der Synodalismus war ein Zwillingsbruder des politi-

---

[1] Zu Gerlach vgl. KRAUS, Gerlach; DERS., Frondeur, 13ff.
[2] NOWAK, Christentum, 99.

schen Parlamentarismus."[3] Das manifestierte sich auf der ersten preußischen Generalsynode von 1846, auf der sich die Konservativen und Liberalen durchaus als parlamentarische Gruppen gegenüberstanden. Joachim Mehlhausen bemerkt:

„So konnte diese Synodalversammlung als Vorentwurf eines von vielen Bürgern ersehnten politisch-konstitutionellen Parlaments angesehen werden. Die in die Synode gesetzten hohen Erwartungen wurden durch den auf hohem Niveau geführten Stil der Debatten voll erfüllt. … Alle klassischen demokratischen Spielregeln parlamentarischer Verhandlungsführung wurden sorgsam beachtet. … So kann man insgesamt diese erste preußische Generalsynode als ein wichtiges Glied in der Frühgeschichte des deutschen Parlamentarismus ansehen."[4]

Tatsächlich war in der politisch-restaurativen Zeit des Vormärz der kirchliche Raum die einzige Schutzzone, in der sich eine relativ freie politische Diskussion entfalten konnte. Der mit großer Leidenschaft geführte Streit um die rheinisch-westfälische Kirchenordnung von 1835 mit ihrem starken synodalen und damit quasi-parlamentarischen Element und die dadurch lauter gewordene Kirchenverfassungsdiskussion in ganz Preußen erfüllte geradezu eine Stellvertreterfunktion für die verbotene Frage um eine politische Konstitution.[5] Die liberale Auffassung einer freien Volkskirche und die konservative Verteidigung der konsistorialen Behördenkirche sollte dann weit über diese Verfassungsfrage hinaus eine Trennlinie zwischen Liberalismus und Konservatismus durch den Protestantismus ziehen, die in der Folgezeit die Bildung *einer* politischen protestantischen Partei auf Dauer verhinderte und stattdessen den Protestantismus vielmehr in zwei sich kritisch bis feindlich gegenüberstehende neue „Konfessionen" aufteilte.[6] Die politische Spaltung des Protestantismus war auch zutiefst ekklesiologischer Natur, und so sollte es dauerhaft blieben.

Selbst theologisch-wissenschaftliche Fragen, wie die Auseinandersetzung um die Schriften von Bruno Bauer und David Friedrich Strauß, erzwangen mit der Zeit immer weiter „allgemeine politische Gruppenbildungen"[7]. So wurde die Theologie, wie schon der liberale Heidelberger Theologe Karl Bernhard Hundeshagen[8] erkannte, zum „Tummelplatz der Geister"[9], deren politische Begabung sich nicht im Felde der allgemeinen Politik auswirken durfte und deshalb zunächst im kirchlichen Raum verblieb. Der sozialkritisch eingestellte Robert Prutz formulierte 1846 beißend:

---

[3] Ebd., 79.
[4] MEHLHAUSEN, Theologie, 82f.
[5] Ebd., 81ff.
[6] NIPPERDEY, Geschichte 1800–1866, 423.
[7] MEHLHAUSEN, Theologie, 78.
[8] NOWAK, Christentum, 119f.
[9] Zit. in: MEHLHAUSEN, Theologie, 79.

„Theologie, siehe da, die wahre große Angelegenheit des Tages! Das Zentrum des deutschen Lebens! Die Losung der Parteien! … Wir diskutieren über die Dreieinigkeit, erörtern die Glaubhaftigkeit des Evangelisten Lukas und schreiben dicke Bücher darüber, ob der Weg in den Himmel links geht oder rechts."[10]

Die Kirchenpolitik ging offensichtlich der allgemeinen Politik voran. Gerlach war eine zentrale Gestalt der „Kamarilla", der informellen und bei aller konservativen Grundübereinstimmung in sich keineswegs politisch einheitlich gesonnenen,[11] aber ungeheuer einflussreichen Gruppe um den preußischen König Friedrich Wilhelm IV. Diese Konservativen schlossen sich bald zu einer „Partei wider Willen"[12] zusammen, um ihre Anliegen nach außen zielgerichteter vertreten zu können. Damit begründete der protestantische Konservatismus seine Distanz zu den politischen Parteien, die er paradoxerweise doch selber als Organisationsform gebrauchte, um seine Interessen durchsetzten zu können. Hatte König Friedrich Wilhelm IV. bei der Eröffnung des Vereinigten Preußischen Landtages 1847 noch von Parteiwesen und Presse gemeint, hier sei der „finstere Geist des Verderbens, der Auflockerung zum Umsturz und frechster Lüge"[13] am Werk, so erkannten die konservativen Anhänger des Monarchen bald, dass sie selbst zum Mittel der ihnen im Grunde widerwärtigen Parteibildung greifen mussten, um sich „als Partei … als treue, holde und gegenwärtige Lehensmannschaft"[14] zu organisieren, wie Ludwig von Gerlach seinem Tagebuch anvertraute.

Eine theoretische Grundlegung bekamen Gerlachs Bemühungen durch Friedrich Julius Stahl, der mit dem Stichwort des „Christlichen Staates", so auch der Titel seines gleichnamigen Buches von 1847, eine konkrete Programmatik verband. Das Charakteristikum des „christlichen Staates" war, dass nicht allein die Motivation der Könige und Staatsmänner sondern auch „der Staat selbst als Institution … vom Christentum geprägt"[15] sein sollte. Das war eine Reaktion auf das Zerbrechen des Corpus Christianum, in dem die staatliche Wirklichkeit im damals vorhandenen Sinne a priori als „christlich" galt, was besonders die Romantik als unbesehene Tatsache hinnahm.[16] Damit aber wurde der Weg zu einer *Wesensbestimmung* des Staates beschritten, die etwa Luther in seinem personalistischen Ansatz der politischen Ethik nicht kannte.[17] Die spezifisch christliche Mentalität der politischen Romantik mit ihrer Parteienverachtung nahm ihren Anfang! In der Zuspitzung auf

---

[10] Zit. in: BARCLAY, Anarchie, 144.
[11] MEINECKE, Weltbürgertum, 192ff. Hier auch Ausführungen zu der differenzierten Aufnahme der Gedanken Hallers.
[12] SCHULT, Partei, 33; vgl. zur umfassenden Problematik BOTZENHART, Parlamentarismus.
[13] Zit. in: DIECKWITSCH, Konservatismus, 26.
[14] Ebd., 27.
[15] HUBER, Verfassungsgeschichte II, 256.
[16] Erinnert sei nur an NOVALIS, Die Christenheit oder Europa.
[17] Vgl. BORNKAMM, Reiche, 18–20.

den preußischen König und das Preußentum allgemein bekam sie ihre besondere protestantische Färbung.

Stahls Arbeit zeichnete sich besonders dadurch aus, dass es ihm gelang, gegen die Konzeption eines feudalistischen Ständestaates wie auch gegen bürgerliche Vorstellungen einer parlamentarischen Monarchie oder Demokratie den Verfassungsgedanken als Konstitutionalismus für den Konservatismus zu gewinnen, ohne deshalb das monarchische Prinzip[18] aufzugeben.[19] Damit entstand in Form der konstitutionellen Monarchie, die die Priorität der Krone und der von ihr abhängigen Regierung gegenüber dem Parlament wahrte, die besondere deutsche Verfassungswirklichkeit und ihr spezifisches Profil, das sie von den westlich-parlamentarischen Staaten unterschied.[20]

Da das geschichtlich Gewordene für Stahl gleichzeitig den Charakter des göttlich Gewollten hatte, sah der konservative Protestantismus auch keine Veranlassung, sich mit der Frage einer anderen Staatsform als der der Monarchie überhaupt anders als ablehnend auseinander zu setzten. In der konstitutionellen Monarchie, die sich nach 1848 in Preußen herausbildete, blieb so die bürgerliche Gesellschaft gegenüber dem Staat dauerhaft geschwächt. Eine Vermittlungsfunktion, die hier die politischen Parteien hätten wahrnehmen können, unterblieb letztlich auch wegen ihrer geringen Bedeutung in der Verfassungswirklichkeit.[21] Trotzdem musste besonders in der noch politisch offenen Situation im Jahre 1848 auch im Konservatismus der Weg der politisch ungeliebten Parteibildung beschritten werden: Parteibildung trotz Anti-Parteien-Mentalität.

Mit der Gründung der „Neuen Preußischen Zeitung" 1848, die unter dem Namen „Kreuzzeitung" bekannt wurde, hatten die konservativen Kräfte um Gerlach und Stahl solch eine eigene Partei in der damals üblichen Form einer um ein Publikationsorgan versammelten Sympathisantengruppe etabliert. Gerlach wurde sehr bald der Führer der Konservativen im Preußischen Abgeordnetenhaus. Wegen ihrer Nähe zum König konnte die Gruppe weit über ihre parlamentarische Stärke von 26 der insgesamt 329 Sitze in der Zweiten Kammer[22] des Preußischen Herrenhauses die Politik des Königs beeinflussen, wobei sie mit ihrem Gedanken eines wie auch immer genau zu definierenden „Christlichen Staates" beim romantisch veranlagten König auf offene Ohren stieß.[23]

---

[18] Ihm widmete Stahl in seiner Philosophie des Rechts ein eigenes Kapitel, in dem er dieses als den entscheidenden Unterscheidungspunkt zur parlamentarischen Demokratie nach angelsächsischem Muster bezeichnete; vgl. STAHL, Philosophie, 372ff.

[19] Zum Ganzen vgl. HUBER, Verfassungsgeschichte II, bes. 322.

[20] Zur umstrittenen Bedeutung dieser Staatsform vgl. BÖCKENFÖRDE, Monarchie.

[21] Vgl. auch HUBER, Verfassungsgeschichte II, 310ff.

[22] SCHOEPS, Preußen, 221.

[23] Zu Friedrich Wilhelms IV. gesellschaftspolitischen Vorstellungen, vgl. BARCLAY, Anarchie.

Wie gesagt: Die Anhänger des „Christlichen Staates" waren nach ihrer ganzen Anlage und Weltanschauung eindeutig konservativ. Man wandte sich gegen die Folgen der seit 1789 ins „Rollen geratenen Fortschrittslawine"[24]. Dass dabei auch die eigenen Privilegien schützenswert – weil gottgegeben – erschienen, kam hinzu. Aber dieser Konservatismus sollte nicht geistlos rückwärts gewandt sein: „Bloß konservieren – diese negative Haltung",[25] lehnte Gerlach ab. Frühzeitig hatte er die Gefahr, dass eine konservative Partei unter bloßer Verwendung christlicher Rhetorik zur Partei der Besitzstandswahrung und allgemeinen Reaktion werden konnte, erkannt. Tief enttäuscht, ja verbittert, zeigte sich Gerlach dann über die konservativen Kräfte im preußischen Landtag, die allein an der Verteidigung ihrer Privilegien hingen und, wie er formulierte, das, was sie hatten, „möglichst langsam zu verlieren"[26] wünschten. Der „Verein zur Wahrung der Interessen des Grundbesitzes", vom Volksmund nur „Junkerparlament" genannt, war dafür ein beredtes Beispiel.[27]

So zeigten sich die ersten Spannungen im System des „christlichen Staates". Trotzdem verbanden sich der in christlich und reaktionär zu unterscheidende Konservatismus und die Romantik zu einer „ideologische[n] und politische[n] Gegenbewegung gegen die dynamischen und konstruktiven Elemente der modernen Welt"[28], die im Heraufziehen begriffen war.

Doch es gab auch andere Stimmen: In Kopenhagen äußerte zur selben Zeit Sören Kierkegaard seine heftige Kritik an der sich christlich nennenden Gesellschaft. Das Christentum, das bei Stahl und anderen eine unhinterfragbare Selbstverständlichkeit war, wurde durch Kierkegaard als Ideologie einer bürgerlichen Gesellschaft demaskiert, die sich dem existentiellen Ernst der Botschaft Christi verschloss.[29] Diese „Christenheit" war für Kierkegaard „so ziemlich das Allergefährlichste, was sich ausdenken"[30] ließ. Statt subjektiver Entscheidung für oder gegen den Glauben wurde durch das „offizielle, staatskirchliche, volkskirchliche Christentum"[31] jeder Einwohner zum Christen. Aus ähnlichen Gründen blieb Kierkegaard auch der konstitutionellen Monarchie und der repräsentativen Demokratie gegenüber zurückhaltend, da sie für ihn wie auch die politische Parteibildung ebenfalls den Versuch darstellte, die subjektive Verantwortung des Einzelnen delegieren zu wollen.[32] Letztlich lief seine Kritik auf die Bevorzugung der direkten Demokratie hinaus.[33]

---

[24] NOWAK, Christentum, 64.
[25] Zit. in: BUCHHEIM, Parteien, 135.
[26] Zit. in: SCHULT, Partei, 43.
[27] BUCHHEIM, Parteien, 135.
[28] STROHM, Romantik, 43.
[29] Vgl. dazu DEUSER, Kierkegaard, 93ff.
[30] KIERKEGAARD, Augenblick, 13.
[31] Ebd.
[32] Vgl. DEUSER, Kierkegaard, 97.
[33] KIERKEGAARD, Augenblick, 311.

Erste vorsichtige Auseinandersetzungen mit der scheinbar unabänderlichen Verbindung von „Thron und Altar" blieben im christlichen Konservatismus auf protestantischer Seite noch Einzelerscheinungen. Es war nicht zufällig der stark reformiert geprägte rheinisch-westfälische Protestantismus, der aus seiner presbyterial-synodalen Tradition, die gerade erst mit Mühe gegen den preußischen König behauptet worden war,[34] entspannter argumentierte. Die „Monatsschrift für die ev. Kirche der Rheinprovinz und Westfalens" in Bonn gab ihren Lesern schon 1848 zu bedenken: „Das Evangelium ... kennt keine besondere Staatsverfassung an, ... es weiß nur vom Gehorsam gegen die Obrigkeit, mag dieselbe eine monarchische oder republikanische sein".[35] Trotz dieser vereinzelten Stimmen aber war der protestantische Konservatismus vom damaligen Katholizismus, der schon in der Zeit der Französischen Revolution und dann stärker ab 1848 von einer „Christlichen Demokratie"[36] sprach, sowie von demokratischen Ansätzen im westlichen Protestantismus, besonders Englands,[37] weit entfernt.

Mit der Krankheit Friedrich Wilhelms IV., seiner späteren Abdankung und der Übernahme der Regierungsgewalt durch den zunächst liberal gesonnenen Wilhelm I. versiegte auch der Einfluss der Kamarilla, die in der nun herrschenden Auffassung von Machtpolitik keine Rolle mehr spielen sollte. Eine Entwicklung, die dann auch spätestens mit dem Beginn der Regierung Bismarck massiv eintrat. Machtpolitik beherrschte die politische Bühne. Gerlachs Mahnung an einen von ihm zu Bismarck geschickten Politiker, diesem doch den Katechismus zu predigen,[38] hatte natürlich keinen Einfluss auf jenen. Vielmehr machte die Äußerung Gerlachs die ganze Hilflosigkeit gegenüber einem so genannten „Realpolitiker" deutlich. Wie sollte die „christliche" Politik aussehen? Weshalb war dieses oder jenes „christlich", weshalb anderes nicht? Auf diese Frage konnten auch die Christlich-Konservativen kaum eine Antwort geben. Bismarck markierte die Gegenposition „gegen den christlichen Staat, christliche Politik und protestantischen Klerikalismus"[39]. Er entwarf das Bild eines „in seinem Gewissen gebundenen christlichen Politikers im säkularen Staat."[40] Er formulierte das Problem und bot gleichzeitig seine Lösung an: „Gottvertrauen schafft nicht politische Klarheit, sondern politische Klarheit schafft Gottvertrauen."[41]

---

[34] Vgl. dazu van Norden, Kirche.
[35] Zit. in: Zillessen, Protestantismus, 102 A. 142.
[36] Maier, Herkunft, 233f.
[37] Staedtke, Traditionen, bes. 361ff.
[38] Engelbert, Bismarck, 566.
[39] Nipperdey, Geschichte I, 492.
[40] Ebd.; vgl. zur umstrittenen Frage der Religiosität Bismarcks das abwägende Urteil von Krockow, Bismarck, 36ff.
[41] Engelbert, Bismarck, 567.

Gerlachs – negativ gewertete – „politisierende Religionsphilosophie"[42] konnte nicht weiter helfen. Er blieb ein „politischer Theologe"[43], der keinen wirklich handhabbaren Politikbegriff entwickelte. Bald fand Gerlach mit seiner integralistischen Vorstellung des „christlichen Staates" eine neue Heimat im politischen Katholizismus. Als 1870 die Zentrumspartei gegründet wurde, nahm diese ihn, nachdem seine Kandidatur für den Reichstag gescheitert war, 1871 als Ehrenmitglied auf. 1873 wurde er Zentrumsabgeordneter.[44]

1.2. Die Christlich-Soziale Partei
in und neben der Deutsch-Konservativen Partei

Während der Versuch aus christlich-konservativer Haltung heraus Politik zu betreiben, bei aller Modernität in den Formen, besonders eben der Parteibildung, doch ein unverkennbar romantisches Projekt darstellte, kamen innerhalb des christlich-sozialen Ansatzes auch die konkreten gesellschaftlichen Bedingungen politischen Handelns in den Blick. Dazu zählte um die Mitte des 19. Jahrhunderts die „soziale Frage". Zwar hatte sich auch der christlich-konservative Ansatz dieser Problematik nicht gänzlich verschlossen, doch lag sein Hauptaugenmerk auf dem Akzent des „christlichen Staates", in dem sich, wie man meinte, alle anderen Probleme lösen lassen würden.

Anders sahen dies die später so genannten „Christlich-Sozialen". Ihnen ging es zwar selbstverständlich auch um einen christlich geprägten Staat, aber sie fühlten sich von ihrem Glauben her verpflichtet, etwas gegen die Not im Lande zu tun und dafür dezidiert politisch tätig zu werden. Dass damit die Verhältnisse im konservativen Sinne stabilisiert werden sollten, war ihnen dabei fraglos. 1841 erschien von Victor Aimée Huber[45] ein Büchlein mit dem Titel „Über die Elemente, die Möglichkeit oder Notwendigkeit einer konservativen Partei in Deutschland"[46]. Huber entwickelte das sozialpolitische Programm des Konservatismus. Eine staatliche Sozialpolitik und das Genossenschaftswesen wurden von ihm propagiert. Wie auch Gerlach warnte Huber die Konservativen, in „gänzlicher Gedankenlosigkeit und unverbesserlicher Frivolität der Annehmlichkeiten"[47] ihres Besitzes zu verharren und die Entwicklungen der Zeit zu verpassen. Doch Huber blieb zu sehr Gelehrter, als dass er eine Breitenwirkung entfaltet hätte. Trotzdem war er

---

[42] So ebd., 565.
[43] KRAUS, Frondeur, 19.
[44] BUCHHEIM, Parteien, 183f.
[45] Zu Huber vgl. PAULSEN, Huber.
[46] BUCHHEIM, Parteien, 117.
[47] Zit. in: SCHULT, Partei, 43.

der Begründer „des kleinen, aber nie verschwindenden sozialpolitischen Flügels des deutschen Konservatismus."[48]

Der eigentliche Exponent dieser politischen Richtung wurde dann eine Generation später Adolf Stoecker.[49] Er war auch der eigentliche Schöpfer des Begriffes „christlich-sozial". Dieser bedeutete ihm „theologische Aufgabe ... [und] politische Richtung"[50] gegen jedes rein diesseitige Weltverständnis, besonders aber gegen einen materialistischen Marxismus.

Mit Gerlach stand Stoecker in keiner Beziehung. Er war ein Vertreter des sich nach 1871 in der Kirche entwickelnden ‚Pastorennationalismus'[51] und bewunderte deshalb zunächst Bismarcks Politik.[52] Um dieses „Heilige Evangelische Reich deutscher Nation"[53] innerlich zu befrieden, suchte er den Ausgleich mit der Arbeiterschaft, deren sozialpolitische Forderungen er durchaus anerkannte. Die inzwischen entstandenen Sozialdemokraten wollte Stoecker mit ihren eigenen Mitteln schlagen, indem er sich ebenfalls in das Feld der Politik hinein begab, um eine Partei zu gründen. Allerdings legte er, wie viele Protestanten nach ihm, Wert darauf, *kein* Politiker zu sein. Die in Deutschland so beliebte Attitüde des Unpolitischen verkörperte, wenigstens nach eigenem Anspruch, auch Stoecker.[54]

Stoeckers politischer Weg ist oft dargestellt worden, so dass hier die Nachzeichnung der Grundlinien genügt.[55] Der erste Versuch einer Parteigründung, die berühmte „Eiskellerversammlung" am 3.1.1878, endete in einem Desaster. Obwohl seiner Anlage nach „ein Volkstribun mit rhetorischen und auch demagogischen Fähigkeiten"[56], war die Gründungsrede ein Misserfolg. Die dann doch entstandene „Christlich-soziale Arbeiterpartei" erreichte bei Wahlen nur marginale Stimmenanteile. Die Bezeichung „Arbeiter" im Parteinamen wurde gestrichen. 1881 schloß sich die CAP als selbständige Gruppe der Deutschkonservativen Partei an. Hier gelang es den Christlich-Sozialen – 1892 das sogenannte „Tivoli-Programm" zu verabschieden, dass einen sozialen Konservatismus, etwa durch „Beseitigung der Bevorzugungen des großen Geldkapitals"[57] – forderte. Der Coup dieses Parteitages hatte wenig Erfolg. Nach konzentrierten Gegenmaßnahmen der konservativ-reaktionär gesinnten Mitglieder wurden Stoecker und seine Anhänger 1896 aus der Partei hinausgedrängt, umgekehrt schied er selbst wegen seiner Beteiligung an der Partei aus dem von ihm mitbegründeten Evangelisch-sozialen

---

[48] Nipperdey, Geschichte 1800–1866, 380.
[49] Vgl. Brakelmann/Greschat/Jochmann, Protestantismus.
[50] Friedrich, Fahne, 44; zu Stoecker vgl. auch Brakelmann, Politik.
[51] Nipperdey, Geschichte I, 487.
[52] Buchheim, Parteien, 240.
[53] So Stoeckers Formulierung, u.a. zit. in: Buchheim, Parteien, 240.
[54] Koch, Stoecker, 115 A. 53.
[55] Vgl. Huber/Huber, Kirche, 529ff.
[56] Nipperdey, Geschichte I, 497.
[57] Zit. in: Mommsen, Parteiprogramme, 79.

Kongress aus.[58] Schon ein Jahr zuvor war Stoecker bei Kaiser Wilhelm II. wegen seiner antisemitischen Ausfälle – aber auch wegen des kaiserlichen Sinneswandels („christlich-sozial ist Unsinn!"[59]) – in Ungnade gefallen.

Der Zusammenarbeit mit Katholiken wich Stoecker zwar nicht aus, aber über die Gründung des Conservativen Central Comitées (C.C.C.), einem Forum der Berliner Konservativen und Antisemiten,[60] und jedoch erfolglosen Plänen zur Gründung einer interkonfessionellen Vereinigung[61] kam man nicht hinaus.

Ende Februar 1896 konstituierte sich die CSP erneut als unabhängige Partei. Programmatisch verständigte man sich auf das schon 1895 unter dem Eindruck des Konfliktes mit der Deutsch-Konservativen Partei geschaffene „Eisenacher Programm", in dem sich die CSP sowohl gegen den Liberalismus als auch gegen die Sozialdemokratie wandte, um in nach wie vor konservativer Grundhaltung eine Sozialreform der Gesellschaft zu fordern. Dabei orientierte man sich an der kleinbürgerlichen Wählerschaft. Das Programm war auch von Stoeckers Antisemitismus geprägt, wenn es eine faktische Ausgrenzung der Juden aus der Gesellschaft forderte.[62] Der Erfolg der CSP blieb äußerst dürftig. Stoecker war zeitweise der einzige Abgeordnete der CSP im Reichstag. Zunehmend gewann die CSP Züge einer Regionalpartei mit besonders starken Verwurzelungen im Minden-Ravensberger-Land, im Siegerland, dem Westerwald und dem Dillkreis, allesamt Gegenden, die von der Erweckungsbewegung erfasst worden waren. Nach dem krankheitsbedingten Rückzug Stoeckers 1907 und seinem Tod 1909 blieb die Partei weiter bestehen. Eine herausragende aber nicht allein dominierende Gestalt der Partei wurde nun bald Stoeckers Schwiegersohn Reinhard Mumm.[63]

Am Vorabend des Ersten Weltkrieges machten sich dann noch einmal Bestrebungen breit, ein erneutes Zusammengehen mit den Deutschkonservativen zu versuchen. Der Kriegsausbruch beschleunigte diese Bemühungen. Wesentlich Mumm, der seitens der CSP deutlich das sozialpolitische Engagement der Partei betonte, trug dazu bei, den ihm unlieben Zusammenschluss mit den Deutschkonservativen zu verhindern. Mumms Aktivitäten hatten jedoch nur ein verzögerndes Moment. Nach dem Ersten Weltkrieg stand die Frage wieder auf der Tagesordnung.

---

[58] Vgl. POLLMANN, Kirchenregiment.

[59] Der Text des Telegramms Kaiser Wilhelms II. von 1896 ist u.a. abgedruckt bei KOCH, Stoecker, 150f.

[60] Ebd., 111.

[61] KOCH, Stoecker, 107ff.

[62] MOMMSEN, Parteiprogramme, 81ff.

[63] Zu Mumm vgl. besonders FRIEDRICH, Fahne.

1.3. Die Christlich-Sozialen und die Christlich-Konservativen in der Deutschnationalen Volkspartei (DNVP)

Mit dem Untergang des Kaiserreiches sollte sich die politische Lage für den protestantischen Konservatismus deutlich ändern. In der bisherigen monarchischen Tradition des konservativen Protestantismus war die Gründung einer ähnlich dem Zentrum das politische Spektrum übergreifenden evangelischen Partei wegen mangelnder innerer Einheit und fehlender Bedrängungssituation als nicht zwingend empfunden worden. Nicht zuletzt deshalb, weil der Monarch als summus episcopus als der Garant der protestantischen Interessen galt,[64] stellte sich die Situation mit dem Zusammenbruch des Kaisertums nun anders dar. Gleichzeitig hatte sich auch hinsichtlich der Bedeutung der Parteien die Lage gewandelt. Nach der noch vor dem Ende des Krieges vorgenommenen Parlamentarisierung des Reiches bekamen die politischen Parteien nun erheblich mehr Bedeutung.[65] Nun eine dezidiert evangelische Partei zu begründen, lag nahe. Diese Aufgabe gestaltete sich aber von Anbeginn an schwierig. Die Sozialdemokratie, die Linksliberalen und auch das katholische Zentrum, die die später sogenannte „Weimarer Koalition" bildeten, hatten sich weitgehend intakt in die neue Lage hinübergerettet, so dass die Wählerschaft einer solchen evangelischen Partei nur im bisherigen konservativen, christlich-sozialen und nationalliberalen Spektrum liegen konnte. Damit war der Plan einer übergreifenden evangelischen Partei nicht zu verwirklichen. Vereinzelte Ansätze dazu blieben lokal begrenzt und umstritten.[66] In Bayern empfahl der damalige Münchner Pfarrer Hans Meiser anstelle konkreter politischer Unternehmungen sich erst einmal über die Lage und Zielorientierung der evangelischen Kirche in der neuen Situation klar zu werden.[67] In Preußen selbst entwickelten sich keine solchen Pläne. Als der mächtigste deutsche Bundesstaat sollten sich die dortigen Entwicklungen bald als maßgebend für das ganze Reich erweisen.

Gerade der Konservatismus und mit ihm die nationalliberale Richtung waren als die Hauptexponenten des Krieges und des lange propagierten Siegfriedens wie überhaupt der nun gestürzten Ordnung in einer schwierigen Position. Angestrebt wurde eine „konservative Massenpartei in einer demokratisierten Staats- und Gesellschaftsordnung"[68]. Die vor und im Krieg entwickelten Pläne zum Zusammenschluss der Konservativen in einer Partei gewannen nach dem Zusammenbruch deshalb neue Dynamik, zumal deutlich wurde, dass die Deutsch-Konservative Partei in ihrer bisherigen Pro-

---

[64] MEHNERT, Kirche, 12.
[65] Vgl. HUBER, Verfassungsgeschichte V, 398ff.
[66] MEHNERT, Kirche, 131ff.
[67] Ebd., 133.
[68] So die Vorstellung in einem zeitgenössischen Konzept für die DNVP, zit. in: FRIEDRICH, Fahne, 180.

grammatik nicht bestehen bleiben konnte. Gleichzeitig gab es Pläne zur Bildung einer interkonfessionellen Arbeiterpartei, an der der Gewerkschaftsflügel der CSP maßgeblich beteiligt war. Diese scheiterten jedoch.[69]

Die CSP entschloss sich erneut, das Projekt einer Zusammenarbeit mit dem Konservatismus zu wagen. In der zu bildenden konservativ geprägten Partei wollte die CSP selbstverständlich ihre Programmatik so weit als möglich umsetzen. Daneben ging es auch darum, die Besitzstände „ihrer" Wahlkreise zu sichern, die durch eine neue Einteilung auseinandergerissen waren.[70] Wie einst Stoecker in der Deutsch-Konservativen Partei kamen die Christlich-Sozialen nun bei der DNVP unter. Die Erfolge für sie blieben aber mager. Der Gründungsaufruf der DNVP forderte zunächst neben christlich-sozial inspirierten Anliegen sehr interpretationsoffen ein „lebensvolles Christentum" als eines der Fundamente der Gesellschaft.[71] Die christlich-sozialen Forderungen traten aber bald in den Hintergrund.[72] In den „Grundsätzen der deutschnationalen Volkspartei" von 1920 ging es dann recht unscharf um die „Vertiefung des christlichen Bewußtseins als Voraussetzung zur sittlichen Wiedergeburt unseres Volkes."[73]

Tatsächlich sollte es gelingen, dass zeigten schon die Wahlen vom Januar 1919, eine recht breite Wählerklientel des konservativen Protestantismus in der DNVP zu sammeln.[74] Einen besonders hohen Anteil machten zudem die evangelischen Geistlichen in der Partei aus. Auch geographisch war die DNVP anders als die Deutsch-Konservative Partei keine ausschließliche Angelegenheit Ostelbiens mehr, wenn diese Gegend auch mit ca. 40 % Stimmenanteil noch immer das Kerngebiet bildete.[75]

Der DNVP gelang es zudem, bedeutende protestantische Gruppierungen für sich zu gewinnen. Ein Reichsfrauenausschuss der DNVP band mit Margarethe Behm, der Vorsitzenden des Heimarbeiterinnenverbandes, Magdalene von Tiling,[76] der Vorsitzenden der „Vereinigung evangelischer Frauenverbände", und mit Paula Mueller-Otfried, DNVP-Gründerin in Elberfeld und Vorsitzende des „Deutsch-Evangelischen Frauenbundes", wichtige Teile des neuen Wählerreservoirs der Frauen ein.[77] Die protestantische Presse bekundete ebenfalls ihre Nähe zur DNVP. Gottfried Traubs „Eiserne Blätter" wurden ab Juli 1919 ein quasi-offiziöses Organ der Partei.[78]

---

[69] Ebd., 181f.
[70] BUCHHEIM, Parteien, 375f.
[71] LIEBE, Volkspartei, 107f.
[72] FRIEDRICH, Fahne, 185ff.
[73] Zit. in: MOMMSEN, Parteiprogramme, 538.
[74] NOWAK, Republik, 101.
[75] LIEBE, Volkspartei, 17.
[76] ROGGENKAMP, Tiling, 721ff.
[77] NOWAK, Republik, 102.
[78] Ebd., 103.

Mit der Integration der alten CSP gelang es, eine Aufspaltung innerhalb
der konservativen evangelischen Wählerschaft zunächst zu vermeiden. Die
kleineren evangelischen Parteigründungen des Anfangs mündeten teilweise
ebenfalls in die DNVP oder in ihr nahestehende Lokalparteien, wie die
„Bayerische Mittelpartei", die „Christliche Volkspartei" Badens oder die
„Bürgerpartei" Württemberg ein. Für viele Wähler nicht zu unterschätzen
war der Tatbestand, dass auch die Kirchenbehörden mehr oder weniger
deutlich die DNVP unterstützten. So war zunächst in der DNVP das christlich-konservative bzw. christlich-soziale Element durchaus in einer respekta-
blen Position. In der Partei selbst wurde im Dezember 1918 „Ein Ausschuss
der deutschnationalen Volkspartei für die evangelische Kirche" gegründet,
dem neben Reinhard Mumm auch Margarethe Behm, die Generalsuperintendenten Wilhelm Zoellner und Paul Blau sowie die Theologieprofessoren
Reinhold Seeberg und Wilhelm Lütgert angehörten. Überhaupt waren in
der DNVP gerade leitende Kirchenmänner überdurchschnittlich repräsentiert. Nach der Wahl zur Nationalversammlung stellte der Ausschuss seine
Arbeit offensichtlich wieder ein. Jedenfalls trat er nicht mehr in Erscheinung. „Das anvisierte Ziel einer Unterstützung durch die evangelische
Kirche war erreicht worden."[79] 1919 konstituierte sich im Rahmen berufs-
ständischer Ausschüsse auch ein solcher für evangelische Geistliche. Ihr erster Vorsitzender wurde der damalige Pfarrer in Berlin-Schöneberg, Otto
Dibelius.[80] Daneben existierte auch ein „Reichskatholikenausschuss", zu
dem u.a. der ehemalige Oberbürgermeister von Köln, Max Wallraff, und der
Historiker Martin Spahn gehörten.[81] Nicht zuletzt ein zunehmend verstärk-
tes Engagement von Katholiken in der Partei führte dann zu Bestrebungen,
auch den evangelischen Mitgliederteil stärker zu repräsentieren. So kam es
am 10. November 1921 zur Gründung des „Evangelischen Reichsausschus-
ses der deutschnationalen Volkspartei".[82] Maßgeblich mitbetrieben wurde
diese Angelegenheit von Otto Dibelius.[83] Insgesamt konnte nun von einer
auch institutionell abgesicherten Vertretung protestantischer Interessen in
der DNVP gesprochen werden, während nationalistische oder völkische
Stimmen zunächst noch eine taktische Zurückhaltung übten.

Mit der stark erscheinenden Stellung des protestantischen Konservatismus
war von Anfang an in der DNVP eine „ideologische Verquickung von
Christentum und Nationalismus"[84] angelegt, eine Mischung die zunächst

---

[79] FRIEDRICH, Fahne, 220.
[80] FRITZ, Dibelius, 51 A. 117.
[81] FRIEDRICH, Fahne, 220ff.
[82] Der Berufsständische Ausschuss wurde von diesem nicht abgelöst, so FRITZ, Dibelius, 51 A. 117, trat aber wohl deutlich hinter diesen zurück, vgl. FRIEDRICH, Fahne, 220
A. 362.
[83] FRIEDRICH, Fahne, 223 A. 385.
[84] MEHNERT, Kirche, 146.

wie Amalgam wirken sollte, letztlich aber doch erheblichen Sprengstoff in sich barg. Christlich geprägte Politikansätze hatten in der DNVP je länger je weniger eine Chance. Inhaltlich lag dies daran, dass die reaktionär-konservativen Kräfte nach ihrer Schwächephase, bedingt durch den wesentlich von ihnen verschuldeten Ersten Weltkrieg, mit zunehmenden Abstand von den Ereignissen immer stärker in den Vordergrund drängten. Eine Entwicklung, die ihren Höhepunkt 1928 in der Wahl Alfred Hugenbergs zum Parteivorsitzenden fand.

Während also die starke Stellung der protestantischen Konservativen in der DNVP wieder abbröckelte, führten sie anderseits weiter fast geschlossen ihr Wählerreservoir der DNVP zu. Letztlich konnten die CSP-Mitglieder bei der Betrachtung der Zahlenverhältnisse, etwa in der Reichtagsfraktion, wo von 44 DNVP-Abgeordneten drei zu den Christlich-Sozialen gehörten,[85] auch nicht erwarten, mit ihren Forderungen wirklich majorisierend zu wirken. Insgesamt machte sich bald Enttäuschung über den mangelnden Einfluss besonders der Christlich-Sozialen breit. Je mehr sich die DNVP konsolidierte, desto stärker ging deren Wirkungsgrad zurück.[86] Ein erster Exponent dieser Unzufriedenen wurde der Lehrer an der Theologischen Schule Bethel, Samuel Jaeger, dessen Aufruf zur Gründung christlich-sozialer Gesinnungsgemeinschaften zuerst in Korntal/Württemberg auf Widerhall stieß.

Reinhard Mumm, der als einer der Vorsitzenden im Evangelischen Reichsausschuss[87] eine führende Rolle innerhalb der dezidiert christlich motivierten Kräfte in der DNVP einnahm, verstand sich als Anwalt protestantischer und kirchlicher Interessen in der Partei.[88] Nicht zuletzt die für die Kirche wichtige Steuergesetzgebung versuchte er in deren Sinne über die DNVP zu beeinflussen. Insgesamt hatte er in der Partei aber keinen wirklichen Einfluss. Trotz dieser ernüchternden Entwicklungen blieb die DNVP in der evangelischen Wählerschaft bis 1923/24 „unbestrittener Favorit"[89]. Dies lag natürlich auch daran, dass gerade der Protestantismus an der stärker werdenden völkischen Akzentuierung der Partei partizipierte. Trotzdem wurde die Situation für die Kirchenmänner unter den Abgeordneten bald schwierig. So fehlte ihnen oft, etwa auf dem Gebiet der Wirtschaftsfragen, die nötige Sachkompetenz.[90] Die mangelnde Vertrautheit mit der parlamentarischen Arbeit kam hinzu. Gleichzeitig entwickelten sie gegenüber der wirtschaftsfreundlich-kapitalistischen Ausrichtung der DNVP ein tiefes Unbehagen. Der „im konservativen Protestantismus heimische Antikapitalis-

---

[85] FRIEDRICH, Fahne, 193.
[86] OPITZ, Volksdienst, 37.
[87] FRIEDRICH, Fahne, 223.
[88] Ebd., 210ff.
[89] NOWAK, Weimarer Republik, 104.
[90] MEHNERT, Kirche, 146.

mus"[91] spielte dabei sicher eine Rolle. Viele Kirchenleute „zogen sich deshalb, zum Teil verdrossen und verbittert, bald wieder zurück."[92] Der damalige Ravensburger Stadtpfarrer und Abgeordnete im württembergischen Landtag, Theophil Wurm, erinnerte sich später:

> „Aber im Laufe der Zeit spürte ich doch, dass unsereiner in diesem Milieu nicht viel ausrichten konnte; abgesehen von den Gebieten der Bildung und Erziehung fehlte es mir an Fachkenntnissen sowohl juristischer als geschäftlicher Art."[93]

Während so der „politische Prälat" zu einer festen und umstrittenen Gestalt in Weimar wurde, endete das Experiment des „politischen Pfarrers", was seine parlamentarische Arbeit betraf, schon früh.

Mit der Machtübernahme des offen reaktionären Hugenberg in der Partei wurde die Lage für die Protestantisch-Konservativen kaum noch erträglich. Schwierig und widersprüchlich wurde die Rolle des EVRA,[94] den Hugenberg mit den Mitteln einer Reform der Parteistruktur stärker unter seine Kontrolle zu bekommen versuchte. Dies gelang jedoch nicht.

Das entscheidende Signal für die Protestantisch-Konservativen zur Trennung von der DNVP kam aus dem Lager der Christlich-Sozialen. Wenn es auch Mumm nach Samuel Jaegers Ausscheiden aus der DNVP zunächst gelungen war, eine weitergehende Sezession der Christlich-Sozialen zu verhindern, wurde doch deren Position kontinuierlich schwächer. Lokal begrenzt entstanden die ersten Neugründungen von christlich-sozialen Gruppen. Um diese Kräfte kanalisieren zu können, schlug Mumm die Bildung einer „Christlich-Sozialen Reichsvereinigung" (CSRV) vor, die tatsächlich auch am 18.8.1928 gegründet wurde. Ungeklärt blieb ihr Verhältnis zur DNVP. Die CSRV war zwar nicht eine Unterabteilung der DNVP, blieb aber aufgrund des hohen Anteils von Christlich-Sozialen in der DNVP eng mit ihr verbunden. Wie auch bei zahlreichen Christlich-Konservativen kam es bei den Christlich-Sozialen anlässlich der Abstimmung über ein Volksbegehren zum sogenannten Young-Plan[95] zur Abspaltung von der DNVP. Mumm selber erkannte die Tragweite dieser Entwicklung deutlich, wenn er den Austritt der Christlich-Sozialen als „dieselbe Katastrophe, die ein Menschenalter früher Adolf Stoecker erlebt hatte"[96], bezeichnete.

Den Christlich-Sozialen folgte in kürzestem Abstand eine weitere Gruppe um den christlich-konservativen Abgeordneten Gottfried Treviranus. Mit dem Austritt der beiden Vorsitzenden Walther von Keudell und Reinhard Mumm wurde dann der EVRA zunächst kopflos. Im Januar 1930 übernahm

---

[91] OPITZ, Volksdienst, 31.
[92] MEHNERT, Kirche, 149.
[93] WURM, Erinnerungen, 68.
[94] FRIEDRICH, Fahne, 244ff.
[95] WINKLER, Geschichte, 481f.
[96] Zit. in: FRIEDRICH, Fahne, 250.

der Vlothoer Superintendent, Präses der westfälischen Provinzialsynode, DNVP-Landtagsabgeordnete und Vorsitzende des DNVP-Landesverbandes Westfalen-Nord, Karl Koch,[97] die Leitung des EVRA. Stellvertreter wurden Magdalene von Tiling und der damalige Rittergutsbesitzer und DNVP-Landtagsabgeordnete Reinold von Thadden-Trieglaff.[98] Zwar blieb der EVRA formal in seinem Bestand erhalten, es gingen in der Folge vom ihm jedoch keine nennenswerten Impulse mehr aus. Abermals war das Experiment einer besonderen christlichen bzw. evangelischen Gruppe innerhalb einer konservativen Partei gescheitert.

1.4. Der Christlich-Soziale Volksdienst (CSVD)

Die DNVP hatte zwar nach dem Ende des Kaiserreiches die konservativen Protestanten weitgehend in ihren Reihen gesammelt, doch zeigten sich bald erste Abgrenzungsbestrebungen, als deutlich wurde, dass die Partei die Anliegen der Christlich-Konservativen eher dekorativ verstand. 1920 trennte sich in Württemberg der junge Paul Bausch von der dortigen DNVP-Formation, der Bürgerpartei, weil sie ihm zu reaktionär erschien.[99] Ähnliches galt für Wilhelm Simpfendörfer. Er hatte vor 1918 der Deutsch-Konservativen Partei angehört[100] und nach dem Ersten Weltkrieg in der religiösen Freistattgemeinde Korntal[101] eine überparteiliche „Korntaler Kameradschaft" bzw. „Korntaler Männervereinigung"[102] gegründet. Offensichtlich war Simpfendörfer ein eigenständiger Kopf. Mehrere Beiträge für die (deutsch-nationale) Süddeutsche Zeitung, die sich auch mit der Frage der Haltung der Parteien zum Krieg beschäftigten, wurden 1915 nach der damals üblichen Zensurvorlage beim Generalstab der deutschen Armee als „Nicht erwünscht" bzw. „Nicht genehmigt" zurückgewiesen.[103]

Für Bausch und seinen geistlichen Bruder Wilhelm Simpfendörfer war der Aufruf Samuel Jaegers, abgefasst aus der Enttäuschung über das unklare Verhalten der DNVP im Zusammenhang der Ermordung Walter Rathenaus 1922,[104] ein entscheidendes Signal zur Bildung christlich-sozialer Gesin-

---

[97] DAHM, Pfarrer, 148f.; NOWAK, Weimarer Republik, 102 A. 58.
[98] KLÄN, Tiling, 691ff.
[99] BUCHHEIM, Parteien, 377, geht davon aus, dass sowohl Bausch als auch Wilhelm Simpfendörfer zur „Bürgerpartei" gehörten, anders OPITZ, Volksdienst, 78.
[100] OPITZ, Volksdienst, 78.
[101] Zur Gründung Korntals vgl. LEHMANN, Pietismus, 183f.
[102] Ebd., 306.
[103] Hauptstaatsarchiv Stuttgart Nachlass Simpfendörfer Q 1/14, Büschel 1. Die Manuskripte sind nicht mehr erhalten. Die Themen mussten aus dem Schriftwechsel erschlossen werden.
[104] NOWAK, Republik, 146f.

nungsgemeinschaften 1924.[105] Mit dem Stichwort „Gesinnung" wurde deutlich die protestantische personalistische Interpretation des Politischen aufgegriffen. Am 11.4.1924 wurde dann, nicht zuletzt auch auf dem Hintergrund, dass mittlerweile Nationalsozialisten in diesen Jahren schon beachtliche Ergebnisse in Korntal erzielten,[106] eine solche von Jaeger geforderte „Christliche Gesinnungsgemeinschaft" für Württemberg gegründet. Zum Vorstand gehörten Bausch und Simpfendörfer.[107] Vorausgegangen war ein Aufruf, in dem die beiden ihre Beweggründe darlegten:

„Keiner der bisherigen Parteien können wir unsere Stimme geben. Die einzige, der wir sie mit freudigem Herzen gegeben hätten, die christlich-soziale, ist leider im Dezember 1918 verschwunden. Sie fehlt, sie muß in neuer, nicht in der alten Form wieder erstehen als das Gewissen unseres Volkes, als der evangelische Zeuge Christi im öffentlichen Leben, als der Führer zur Erneuerung und Erhebung unsres Volkes."[108]

Der Aufruf macht deutlich, dass die Grenzen zwischen christlichen Konservativen und Christlich-Sozialen fließend waren, wenn die CSP als die bisher einzig wählbare Partei bezeichnet wird, die nun allerdings eine veränderte Form erhalten sollte. Denn bei aller Nähe kamen die Korntaler eindeutig aus dem pietistisch geprägten konservativen politischen Umfeld. Die Motivation der Christlich-Sozialen, die soziale Dimension des Glaubens in politische Wirklichkeit umzusetzen, blieb ihnen nachgeordnet.

Ein weiterer Unterschied war die eindeutig demokratische Haltung in der Gesinnungsgemeinschaft. Während Mumm noch am Tage der Abdankung Kaiser Wilhelms II. öffentlich für diesen eintrat und auch fernerhin nur ein bedingtes Verhältnis zum demokratischen Staat fand, war – aus der emanzipatorischen und pietistisch-obrigkeitskritischen Tradition Korntals verständlich – die Demokratie hier eine von Anfang an akzeptierte und bejahte Staatsform.[109] Das hieß jedoch nicht, dass die Demokratie im Sinne der westlichen Staatsrechtslehre verstanden wurde. Vielmehr blieb unter dem Anspruch der Gottesherrschaft die konkrete Staatsform letztlich eine „quantité negligeable"[110]. Entscheidender dürfte die gesinnungsgetränkte Auffassung vom politischen Handeln gewesen sein. Während Stoecker und Mumm erkannten, dass christliche Grundsätze in politische Strategien umgemünzt werden mussten, wenn sie im Raum der Politik Erfolg haben sollten, fassten die Männer der Gesinnungsgemeinschaft die Politik als ein Feld des Religiösen auf, in dem nun eben auch religiöse Grundsätze bei den politisch Handelnden zum Tragen kommen sollten. Alles weitere würde sich dann er-

---

[105] Opitz, Volksdienst, 35.
[106] Ebd., 306.
[107] Ebd., 46 A. 32.
[108] Zit. in: Buchheim, Parteien, 378.
[109] Ebd., 380.
[110] Nowak, Republik, 149.

geben. „Es waren eben homines religiosi und viel weniger homines poli-
tici.“[111] Damit unterschieden sie sich aber nun doch trotz allen personalistischen Ansatzes von Luther, der die Bedeutung der weltlichen Vernunft im
Raum des Politischen durchaus positiv sah, und nicht allein mit frommer
Gesinnung Politik machen zu können glaubte.[112] Simpfendörfer begründete
die Entstehung der Gesinnungsgemeinschaft jedoch weniger aus rational
politischen Erwägungen, denn letztlich im Geiste politischer Romantik aus
„einem ganz übermächtigen Erleben, dem Erleben der Wirklichkeit Gottes
in den Erschütterungen des Krieges und der Nachkriegszeit.“[113]

Obwohl Jaeger schon 1924 einen „Reichsverband der christlich-sozialen
Gesinnungsgemeinschaften“ gegründet hatte, blieb diese Konzeption zunächst ein „recht antizipatorisches Unternehmen“[114]. Tatsächlich hatte Jae-
ger zunächst nur in Korntal nachhaltigen Erfolg. Zwischen 1925 und 1927
erlebten die Gesinnungsgemeinschaften parallel zu der Krise innerhalb der
DNVP dann einen Aufschwung. 1927 benannte sich der Reichsverband in
„Christlichen Volksdienst“ (CVD) um, eine Bezeichnung, die in Württem-
berg schon länger gebräuchlich war.[115] Erhellend war, dass man sich nicht als
Partei bezeichnete. Obwohl das Arbeitsfeld des CVD der parlamentarische
Raum war, übte man schärfste Parteienkritik. Wieder zeigte sich hier die
Anti-Parteien-Mentalität, die den Protestantismus kennzeichnete: Man trieb
Parteipolitik, aber man wollte für das große Ganze sprechen, fand sich jedenfalls dazu berufen, und lehnte es daher ab, ein „Parteimann“ zu sein. Aus diesem Grunde verzichteten die Volksdienstler auch auf ein eigentliches Programm, da nach eigenem Selbstverständnis ein solches nur hindernd wirken
konnte. Der Wille Gottes sollte je nach Gegebenheit dezisionistisch umgesetzt werden. Letztlich öffneten die Mitglieder des CVD damit nur „einem
zum Grundsatz erhobenen Pragmatismus Tür und Tor, sofern die jeweiligen
Führer der Partei nur der Überzeugung waren, dass ihr Handeln im Einklang
mit dem Willen Gottes stehe.“[116] Eigentlich, das machte die Erklärung „Voraussetzung und Ziele der Arbeit des Christlichen Volksdienstes“ ganz deutlich, wollte man nicht Politik treiben, sondern Mission. So betonte man, die
Gemeinde Jesu Christi müsse erkennen

„dass sie eine Missionsaufgabe auch dem öffentlichen Leben der Volksgemeinschaft
gegenüber zu erfüllen hat. Nur dadurch wird erzielt, dass der CV(D) die Gefahren des
Parteiwesens vermeidet.“[117]

---

[111] OPITZ, Parteien, 78.
[112] Vgl. zum Ganzen etwa den Aufsatz von BORNKAMM, Reiche.
[113] Ebd., 79.
[114] NOWAK, Republik, 146.
[115] Ebd. 147f.
[116] OPITZ, Volksdienst, 94.
[117] Zit. in: BAUSCH, Erinnerungen, 301.

Eine Partei im eigentlichen Sinne wollte der CVD wie später der CSVD deshalb nicht sein. Nach dem schon bekannten Muster trieb man Parteipolitik wider Willen. In einer Entschließung vom November 1927 in Nürnberg wurde regelrecht mit den Parteien abgerechnet. Ihr Ziel sei nicht „Dienst am Ganzen, sondern Herrschaftsanspruch zum Zwecke der Durchsetzung politischer und wirtschaftlicher Forderungen"[118] usw. Die „Evangelische Jungfront", die Jugendorganisation des CSVD, erklärte durch ihren Führer Adolf Scheu: „Wir wollen dem Parteistaat absagen und die Parteifronten verwerfen. Wir wollen Volksdienst treiben in evangelischem Sinne, aus dem Geiste eines Martin Luther!"[119]

Von daher wird deutlich, dass konkrete politische Forderungen im CVD letztlich als zweitrangig angesehen wurden und konzeptionelle Vorstellungen keinen konsistenten Charakter hatten. Lediglich in sozialpolitischer Hinsicht gerieten die Konzeptionen deutlicher. Hier war die prinzipielle Verbundenheit mit den Christlich-Sozialen zu erkennen, aber auch die Verpflichtung gegenüber der Wählerklientel spürbar, die wesentlich aus dem Kleinbürgertum sowie dem mittlerem Bürgertum kam.[120] Eine gewisse Nähe zur christlichen Gewerkschaftsbewegung war hier ebenfalls zu spüren.[121]

Für die anderen Parteien wurde der CVD mittlerweile ein politischer Faktor, mit dem es sich auseinander zu setzen galt. Besonders gefährlich wurde die Partei dabei für die DNVP, da sie im selben „Wählerteich fischte" und den zunehmend sezessionswilligen Christlich-Sozialen eine Alternative bot. Die Volksdienstler hatten sich nun harter Angriffe zu erwehren. Zu den scharfen Kritikern gehörte auch der nunmehrige Prälat von Heilbronn und Abgeordnete der „Bürgerpartei" Theophil Wurm. Er hielt den CVD für politisch unbrauchbar. In der deutschnationalen „Süddeutschen Zeitung" schrieb er am 21.1.1928, der CVD nehme zwar als „gewissensschärfender Faktor" eine gute Aufgabe wahr, letztlich fehle der politischen Formation aber die „Reife und Besonnenheit"[122].

Im württembergischen Landtag selbst zeigte sich in der Tat schnell die Unfähigkeit zum konsistenten politischen Handeln.[123] „Heftige, ja hohnvolle Kritik war die Folge."[124] Letztlich konnte schon zu dieser Zeit das Resü-

---

[118] Opitz, Volksdienst, 89 A. 11.

[119] Vortrag: „Hat die junge evangelische Front noch eine Aufgabe?" AdSD, NL Scheu, Nr. 481.

[120] Nowak, Republik, 148.

[121] Opitz, Volksdienst, 99.

[122] Zit. in: Lehmann, Pietismus, 311.

[123] Die Wahl des württembergischen Staatspräsidenten war ein beredtes Beispiel: Ohne in eine Koalition mit den rechten Parteien zu gehen, unterstützten die CVD-Leute diese doch, um andererseits dem Kandidaten des Zentrums zum Amt des Staatspräsidenten zu verhelfen. Vgl. Nowak, Republik, 150.

[124] Ebd.

mee im Blick auf den CVD gezogen werden, das später Günter Opitz so zusammenfasste:

„Auch dem CVD gelang es nicht, einen spezifisch ‚evangelischen‘ oder ‚christlichen‘ Weg in der Politik zu finden. Seine Politik war eine konservative, zur Kooperation mit dem neuen Staat bereite, auf politischen und sozialen Ausgleich bestehender Gegensätze drängende Politik, die sich mit besonderem Nachdruck für die Erhaltung und Neubelebung christlicher Sitte, für die volksmissionarischen Anliegen der Gemeinschaftsbewegung und der evangelischen Kirchen und für christlich-konservative Sozialpolitik einsetzte. Von dem christlich-sozialen Flügel der DNVP unterschied sich der CVD im Grundsätzlichen nur durch seine vorbehaltlose Anerkennung des neuen Staates."[125]

Am 28.12.1929 einigten sich dann der von der DNVP bedrängte CSRV und der CVD auf gemeinsame Leitsätze.[126] In ihnen wurde eine inhaltliche Dominanz des CVD deutlich, wenn auch die politische Arbeit nun als „Gottesdienst und Missionsaufgabe" bezeichnet wurde. Programmatisch beschränkte man sich allerdings auf den Kernsatz, in der Politik sei zu fordern, „dass dem Willen Gottes im öffentlichen Leben Gehör und Gehorsam verschafft werde." Im übrigen verstand man sich wieder nicht als Partei, sondern als eine Bewegung, getragen vom „Fronterlebnis und deutschem Pietismus"[127].

Die sich nun Christlich-Sozialer Volksdienst (CSVD) nennende politische Partei (wider Willen) trat eindeutig für die Weimarer Demokratie ein. Diese sollte gerettet werden. Deshalb wolle man zusammenarbeiten „mit allen denen, die guten Willens sind." So unterstützte der CSVD auch den Brüning'schen Kurs.[128]

Über die Gesinnung kam die Partei faktisch jedoch nicht hinaus. Sozialpolitische Forderungen, die für eine sich „christlich-sozial" nennende Gruppe nicht unwichtig waren, wurden kaum erhoben. Auch wenn die Führer der neuen Partei am Tage nach der Gründung einen Kranz an Stoeckers Grab niederlegten,[129] ihr politischer Pate war er nicht.

So unbestimmt das politische Programm blieb, war doch immerhin festzuhalten, dass mit dem CSVD eine „evangelische Verfassungspartei"[130] entstanden war, die sich auf den Boden der parlamentarischen Demokratie stellte, während andere Parteien dieses Fundament gerade zu zertrümmern suchten. Die Hoffnung, für enttäuschte konservative protestantische Wähler eine Alternative zu bilden, bewahrheitete sich jedoch nicht, diese wurde die NSDAP. Der CSVD blieb eine Kleinstpartei.[131] Alles in allem: Eine nennens-

---

[125] Opitz, Volksdienst, 105.
[126] Abgedr. in: Bausch, Erinnerungen, 304ff.
[127] Zit. in: Mommsen, Parteiprogramme, 545; daraus auch die folgenden Zitate.
[128] Nowak, Republik, 266f.
[129] Friedrich, Fahne, 255.
[130] Buchheim, Parteien, 400.
[131] Nowak, Republik, 266f.; Opitz, Volksdienst, 279. Bei der Reichtagswahl 1930 er-

werte politische Kraft war der CSVD beileibe nicht, aber seine geringen
Wirkungsmöglichkeiten setzte er ein, um getreu seiner Absicht die Republik
zu stabilisieren. Sigmund Neumann wollte dem Volksdienst 1932 durchaus
noch eine positive Entwicklung zubilligen, wenn er „auch das starke, nationale Wollen in sich aufzunehmen" vermöchte.[132] Als die Partei dies versuchte, war es für die Weimarer Republik zu spät.

In der Haltung zum Nationalsozialismus war der Volksdienst uneinig.
1930 noch hatte man gefordert, die NSDAP an der Regierung zu beteiligen.[133] Auch später waren vorwiegend die norddeutschen Mitglieder des
CSVD durchaus wohlwollend gegenüber dem Nationalsozialismus eingestellt.

Allerdings kam es auch zur scharfen Abgrenzung. In einem Flugblatt „Hakenkreuz oder Christuskreuz? Eine ernste Frage an die evangelische Christenheit"[134] setzte sich Paul Bausch mit dem Nationalsozialismus in einer
tiefsehenden Weise auseinander, die in dieser Zeit im konservativen Spektrum nur selten zu finden war. Der pietistische Bruder aus dem Korntal erreichte hier eine Schärfe der Analyse, die den meisten Kirchenmännern dieser Zeit fehlte. Zunächst stellte Bausch fest: „Der Nationalsozialismus ge-
winnt immer mehr Anhänger. Vor allem der protestantische Bereich bildet
einen fruchtbaren Boden für die nationalsozialistische Lehre." In seiner weiteren Auseinandersetzung mit der nationalsozialistischen Weltanschauung
kam Bausch dann zu einem Diktum, das einen Grundtenor der Barmer
Theologischen Erklärung von 1934 schon vorwegnahm: „Christus ist der
Christen Herr auch in der Politik!"

Weiter setzte Bausch sich dann mit der nationalsozialistischen „wider-
christlichen Verherrlichung und Verabsolutierung der Rasse" auseinander.
Diesem „Pharisäertum der Rasse" setzte Bausch Luthers Botschaft von der
Rechtfertigung der Sünder entgegen. Die „Vergötzung des Vaterlandes und
der Nation" bezeichnete er schlicht als „Größenwahn". Selbst nicht frei
von antisemitischen Ressentiments wandte er sich gegen den „ganz maß-
losen, unchristlichen Judenhass". Nationalsozialismus war für ihn „Religionsersatz" mit „brutaler Herrenmoral". Auf die Frage „Was ist zu tun?"
gab Bausch die Antwort:

---

reichte der CSVD 2,5 % der Stimmen, in absoluten Zahlen 868807, 1932 nur noch 1 %.
Im November 1932 stabilisierte sich der CSVD bei 1,2 %. Die Reichtagsmandate waren
dementsprechend von vierzehn auf drei und dann wieder fünf Sitze geschwankt (SCHMID,
Geschichte, 25). In der Zwischenzeit hatte sich der Anteil der NSDAP von 18 auf 37 bzw.
33 % erhöht. Allerdings erreichte die DDP, jetzt DStP, nur noch ein Viertel ihrer Wähler
(1 %) von 1932 und nur noch 1/18 der Stimmen von 1919. Auch die DNVP hatte sich in
diesem Zeitraum seit der Wahl 1924 mehr als halbiert.

[132] NEUMANN, Parteien, 72.
[133] LEHMANN, Pietismus, 320.
[134] Abgedr. in: BAUSCH, Erinnerungen, 312; daraus auch die folgenden Zitate.

„Die evangelischen Christen müssen sich sammeln um die Fahne des Kreuzes Christi. Nicht Rassen- und Klassenhass, nicht Interessenpolitik und Mammonsdienst kann uns helfen. Helfen können uns nur noch die erneuernden Kräfte des Christentums."

Die erheblichen Stimmenverluste des CSVD zwischen 1930 und 1932 zeigten, dass die Wählerschaft keineswegs mit dieser kritischen Auseinandersetzung Bauschs mit dem Nationalsozialismus konform ging. Letztlich gelang es auch Teilen des Volksdienstes nicht, sich dem Bann des Nationalsozialismus zu entziehen. Das galt besonders für Wilhelm Simpfendörfer. Er meinte, „im radikalen Umbruch der Zeit das Walten Gottes in Gericht und Gnade"[135] zu erkennen. Unter seiner Führung stimmte der CSVD dann auch dem so genannten Ermächtigungsgesetz zu.[136] In der Auflösung des Volksdienstes zeigte Simpfendörfer sogar vorauseilenden Gehorsam, als er die geforderte Auflösung der Partei unterstützte, indem er – und hier wurde die Anti-Parteien-Mentalität auch des Volksdienstes wieder deutlich – darauf hinwies, die Weimarer Verfassung habe schließlich dem CSVD „eine parteimäßige Abgrenzung aufgezwungen, die seinem innersten Wesen widersprach und gegen die er sich immer gewehrt hat."[137] Der Volksdienst sollte nun nach Simpfendörfers Vorstellung im außerparlamentarischen Raum agieren.

Simpfendörfers Position blieb allerdings nicht unwidersprochen. Die Parteizeitung „Der Christlich-soziale Volksdienst" rückte deutlich vom nun „Reichsführer"[138] genannten CSVD-Vorsitzenden ab und trieb weiter Opposition gegen die NS-Regierung. Der westfälische Landesvorsitzende des CSVD, Pfarrer Albert Schmidt, blieb in klarer Opposition zum nationalsozialistischen Staat. Sein weiterer Weg machte ihn zum evangelischen Märtyrer. Im November 1933 verlor er sein Mandat als Reichtagsabgeordneter, weil er anlässlich Luthers 450. Geburtstag eine scharfe anti-nationalsozialistische Predigt gehalten hatte. Im November 1938 kam er in Gestapo-Haft, an deren Folgen er am 20.11.1945 starb.[139]

Unter den ehemaligen Anhängern des CSVD fanden sich also dem Nationalsozialismus gegenüber ablehnend Eingestellte wie Bausch, „Blutzeugen", wie Albert Schmidt, aber auch Menschen, die dem Nationalsozialismus zunächst anhingen, wie Simpfendörfer. Das im ganzen konfuse Konzept einer christlichen Politik offenbart sich im Nachhinein nochmals in diesen so völlig unterschiedlichen Haltungen zum NS-Regime. Es zeigt die grundsätzliche Schwäche politischer Urteilsbildung im Protestantismus geradezu schlaglichtartig auf. Manfred Jacobs hat diesen Typ der Positivierung, also der Überzeugungsbildung beschrieben: Er ist an „biblischen Begriffen" orien-

---

[135] Zit. in: ebd., 291.
[136] Ebd., 298ff.
[137] Zit. in: ebd., 307.
[138] Ebd., 173.
[139] Buchstab, Schmidt, 120ff.

tiert, von denen aus „unmittelbar in die politischen Sprachlichkeiten"[140]
übergegangen wird. Enthusiasmus und Subjektivismus sind seine Folgen,
faktisch besteht er aus einer „Problemreduktion"[141] auf schlagwortartige
Lösungsansätze. Dafür aber gilt: „Die subjektiv durch die Verantwortung vor
Gott gebundene Herrschaft ist politiktheoretisch ein schwankender Boden"[142], wenn sie nicht auch im Rahmen eines sozialethisch erarbeiteten
Konzeptes steht. Das gilt besonders für den Protestantismus. Die Gefahren
wurden im Katholizismus durch einen Rückgriff auf den als normativ geltenden Neuthomismus und sein Verständnis des Naturrechts stärker vermieden. Das christliche Naturrecht[143] mit seiner Auffassung von allgemein verbindlichen und erkennbaren ethischen Grundsätzen regelte hier weitgehend
das Wechselverhältnis von Glaube, Ethik und Politik. Anders war es bei den
CSVD'lern, die ebenfalls diesen Weg der Positivierung gingen, aber an die
Stelle des christlichen Naturrechtes eine christliche „Gesinnung" setzten,
die eben keine bindenden Maßstäbe vorgeben konnte. Ein Grundproblem
im Verhältnis von katholischer und evangelischer politischer Ethik wird hier
deutlich: Wenn zwei dasselbe – etwa „christlich" – sagten, mussten sie noch
lange nicht dasselbe meinen.

Trotz dieser Schwächen bleibt es ein Verdienst der CSVD-Politiker, überhaupt diesen Weg beschritten zu haben. Er führte immerhin dazu, die Demokratie anzuerkennen und sogar für sie einzutreten. Zu den letzten Stützen
des noch halbwegs demokratischen, wenn auch schon autoritär verformten
Kurses von Brüning zählte der CSVD. Noch im Untergang der Weimarer
Republik stellte Sigmund Neumann dem CSVD ein recht wohlwollendes
Zeugnis aus. Für ihn bleibe charakteristisch „seine antirevolutionäre Gesinnung, die sich bis ins alltägliche Verhalten hinein verfolgen läßt, im absoluten
Verzicht auf agitatorische Übertreibung, auf demagogische Kampfesweise
und lärmende Kraftäußerung."[144] „Weimar" konnte der CSVD nicht retten,
aber in einer zutiefst aufgewühlten, ja „okzidental" hasserfüllten Unter-
gangsstimmung hat der CSVD einen Beitrag zur parlamentarischen Demokratie geleistet.

Wie ist nun der Weg des protestantischen Konservatismus vom „Vormärz"
bis zur nationalsozialistischen Machtergreifung zu interpretieren? Dieser
Weg ist das gescheiterte Projekt der politischen Romantik, die wiederum ein
Teil der Bewegung der Gegenaufklärung,[145] der „Protest gegen den politi-

---

[140] Jacobs, Religion, 69.
[141] Ebd., 70.
[142] Nowak, Demokratie, 4.
[143] Die enorme Bedeutung des Naturrechtes für die Frage der politischen Ethik kann
hier nur angedeutet werden. Auf dieses wird in der Arbeit immer wieder Bezug genommen. Eine Einführung in die Fragestellung gibt Huber, Gerechtigkeit, 85ff. bes. 88ff.
[144] Neumann, Parteien, 72.
[145] Vgl. Berlin, Geläufige, 63ff.

schen Humanismus Westeuropas"[146], war. Gegen die westeuropäischen Idea-
le von repräsentativer Demokratie wurde das konservative Ideal des gottge-
wollten Königtums, das „monarchische Prinzip", beschworen, das besonders
in Deutschland zu einer fast religiösen Apotheose des Staates führte. Im
christlichen und im christlich-sozialen Konservatismus verbanden sich diese
Auffassungen mit dem anthropologischen Skeptizismus der Reformation
und des Pietismus und – damit im Zusammenhang stehend – mit einem spezifisch lutherisch gefärbten Obrigkeitsverständnis, dass bei den Herrschenden die politische Willensbildung am besten aufgehoben sah. In den
„metapolitischen Implikationen der lutherischen Tradition"[147] von Autorität und Gehorsam blieb die „Obrigkeit", zu der die Pastoren als Kirchenbe-
amte ja selbst gehörten, dauerhaft Bezugspunkt des politischen Diskurses, der
in dieser Form im Übrigen von der Entwicklung einer eigenen politischen
Ethik unter den Bedingungen der Moderne zu dispensieren schien. Politische Parteien mit ihrem Streiten und Ringen wurden, wohl nicht zuletzt,
weil ihre Wurzeln in Deutschland zunächst paradoxerweise im theologischen Bereich lagen, zu ideologisch hochaufgeladenen säkularen Theologi-
en,[148] die einem organischen Denken politisch-christlicher Romantik als
spaltend erscheinen mussten.

Die große Schwierigkeit des protestantischen Konservatismus lag in der
Verbindung mit der politischen Reaktion, der es um die Verteidigung der
überkommenen Privilegien ging. Man geriet hier in eine „babylonische Gefangenschaft", die immer nur um den Preis fast völliger politischer Bedeutungslosigkeit verlassen werden konnte.

Es war letztlich diese Mentalität der politischen Romantik in spezifisch
lutherischer Färbung, zusammen mit der unglücklichen Koalition mit der
Reaktion, die dann auch das Scheitern der Parteien in Weimar weitgehend
teilnahmslos begleitete oder indirekt förderte. Selbst dort, wo man wie im
CSVD der Demokratie nicht ablehnend gegenüberstand, war diese Haltung
bestenfalls aus demokratietheoretischer Indifferenz entstanden.

Dem Kaiserreich nachtrauernd, verweigerte sich der Konservatismus der
Republik. Er suchte vielmehr das Alte im Zukünftigen, partizipierte am
antidemokratischen Denken der Zeit, wie z.B. an Carl Schmitts Parlamentarismuskritik,[149] ohne doch etwa den heraufziehenden konservativ-revoluio-
nären Mythos vom „Dritten Reich"[150] bzw. den dramatischen Unterschied
zwischen dem „dezionistischen"[151] Konservatismus und der altkonservativen „politischen Romantik" wirklich zu durchschauen. Auch die Abwen-

---

[146] PLESSNER, Nation, 29ff.
[147] NIPPERDEY, Geschichte I, 492.
[148] NIPPERDEY, Geschichte 1800–1866, 378.
[149] Vgl. TANNER, Demokratiekritik, 28.
[150] Vgl. MOELLER VAN DEN BRUCKS gleichnamiges Buch.
[151] Zum Begriff FRITZSCHE, Konservatismus, 61ff.

dung von einer sich offen reaktionär gebärdenden DNVP unter Hugenberg konnte kein Engagement *für* Weimar mit sich bringen. Dem stand die mentale Disposition des größten Teils des protestantischen Konservatismus entgegen.

2. Der protestantisch-politische Liberalismus

2.1. Der protestantisch-politische Liberalismus und die frühen liberalen Parteien

Neben einem „vormärzlichen Vulgärliberalismus"[1] bestand in Deutschland auch ein stärker auf christlichem Fundament beruhender Liberalismus, der besonders im protestantischen Lager Anhänger fand. Im Gefolge Schleiermachers und der an einem Ausgleich zwischen Religion und Weltgestaltung interessierten Vermittlungstheologie entwickelte sich dann ein religiöser Liberalismus in der Form des „Kulturprotestantismus".[2] Ihm eignete gegenüber dem theologisch orthodoxen oder pietistisch geprägten Konservatismus eine „Dauerreflexion auf die säkularisierten Normen bürgerlicher Lebensführung und ihre christliche Rückbindung, ... [eine] Bildungsreligiosität mit starkem wissenschaftsgläubigen und laizistischem Einschlag"[3].

Der religiös gesonnene Liberalismus zeigte sich jedoch von Anfang an in einen kirchlich orientierten und einen freikirchlichen liberalen Protestantismus gespalten.[4] Gerade der kirchliche Liberalismus blieb gegenüber dem politischen Liberalismus weitgehend indifferent. Zu sehr war er kirchenpolitisch engagiert, als dass er auch im Felde der staatlichen Politik einen deutlichen Einsatz entwickelt hätte. Grundsätzlich verharrte er in den vorgegebenen Bahnen eines antirevolutionären und monarchistischen politischen Weltbildes.[5] Der freikirchliche protestantische Liberalismus hingegen begrüßte die Revolution, hoffte er doch auf ein Ende des behördenkirchlichen Drucks ihm gegenüber.[6] Allerdings war auch seine Ausrichtung stärker kirchenpolitisch bestimmt. Auch in den pietistischen Gruppen gab es in Anlehnung an die Nonkonformisten in England durchaus Sympathien für die Demokratie und deshalb bei aller dogmatischen Differenz zum freikirchlichen Liberalismus Überschneidungen.[7]

---

[1] STROHM, Kirche, 61.
[2] NIPPERDEY, Geschichte 1800–1866, 429. Zum Themenkreis Protestantismus und Kultur, vgl. auch ZSCHOCH, Protestantismus.
[3] HÜBINGER, Kulturprotestantismus und Politik, 15.
[4] Vgl. ZILLESSEN, Protestantismus, 109ff.; SCHMIDT/SCHWAIGER, Kirchen.
[5] ZILLESSEN, Protestantismus, 111.
[6] Ebd., 113f.
[7] DAHRENDORF, Gesellschaft, 168f.

Eine nachhaltige Wirkung entwickelte nur der Kulturprotestantismus. Sein Forum war ab 1863 der Protestantenverein, der „eine Erneuerung der protestantischen Kirche im Geiste evangelischer Freiheit und im Einklang mit der gesamten Kulturentwicklung unserer Zeit"[8] anstrebte und in der orthodox-konsistorialen Behördenkirchlichkeit wie auch in der konservativ-lutherischen Theologie seinen Gegner sah. Der Protestantenverein strebte von Anbeginn eine starke Verknüpfung mit dem politischen Liberalismus an, konnte aber trotz prominenter Vertreter, wie Rudolf von Benningsen, dem Vorsitzenden des Deutschen Nationalvereins,[9] nicht verhindern, immer eine Minderheit zu bleiben.[10] Eine Unterstützung in seinem innerkirchlichen Kampf konnte der Protestantenverein seitens des politischen Liberalismus wiederum nicht erwarten. Im Gegenteil: Der Liberalismus hatte nach seiner Niederlage von 1848/49 einen starken Zug zum Pragmatischen entwickelt,[11] der die liberale Theologie zu entbehren glaubte und den die kirchlichen Streitigkeiten nicht interessierten.

Am ehesten noch fand der Verein Unterstützung bei der 1866/67 von der Deutschen Fortschrittspartei abgespaltenen Nationalliberalen Partei. Wenn es auch im Zusammenhang einer zeitweiligen Entfremdung zu dieser nach dem Ende der politisch liberalen Ära 1866–1877 zu stärkeren Kontakten mit der 1880 abgespaltenen politisch weiter links stehenden Liberalen Vereinigung kam – diese wiederum schloss sich mit den Freisinnigen 1884 zur Freisinnigen Volkspartei zusammen – so blieben die nach rechts gerückten Nationalliberalen letztlich doch eher ein Partner aus dem Bereich des Politischen als die Freisinnigen.[12] Erst als sich von diesen wiederum Eugen Richter mit seiner Freisinnigen Volkspartei abspaltete, waren die Alt-Freisinnigen der „Liberalen Vereinigung" die eigentlichen Träger kulturprotestantischen Engagements in der Politik.[13]

Hervorgehobene Rollen spielten engagierte evangelische Christen in den liberalen Parteien kaum. Zu nennen wäre Karl Schrader, Eisenbahndirektor und Gründer des „Protestantenvereins", seit 1881 für die „Liberale Vereinigung" Abgeordneter im Reichstag. 1890 wurde er kurz Vorsitzender der Deutschen Freisinnigen Partei und nach ihrer Spaltung ab 1902 Vorsitzender der Freisinnigen Vereinigung, ab 1904 auch Vorsitzender im Protestantenverein.[14] Schrader besaß große Integrationsfähigkeiten. Er band mit Martin Rade, den Redakteur der Zeitschrift „Christliche Welt", einen herausragenden liberalen Theologen in die Parteipolitik ein, und er ermöglichte Fried-

---

[8] Zit. in: HÜBINGER, Protestantismus, 1.
[9] HOFMANN, Parteien, 42.
[10] LEPP, Protestantenverein, 361ff.
[11] NIPPERDEY, Geschichte 1800-1866, 718.
[12] LEPP, Protestantenverein, 380f.
[13] HÜBINGER, Protestantismus, 156f.
[14] Ebd., 152ff.

rich Naumann nach seinem Scheitern mit dem Nationalsozialen Verein (s.u.) den Aufstieg zum Führer im linksliberalen Lager.[15]

Rade, unbestrittenes Haupt des protestantischen Liberalismus in Deutschland, wagte 1910 mit einer allerdings vergeblichen Landtagskandidatur für den Kreis Schaumburg/Rinteln den Schritt in die Politik. Für den Regierungsbezirk Kassel wurde Rade Bezirksverbandsvorsitzender der „Fortschrittlichen Volkspartei."[16]

Entscheidender als das wenig nachhaltige direkte politische Engagement im Kaiserreich wurde sein theoretisches Bemühen um ein protestantisches Politikverständnis. In seinem Werk „Unsere Pflicht zur Politik", das im Jahr 1913 unter dem Eindruck des durch seinen Marburger Kollegen Wilhelm Herrmann vermittelten Neukantianismus Hermann Cohens erschien,[17] wandte Rade sich gerade an die liberalen Protestanten, denen er einen allzu individualistisch verengten Religionsbegriff vorwarf, und die er statt dessen nun zum gesellschaftlichen Engagement aufforderte. Rade blieb jedoch im Banne eines politischen Idealismus. Seine Gesamtkonzeption trug, wie seine Biographin Anne Nagel feststellt, „Züge eines säkularisierten Glaubens, für den die Veränderbarkeit des Menschen zum Guten in der Gesellschaft keinem Zweifel unterliegt."[18] Der Erste Weltkrieg sollte ihn bald eines Schlechteren belehren.

Entschiedener und weniger illusionär wandte sich Rades Schwager Friedrich Naumann der Politik zu.[19] Ein christlich-sozialer Konservatismus war für Naumann bald unmöglich. Stoecker warf er vor: „Es geht eben nicht, oben und unten gut Freund sein."[20] Dieser wiederum schrieb versöhnlich 1895 an Naumann :

„Schenkt es Ihnen Gott, was er uns versagt hat, dass Sie eine große Arbeiterpartei zu bilden vermögen, so wird sich niemand mehr freuen als ich … Gott hat Ihnen, glaube ich, eine große Mission zugedacht; aber sie müssen, glaube ich, das Evangelische im Evangelisch-sozialen mehr betonen."[21]

Naumann ging einen anderen Weg. Er verließ den kirchlichen Raum und ging entschlossen in den Bereich der Politik, dem er, beeinflusst durch Rudolf Sohm,[22] eine Eigengesetzlichkeit zuerkannte, die nicht durch theologi-

---

[15] Ebd., 155ff.
[16] NAGEL, Rade, 103.
[17] Ebd., 127ff., 159.
[18] Ebd., 132.
[19] Als Biographie Naumanns sei hier noch immer Theodor HEUSS' Werk „Friedrich Naumann. Der Mann, das Werk, die Zeit" von 1937 genannt. Besonders hingewiesen sei auf den im Jahre 2000 erschienenen und von Rüdiger VOM BRUCH herausgegebenen Sammelband „Friedrich Naumann in seiner Zeit".
[20] Zit. in: STROHM, Kirche, 39.
[21] Zit. in: HEUSS, Naumann, 122.
[22] CHRIST, Naumann, 34.

sche Forderungen behindert oder auch vorangebracht werden konnte. Naumanns Ziel war die Bejahung einer imperialistischen Außenpolitik, die er meinte, als notwendig anerkennen zu müssen, verbunden mit der Integration der Arbeiterschaft in den kaiserlichen Machtstaat. In seinem Werk „Demokratie und Kaisertum", erschienen im Frühjahr 1900, wird dies deutlich. Es ist ein Bekenntnis zur Macht. Sie allein und nichts anderes ist für ihn der entscheidende Faktor in der Politik.

„Wer niemand besiegen will, weil ja der andere auch Rechte auf seine Gewohnheiten und Traditionen habe, der kann als Mensch und Christ vorzüglich sein, als politischer Gedankenbildner paßt er nicht."[23]

Naumann war damit im Bereich des Protestantismus der erste, der das Wesen der Politik durch die Erlangung und Ausübung von Macht nicht als degeneriert oder gar dämonisch, sondern als systeminhärent ansah. Er blieb mit dieser Auffassung ein Einzelgänger im Protestantismus. Andere scheuten die Macht, lehnten sie gar ab. Damit allerdings blieben sie auch vor vielen Gefahren verschont, denen Naumann nicht auswich. Karl Barth bilanzierte Naumanns Politikverständnis mit dem Hinweis auf das Wort des teuflischen Versuchers Jesu: „Das alles will ich dir geben, so du niederfällst und mich anbetest."(Mt 4,9)[24]

Neben der Machtstaatspolitik war Naumanns innenpolitisches Thema die Sozialdemokratie und deren Integration in den Staat. Dabei hoffte er auch auf eine positivere Einstellung der SPD gegenüber dem Christentum. Schon mit seiner Schrift „Jesus als Volksmann"[25] hatte er die Sozialdemokraten für den gegenüber finanziellen Versuchungen unbestechlichen „Volksmann" aus Nazareth zu gewinnen versucht.[26] Naumann fühlte sich der Sozialdemokratie dabei „sachlich näher als allen anderen vorhandenen Parteien"[27]. Er pflegte persönliche Kontakte zu revisionistisch gesonnenen Parteiführern wie Eduard David und Georg von Vollmar und war ständiger Gast auf sozialdemokratischen Parteitagen.[28] Damit war er jedoch seiner Zeit um Jahrzehnte voraus und deshalb erfolglos.

Naumanns Versuch mit einer eigenen politischen Partei hatte keinen Erfolg. 1896 gründete er den „National-Sozialen Verein". Die Stellung zum Christentum war dabei in den „Grundlinien" der Partei im Sinne des Liberalismus formuliert, wenn vom Christentum als dem „Mittelpunkt des geistigen und sittlichen Lebens unseres Volkes" und als der „Macht des Friedens und der Gemeinschaftlichkeit"[29] die Rede war. Der National-Soziale

---

[23] Zit. in: Heuss, Naumann, 153.
[24] Zit. in: Mehnert, Kirche, 197.
[25] Naumann, Werke I, 371ff.
[26] Rolfes, Jesus und das Proletariat, 119ff.
[27] Zit. in: Strohm, Kirche, 39.
[28] Heuss, Naumann, 183.
[29] Zit. in: Mommsen, Parteiprogramme, 168.

Verein scheiterte bei der Reichstagswahl 1903. Die National-Sozialen traten nun dem Freisinnigen Verein bei.

2.2. Der protestantisch-politische Liberalismus in der Deutschen Demokratischen Partei (DDP) und der Deutschen Volkspartei (DVP)

Nach dem Zusammenbruch des Kaiserreiches blieb die Spaltung des Liberalismus in einen nationalen und in einen linken Flügel bestehen. Im November 1918 entstand die Deutsche Demokratische Partei (DDP), die weithin die Nachfolge der FVP antrat. Im Dezember gründete Stresemann die Deutsche Volkspartei (DVP), in der sich die Nationalliberalen neu formierten.[30]

Nachdem die Deutschen mit dem „Versailler Vertrag" unsanft aus dem „Traumland der Waffenstillstandszeit"[31] vertrieben worden waren, bewegten sie sich schnell in die alten Bahnen eines antidemokratischen Denkens zurück. Dies wurde besonders den linksliberalen Demokraten der DDP zum Verhängnis, während die DVP zunächst einen Aufschwung nahm.[32] Hinsichtlich der protestantischen Wählerschichten lässt sich für die Zeit, in der beide Parteien noch relevante Größen waren, folgendes feststellen: Die DDP nahm den „Führungskern des liberalen Protestantismus in Preußen auf", während die DVP mit der DNVP „um das breite Feld der konservativ und deutsch-national orientierten Pfarrer und kirchlichen Behörden"[33] konkurrierte.

Die DVP hielt in der Folgezeit einen konservativen Kurs, der sich oft nur wenig von dem der DNVP unterschied. In Kirchenfragen gab man sich um die Bewahrung des Überlieferten bemüht. So forderte das Parteiprogramm vom Oktober 1919 die Beibehaltung der Rechtsstellung der Kirchen als „Körperschaften öffentlichen Rechts", was das Recht zum Kirchensteuereinzug einschloss.[34] Die DVP übernahm in der Folgezeit weitgehend die Funktion einer „Ausweich-Partei"[35] für jene Wähler, die sich nicht entschließen konnten, der DNVP ihre Stimme zu geben. Mit dem Präsidenten des Evangelischen Oberkirchenrates und des Deutschen Evangelischen Kir-

---

[30] Zur Geschichte von DDP und DVP vgl. ALBERTIN, Liberalismus; STEPHAN, Linksliberalismus.

[31] So Ernst Troeltsch, zit. in: ALBERTIN, Liberalismus, 210.

[32] Von 18 % der Stimmen, die sie noch bei den Wahlen zur Nationalversammlung 1919 erhalten hatte, sank die DDP schon bei der ersten Reichstagswahl auf 8 % ab. Bei der letzten freien Reichstagswahl erreichte die sich nun Deutsche Staatspartei (DStP) nennende Formation noch 1 %. Doch auch der nationalliberalen DVP erging es nicht viel besser. Zwar erhöhte sie von den Wahlen zur Nationalversammlung zur Reichstagswahl 1920 ihren Anteil von 4 % auf 14 %, am Ende lag sie jedoch ebenfalls noch bei 1 %.

[33] ALBERTIN, Liberalismus, 135.

[34] CHRIST, Protestantismus, 319.

[35] NOWAK, Republik, 103.

chenausschusses, Hermann Kapler, stand ihr ein prominenter Protestant nahe.[36]

Mit Friedrich Naumann, Martin Rade, Ernst Troeltsch, Rudolf Otto, Wilhelm Bousset und Otto Baumgarten sammelten sich auf der anderen Seite herausragende Repräsentanten des Kulturprotestantismus in den Reihen der DDP. Naumann wurde bald der Führer der Partei. Er setzte sich nun ganz für den neuen Staat ein, nachdem das Kaisertum ihn bitter enttäuscht hatte. Doch er erkannte auch die allgemeine Stimmungslage, in der bald schon ungeschützt von „Novemberverbrechern" und „Erfüllungspolitikern" gesprochen werden konnte: Es „fehlt die Mystik der Staatsgeburt, der überwältigende Trieb einer Offenbarungszeit"[37], stellte er resignierend fest.

In der Nationalversammlung hatte Naumann noch entscheidend mitgearbeitet und dabei auch die Forderungen der evangelischen Kirche insgesamt unterstützt. Zusammen mit Reinhard Mumm, den Naumanns Freund und Biograph Theodor Heuss allerdings als „mehr geschäftig als geschickt"[38] bezeichnete, setzte Naumann den öffentlich-rechtlichen Charakter der Kirchen in der Weimarer Reichsverfassung durch und überzeugte davon auch die Sozialdemokraten. Naumann starb schon 1919.

Martin Rade wurde in einem Triumvirat gleichberechtigter Vorsitzender der preußischen Landtagsfraktion der DDP, zudem wurde er Mitglied im Ausschuss für „Geistliche Angelegenheiten".[39] Rades Versuch, eine Kirche, die sich im Sinne des Kulturprotestantismus als fortschrittsfördernde demokratische Kraft in der Gesellschaft definieren würde, zu schaffen, konnte allerdings das vorherrschende Ressentiment in den linksliberalen DDP-Kreisen gegenüber der evangelischen Kirche kaum mindern, zumal seine Aktivitäten, wie der Aufruf zur Bildung von Volkskirchenräten,[40] die auf die kommende Kirchenverfassung einwirken sollten, letztlich erfolglos blieben.

Wesentliche Impulse gingen von Rade bei der Gestaltung des kulturellen Teils innerhalb des Parteiprogramms der DDP aus, das seinem idealistischen Pathos entsprach:

„Wir glauben an die Kraft der Wahrheit, den Irrtum zu überwinden! Auf solchen Grundlagen erhebt sich die höchste Schöpfung des menschlichen Geistes: der Kulturstaat. ... Die Krönung des Kulturstaates aber bildet die Verwirklichung der inneren Freiheit in Fragen der Weltanschauung und Religion."[41]

Hinsichtlich der ideologisch hoch aufgeladenen Frage der Schulform forderte das Programm der DDP fortschrittlich die Simultanschule sowie konfessionellen Religionsunterricht oder als Alternative eine allgemeine

---

[36] Ebd., 104.
[37] Zit. in: HEUSS, Naumann, 488.
[38] Ebd., 507.
[39] NAGEL, Rade.
[40] Vgl. Kap. 6.1.; 6.2.
[41] MOMMSEN, Parteiprogramme, 510f.

Religionskunde. Die Trennung von Staat und Kirche wurde ebenso vorgesehen wie die Akzeptanz historisch gewachsener Verbindungen und die „schonende Ablösung"[42] der Staatszuschüsse an die Kirche.

Rade, der sich 1925 für den Katholiken Marx und gegen den Protestanten Hindenburg als Reichspräsidenten ausgesprochen hatte, bekam den gesammelten „Lutherzorn" der Protestanten zu spüren.[43] Er, der Hitlers „Mein Kampf" die „Brutalität eines hirnverbrannten Rassenfanatismus"[44] bescheinigte, wurde Ende 1933 als bereits emeritierter Professor noch nachträglich aus dem Beamtenstatus entlassen.

Nach dem Zusammenbruch von 1918 engagierte sich auch der Religions- und Kulturphilosoph Ernst Troeltsch für die DDP. Troeltsch, obwohl schon im Kaiserreich einer der Führer des Kulturprotestantismus, hatte zunächst in einer politisch konservativen Grundhaltung verharrt und sich nur zögerlich liberalen Ansätzen angenähert.[45] 1919 wurde er Berliner Spitzenkandidat der DDP für die Nationalversammlung. Im selben Jahr ging Troeltsch dann als Unterstaatssekretär ins preußische Kultusministerium. Hier versuchte er von staatlicher Seite aus, Rades Pläne zu einer Demokratisierung der Kirchenverfassung zu unterstützen.[46]

Parteipolitisch blieb Troeltsch nach eigener Einschätzung weitgehend erfolglos, wie erste diesbezügliche Bemerkungen aus dem August 1919 bereits deutlich machen.[47] Die kirchlichen Reformpläne der politisch-protestantischen Liberalen fanden innerhalb der DDP kaum Widerhall, ja sie wurden gar als Überlastung der Partei mit sachfremden Themen betrachtet. Troeltsch's Vorstellung, die DDP zu einer „großen nationalen und reformerischen Partei auszubauen"[48] ließ sich nicht verwirklichen. Troeltsch starb bereits 1923.

Otto Baumgarten, eine weitere prominente Persönlichkeit des Kulturprotestantismus und Mitglied der DDP, blieb in seiner politischen Tätigkeit auf Kiel begrenzt. Seit 1924 im „Verein zur Abwehr des Antisemitismus" tätig, wurde er besonders wegen seiner kritischen Schrift „Kreuz und Hakenkreuz", die er an alle evangelischen Pfarrer in Deutschland versandte, heftig angegriffen.[49] Baumgarten verstarb 1934.

Schon im Mai 1919 hatte der DDP-Vorsitzende von Leer/Ostfriesland, Adolf Grimme, den Vorsitz in seiner Partei niedergelegt. Aus „entschieden christlichem und demokratischen Engagement"[50] zur Partei gestoßen, sah er

---

[42] Ebd., 512.
[43] Schwöbel, Stimme, 53.
[44] Zit. in: ebd.
[45] Graf/Ruddies, Troeltsch, 303ff.
[46] Wright, Parteien, 26.
[47] Nowak, Republik, 100.
[48] Ebd.
[49] Schwöbel, Stimme, 64; vgl. Brakelmann, Krieg, 229ff.
[50] Meissner, Grimme, 23.

sich über die Partei getäuscht: „Nach meinen Beobachtungen ist unsere Partei hier in Ostfriesland nichts als der alte scheuklappige parteifanatische und egoistische Freisinn."[51] Grimme wandte sich wie viele andere Linksliberale bald der SPD zu.[52]

Insgesamt war es dem protestantisch-politischen Liberalismus nicht gelungen, innerhalb der politischen Parteien eine wirkliche Verankerung zu finden. Ihm ermangelte es wohl auch deshalb an Rückhalt, weil dem theologischen Liberalismus im Kirchenvolk die Wähler fehlten. Die protestantisch-politischen Liberalen standen für keine Mehrheitsmeinung im Protestantismus, so dass sie eben auch in den Parteien nicht auf große Beachtung hoffen konnten. Das galt schon für die Kaiserzeit und sollte sich in der Weimarer Republik nach einigen Anfangserfolgen dramatisch zuspitzen. Das zuletzt schmähliche Scheitern des politischen Liberalismus in der Untergangsphase der Weimarer Republik konnte jedenfalls nicht von einem protestantisch-politischen Liberalismus innerhalb der Parteien verhindert werden, da es ihn, nicht zuletzt durch den frühen Tod mancher führenden Vertreter desselben, nicht mehr gab.

---

[51] Zit. in: ebd., 24.
[52] Kap. 3.

3. Die Religiösen Sozialisten

3.1. Erste Begegnungen und Auseinandersetzungen zwischen religiös gesonnenen Sozialisten und Sozialismus bzw. Sozialdemokratie

Den Sozialismus aus religiöser Motivation zu vertreten, zwischen Christentum und Sozialismus ein verwandtschaftliches, wenn nicht gar ein Identitätsverhältnis zu sehen, war nie völlig ausgeschlossen. Gerade die so genannten Frühsozialisten wie Robert Owen oder Charles Fourier waren keineswegs Atheisten.[1] Trotzdem ist die Geschichte des Verhältnisses von Christentum und Sozialismus zunächst geprägt von gegenseitiger Abgrenzung und Verurteilung. Dabei fällt die undifferenzierte Wahrnehmung des jeweils anderen auf. Abgesehen von einigen Ausnahmen blieben die Kontakte zwischen beiden Gruppen in der Anfangszeit der sozialistischen Bewegung indirekt und verzerrt. Dass *der* Sozialismus ein vielgestaltiges Gebilde mit unterschiedlichen Strömungen war, blieb wohl auch deshalb wenigstens den offiziellen kirchlichen Äußerungen zufolge lange verborgen. Unterscheidungen zwischen Sozialismus und Kommunismus, Marxismus und Revisionismus etc. wurden kaum getroffen.

Während konservative oder sozialkonservativ gesinnte Christen zu konservativen Parteien ein oft spannungsreiches Zuordnungsverhältnis fanden, was auch eine spätere Trennung nicht ausschloss, und während liberal eingestellte Protestanten in den liberalen Parteien ihre spezifischen religiösen Auffassungen in den Diskurs einzuspeisen versuchten, was Erfolglosigkeit allerdings oft nicht verhindern konnte, fand sich für überzeugte Protestanten in den sozialistischen Parteien, aus denen 1875 die Sozialistische Arbeiterpartei Deutschlands, ab 1891 die SPD entstand, kein Platz. Die Hauptströmung des Protestantismus dachte allerdings aus anti-sozialistischem Affekt auch gar nicht daran.

Waren zunächst noch vereinzelte Kontakte und Verständigungs-, ja Identifikationsbemühungen möglich gewesen, zu denken ist etwa an das christlich inspirierte „Evangelium eines armen Sünders" von Wilhelm Weitling 1845,[2] wurde die Strömung christlich motivierter Sozialisten bald merklich schwächer, wohingegen die eines atheistischen oder agnostischen Sozialismus mächtig anschwoll. Die Religionskritik von Marx und erst recht die

---

[1] MILLER, Freiheit, 161.
[2] Zu Weitling vgl. RIVINIUS, Bewegung, 28ff.

Verurteilung eines „pfäffisch" genannten Sozialismus im Kommunistischen Manifest trugen dazu bei, diese Tendenz zur polemischen Abgrenzung vom Christentum erheblich zu beschleunigen. „Der christliche Sozialismus ist nur das Weihwasser, womit der Pfaffe den Ärger des Aristokraten einseg-net"[3], hieß es im Kommunistischen Manifest. Der auch nur einigermaßen informierte kirchliche Protestant wusste also, was er vom Sozialismus zu halten hatte und was der Sozialismus von ihm hielt.

Weniger wahrgenommen wurde, dass die Marx'sche Religions- und Kirchenkritik für die praktische Arbeit innerhalb der sozialistischen Bewegung zunächst kaum eine Rolle spielte.[4] Zu sehr war Marx in dieser Zeit noch ein ferner Theoretiker, der im Ausland saß. Dennoch galt bald „als praktischer Konsens ..., dass ein klassenbewußtes Mitglied der Sozialdemokratie sich nicht zu einem religiösen Glauben bekennen"[5] konnte. Damit war jedoch weniger eine dezidierte Auseinandersetzung mit dem Christentum intendiert, als letztlich die Auffassung zum Ausdruck gebracht, dass sich ein religiöser Mensch nicht mehr auf der Höhe der Zeit befinde.

Erst durch die Radikalsozialisten um August Bebel und Wilhelm Liebknecht nahm die Entwicklung einen anderen Gang. Im Programm der von ihnen gegründeten „Sächsischen Volkspartei" wurde 1866 im Zusammenhang der Schulfrage die „Trennung der Schule von der Kirche, Trennung der Kirche vom Staat und des Staates von der Kirche"[6] gefordert. Diese Linie sollte sich weiter fortsetzen. Das Eisenacher Programm der SDAP von 1869, die sich mit der Sächsischen Volkspartei vereinigt hatte, nahm diesen Programmpunkt auf,[7] ebenso das Gothaer Programm von 1875, dass die Vereinigung von Allgemeinem Deutschen Arbeiterverein (ADAV) und SDAP brachte, hier allerdings mit der dann fast sprichwörtlich gewordenen Formulierung der „Erklärung der Religion zur Privatsache."[8] Im Erfurter Programm von 1891 wurde dieser Themenbereich aus dem engen Zusammenhang mit der Debatte um die geistliche Schulaufsicht gelöst und ausführlicher formuliert:

„Erklärung der Religion zur Privatsache. Abschaffung aller Aufwendungen aus öffentlichen Mitteln zu kirchlichen und religiösen Zwecken. Die kirchlichen und religiösen Gemeinschaften sind als private Vereinigungen zu betrachten, welche ihre Angelegenheiten vollkommen selbständig ordnen."[9]

Damit wurde eine klare Trennung von Staat und Kirche und der Entzug aller finanziellen Staatsleistungen gefordert. Eine Emanzipation der Kirche vom

---

3 Zit. in: MOMMSEN, Parteiprogramme, 282.
4 KANDEL, Sozialkonservatismus, 306.
5 Ebd.
6 Zit. in: MOMMSEN, Parteiprogramme, 306f.
7 Ebd., 312.
8 Ebd., 314.
9 Ebd., 352.

Staat konnten sich auch die Christlich-Konservativen und die Christlich-Sozialen gut vorstellen. Das unterschied sie noch nicht von den Sozialdemokraten. Schwerwiegender war die Erkenntnis, *wie* diese Trennung nach sozialdemokratischer Vorstellung gedacht war. Auf dem Hintergrund des Verhältnisses der Sozialdemokratie zu den Kirchen, die in dieser Zeit mit den fünf Merkmalen

„Gleichgültigkeit und Indifferenz in Fragen der geistigen Auseinandersetzung mit Religion und Christentum, Spott, Antiklerikalismus und Pragmatismus in der Frage des formellen Kirchenaustritts"[10]

beschrieben werden kann, war klar, dass mit den programmatischen Forderungen der Anspruch der Kirchen, *öffentlich* zu wirken, beschnitten sein sollte.[11]

Trotz dieser teils aggressiven Distanz zur Kirche förderte die Parteileitung aktiv antikirchliches Verhalten kaum. Allerdings bedeutete der Anschluss an die sozialistische Bewegung „bei meist weiterbestehender nomineller Kirchenmitgliedschaft – in der Regel die Entfremdung von Kirche und Christentum".[12] So war die SPD keineswegs eine protestantische Partei, aber andererseits wählte ein großer wenn nicht gar überwiegender Teil der getauften evangelischen Arbeiterschaft die SPD.

Im Zusammenhang der Revisionismus-Debatte in der SPD waren es dann Georg von Vollmar und Eduard Bernstein,[13] die eine positivere Einschätzung der Kirche forderten. Bernstein verlangte gar als Formulierung in der Parteiprogrammatik: „Gleiches Recht für die Anhänger aller religiösen und philosophischen Bekenntnisse, Freiheit der Religionsausübung."[14] Er erkannte in der Kirche eine Kulturmacht, der er im Gefolge der sozialistischen Rezeption des Neukantianismus[15] eine sittlich-ethische Funktion zuwies. Zunächst aber scheiterte Bernstein innerhalb der Partei mit seiner Programmreform.

Zwischenzeitlich war auch kirchlicherseits der Versuch unternommen worden, die Sprachlosigkeit zwischen Protestantismus und Sozialdemokratie zu beenden. Dabei ging der brandenburgische Pfarrer Rudolf Todt[16] zunächst literarisch, dann zusammen mit Adolf Stoecker und Adolph Wagner durch die Gründung des „Centralvereins für Socialreform" und sein Publikationsorgan „Der Staats-Socialist" voran. Von sozialdemokratischer Seite begegnete man dem „Centralverein" jedoch mit kaum verhohlener Gering-

---

[10] KANDEL, Sozialkonservatismus, 314.
[11] MÖLLER, Kirche, 130; infragegestellt bei KANDEL, Sozialkonservatismus, 307.
[12] SCHMITT, Wahlverhalten, 45; KANDEL, Sozialkonservatismus, 313.
[13] Zu Bernstein, LÖWE, Bernstein.
[14] MÖLLER, Kirche, 132.
[15] GREBING, Revisionismus, 41.
[16] Zu Todt vgl. KANDEL, Sozialkonservatismus.

schätzung, man hielt ihn für zu theoretisch und bezeichnete ihn doppelsinnig als ein „ein todtgeborenes Kind"[17].

Weder Todt und natürlich noch viel weniger Stoecker waren Mitglied der Sozialdemokratie. Es ging ihnen vielmehr darum, deren berechtigte Forderungen aufzunehmen, aber nicht in deren Reihen einzutreten. Den Anfang damit machte 1899 der Pfarrer Christoph Friedrich Blumhardt; im Jahre 1900 trat dann Pfarrer Paul Göhre in die SPD ein. Beide scheiterten in der Partei und darüber hinaus auch in der Kirche. Der später aus der Kirche ausgetretene Göhre propagierte am Ende seines Lebens die undogmatische „Religion Jesu", die sich auf „theologisch unprätenziöse Weise als Gottesverehrung"[18] verstand. Göhre starb 1928. Christoph Friedrich Blumhardt verstand seinen Eintritt in die SPD als Demonstration der umfassenden Liebe Gottes zu allen Menschen. Sein Pfarramt legte er nieder. Die Partei an sich bedeutete Blumhardt jedoch wenig: „Wie könnte das Äussere irgend einer Partei mich verlocken?"[19], fragte er rhetorisch in einem Brief. Anti-Parteien-Mentalität war also nicht nur ein Spezifikum des protestantischen Konservatismus. Nach einigen Jahren resignierte Blumhardt in der Parteiarbeit, auch wenn er nicht aus der SPD austrat.[20] Seine letztlich ebenfalls romantischen Vorstellungen von Reich-Gottes-Arbeit und Parteipolitik ersetzten ebenfalls keinen konsistenten Politikbegriff.

Blumhardt und Göhre blieben zunächst Einzelgänger. Sich als Protestant aktiv für den Sozialismus, möglicherweise sogar innerhalb der SPD, einzusetzen, war noch über lange Jahre hin für die meisten evangelischen Christen ausgeschlossen.

3.2. *Religiöser Sozialismus und Sozialdemokratie in der Weimarer Republik*

Erst die Erschütterungen des Ersten Weltkrieges und der politische Umbruch des November 1918 riefen eine eigentlich religiös-sozial zu nennende Bewegung in Deutschland hervor, deren verschiedene Ansätze Ende 1919 in den „Bund religiöser Sozialisten" mündeten. Aus ihm und der 1924 entstandenen „Arbeitsgemeinschaft der religiösen Sozialisten Deutschlands" entwickelte sich 1926 der „Bund religiöser Sozialisten Deutschlands".[21]

---

[17] KANDEL, Sozialkonservatismus, 319.
[18] WOLFES, Art.: Göhre, 568.
[19] Zit. in: THURNEYSEN, Blumhardt, 105.
[20] HAUSS, Blumhardt, 466.
[21] Zur Geschichte vgl. BREIPOHL, Dokumente, 7ff. Dem Bund gehörten 1933 ca. 25000 Mitglieder an. 1,5 % aller deutschen evangelischen Pfarrer waren Mitglieder in der Bruderschaft sozialistischer Theologen.

Trotz dieser vielfältigen Aufbrüche blieb der Religiöse Sozialismus die Sache einer Minderheit.[22] Andererseits muss festgestellt werden: So wenig verankert die Religiösen Sozialisten innerhalb des Protestantismus und als Minderheit innerhalb der Partei waren, wählte doch laut den Wahlstatistiken die Mehrzahl der evangelischen Wählerschaft im Kaiserreich und vor der Endphase Weimars die SPD.[23] Dies hieß jedoch nicht, dass die Haltung der evangelischen SPD-Wählerschaft ein überzeugter Protestantismus gewesen sei. Vielmehr war die Skepsis gegenüber der Kirche oft nicht weniger groß als bei den Freidenkern bzw. den sog. „Dissidenten".

Wohl deshalb blieben die Religiösen Sozialisten innerhalb der SPD wie eben auch innerhalb des Protestantismus eine letztlich fast verschwindende Minderheit, da wirkliche Anknüpfungspunkte im sozialistischen Lager fehlten. Dies lag zum einen daran, dass gerade von der Betonung des religiösen Standpunktes her kaum eine Verbindung mit der Mehrheitsströmung möglich war. Hier war längst eine eigene Welt entstanden, die die Religion dem Bürgertum zugeordnet hatte. Heimat fanden die sozialdemokratisch gesonnenen Arbeiter und Arbeiterinnen nicht in der Kirche, sondern in einer proletarischen Gegenwelt zum Bürgertum: in der Arbeitersportbewegung, in der Arbeitermusikbewegung, im proletarischen Theater usw. Proletarische Feierstunden und ein eigener Festkalender mit dem 1. Mai als höchstem Feiertag wurden entwickelt und durchaus auch angenommen.[24] Hier mussten Religiöse Sozialisten geradezu verdächtige Fremdkörper bleiben, zumal andererseits die SPD auch von den organisierten „Freidenkern", die sich keineswegs in die Partei einordnen wollten, bedrängt wurde, endlich zu einer programmatisch deutlicheren Abgrenzung gegenüber der Kirche und der Religion zu kommen. Schließlich, so meinten sie, habe die Erklärung der „Religion zur Privatsache" dazu geführt, dass „nicht wenige Parteimitglieder [daraus] die moralische Berechtigung ableiten, auch fernerhin einer Kirche anzugehören."[25]

---

[22] PETER, Aktivierung, 231.

[23] Schon 1907 wurden 37 der 43 sozialdemokratischen Abgeordneten in überwiegend evangelischen Gebieten gewählt. 1924 entfielen auf die SPD 31,5 % der protestantischen Stimmen, dicht gefolgt von der DNVP, die 29,9 % erhielt. Die DVP bekam 13,4 %, die DDP 7,3 % und die KPD/USPD 9,5 %. 1928 – in der Schlussphase der relativ stabilen Verhältnisse in Weimar – wählten auch auf dem Lande genauso viele Protestanten die SPD wie die DNVP, DVP und DDP zusammen, in den Städten waren es sogar noch drei Prozent Wähler mehr. Nimmt man auf der Seite der SPD noch die KPD, bei den bürgerlichen Parteien noch das Zentrum hinzu, entschieden sich 1928 auf dem Lande 31 % für sozialistische Parteien und 27 % für die bürgerlichen Gruppierungen. In den Städten war das Zahlenverhältnis 40 % : 28 %. Vgl. KLÖCKNER, Konfession, 206; SCHMITT, Wahlverhalten, 121 u. FALTER, Wahlen 194ff.

[24] Vgl. WIL/BURNS, Arbeiterkulturbewegung. Ein eindrückliches Beispiel für eine „proletarische Feierstunde" ebd., 143.

[25] HERRE, Freidenker, 156.

Adolf Grimme, der von der DDP zur SPD gestoßen war, sah „im religiösen Sozialismus, der weithin als hölzernes Eisen verlacht wurde,"[26] eine
Bewegung, die sich sowohl im Protestantismus wie im Sozialismus nur
schwer behaupten könne.

Aber auch von Seiten der Religiösen Sozialisten war das Verhältnis zur
SPD ambivalent. Erhebliche Sympathien galten der radikaleren KPD, die
sich nicht auf einen vermeintlich Kompromisskurs mit den alten Eliten eingelassen hatte.[27] Der reformerische Weg der SPD war für viele Religiöse Sozialisten, die selber keine politisch umsetzbaren Programme entwarfen, „eigentlich schon uninteressant."[28]

Andererseits entwickelten sich auch positive Ansätze zur Zusammenarbeit mit anderen sozialistischen Gruppen. Eine gemeinsame Berührungsflä-
che ergab sich in der Auffassung von der eher sittlich-moralischen Bedeutung des Sozialismus zu den „Ethischen Sozialisten", die innerhalb der revisionistisch gesonnenen Strömung der SPD arbeiteten. 1928 fand eine
gemeinsame Tagung in Heppenheim statt. Referate hielten u.a. Hendrik de
Man für die Ethischen Sozialisten und Eduard Heimann für die Religiösen
Sozialisten.[29]

Eine verhalten positive Stellungnahme zur evangelischen Kirche entwik-
kelten auch die „Sozialistischen Monatshefte", die ihre sozialdemokratischen
Leser sogar aufforderten, über die Kirchenwahlen in die synodalen Leitungs-
organe der evangelischen Kirche hineinzukommen, um diese an sich doch
positiv zu wertende Institution im sozialdemokratischen Sinne umzuwandeln. Doch gaben sich die „Sozialistischen Monatshefte" keiner Illusion hin.
Sie wussten, dass auch die evangelischen Mitglieder der SPD genauso hart
und ablehnend über die Institution Kirche urteilten wie die konfessionslosen
Genossen.[30]

3.3. Die theologische Infragestellung des Religiösen Sozialismus durch Karl Barth

Mitgearbeitet im „Bund der religiösen Sozialisten", aber doch organisatorisch keinen Anschluss gefunden hatte die „Neuwerk-Bewegung",[31] die
sich im März 1919 im hessischen Schlüchtern gegründet hatte. Wenn man
sich auch hier dem Gedanken des Sozialismus vorsichtig öffnete, blieb zunächst eine Distanz zur SPD bestehen. Bezeichnenderweise waren die ersten

---

[26] Zit. in: MEISSNER, Grimme, 27.
[27] MÖLLER, Kirche, 233.
[28] STROHM, Kirche, 84.
[29] Sozialismus aus dem Glauben.
[30] CHRIST, Protestantismus, 289ff.
[31] Vgl. dazu VOLLMER, Neuwerkbewegung.

Mitglieder des „Neuwerks" Parteiangehörige der DDP, die Zeitschrift der Vereinigung nannte sich „Der christliche Demokrat". Erst als die Kritik am Kurs der DDP immer stärker wurde, wurde das Verhältnis zur SPD eingehender erörtert. Der Theologieprofessor Friedrich Niebergall beschrieb dieses zunächst noch negativ. Auf die selbstgestellte Frage „Wir sind sozial und demokratisch, warum sind wir nicht sozialdemokratisch?"[32] antwortete er mit der bekannten Ablehnung der in der SPD vorherrschenden materialistischen Weltanschauung, ihrer Klassenkampfprogrammatik und des Internationalismus. Trotz dieser Bedenken wandte sich die Bewegung bald mehrheitlich der Sozialdemokratie zu. Die Zeitschrift „Der christliche Demokrat" wurde umbenannt in „Das Neue Werk",[33] was die in der damaligen Zeit allgemein verbreitete Aufbruchstimmung zum Ausdruck brachte und der Bewegung dann auch ihren Namen gab.

Über eine Winkelexistenz kam die Neuwerk-Bewegung allerdings nicht hinaus. Nicht zuletzt Karl Barth trug dazu bei, dass überhaupt der Religiöse Sozialismus eine nur sehr begrenzt einflussreiche Gruppierung blieb. Entscheidend war hierfür die nachmalig bekannt gewordene Konferenz im thüringischen Tambach im September 1919, auf der es zu einer programmatischen Besinnung der nun klar religiös-sozial ausgerichteten Neuwerk-Bewegung und zur Gründung einer „Religiös-Sozialen Vereinigung Deutschlands" kommen sollte. Barths ursprüngliche Nähe zu sozialistischen Anschauungen war in Tambach bekannt. Doch zwischenzeitlich hatte er sich durch die Beschäftigung mit dem Römerbrief zur radikalen theologischen Neubesinnung entschlossen, die auch seine religiös-sozialistische Position nicht ausnahm.[34] Die in Tambach Anwesenden ahnten davon zunächst nichts. Barth wandte das Vortragsthema „Der Christ in die Gesellschaft" ab in die Überschrift „Christus in der Gesellschaft" und spiegelte damit seine neuen theologischen Erkenntnisse, den Konflikt mit aller liberalen Theologie, aber auch seine Ablösung vom Religiösen Sozialismus, wider.

Barths Vortrag war rein theologisch gestimmt. Er wies keinen direkten Weg mehr zur Politik bzw. zur politischen Ethik. Barth wandte sich vielmehr dagegen,

„Christus zum soundsovielten Male zu säkularisieren, heute z.B. der Sozialdemokratie, dem Pazifismus, dem Wandervogel zu Liebe, wie ehemals den Vaterländern, dem Schweizertum und Deutschtum, dem Liberalismus der Gebildeten zu Liebe."[35]

Die Wirkung von Barths Vortrag war außerordentlich; allerdings nicht, wie sich die Veranstalter es gedacht hatten, im anfeuernden, sondern im ernüchternden Sinne. Die Weimarer Republik hatte offensichtlich vom linken Flü-

---

[32] Zit. in: MEHNERT, Kirche, 193.
[33] VOLLMER, Neuwerkbewegung, 8ff.
[34] Zit. in: GRAF, Götze, 424; BUSCH, Lebenslauf, bes. 83 und 94.
[35] Zit. in: BUSCH, Lebenslauf, 12.

gel des Protestantismus keine Unterstützung zu erwarten, hier fand sich vielmehr jetzt ein „theologisch fundierter Sozialanarchismus, eine zum Prinzip
erhobene soziale und kulturelle Indifferenz"[36]. Barths Auftreten in Tambach
bedeutete für den Religiösen Sozialismus in Deutschland „einen schweren
Rückschlag"[37], nicht aber sein Ende.

Insgesamt war jedoch der Religiöse Sozialismus sowohl in absoluten Zahlen als auch in seiner Breitenwirkung die Sache einer Minderheit. Doch sollte deren nachhaltige Wirkung nicht unterschätzt werden. Stärker noch als
bei den Liberalen, die am Ende von Weimar marginalisiert waren, hatten hier
Protestanten Erfahrungen mit der Arbeit in einer demokratischen Partei gemacht und gleichzeitig mit der sozialen Demokratie ein handlungstheoreti-
sches Konzept kennen gelernt, an das später angeknpüft werden konnte.

---

[36] MEHNERT, Kirche, 202.
[37] VOLLMER, Neuwerkbewegung, 18.

4. Interkonfessionelle Überlegungen im politischen Katholizismus und die Mitarbeit von Protestanten

Die Entstehung des politischen Katholizismus[1] kann im Rahmen dieser Arbeit nicht nachgezeichnet werden, es bleibt jedoch festzuhalten, dass schon seit Ende der 1830iger Jahre vom politischen Katholizismus als einer Partei gesprochen werden kann,[2] deren Grundhaltung im Wesentlichen antirevolutionär und ultramontan war. Zwar fanden sich auch im Katholizismus selbstverständlich eher liberale und konservative Elemente sowie ein lebendiger Sozialkonservatismus, aber im Unterschied zum Protestantismus gelang es hier, *eine* politische Partei zu gründen,[3] wobei man sich der neuen parlamentarischen Instrumente mit „bemerkenswerter Vorurteilslosigkeit und Effizienz"[4] bediente.

Obwohl der seit 1871 nach Vorläufern in der Zentrumspartei formierte Katholizismus grundsätzlich überkonfessionell sein wollte,[5] änderten prominente Protestanten wie Ernst Ludwig von Gerlach in seinen Reihen kaum etwas an der Tatsache, dass das Zentrum faktisch eine katholische Partei war. Dabei blieb es in der Folgezeit. Vereinzelte Bemühungen, das politische bzw. konfessionelle Spektrum zu erweitern, änderten nichts daran.[6] Versuche, wie der des rheinischen Zentrumspolitikers Julius Bachem 1906, „aus dem Turm [sc. des katholischen Milieus] heraus"[7] zu kommen, blieben umstritten. Anders sah es in der Gewerkschaftsarbeit aus. Hier setzte sich innerhalb des Zentrums eindeutig unter Adam Stegerwald die sogenannte „Kölner Richtung" durch, die eine Mitarbeit der katholischen Arbeiter in den interkonfessionellen Christlichen Gewerkschaften förderte.[8] Eine besondere Bedeutung bekam erst im Nachhinein Stegerwalds auf dem 10. Kongress Christlicher Gewerkschaften in Essen 1920 gehaltener Rede zu, in der er eine interkonfessionelle Volkspartei mit den Attributen *deutsch, christlich, demokratisch* und *sozial* forderte.[9]

---

[1] NIPPERDEY, Geschichte 1800–1866, 406ff.
[2] MEHLHAUSEN, Theologie, 67ff.
[3] NIPPERDEY, Geschichte 1800–1866, 387.
[4] NOWAK, Christentum, 123.
[5] HOFFMANN, Geschichte, 95.
[6] Ebd., 105.
[7] ANDERSON, Erben, 72.
[8] LINDT, Totalitarismus, 97.
[9] GURLAND, CDU/CSU, 19ff., vgl. Kap. 7.1.

Nach dem Ersten Weltkrieg konstituierte sich die Zentrumspartei in einigen Teilen Deutschlands unter dem Namen „Christliche Volkspartei", um
den bisher nur theoretisch erhobenen interkonfessionellen Anspruch deutlich zu dokumentieren. Dies blieb nicht ohne Wirkung. Anfang 1919 bildete
sich in Berlin ein „Bund christlicher Demokraten. Evangelischer Zweigver-
ein des Zentrums", dem u.a. der Theologieprofessor Karl Dunkmann und
der Berliner Pfarrer Johannes Haecker angehörten.[10] Das interkonfessionelle Experiment scheiterte bald.[11] Offensichtlich war die Integration
doch mit mentalen Hemmungen verbunden.[12] In der Partei fühlte sich die
protestantische Minderheit nicht angemessen repräsentiert, für die Glau-
bensgenossen wiederum waren sie „Verräter am evangelischen Glauben"[13].
Weitere Bemühungen blieben, wie etwa das Werben des Kölner Oberbürgermeisters Konrad Adenauer für die Bildung einer „großen christlichen
Partei"[14] oder eine programmatische Zeitschrift mit dem Titel „Der Zusammenschluß"[15], erfolglos.
Obschon die politische Romantik durch die Konvertiten Haller und
Müller in besonderer Weise auch eine katholische Angelegenheit war, konnte sich der protestantische Konservatismus in seiner Frühzeit, trotz aller Gemeinsamkeit im Letzten, nicht mit dem zunehmend ultramontanen Katholizismus, der darüber hinaus die Möglichkeiten des Parlamentarismus pragmatisch aufgriff, verbinden. Die folgenden Jahrzehnte, in denen Deutschtum
und Evangelischsein immer stärker identifiziert wurden, machten eine solche Verbindung auch für den Katholizismus noch schwieriger. Interkonfessionelle Anstrengungen in der Partei blieben weitgehend die Angelegenheit
einer Minderheit. Die mentalen Dispositionen auf beiden Seiten haben hier
eine entscheidende Rolle gespielt. In der Demokratie von Weimar, die von
Katholiken als eine produktive Chance aufgefasst wurde, kam es dann zumindest mit der DDP und der SPD und den jeweils in ihnen vertretenen
protestantischen Kräften zur „Weimarer Koalition", die aber insgesamt zu
schwach war, Weimar zu retten.

[10] MORSEY, Zentrumspartei, 134.
[11] MEHNERT, Kirche, 167ff.
[12] MORSEY, Zentrumspartei, 230.
[13] MEHNERT, Kirche, 167f.
[14] ROEGELE, Adenauer, 80.
[15] BUCHHEIM, Parteien, 333ff.

5. Die Stellung von Theologie und Kirche
zu den politischen Parteien

5.1. Mitarbeit von Kirchenvertretern in und Distanz
zu den politischen Parteien

Immer wieder haben sich auch Theologen in den politischen Parteien betä-
tigt, grundsätzlich aber blieben sie innerhalb der Theologenschaft eine deutliche Minderheit. Dies lag auch daran, dass die parteipolitische Arbeit von
Pfarrern von den Kirchenleitungen nicht gerne gesehen wurde. Ein Erlass
vom 15.1.1863 warnte die Geistlichen denn auch vor den ‚Parteileidenschaf-
ten'[1]. Doch ohnehin betraf diese Warnung eben nur eine Minderheit. Bei
der Mehrheit der Pfarrer kam eine politisch-romantische Haltung und eine
mit ihr gekoppelte Anti-Parteien-Mentalität zum Tragen, die Thomas Nipperdey folgendermaßen charakterisiert:

Das „Verständnis von Staat und Politik war eher statisch, am monarchischen Beamtenstaat orientiert, nicht dynamisch, nicht an Parlament und Parteien oder gar deren Be-
deutungsmehrung. Das allgemeine Wahlrecht oder der Reichstag wurden keineswegs
bekämpft, aber in der Trivialtheologie der Politik, wie sie die Pastoren vortrugen, hatte
es eigentlich keinen Ort."[2]

Es wäre eine hier nicht zu leistende eigene Untersuchung wert, inwiefern
das sog. „persönliche Regiment" Kaiser Wilhelms II., dessen staatsrechtliche
Wirkung zwar umstritten,[3] dessen „schauspielerische Wirkung" eines
scheinbar persönlich regierenden Kaisers aber unbestritten ist, nicht auch
gerade die politisch-romantische Mentalität des Protestantismus und besonders der Pfarrer stärkte. Viel an diesem „persönlichen Regiment" war, wie es
Ernst Rudolf Huber formuliert, auch „Legende, während die gesellschaftlichen Mächte, die öffentliche Meinung, die Presse, die Verbände und Parteien, vor allem aber das an Ansehen und Macht ständig wachsende Parlament die Staatssubstanz"[4] bestimmten. Diesen Modernisierungsprozess verdeckte für den konservativen Protestantismus, dem die meisten Pastoren

---

[1] Zit. in: HUBER / HUBER, Kirche, 973.
[2] NIPPERDEY, Geschichte I, 494.
[3] Vgl. HUBER, Verfassungsgeschichte III, 182f.
[4] Ebd.

zuzuzählen waren, einstweilen der „neoromantische Traditionalismus"[5] der
wilhelminischen Staatsführung.

Mit dem Ende des Ersten Weltkrieges sollte sich dies ändern. War auch die
ganze deutsche Gesellschaft durch das Zerbrechen des Kaiserreiches schwer
erschüttert worden, traf dies doch die Evangelische Kirche mit besonderer
Wucht, da sie als eine Stütze der alten Herrschaftsform ihres formalen Ober-
hauptes beraubt war.[6] Nun musste sie als Ergebnis der revolutionären Um-
brüche auch um ihre bis dahin privilegierte Stellung fürchten. Neben dem
äußeren Kampf um den weitgehenden Besitzstandserhalt, der unmittelbar
mit der Novemberrevolution 1918 durch den Amtsantritt des kirchenfeind-
lich gesonnenen Kultusministers Adolph Hoffmann einsetzte – wenn dessen
Tätigkeit auch durch sein letztlich kurzes politisches Wirken eher den Charakter eines warnenden Menetekels bekam[7] – standen die Kirchen gleichzeitig vor der Frage ihrer inneren Reorganisation. Darüber hinaus galt es, neben
einem praktischen Verhältnis zum demokratischen Weimarer Staat auch eine
innere Klärung des Standortes der Kirche in der neuen Gesellschaft und zu
den entscheidenden Ordnungs- und Gestaltungskräften, zu denen auch die
Parteien seit der noch kurz vor Ende des Kaiserreiches vorgenommenen
Parlamentarisierung,[8] die nach 1918 beibehalten wurde,[9] zählten, zu finden.

Von Anfang an herrschte hier die Auffassung, die Kirche habe „über den
Parteien"[10] zu stehen. Eine Entschließung des Deutschen Evangelischen
Gemeindetages betonte dies schon im November 1918,[11] und auch die Alt-
preußische Generalsynode von 1920 hielt daran als ehernem Grundsatz
fest.[12] Auf das gesamte evangelische Spektrum bezogen war dieses überparteiliche Programm jedoch schon deshalb undurchführbar, weil es ja *die* evangelische Kirche als soziologische sowie als geistliche Größe nicht gab. Der
Protestantismus war vielgestaltig und seit Entstehung der politischen Parteien waren evangelische Christen in ihnen engagiert. Zum anderen konnten die Kirchen, wollten sie sich im neuen Staat etablieren, gar nicht darauf
verzichten, politischen Einfluss zu gewinnen. Dies ging aber nach Lage der
Dinge nicht ohne parteipolitische Kontakte und diesbezügliche Präferenzen.
Die Kirche musste jetzt „Parteien kennen", um ihre Ansprüche durchzusetzen. Die Haltung, *über* den Parteien zu stehen, war deshalb eine vordemokra-
tische Attitüde im Geiste politischer Romantik, die faktisch einen „Selbst-

---

[5] Ebd., 182.
[6] Zahlreiche Quellen: GRESCHAT, Revolutionsjahr, 88ff.
[7] WRIGHT, Parteien, 12ff.
[8] Vgl. HUBER, Verfassungsgeschichte V, 398ff.
[9] Ebd., Verfassungsgeschichte VI, 49, 135f.
[10] So auch bezeichnenderweise der Titel von WRIGHTs Monographie zur Stellung der
Kirchenführer zur Weimarer Republik 1918-1933.
[11] FRITZ, Dibelius, 48 A. 105.
[12] NOWAK, Republik, 88.

widerspruch"[13] bedeutete und letztlich auch die Entwicklungen, die die Innenpolitik des Kaiserreiches durch die zunehmende Parlamentarisierung in den beiden letzten Kriegsjahren genommen hatte,[14] verleugnete.

Natürlich durchschaute man die vorgegebene Überparteilichkeit in den Reihen der kirchlichen Vertreter auch selbst als Chimäre. Das Otto Dibelius zugeschriebene Aperçu „Die Kirche ist politisch neutral – aber sie wählt deutschnational"[15] machte den wahren Charakter dieser nur scheinbar neutralen Stellung deutlich. Natürlich war bei der verbreiteten mentalen Orientierung zu erwarten, dass sich die meisten Kirchenmänner wie bisher konservativ orientierten und sich deshalb der neu gegründeten DNVP bzw. der DVP annähern würden. Die DNVP warb eifrig in diese Richtung.[16] Einen Hauptwahlhelfer fand sie in ihrem Parteimitglied Dibelius. Seine Tätigkeit entfaltete er als Geschäftsführer des „Geistlichen Vertrauensrates", eines kirchlichen Zusammenschlusses zur Interessenvertretung gegenüber dem Staat. Dibelius agitierte auf publizistischem Wege heftig gegen die SPD und die DDP.[17]

Natürlich war es nicht Dibelius allein, der offen für die Rechtskräfte eintrat. Er stand vielmehr pars pro toto für die gesamte deutsche evangelische Geistlichkeit, von der Adolf von Harnack behauptete, dass ihre Haltung „ungefähr dem geistigen und politischen Status der Deutschnationalen Volkspartei"[18] entspreche.[19]

Anders als mit dieser deutlichen Annäherung an die DNVP kam ein Bündnis mit einer die Demokratie bejahenden Kraft wie der DDP nicht zustande. Neben weltanschaulichen Differenzen standen kirchenpolitische Erwägungen im Hintergrund, die von denen der liberalen Protestanten weit unterschieden waren. Letztere wollten die Macht des Konservatismus in den Kirchenbehörden brechen. Rades Bildung von Volkskirchenräten, der anschließende Kampf um die preußische Kirchenverfassung,[20] die die Kirche

---

[13] Fritz, Dibelius, 50.

[14] Nipperdey, Geschichte II, 778ff.

[15] Immer wieder zitiert, ausgehend von Dahm, Pfarrer, 104, der nur darauf hinweist, das Dibelius 1959 ihm diesen offenbar in jener Zeit allgemein im Schwange gehenden „klein[en] Spottvers[es]" nannte.

[16] Vgl. Kap. 1.3.

[17] Fritz, Dibelius, 28ff.; 55ff.

[18] Zit. in: Inacker, Transzendenz, 54.

[19] Dahm, Pfarrer, 150. Im Reichstag und den verschiedenen Landtagen waren fünf Generalsuperintendenten, zwei nachmalige Kirchenpräsidenten, ein Oberdomprediger und zwei Theologieprofessoren für die DNVP vertreten. Zusätzlich zu neun Pfarrern als DVP-Abgeordneten standen diesen insgesamt zwölf der DDP angehörende evangelische Geistliche gegenüber. Theologische Laien mit hohen geistlichen Ämtern wurden ebenfalls parteipolitisch aktiv. Der Präses der altpreußischen Synode, Johann Friedrich Winckler, wurde zunächst Fraktionsvorsitzender der DNVP im Preußischen Landtag und später Parteivorsitzender der DNVP (Mehnert, Kirche, 145).

[20] Vgl. dazu etwa Wright, Parteien, 27f.; Mehnert, Kirche, 159ff.

zwar vom Staat lösen, sie andererseits aber unter demokratischer Kontrolle halten wollte, hatte das klare Ziel „die evangelische Kirche nicht den Konservativen"[21] zu überlassen. Das allgemeinpolitische Ergebnis dieser Versuche war, dass die kirchenamtliche konservative direkte oder auch nur indirekte Unterstützung einer Partei der demokratischen „Weimarer Koalition", eben der DDP, denn sie konnte nach Lage der Dinge im Unterschied zu SPD und Zentrum allenfalls in Frage kommen, bis zum Ende der Republik ausblieb.

Eine nachhaltige Wirkung innerhalb oder gar eine Durchdringung der DNVP mit Hilfe einer Politik aus christlicher Verantwortung erreichten die konservativen Kirchenmänner, wie schon gezeigt, andererseits je länger desto weniger. Zu einer bewussten Distanzierung von der Partei war man jedoch (zunächst) nicht bereit. Nach einer parteipolitischen Alternative wurde keine Ausschau gehalten, jedenfalls konnte man etwa im CSVD keine solche erblicken. Paul Bausch konstatierte verbittert:

„Von der Leitung der Kirche war leider nichts zu erwarten. Die Oberkirchenräte schliefen, zum Teil waren sie deutschnational gebunden".[22]

Auch der nunmehrige Generalsuperintendent der Kurmark, Otto Dibelius war seit Ende der zwanziger Jahre auf Distanz zur DNVP gegangen, das Angebot einer CSVD-Kandidatur für den Reichstag mochte er nicht annehmen.[23] In einem Vortrag „Politik in der Gemeinde" von 1932 machte er stellvertretend für viele die Anti-Parteien-Mentalität, die sich am Ende der Weimarer Republik in weiten Kreisen geradezu zur Verachtung des Systems gesteigert hatte, deutlich:

„In Parteien zu denken, habe ich nicht gelernt. Ich kann, wenn es um die Politik geht, nur in den Kategorien des Vaterlandes und des Staates denken. ... Die alten politischen Gruppen, die der evangelischen Kirche nahe standen, haben ... fast sämtlich versagt. Der Versuch des Christlichen Volksdienstes, diesen sozialen Geist durch eine Zusammenfassung von evangelischer Arbeiterbewegung, Gemeinschaftskreisen und bewusst evangelischen Persönlichkeiten zu entwickeln, kann nach dem Ausgang der letzten Wahl kaum noch als aussichtsreich beurteilt werden."[24]

Natürlich bildeten die die Kirchenbehörden repräsentierenden Männer keinen monolithischen Block. Unter dem Motto des „Vernunftrepublikanismus", welches der DVP-Abgeordnete und Vorsitzende des Geistlichen Vertrauensrates, Wilhelm Kahl, formuliert hatte, konnte man sich sammeln, ohne seine innere Distanz aufgeben zu müssen. Man blieb, wie Kahl es nannte, „frei gegenüber der Zukunft, aber treu gegenüber der Vergangenheit."[25]

---

[21] Zit. in: MEHNERT, Kirche, 159.
[22] BAUSCH, Erinnerungen, 91.
[23] FRITZ, Dibelius, 51f.
[24] DIBELIUS, erlebt, 168ff.
[25] Zit. in: FRITZ, Dibelius, 48 A. 107.

War in vielem die DVP die etwas gemäßigtere Variante der DNVP, galt dies auch für das kirchliche Engagement. Zwar beteiligten sich auch hier Mitglieder der offiziellen Kirchen, aber doch in geringerer Anzahl.[26] Allerdings war schon die DVP nicht für alle konservativen Kirchenmänner mit einem Unbedenklichkeitszeugnis zu versehen. Trotz dieser Vorbehalte galt die DVP allerdings als eine für evangelische Christen wählbare Partei. Mit der Amtsübernahme des Präsidiums des Altpreußischen Oberkirchenrates und des Deutschen Evangelischen Kirchenausschusses durch Hermann Kapler 1925 entspannte sich das Verhältnis zur DVP sichtbar. Wenn überhaupt jemandem, dann gelang es wohl Kapler, einen wirklich unparteiischen Kurs zu steuern, der vom im niederländischen Exil lebenden Kaiser bis zu den Religiösen Sozialisten Anerkennung fand.[27]

Während der politisch-theologische Konservatismus der Kirchenleitungen und damit deren Fixierung auf die konservativen und nationalliberalen Kräfte im Kirchenvolk breite Unterstützung fand, blieb der Liberalismus weitgehend eine Theologenangelegenheit. Daran hatten auch die Bemühungen um ein demokratischeres Wahlrecht innerhalb der Kirche nichts geändert. Konservative Gruppen behielten deutlich die Oberhand.[28] Dies schwächte die Position der politisch-protestantischen Liberalen innerhalb des politischen Liberalismus weiter, denn offensichtlich standen diese nur für eine Minderheit im Protestantismus und damit auch nur für eine Minderheit unter den Wählern.

Versuche einer evangelischen Parteibildung blieben auch in der Spätphase der Weimarer Republik völlig erfolglos. Dazu zählte etwa die „Deutsche Reformationspartei" des früheren Dompredigers Bruno Doehring, der noch 1925 anlässlich der Eröffnung des Preußischen Landtages in einem Gottesdienst gesagt hatte:

„Das hieße in der Tat Christo einen schlechten Dienst erweisen, wenn man ihn mit einem der im Schwange gehenden Parteiprogramme behaften wollte".[29]

Doehring rief am 18.1.1928 eine solche Partei jedoch ins Leben. Innerhalb des Protestantismus fand Doehring keinerlei Rückhalt. Die Deutsche Reformationspartei sollte sich im Ergebnis „durch besondere Wirkungslosigkeit auszeichnen."[30] Lediglich ein Parlamentssitz im Preußischen Landtag

---

[26] Zu den Zahlenverhältnissen vgl. MEHNERT, Kirche, 180. Zwei Pfarrer rückten auf der Liste der DVP in die Nationalversammlung ein.

[27] WRIGHT, Parteien, 35f.

[28] Bei der Wahl zur verfassungsgebenden Kirchenversammlung in Preußen erreichte die konservative Liste „Bekenntnistreue Vereinigung" mit 145 Sitzen fast fünfmal so viele Sitze wie die beiden liberalen Listen „Freie Volkskirche" (19) und „Arbeitsgemeinschaft für kirchlichen Wiederaufbau" (10) zusammen.

[29] DOEHRING, Lebensweg, 148.

[30] NOWAK, Republik, 155.

1929 war das Resultat. Das Schicksal der Partei war kurzlebig. Doehring wurde 1930 MdR für die DNVP.

Trotz dieser Ablehnung des parlamentarischen Systems und der politischen Parteien, bestanden schon lange – erinnert sei an die theologischen Streitigkeiten im Vormärz als einer Wurzel der Parteien – innerhalb der Kirche Parallelstrukturen. Indem man innerhalb der Synoden mit „Kirchenparteien" agierte, hatte man ein zentrales Formprinzip des Parlamentarismus übernommen. Diese Kirchenparteien reichten über die völkische „Deutschkirche", die konfessionell-konservativen Lutheraner, die gemäßigt-konservative „Positive Union", die „Evangelische Vereinigung", die am ehesten der politischen Mitte zuzurechnen war, und den liberalen „Protestantenverein" bis zu den „Religiösen Sozialisten".[31] Manche Gruppen – die sich nicht formal als „Partei", sondern als Vereine etablierten, welche zu den Kirchenwahlen mit Listen antraten – hatten ein regelrechtes „Programm", so etwa die „Vereinigung der Evangelisch-Lutherischen", die „Positive Union" oder die „Volkskirchliche Evangelische Vereinigung", die betonte:

> „Wir wollen sammeln – nicht zu einer theologisch gegen andere abgegrenzten Partei, sondern zu einer Gesinnungsgemeinschaft, die sich gründet in den Tiefen des Evangeliums und ihre Kraft gewinnt im Aufblicke zu Gott und dem lebendigen Herrn der Kirche".[32]

Auch hier tat der Protestantismus wieder alles, um den vermeintlichen Ruch des Parteiwesens zu vermeiden. Die Existenz von Kirchenparteien bedeutete deshalb auch keine umfassende Anerkennung des parlamentarischen Prinzips. Ein Unterschied macht dies besonders deutlich: Während im Parlament ganz selbstverständlich versucht wird, eine Mehrheit, und sei sie noch so knapp, für ein bestimmtes Anliegen zu gewinnen, lag und liegt das Wesen des Synodalprinzips darin, Beschlüsse nach Möglichkeit einmütig zu fassen.[33] Insofern war die analoge Struktur in einem entscheidenden Punkt durchbrochen.

Das dauerhafte Ende für die Kirchenparteien sollte am 23.6.1933 kommen. Damals errang bei den Kirchenwahlen in Preußen die deutschchristliche Liste einen deutlichen Sieg. Damit hatte der kirchliche Parlamentarismus sich in die Hände der Nationalsozialisten begeben. Nach dem Niedergang der kirchlichen Parteien dachte 1945 niemand mehr an ihre Wiederbelebung.

---

[31] PRIEBE, Handbuch, 357ff.; WRIGHT, Parteien, 6.
[32] Zit. in: PRIEBE, Handbuch, 363.
[33] Vgl. z.B. die Kirchenordnung der EKiR (1952), Artikel 184,2.

5.2. Die theologische Deutung der politischen Parteien

Die politischen Parteien blieben innerhalb der theologischen Wissenschaft lange eine quantité negligeable. Während die „Realencyklopädie für protestantische Theologie und Kirche" auch in ihrer dritten Auflage 1904 noch keinen Artikel über die Parteien brachte, erkannte Lepold von Wiese in der ersten Auflage der RGG 1913 die „politische Notwendigkeit"[34] der Parteien an. Erich Foerster betonte in der zweiten Auflage des Lexikons 1930, es sei der „Christen Pflicht zur Politik gegeben und ohne weiteres auch die Pflicht zur Parteinahme und Parteibildung"[35]. Solche Ausführungen blieben jedoch weitgehend Lippenbekenntnisse. Für den Hauptstrom der Theologen stand eher Hans Asmussen. Er äußerte noch im Januar 1933 in seinem Buch „Politik und Christentum"[36] heftige Kritik an den Parteien. Diese waren für ihn „staatsauflösend und schöpfungswidrig, ohne Lebensgebundenheit, wesentlich revoltierend, autoritätsauflösend"[37]. Werten von Liberalität und Demokratie schleuderte Asmussen, ein Vertreter eines theologischen Okzidentalismus, seine Ablehnung entgegen. „1789" wurde geradezu zum Synonym für eine gottlose, diabolische Entwicklung, zu deren Früchten er auch das Parteiensystem zählte. Asmussen trat stattdessen für eine streng obrigkeitlich ausgerichtete Staatsform, in der die Regierung „wirklich das Schwert zu handhaben gedenkt"[38], ein. Fast hundert Jahre nach Männern wie Stahl und von Gerlach fand sich hier noch ungebrochen die Gesinnung politischer Romantik, wenn es um die Parteien ging.

Ausgewogener und sachlicher äußerte sich der Theologe Paul Althaus:

„Die Christenheit will und kann die Parteibildung und die Parteikämpfe nicht beseitigen. Aber sie kann der Eingrenzung, Ernüchterung, Versachlichung des politischen Kampfes dienen, indem sie die miteinander Ringenden auf dem Boden der Gemeinde zusammenführt."[39]

Auch zu der Frage einer christlichen Parteibildung nahm er Stellung. Althaus konnte diese Parteibildung in einer Zeit „wuchernder Interessenpolitik"[40] als „Notweg"[41] ansehen, doch grundsätzlich sei der Weg von der christlichen Gewissensbindung zur politischen Entscheidung keineswegs stringent. Letztlich laufe eine „christliche" oder eine „evangelische" Partei Gefahr, nur eine politische Richtung zu repräsentieren, wobei diese in ihren

---

[34] Wiese, Art.: Parteien, 1227.
[35] Foerster, Art.: Parteien II, 975.
[36] Hamburg 1933.
[37] Asmussen, Politik, 7.
[38] Ebd., 173.
[39] Althaus, Grundriß, 105.
[40] Ebd.
[41] Ebd.

„ständisch-politischen Vor-Urteilen"[42] fälschlicherweise spezifisch christliche Auffassungen sehen würde.

Was er von der Demokratie allgemein hielt, hatte Althaus schon in seinem Buch „Staatsgedanke und Reich Gottes" deutlich gemacht. Demnach war ihm die Demokratie „in tieferem Sinne unsittlich"[43], weil schließlich dort immer nur nach dem egoistischen Willen einer Mehrheit entschieden werde. Hinzu kam: Althaus war als ein prononcierter Vertreter einer Theologie der Schöpfungsordnungen einer der Theologen, die das „Volk" zur religiösen Kategorie erhoben.[44] Parteien konnten auch von daher angesichts des „Volkes" als Gottesoffenbarung kaum auf positives Interesse stoßen.

Auch die Dialektische Theologie fand keineswegs zu einem positiven Verständnis der politischen Parteien. Karl Barth und seine Anhänger jedoch zu denen zu zählen, die beim geistigen Sturmreifschiessen der Weimarer Demokratie „mitschossen"[45], trifft nicht den Kern des problematischen Verhältnisses der Dialektischen Theologie zu Demokratie und Parlamentarismus. Es war vielmehr die kulturelle Indifferenz und die Verwerfung des Liberalismus, die besonders die frühe Dialektische Theologie kennzeichnete. Man schoss nicht mit, man stand aber auch nicht auf den sehr niedrigen Barrikaden derer, die Weimar verteidigten. Dass aber Barth oder andere Theologen seiner Richtung den Untergang Weimars begrüßt hätten, kann nicht gesagt werden. Barth selber trat 1931 in die SPD ein. Damit wollte er weniger ein Bekenntnis zum Sozialismus abgeben, als sich zu der Partei bekennen, bei der er unter den chaotischen Umständen des Niedergangs der Weimarer Republik die „Erfordernisse einer gesunden Politik"[46] am ehesten gesichert sah.[47]

In seiner aufsehenerregenden Programmschrift „Das Jahrhundert der Kirche"[48] setzte sich wiederum Otto Dibelius grundsätzlich für die „Überparteilichkeit" der Kirche ein. Dazu gehöre allerdings, dass die Parteien selbst von ihren weltanschaulichen Kämpfen abließen, die „alles und jedes, von der Säuglingsfürsorge bis zur Bestattungsfeier"[49] zum Kampfgegenstand machten. Besonders aber müsse die Stellung zu Religion und Kirche aus dem Parteienstreit herausbleiben, dann könne sich auch ihrerseits die Kirche überparteilich geben. Das heiße jedoch keineswegs, dass sie unpolitisch sei. Unter den gesetzten Prämissen gelte: „Mitglieder und Diener der Kirche gehören

---

[42] Ebd., 106.
[43] Ders., Staatsgedanke, 43.
[44] Vgl. FISCHER, Theologie, 316; NOWAK, Kirche, 228ff.
[45] So SCHOLDER, Theologie, 522; zur Debatte um Barths Demokratieverständnis in Weimar vgl. die Auseinandersetzung zwischen Friedrich Wilhelm Graf und Heinz Eduard Tödt: GRAF, Götze, 422ff.; TÖDT, Barth, 536ff.; GRAF, Liberaler?, 555ff.; jüngst wieder Barth-kritisch INACKER, Transzendenz, 91ff.
[46] Zit. in: BUSCH, Lebenslauf, 230.
[47] Vgl. STROHM, Kirche, 59.
[48] Vgl. STUPPERICH, Dibelius, 143ff.
[49] DIBELIUS, Jahrhundert, 239.

möglichst in jede Partei."[50] So positiv sich dies zunächst anhörte, Dibelius ging es allerdings nicht um das Parteiensystem oder den Staat, sondern um die Kirche und ihre Stellung als Größe sui generis, die er durch parteipolitische Partizipation gesichert wissen wollte.

Der Gedanke einer dezidiert „christlichen" Partei fand nur bei Adolf Schlatter positive Aufnahme. Schon in der ersten Fassung seiner „Ethik", die 1914 erschien, sowie durch die weiteren Auflagen hindurch hielt er daran fest. All das, was bei anderen Fachkollegen bezweifelt wurde, vertrat er offensiv. So sprach Schlatter beispielsweise ganz eindeutig von der „Notwendigkeit der christlichen Politik"[51]. Er war der Überzeugung, wenn in einem Volk zumindest ein „beträchtlicher Teil desselben mit klarer Erkenntnis und tapferer Entschlossenheit sein Handeln nach der christlichen Regel"[52] ordne, werde dieser Teil notwendigerweise zu einer politischen Kraft. Das gelte auch für die Kirche, die diese Aufgabe zur politischen Parteibildung nur dann versäume, wenn sie uneinig sei. Schlatter erschien ein offenes Eintreten für eine christliche Partei ein Beitrag zur politischen Ehrlichkeit. Gleichsam wie die Sozialisten aus dem Sozialismus, das Zentrum aus dem Katholizismus usw. ihre politischen Ansätze ableiteten, sollten das die Protestanten auch tun. Dies heiße nicht, so meinte er, dass der politische Sachverstand ausgeschaltet werden solle:

„Wer darum bei christlicher Politik an ein System von politischen Lehren denkt, die lediglich aus der Kenntnis Jesu ohne Erwägung unserer Lage abgeleitet wären, spricht freilich von einem phantastischen Unternehmen, wie auch die Staatstheorien und Ethiken, die lediglich aus anderen Weltanschauungen abgeleitet werden, nur Träumereien sind und uns kein verständiges Handeln gewähren."[53]

Schlatter sah zwar auch Gefahren für die Tätigkeit von Christen in der Politik, aber indem er das politische Handeln unter ein bewusst religiöses Ethos zu stellen versuchte, glaubte er diesen Gefahren zu wehren. Schlatter blieb eine Ausnahme, „christliche Politik" war sonst nirgendwo integraler Bestandteil evangelischer Theologie.[54]

Die Analyse ergibt folgendes Ergebnis: Die Geistlichkeit und die Kirchenbehörden blieben weitgehend, wie im Zusammenhang mit dem protestantischen Konservatismus gezeigt, einem obrigkeitsfixierten, letztlich politisch-romantischen Denken, das später um die Elemente eines „Pastorennationalismus"[55] und teilweise eines theologischen Okzidentalismus angereichert wurde, verhaftet. Anti-Parteien-Mentalität war der Ausdruck

---

[50] Ebd.
[51] SCHLATTER, Ethik, 168.
[52] Ebd.
[53] Ebd., 170.
[54] Insofern bestätigt er Nipperdeys „Regel", Geschichte I, 493.
[55] WOLF, Volk, 174.

dieser Haltung. Obwohl die Parteien im Bereich von Theologie und Kirche in Deutschland entstanden waren, gab es kaum eine theologische Reflexion des Parteiwesens. Die typisch deutschen Weltanschauungsparteien mit ihren umfassenden Sinndeutungen waren eine säkulare Konkurrenz der Kirche. „Parteigeist" konnte deshalb nur negativ gewertet werden. Der parlamentarischen Demokratie von Weimar innerlich fremd gegenüber stehend, vollzogen Theologie und Kirche weitgehend die Abkehr großer Teile der Bevölkerung von der ersten deutschen Demokratie nach.

6. Das Ende der politischen Parteien 1933
und die Widerstandsarbeit von Protestanten

Die Zeit des Nationalsozialismus fällt strenggenommen aus dem Untersuchungsbereich dieser Arbeit heraus, da in ihr keine demokratische Parteien mehr bestanden. Mit dem 30. Januar 1933 waren de facto die Parteien entmachtet, „formalrechtlich" wurde dies bald nachvollzogen. Trotzdem blieben persönliche Kontakte bestehen bzw. entstanden gar neu. Sie entwickelten sich jetzt im Zeichen des Widerstandes gegen die nationalsozialistische Herrschaft. Die Erforschung der komplexen Erscheinungsformen des Widerstandes gegen den Nationalsozialismus[1] ist allerdings äußerst vielschichtig. Dies beginnt schon mit der begrifflichen Definition des Wortes „Widerstand". Es wird heute in einer so unterschiedlichen Weise verwendet, dass in der Tat eine „begriffliche Inflationierung"[2] eingetreten ist, die mittlerweile alle Elemente von Opposition gegenüber dem NS-Staat unter diesen Sachverhalt fasst. Hier soll von *den* Formen des Widerstandes die Rede sein, die in einem Verhältnis zu den politischen Strömungen des Protestantismus in der Weimarer Republik standen, bzw. den Quellgrund für das Engagement von Protestanten in den politischen Parteien nach dem Zusammenbruch der Hitler-Diktatur bildeten.

6.1. Der protestantische Konservatismus

Nach der Auflösung des CSVD trennten sich die Wege der Volksdienstler. Bausch wie auch Simpfendörfer stellten einen Antrag auf Hospitanz in der NSDAP-Fraktion, der allerdings abgelehnt wurde.[3] Simpfendörfer, der noch 1936 in einer Kirchenzeitung für die Wiederwahl Hitlers warb,[4] schloss später lose Kontakte zum Widerstand, die offensichtlich Helmut Thielicke vermittelte.[5] Paul Bausch und der Führer der württembergischen Jugendorganisation des CSVD, Adolf Scheu, letzterer war ebenfalls zunächst vom Na-

---

[1] Vgl. dazu STEINBACH/TUCHEL, Widerstand.
[2] STEINBACH, Diktatur, 453.
[3] MATZ, Maier, 294.
[4] Zit. in: WIECK, CDU, 143 A. 220.
[5] SCHMEER, CDU, 434.

tionalsozialismus begeistert,[6] fanden eine neue geistige Heimat in der „Oxford-Bewegung", die sich nach dem Kriege „Moralische Aufrüstung" nannte.[7] Scheu und die „Oxford-Bewegung" versuchten den Nationalsozialismus positiv zu beeinflussen und waren ernsthaft bemüht, Hitler zu bekehren. Ein sinnloses Unterfangen.[8] 1941 wurde Scheu von der Gestapo kurzzeitig verhaftet.[9] Andere ehemalige CSVD-Mitglieder, wie der Essener Pfarrer Friedrich Graeber und der Rechtsanwalt Gustav Heinemann, zogen sich in den kirchlichen Raum zurück, um dort gegen die Gleichschaltung der Kirche mit dem nationalsozialistischen Staat zu kämpfen.

Der Rückzug in diese innere Emigration bedeutete zwar nach außen an den Tag gelegte Passivität, längst aber nicht vollständigen politischen Quietismus. In diesen Rückzugsbieten des Privaten entstanden vielfältige Formen der Opposition und Renitenz bis hin zum dezidierten Widerstand, der auf die Beseitigung des nationalsozialistischen Regimes drängte. Es war ein sehr ausgedünnter Strom derer, die sich für solche Formen des verdeckten politischen Engagements bereit fanden. Andere, die in der Weimarer Republik noch abseits gestanden hatten oder damals noch zu jung waren, traten andererseits nun stärker hervor. Manche von ihnen hatten Verbindungen zur Bekennenden Kirche. Den Weg in den politischen Widerstand gingen die Repräsentanten der BK mit wenigen Ausnahmen allerdings nicht. Umgekehrt waren aber viele von denen, die zur politischen Opposition gehörten, auch Mitglieder der BK.

Unter den Gegebenheiten der Diktatur wurde auf die alten Strukturen oppositioneller Formierung zurückgegriffen. Man versammelte sich in Kreisen und Vereinen, diskutierte über den Hitlerstaat und die Zeit danach. Das allein war gefährlich genug, trotzdem blieb diese Form der Widerständigkeit weitgehend passiv. Aktiven Widerstand zu leisten, waren nur wenige bereit bzw. fähig. Andererseits führten diese Kreise Menschen zusammen, die bisher getrennt und vielfach auch gegeneinander politisch gearbeitet hatten. Unter dem gemeinsamen Druck spielte es nur noch eine zweitrangige Rolle, ob man konservativer Aristokrat oder sozialdemokratischer Gewerkschaftler, Protestant oder Katholik, kirchlich gebunden oder liberal gesonnen war. Es entwickelte sich eine Gemeinsamkeit der politischen Haltung, die zwar in der Gegnerschaft zur nationalsozialistischen Herrschaft begründet war, jedoch in der Regel über diese hinausging, da auch nach konkreten gemeinsamen Zielen für die Zeit nach Hitler gefragt wurde. Insofern können diese Widerstandskreise kaum ideologisch fein säuberlich voneinander abgegrenzt werden, da sie – das lag in der Natur der Sache – nicht über festgelegte Orga-

---

[6] Vgl. Vortrag: „Hat die junge evangelische Front noch eine Aufgabe?, AdSD NL Scheu, Nr. 481.
[7] Vgl. MEWS, Art.: Aufrüstung, 291ff.
[8] Ebd., 293.
[9] Biographie: Findbuch, AdSD NL Scheu.

nisationsformen verfügten und sich ihre Kreise vielfach überschnitten. Trotzdem werden grundsätzliche ideologische Dispositionen noch deutlich. An einigen Beispielen soll die Arbeit des konservativen Widerstandes aufgezeigt werden:

Ein kleinerer Kreis der kirchlichen und zugleich politischen Opposition traf sich z.B. in Düsseldorf im Hause des ehemaligen Oberbürgermeisters Robert Lehr,[10] der nach der nationalsozialistischen Machtergreifung amtsenthoben und in Haft genommen worden war. Im September 1933 wegen Haftunfähigkeit entlassen, kehrte Lehr nach einem rund einjährigen Krankenhausaufenthalt nach Düsseldorf zurück. Hier schloss er sich 1935 einem Widerstandskreis an, dessen Mittelpunkt bald Lehrs Haus wurde. In diesem Kreis kam er mit Männern wie Karl Arnold und Jakob Kaiser in Kontakt, für letzteren stellte er Verbindungen zum Widerstand der sich in der Wehrmacht formierte und zum zivilen Widerstand um Carl Friedrich Goerdeler her.[11] Zu den Personen, die in loser Verbindung zu den Düsseldorfer Oppositionellen standen, gehörte auch der Essener Pfarrer und spätere rheinische Präses Heinrich Held.[12]

Lehr selber wurde im politischen Widerstand nicht aktiv. Die Gespräche in seinem Düsseldorfer Haus blieben auf dem Niveau einer Diskussionsrunde, was allerdings unter den Bedingungen einer Diktatur ebenfalls gefährlich war. Zudem waren die Gespräche keineswegs rein politisch ausgerichtet. Die Beteiligung der beiden evangelischen Pfarrer Linz und Prätorius und von katholischen Geistlichen sowie die Erörterung von geistlichen Themen machte das deutlich.

Ausgehend von biblisch-exegetischen Studien und theologisch-systematischer Reflexion kam man „am Ende stets ganz von selbst auf die damalige Situation von Kirche und Volk"[13] zu sprechen. In der Frage des Tyrannenmordes waren die Auffassungen unterschiedlich. Allen gemeinsam war jedoch die Meinung, dass der Neubau des Staates „nur im Zeichen des Kreuzes geschehen könne"[14].

---

[10] Vgl. auch Schmeer, CDU, 60ff. Lehr 1883 in Celle geboren, stammte aus einem großbürgerlich-monarchistischen Elternhaus mit pietistischer Tradition. Sein Vater war der letzte Hofmarschall der Herzogin von Nassau. (Zur Vita: Kaff, Lehr, 191ff.) Nach dem Jura-Studium trat Lehr in die Dienste der Stadt Düsseldorf, 1914 wurde er Polizeidezernent, 1924 Oberbürgermeister. 1929 schloß Lehr sich der DNVP an. Ein nachweisbares Engagement Lehrs in der DNVP ist nicht belegt.

[11] Kaff, Lehr, 198f. Ob es sich hier um einen fest strukturierten Kreis gehandelt hat, muss bezweifelt werden, eher ist mit sich teilweise überschneidenden Runden, einem ökumenischen Gesprächskreis und einem Kreis von Teilnehmern aus Industrie, Militär usw. zu rechnen. Vgl. Schmeer, CDU, 61 A. 26.

[12] Hüttenberger, Nordrhein-Westfalen, 49.

[13] Zit. in: Hensel, Lehr, 228f.

[14] Ebd.

Offensichtlich wurden auch Pläne für eine Organisation Deutschlands nach dem Ende der nationalsozialistischen Diktatur entwickelt. Dabei orientierte man sich an Othmar Spanns Ständestaat-Theorie.[15] So findet sich auch in den Gesprächen in Düsseldorf eine Nähe zum elitär ausgerichteten Herrschaftsbegriff, eine Beobachtung, die auch für die anderen konservativen Widerstandkreise zutrifft.

Am bedeutendsten wurde sicherlich von all diesen Gruppen der „Kreisauer Kreis". Da ihm Protestanten angehörten, die soweit sie die Hitler-Diktatur überlebten, nach dem Zusammenbruch eine wichtige Rolle spielten, soll hier auf ihn eingegangen werden. Zwei Personen, die in der Bundesrepublik dann auch parteipolitisch engagiert waren, werden nun besonders vorgestellt: Theodor Steltzer und Eugen Gerstenmaier.

Steltzer[16] war ein Vertreter des Liberalismus, der sich zögerlich während der Weimarer Republik, definitiv aber während der nationalsozialistischen Dikta-

---

[15] SCHMEER, CDU, 54 A. 26. Von Spann war 1921 das Werk „Wahrer Staat" erschienen, eine im Geiste der konservativen Revolution stehende Schrift, die sich weitgehend am mittelalterlichen Corpus Christianum orientierte und von dort her eine hierarchisch gegliederte Gesellschaftsordnung forderte. Demokratie bedeutete für Spann, „die Mehrheit in den Sattel setzen, … das Niedere herrschend machen über das Höhere."

[16] Der am 17.12.1885 im schleswig-holsteinischen Trittau als Sohn eines Amtsrichters geborene Steltzer wuchs in großbürgerlichen Verhältnissen auf (Zu den biographischen Angaben vgl. Steltzers Autobiographie „Sechzig Jahre Zeitgenosse"). Nach Steltzers Aussagen war die Familie national-konservativ geprägt. Durch Vermittlung seiner Stiefmutter lernte er Naumanns Zeitschrift „Die Hilfe" und dessen national-soziale Bestrebungen kennen. Während seines Studiums bei dem Nationalökonomen Lujo Brentano, dessen Assistent Steltzer bald wurde, kam es zu einer wissenschaftlichen Beschäftigung mit der Sozialdemokratie sowie ersten persönlichen Eindrücken von der Partei. Steltzer wirkte damals an einer von Studenten getragenen Arbeiterbildungsinitiative mit. Im Ersten Weltkrieg von 1916–1918 als Offizier bei der Obersten Heeresleitung tätig, verfestigte sich bei Steltzer im Umgang mit Männern wie Hindenburg und Ludendorff seine Auffassung vom Anachronismus der im wilhelminischen Gepräge auftretenden bürgerlichen Kultur. Nach dem Kriegsende beschloss er, sich in den Wirren und Umbrüchen der Zeit politisch zu engagieren. Steltzer suchte den Kontakt zu führenden konservativen Parteipolitikern, „um festzustellen, ob unter ihnen lebendige Kräfte vorhanden waren, die einen Überblick über die Lage besaßen." (STELTZER, Zeitgenosse, 66) Das Ergebnis war negativ. Auch ein Kreis um Heinrich von Gleichen-Rußwurm, der zusammen mit Arthur Moeller van den Bruck ab 1922 die antidemokratische Zeitschrift „Die neue Front" herausgab, wurde von Steltzer bald als weniger visionärer denn einseitig reaktionärer „Herrenklub" (SONTHEIMER, Denken, 193) durchschaut. Kontakte zur Sozialdemokratie, dem Herausgeberkreis der „Sozialistischen Monatsblätter" (VAN ROON, Neuordnung, 135) und zur USPD konnten sein negatives Urteil über die politischen Verhältnisse nicht mildern. In der Verbindung zu den früheren Nationalliberalen um Naumann und Heuss, für die Steltzer sich an einer Vortragsreihe beteiligte, empfand er diese als zu stark rückwärts gewandt, weil sie an den überkommenen parteipolitischen Strukturen festhielten. Für den Beitritt zu einer der Parteien Weimars konnte Steltzer sich letztlich nicht entscheiden. Stattdessen übernahm er 1920 den Posten des Landrates des Kreises Rendsburg in Schleswig-Holstein. Steltzers Engagement verlagerte sich in den vorpolitischen Raum. Er beteiligte sich u.a. an der Gründung einer Heimvolkshochschule in Rendsburg, die nach dem Vorbild

tur vom liberalen Gedankengut abwandte. 1933 wurde Steltzer nach der nationalsozialistischen Machtübernahme als Landrat entlassen, weil er sich klar
und eindeutig gegen den Nationalsozialismus ausgesprochen hatte.

In einer Denkschrift über die Lage in Deutschland, die der österreichische
Bundeskanzler Schuschnigg von ihm angefordert hatte, gab Steltzer 1934
seine Einschätzung ab. Diese Ausführungen der Schrift standen ganz im Zeichen der Säkularismuskritik, mit der die Idee des Liberalismus für den Verfall
der bürgerlichen Kultur haftbar gemacht wurde, dessen Ergebnis wiederum
das Desaster Weimars gewesen sei. In der Tendenz dieser Kritik steht auch
die Analyse der geistigen Lage, die Steltzer von Materialismus und darwi-
nistischen Biologismus geprägt sah. Die Denkschrift ist nicht frei von antisemitischen Ressentiments, besonders wenn es um die Verurteilung führender Vertreter der liberalen Kultur oder der Zuwanderung von Juden geht. Im
Blick auf die antisemitischen Gesetze der Nationalsozialisten kam Steltzer
jedoch zu einem „vernichtenden Urteil"[17]. Hier war für ihn ein Rekurs auf
die Theologie der Schöpfungsordnungen maßgeblich, wenn er von der
„Achtung vor fremdem Volkstum"[18] sprach. Ein doppeldeutiges Urteil, das
sich einerseits von rassischen Gedanken fernhielt, andererseits damit aber de
facto die Assimilierung der deutschen Juden bestritt. Im Blick auf die Kirchen sah Steltzer „ihre besten Vertreter fast in eine Art Katakombentätigkeit
hineingezwängt."[19] Die schwierige Lage der evangelischen Kirche war dabei für ihn eine Folge ihrer inneren Schwächung durch den Kulturprotestantismus. Im Zusammenhang mit diesen Kontakten nach Österreich kam
es zu einer ersten Festnahme Steltzers durch die nationalsozialistischen Behörden.[20]

Im Zweiten Weltkrieg lernte Steltzer im August 1940 als Offizier im Generalstab der Wehrmacht in Norwegen Bischof Eivind Berggrav, den Führer
des norwegischen Widerstandes, kennen. Nach eigenen Angaben riet Steltzer Berggrav, der noch auf eine partielle Zusammenarbeit mit der Wehrmacht setzte, davon dringend ab.[21] Hier kam er auch wieder mit Otto Heinrich von der Gablentz, einem langjährigen Freund, zusammen. Dieser ver-

---

Grundtvigs in Dänemark den Volkshochschulgedanken in Deutschland zu verbreiten
suchte. Die Heimvolkshochschule Rendsburg vertrat dabei einen durchaus elitären Anspruch, wenn es hier darum ging, nicht „Stätte der Volkserziehung großer Massen", sondern „Führerschule" (Zit. in: KUHNE, Heimvolkshochschulen, 35ff., 45.) zu sein. Schon
kurz vor der nationalsozialistischen Machtübernahme war Steltzer, seit langem auch religiös suchend, Mitglied der 1931 gegründeten Michaelsbruderschaft (HENCHE, Art.:
Michaelsbruderschaft, 714ff.) geworden. 1936 übernahm er das Sekretariat der Bruderschaft, das zunächst in Marburg, später in Hamburg angesiedelt war.
[17] STELTZER, Zeitgenosse, 279.
[18] Ebd.
[19] Ebd., 277.
[20] VAN ROON, Neuordnung, 138f.
[21] STELTZER, Zeitgenosse, 131.

mittelte Steltzer eine Verbindung zum Kreisauer Kreis um Hellmuth James von Moltke und Peter York von Wartenburg.[22] Der Kontakt zu Moltke wurde bald sehr intensiv. Nach Eugen Gerstenmaiers Erinnerungen übte Steltzer auf Moltke dabei „einen beachtlichen Einfluß aus.“[23] War Steltzer schon seit früher Jugend von einem tiefen Unbehagen gegenüber der bürgerlichen Kultur erfüllt, die er als materialistisch, geist- und glaubenslos empfand, traf er bei Moltke auf einen Geistesverwandten. Moltkes Losung „Liberaler Rechtsstaat, Sozialismus, Christentum“[24] entsprach ganz seiner Auffassung.

Im Kreisauer Kreis, der in „wohl idealtypischer Weise“[25] in einem Freundeskreis die besten Traditionen des deutschen Bürgertums verkörperte und sich bewusst auch als eine Elite desselben verstand, wurde der Widerstand gegen den Nationalsozialismus weniger unter dem Aspekt des militärischen Umsturzes, denn als eine Besinnung auf den Neuaufbau nach dem sicher zu erwartenden Zusammenbruch der nationalsozialistischen Herrschaft gesehen. Die Analyse dieses Zusammenbruches setzte allerdings nicht beim Jahre 1933, sondern faktisch beim Zerbrechen des Corpus Christianum am Ausgang des Mittelalters ein. Von dort her reichte der Weg über einen „,entarteten‘ Liberalismus“[26] der kapitalistischen und materialistischen Massengesellschaft bis zur nationalsozialistischen Herrschaft. Dabei konnte für Moltke der Wiederaufbau nur aus dem Geist einer religiösen Erweckung vorstellbar sein.[27] Politische Romantik herrschte also auch hier vor, zumal gerade in Kreisau die parlamentarische Demokratie eher keine Perspektive für Deutschland bildete (s.u.).

Gerade im Kreisauer Kreis hat sich dann eine intensive Begegnung zwischen Christen und Sozialisten ergeben.[28] Steltzer formulierte es so:

„Die von der christlichen und konservativen Seite kommenden Persönlichkeiten haben einen stärkeren Kontakt mit den sozialen Forderungen der sozialistischen Seite bekommen, während sich bei den Vertretern der Linken ein überraschendes Verständnis für das Christentum als wesentlichem Bestandteil der Gesamtkultur zeigte.“[29]

In den praktischen Erwägungen stand den Kreisauern ein Staatskonzept vor Augen, das sich von unten nach oben gleichsam organisch in korporativer Selbstverwaltung aufbauen sollte. Diese Gedanken wurden maßgeblich von Steltzer beeinflusst.[30] Ein Plan, der sich dem Verdacht einer Rückorientierung am Ständestaat nicht entziehen konnte, aber gerade gegen den Parteigeist in kleinen Gemeinschaften gerichtet war und den Aspekt der Ge-

---

[22] Ebd., 148.
[23] GERSTENMAIER, Streit, 161.
[24] DÖNHOFF, Ehre, 96.
[25] STEINBACH, Diktatur, 466.
[26] Zit. in: MOMMSEN, Neuordnung, 248.
[27] ROTHFELS, Opposition, 123; MOMMSEN, Neuordnung, 252.
[28] ROTHFELS, Opposition, 103.
[29] STELTZER, Zeitgenosse, 287.
[30] GERSTENMAIER, Streit, 161.

meinschaft als „Form vorstaatlicher Kommunikation genossenschaftlicher Prägung"[31] in den Mittelpunkt stellte. Es war gerade Steltzer, der sich schon länger gegen das Parteisystem dezidiert ausgesprochen hatte.[32] Stattdessen sollten „Parteiungen und Entzweiungen unter den Menschen des Erdballs nur sekundäre Bedeutung haben".[33] Gerstenmaier erinnerte sich:

> „... unsere Abneigung gegen die Leitidee der ‚Alten', das hieß Goerdelers und seiner Freunde, über kurz oder lang zu dem Weimarer Vielparteiensystem und seinem Parlamentarismus zurückzukehren, war so groß, dass wir es zumindest auf einen Versuch mit unserem System ankommen lassen wollten."[34]

Dies bedeutete den weitgehenden Verzicht auf Urwahlen, außer auf kommunaler Ebene, und damit die weitgehende Einführung eines indirekten Wahlrechts, was für Gerstenmaier selbst „ein hochgestochener Personalismus [war], dem wir damit huldigten."[35] In der Tat kam in diesem Verfassungsentwurf dem „Reichsverweser" als Staatsoberhaupt eine starke Stellung zu.[36] In den Provinzen des Reiches sollten „Landesverweser" die Führung übernehmen. So waren als Landesverweser für Schleswig-Holstein Theodor Steltzer und als Landesverweser für Pommern Hans Schlange-Schöningen vorgesehen.[37]

Auf einer Tagung vom 22. bis 25. Mai 1942 in Kreisau wurde auch das Verhältnis von Kirche und Staat ausführlich erörtert. Dabei war zunächst die „Abwicklung der Staatskirche"[38] geplant. In einem späteren Entwurf wurde dann bei Zusicherung von „Autonomie und Selbstverwaltung"[39] der Kirchen die endgültige Klärung des Rechtsstatus der Kirchen für einen späteren Zeitpunkt aufgeschoben.

Steltzer, der nach dem 20. Juli 1944 festgenommen und zum Tode verurteilt wurde,[40] kam nur durch eine glückliche Fügung frei.

Gerstenmaier steht für einen ganz anderen Zugang zum Widerstand. Er war ein Vertreter christlich-sozialer Gedanken, obschon er kein Mitglied des CSVD war.[41] Wie Friedrich Brunstäd, der im Zusammenhang der Okkupie-

---

[31] Ebd.
[32] MOMMSEN, Neuordnung, 257.
[33] Zit. in: Ebd., 252.
[34] GERSTENMAIER, Streit, 162.
[35] Ebd., 161.
[36] BLEISTEIN, Dossier, 230.
[37] ROON, Neuordnung, 258.
[38] Zit. in: BLEISTEIN, Dossier, 92.
[39] Ebd., 125.
[40] HETT/TUCHEL, Umsturzversuch, 381.
[41] Gerstenmaier, 1906 in Kirchheim/Teck geboren, erhielt als Jugendlicher im pietistisch geprägten CVJM wichtige Impulse. Er konnte sich jedoch den „Christlichen Gesinnungsgemeinschaften", wie sie Simpfendörffer und Bausch bildeten, nicht anschließen, da er nach eigener Auskunft bei ihnen eine politische Programmatik vermisste. In der Endphase der Weimarer Republik orientierte er sich politisch an der Volkskonservativen

rung der DNVP durch Hugenberg zusammen mit den Christlich-Sozialen aus der Partei ausschied, stand Gerstenmaier der nationalsozialistischen Herrschaft skeptisch und ablehnend gegenüber und belegte dies, wenn auch nicht durch direkten Widerstand, so doch durch eine Haltung der „Renitenz"[42]. Trotzdem trat Gerstenmaier im Herbst 1935 in das Theologische Außenamt der Reichskirche unter der Leitung von Bischof Theodor Heckel ein. Er geriet damit durch die inzwischen ausgebrochenen Auseinandersetzungen zwischen Kirche und Staat in ein gefährliches Zwielicht, da das Außenamt wegen seines streng staatsloyalen Kurses der BK suspekt war.[43]

Zugang zum Widerstand fand Gerstenmaier in einem Kreis um den späteren Innenminister Schleswig-Holsteins, Paul Pagel, in dem auch Josef Wirmer verkehrte, der seinerseits mit Jakob Kaiser in Verbindung stand. Kontakte mit Adam von Trott zu Solz und Hans von Haeften schlossen sich an.[44] Seine ökumenischen Verbindungen nutzte Gerstenmaier, um Bischof Berggrav für eine Friedensvermittlung zu gewinnen, ihn aber gleichzeitig über die Planungen eines gewaltsamen Umsturzes zu informieren.

Im Kreisauer Kreis war Gerstenmaier für die Verbindung zur evangelischen Kirche zuständig. In seinen Erinnerungen legt er Wert darauf, gerade hinsichtlich der an christlichen Grundsätzen orientierten Neuordnungspläne der Kreisauer, wo von dem Christentum als der „Grundlage für die sittliche und religiöse Erneuerung unseres Volkes" und der „verpflichtenden Besinnung ... auf die göttliche Ordnung"[45] die Rede war, eine ablehnende Haltung eingenommen zu haben. Gerstenmaier war vielmehr der Meinung, dass ein freiheitlicher Verfassungsstaat für die vollständige Glaubensfreiheit eintreten müsse.

Den 20. Juli 1944 erlebte Gerstenmaier im sog. Bendler-Block, dem Oberkommando der Wehrmacht, von dem aus der geplante Staatsstreich organisiert werden sollte. In den Prozessen gegen den Kreisauer Kreis wurde Gerstenmaier zu sieben Jahren Zuchthaushaft verurteilt.[46] Nach dem Zu-

---

Vereinigung (VKV) (Gerstenmaier, Streit, 21), einer weitgehend aus Dissidenten der DNVP bestehenden Partei, die sich allerdings wegen ihrer völligen Marginalität schon vor 1933 auflöste (Buchstab/Kaff/Kleinmann, Radikalismus, 12). Nach seinem Realschulabschluss arbeitete Gerstenmaier als kaufmännischer Angestellter und holte währenddessen sein Abitur als externer Schüler in Stuttgart nach, um dann zunächst in Tübingen ein Theologiestudium aufzunehmen. (Kaiser, Gerstenmaier, 73) Während seines Studiums lernte Gestenmaier Friedrich Brunstäd, den Stoecker-Biographen, DNVP-Mitglied, Leiter der Evangelisch-Sozialen Schule in Spandau und Systematiker in Rostock, kennen. Brunstäd, der den Versuch einer geistigen Synthese von idealistischer deutscher Philosophie und lutherischer Reformation unternahm und daraus eine Kulturtheorie entwickelte, wurde Gerstenmaiers theologischer Lehrer. (Gerstenmaier, Streit, 35)

[42] Kaiser, Gerstenmaier, 72.
[43] Ebd., 75.
[44] Gerstenmaier, Streit, 115ff.
[45] Zit. in: Ebd., 158.
[46] Ebd., 221.

sammenbruch der nationalsozialistischen Herrschaft wurde er aus dem KZ befreit.

Wie sind die Entwicklungen innerhalb des protestantischen Konservatismus während der nationalsozialistischen Herrschaft zu interpretieren? Das Scheitern der Demokratie bestätigte die Vorbehalte des Konservatismus gegenüber den in Weimar verkörperten Idealen der politischen Moderne. So waren die Überlegungen zur Neubildung nach dem Ende der Hitlerdiktatur im protestantischen Konservatismus wiederum nicht an den politischen Parteien, sondern vorwiegend an ständestaatlichen Modellen orientiert. Die politische Romantik des protestantischen Konservatismus lebte fort.

6.2. *Der politisch-protestantische Liberalismus*

Die Frage nach dem Verhältnis von Liberalismus und Widerstand ist umstritten. Liberaler Widerstand gilt, „wenn er nicht ganz grundsätzlich in Frage gestellt wird, als eine terra incognita"[47]. Tatsächlich lässt sich feststellen: Angesichts der nationalsozialistischen Machtergreifung erwies sich der Liberalismus als „völlig desorientiert"[48]. Die Zustimmung der DDP/DStP wie auch des einen DVP-Abgeordneten zum Ermächtigungsgesetz trug ein übriges dazu bei. Von den DDP- und den DVP-Mitgliedern aus der Weimarer Zeit ist in den Jahren des Nationalsozialismus „keine wissenschaftlich gesicherte Spur des [liberalen] Widerstandes auszumachen"[49]. Trotzdem wird das Vorhandensein eines wenn auch quantitativ geringen liberalen Widerstandes nicht in Abrede zu stellen sein. Mit dem Kreis um den Unternehmer Robert Bosch ist auf solche liberalen Gruppen hingewiesen worden.[50]

Hinsichtlich des politisch-protestantischen Liberalismus ist das Ergebnis noch schwieriger. Das liberal-religiöse Element hatte innerhalb des politischen Liberalismus schon länger keine Rolle mehr gespielt. Naumann war bereits 1919, Troeltsch 1923, Baumgarten 1934 verstorben. Der greise Rade beteiligte sich nicht mehr am Widerstand. Er starb 1940. Der politisch-protestantische Liberalismus war so innerhalb des fast völlig zerriebenen politischen Liberalismus selbst noch einmal lediglich nur ein Spurenelement. Hinzu kam, dass der theologische Liberalismus kirchenpolitisch durch die Dialektische Theologie und die Lutherrenaissance ebenfalls enorm unter Druck geraten war, so dass das Moment konkreten Widerstandes bzw. organisierter Opposition nicht zu finden ist. Trotzdem hat Werner Jochmann mit Recht darauf hingewiesen, dass viele Vertreter der liberalen Theologie ihren Auffassungen auch in der Zeit des Nationalsozialismus treu blieben und das

---

[47] Scholtysek, Bosch, 15.
[48] Sassin, Liberalismus, 218.
[49] Ebd., 212.
[50] Vgl. Scholtysek, Bosch.

überhaupt die ‚Lebensanschauung des Liberalismus‘[51] im kulturellen und religiösen Bereich eine Kraft blieb. Doch meist waren die Liberalen „Einspän-
ner"[52], die sich kaum organisierten. Andere Beispiele, wie der liberal-konser-
vative Kreis um Hans von Dohnanyi und Gerhard Leibholz,[53] sind eher die
Ausnahme. Hier finden sich dann aber auch – konkret in der Gestalt Dietrich
Bonhoeffers – Verbindungen zum Protestantismus.

6.3. Der Religiöse Sozialismus

Von einem geschlossenen Widerstand des Religiösen Sozialismus kann keine
Rede sein. Wie viele Sozialdemokraten und Kommunisten mussten auch die
Religiösen Sozialisten zum Teil emigrieren, so etwa Paul Tillich.

Nicht emigrierte Sozialdemokraten traten nun auch in Verbindungen mit
konservativen Gruppen, so etwa Julius Leber, Wilhelm Leuschner, Theodor
Haubach und Carlo Mierendorff, die zum Umkreis des „20. Juli" gehörten.
Viele Sozialisten engagierten sich in sogenannten „linken Zwischengrup-
pen"[54] aus Angehörigen der früheren KPD und SPD. Unter ihnen sind etwa
der Internationale Sozialistische Kampfbund (ISK) und die Gruppe „Neu
Beginnen", an der sich auch der junge Sozialdemokrat und Protestant Fritz
Erler beteiligte,[55] zu nennen.

Auch einige Religiöse Sozialisten engagierten sich im Widerstand. Zu ihnen zählte der ehemalige preußische Kultusminister Adolf Grimme[56]. Ende
der dreißiger Jahre schloss sich Grimme einem Gesprächskreis um Arvid
Harnack, einem Studienfreund von Grimme, an. Diese Gruppe bildete eine
Untergliederung der sog. „Roten Kapelle", der Widerstandsorganisation um

---

[51] Zit. in: JOCHMANN, Liberalismus, 125.

[52] Ebd.

[53] Vgl. dazu STROHM, Nationalsozialismus.

[54] Vgl. zur Thematik, MEHRINGER, Widerstand, 126ff.

[55] SOELL, Erler, 28ff.

[56] Als junger Mann war Grimme nach dem Ende des Ersten Weltkrieges voller politischen Enthusiasmus. Er strebte eine erneuerte durchaus parlamentarische Ordnung an,
wobei er zunächst weniger auf den politischen Standpunkt als überhaupt auf einen neuen
Ansatz Wert zu legen schien. So wandte er sich in einem Vortrag „Vom Geist der Jugend
in der Politik" (Undatierter Vortrag, GStAPK NL GRIMME, 3206) gegen die „unfruchtba-
ren Vorkriegspäpstlinge", also die Parteiführer des Kaiserreiches. Grimme blieb selbst parteipolitisch suchend. Nachdem er sich zunächst der DDP angeschlossen hatte, plädierte er
bald für einen Zusammenschluss von DDP und DVP zu einer „grosse[n] Mittelpartei des
nationalen Sozialliberalismus". (Undatierter Vortrag, GStAPK NL GRIMME, 3201. Hier
wurden auch die allgemein typischen Vorbehalte selbst demokratisch gesinnter Männer
wie Grimmes gegen das Modell der westlich-parlamentarischen Demokratie deutlich,
wenn Grimme in diesem Zusammenhang etwa von der „mechanistischen Demokratie
Westeuropas „oder von ‚Abzähldemokratie'" sprach.

Harro Schulze-Boysen und Harnack.[57] Bei der „Roten Kapelle", eigentlich ein Tarnname der Gestapo *gegen* die Widerständler, handelte es sich um Gruppen von Menschen deren Widerstandsmotivationen von

„christlicher Verantwortungsethik, parteipolitischen Bindungen an die Kommunisten und die Sozialdemokratie über politische Prägungen durch die alternative Jugendkultur der Weimarer Republik oder durch den Liberalismus des Bildungsbürgertums bis hin zu nationalrevolutionären und nationalbolschewistischen Einflüssen reichten"[58].

Im Zusammenhang seiner Verbindungen zu dieser Gruppe wurde Grimme 1942 zu drei Jahren Zuchthaushaft verurteilt.[59] In seinem Hafttagebuch kreisten seine Fragen immer wieder auch um das Verhältnis zum Christentum. Grimme sah hier im Nachhinein einen entscheidenden Fehler der deutschen Pädagogik. Sie habe zwar die Begegnung mit klassischer Kultur und christlichem Glauben gefördert, jedoch nicht zur existentiellen Auseinandersetzung aufgefordert. Der Fehler sei gewesen: „nur kennen, nicht sich entscheiden."[60]

Einen anderen Weg ging der Religiöse Sozialist Ludwig Metzger. Durch die Evangelische Jugendbewegung und die Neuwerk-Bewegung war Metzger mit der sozialen Frage und dem Religiösen Sozialismus in Kontakt gekommen.[61] Noch vor 1933 trat er in die SPD ein und wurde gleichzeitig Vorsitzender des Bundes der Religiösen Sozialisten in Hessen.[62] Nach der nationalsozialistischen Machtergreifung wurde Metzger aus dem Öffentlichen Dienst entlassen; er war nun als Rechtsanwalt besonders auch für Angelegenheiten der Bekennenden Kirche, in deren Reichsbruderrat er Mitglied war, tätig.[63] 1934 nahm er an der Bekenntnis-

---

[57] TUCHEL, Legenden, 281.

[58] DANYEL, Nation, 468ff.

[59] MILLER, Exil, 240.

[60] GRIMME, Briefe, 87. Dabei vertrat Grimme keine dogmatische Auffassung des Glaubens, sondern eine Orientierung an der Frömmigkeit Jesu. Der wissenschaftlichen Theologie gegenüber blieb er zutiefst skeptisch. Noch 1958 schrieb er an Theodor Steltzer, Deutschland sei „zwar reich an Theologen …, aber erbarmungswürdig arm an homines religiosi."(Ebd., 253) Grimme wollte solch ein homo religiosus sein. Er verstand sich zeitlebens weniger als Politiker denn als Pädagoge. Typisch für ihn waren deshalb die beiden Buchtitel der nach dem Krieg erschienenen Aufsatzsammlungen: „Selbstbesinnung" (1947) und „Rettet den Menschen!" (1949). Grimme versuchte immer wieder, zu einem entspannten und fruchtbaren Verhältnis von Christentum und Sozialismus zu gelangen.

[61] Vgl. MÖLLER, Kirche, 248 A. 44; METZGER, Tagen, 7. Metzger, 1902 in Darmstadt als „Sohn eines kleinen großherzoglichen Hofbeamten geboren" (HENKELS, Metzger, FAZ 9.12.54), war nach dem Studium der Jurisprudenz und Volkswirtschaft Gerichtsassessor in Gießen und Darmstadt und nach einer Tätigkeit bei der hessischen Gesandtschaft in Berlin Regierungsassessor in Heppenheim geworden, wo er besonders auch mit Martin Buber Bekanntschaft schloss (METZGER, Tagen, 10).

[62] MÖLLER, Kirche, 246 A. 39.

[63] Ebd.

synode in Barmen teil.[64] Bald pflegte Metzger auch Kontakte zum politischen Widerstand.[65]

Metzger selbst war als Religiöser Sozialist wie Grimme von völlig undogmatischer Natur, seine kirchlichen Kontakte erstreckten sich bis in den protestantischen Konservatismus hinein. Dazu zählt etwa seine Verbindung mit Wilhelm Stählin, dem späteren Bischof von Oldenburg und Dienstvorgesetzten von Hermann Ehlers in dieser Zeit.[66]

Die Annäherung von Sozialismus und Christentum unter den Bedingungen der Diktatur sollte das bis dahin schwierige Verhältnis beider Größen zu entspannen helfen. Grenzgänger wie Grimme und Metzger leisteten in dieser Zeit Vorfeldarbeit zu den großen Begegnungen nach dem Kriege. Sie wurden für beide Seiten „Anküpfungspunkte" und Dolmetscher.

6.4. Die evangelische Kirche und der „Freiburger Kreis"

Der kirchliche Widerstand gegen die nationalsozialistische Herrschaft kann hier nicht nachgezeichnet werden. Die Untersuchungen dazu sind inzwischen jedoch zahlreich. So differenziert die Analyse im einzelnen ist, unwidersprochen bleibt jedoch, dass es sich bei der den Widerstand im wesentlichen tragenden Bekennenden Kirche zunächst um einen auf die Kirche zentrierten Kreis handelte. Martin Greschat hat gezeigt, wie auch die Bekenntnissynode in Barmen 1934 von ihrer politischen Grundanschauung her bei allen kirchlichen, theologischen und kirchenstrukturell unterschiedlichen Herkünften der Mitglieder grundsätzlich nationalkonservativ ausgerichtet war.[67] Wenn Hans Asmussen in seinen „Erläuterungen" der „Theologischen Erklärung" betonte, man wende sich nicht gegen den „neuen Staat" sondern gegen die Aufklärung und ihre Wirkungen in der Kirche, so erntete er keinen Widerspruch.[68] Greschat spricht von einer „Ausgrenzung des Politischen",[69] die die spätere Einschätzung der Synode mit den Worten: „Hinein in die Politik!"[70] durch Wilhelm Niemöller deutlich relativiert. Es war die gemeinsame Gegnerschaft gegen die „falsche Lehre", die hier zusammenführte, die aber doch die schon in Barmen angelegten Desintegrationstendenzen so unterschiedlich konfessionell, theologisch und kirchenstrukturell Gebundener nur schwer überdekken konnte.[71] „Barmen II" und „Barmen V", wie die jeweiligen Sätze der

---

[64] METZGER, Tagen, 36.
[65] Ebd., 63.
[66] Ebd., 65.
[67] GRESCHAT, Bekenntnis, bes. 107ff.
[68] Ebd., 109.
[69] Ebd., 108.
[70] NIEMÖLLER, Kampf, 24ff.
[71] MEIER, Ev. Kirche, 123.

„Barmer Theologischen Erklärung" verkürzt genannt werden, konnten staats-
ethisch ganz unterschiedliche Konzepte nach sich ziehen. Nach dem Zusammenbruch Deutschlands sollte sich endgültig zeigen, dass hier nie eine Einigkeit in der BK bestanden hatte. Doch auch schon während der nationalsozialistischen Herrschaft wurden die inneren Probleme in der BK sichtbar.

Diese Tendenzen wurden mit der Etablierung der Ersten Vorläufigen Kirchenleitung (VKL) nach der Dahlemer Bekenntnissynode im November
1934 deutlich. Die „autoritär-legitimistischen Instinkte"[72] – letztlich auch
eine Ausdrucksform politischer Romantik – drangen wieder stärker durch.
Mit der Entstehung der 2. VKL 1936 war die Spaltung der BK faktisch besie-
gelt. Der 2. VKL mit den Bruderräten stand nun der neugeschaffene „Lutherrat" gegenüber, der auch 1936 noch auf den Ausgleich mit dem Staat
bedacht war.

Es wäre jedoch falsch, nur auf Seiten des „Lutherrates" ein Festhalten an
der überkommenen Staatsauffassung zu sehen. Selbst Männer wie Niemöller
und Bonhoeffer blieben einstweilen trotz allen Widerstandes in den überkommenen Bahnen. So äußerte Bonhoeffer noch in seiner „Ethik" seine
Sympathie für die Monarchie, zumindest aber für eine Obrigkeit aus Gottes-
gnadentum.[73]

Auch Barth hatte seine Arbeit in der BK zunächst dezidiert unpolitisch
verstanden. Die Abwendung von dieser Position brachte ihn auch in Konflikt mit der BK.[74] Die theoretische Neukonzeption der politischen Ethik
vollzog er zunächst dann mit seiner Schrift „Rechtfertigung und Recht", in
der Barth die Affinität zwischen Evangelium und Demokratie betonte und
der von ihm so bezeichneten lutherischen „Zwei-Reiche-Lehre" eine deutliche Absage erteilte.[75] Doch wurden diese Ansichten zunächst unter den
Bedingungen der nationalsozialistischen Diktatur und später zusätzlich des
Krieges in Deutschland nicht rezipiert.

In kirchlichen Kreisen kam es erst im Krieg zur Zusammenarbeit mit einer Gruppe des bürgerlichen Widerstandes, der sein Zentrum an der Freiburger Universität hatte, dem so genannten „Freiburger Kreis".[76] Hier wurde zum ersten Mal der Schritt über ein eher defensives Räsonieren hinaus
gemacht, indem eine Konzeption entwickelt wurde, die 1940 oder 1941 unter dem Titel „Kirche und Welt – Eine notwendige Besinnung auf die Auf-

---

[72] So Karl Barth zit. in: BUSCH, Lebenslauf, 267.
[73] BONHOEFFER, Ethik, 374f.
[74] BUSCH, Lebenslauf, 286.
[75] BARTH, Rechtfertigung.
[76] Im Zusammenhang der Ereignisse im Spätsommer und Herbst 1938 – Münchner
Konferenz, Einmarsch ins Sudetenland – und unter dem Eindruck des Judenpogroms
vom 9.11.1938, schlossen sich in der Universitätsstadt einige Wissenschaftler, die vorher
schon zur so genannten „Freiburger Schule" der Nationalökonomie, bzw. dem dann nicht
mehr öffentlich tagenden „Diehl-Seminar" gehörten, sowie Geistliche zu einer Arbeitsgemeinschaft zusammen, die sich fortan „Freiburger Konzil" nannte.

gaben des Christen und der Kirche in unserer Zeit" erschien. Die Denk-schrift wurde heimlich vervielfältigt und innerhalb der Bekennenden Kir-che, vor allem in Südbaden,[77] verteilt. Offensichtlich durch diese Arbeiten angeregt, kam 1942 Dietrich Bonhoeffer nach Freiburg, um im Auftrag der 2. VKL um die Ausarbeitung einer Denkschrift zu bitten, die für eine nach dem Krieg geplante Weltkirchenkonferenz gedacht war. Auf ihr sollte auch über das Schicksal Deutschlands und den Wiederaufbau Europas beraten werden.

Den Hauptteil der wohl im November 1942 entstandenen Schrift verfas-sten die Nationalökonomen Constantin von Dietze, Walter Eucken, Adolf Lampe und besonders der Historiker Gerhard Ritter. Zum Redaktionskreis gehörten ferner die Auswärtigen Otto Dibelius, Friedrich Perels, Carl Fried-rich Goerdeler und Helmut Thielicke.

Die Denkschrift trug den Titel „Politische Gemeinschaftsordnung. Ein Versuch zur Selbstbesinnung des christlichen Gewissens in den politischen Nöten unserer Zeit"[78]. Der Gesamtduktus der Denkschrift kann hier nicht umfassend gewürdigt werden. Ihre Zwiespältigkeit ist von einzelnen Teil-nehmern nachher selbst erkannt worden. In der Planung des Neuen steckte für manchen im Nachhinein zu viel Altes, d.h. die Frage der Gestalt eines zukünftigen Deutschland wurde letztlich mit dem Rückgriff in die Vergan-genheit zu lösen versucht. Thielicke schrieb später:

„Ich wurde den unbehaglichen Gedanken nicht los, dass die großen Autoritäten an unserem Sitzungstisch ihre erlebte Vergangenheit in geläuterter Form reproduzier-ten".[79]

Dies betraf auch das Verhältnis zu den politischen Parteien. Es kam hier zu-nächst zu einer kritischen Abgrenzung von der bisherigen Geschichte. Inso-fern dürften die maßgeblichen Äußerungen hier von Gerhard Ritter stam-men, der für die geschichtsphilosophische Konzeption verantwortlich zeich-nete.[80]

Ritter, 1888 als Sohn eines evangelischen Pfarrers geboren,[81] war von 1929 bis 1933 Mitglied der DVP. In Baden begründete er die Bekennende Kirche mit. Trotz seiner Mitgliedschaft in einer politischen Partei, stellte sich für ihn aus der historischen Analyse heraus das parlamentarische System als für Deutschland unangemessen dar. Offensichtlich betrieb er in typischer Anti-Parteien-Mentalität Parteipolitik wider Willen. Er sah es als falsch an, dass man im 19. Jahrhundert versucht hatte, die englischen Verfassungsfor-

---

[77] BLUMENBERG-LAMPE, Böhm, 240.
[78] Abgedr. in: In der Stunde Null, 25ff.
[79] THIELICKE, Stern, 192.
[80] Ebd.
[81] Zu den biographischen Angaben vgl. u.a. SCHWABE/REINHARD, Ritter, 5ff.; SCHMEER, CDU, 414f.

men in Kontinentaleuropa nachzuahmen und dabei von der Annahme ausgegangen war,

„dass sich aus der breiten Masse der Staatsbürger eine deutlich abgrenzbare Schicht adlig-bürgerlicher Notablen heraushob, auf deren politischen Sachverstand und ruhige Einsicht der Gesetzgeber im allgemeinen glaubte zählen zu dürfen."[82]

In den Stein-Hardenberg'schen Reformen hatte man an solche „Notablen" als Führungsschicht gedacht.[83] Der bei Ritter auch in der Folgezeit zentrale Begriff dürfte von ihm hier übernommen worden sein. Diese Schicht war so offensichtlich nicht vorhanden. Statt dessen entstand auf dem europäischen Kontinent ein Parteiwesen, das anders als in England, durch eine starke Zerklüftung gekennzeichnet war. Schließlich habe das Entstehen der modernen Massenparteien

„ganz neue Aufgaben der Massenführung sichtbar werden lassen, die mit Hilfe parlamentarischer Verfassungsformen nur höchst unvollkommen bewältigt wurden."[84]

Ritter forderte in der Denkschrift eine letztlich dem platonischen Staatsideal nachgebildete Form der geistigen Aristokratie:

„Man könnte es geradezu als ein Idealziel schöpferischer Politik der Zukunft betrachten, aus der unterschiedslosen Masse eine neue Notablenschicht der politisch Einsichtigen und sittlich Zuverlässigen herauszubilden. Aber dieses Ziel liegt noch in weiter Ferne, und ohne Frage erfordert die Aufgabe der Menschenführung heute einen anderen politischen Stil als im 19. Jahrhundert. Es geht nicht ab ohne ein sehr eindringliche und volkstümliche Erläuterung der Führungsziele, ohne gewisse Beschränkungen der Rede- und Pressefreiheit, Versammlungsfreiheit, Koalitionsfreiheit u. dgl."[85]

Thielicke hat im Rückblick gerade an diesem Gedanken die Fragwürdigkeit der elitären Freiburger Konzeption aufgezeigt, indem er fragte: „Durch wen oder was *wären* denn jene Eliten zu konstituieren, wer würde sie kontrollieren?"[86]

Während Ritter keinen positiven Zugang zum Phänomen der Parteien fand, kam man in der Anlage der Denkschrift zum Thema „Rechtsordnung" zu einer durchaus pragmatischen Sichtweise. Franz Böhm und Erik Wolf [87] hatten diesen Abschnitt verfasst.[88] Beide wandten sich gegen ein rein funk-

---

[82] In der Stunde Null, 74.
[83] Vgl. etwa HERMANN, Hardenberg, 293, 246ff.
[84] In der Stunde Null, 74.
[85] Ebd., 75.
[86] Ebd., 19.
[87] Böhm, geboren 1895, lehrte seit 1933 an der Universität Freiburg, ab 1937 in Jena. 1938 wurde er nach einer Denunziation vom Dienst suspendiert. Böhm gehörte ebenfalls der Bekennenden Kirche an. Erik Wolf, 1902 in Biebrich/Rheinhessen geboren, war seit 1930 in Freiburg Ordinarius an der staats- und rechtswissenschaftlichen Fakultät, seit 1936 Mitglied im Verfassungsausschuss der Bekennenden Kirche (Stunde Null, 167).
[88] BLUMENBERG-LAMPE, Böhm, 240.

tionalistisches Staatsverständnis ohne ideellen oder transzendenten Hintergrund, aber auch gegen eine Auffassung des Staates als Leviathan,[89] wie ihn Thomas Hobbes kritisch beschrieben hatte. Die Parteien bekamen auf diesem Hintergrund eine konstruktive Aufgabenbestimmung.

„Parteien müssen sich der Relativität ihrer Programme bewusst bleiben, den Gegner als Menschen (Nächsten) achten, sich den staatlichen Ordnungsaufgaben einfügen; ihre Ziel dürfen nicht über den Raum politischer Daseinsgestaltung hinausgehen. Parteiprogramme dürfen nicht theologisiert werden. Auch dürfen Parteien keine hoheitlichen Aufgaben für sich beanspruchen. Es gibt keine ‚kirchlichen' Parteien."[90]

Die sogenannte „Freiburger Denkschrift" hat in mancher Hinsicht ihre Begrenzungen. Die Haltung gegenüber den Juden ist hier deutlich zu nennen.[91] Sicherlich bleibt es das Werk einer „nationalkonservative[n] Gruppierung"[92], deren Staatsbegründung christlich durchtränkte ethische Prämissen voraussetzte,[93] die nur schwer im Raum politischer Rationalität umzusetzen waren. Der Wert der Denkschrift liegt aber darin, dass hier ein politischer Anspruch an den Protestantismus formuliert wurde, wie er bis dahin kaum zu finden war:

„Die Politik ist in jedem Sinn unser Schicksal geworden. So wenig wie es im Mittelalter eine Privatexistenz außerhalb kirchlicher Lebensordnungen gab, so wenig gibt es heute eine Privatexistenz außerhalb der politischen Gemeinschaftsordnung"[94].

Hinzugefügt wurde, der totale und achristliche Anspruch des nationalsozialistischen Staates treffe „keinen Teil der Christenheit in so hilfloser Lage wie das deutsche Luthertum."[95]

Das Verdienst der Denkschrift lag in der Anerkennung eines politischen Auftrages des deutschen Protestantismus. Hier wurde eine Aufgabe formuliert, die nach dem Kriege zwangsläufig auch zur Ausbildung einer politischen Ethik führen musste. Wie weit dieser Weg werden würde, zeigte die Denkschrift ebenfalls. Sie blieb in den Bahnen herkömmlicher politischer Traditionen. Es gilt weitgehend, was schon zum protestantischen Konservatismus gesagt wurde. Die Orientierung an der politischen Romantik – erinnert sei nur an die von Ritter bevorzugte Notablenschicht – und an der Richtigkeit eines deutschen Sonderweges in der politischen Form hielt noch weitgehend an. „Im Westen ankommen" wollte man nach dem Ende der nationalsozialistischen Herrschaft nicht.

---

[89] Zu Hobbes vgl. SCHMIDT, Demokratietheorie, 47ff.
[90] In der Stunde Null, 104.
[91] NORDEN, Erklärung, 180.
[92] Ebd.
[93] BECKER, Katholizismus, 243.
[94] In der Stunde Null, 31.
[95] Ebd.

Protestantismuns und politische Parteien
nach 1945

7. Der protestantische Konservatismus
in der Christlich-Demokratischen
und Christlich-Sozialen Union Deutschlands
(CDU/CSU)

Mit der deutschen Kapitulation war die Regierungsgewalt in Deutschland an die alliierten Siegermächte übergegangen, die nun auch über die Zulassung von politischen Parteien zu entscheiden hatten. Der Beschluss III/A.9-II der Potsdamer Deklaration der Regierungschefs Truman, Attlee und Stalin vom 2. August 1945 bestimmte, dass „in ganz Deutschland alle demokratischen Parteien zu erlauben und zu fördern"[1] seien. Die Vorgehensweise der Alliierten wich jedoch von diesem einheitlichen Beschluss ab.

In der Sowjetischen Besatzungszone wurde schon im Juni 1945 in Berlin eine Anweisung zur Parteiengründung gegeben. In rascher Folge entstanden zunächst wieder die KPD (11.6.) und die SPD (14.6.), denen dann die Gründung der Christlich-Demokratischen Union Deutschlands (CDUD) am 23.6. und die Formierung der Liberal-Demokratischen Partei Deutschlands (LDPD) Anfang Juli 1945 folgten. Diese parteipolitische Vielfalt wurde jedoch mit der Gründung des von der KPD dominierten „Gemeinsamen Ausschusses der Einheitsfront der antifaschistisch-demokratischen Parteien Deutschlands" am 27.7.1945 faktisch schon wieder eingegrenzt.

Die westlichen Besatzungsregierungen übernahmen bei der Lizensierung von Parteien das östliche Schema, das neben zwei „linken" Parteien, einer bürgerlich-liberalen und einer zumindest in der parteipolitischen Positionierung in der Tradition des Zentrums stehenden Gruppierung ausdrücklich keine dezidiert konservative oder nationale Partei vorsah. Während in der Sowjetischen Besatzungszone von Anfang an ein strikt zentralistischer Kurs vorherrschte, orientierten sich die Amerikaner an einem föderalistischen Aufbau des Parteisystems von der lokalen Ebene an aufwärts. Sie gestatteten nur zögernd eine auf Länderebene konzipierte Parteigründung. Weniger zu-

---

[1] Zit. in: Mᴇᴇ, Ende, 299.

rückhaltend war man in der Britischen Besatzungszone, wo die Parteien zunächst lokale Lizenzen erhielten, rasch aber auch Parteien auf überregionaler Ebene und dann auch Parteien für die ganze Besatzungszone gegründet wurden. Am schwierigsten waren die Zulassungsverhältnisse in der Französischen Besatzungszone, wo erhebliche politische Widerstände gegen jegliche deutsche Selbstorganisation zu überwinden waren.[2] Bis ins Jahr 1947 hinein unterband die französische Besatzungsmacht die parteipolitische Zusammenarbeit über die Zonengrenzen hinweg.[3] Dies war eine Folge der zunächst in der französischen Regierung herrschenden Vorstellung, dass Gebiet der Französischen Zone vom übrigen Deutschland abzutrennen oder zumindest doch durch diese Politik einen zentralistischen Staatsaufbau zu vermeiden.

Rasch nahmen die Entwicklungen in den drei westlichen Besatzungszonen und der SBZ einen unterschiedlichen Verlauf, der entscheidend durch die zwangsweise Verschmelzung von SPD und KPD zur SED am 21. April 1946 bedingt war. Als die sowjetische Besatzungsmacht auch in die Struktur und Politik der CDUD[4] und der LDPD[5] massiv eingriff, zerbrachen, wie schon zuvor zur westdeutschen SPD,[6] auch hier die Kontakte zu den Schwesterparteien in den westlichen Besatzungszonen.[7]

Mit der Übernahme der Regierungsgewalt durch die Alliierten und der Potsdamer Deklaration über die Gründung von Parteien sowie der Einteilung des Reiches in Besatzungszonen waren in gleich mehrfacher Hinsicht Fakten geschaffen worden, die viele Pläne hinfällig machten, die während der nationalsozialistischen Herrschaft im Widerstand entwickelt worden waren. Dazu gehörte grundsätzlich die Vorstellung, man könne wie 1918 in eigener Verantwortung einen politischen Neuanfang machen und frei über die künftige Staatsform entscheiden. Die Pläne, etwa des Freiburger oder des Kreisauer Kreises, waren, was die Staatsvorstellungen betraf, damit Makulatur. Vielmehr musste nun die Regierungsform der jeweiligen Besatzungsmacht übernommen werden. In den westlichen Besatzungszonen war dies das parlamentarische System mit politischen Parteien und in der SBZ ein parlamentarisches Scheinsystem, dass mit der Schaffung der „Einheitsfront" de facto unter dem Führungsanspruch der KPD resp. SED stand.

Am schwierigsten stellte sich diese Lage für den bisher überwiegend national-konservativen Protestantismus dar. Da eine dezidiert konservative Parteigründung nirgendwo erlaubt wurde, mussten die Konservativen eine andere politische Heimat finden, nach Lage der Dinge entweder in einer

---

[2] KAACK, Geschichte, 155ff.
[3] SCHWARZ, Reich, 189.
[4] BECKER, CDU, 210ff.
[5] SUCKUT, SBZ/DDR, 51ff.
[6] Vgl. KLOTZBACH, Staatspartei, 66ff.
[7] KAACK, Geschichte, 162.

bürgerlich-liberalen Partei oder in einer in der Tradition des Zentrums stehenden. Hier bot sich als Ausweichpartei die parteipolitische Formation des politischen Katholizismus an. Diese politische Strömung war in sich durchaus stärker konservativ strukturiert. Zudem hatte man in der gemeinsamen Bedrückung durch das nationalsozialistische Regime schon teilweise Kontakt geschlossen.

Die politisch-protestantischen Liberalen standen hingegen vor der Frage, ob sie der erneuten Gründung einer liberalen Partei zustimmen sollten oder ob nach dem Desaster des Liberalismus am Ende von Weimar die Liberalen nicht in einer großen Partei unterkommen und von da aus wirken sollten.

7.1. Die regionalen Gründungszentren der christlich-demokratischen Parteien und die protestantische Beteiligung

7.1.1. Berlin

7.1.1.1. Die Entstehung der Christlich-Demokratischen Union Deutschlands (CDUD) und die ersten Krisen in der Partei

Nach dem schon geschilderten Vorgehen der sowjetischen Besatzungsbehörden fand sich auch in Berlin ein Kreis zusammen, der eine bürgerlich orientierte Partei gründen wollte. Diese Gruppe bestand aus Männern und Frauen, die in der Weimarer Republik verschiedenen politischen Richtungen angehört hatten, wobei ehemalige Zentrumsangehörige und Konservative ungefähr gleich stark vertreten waren; halb so groß war die Anzahl ehemaliger Liberalen.

Zu den früheren Zentrumsmitgliedern gehörten u.a. der ehemalige Reichslandwirtschaftsminister Andreas Hermes, der frühere Generalsekretär des Zentrums Heinrich Vockel, der ehemalige Vorsitzende der Jugendorganisation des Zentrums, dem „Windthorst-Bund", Heinrich Krone, sowie der christliche Gewerkschaftler Jakob Kaiser.

Aus dem Lager der Konservativen kamen die Protestanten Rudolf Pechel, der frühere Herausgeber der Zeitschrift „Deutsche Rundschau", zudem Paul Yorck von Wartenburg, ein Bruder des hingerichteten Widerstandskämpfers Peter Yorck von Wartenburg, sowie der Sozialwissenschaftler Otto Heinrich von der Gablentz, ein Mitglied der Kirchenleitung der Altpreußischen Union. Dem protestantisch-konservativen Lager zuzurechnen waren ebenfalls Pfarrer Heinrich Grüber, der Direktor des Berliner Stadtsynodalverbandes Reinhold Moeller und der Oberkonsistorialpräsident der ApU Hans von Arnim. Die beiden letzteren hatte offensichtlich Grüber für die Mitarbeit gewonnen.[8]

---

[8] RINK, Bevollmächtigte, 74.

Aus den Reihen der Liberalen kamen der frühere preußische Handelsminister Walther Schreiber, der ehemalige stellvertretende Polizeipräsident von Berlin Ferdinand Friedensburg und der DDP-Politiker Ernst Lemmer[9] sowie Theodor Steltzer, der sich allerdings schon im Widerstand, wie gesehen,[10] deutlich vom bisherigen Liberalismus abgewandt hatte.

Das später oft beschworene Wort vom „Katakombengeist"[11], der die frühe CDU geprägt habe, trifft sicherlich auf die Gründungsgruppe der CDUD in Berlin zu. Hermes[12] und Steltzer kamen aus nationalsozialistischer Haft und waren beide im Zusammenhang des gescheiterten Attentats auf Hitler vom 20. Juli 1944 zum Tode verurteilt worden. Kaiser konnte sich nach dem Attentat monatelang in Potsdam-Babelsberg vor seinen Häschern verbergen.[13]

Als man sich am 17. Juni 1945 zu ersten Besprechungen über die Gründung einer neuen Partei in der Wohnung von Hermes in Berlin traf, offenbarten sich dennoch deutlich die unterschiedlichen Konzepte der Beteiligten, die zwar nicht völlig entlang der konfessionellen Trennlinie verliefen, die aber doch die Protestanten in einer distanzierten Haltung gegenüber den dann durchgesetzten Strukturen zeigten. Jakob Kaiser vertrat seine schon im Widerstand entwickelte Idee, eine große Arbeiterpartei nach dem Muster der englischen Labour-Party ins Leben zu rufen,[14] blieb damit aber in der Minderheit. Schließlich war dieser Plan mit der Wiederbegründung der SPD schon in diesem frühen Stadium nur noch schwer zu verwirklichen. Einen wie Kaiser eher christlich-sozialistischen Kurs vertrat auf protestantischer Seite von der Gablentz.

Hermes, zwischenzeitlich stellvertretender Bürgermeister von Berlin und Leiter des im Aufbau befindlichen Amtes für Ernährung und Landwirtschaft, befürwortete hingegen mit Entschiedenheit den Plan, eine Partei auf der Grundlage christlichen Gedankengutes zu bilden. Diese sollte interkonfessionell angelegt sein. Sein nunmehriger Stellvertreter im Ernährungsamt, Theodor Steltzer, verschloss sich, in der Tradition der Kreisauer Pläne stehend, zunächst dem Gedanken einer Wiederbegründung des Parteienwesens, zumindest wünschte er jedoch einen dezentralen Aufbau derselben von der lokalen Ebene an aufwärts. In Anlehnung an die Kreisauer Vorstellungen empfahl er zudem eine Art Beratergremium aus unbelasteten deutschen Persönlichkeiten, das Vorschläge für den politischen Wiederaufbau machen sollte. Durch den von den sowjetischen Besatzungsbehörden ausgeübten Druck zur Gründung politischer Parteien waren letztlich alle Vorstellungen, die die

---

[9] GURLAND, CDU/CSU, 78f.; BECKER, CDU, 181f.
[10] Vgl. Kap. 6.1.
[11] Vgl. Kap. 7.1.2.2.
[12] BUCHSTAB, Hermes, 103.
[13] SALZMANN, Kaiser, 178.
[14] Ebd., 179.

Wiederbelebung des Parteienwesens umgehen zu können glaubten, hinfällig geworden.

So blieb einzig Hermes' Plan zur Gründung einer christlich geprägten Partei übrig. Spätere Probleme präfigurierend kam es sofort zu Auseinandersetzungen um die Bezeichnung „christlich" im Parteinamen, die nach Steltzers Erinnerung für die katholische Seite als „conditio sine qua non"[15] eingefordert wurde. Deutlich dagegen sprach sich besonders Pfarrer Grüber aus, der seinerseits nach seiner Erinnerung den Begriff „Union" anstelle von „Partei" vorschlug, um den interkonfessionellen Sammlungscharakter zu betonen.[16] Darüber hinaus wurde in protestantischer Anti-Parteien-Mentalität der Begriff „Partei" damit vermieden. Grüber bevorzugte eher eine vom politischen Spektrum her breit angelegte demokratische Partei und stand Steltzers Plänen eines Gremiums politischer Vertrauensleute aufgeschlossen gegenüber.

Auch der nunmehrige Bischof der Evangelischen Kirche von Berlin-Brandenburg, Otto Dibelius, der von Gablentz und Moeller über die Verhandlungen unterrichtet wurde, stand dem „C" im Parteinamen mit erheblicher Reserve gegenüber, stimmte aber um des Zusammengehens mit den Katholiken willen letztlich zu.[17] Dibelius nahm damit wie 1918 eine pragmatisch konstruktive Haltung ein, die bei aller inneren Ablehnung der parlamentarischen Demokratie mit den neuen Gegebenheiten rechnete und sie in seinem Sinne zu lenken oder doch zumindest zu beeinflussen suchte. Einen offensiven Zugang zum Raum des Politischen lehnte Dibelius nun aber anders als noch 1918 ab. Als Grüber in den Beirat für kirchliche Angelegenheiten des Magistrates der Stadt berufen wurde, äußerte Dibelius sich skeptisch: „So etwas machen wir Evangelischen nicht, das überlassen wir den Katholiken."[18]

Die Auseinandersetzung um den Namen „christlich" in der Partei markiert einen Vorgang, der sich an anderen Orten in dieser Zeit immer wieder vollzog und später zu heftigen innerprotestantischen Auseinandersetzungen führte. Davon wird hier noch zu berichten sein. Formal gesehen stellte der Name „Christlich-Demokratische Union Deutschlands", wenn Grübers Erinnerungen stimmen, einen Kompromiss dar. Die katholische Seite bestand auf dem aus ihrem christlich-naturrechtlichen Verständnis heraus geprägten Namen „christlich" in der Partei, um damit das Konzept einer in ihrem Sinne verstandenen „christlichen Politik" zu verdeutlichen; der protestantischen Seite gelang es wie vorher dem CSVD, eine Partei zu gründen, die sich nicht Partei nannte.

---

[15] STELTZER, Zeitgenosse, 178.
[16] RINK, Bevollmächtigte, 64ff.; GRÜBER, Erinnerungen 247ff., allerdings nahm auch Hermes dies für sich in Anspruch; BECKER, CDU, 333 A. 3.
[17] STELTZER, Zeitgenosse, 178.
[18] Zit. in: SCHMITT, Wahlverhalten, 86 A. 197.

Hermes und den anderen Mitgliedern ging es jedoch weniger um eine lokale Gründung. Vielmehr war mit dem verabschiedeten Parteinamen „Christlich-Demokratische Union Deutschlands" der klare Anspruch verbunden, von der früheren Reichshauptstadt aus Maßstäbe für das ganze „Reich" zu setzten, und so bezeichnete man sich zugleich als „Reichsgeschäftsstelle" der CDUD; ein angesichts der infrastrukturellen Verhältnisse nach dem Kriege und der Aufteilung Deutschlands in Besatzungszonen recht gewagtes Unternehmen, das allerdings durch die Gründung von zahlreichen Kreisverbänden in Berlin, sechs Landesverbänden in der SBZ und einer ausgedehnten Reisetätigkeit in die Westzonen[19] keineswegs illusorisch war.

Schon am 26. Juni 1945 verabschiedete die CDUD einen Gründungsaufruf. Programmatisch hatte dieser den schon genannten Vierklang[20] Stegerwalds „christlich, demokratisch, sozial und deutsch" aufgenommen, wobei hinsichtlich des Christentums von dessen „kulturgestaltenden, sittlichen und geistigen Kräfte[n]"[21] gesprochen wurde. Eine geschichtstheologische Betrachtung der voraufgegangenen Ereignisse, wie sie sich in anderen Gründungsaufrufen (s.u.) fand, fehlte. Der Zusammenbruch Deutschlands war für die Berliner CDUD-Gründer weniger eine Folge des Säkularismus, denn eines Betruges am deutschen Volk, den „ein gewissenloser Diktator mit seinem Anhang" zu verantworten hatte. Wirtschaftspolitisch wurde angesichts der katastrophalen Versorgungsverhältnisse von „straffer Planung" für ein „Notprogramm für Brot, Obdach und Arbeit" gesprochen, der Bergbau sollte „klar der Staatsgewalt unterworfen" werden, Pläne zur „Heranziehung des Großgrundbesitzes" zum Zwecke der Förderung landwirtschaftlicher Siedlungen wurden entwickelt, Privateigentum und Handwerk wurden ausdrücklich bejaht. Das erste CDUD-Programm war insgesamt, abgesehen von gewissen Sozialisierungstendenzen, eher bürgerlich-liberal. Von einem christlichen Sozialismus war in dem maßgeblich von Hermes beeinflussten Programm[22] keine Rede. Allenfalls die Forderung nach Wirtschaftsplanung konnte als Erfolg der christlich-sozialistischen Gruppe um Kaiser und von der Gablentz angesehen werden. Die Forderung, dass der Großgrundbesitz ggf. für die ländliche Siedlung eingesetzt werden müsse, war hingegen eine Feststellung, die auch die christlich-konservativen „Agrarbolschewisten" um Schlange-Schöningen schon in der Weimarer Republik vertreten hatten.[23]

Unmittelbar nach der Gründung der Partei hatte sich Heinrich Grüber, der offensichtlich der „C"-Lösung nicht zustimmen konnte, zurückgezogen

---

[19] BECKER, CDU, 188ff.
[20] Vgl. Kap. 4.
[21] Zur Geschichte der CDU, 4f.; daraus auch die nachfolgenden Zitate.
[22] BUCHSTAB, Hermes, 114.
[23] KLEIN, Siedlungsarbeit, 18ff.

und an seiner Stelle Reinhard Moeller und Hans von Arnim für den Parteivorstand empfohlen. Damit förderte er indirekt die konservativen Kräfte in der CDUD.[24] Moeller, der nach dem Ende des Kaiserreiches dessen Untergang heftig betrauert hatte,[25] näherte sich in seinen politischen Auffassungen dem Ideal des „christlichen Staates" an, wenn er betonte, der Glaube dürfe nicht lediglich „schöne Dekoration …, sondern … lebensformende Kraft" im öffentlichen Raum sein.[26]

Ähnlich argumentierte Hans von Arnim:

> „Ein bewußtes Glied einer bekennenden Kirche wird daher seinen politischen Ort in der Christlich-Demokratischen Union Deutschlands finden, denn hier allein wird christliche Weltanschauung und christliche Kultur als richtungsgebend vertreten. Hier allein herrscht die Überzeugung, dass das Christentum nicht eine private Angelegenheit des Menschen ist, sondern dass es in die Öffentlichkeit des deutschen Lebens gehört und dort zu Worte kommen muß."[27]

Die Führung der Partei lag zunächst bei Andreas Hermes als erstem, Walther Schreiber als zweitem und schließlich Theodor Steltzer als drittem Vorsitzenden.[28] Steltzer verließ jedoch schon im August 1945 Berlin, um in seine Heimat Rendsburg zurückzukehren. Hermes und Schreiber wurden dann am 20.12.1945 von der sowjetischen Militäradministration zum Rücktritt gezwungen, weil sie dem Aufruf „Helft den Neubauern", der am 7.12.1945 von den Parteien des kommunistisch dominierten „Antifaschistischen Blocks" erlassen wurde, ihre Unterschrift verweigert hatten. Dabei ging es Hermes und Schreiber weniger um die Frage der Siedlungspolitik – das Berliner Programm der CDUD hatte hier durchaus eigene Pläne entwickelt – als um die Rechtsstaatlichkeit des Verfahrens, das beide nicht gewährleistet sahen. Mit Hermes' und Schreibers Entfernung aus der Führung der CDUD endete die eher bürgerlich-liberal geprägte Phase in der Partei.

Wie ist die frühe Mitarbeit von Protestanten in der Berliner CDUD zu interpretieren? Diese befanden sich mit dem Ausschluss der Gründung einer nationalkonservativen Partei im Dilemma der politischen Heimatfindung. Inwieweit die Zusammenarbeit in einer breit angelegten bürgerlichen interkonfessionellen Partei als Notwendigkeit und inwiefern sie auch bewusst als Chance gesehen wurde, kann letztlich nicht eindeutig entschieden werden. Die Erfahrungen, die mit dem interkonfessionellen „Katakombengeist" plakativ beschrieben werden, sollten angesichts der persönlichen Erlebnisse des Gründungspersonals in Berlin nicht unterschätzt werden.

Die Auseinandersetzungen um die Bezeichnung der Partei offenbarten jedoch zugleich die völlig unterschiedlichen Denktraditionen: hier katholi-

---

[24] SCHMEER, CDU, 309.
[25] Vgl. BUCHHAAS, Leitbilder, 15.
[26] Zit. in: SCHMEER, CDU, 309.
[27] Zit. in: ebd., 310.
[28] BECKER, CDU, 185.

sches Naturrecht, dort von lutherischer Theologie inspirierte Trennung der Bereiche Politik und Kirche. Andererseits war die Bezeichnung „christlich" in einer Zeit, in der die Kirchen gefüllt wie selten zuvor waren,[29] überall mit großer Selbstverständlichkeit im öffentlichen Diskurs zu vernehmen. Es sollte nach den Erfahrungen mit dem verbrecherischen Regime der Nationalsozialisten nun bewusst ein Neuanfang aus „christlichem" Geist gemacht werden. Der Konflikt, der sich aus theologischen Bedenken, zeitgemäßen Anknüpfungsmöglichkeiten und gleichzeitigem faktischen Zwang zur interkonfessionellen Zusammenarbeit ergab, führte dann zur beschriebenen Lösung, die im Sinne evangelischer Theologie kaum „sauber" war, aber buchstäblich als notwendig empfunden wurde. Es handelte sich ja hier nicht um akademische Debatten, sondern um Überlegungen inmitten von Trümmern.

7.1.1.2. *Der christliche Sozialismus in der CDUD*

Hermes' und Schreibers Nachfolger wurden Jakob Kaiser als Erster und Ernst Lemmer als Zweiter Vorsitzender der CDUD. Umstritten bleibt, inwiefern die Absetzung Hermes' und Schreibers neben dem Druck der sowjetischen Behörden auch ein Ergebnis innerparteilicher Auseinandersetzungen war.[30] Jedenfalls rückten mit den Gewerkschaftlern Kaiser und Lemmer Personen an die Spitze der CDUD, die den Sowjets genehmer erscheinen mussten, war doch zumindest Kaiser Plänen einer breit angelegten Arbeiterpartei gegenüber nicht abgeneigt, wie seine früheren Vorstellungen gezeigt hatten.

Das neue Programm der CDUD wurde jetzt ein „christlicher Sozialismus", für den Jakob Kaiser mit seiner Person stand. Faktisch waren es in Berlin allerdings maßgeblich Protestanten,[31] die diesen Begriff inhaltlich füllten. Kurz vor dem Sturz von Hermes und Schreiber[32] hatte zwischen einigen CDUD-Vertretern, darunter Walter Strauß, Robert Tillmanns und Otto Heinrich von der Gablentz, ein Gespräch stattgefunden. Darin ging es um die Frage, „wie sich die CDU zum Gebrauch des Wortes ‚Sozialismus' verhalten soll."[33]

Zustimmung fand der Begriff des „christlichen Sozialismus" mit der überraschenden Begründung, dass dieser „in ökumenischen Kirchenkreisen und voraussichtlich auch in weiten Kreisen Frankreichs großes Verständnis finden würde." Es wurde allerdings auch die Befürchtung geäußert, dass der

---

[29] Vgl. Kap. 12.1.
[30] BECKER, CDU, 196ff.; GURLAND, CDU/CSU, 83.
[31] Insofern ist BÖSCH zu modifizieren, der den christlichen Sozialismus fast ausschließlich dem politischen Katholizismus zuordnet, Adenauer-CDU, 41.
[32] GURLAND, CDU/CSU, 80.
[33] ACDP I-155-30/5; daraus auch die nachfolgenden Zitate.

Gebrauch des Wortes „Sozialismus" durch die CDUD als Taktik ausgelegt werden könne. Andererseits gab Robert Tillmanns zu bedenken, dass „jeder, der es ablehnt, sich als Sozialisten zu bekennen, als liberal-kapitalistisch-reaktionär abgestempelt werden würde." Entschieden für den Begriff trat Otto Heinrich von der Gablentz ein, da er annahm, dass

„die jüngere Generation sich als selbstverständlich sozialistisch bezeichnen wird und dass mit diesem Wort auch große ethische Werte (Kampf der Arbeiter um ihre Menschenrechte) verbunden sind."

Gablentz stellte dabei die damalige Entwicklung in einen großen geistesgeschichtlichen Zusammenhang, an dessen Ende „die vom Geist durchdrungene Welt" stehen müsse. Als entscheidende soziale Frage wurde von von der Gablentz die „Gliederung der Masse", eine Formulierung die sich bei ihm immer wieder findet, angesehen. Damit war die Problematik benannt, wie nach totalitärer Gesellschaftsform und Kriegszusammenbruch sowie dem prophezeiten Ende der bürgerlichen Gesellschaft, von dem die Teilnehmer der Berliner Versammlung ausgingen, die Gesellschaft neu strukturiert werden könne.

„Es gilt, wie Dr. Trauß [gemeint ist Strauß, M.K.] es formuliert, geradezu den verschütteten Menschen im Arbeiter wieder zu erwecken. Das muß aber nach Ansicht von v.d. Gablentz in Anlehnung an das erfolgen, was echt ist im Sozialismus und unter Zurückholung der echten christlichen Werte."

Trotz dieser „sozialistischen" Gedanken zeigte sich von der Gablentz' struktureller Konservatismus gerade in der Verwendung des Begriffes „Masse", einer klassischen „Metapher konservativer Kultur- und Zivilisationskritik",[34] die besonders Ende der vierziger und in den fünfziger Jahren mit Büchern wie „Aufstand der Massen" von Ortega y Gasset, „Vermassung und Kulturverfall" von Hendrik de Man u.a. öffentliche Resonanz fand.

Wie radikal neue Wege in der CDUD jetzt gegangen wurden, macht die Feststellung deutlich, dass in Berlin bisher – anders als im Westen – hinsichtlich der Frage des Sozialismus „tiefes Schweigen"[35] geherrscht hatte. Mit von der Gablentz trat nun ein Mann stärker nach vorn, der in der folgenden Zeit der theoretische Kopf der Gruppe der christlichen Sozialisten um Kaiser in der CDUD werden sollte.[36]

---

[34] MAASER, Demokratieverständnis, 228; vgl. auch LENK, Konservatismus, 642.

[35] GURLAND, CDU/CSU, 195.

[36] Von der Gablentz (1898–1972) war Professor an der Hochschule für Politik (HfP). Er begründete die „Evangelische Michaelsbruderschaft" mit und war Mitarbeiter von deren Zeitschrift „Das Gottesjahr", aus der später die „Evangelischen Jahresbriefe" hervorgingen. Diese geistige Prägung durch die liturgische Bewegung muss sehr hoch eingeschätzt werden. Von der Gablentz lebte aus den spirituellen Quellen dieser Bruderschaft (vgl. GABLENTZ, Vernehmen, 95ff.).
Im Kriege gehörte von der Gablentz zum Umfeld des „Kreisauer Kreises" (MOLTKE, Vorstellungen, 58ff.). Ab 1955 Direktor der HfP, überführte er diese ins Otto-Suhr-Insti-

Gleich nach dem Zusammenbruch im Mai 1945 hatte er einige Denkschriften, die sowohl die Problematik „Wie es dahin kommen konnte"[37] als
auch die Suche nach den „Quellen der Hoffnung"[38] sowie die Frage „Was ist
zu tun?"[39] aufnahmen, verfasst. Da diese Schriften über die Haltung Gablentz' einen guten Eindruck geben, aber andererseits nur archivarisch vorlie-
gen, sollen seine Ausführungen etwas breiter wiedergegeben werden:

In der Schrift „Wie es dahin kommen konnte!"[40] wurde in konservativer
Deutung des Geschehens der gescheiterte Versuch einer „Gliederung der
Massen" in der Weimarer Republik als Grund für die Anfälligkeit der Deut-
schen gegenüber dem Nationalsozialismus genannt. Leider sei das Konzept
eines „konservativen Sozialismus" Wichards von Möllendorfs[41] gescheitert.
Dieser habe nach dem Zusammenbruch des Kaiserreiches

„einen planwirtschaftlichen Aufbau des ‚konservativen Sozialismus', in dem die alten
Kräfte der Führung und die neuen des Proletariats, die vorbürgerlichen und die nach-
bürgerlichen, zusammenwirken sollten zur unabhängigen Gestaltung der wenigen
verbliebenen Möglichkeiten", entworfen.

Indem es aber nicht gelang, diese Ziele umzusetzen, war für von der Gablentz der Keim des Verfalls der Gesellschaft und des Staates von Weimar gelegt worden. Nun jedoch stelle sich die Lage nach dem Zusammenbruch
aber so dar, dass alte Unterschiede, die einstmals trennend und gegensätzlich
wirkten, hinfällig geworden seien. „Das vielfältig gegliederte Volk ist zur
Masse einer klassenlosen Gesellschaft geworden."

Angesichts dessen ergab sich für von der Gablentz die Frage „Was ist zu
tun?"[42] Gablentz setzte bei den wirtschaftlichen Verhältnissen an. Er sprach
sich für eine Rahmenbedingungen setzende Planwirtschaft aus. Ein „Wirtschaftsrat und ein Bildungsrat neben den politischen Parlamenten" sollte
hier begleitend tätig sein. Neben der Wirtschaft, das zeigt der projektierte
Bildungsrat, maß von der Gablentz der Bildung, die er hier vorwiegend im
sozialpädagogischen und sozialmedizinischen Sinne auffasste, eine hohe Bedeutung zu.

Weitgehend waren die Forderungen, die die Kirche betrafen.

---

tut der Freien Universität Berlin. Schon damals war er nicht mehr in der Politik aktiv. Er
trat stärker als politikwissenschaftlicher Lehrer, der sich besonders mit Fragen der politischen Ideen und der politischen Ethik (vgl. GABLENTZ, Gesittung, 38ff.) beschäftigte, hervor.
[37] ACDP I-155-002/3.
[38] BAK 1018/129.
[39] Ebd.
[40] ACDP I-155-002/3; daraus auch die nachfolgenden Zitate.
[41] 1918/1919 Unterstaatssekretär im Reichswirtschaftsministerium, vgl. GABLENTZ,
Gesellschaftsreform, 365.
[42] BAK 1018/129; daraus auch die nachfolgenden Zitate.

„Die Kirchen müssen vom Staat getrennt werden. Da sie selbst es fordern, gibt es keine grundsätzlichen Probleme, abgesehen von Übergangsschwierigkeiten bei der Vermögensauseinandersetzung".

Weit holte von der Gablentz mit seiner Denkschrift „Die Quellen der Hoffnung"[43] aus, die die Frage nach der künftigen gesellschaftlichen Ordnung Deutschlands aufwarf:

„Der Sieger ist nicht einer. Es sind Rußland und Amerika. Ihre Ordnungen, ihre gesellschaftlichen und wirtschaftlichen Grundsätze sind verschieden: Kommunismus und Demokratie. Aber beide waren siegreich."

Ausgehend von der Kant'schen Frage „Auf was können wir hoffen?", machte Gablentz drei Quellen aus: für „morgen: ... den Kommunismus", „auf das Dauerhafte: ... die Demokratie", „auf das Ewige: ... die Herrschaft Gottes."
Diese zunächst überraschende Klimax wurde dann pragmatisch und mit einem Mix unterschiedlicher politischer Topoi, wie Anknüpfung an die preußisch-russische Zusammenarbeit, Raum im Osten, der Osten als Kornkammer, gleichzeitige Westbindung, Vereintes Europa usw. begründet.
Die Vorstellung Jakob Kaisers von der „Synthese" bzw. der „Brücke" wurde hier zumindest präfiguriert. Besonderes die Klärung des Verhältnisses zur Sowjetunion, der gegenwärtigen Besatzungsmacht, lag von der Gablentz am Herzen. Er sah hier Chancen für einen gegenseitigen Austausch. Russland bzw. die Sowjetunion könne nun, so meinte er,

„uns das Brot geben, das uns fehlt. Russland kann uns Waren und Menschen abnehmen, die wir zu viel haben. Russland braucht ein gesundes Deutschland zur wirtschaftlichen Ergänzung und als Brücke nach Europa."

Umgekehrt habe auch der Sozialismus in Deutschland gute Voraussetzungen: „Die klassenlose Gesellschaft ist da, dank Hitler und dank dem Bombenterror." Gleichzeitig sprach sich Gablentz auch für die Übernahme der Demokratie nach angelsächsischem Vorbild aus und fragte: Haben

„wir nicht die Möglichkeit, auf diesem Wege endlich wieder innerlich und äußerlich Anschluss zu gewinnen an die anderen Staaten Europas, als einer unter vielen, ohne besondere Ansprüche, in dem nun endlich fälligen europäischen Staatenbund aufgenommen zu werden und schließlich auch wieder die Vorteile der von den Angelsachsen bestimmten weltwirtschaftlichen Arbeitsteilung zu genießen?"

Damit war für Gablentz die Brückenfunktion eines künftigen Deutschlands, anders als noch bei den Kreisauern, zu deren weiterem Umfeld Gablentz ja auch gehört hatte, keineswegs mehr mit einem deutschen Sonderweg in Verfassungsfragen verbunden.

---

[43] BAK 1018/129; daraus auch die nachfolgenden Zitate.

Schließlich rückte von der Gablentz den Zusammenbruch Deutschlands in einen heilsgeschichtlichen Zusammenhang und stellte dabei Überlegungen zur neuen Parteienstruktur an. Der Krieg war für ihn

„ein furchtbares Gericht über Hochmut und Eitelkeit der Menschen. … Das Gericht trifft uns nicht unschuldig, und wir hadern auch nicht, sondern beugen uns ihm. Aber Gericht Gottes ist immer auch Gnade. … Wer es annimmt, dem wird geschenkt, dass er von vorn anfangen darf. … Wir glauben an ein Reich Gottes, das nicht im abstrakten geistigen Jenseits liegt, sondern das durch jeden Menschen, der wirklich frei ist zur Hingabe, in diese Welt hineinwirkt. … Aber was bedeutet diese Hoffnung politisch? … Zunächst: es ist die Haltung eines Menschenkreises, der zahlenmäßig nicht sehr groß sein mag, aber der geistig rege und geschlossen ist und der heute mit zählt, weil er sich in der Zeit des Nationalsozialismus unabhängig gehalten hat. … Es könnte kein größeres Unheil geschehen, als wenn sich die christlichen Kirchen oder eine christliche Partei hergäben zum Sammelbecken für eine bürgerliche Reaktion. … Und bei der traditionellen Beziehung zwischen Konservatismus und Kirche werden sie (d.h. die reaktionären Kräfte M.K.) versuchen, hier unterzuschlüpfen. Dem muss vom ersten Augenblick an hier eine klare Grenze gezogen werden. Der Christ erkennt das Gericht an. Der Reaktionär schwindelt sich daran vorbei mit Dolchstoßlegenden, der Christ bekennt seine Schuld und seine Solidarität mit den Schuldigen. Der Reaktionär sucht den Sündenbock bei anderen."

Schließlich sei, so von der Gablentz, der Christ offen für neue und richtige Gedanken, d.h. für den Sozialismus, den er ausdrücklich begrüße:

„Die deutsche Zukunft ist sozialistisch oder sie ist nicht deutsch. Damit ergibt sich auch eine klare Ablehnung jeder ,christlich-sozialen' Ideologie. … Es gibt keinen ,christlichen Staat', … . Es gibt nur die Einschaltung der Christen mit den Kräften, die sie aus Gebot und Sakrament ziehen, in die politische Verantwortung. … Zwei Vorzüge bringt die christliche Gruppe mit für das politische Leben: die nüchternste Sachlichkeit, weil sie durch kein ideologisches Programm voreingenommen die Forderungen des Tages jeweils neu aufgreifen kann, und die klarste Bereitschaft mit den beiden anderen sozialistischen Gruppen zusammenzuarbeiten."

Nach dem ersten Zusammentreffen der CDUD-Gründer hatte auch von der Gablentz ein Programm für die neue Partei entworfen, das mit einer Präambel einsetzte, die weit über die Auffassung Hermes', das deutsche Volk sei betrogen worden, hinausging:

„Über das deutsche Volk ist das Gericht hereingebrochen. Zerschlagen ist das deutsche Reich. Zerschlagen ist die deutsche Wirtschaft. Zerschlagen sind die ehrwürdigen Bauten und die fein durchdachten Einrichtungen des deutschen Geisteslebens."[44]

Von der Gablentz sprach schon zu diesem Zeitpunkt auch von der ungeheuren Schuld, die Deutschland auf sich geladen habe. Während Hermes allein bei einer deutschen Innenperspektive blieb, hieß es bei von der Gablentz:

---

[44] BAK 1018/129; daraus auch die nachfolgenden Zitate.

„Darum sind die millionenfache Morde und die Grausamkeiten, die er (sc. der Nationalsozialismus M.K.) begangen hat an Juden, an unterworfenen Völkern, an politischen Gegnern, und die er schließlich heraufbeschworen hat über die eigenen Soldaten und die eigenen Frauen und Kinder, nicht nur so schrecklich, sondern auch sinnlos gewesen." ... „In dieser Not rufen wir auf zum Aufbau... Wir rufen auf zur Erneuerung des deutschen Lebens ..."

Bei der Festlegung der Programmatik in der Frühphase der Partei konnte sich von der Gablentz allerdings, wie gezeigt, nicht durchsetzen. Erst mit Kaisers Amtsantritt trat er dann wieder deutlicher hervor. Nun häuften sich die Bekenntnisse zum Sozialismus, der jetzt als „Sozialismus aus christlicher Verantwortung" bezeichnet wurde. Dies war angesichts der konkreten Verhältnisse in der Sowjetischen Besatzungszone keineswegs nur politische Taktik.[45] Mit von der Gablentz und anderen hatte Kaiser Mitarbeiter, die diese Hinwendung auch theoretisch absicherten. Gerade von der Gablentz als Leiter des Wirtschaftspolitischen Ausschusses der CDUD lieferte hier eine wissenschaftlich fundierte Konzeption, die programmatisch in seinem Buch „Über Marx hinaus"[46] deutlich wurde. An anderer Stelle fasste er seine Auffassung über den christlichen Sozialismus so zusammen:

„Für uns ist Sozialismus nicht Ziel, sondern Methode. Wenn wir uns auch im einzelnen von einem verständigen Reform-Liberalismus vielfach nicht unterscheiden werden, haben wir doch einen bestimmenden Grund, uns Sozialisten zu nennen: die öffentliche Wirtschaftslenkung ist für uns nicht Aushilfsmittel, sondern die entscheidende übergeordnete Form der Wirtschaftssteuerung, und damit ändert sich der Charakter des ganzen Wirtschaftssystems."[47]

Nur auf den ersten Blick mag es fern liegen, die Mentalität politischer Romantik mit dem Sozialismus zu verbinden. Politische Romantik prägte aber auch die christlichen Sozialisten wie von der Gablentz, der mit Moeller und von Arnim zusammenarbeitete. Mit der bewussten Anknüpfung an die Gedanken des Sozialkonservativen von Moellendorff wurde dies ebenso deutlich, wie im Motiv der „Gliederung der Masse", hinter dem sich ein zeitgemäß adaptiertes Ständedenken verbarg. War einstmals im sich selbst als „christlich" verstehenden Staat das Soziale betont worden, legte man nun im Sozialismus Wert auf das Christliche. Das Motiv einer durch Glauben vermittelten gesellschaftlichen Harmonie prägte die christlichen Sozialisten – nicht wie bei den religiösen Sozialisten die Sympathie für den proletarischen Klassenkampf.

Deutlich bleibt – auch bei den christlichen Sozialisten – die grundsätzliche Verhaftung in der überkommenen politisch-konservativen Mentalität, die insbesondere, dies zeigten die Denkschriften von von der Gablentz',

[45] So GURLAND, CDU/CSU, 196f.
[46] GABLENTZ, Marx.
[47] Positionspapier, ACDP I-155-022/5.

praktische Politik in einen manchmal weit ausholdenden geschichtsphilosophischen Zusammenhang einordnete, der in den Realitäten des politischen
Alltags kaum Haftpunkte fand. Die Elemente politischer Romantik, wie sie
sich in der Skepsis gegenüber den Parteien, ständisch geprägten Überlegungen und den Vorstellungen eines von christlichem Geist durchdrungenen
Staates ausdrückten, wirkten einstweilen bei protestantischen Konservativen
und bei christlichen Sozialisten weiter. Auch wenn man den „christlichen
Staat" bei Letzteren dezidiert ablehnte, blieben doch, wie gezeigt, genügend
Elemente aus diesem Denken weiter virulent.

7.1.1.3. Die Krise des Protestantismus in der CDUD

Von der Gablentz war über seine programmatische Arbeit hinaus auch eine
treibende Kraft, wenn es darum ging, Protestanten für die Parteiarbeit, ja
überhaupt für die öffentliche Betätigung, zu gewinnen. Dieses protestantische Engagement blieb dennoch schwach entwickelt, sodass sich von
der Gablentz zusammen mit Moeller und von Arnim im Frühjahr 1946 zu
einem Aufruf „Der evangelische Christ und die Politik",[48] der an „alle evangelischen Christen" gerichtet war, veranlasst sah. Hier wiesen die drei
CDUD-Mitbegründer eine am „eigene[n] Seelenheil" orientierte protestantische Existenz als Missachtung des Gebotes der Nächstenliebe zurück.
Ausdrücklich empfahlen sie die parteipolitische Betätigung und gingen dabei auch auf die bekannten protestantischen Vorbehalte ein:

„Der Dienst im öffentlichen Leben beschränkt sich zwar nicht auf die Betätigung in
einer Partei. Aber, da das öffentliche Leben in der Hauptsache vom Politischen her
bestimmt wird, sind in einem demokr.[atischen] Staat die politischen Parteien die
Plattform für das Wirken zum Wohle der Gesamtheit."

Auch die umstrittene „C-Frage" griff man auf. Zwischenzeitlich war schon
innerhalb des Protestantismus heftige Kritik an diesem Versuch einer
„christlichen" Partei seitens evangelischer Theologen, darunter besonders
Karl Barth, laut geworden.[49] Ausdrücklich wurde deshalb hier betont, die
CDU beanspruche „weder ein Monopol für die Christen noch an den
Christen", vielmehr freue man sich, „wenn bewusste Christen die Möglichkeit haben, in anderen Parteien fruchtbar zu wirken."
    Gerade dies bezweifelten die Verfasser jedoch. Es schien ihnen so, dass
christliche Anliegen eher in der CDU „volles Verständnis und freudiges Entgegenkommen" fänden. Den Einwand, die CDU sei doch eine katholisch
dominierte Partei, kehrte man um: „Es liegt nur an uns Evangelischen, dies
zu verhindern, was führende katholische Kreise selbst nicht wünschen." Den

---

[48] ACDP I-155-030/5; daraus auch die nachfolgenden Zitate.
[49] Vgl. Kap. 12.3.

Vorbehalten gegenüber kirchlichen Einflüssen im Parteileben war offensichtlich jene Passage geschuldet:

„Wir wollen nicht die Grenzen zwischen Kirche und Staat verwischen. Die Partei ist nicht dazu da, Menschen für die Kirche zu gewinnen. Die Kirche als solche darf nicht Propaganda für eine Partei machen. Aber dieselben Menschen, die in der Kirche zusammen beten, haben auch gemeinsame Aufgaben in der Welt auszuführen."

Ganz so ernst nahmen die Verfasser diese Bekundung offensichtlich selber nicht und sorgten deshalb bei Dibelius für Verstimmung. Er störte sich besonders an den Unterschriften des Aufrufes, die mit kirchlicher Titelbezeichnung versehen waren. Eine beabsichtigte eigene Erwähnung verbat er sich. Erst nach einer Überarbeitung und der Hinzusetzung der Unterschriften *ohne* Amtsbezeichnung wurde der Aufruf veröffentlicht.[50]

Grundsätzlich ablehnend stand allerdings Dibelius der Partei trotz seiner schon erwähnten Kritik nicht gegenüber. Im Laufe des Jahres 1945 trat er selbst in die CDUD ein. Da Dibelius die Pfarrer zur politischen Zurückhaltung aufgefordert hatte, musste er sich deshalb kritische Fragen gefallen lassen. Dibelius bekräftigte seine diesbezügliche Auffassung, legte aber Wert darauf, dass „diese Zurückhaltung nicht zu einer ablehnenden Haltung gegenüber der Christlich-Demokratischen Union überhaupt führen soll."[51] Zwar müsse der Pfarrer nach seiner Meinung um seiner seelsorgerlichen Aufgaben willen für alle ansprechbar bleiben, doch dürfe nicht außer Acht gelassen werden, dass die evangelische Kirche „heute praktisch nur bei der Christlich-Demokratischen Union Verständnis und positive Unterstützung" finde. Schließlich würden die Besatzungsmächte die Bedeutung der Parteien nach der Zahl der eingetragenen Parteimitglieder werten, diese aber sei bei der CDUD am geringsten,

„infolgedessen bin ich selbst Mitglied der Union geworden, wenn ich auch gern um meines Amtes willen herausgeblieben wäre. Wir müssen als Christen unsere staatspolitische Pflicht erfüllen; und es gibt zurzeit keine andere Möglichkeit, seiner staatspolitischen Mitverantwortung gerecht zu werden als die, daß man einer Partei beitritt. So also denke ich."

Wenige Wochen nach dem genannten Aufruf berichtete von der Gablentz Kaiser „über den Stand der ökumenischen Arbeit"[52]. Geplant sei für die SBZ und Berlin ein „ökumenisches Büro" einzurichten, das von der Gablentz leiten werde – „im Grund dieselbe Arbeit, die ich bereits jetzt eingeleitet habe, nur unter dem Titel ‚Ökumenische Bewegung' … zur Aktivierung der evangelischen Kreise für das öffentliche Leben."

---

[50] Schmeer, CDU, 319.
[51] Abschrift Schreiben vom 22.12.1945, ACDP I-155–001/1; daraus auch die nachfolgenden Zitate.
[52] BAK 1018/9. Ob diese Pläne verwirklicht wurden, lässt sich nicht mehr ermitteln.

Trotz dieser Bemühungen gestaltete sich die ökumenische Zusammenarbeit innerhalb der CDUD schwierig. Am 31.8.1946 schrieb Dibelius einen Brief an von der Gablentz, in dem er darauf hinwies, es sei „doch öffentlich bekannt"[53], dass die Katholiken in der CDUD einen zu starken Einfluss ausüben würden. Von der Gablentz stimmte in seinem Antwortschreiben Dibelius ausdrücklich zu, sprach diesbezüglich von „Bestrebungen der alten Zentrumsclique"[54], konstatierte aber bei Leuten wie Kaiser auch viel ehrliches Wollen. Schließlich müsse auch gesehen werden, „dass die Schlappheit, Zurückhaltung und Unerfahrenheit unserer Leute das Arbeiten oft auch sehr erschwert."[55]

Dibelius' Brief war für von der Gablentz offensichtlich der Auslöser, das Problem des interkonfessionellen Verhältnisses, in das sich der stellvertretende Vorsitzende, der aus liberaler Tradition kommende Protestant Ernst Lemmer,[56] gar nicht einschaltete, in der CDUD nun Kaiser deutlich vorzutragen. Besorgt schrieb er einen Brief an diesen.[57] Von der Gablentz kam zunächst auf eine allgemeine Vertrauenskrise in der CDUD zu sprechen, die er auf mangelnden persönlichen Kontakt im politischen Tagesgeschäft zurückführte. Es sei jedoch

„kein Zufall. Dass diese Vertrauenskrise sich in erster Linie im Verhältnis der Konfessionen auswirkt. Sie wissen, dass die bewusst evangelischen Kreise zahlenmässig nicht sehr stark sind, die Kirche selbst ist in einer Neuorientierung begriffen (Bekennende Kirche, Barthsche Theologie, Liturgische Bewegung usw.), dass sie politisch bisher zersplittert, nicht geschult und zum Teil auch nicht interessiert waren, und dass die Grenzen zwischen diesen Kreisen und den kirchlich nicht interessierten Evangelischen völlig offen sind. Sie wissen auch, welche starken anti-katholischen Komplexe zu Recht oder zu Unrecht im Protestantismus herrschen und vor allem gegenüber der Zentrumspartei und ihrer Taktik, die als überlegen anerkannt und als unaufrichtig beurteilt wurde. Sie wissen, welchen Schwierigkeiten wir bei dem Wirken für die Union von vornherein begegnet sind, wobei gerade die bewusst kirchlichen Kreise zwar politisch nicht aktiv, aber geistig für die Zusammenarbeit durchaus aufgeschlossen waren. … Es ist Ihnen nicht gelungen, in der Führung der Union die Vertreter der evangelischen Gruppe in das Vertrauensverhältnis einzubeziehen, in dem Sie mit Ihren katholischen und kirchlich weniger interessierten Freunden stehen. Sowohl Herr Tillmanns und Herr Pechel wie ich selber sehen uns bei allem liebenswürdigen Entgegenkommen einer geschlossenen Gruppe gegenüber, zu der wir nicht gehören."

Leider fühle er, von der Gablentz, sich immer weniger dazu in der Lage, „die typisch protestantischen Bedenken zu entkräften, denen ich in meinen Kreisen immer wieder begegne." Von der Gablentz schlug Kaiser vor, den Grün-

---

[53] ACDP I-155-001/1.
[54] Ebd.
[55] Ebd.
[56] Vgl. Kap. 10.1.
[57] ACDP I-155-001/1; daraus auch die nachfolgenden Zitate.
[58] ACDP I-155-003/1; daraus auch die nachfolgenden Zitate.

dungsausschuss vom Juni 1945 in einen „Vertrauensrat" umzuwandeln, um eine Klärung dieser Fragen zu erreichen.

Ein Antwortschreiben Kaisers oder ein Beleg für ein klärendes Gespräch sind nicht bekannt. Trotzdem blieb von der Gablentz in der CDUD aktiv. Ein Vortrag[58] aus dem Februar 1947 lässt jedoch eine gewisse Skepsis gegenüber der parteipolitischen Arbeit erkennen. Gablentz griff nun den ebenfalls konservativen Topos der „Bewegung" auf, der nicht nur in der neo-romantischen Jugendbewegung, sondern auch in der „Liturgischen Bewegung", der von der Gablentz selbst angehörte, deutlich wurde. Zwar sei die CDUD selbst „eine Partei neuen Stiles", noch mehr sei sie aber als das „politische Organ einer Bewegung" zu verstehen, einer Bewegung, die über die Partei weit hinausgreife, und deren konstitutiver Gedanke die Freiheit sei. Von der Gablentz meinte damit eine Freiheit, die in Unabhängigkeit und gleichzeitig in der „sittlichen Verantwortung" vor Gott bestehe. Nur die drängende Zeit nach dem unmittelbaren Zusammenbruch habe die Bewegung zur Partei gemacht, sonst hätte man „in geduldiger Aufklärung und Schulung eine Bewegung gesammelt" und durch das Wirken ihrer Mitglieder öffentlich Einfluss genommen. Nun seien viele rührige Mitglieder aus der Anfangszeit abgestoßen worden, während andere, die vorher schon politisch aktiv, „aber von jenen Erfahrungen unberührt" geblieben seien, in die Partei einströmten. Dabei hätten diese neben „Routine, [und] ... unentbehrlicher Erfahrung in der Organisation" auch das „alte Kliquenwesen" eingebracht.

Für von der Gablentz erschien es nötig, dass sich die Bewegung in der Partei selbst erst einmal durchsetze. Er hoffte dabei auch auf die Protestanten, „eine sehr wichtige, aber besonders schwer zu bewegende Reserve." Sie sollten in Anlehnung an leninistisches Vokabular die Avantgarde der Bewegung sein. Hingegen hieß es: „Nationalisten gehören ebenso wenig zu uns wie die Besitzbürger." Selbst wenn bei Wahlniederlagen „die unentwegten Spiesser Angst bekommen vor den Parolen des Lastenausgleiches oder des Sozialismus – die Bewegung hat Zeit."

Gegenüber innerprotestantischer Kritik versuchte von der Gablentz weiter die CDU und besonders das „C" zu verteidigen. Dabei setzte er sich mit Karl Barth, der das Recht einer sich christlich nennenden Partei schon seit Herbst 1945 öffentlich infrage gestellt hatte,[59] auseinander und verbarg dabei seine Herkunft aus der Berneucher Bewegung nicht:

„Herr Barth hat wirklich keine Ahnung davon, was in Deutschland geistig geschehen ist; dass nämlich evangelische und katholische Christen sich auf ihrem Marsch nach vorn gefunden haben, dass Katholiken für das kritische – nämlich Entscheidung fordernde – Wort der evangelischen Kirche ein Sinn aufgegangen ist und den Evangelischen für den Ewigkeitsgehalt des katholischen Gottesdienstes. ... . Deutlicher als es der Vorsitzende Jakob Kaiser ... gesagt hat, kann es auch Herr Karl Barth nicht ver-

---

[59] Vgl. Kap. 12.3.

künden. … Dass die Christlich-Demokratische Union etwas anderes ist als ein bloßer ‚Zusammenschluß‘ von kirchlichen Protestanten mit dem Zentrum … …. Die christlichen Kräfte in dieser Union sind nicht verbunden durch taktische Erwägungen, sondern im Bewusstsein, dass die verschiedenen Konfessionen Erscheinungsformen der einen heiligen Kirche sind. Solche Politik zu machen und solche Politik zu verstehen ist allerdings nur der imstande, der sich aus der Haltung des Protestes und der Negation gelöst hat. … Wir sehen neue Aufgaben und beschreiten neue Bahnen."[60]

In der „Deutschen Rundschau" vom Februar 1947 hieß es ähnlich: Zwar habe Barth, der „idealistischen und humanistischen Erweichung ein Ende gemacht …, die als Kulturprotestantismus die Substanz der evangelischen Kirche zerstörte", aber er habe es nicht erreicht, seine Lehre zur „Entfaltung zu einem christlichen Weltbilde" zu formen.[61] Lob erntete hingegen Emil Brunner, Barths Fachkollege und freundschaftlicher Antipode. Dieser habe mit seinem Buch „Gerechtigkeit" „den Schritt zu einer evangelischen Erneuerung des Naturrechts getan"[62].

Mit der Frage der „Christlichkeit" einer Partei setzte sich von der Gablentz in den „Evangelischen Jahresbriefen" der Berneucher Bewegung 1948 auseinander:

„Kann eine Partei christlich sein? Sie kann es niemals in dem vollen Sinne sein, daß alles was sie tut, den Namen christlich verdient. … Also, eine christliche Partei im strengen Sinne kann es nicht geben. Wohl aber haben die Christen im politischen Leben eine ganz bestimmte Haltung durchzusetzen und bestimmte Forderungen zu vertreten. Sie müssen sich nur darüber klar sein, daß sie dann eben auch nur eine Partei neben anderen sind und selbst nicht die ganze Wahrheit und das ganze Recht in ihren Reihen verkörpern können. Wenn sie diese Einsicht haben und aussprechen, besteht kein Grund, weshalb sich nicht eine Partei von bewußten Christen bilden sollte. … [Allerdings:] … Wenn es eine einigermaßen gleichmäßige Möglichkeit gibt, in verschiedenen Parteien christliche Haltung zu bewähren und christliche Forderungen durchzusetzen, darf keine christliche Partei gebildet werden."[63]

Für diesen Fall favorisierte von der Gablentz das Modell einer überparteilichen Arbeitsgemeinschaft der Christen. Zwar gebe es „in den Grenzen der Liebe und der Sachlichkeit" immer verschiedene Auffassungen über politische Dinge. Deshalb seien Christen auch in allen Parteien anzufinden. Da sei es aber nun

Sache einer christlichen Vereinigung christlicher Laien, daß die Mitglieder der verschiedenen Parteien, soweit sie bewußte Christen sind, sich zusammenfinden, um die sachlichen Fragen im Lichte der christlichen Verkündigung zu studieren und die christliche Haltung der Parteien im Umgang miteinander zu sichern."

---

[60] Protest oder Union, in: Neue Zeit, 8.1.1946.
[61] ACDP I-155-003/1.
[62] Ebd.
[63] ACDP I-155-003/2; daraus auch die nachfolgenden Zitate.

Nicht nur gegenüber der Grundidee einer „christlichen" Partei wurde von der Gablentz jedoch allmählich zurückhaltender, hinzu kam, dass sich seine Vorstellungen vom christlichen Sozialismus in der CDU nicht durchgesetzt hatten. In der überzonalen „Arbeitsgemeinschaft der CDU/CSU Deutschlands" sollte sein Konzept mit der Niederlage Kaisers im innerparteilichen Zweikampf mit Adenauer ebenfalls verschwinden. Innerhalb der CDU Berlins wurde es durch ein stärker am Ordo-Liberalismus der Freiburger Schule orientiertes Wirtschaftsprogramm infrage gestellt.[64]

Am nachlassenden innerparteilichen Einfluss Jakob Kaisers hatte auch von der Gablentz teil. Der von der Berliner CDUD für das ganze Reich angemeldete und schon unter Hermes erhobene Führungsanspruch wurde auch von Kaiser weiter bekräftigt und organisatorisch zumindest dem Anspruch nach ausgebaut, indem man sich jetzt als „Reichsverband" mit einem „Reichsvorstand" usw. bezeichnete.[65] Die CDU in der Britischen Zone mit dem Zonenvorsitzenden Adenauer erkannte diesen Führungsanspruch jedoch nicht an. Ähnlich hielt man es im Süden und Südwesten, wie auch im programmatisch Berlin ähnlich strukturierten Hessen.[66] Allerdings konnte sich Kaiser mit seinem Konzept eines christlichen Sozialismus auf die Unterstützung des Gewerkschaftsflügels in der rheinischen CDU verlassen. Die Auseinandersetzung um den Führungsanspruch in der CDU sollte sich bald zuspitzen.[67] Dies wird im Verlaufe der Arbeit noch dargestellt werden.

Insgesamt lässt sich zur Krise der Parteiarbeit in der CDUD sagen: Die Übernahme der Form einer Partei für die politische Arbeit erwies sich für die Protestanten in der CDUD als pragmatische Notwendigkeit. Wie wenig diese Arbeitsweise aber, besonders nachdem sich die Katholiken als erfahrungsreicher und effektiver in der Handhabung dieses Instrumentes erwiesen hatten, bereits verinnerlicht war, zeigten von der Gablentz' Bemühungen um ein stärkeres protestantisches Engagement in der Partei und seine dann später eigenen tendenziell von einer Anti-Parteien-Mentalität geprägten Äußerungen, die den Bewegungsgedanken betonten und damit abermals einen stark konservativ geprägten Topos aufnahmen. Noch immer war die Anti-Parteien-Mentalität auch bei politisch engagierten Protestanten nicht überwunden. Sie blieb ein retardierendes Element im parteipolitischen Engagement. Inwiefern die bruderrätliche Kritik an der „C"-Partei zu den Hemmungen der Protestanten beitrug, lässt sich nicht mehr eindeutig nachvollziehen. Sicher aber traf diese Kritik die CDUD in einer Phase, in der eben das protestantische Engagement noch völlig ungefestigt und deshalb besonders anfällig war.

---

[64] SCHMEER, CDU, 343f.
[65] HEITZER, Britische Zone, 247.
[66] Ebd., 248.
[67] Vgl. Kap. 7.2.1.

7.1.2. Rheinland und Westfalen

7.1.2.1. Die Wuppertaler CDU als protestantisches Gründungszentrum innerhalb der rheinischen CDU

Auch im Wuppertal, jenem reformiert und pietistisch geprägten Landstrich, der schon früher ein Zentrum der Christlich-Sozialen gewesen war und in dem 1934 mit der „Theologischen Erklärung von Barmen" das entscheidende Signal für die Gründung der Bekennenden Kirche gegeben wurde, kam es bald zu Bemühungen um den politischen Wiederaufbau. Die Frage war, ob hier möglicherweise ein spezifisch protestantischer Zugang zu den politischen Parteien, dem parlamentarischen System und den damit verbundenen ethischen Implikationen verbunden sein konnte. Konnten nicht die synodalpresbyterialen kirchlichen Traditionen zumindest einen positiven Ansatz für diese Fragen bieten?

Wie auch andernorts konnten sich die politischen Nachkriegs-Aktivitäten auf informelle oppositionell gesinnte Gesprächskreise stützen, die schon während der nationalsozialistischen Diktatur bestanden hatten. Der parteipolitische Neubeginn fand dann im Hause des Fabrikanten und Kirchmeisters Willy Halstenbach[68] in Wuppertal-Wichlinghausen statt.

Halstenbach hatte schon in der Zeit der nationalsozialistischen Herrschaft Gruppen der Bekennenden Kirche sein Haus zur Verfügung gestellt.[69] Zu den Mitgliedern einer Gesprächsrunde gehörte auch der christliche Gewerkschaftler[70] Emil Marx. Neben diesem Kreis bestand ebenfalls schon seit 1939[71] ein von Pfarrer Hermann Lutze[72] zusammen mit einem katholischen Religionslehrer[73] gegründeter interkonfessioneller Gesprächskreis Wuppertaler Theologen und Laien, zu dem auf evangelischer Seite u.a. wiederum Emil Marx, die Professoren bzw. Dozenten an der Kirchlichen Hochschule Peter Brunner, Georg Eichholz[74] und Edmund Schlink gehörten.[75]

Wahrscheinlich hat man sich die Form dieser Zusammenkünfte ähnlich vorzustellen wie bei dem schon beschriebenen Düsseldorfer Kreis.[76] Ein

---

[68] WIECK, CDU, 90; SCHMEER, CDU, 49ff.; DERS., Rheinland, 322.

[69] KLAPPERT/VAN NORDEN, Tapferes, 18, 189f. Allgemein scheint hier nach dem Zusammenbruch eine wichtige Schaltstelle im kirchlichen Raum gewesen zu sein. Am 17./ 18. Juni und am 15./16. Juli 1945 tagten hier kirchliche Vertreter, um über Fragen des Verhältnisses der evangelischen Konfessionen in der Kirche der Altpreußischen Union zu beraten (SEIM, Iwand, 274).

[70] Zu den interkonfessionell angelegten christlichen Gewerkschaften, vgl. HEYDE, Art.: Arbeiterbewegung, katholische, 42f.

[71] FÖHSE, Entstehung, 8.

[72] Zu Lutze vgl. dessen Autobiographie „Halt im Wetterwind".

[73] LUTZE, Wetterwind, 215.

[74] Zu Eichholz, KLAPPERT, Hören, 191ff.

[75] WIECK, CDU, 90; FÖHSE, Entstehung, 8; SCHMEER, CDU, 63.

[76] Vgl. Kap. 6.1.

Teilnehmer berichtet z.B. von der gemeinsamen Lektüre des Epheserbrie-fes.[77] Lutze erinnert sich an das Studium der Johannes-Apokalypse, die zum „Mahn- und Trostbuch"[78] geworden sei. Politische Erwägungen dürften sich angeschlossen haben, auch wenn sie nicht der eigentliche Grund der Zusam-menkünfte waren.

Die politischen Pläne nahmen nun nach dem Zusammenbruch schnell Gestalt an. Ob die beiden genannten Kreise abgrenzt von einander agierten, muss angesichts der lokal strukturierten Verhältnisse bezweifelt werden. Eher wird wohl, wie bei dem Freiburger und dem Düsseldorfer Kreis eine persön-liche wechselseitige Durchdringung anzunehmen sein, wofür etwa die be-legte Doppelzugehörigkeit von Marx spricht.

Besonders aktiv war in der Frühphase nach dem Zusammenbruch Pfarrer Hermann Lutze. Lutzes Vorstellungen lassen sich aus mehreren aus dem Jah-re 1945 stammenden Grundsatz-Vorträgen rekonstruieren, von denen einer sich mit der Thematik „Der Christ in der Politik"[79] beschäftigte und der an-dere der Frage nachging „Ist in evangelischer Sicht eine christliche Partei nötig oder möglich?"[80]

In seinem ersten Vortrag, gehalten am 23.5.1945, beschwor Lutze das po-litische Zusammengehen der Christen und den Verzicht auf konfessionelle Parteien. Als Basis gemeinsamer politischer Arbeit genügten ihm zunächst einmal die Zehn Gebote. Lutze brachte in diesem Vortrag auch den Gedan-ken einer „Arbeitsgemeinschaft christlicher Politiker in den verschiedenen Parteien"[81] ins Gespräch. Er zog sie ausdrücklich einer eigenen Partei der Christen vor, doch begannen sich nach Lutzes späterer Erinnerung die „al-ten" Parteien damals schon wieder zu reorganisieren, so dass diese Vorschlä-ge ohne Resonanz blieben.

Die zutiefst skeptische Haltung des Protestantismus gegenüber den Par-teien wird auch hier noch einmal deutlich: Lutze konstatierte in seinem zweiten Referat, das sich mit der Frage einer „christlichen" Partei auseinan-der setzte, zunächst einmal „eine dialektische Spannung"[82] im Verhältnis des Glaubens zu den weltlichen Dingen, die zwischen der Bejahung „der Welt" als Schöpfergabe Gottes und ihrer Verneinung als unter der Sünde befindlich bestehe. Nirgends war nun für Lutze dieses Problem drängender als im Ver-hältnis des Christen zum Bereich des Politischen. Das Wesen einer „christ-lichen" Partei stand für Lutze deshalb unter dieser Spannung, da die grund-sätzlichen Voraussetzungen von Parteibildungen – Demokratie und Säkula-rismus – sich gegenseitig beförderten. Der Säkularismus war dabei die

---

[77] SCHMEER, Rheinland, 323.
[78] LUTZE, Wetterwind, 215.
[79] Auszüge in ebd., 219ff.
[80] LUTZE, Partei; WIECK, CDU, 93ff.
[81] Ebd., Wetterwind, 224.
[82] LUTZE, Partei, 2.

gleichsam schlechte Wurzel des Parteiensystems. Andererseits bejahte Lutze unter den gegebenen Umständen die Demokratie. Kritisch ging er mit den zu erwartenden Reserven der Deutschen ihr gegenüber und den Traditionen obrigkeitsstaatlichen Denkens um:

> „Ich verhehle mir nicht, dass auch zur christlich-demokratischen Partei viele Leute stoßen werden, die sich - wenn auch nicht nach dem Kommandostab Adolf Hitlers – so doch nach dem Krückstock des ‚Alten Fritz' sehnen. Wir können unsere Wähler nicht kontrollieren, aber wir dürfen solchen heimlichen oder unheimlichen Reaktionären niemals gestatten, irgendwie Einfluß auf die Partei zu gewinnen.“[83]

Da aber Demokratie und Säkularismus sich gegenseitig bedingten, blieb Lutze dieser Staatsform gegenüber ebenfalls in einer kritischen Reserve. Demokratie war letztlich für Lutze wie Individualisierung und Volkssouveränität ein Ergebnis des als atheistisch angesehenen Säkularismus. Hier, so meinte Lutze, entstehe Autorität und damit Entscheidungsgewalt nicht mehr durch gottgegebene Obrigkeit, sondern „auf dem Wege der Addition von Stimmen“[84]. Parteien als Phänomen des Säkularismus konnten deshalb für ihn dem politisch engagierten Christen keine wirkliche Heimat bieten, weil ihre weltanschaulichen Voraussetzungen letztes Endes seinem religiösen Politikverständnis, das theonom gebunden sein müsse, widersprächen.

Lutze relativierte in seinem zweiten Vortrag seinen Vorschlag, eine überparteiliche christliche politische Arbeitsgemeinschaft unter Verzicht auf die Gründung einer eigenen Partei zu schaffen, weil, wie er gestand, deutlich geworden sei, „dass der Weg des Christen in andere Parteien hinein ein gefährlicher, ein schwieriger, ja ein aussichtsloser Weg ist.“[85] So bestand für Lutze die Notwendigkeit einer dezidiert christlich geprägten Partei. Sie sollte dadurch charakterisiert sein, dass sie keinen autonomen Bereich des Politischen kennen würde.

Lutze setzte sich in diesem Zusammenhang kritisch mit der These von der sogenannten „Eigengesetzlichkeit“[86] verschiedener Bereiche auseinander. Gerade im Rückgriff auf die Erfahrungen in der Bekennenden Kirche, die Lutze als gemeinschaftsstiftend über verschiedene Auffassungen hinweg interpretierte, sah er nun die Möglichkeit und Notwendigkeit einer solchen Partei. Für ihn war es von daher „keine Frage mehr, dass auch das politische Leben unter den Herrschaftsanspruch Jesu Christi gestellt werden muß“[87], wobei er dies besonders mit der Zweiten These der „Barmer Theologischen Erklärung“ begründete.

---

[83] Ebd., 3f.
[84] Ebd., 5.
[85] Ebd., 6.
[86] KARRENBERG, Art.: Eigengesetzlichkeit, 306.
[87] LUTZE, Partei, 8.

Allerdings herrschte in Wuppertal nicht nur die christlich-demokratische Linie vor. Bereits Ende April 1945 kam es nach der örtlichen Wiederbegründung von SPD und KPD auch zur Bildung eines „Bürgerkomitees", das eine Parteigründung in der Tradition der DDP und DVP anstrebte.[88] Führender Kopf dieses Komitees war der Druckereibesitzer Klaus Brauda, ein ehemaliges Mitglied der DStP.[89] Die verschiedenen Wuppertaler Kreise trafen sich unter dem Vorsitz Braudas auch untereinander zu informellen Gesprächen.[90]

Zwischenzeitlich war man in Wuppertal auch auf die „Kölner Leitsätze", wahrscheinlich nach einem von Robert Pferdmenges arrangierten Treffen zwischen Wuppertaler und Kölner christlichen Demokraten[91], aufmerksam geworden. Bei den „Kölner Leitsätzen" handelt es sich um eines der bedeutendsten Dokumente der programmatischen Diskussion in der frühen CDU,[92] das geradezu als das „Urprogramm der Union"[93] bezeichnet werden kann. Dieses Programm war ebenfalls unter der Mitwirkung von Protestanten entstanden. In Köln hatte sich schon bald nach der Befreiung eine recht ausführliche Programmarbeit entwickelt, die erst in dem nahegelegenen Dominikanerkloster Walberberg, später in Köln geleistet wurde. Hier nahmen von Beginn an zwei Protestanten teil, der Rechtsanwalt Fritz Fuchs und der Kölner Stadtsuperintendent Hans Encke. Letzterer war in der Weimarer Zeit ein Sympathisant der Religiösen Sozialisten und später Mitglied des rheinischen Bruderrates.[94]

Die Beratungen in Walberberg hatten, nicht zuletzt durch den Einfluss des Dominikanerpaters Eberhard Welty, eine stark vom Neuthomismus und der katholischen Soziallehre geprägte Ausrichtung, die für Welty zu einem christlichen Sozialismus führte.[95] Allerdings wurde der Vorschlag, die Partei „Christlich-sozialistische Gemeinschaft"[96] zu nennen, nicht angenommen. Das Programm hatte dann aber trotz der Ablehnung des Begriffes im Parteinamen eine stark sozialistische Tendenz. Ein Neuanfang im Geiste eines „wahren christlichen Sozialismus"[97] wurde gefordert, der mit weitreichenden Sozialisierungsforderungen einhergehen sollte. In der Schulfrage wurde in radikalem Bruch mit der Zentrumstradition die christliche Gemein-

---

[88] HEITZER, Britische Zone, 58ff.
[89] FÖHSE, Entstehung, 15.
[90] HEITZER, Britische Zone, 60.
[91] Fragebogen Bl. 8, HStAD RWN 71.
[92] PÜTZ, Adenauer, 105ff.
[93] UERTZ, Christentum, 27.
[94] Ebd.; HEITZER, Britische Zone, 40 A. 21. Zu Encke vgl. WIECK, Entstehung, 56; SCHMEER, CDU, 51ff.; PROLINGHEUER, Pfarrer 126 A. 131, 286; NORDEN, Jahrhundert, 51; WOLLSTEIN, Köln, 495ff. Encke zog sich bald wieder aus der Parteiarbeit zurück. Statt dessen nahm seine Frau ein Magistratsmandat wahr (SCHMEER, CDU, 53 A. 23).
[95] Vgl. UERTZ, Christentum, 112ff.
[96] Ebd., 28.
[97] PÜTZ, Adenauer, 107.

schaftsschule für möglich gehalten. Aufgrund der zahlenmäßigen Verhältnisse, aber auch wegen des eindeutigen Rekurses auf das christliche Naturrecht, war die katholische Dominanz spürbar.

Aber auch Encke konnte sich offensichtlich eine vom christlich-sozialistischen Gedankengut geprägte Partei gut vorstellen. In einem Beitrag zum zehnjährigen Bestehen der Kölner CDU wurde diese Nähe auch noch einmal deutlich, wenn Encke schrieb, dass man durchaus Willens gewesen sei, „die Grenze auch zu den sozialistischen Parteien zu überschreiten."[98]

Encke nahm in seinem Beitrag auch auf die Verwendung des Attributes „christlich" Bezug, das auch 1955 noch Anlass zu heftigen Anfeindungen seitens der bruderrätlichen Kreise im Protestantismus gegenüber der CDU gab. Encke, selbst Mitglied dieser Kreise, berichtete, die Entscheidung sei erst „nach ernster Aussprache" getroffen worden. Keineswegs sei sie exklusiv in dem Sinne, dass nur in der Union Christen tätig seien, zu verstehen. Encke griff dann auf die Säkularisierungsthese[99] und die Zeit des Nationalsozialismus zurück, um sein Engagement in der Union zu begründen:

> „Die Erziehung unserer Jugend sollte ohne Christus geschehen. Die Kirche wurde ins Ghetto gedrängt. Das Symbol des Kreuzes … war unerwünscht".[100]

Die erneute Betonung einer Orientierung an christlichen Grundsätzen zum Wiederaufbau schien ihm von daher geboten, ohne dass die Vorläufigkeit und grundsätzliche Sündhaftigkeit allen menschlichen Tuns bestritten wurde.

In Wuppertal unterzog, nachdem man von dem Kölner Programm Kenntnis bekommen hatte, besonders Pfarrer Lutze die „Kölner Leitsätze" einer scharfen Kritik.[101] Hier zeigten sich für ihn deutliche Differenzen zu den Auffassungen der Wuppertaler. Über stilistische Anmerkungen hinaus kamen auch die Grundkonflikte zwischen der christlichen sozial-konservativen Linie und den christlichen Sozialisten und damit, jedoch nicht völlig parallel, die zwischen Protestanten und Katholiken zum Vorschein. Lutze lehnte besonders den Rekurs auf das christliche Naturrecht oder ein christliches Sittengesetz sowie den Gebrauch des Wortes „Sozialismus", das „geschichtlich viel zu stark belastet"[102] sei, entschieden ab. Den sozialistisch geprägten wirtschaftlichen Forderungen trat Lutze mit erheblicher Skepsis entgegen. Ferner bemängelte er den Verzicht auf Ausführungen zur staatlichen Gestalt des künftigen Deutschlands.

Am 17. August 1945 kam es dann im Hause Halstenbach zu einer „Evangelischen Tagung" christlicher Demokraten, an der u.a. Fritz Fuchs, Hans

---

[98] ENCKE, Woher, 43.
[99] Vgl. Kap. 12.1.
[100] Ebd.
[101] WIECK, CDU, 95.
[102] Zit. in Ebd., 95.

Encke und Robert Pferdmenges aus Köln, die evangelischen Pfarrer Praetorius und Linz aus Düsseldorf, Gustav Heinemann aus Essen, sowie Willy Halstenbach, Emil Marx, Hermann Lutze und Otto Schmidt aus Wuppertal teilnahmen.[103]

Offensichtlich mit dem Ziel, die evangelischen Kräfte auf eine gemeinsame programmatische Linie zu bringen, erarbeitete man dann im August 1945 die „Barmer Richtlinien christlich-demokratischer Gemeinschaftsarbeit"[104]. Dieser kurz „Barmer Richtlinien" genannte Programmentwurf beschäftigte sich mit dem politischen Wiederaufbau Deutschlands und bedeutete eine klare Option für die Begründung einer christlich-demokratischen Partei.[105] Der erste Programmpunkt atmete noch die herkömmliche protestantische politische Ethik, wenn als Ziel „der deutsche Volksstaat ... seine gesetzmäßige Regierung ... [als] die von Gott gesetzte Obrigkeit"[106] angestrebt wurde, um dann hinzuzufügen:

„Wir verwerfen jeden Totalitäts- und Diktaturanspruch im politischen Bereich. Auch eine Mehrheit hat sich durch Neuwahlen, Volksbegehren und Volksentscheid überprüfen zu lassen."

Neben den Forderungen nach einem Rechtsstaat, freier Meinungsäußerung, Versammlungsfreiheit, Freiheit der religiösen Bekenntnisse und dem Elternrecht in der Schulfrage gerieten die wirtschaftlichen Vorstellungen weitgehend unscharf. Es war die Rede von nicht näher konkretisierten Forderungen nach einem „staatlichen Kontrollrecht", „Selbstverwaltung, Selbstverantwortung, Sauberkeit, Einfachheit und Sparsamkeit". Die Zielrichtung der wirtschaftlichen Vorstellungen wurde trotzdem deutlich, wenn im Rahmen einer „Gemeinschaftsordnung" prinzipiell „weitester Raum für eine private Initiative" gefordert wurde, da „durch Wettbewerb die bessere und preiswertere Leistung" gefördert werde. Damit war ein programmatischer Gegenentwurf zu den „Kölner Leitsätzen" geschaffen. Welcher sich durchsetzen würde, musste die Zukunft zeigen.

Zwischenzeitlich war durch den Kriegsheimkehrer Otto Schmidt eine neue, bald zentral werdende, Person auf der noch unfertigen politischen Bühne erschienen. Schmidt hatte in politischen Dingen schon einen weiten Weg hinter sich. Vom Pazifismus nach dem Ersten Weltkrieg war er im Gefolge der Rheinlandbesetzung 1923 zu völkischen Gruppen gestoßen, um

---

[103] Festschrift 20 Jahre CDU Wuppertal, 9.

[104] FÖHSE, 23ff.; SCHMEER, CDU, 65ff. Es ist nicht mehr völlig zu erhellen, in welchem Rahmen bzw. unter welcher Verfasserschaft die so genannten „Barmer Richtlinien" entstanden sind. Ganz offensichtlich gab es zwei Fassungen; WIECK, CDU, 92; GURLAND, CDU/CSU, 113; SCHMEER, CDU, 65 A. 72, der darauf hinweist, dass der oft als Verfasser genannte Lutze sich selber nicht mehr an die „Richtlinien", sondern allgemein an eine Vielzahl von Erklärungen, Programmen etc. erinnern konnte.

[105] WIECK, CDU, 92; anders SCHMEER, CDU, 65 A. 72.

[106] Zit. in: FÖHSE, Entstehung, 22ff.; daraus auch die nachfolgenden Zitate.

dann in der nationalsozialistischen Zeit zur Bekennenden Kirche zu kommen. Schmidt, schon früher Mitglied des Ökumenischen Arbeitskreises in Wuppertal, nahm nun an den Sitzungen des Gesprächskreises im Hause Halstenbach und denen des Bürgerkomitees teil.

Mittlerweile hatten dort die liberaldemokratisch gesonnenen Kräfte auch ein eigenes Programm vorgelegt, das sich „Deutscher Demokratischer Zusammenschluss"[107] nannte. Zwischen dem christlich-demokratischen und dem liberaldemokratischen Ansatz bestand der traditionelle Gegensatz in der Auffassung des theoretischen Begründungszusammenhanges der Politik, der allerdings zunächst vom Willen zur Gemeinsamkeit überdeckt wurde, so dass Schmidt später in seiner Erinnerung an Brauda, den Vorsitzenden des Bürgerkomitees, zu ihm ein „natürliches aber durchaus fruchtbares Spannungsverhältnis"[108] sehen konnte. Konflikte ließen sich allerdings nicht vermeiden. Eine erste Gruppe von Liberalen war schon im Mai/Juni 1945 wegen der geforderten christlichen Fundierung der anzustrebenden neuen Partei ausgeschieden.[109]

Zusammengefasst lässt sich im Blick auf die Wuppertaler Protestanten sagen: Ungewohnt war, wie entschieden sich hier evangelische Christen zur öffentlichen Verantwortung bekannten. Diese neue protestantische Haltung zum Bereich des Politischen war ein Ergebnis der seit der Barmer Bekenntnis-Synode 1934 durchgemachten Entwicklung, das zeigte etwa Lutze in seinen Ausführungen. Andererseits blieb man aber doch auch in gewohnten Bahnen, etwa in der Einschätzung der Parteien, was insgesamt zu einem spannungsvollen Ineinander verschiedener Anschauungen führte. Sowohl Lutze in Wuppertal als auch Encke in Köln übernahmen die im protestantisch-konservativen Raum klassische These, wonach der Säkularismus das Grundübel für die verhängnisvolle Entwicklung der Vergangenheit sei. Indem auch die Demokratie und damit implizit die politischen Parteien von Lutze als eine Frucht des Säkularismus betrachtet wurden, blieb ihnen gegenüber Skepsis bestehen.

Zwar war Lutze gegen das Naturrecht, verstanden als ein vermeintliches „christliches Sittengesetz", doch konnte der Rückgriff auf „Barmen II" den Mangel an eigener Theoriebildung in politischen Dingen nicht überdecken. Die direkte Übertragung von sichtlich theonom gebundenen Auffassungen in den politischen Raum, ohne dass dabei politische Handlungsstrategien entwickelt wurden, offenbarte die latente Gefahr quasi-theokratischer Tendenzen, die die Demokratie auf theologischer Ebene wieder abzufangen versuchten.

---

[107] WIECK, CDU, 92.
[108] Zit. in: SCHMEER, Rheinland, 322.
[109] HEITZER, Britische Zone, 59, 60 A. 112.

7.1.2.2. Otto Schmidts Aufstieg in der rheinischen CDU

Am 2. September 1945 fand die Gründungsversammlung für die rheinische Christlich-Demokratische Partei statt. Das Treffen war stark katholisch dominiert, nur 15 % der Teilnehmer waren evangelisch.[110] Zu ihnen gehörten neben Otto Schmidt und Emil Marx auch Heinrich Held, der Essener Superintendent und Mitglied der rheinischen Kirchenleitung, sowie Gustav Heinemann.[111] Um den neuen Anspruch, eine interkonfessionelle Partei zu sein, zu unterstreichen, war Pfarrer Lutze um eine Rede gebeten worden, der seinerseits diese Anfrage an Otto Schmidt weiterleitete. Lutze selbst hielt die konkrete Parteipolitik nicht mehr für seines Amtes.[112] Er zog sich in der Folgezeit wieder verstärkt auf seine pfarramtlichen Aufgaben zurück.

Schmidt machte in seiner Ansprache durch Form und Inhalt deutlich, wie er sich christliche Politik in evangelischer Perspektive vorstellte. Er deutete zunächst die vergangenen Jahre mit den Mitteln biblisch-religiöser Begriffe, wenn er betonte, dass das

„Gericht ... [als] Ruf zur Umkehr, zur Busse, zur Sinnesänderung in der Tiefe verstanden würde. Solcher Ruf ist an uns ergangen. Das ist Gnade mitten im Gericht."[113]

Er fragte weiter:

„Als die Bomben auf uns niederprasselten, während wir in den Luftschutzkellern daheim und in den Betrieben verstört beieinander hockten, gab es da nicht Begnadete, die beten konnten, ohne zu fragen, ob nun auch alle ihrer Konfession angehörten?"

So lautete die nächste Frage an die „Brüder und Schwestern" :

„Aber möchtet Ihr, die Ihr die Nacht Eures Lebens, das helle Licht der Gnade, der Bruderschaft schuldet, wolltet Ihr lieber wieder da beginnen, wo wir vor dem standen?"

Schmidt selbst ahnte wohl, dass seine völlig unpolitische Argumentation Widerstand hervorrufen würde und er gar „als Schwärmer bezeichnet werden könnte." Man könne ihm möglicherweise vorwerfen, „die politische Arbeit mit der kirchlichen Gemeinschaft" zu verwechseln. Trotzdem blieb Schmidt bei seiner theologischen Argumentation, die auch die Erkenntnisse des Kirchenkampfes mit einbezog:

„Wir haben dem Tier aus dem Abgrund im Sinne der Johanneischen Apokalypse ins Auge gesehen, sind von ihm gewarnt worden. ... Nein! Weil uns das Tier selbst angestarrt hat, wissen wir um das eine, was Not ist, wissen wir, dass Christen in Deutschland zusammenrücken müssen, dass Christentum keine Privatsache mehr sein darf, dass Christentum nicht nur eine Sache der Erbauung im Gottesdienst und im persönlichen Leben ist, sondern Geltung beanspruchen muss [in öffentlichen Dingen M.K.]."

---

[110] BECKER, CDU, 111.
[111] SCHMEER, Rheinland, 324.
[112] LUTZE, Halt, 224.
[113] BAK 1166/287; daraus auch die nachfolgenden Zitate.

Es sollte nun ein Neues werden:

„Alles wäre politisch umsonst, wenn wir als Reaktionäre den Faden wieder aufnehmen würden, wo er 1933 verloren ging, wenn uns Restauration als das Begehrenswerteste erschien. ... Es geht nicht darum, einen Machtanspruch von Menschen oder einer Gruppe von Menschen bloß zu setzten, sondern allein darum, dass das christliche Anliegen im politisch-sozialen Leben zur Geltung kommt, und zwar muss und soll es durch das Volk, soweit es christlich ist, im sozialen Leben zur Geltung kommen."

Anders als bei Schmidt war die daran anschließende Rede des katholischen christlichen Gewerkschaftlers und Bäckermeisters Michael Rott „pragmatisch, bisweilen sogar radikal und klassenkämpferisch"[114] orientiert und von dem Gedanken eines christlichen Sozialismus geprägt. So traten auch hier erste programmatische und geistige Spannungen zwischen den verschiedenen Gruppen in der jungen Partei zutage.

Otto Schmidts Rede ist bezeichnend für die geistige Verfasstheit der Wuppertaler politischen Protestanten. Hier wurde ein Vortrag gehalten, der nach Form und Inhalt eher in eine christliche Gemeindeversammlung gehört hätte. Dies war aber kein Missverständnis. Schmidt gab zu erkennen, dass er dies genau wusste. Die Parteigründung sollte offensichtlich solch eine christliche Versammlung sein. Damit zeigt sich wiederum eine Tendenz, den Bereich des Politischen theologisch zu überformen. Das war vorher schon bei Lutze festzustellen. Dies war zunächst im Rheinland der politische Beitrag der Protestanten. Die später in die „Lehre von der Königsherrschaft Jesu Christi" gefassten theologischen Ansichten[115] sollten hier zunächst mit den Mitteln moderner Parteibildung erreicht werden.

Auf der Gründungsversammlung wurden auch erste personalpolitische Weichen gestellt. Diese betrafen besonders die Parteileitung. Dabei sollte die Entscheidungsbefugnis zunächst bei einem Gremium, dem „Rat der Vorsitzenden", liegen, dem neben dem geschäftsführenden katholischen Vorsitzenden Leo Schwering und weiteren Katholiken auch die Protestanten Robert Pferdmenges sowie Robert Lehr angehörten. Der wieder als Kölner Oberbürgermeister amtierende Konrad Adenauer wurde in Abwesenheit in den Vorstand gewählt. Tatsächlich nahm dieser zunächst an der Arbeit der Partei nur geringen Anteil.[116] Die Einladung zur Tagung hatte er zuvor mit fadenscheinigen Gründen abgelehnt.[117] Otto Schmidt kam zusammen mit drei weiteren „Wuppertalern" in den personell umfangreicheren Vorstand, in dem aber wie im Rat die katholischen Mitglieder dominierten.[118] Auf dem Rückweg von der Kölner Gründungsversammlung wurde nun auch die

---

[114] UERTZ, Christentum, 45.
[115] Vgl. Kap. 12.3.
[116] SCHWARZ, Adenauer I, 494.
[117] Ebd., 493.
[118] HEITZER, Britische Zone, 68.

Gründung einer Ortsgruppe in Wuppertal ins Auge gefasst und am 15.9. 1945 umgesetzt.[119]

Schmidts Rede hatte ihn über den engeren Wuppertaler Kreis hinaus einer weiteren Parteiöffentlichkeit bekannt gemacht. Seine Position in der Partei geriet jedoch schon Ende September 1945 in die Kritik, als seine völkische Vergangenheit bekannt wurde. Erst eine Ehrenerklärung des Vorstandes für Schmidt, in der dieser als „in keiner Weise politisch belastet"[120] bezeichnet wurde, sicherte dessen weiteren Verbleib im Vorstand.

7.1.2.3. Die protestantischen Einflüsse bei der Gründung der westfälischen CDU

In der ehemaligen preußischen Provinz Westfalen, „einem Kernland des Zentrums in Weimarer Zeit"[121], entwickelte sich die Partei weniger wie im Rheinland durch festgefügte Gründerkreise, die ihren lokalen Parteien auch schon ein programmatisches Profil gaben, als durch verschiedene Konferenzen, auf denen unterschiedliche politische Auffassungen diskutiert und koordiniert wurden.[122] Dabei war von einem nennenswerten Anteil protestantischer Beteiligung in den bedeutenderen Gründungsinitiativen nicht die Rede, vielmehr mussten zur Mitarbeit bereite Protestanten in manchen Fällen geradezu gesucht werden. Zunächst konzipierten Johannes Gronowski, der frühere Oberpräsident von Westfalen, und Johannes Kannegießer, der frühere stellvertretende Vorsitzende der Zentrumspartei Westfalens, Pläne für eine „Christlich-demokratische Volkspartei", die jedoch anders als das ehemalige Zentrum keinen rein katholischen Charakter mehr haben sollte. Um den intendierten interkonfessionellen Charakter der neuen Partei zu unterstreichen, wurde deshalb dringend eine evangelische Persönlichkeit gesucht. Offensichtlich waren die dabei gemachten Erfahrungen wenig ermutigend. Schließlich fand man einen Ansprechpartner in dem Oberbürgermeister von Herford, Friedrich Holzapfel, einem Manne, der nach seiner Mitgliedschaft in der DNVP später zum Widerstand gegen Hitler gestoßen war.[123]

---

[119] SCHMEER, Rheinland, 326.

[120] Zit. in: HEITZER, Britische Zone, 146.

[121] SCHMEER, CDU, 184.

[122] HEITZER, Britische Zone, 71ff., ein im einzelnen jedoch differenzierteres Bild bietet SCHMEER, CDU, 184ff.

[123] HEITZER, Britische Zone, 71. Schon als Student engagierte er sich in einer christlich-sozial gesonnenen Gruppe, später in der DNVP (BRICKWEDE, Frühgeschichte, 80ff.), in der er ebenfalls zu den Christlich-Sozialen gerechnet werden muss (vgl. Kurzbiographie Pressearchiv der ACDP). Mit dem aus der DNVP ausgeschiedenen Gottfried Treviranus von der Volkskonservativen Vereinigung (VKV) stand er im persönlichen Kontakt. Schon ab Mai 1933 nahm Holzapfel an Besprechungen eines Widerstandskreises um Jakob Kaiser und Wilhelm Leuschner (SCHMEER, CDU, 185) und Max Habermann, den

Holzapfel zeigte sich den Plänen Gronowskis und Kannegießers gegenüber interessiert und schloss sich unter der Maßgabe, dass diese neue interkonfessionelle Partei nicht „Zentrum" genannt werden dürfe, den Plänen an.[124] Auch der Verwendung des Attributes „christlich" im Parteinamen stand Holzapfel – zumindest nach seiner späteren Auskunft[125] – kritisch gegenüber, erhob jedoch dagegen keine Einwände. Neben ihm schlossen sich weitere prominente Protestanten den politischen Bestrebungen zur Bildung einer interkonfessionellen Partei an. Dazu gehörte auch der ehemalige stellvertretende CSVD-Vorsitzende und Chef des Landesverbandes Westfalen, Otto Rippel, der bereits vor 1918 zum Vorstand der Christlich-Sozialen Partei gehört hatte, sich nun aber gegen Vorwürfe zu großer Nähe zu den Nationalsozialisten wehren musste.[126]

Auch der frühere CSVD-Geschäftsführer von Westfalen und nunmehrige Oberbürgermeister der ehemaligen christlich-sozialen Hochburg Siegen, Ernst Bach, musste zunächst gegen Vorbehalte der britischen Besatzungsbehörden und einheimischer Parteifreunde ankämpfen. So kam es hier zu der paradoxen Situation, dass Bach zwar dem westfälischen CDU-Landesvorstand angehörte, nicht aber dem seiner Heimatstadt Siegen.[127] Erst nach mehrmonatigen Verhandlungen wurden die gegen ihn gerichteten Einschränkungen aufgehoben.[128]

Die insgesamt wenigen und teilweise belasteten evangelischen Persönlichkeiten hatten jedoch nach Kannegießers Einschätzung keinen nennens-

---

ehemaligen Sekretär des Deutschnationalen Handlungsgehilfenverbandes, teil (Kurzbiographie). In diesen Gesprächen wurden auch Pläne einer Parteigründung nach dem Ende der nationalsozialistischen Herrschaft entwickelt. Offensichtlich dachte man an eine am Vorbild der englischen Labour-Party orientierte Gründung. Nach Holzapfels Angaben wurde dieser Plan im Frühjahr 1945 auch mit Kurt Schumacher besprochen. Es kam zu keiner Einigung. 1937 wurde Holzapfel wegen seiner Oppositionsaktivitäten verhaftet und 1938 wieder freigelassen (ebd.). Während des Krieges pflegte Holzapfel, der auch Mitglied der Bekennenden Kirche war, weitere Kontakte zu Widerstandskreisen. Im Falle eines Gelingens des Attentates vom 20. Juli 1944 war Holzapfel als Staatssekretär im Reichswirtschaftsministerium vorgesehen (ebd.). In nicht näher benannten anderen Gruppen (HStAD RWN 99, Gespräch mit Holzapfel 17.4.1968) wurden Überlegungen zur Gründung einer rein evangelischen Partei bald verworfen.

[124] HEITZER, Britische Zone, 70f.

[125] Ebd., 706. 1933 wehrte sich Rippel, mit Simpfendörfer Co-Vorsitzender der CSVD-Reichstagsfraktion (SCHMEER, CDU, 190) letztlich erfolglos gegen die Annäherungspolitik des CSVD-Vorsitzenden Simpfendörfer. Rippel, Mitglied der Bekennenden Kirche und während der nationalsozialistischen Herrschaft Verleger und Verlagsbuchhändler, konnte jedoch zunächst nicht parteipolitisch hervortreten, da ihm in seinem Buch „Das Werden des britischen Weltreiches" von 1941 eindeutig von nationalsozialistischer Ideologie geprägte Sätze zum Vorwurf gemacht wurden. Rippel verteidigte sich mit dem Hinweis, dass diese Sätze vom Außenministerium Ribbentrops in sein Werk hineinredigiert worden seien und er sie habe akzeptieren müssen.

[126] BRICKWEDE, Frühgeschichte, 72(ff.).

[127] Ebd., 249.

[128] Ebd., Frühgeschichte, 79.

werten Rückhalt in der Bevölkerung. Dies ließ in ihm den Entschluss reifen, die Wiedergründung der alten Zentrumspartei zu betreiben. Die Meinungsbildung unter den westfälischen Christlichen Demokraten blieb auf mehreren Konferenzen unentschieden. Erst durch die Intervention der rheinischen Parteifreunde für eine interkonfessionelle Partei fiel im August auf einem Treffen in Wattenscheid der Entschluss, ebenfalls eine konfessionsübergreifende Partei zu gründen. Ein Teil der unterlegenen Minderheit gründete daraufhin im Oktober 1945 in Soest die „Deutsche Zentrumspartei".

Zwischenzeitlich war durch die Vermittlung des Paderborner Dompropstes Simon der Präses der Evangelischen Kirche von Westfalen, Karl Koch, für die Idee einer interkonfessionellen Partei gewonnen worden. Ende August und Anfang September 1945 beschäftigte sich die westfälische Kirchenleitung zweimal mit dem Verhältnis zu den politischen Parteien, konkret mit der Frage, ob Kirchenvertreter sich in ihnen betätigen sollten und ob möglicherweise sogar eine evangelische Partei gegründet werden könne. Beschlüsse wurden nicht gefasst.[129]

Am 2. September 1945 kam es in Bochum zeitgleich mit einer entsprechenden rheinischen Konferenz in Köln zur Gründung der westfälischen Christlich-Demokratischen Partei, auf der Holzapfel für die evangelische Seite das Hauptreferat hielt. Vorsitzender der Partei wurde Lambert Lensing, der Herausgeber der westfälischen Zentrumszeitschrift „Tremonia", sein Stellvertreter Friedrich Holzapfel. Dem Vorstand gehörten als evangelische Mitglieder u.a. Otto Boelitz und Ernst Bach an.[130]

Wohl im Zusammenhang der Gründung der Partei kam es dann zu einem Gespräch der westfälischen Kirchenleitung mit weiteren Vertretern kirchlichen Lebens. Die hier gefassten Beschlüsse zum Verhältnis zu den Parteien zeichneten grundsätzlich die Generallinie vor, der nicht nur die Evangelische Kirche von Westfalen, sondern die gesamte EKD bald folgte. Darin hieß es:

„Die Kirche kann sich nicht auf eine politische Partei festlegen, aber auch nicht abseits stehen und den Standpunkt vertreten, sie sei an politischen Dingen nicht interessiert. … Ein evgl. Christ darf einer kirchenfeindlichen Partei nicht angehören. Es ist wichtig, dass die Kirche Fühlung behält mit den evgl. Mitgliedern der verschiedenen Parteien. Zu diesem Zweck sind Verbindungsstellen angebracht, damit sie über die kirchliche Einstellung zu den großen Fragen des öffentlichen Lebens unterrichtet werden. Auch erscheinen Aussprache-Abende zweckmäßig, wo sich im Parteileben stehende Männer mit Vertretern der Kirchenleitung begegnen. … Es erscheint nicht ratsam, eine eigene politische Partei zu bilden oder auf deren Bildung hinzuwirken. Es ist endlich nicht erwünscht, dass Geistliche sich an führenden Stellen betätigen."[131]

---

[129] Schmeer, CDU, 201ff.
[130] Heitzer, Britische Zone, 85ff.
[131] Zit. in: Schmeer, CDU, 202.

Tatsächlich wurden dann im März 1946 Superintendent Hermann Kunst aus Herford als Verbindungsmann zur CDU und Pfarrer Nockemann/Dortmund als Kontaktträger zur SPD berufen.[132] Zuvor hatte ihrerseits die westfälische CDU mit Pfarrer Wilhelm Lindner eine „Evangelische Verbindungsstelle" zur Kirche eingerichtet, die im Unterschied zu einer ähnlichen Einrichtung im Rheinland[133] sehr erfolgreich arbeitete.[134]

Bewusstsein öffentlicher Verantwortung und Überparteilichkeit, Verzicht auf eine eigene Parteigründung und Verbindungsleute in allen Parteien, Abschied vom politisch engagierten Geistlichen, wie ihn die Weimarer Republik kannte, waren die Kernpunkte der Haltung der westfälischen Kirchenleitung, die einen Modernisierungsansatz für das Verhältnis zum öffentlichen Bereich boten, zumal von den konservativen Topoi wie gewachsener Autorität, christlichem Staat usw. keine Rede war. Aus „Überparteilichkeit" war hier zumindest im Ansatz „Äquidistanz" geworden, was auch die Kontaktstellen zu den politischen Parteien deutlich machen sollten.

7.1.2.4. Die Protestantische Beteiligung an der rheinisch-westfälischen Programmarbeit

Die beiden ehemaligen preußischen Provinzen Rheinland und Westfalen waren traditionell eng verflochten. So lag der Gedanke nahe, für beide Parteien ein einheitliches Gründungsprogramm zu erarbeiten.[135] Dies geschah durch die Bildung einer gemeinsamen Programmkommission, die die „Leitsätze der Christlich-Demokratischen Partei in Rheinland und Westfalen"[136] erarbeiten sollte. In diesem Zusammenhang kam es zu schwerwiegenden Konflikten zwischen den evangelischen und den katholischen Kommissionsmitgliedern. Otto Schmidt, neben Pfarrer Paul Bischoff aus Bochum der einzige Protestant in der Runde, bestand zunächst „mit Entschiedenheit"[137] auf einer religiösen Formulierung der Präambel, die im Sinne seiner Kölner Rede geschichtstheologische Deutung und evangelisches Politikverständnis verband.

Um einen Kompromiss zu finden, beschloss man, die Präambel zweiteilig zu fassen.[138] Zunächst hieß es:

„Gott ist der Herr der Geschichte und der Völker, Christus die Kraft und das Gesetz unseres Lebens. Die deutsche Politik unter der Herrschaft des Nationalsozialismus hat

---

[132] Ebd., 203.
[133] HEITZER, CDU, 699 A. 287.
[134] SCHMEER, CDU, bes. 217f.; 286ff.
[135] UERTZ, Christentum, 46.
[136] PÜTZ, Adenauer, 109ff.
[137] HStAD RWN 119/5.
[138] UERTZ, Christentum, 50.

diese Wahrheit geleugnet und missachtet. Das deutsche Volk ist deshalb in die Katastrophe getrieben worden."[139]

Dies entsprach Schmidts geschichtstheologischer Vorstellung. Der zweite Teil der Präambel lautete:

„Rettung und Aufstieg hängen ab von der Wirksamkeit der christlichen Lebenskräfte im Volk. Deshalb bekennen wir uns zum demokratischen Staat, der christlich, deutsch und sozial ist."[140]

Damit wurde zu den konkreten Programmpunkten übergeleitet. Dieser von Karl Arnold entworfene zweite Passus der Präambel erinnerte in den Attributen demokratisch, christlich, sozial und deutsch an die identische Begrifflichkeit der Stegerwald'schen Rede 1920 in Essen, mit der dieser damals eine konfessionsübergreifende christliche Partei gefordert hatte.[141]

Diese Formulierung konnte nun in der konkreten Ausdeutung sowohl im katholischen wie auch evangelischen Sinne als christlich-sozial verstanden werden. Entscheidend war, dass die noch in den „Kölner Leitsätzen" vorhandene Idee eines christlichen Sozialismus weggefallen war, ohne dass dies, wie die Protokolle der Programmkommission ergeben, überhaupt thematisiert wurde.[142]

Rudolf Uertz sieht durch diese stilistisch geringfügigen aber inhaltlich gravierenden Änderungen das rheinisch-westfälische Programm weg vom christlichen Sozialismus in eine stärker wirtschaftsliberale Richtung gedrängt. Die Verantwortung dafür schreibt er den Protestanten um Schmidt zu, während die Katholiken deren „politisch-strategische Pläne"[143] nicht durchschaut hätten. Möglicherweise schätzten die Katholiken aber auch die Bedeutung der Programmarbeit nicht so entscheidend ein und gaben sich mit den interpretierbaren Formulierungen zufrieden, die eben keineswegs eindeutig in die Richtung Schmidts gingen.[144] Sicherlich war der Ansatz ei-

---

[139] Pütz, Adenauer, 109.
[140] Ebd.
[141] Vgl. Kap. 4
[142] Uertz, Christentum, 47f.
[143] Ebd., 57 bes. A. 132.
[144] Uertz konstatiert dazu: „Mit dem System des christlichen Realismus hatte die CDP bzw. die CDU vom Zusammenschluss der rheinischen Kreise zur Landespartei am 2. September 1945 an – also schon vor Adenauers Beitritt zu Beginn des Jahres 1946 und geraume Zeit vor Ludwig Erhards wirtschaftsprogrammatischen Aktivitäten (Beginn 1948) in der Union – ein liberal marktwirtschaftliches Programm aufzuweisen. Otto Schmidts Versuch zu sozialwirtschaftlicher Neuordnung ist aufgrund seiner geistesgeschichtlichen Grundlagen und politisch geschichtlichen Zusammenhänge wesentlich tiefer und aufgrund des theologischen Hintergrundes ursprünglicher mit der CDU verbunden, als das von der Freiburger Schule stammende marktwirtschaftliche Programm, das erst nach der Währungsreform im Sommer 1948 in die Unionsparteien transformiert wurde." (Uertz, Christentum, 56) Ob hier tatsächlich von einem wirtschaftspolitischen Programm gesprochen werden kann, und ob die Einschätzung der Zusammenhänge bei

nes christlichen Sozialismus, der in den „Kölner Leitsätzen" noch mit kräftigen Farben gemalt worden war, hier deutlich abgeschwächt, aber von einem
Sieg des liberalen Wirtschaftsverständnisses zu sprechen, war zu diesem Zeitpunkt noch zu früh, zumal Otto Schmidt sich selbst nicht einfach als wirt-
schaftsliberal verstand.

Welches sozialpolitische Konzept Schmidt vorschwebte, machte er in seiner Schrift „Christlicher Realismus - ein Versuch zu sozialwirtschaftlicher
Neuordnung"[145] deutlich. Schmidts Grundgedanken sollen im Folgenden
kurz dargestellt werden: Hinter einer Auseinandersetzung Schmidts mit den
verschiedenen Modellen wirtschaftspolitischen Handelns, in denen er letztlich idealistisch-utopische Prämissen vermutete, stand auch hier wieder ein
dezisionistischer Ansatz im Mittelpunkt, den Schmidt „christlichen Realismus" nannte. Dieser sei von „christlicher Erkenntnis" durchdrungen:

> „Im Zentrum christlicher Erkenntnis steht die Realität des gottfernen oder gottlosen
> Menschen, der auch nicht dadurch zu einem andern wird, dass seine Umweltverhält-
> nisse geändert werden."[146]

Konnte die christliche Erkenntnis auch nicht direkt in wirtschaftspolitische
Programme umgemünzt werden, so wies sie doch „aus christlicher Wirt-
schaftsgesinnung heraus einen … gangbaren Weg … zu relativ gerechterer
Ordnung."[147] Zwischen den sich aus unterschiedlicher Privatinitiative naturgemäß ergebenden ungleichen Verhältnissen und dem notwendigen In-
teressenausgleich wurde die letztlich dienende Funktion der Wirtschaft
lokalisiert. Schmidt ordnete sein Konzept dabei nicht in einen wirtschafts-
philosophischen Zusammenhang ein, vielmehr bekannte er sich mit dem
„christlichen Realismus" zu einem Auswahlprinzip, das aus den jeweils vorhandenen Ordnungen das christlich Sachgemäße herausschälen sollte.

Uertz wirklich zutreffend ist, muss bezweifelt werden, wenn man sich das Konzept
Schmidts näher anschaut. Letzten Endes handelte es sich in der Programmarbeit weniger
um eine Wirtschaftslehre, denn um eine ökonomische Ausdeutung dessen, was theologisch bzw. sozialethisch aus der theonomen Anschauung der Wuppertaler Gründungsmit-
glieder ersichtlich war. Uertz' Auffassung ist von Heitzer (Britische Zone, 484f.) ebenfalls
widersprochen worden.

[145] SCHMIDT, Realismus. Der m.W. nirgends exakt definierte „christliche Realismus"
muss auf dem Hintergrund der Wiederkehr des „realistischen" Politikansatzes in den
USA nach der Enttäuschung des Wilson'schen Politikverständnisses des idealistischen
Konstitutionalismus mit seinem Völkerbundplänen etc. gesehen werden. Herausragender
Theoretiker dieser Schule war der Amerikaner Hans J. Morgenthau, der seine Überlegungen in dem Werk „Politic among Nations" 1948 zusammenfasste. Das Buch erschien erst
1963 in deutscher Übersetzung („Macht und Frieden"). Theologisch adaptierte Reinhold
Niebuhr dieses skeptische Welt- und Politikverständnis mit an Augustin geschulten Überlegungen als „christlichen Realismus" (NIEBUHR, Realismus). Ob Schmidt diese Debatte
jedoch gekannt hat, muss bezweifelt werden.

[146] Ebd., 7.

[147] Ebd.

Tatsächlich gelang es, den noch im Sommer 1945 allgemein im Rheinland vorherrschenden Trend zu einem christlichen Sozialismus zu brechen. Allerdings waren gerade die ehemaligen christlichen Gewerkschaftler nicht bereit, sich von diesen Vorstellungen zu verabschieden. Hier hatten sich inzwischen jene Kräfte gesammelt, die den Linkskurs der CDU beibehalten wollten und auch nicht an einen Verzicht auf den sozialistischen Ansatz dachten. Dies galt im übrigen nicht nur für das Rheinland. Zunächst schienen sogar überregional die Vertreter des „christlichen Sozialismus" den Sieg davon zu tragen. Auf der sogenannten „Reichstagung" christlich-demokratischer Parteien aus ganz Deutschland im Dezember 1945 in Bad Godesberg wurde die Formulierung von einem „Sozialismus aus christlicher Verantwortung" geprägt.[148] Zur selben Zeit setzten sich in Berlin die christlichen Sozialisten um Kaiser und von der Gablentz durch.

Trotzdem sollte der Kampf Schmidts und anderer gegen den christlichen Sozialismus im Rheinland weitreichende Folgewirkungen haben: Der Sieg des gemäßigten Wirtschaftsliberalismus in der CDU, der sich mit dem Namen Ludwig Erhard verbindet, wurde hier vorbereitet.

Deutlich ist aber auch, dass sich Schmidts Konzept keineswegs auf ein wirtschaftsliberales Denken reduzieren lässt, sondern aus dem schon genannten theonomen Ansatz der Wuppertaler heraus verstanden werden muss. Obwohl Schmidt in der Weimarer Republik nicht dem CSVD angehört hatte, erinnerte sein Versuch, gleichsam in direkter Umsetzung aus Glauben Politik zu gestalten, in Form und Inhalt an die Programmatik der Volksdienstler. Hier wie dort ergaben sich aber dieselben Probleme: Die programmatischen Vorstellungen waren nicht konsistent, vielmehr versammelten sich allerlei Schlussfolgerungen, die aus theologischen Axiomen gewonnen wurden und dabei aus der Perspektive politischer Praktikabilität merkwürdig farblos blieben. Die Stärke des theonomen Ansatzes lag wie ehedem in der Beschwörung großer geschichtstheologischer Perspektiven, aber nicht in den kleinen Schritten praktischer Politik. Eine praktikable evangelische politische Ethik wurde nicht entworfen.

7.1.2.5. Die Bemühungen um eine dezidiert christliche Prägung der CDU in der Britischen Zone

Der Einfluss des so hart errungenen Programms auf die rheinisch-westfälische CDU sollte auf ein Vierteljahr begrenzt bleiben. Es wurde von Konrad Adenauer marginalisiert. Maßgeblich war dafür dessen Einstieg in die Parteipolitik, oder wie es der Adenauer-Biograph Hans-Peter Schwarz in Anleh-

---

[148] Heitzer, Britische Zone, 485.
[149] Schwarz, Adenauer I, 478ff.

nung an eine Formulierung von Adenauers Rivalen Leo Schwering nennt: seine „Machtergreifung"[149].

Adenauer hatte zunächst trotz der immer wieder an ihn herangetragenen Bitten, sich für die neue Christlich-Demokratische Partei zu engagieren, sehr lange gezögert, aktiv zu werden. Die Gründe lagen für ihn nicht zuletzt in der Ausrichtung der rheinischen christlichen Demokraten auf einen christlichen Sozialismus. Da Adenauer diesen sozial- und wirtschaftspolitischen Ansatz für ungeeignet hielt, eine ihm vorschwebende große bürgerliche Partei jenseits der Sozialdemokraten zu errichten, wartete er zunächst ab. Nach seiner zweiten Entlassung als Kölner Oberbürgermeister zu politischer Untätigkeit verurteilt, arbeitete Adenauer privat ein Parteiprogramm aus, das geradezu als ein „Gegenentwurf"[150] zu den „Kölner Leitsätzen" anzusehen ist. Von seiner politischen Ausgangsposition her mussten ihm daher die bürgerlichen Kräfte des Protestantismus, wie sie die Wuppertaler Christlichen Demokraten verkörperten, als ein Gegengewicht zu den Tendenzen innerhalb des politischen Linkskatholizismus willkommen erscheinen. Adenauer suchte deshalb den Kontakt zu den Wuppertalern. Als Verbindungsmann zu den protestantischen Kreisen diente ihm in dieser Zeit sein langjähriger Freund, der evangelische Bankier Robert Pferdmenges.[151]

Adenauer, der am 23.1.1946 gleichsam aus dem Stand, aber und unter zielstrebiger Ausschaltung Friedrich Holzapfels, zum provisorischen Vorsitzenden der CDU in der Britischen Zone gewählt worden war,[152] strebte nun auch den Vorsitz in der rheinischen Partei an. Unterstützung hatte er sich zuvor beim Wuppertaler Kreis um Otto Schmidt verschafft. Schmidt, der noch wenige Tage vorher Adenauers Amtsvorgänger und Konkurrent Schwering seine Unterstützung zugesichert hatte[153] und sich gegen Adenauer als Delegierten für die Zonenausschusstagung – auf der dann Adenauers Wahl zum provisorischen Vorsitzenden der Britischen Zone stattfand – ausgesprochen hatte, passte sich den neuen Kräfteverhältnissen an und unterstützte Adenauer. Als Lohn für diese Unterstützung war ihm offensichtlich das Amt des stellvertretenden Vorsitzenden der rheinischen CDU in Aussicht gestellt worden.[154] Am 5. Februar 1946 wurde Adenauer anstelle des bisherigen geschäftsführenden Vorsitzenden Schwering gewählt. Schmidt wurde zusammen mit seinem programmatischen Antipoden, dem zum linkskatholischen Flügel gehörenden Johannes Albers, zu seinem Stellvertreter.[155] Schwering deutete die Wahl Schmidts einen Tag später als „Sieg der Reaktion", wobei er besonders kritisch betonte, dass Adenauer Otto

---

[150] Ebd., 495.
[151] Vgl. Kap. 7.3.1.
[152] PÜTZ, Adenauer, 115.
[153] HEITZER, Britische Zone, 203.
[154] SCHWARZ, Adenauer I, 503.
[155] Ebd., 508.

Schmidt „von allen reaktionären Sünden feierlich freisprach"[156]. Die Sitzung endete mit einem Eklat, als dem gerade gewählten Stellvertreter Schmidt erneut seine Nähe zu völkischen Gruppen in der Weimarer Zeit vorgehalten wurde.[157]

Nach der Tagung der CDU der Britischen Zone am 1. März 1946 in Neheim-Hüsten, auf der Adenauer in seinem Amt als Zonenvorsitzender formell bestätigt wurde, sollte Schmidt dann von Adenauer Unterricht in politischer Taktik bekommen: In Neheim-Hüsten kam es zu einer entscheidenden neuen programmatischen Weichenstellung, indem Adenauers bisher privates Parteiprogramm unter Umgehung der rheinisch-westfälischen Programmkommission mit leichten Modifikationen als Programm der CDU in der Britischen Besatzungszone – bekannt geworden unter dem Namen des Tagungsortes Neheim-Hüsten – angenommen wurde.[158] Der religiöse Grundtenor des Programms, für den sich Schmidt in der Präambel der rheinisch-westfälischen Grundsätze so stark eingesetzt hatte, war hier ersatzlos gestrichen. Adenauer handelte als Parteitaktiker. Es ging ihm darum, sowohl mit den liberalen politischen Kräften wie der welfisch orientierten Niedersächsischen Landespartei, der späteren Deutschen Partei, in Fusionsverhandlungen zu treten – noch war die Parteienlandschaft in Bewegung – um entsprechend seiner Konzeption einer großen bürgerlichen Partei ein möglichst breites Spektrum zu gewinnen.

Schmidt war über den Verzicht auf christliche Formulierungen im Programm von Neheim-Hüsten erbost. Er fand sich damit nicht ab und verwickelte Adenauer in einen längeren Briefwechsel. Schmidt teilte ihm zunächst mit, dass das neue Programm in Wuppertal auf Ablehnung gestoßen sei, da dieses gegenüber dem rheinisch-westfälischen Programm „ein Weniger an christlicher Substanz"[159] aufweise. Adenauer, jetzt in seiner Eigenschaft als Vorsitzender der CDU in der *Britischen* Zone, reagierte darauf mit dem formalen Hinweis an seinen Stellvertreter in der *rheinischen* CDU, die Entwicklung eines Programms für die gesamte Zone sei „wohl Sache des Zonenausschusses"[160]. Im übrigen entspreche „der Inhalt des Programms den christlichen Grundsätzen"[161]. Natürlich waren beide Antipoden damit subjektiv im Recht. Während Schmidt jedoch weiter an seinem religiös durchformten Politikansatz festzuhalten gedachte, blieb Adenauer bei einem konventionellen Verständnis christlicher Tradition, in die sich das Programm einfügen sollte. Wenige Tage später konnte Adenauer Schmidt dann auch noch mitteilen, er habe den Programmentwurf dem Programmausschuss des Zonenaus-

---

[156] Zit. in: UERTZ, Christentum 73.
[157] SCHWARZ, Adenauer I, 508.
[158] HEITZER, Britische Zone, 211.
[159] ADENAUER, Briefe 1945, 618.
[160] Ebd., 174.
[161] Ebd., 175.

schusses vorgelegt, in dem „sich mehrere evangelische Parteifreunde, darunter auch ein führendes Mitglied der Bekennenden Kirche, befanden"[162]. Man sei der Meinung gewesen, bei der von Schmidt kritisierten Adenauer'schen Fassung zu bleiben.

Dass es besonders für Schmidt in dieser Debatte keineswegs um eine Form von „Programmlyrik" ging, zeigt sein in der Folge geradezu erbitterter Widerstand gegen das Programm von Neheim-Hüsten. Nach einem Telegramm mit der dringlichen Bitte, von einer Veröffentlichung des Programms vorerst abzusehen, wandte sich Schmidt erneut brieflich an Adenauer. Er beklagte neben mangelnder Sorgfalt und fehlendem innerparteilichem Meinungsbildungsprozess wiederum die zu geringe Betonung des Christlichen und nahm mit seiner Argumentation eine Diskussion vorweg, die die CDU dauerhaft begleiten sollte:

> „Das Programm einer christlichen Partei kann nicht vom Christentum als einer Selbstverständlichkeit ausgehen, zumal das, was unter dem Begriff ‚christlich' zu verstehen ist, in einer Begriffs- und Sprachverwirrung ohnegleichen entleert und verfälscht worden ist. Bei den besonderen Verhältnissen ist mit äußerster Gewissenhaftigkeit zu vermeiden, dass eine Formulierung theologische Bedenken der einen oder anderen Seite hervorrufen könnte."[163]

Die ganze unterschiedliche Auffassung wurde nochmals deutlich, als Adenauer auf Schmidts dringende Hinweise nur mit einem auf Einzelpunkte bezogenen lapidaren „Richtig"[164] antwortete, aber trotzdem nicht von seinen Plänen abwich.

Bei einer Aussprache mit dem Wuppertaler Vorstand der CDU legte Adenauer abermals seine pragmatische Auffassung von Religion dar, die darin bestand, „dass mir die Aufführung von religiösen Wahrheiten in einem Parteiprogramm und die öftere Nennung des Namens Gottes oder Christus in einem solchen unangebracht erscheinen."[165] Schmidt ließ in seiner Kritik nicht nach, denn letztlich sah er in Adenauers Programm den Politikansatz, den er und seine Gesinnungsgenossen in Wuppertal vertraten, gefährdet, ja eliminiert. In einem „Arbeitsausschuss zur Klärung programmatischer Fragen" erarbeitete er „Kritische Überlegungen zum Aufruf und zum Programm der Christlich Demokratischen Union für die Britische Zone vom 1.3.1946".[166] Darin hieß es polemisch:

> „Wer sich fragt, warum sich die Union ‚demokratisch' nennt und warum sie sich ‚christlich' nennt, bekommt in diesem Aufruf keine Antwort. ... Was heisst: ‚Der christliche Gedanke'? Ist Christentum eine Idee, ein Gedanke, eine Ideologie, ein

---

[162] Ebd., 182. Es ist nicht klar, wer damit gemeint ist. Möglicherweise dachte Adenauer an Pferdmenges, der der BK angehörte.

[163] Ebd., 623.

[164] Ebd., 183.

[165] Ebd., 622.

[166] BAK 1278/142.

-ismus? Was heisst ‚christliches Kulturbewußtsein'? Es geht im Christentum in keiner Weise um Kultur. … Wenn es je so etwas wie ‚christliche Kultur' gibt, dann als Folge davon, dass Menschen unter der Zucht Gottes leben."

Schließlich ging man in Schmidts Ausschuss daran, die Präambel von Neheim-Hüsten umzuarbeiten. Bezeichnenderweise wurden außer der Präambel alle anderen Punkte, wie die im Vergleich durchaus wirtschaftsliberale Auffassung des Programms, übernommen. Der Aufgabe der Überarbeitung widmeten sich der katholische Studienrat von Lassaulx und als Protestant Peter Brunner. Mit Peter Brunner hatte Schmidt einen profilierten Theologen der Bekennenden Kirche gewonnen, der für seine Überzeugungen im KZ gelitten hatte.[167] In dem „Wuppertaler Vorschlag"[168], wie sich der Entwurf nannte, wurde man da deutlich, wo das Programm von Neheim-Hüsten lediglich von einer „weltanschauliche[n] Änderung des Volkes"[169] sprach: Im „Wuppertaler Vorschlag" hieß es:

„Der tiefste Grund für unseren Zusammenbruch liegt darin, dass im öffentlichen und privaten Leben, in der Ausrichtung der Erwachsenen und der Jugend und im praktischen Verhalten weitester, namentlich auch führender Kreise unseres Volkes, der uns von unseren Vorfahren überlieferte Glaube an den lebendigen und persönlichen Gott, an den Schöpfer und Erhalter, an den Gesetzgeber und Richter geleugnet und Sein WORT, das in Jesus Christus Mensch war, missachtet worden ist."

Eine Wirkung auf die programmatische Diskussion in der CDU hat dieser „Wuppertaler Vorschlag" ganz offensichtlich nicht mehr gehabt.

Schmidt, der sich schon länger als stellvertretender Vorsitzender der rheinischen CDU von Adenauer übergangen fühlte, fand mit diesem zu keinem kooperativen Verhältnis. Immer wieder kam es zu unerfreulichen Briefwechseln.[170] Auf dem ersten Parteitag, den die rheinische CDU am 12. Dezember 1946 in Düsseldorf durchführte, erklärte Schmidt seinen Rücktritt. Nach seinen späteren Darstellung geschah dies nicht ohne Druck, da Robert Lehr auf seinen Platz nachfolgen sollte.[171] Lehr war nach der Auflösung des Oberpräsidiums der Nordrhein-Provinz ohne Verwaltungsamt und stand daher zur Verfügung. Anfang Mai 1947 legte Schmidt auch den Vorsitz der CDU Wuppertals nieder, denn auch innerhalb der lokalen CDU war Schmidts Position umstritten. Im April 1946 hatte der Liberale Otto Herkenberg seine Ämter in der Wuppertaler CDU aufgegeben, nicht ohne darauf hinzuweisen, er könne anders als Schmidt „in einer CDU niemals einen theologischen Verein sehen oder eine Gemeinde."[172]

---

[167] PETERS, Wahrheit, 197ff.
[168] BAK 1278/142.
[169] PÜTZ, Adenauer, 131.
[170] ADENAUER, Briefe, 174f.; 226f.; vgl. auch HEITZER, CDU, 210ff.
[171] HEITZER, CDU, 214 A. 143; anders SCHMEER, CDU, 137 A. 357.
[172] Zit. in: SCHMEER, CDU, 101 A. 211.

Die eher liberal gesonnene Gruppe um Brauda schien jedoch weiter erheblichen Einfluss auszuüben. Immer deutlicher wurde, dass der Schmidt' sche Ansatz einer Politik aus Glauben nicht umsetzbar war. Ihm ermangelte es der Konsistenz und der umsetzbaren Programmatik. Ein Brief, den Hermann Lutze in dieser Zeit an Schmidt schrieb, machte noch einmal das ganze Dilemma dieses Politikverständnisses deutlich. Lutze beschwor Schmidt:

„Du hast es ertragen, dass Besitzbürger wie Br.[auda] zwei Jahre unter der Fahne der CDU gesegelt sind, Du mußt es auch ertragen, dass Ultramontane die CDU für sich auszunutzen versuchen. Wir haben das Wagnis der CDU im Glauben gewagt. ... Dein Schritt als Kreisvorsitzender wird weittragende Folgen haben, ... Wieder ist an einer entscheidenden Stelle der Angriff auf die Welt gescheitert. Jetzt haben wir auf dem Wege über die CDU - trotz ihrer katholischen Führungen - noch allerlei Möglichkeiten gegenüber der Offentlichkeit. Ist die CDU eine rein katholische Partei geworden, und bleibt(!) die FDP und die SPD rein säkularistische Parteien - und sie werden es bleiben! - sind uns alle diese Wege verbaut."[173]

Die konzeptionelle Unklarheit, die Vermengung der verschiedenen Ebenen von Religion und Politik und der Mangel einer politisch konsistenten Ethik wurde auch in einem kurz nach seinem Rücktritt von Schmidt verfassten Schreiben deutlich, das wiederum völlig auf eine politische Analyse verzichtete und eher in ein „Schuldbekenntnis" mündete:

„Ich hatte großtönend von einer ‚Politik aus dem Glauben' gesprochen und sogar ein Programm in dieser Hinsicht gefordert. Aber ich bin von einem Kleinglauben in den anderen und von einem Unglauben in den anderen gestolpert; statt Anstoß an allerlei Ehrgeiz und Betriebsamkeit unter uns zu nehmen, hätte ich ganz schlicht und einfach Gott und seiner Führung auch die Wegweisung in den Wirren der Politik zutrauen sollen, hätte ich ihm glauben dürfen, dass er aus unseren Irrwegen Wunderwege machen kann. Dass ich das nicht getan habe, ist meine Schuld. Ich wusste und weiß um die ungeheure Macht des Gebetes und der Fürbitte: ich hätte die CDU und ihre führenden Persönlichkeiten ebenso wie ihre politischen Gegner dieser Macht ganz anders überantworten müssen, als das geschehen ist. Dass ich das nicht getan habe, ist meine Schuld. Seit Wochen geht ein Schriftwort mit mir, das mich sicherlich deshalb nicht loslässt, weil es gerade mir etwas Besonderes zu sagen hat: ‚So jemandes Wege Gott wohl gefallen, macht er seine Feinde mit ihm zufrieden'."[174]

Schmidt, der später doch noch eine politische Karriere in der Landes- und Bundespolitik machen sollte,[175] hatte bis zu diesem Augenblick den Unter-

---

[173] HStAD RWN 119/3; vgl. auch SCHMEER, CDU, 150, der allerdings den Hinweis auf Brauda nicht zitiert.

[174] HStAD RWN 119/3.

[175] Von 1948 bis 1950 war Schmidt Oberbürgermeister von Wuppertal, 1950 bis 1953 Wiederaufbauminister und 1953/54 Arbeitsminister des Landes Nordrhein-Westfalen, 1954–1958 MdL NRW. Nach dem Ende der Regierung Arnold kam Schmidt in den Bundestag, wo er bis 1972 tätig war. Von 1961 bis 1972 saß er dem Finanzausschuss vor, in diesem Zusammenhang wurde er als „Vater der Mehrwertsteuer" („Die Welt", 29.7.1972) bekannt. In der Bundes-CDU gehörte er schnell zur sogenannten „Brigade Erhard", die

schied zwischen politischer Partei und christlicher Gemeinde nicht erkannt.[176] Damit offenbarte er jedoch nicht nur abermals die Mängel im Bereich der Politikfelder, die durch die Beschwörung eines spezifisch religiösen Gemeindeideals überdeckt bzw. überformt werden sollten. Die konzentrische Verhältnisbestimmung von christlicher Gemeinde und Politik, die Barth in seiner Schrift „Christengemeinde und Bürgergemeinde" ausführte,[177] für die er aber die Möglichkeit einer „christlichen" Partei ausdrücklich ablehnte, erwies sich hier im parteipolitischen Binnenbereich als tatsächlich nicht konstruktiv.

Neben einem unausgereiften theoretischen Politikansatz kam ein weiterer Gesichtspunkt hinzu: Schmidts mangelnde Erfahrung im Agieren im parteipolitischen Bereich. Dies zeigte die Art und Weise, wie er sich von Adenauer ausmanövrieren ließ. Das war nicht zuletzt ein Ergebnis, der „un-parteiischen" Mentalität der Protestanten im obrigkeitlichen preußischen Beamtenstaat und der protestantischen Abneigung gegen alle Parteipolitik, die Schmidt sich offensichtlich in der Tradition des CSVD nur als christliche Gemeindearbeit im Feld des Politischen vorstellen konnte. Adenauer, dessen scheinbar plötzliche Wendung vom preußischen Beamten als Oberbürgermeister von Köln zum Parteipolitiker Hans-Peter Schwarz so heraushebt,[178] hatte dahingegen schon jahrzehntelange Erfahrungen in der Zentrumspartei.

7.1.2.6. Die „Evangelische Tagung" im Rheinland als erste Organisation der Protestanten innerhalb der CDU

Das Ausscheiden Schmidts aus der Führung der rheinischen CDU betraf auch das Selbstverständnis der Protestanten in der Partei. War es doch Schmidt gewesen, der als erster versuchte, diese innerhalb der CDU zu sammeln. Zunächst bat er dazu den Landesvorstand der rheinischen CDU schon

---

sich für eine baldige Ablösung Adenauers durch den populären Wirtschaftsminister stark machte (KOERFER, Kampf, 239). Da Schmidt zeitweise auch Vorsitzender der nordrheinwestfälischen CDU-Landesgruppe mit fast 100 Abgeordneten war, hatte er im Bundestag eigenes Gewicht (ebd., 290).

[176] Schmidt hielt weiter am Bild des christlichen Politikers fest, der an sich höhere Maßstäbe politischer Ethik anlegen lassen und so anderen damit ein Beispiel geben müsse. Nicht Politik verderbe den Charakter, meinte er, sondern: „,Schlechte Charaktere verderben die Politik'" (SCHMIDT, Demokratie, 8). Hinsichtlich seiner religiösen Auffassung blieb Schmidt letztlich in der Partei Dissident. Die Annäherung der Partei an das christliche Naturrecht kritisierte Schmidt noch 1975 als Abgleiten ins „Sekundärchristliche" (SCHMIDT, Anspruch, 10), ein für ihn eben allgemein-konventionelles Verständnis von Christlichkeit, das zwar auch die Verbindung mit den kleineren Parteien wie DP, BHE und die Koalition mit der FDP ermöglicht habe, aber auch manche tiefergehende Frage, z.B. nach dem von Politik und Heilsgeschichte (ebd., 11), unbeantwortet ließ.

[177] Vgl. Kap. 12.3.

[178] SCHWARZ, Aufstieg, 518ff.

im Oktober 1945, die evangelischen Parteivertreter auf einer eigenen Tagung zusammenzurufen. Sein Ziel war dabei offensichtlich, die Belange und Ansprüche der evangelischen Seite in der bereits jetzt schon katholisch dominierten Partei zu sichern[179] und andererseits protestantischen Vorbehalten gegen die Parteigründung zu begegnen.[180]

Nach dem Einverständnis des Parteivorstandes lud Schmidt dann für den 5. Dezember 1945 zur ersten „Evangelischen Tagung" nach Düsseldorf ein. Neben Pfarrer Lutze, hielten der Düsseldorfer Pfarrer Linz, der schon dem Düsseldorfer Widerstandskreis um Lehr angehört hatte,[181] und Gustav Heinemann Referate.[182] Alle drei Referate beschäftigten sich mit grundsätzlichen Fragen des Verhältnisses von Christentum und Politik.

Während Lutze noch einmal über die Möglichkeit einer „christlichen Partei" aus evangelischer Perspektive nachdachte, erörterte Linz die „Möglichkeit und Grenzen politischer Zusammenarbeit der christlichen Konfessionen in einer christlichen Partei."[183] Deutlich wurden hierbei die Unterschiede im evangelischen und katholischen Politikansatz markiert. Evangelische Politik konnte sich für Linz niemals einer Illusion hingeben, die durch ihre Arbeit „einen politischen Ideal-Zustand der Welt erwartet, der dem ‚Gottesstaat' und damit der Verwirklichung des Reiches Gottes auf Erden gleichkommt."[184] Vielmehr sei Politik in dem Bewusstsein zu betreiben, dass die Welt „dem Endgericht Gottes entgegengeht."[185] In dieser religiösen Haltung müsse deshalb politisches Handeln geschehen. Linz täuschte sich dabei nicht über die Schwierigkeiten seines Politikansatzes hinweg und mahnte eine Wahrung der von ihm als evangelisch bezeichneten Positionen bewusst an. Ausgangspunkt des evangelischen Politikansatzes seien die Erfahrungen in der Zeit des Kirchenkampfes, das neue Hören auf das Wort Gottes und die geschenkte Erfahrung der Gemeinschaft. Evangelischer Politikstil könne nur sein, dass Gottes Wille verkündet werde. Auch hier wurde, ähnlich wie beim schon dargestellten Referat von Lutze, der religiös-dezisionistische bzw. theonome Ansatz deutlich, der Politik als religiös nicht nur begründetes sondern eben auch durchformtes Handeln verstand.

Mit dem dritten Redner, Gustav Heinemann, der schon für die DDP und den CSVD aktiv geworden war und sich durch den Essener Pfarrer Friedrich Graeber beeinflusst als erwachsener Mann dem christlichen Glauben zugewandt hatte, trat hier erstmals im protestantischen Lager eine Persönlichkeit in den Vordergrund, die in den folgenden Jahren bis zum Rücktritt aus der

---

[179] Vgl. auch HEITZER, Britische Zone, 701ff.
[180] EGEN, Arbeitskreis, 22.
[181] Vgl. Kap. 6.1.
[182] Vgl. auch EGEN, Arbeitskreis, 23ff.; SCHMEER, CDU, 121ff.
[183] EGEN, Arbeitskreis, 25.
[184] Zit. in: SCHMEER, CDU, 120.
[185] Ebd.

Regierung Adenauer und dem Austritt aus der CDU zum eigentlichen Führer des evangelischen Teils der Partei werden sollte.[186]

Heinemanns Vortrag auf der „Evangelischen Tagung" stand unter der Überschrift „Evangelisch-politische Tradition und der demokratische Gedanke"[187]. Dieser Beitrag war in der damaligen Zeit eines der frühesten, klarsten und überhaupt seltenen Plädoyers für die Übernahme einer westlich geprägten parlamentarischen Demokratie! Heinemann stellte seine Erwägungen in einen umfassenden geschichtlichen Zusammenhang und versuchte offensichtlich über die Beschreibung der religiösen Emanzipation als eines reformatorischen Prinzips eine Linie zur politischen Demokratie zu ziehen. Sein Vergleichs- und Ansatzpunkt war England. Die englische Demokratie interpretierte er als eine Folge der Emanzipationsbestrebungen der freikirchlichen Kräfte, die um der religiösen Freiheit willen auch die politische erkämpft hätten. Sei aber somit schon „England ein lehrreiches Beispiel für die nachhaltige Wirkung freikirchlicher Kräfte in der demokratischen Gestaltung eines Landes"[188], böten vollends erst die USA „das Musterbeispiel demokratischer Ordnung des öffentlichen Lebens aus religiöser Wurzel."[189] Ein Gegenbeispiel für diese Entwicklung sah Heinemann in der Entwicklung des russischen Staatskirchentums, das durch seine enge Verknüpfung geistlicher und weltlicher Gewalt konsequenterweise auch die Kirche in den Sog der revolutionären Ereignisse und der Bekämpfung durch den Bolschewismus mit hineingerissen habe.

Die deutsche Geschichte zeige in diesem Zusammenhang eine größere Affinität zur russischen Entwicklung. Sowohl der Liberalismus als auch Stoeckers christlich-soziale Bewegung habe sich dann gegen diese enge Staatsgebundenheit gewandt. Stoecker sei schließlich aber an der Koalition von Sozialdemokratie, Konservatismus und Kaiserhof gescheitert, meinte Heinemann. Nach 1918 habe sich diese staatstreue Linie des deutschen Protestantismus nicht wesentlich gewandelt. Lediglich der in der Stoecker'schen Tradition stehende CSVD sei „zu einer echten demokratischen Haltung aus christlicher Wurzel"[190] vorgestoßen, von der Kirche aber „im Stich gelassen"[191] worden. Dem Religiösen Sozialismus schließlich sei es in dieser Zeit nicht gelungen, eine christliche Durchdringung der Arbeiterbewegung zu erreichen. Kirchlicherseits habe dann nach der nationalsozialistischen Machtergreifung die Bekennende Kirche mit ihrem Kampf um Glaubens-

---

[186] Vgl Kap. 7.3.
[187] EGEN, Arbeitskreis, 25; veröffentlicht unter dem Titel „Demokratie und christliche Kirche. Ein Beitrag zu einer ‚deutschen Demokratie'".
[188] HEINEMANN, Demokratie, 3.
[189] Ebd.
[190] Ebd., 6.
[191] Ebd.

und Gewissensfreiheit die englische religiös-emanzipatorische Entwicklung nachgeholt.

Interessant ist in diesem Zusammenhang die Interpretation der Entwicklungen, die zum Zusammenbruch von 1945 geführt hatten. Heinemann grenzte sich von der in kirchlichen Kreisen weit verbreiteten Säkularismus-These ab. Er führte die Katastrophe nicht theologisch oder moralisch auf den Niedergang des Christlichen in der Gesellschaft zurück; statt dessen kam Heinemann zu einer politischen Deutung des Geschehens, indem er dem reaktionären Konservatismus und dessen Demokratiefeindlichkeit eine erhebliche Schuld zuwies. Für die Situation nach dem Zusammenbruch erörterte er nun die Möglichkeit zu einem umfassenden Neuanfang:

„Die Schichten, die diesen beharrlichen Gegner der Demokratie (sc. den reaktionären Konservatismus M.K.) bislang getragen haben, werden durch Auflösung der Wehrmacht, durch die sogenannte Bodenreform, durch Auflösung der industriellen und wirtschaftlichen Machtzentren, durch Enteignung und Sozialisierung hinweggefegt. Zerschlagen ist die 400jährige Gebundenheit der protestantischen Kirche an landesherrlichen Gewalten und ihre Nachfolgerschaften."[192]

Für die Zukunft sah Heinmann nun den demokratischen Widerstreit der Ideen zwischen sozialistischer und christlicher Demokratie voraus. Während erstere sich vorwiegend auf die SPD und wohl nur bedingt auf die KPD stützen könne, seien für die christliche Demokratie Zentrum und CSVD als Wurzeln anzusehen. In dieser Diastase demokratischer Kräfte ordnete Heinemann den Liberalismus dem Sozialismus als freigeistig und letztlich a- bzw. antireligiös zu. Damit stand er noch deutlich in der antiliberalen Tradition des CSVD. Eine mögliche stärkere Aufgeschlossenheit der SPD für den christlichen Glauben sah Heinemann damals kaum. In der Christlich-Demokratischen Union hingegen sammelte sich für ihn neben dem politischen Erfahrungsschatz des Zentrums auch die Erkenntnis der evangelischen Christen aus den Ereignissen der nationalsozialistischen Herrschaft, und dies war in besonderer Weise der Entschluss für eine Wahrnehmung öffentlicher Verantwortung. Die Union war deshalb für ihn keineswegs eine Interessenvertretung des früheren bürgerlichen Spektrums, statt dessen sollte sie sich jeder einseitigen Festlegung entziehen und sich nicht dem klassischen Schema der politischen Lager einordnen.

Heinemanns Vortrag kommt eine ganz erhebliche Bedeutung zu. Hier finden sich völlig neue Ansatzpunkte. Im damals weitgehend in einer Anti-Parteien-Mentalität befangenen konservativen Protestantismus ertönte hier zum ersten Male eine Stimme, die positiv auf die demokratischen Traditionen Großbritanniens und der USA rekurrierte und dabei auch noch die religiöse Wurzel hervorhob. Damit bot sich ein neuer politisch-ethischer An-

---

[192] Ebd.

satzpunkt. Indem Heinemann das protestantische Politikverständnis an die angelsächsischen Traditionen anknüpfte, gewann er einen positiven Bezug zur „Christian Democracy" und zum „Political Protestantism". Hier bot sich ein neues evangelisches Politikmodell an, das gleichzeitig schon traditionsgetränkt war. Weil Heinemann die staatsfreie Kirche und gleichzeitig die Loslösung des christlich-politischen Handelns aus dem romantischen Politikverständnis des Konservatismus anstrebte, stellte seine Konzeption eine substanzielle Neuerung dar. Doch blieb Heinmann damit einstweilen in der Minderheit.

Zu den neuen Gesichtspunkten dieses Vortrages gehörte auch Heinemanns Geschichtsdeutung. Nicht der Säkularismus war Schuld am deutschen Niedergang, sondern der Obrigkeitsstaat und der damit korrespondierende Untertanengeist, an dem die evangelische Kirche als staatsgebundene Einrichtung ihren Anteil hatte. Das war insgesamt die klarste Absage an die Mentalität politischer Romantik im konservativen protestantischen Lager in dieser Zeit.

Nach Schmidts Rücktritt vom stellvertretenden Landesvorsitz übernahm Robert Lehr als Nachfolger im Landesvorsitz auch die Leitung der Evangelischen Tagung, die nun etwa alle zwei Monate stattfand. Lehr war fast zeitgleich auch Präsident des nordrhein-westfälischen Landtages geworden. Mit dem Übergang des Vorsitzes von Schmidt auf Lehr Ende 1946 war auch die Gefahr gebannt, die von ihr potentiell unter einem in den Augen Adenauers geradezu „unberechenbar" religiösen Otto Schmidt ausgehen konnte. Lehr bewegte sich klar im Rahmen des christlichen Konservatismus, der Adenauers Auffassungen entgegenkam.

Allerdings blieb das zunehmend konventionelle Verständnis des Christentums innerhalb der Protestanten und der Tagung nicht unumstritten. Emil Marx wandte sich im August 1947 an den Parteivorstand. Die harsche Kritik evangelisch-theologischer Kreise um Karl Barth an der CDU war nicht spurlos an ihm vorübergegangen, wenn er besonders das „Christliche" in der CDU problematisierte:

„Gelingt es uns nicht, das Wort ‚christlich' in unserem Namen als Aufgabe und Verpflichtung herauszustellen, kommen wir dahin, dass es nur noch Aushängeschild wäre, dann bin ich der Meinung, dass eine solche christliche Partei in der Tat ihre Daseinsberechtigung verloren hätte."[193]

Offensiver argumentierte Friedrich Graeber. Er sprach sich wie sein theologischer Lehrer Adolf Schlatter ganz entschieden *für* das „C" im Namen der Partei aus. Sein Argument lautete: So lange es die Kirche in ihrer realen Existenz wage, sich „christlich" zu nennen, könnten Menschen, die unter eben

---

[193] Schreiben vom 4.8.1947, ACDP IV-001–024/1.

diesem Anspruch Politik treiben wollten, dies ebenfalls tun, „vorausgesetzt, dass diese Namensgebung kein Betrug und kein Selbstbetrug ist."[194]

Im Rahmen der Evangelischen Tagung entstanden dann zwei Arbeitsausschüsse, von denen sich einer als Studiengemeinschaft verstand, während der zweite mehr die praktische Schulungsarbeit förderte.[195] Besonders die Frage der mittlerweile im Protestantismus umstrittenen christlichen Parteibildung wurde in der Studiengemeinschaft erörtert.[196]

Ab 1948 ließ die Arbeit der Evangelischen Tagung nach, es kam nur noch zu wenigen größeren Veranstaltungen. Die Arbeitsausschüsse stellten ihre Arbeit allmählich ein. 1950 übernahm Schmidt wiederum vom inzwischen zum Bundesinnenminister berufenen Lehr den Vorsitz, 1951 folgte ihm darin Hellmut Lauffs, Geschäftsführer wurde Emil Marx.[197]

Der Erfolg der „Evangelischen Tagungen" bestand im Wesentlichen darin, die Protestanten gesammelt und so zu einer klaren Repräsentanz innerhalb der Partei geführt zu haben. Dieser Erfolg hatte jedoch eine negative Kehrseite im strukturellen Bereich. Wiederum, wie schon in der Konservativen Partei des Kaiserreiches und der DNVP der Weimarer Republik, bildeten protestantische Konservative eine eher defensive Sondergruppe. Die Repräsentanz an sich hatte noch keinen eigenen Wert. Innerprotestantischer Selbstverständigung bei Festhalten an der Interkonfessionalität der Partei folgte noch nicht eine innerparteiliche Interessenwahrnehmung, was zweifelsohne ein moderner Zug gewesen wäre, wie er sich etwa bei den „Sozialausschüssen" und anderen Gruppen innerhalb der Partei zeigte. So war die „Evangelische Tagung" eher noch ein an alte Politikvorstellungen gebundenes Unternehmen. Parteiinterne Gruppierungen modern als parteipolitischen Machtfaktor einzusetzen, blieb erst Hermann Ehlers und dem EAK[198] vorbehalten.

7.1.3. Niedersachsen

7.1.3.1. Die Schwächung des protestantischen Einflusses in Oldenburg

Anders als im Rheinland und in Westfalen handelte es sich in Norddeutschland um eine überwiegend protestantische Region mit einzelnen katholisch geprägten Landstrichen. Die Frage war hier, ob sich die aus dem Erbe des Zentrums schöpfende Union in Norddeutschland etablieren könne und wie stark der protestantische Einfluss in seiner solchen Partei sein würde. Nach den quantitativen Gegebenheiten musste er dominieren.

---

[194] Zit. in: SCHMEER, CDU, 153.
[195] SCHMEER, CDU, 141f.
[196] Ebd., 144ff.
[197] Ebd., 144.
[198] Vgl. Kap. 7.4.4.

Im ehemaligen Freistaat Oldenburg stieß die Gründung einer christlich-demokratischen Partei zunächst aber auf Schwierigkeiten. Während im Norden eindeutig der protestantische Bevölkerungsteil überwog und die DDP vor der nationalsozialistischen Herrschaft die stärkste Partei war, war der Süden des Landes katholisch geprägt, was auch in der früheren Dominanz des Zentrums deutlich wurde.[199] Im evangelischen Nordteil ging man zunächst andere Wege als im Süden. Hier entstand eine Demokratische Union (DU). In ihr hatten sich sowohl christliche wie liberale Demokraten zusammengeschlossen. Ebenfalls wollte man die Partei für Sozialdemokraten offen halten oder doch zumindest die Zusammenarbeit mit ihnen möglich machen. Das Attribut „christlich" im Parteinamen lehnten die Parteigründer ab.[200] Die Gründe dafür lagen sicherlich in der Skepsis der früheren Liberalen gegenüber religiösen Festlegungen in der Politik und – neben grundsätzlichen Erwägungen über die Schwierigkeit dieses Begriffes in einem Parteinamen – in der taktischen Überlegung, „eine gewisse Christentums-freundliche Entwicklung in der SPD nicht zu stören."[201] Der markante Unterschied etwa zur rheinischen CDU war damit deutlich. In dem überwiegend protestantischen Gebiet war damit eine Partei entstanden, die ihr politisches Spektrum von den Linksliberalen über Christlich-Konservative und Christlich-Soziale bis grundsätzlich zur SPD offen halten wollte. Der Verzicht der DU auf das „C" machte die grundsätzliche weltanschauliche Neutralität der Partei augenfällig deutlich. Der katholischen Minderheit blieb zunächst nichts anderes übrig, als hier mitzuwirken. Eine eigene Partei wäre zu einem Splitterdasein verurteilt gewesen.

Im katholischen Südoldenburg erfolgte hingegen ab November 1945 von Vechta aus die Gründung christlich-demokratischer Kreisparteien, die erfolgreich an die Traditionen des Zentrums anknüpfen konnten. Im Norden fasste man wegen der DU nur schwer Fuß.

Das Bündnis der christlichen Demokraten mit dem Liberalismus in der DU erwies sich nicht als dauerhaft tragfähig und die Spannungen zwischen beiden Gruppen traten immer mehr ans Licht. Auf dem Hintergrund dieser Entwicklungen wurde dem Vorsitzenden der DU und oldenburgischen Ministerpräsidenten Theodor Tantzen gar ein Geheimabkommen mit dem Zentrum zur Zerschlagung der CDU vorgeworfen,[202] so dass sich ein großer Teil der eher christdemokratisch Gesonnenen Anfang 1946 von der DU trennte und sich der CDU anschloss.

Im März 1946 wurde dann ein Landesverband der CDU für (Gesamt)-Oldenburg gegründet, dessen Vorsitz ein Protestant, Fritz Söhlmann, übernahm. Söhlmann war einer der protestantischen DU-Dissidenten und inner-

---

[199] HEITZER, Britische Zone, 99ff.
[200] Ebd., 102.
[201] Zit. in: Ebd., 102.
[202] Ebd.

halb des Protestantismus als früheres CSVD-Mitglied und Herausgeber der Zeitschrift „Junge Kirche" eine profilierte Gestalt.[203] Trotz des evangelischen Vorsitzenden blieb die Partei aber in den katholischen Gebieten Oldenburgs stärker verankert.

Söhlmann sollte politisch keinen Erfolg haben. Das Verhältnis zu seinem katholischen Stellvertreter Hermann Siemer war äußerst spannungsvoll.[204] Hinzu kam, dass Söhlmann als früheres DU-Mitglied den Bestrebungen Adenauers im Weg stand, eine organisatorische Einigung mit der FDP herbeizuführen, in die die DU zwischenzeitlich gemündet war. FDP-Vorsitzender in Oldenburg war jetzt Theodor Tantzen, vormals Vorsitzender der DU. Um den Verhandlungen zur Fusion von CDU und FDP überhaupt eine Perspektive geben zu können, bestand Tantzen auf dem Ausscheiden des ehemaligen Parteifreundes und „Überläufers" Söhlmann aus der Führung der Partei.[205] Viele Gründe kamen also zusammen, die Söhlmanns Position in der CDU schwierig machten, sicher auch das, was eine Festschrift verschleiernd Söhlmanns „etwas eigenwilligen Führungsstil"[206] nennt. Mitte 1947 legte Söhlmann den Vorsitz der CDU nach längerem Drängen aus den eigenen Reihen nieder.[207] Im Flüchtlingsausschuss der zonalen CDU, dem Söhlmann vorstand, war er zuvor vom späteren Vertriebenenminister Linus Kather entmachtet worden, so dass er im Oktober 1946 schon dieses Amt niedergelegt hatte und auf weiteren Druck von Kather hin im Dezember ganz aus dem Vorstand der Partei ausschied und seine politische Karriere beendete.[208]

Mit dem Sturz Söhlmanns war die CDU-Konzeption gegenüber einer weltanschaulich neutralen, stärker protestantisch geprägten DU in Oldenburg erfolgreich. Damit hatte sich der politische Katholizismus in dieser Frage durchgesetzt. Das Experiment einer breit angelegten Partei, die besonders von Protestanten geprägt war, war gescheitert. Der Ansatz einer „Demokratischen Union" ohne „C", also ohne weltanschauliche Festlegung, hätte nach Lage der Dinge die einzige Möglichkeit sein können, liberale, christ-

---

[203] 1905 in Hannover geboren, wurde er nach seinem Theologiestudium Journalist und Schriftleiter. U. a. war er an der Evangelisch-Sozialen Schule in Spandau und als CVJM-Sekretär tätig. 1923 trat er der DDP bei und gründete deren Nachfolgeorganisation die DStP noch mit, bevor er sich dann dem CSVD anschloss. Von 1936 bis 1941 war Söhlmann Schriftleiter der von Hanns Lilje herausgegebenen „Jungen Kirche". Als diese 1949 wieder erschien, wurde er zusammen mit dem damaligen oldenburgischen Oberkirchenrat Hermann Ehlers verantwortlicher Herausgeber.

[204] HEITZER, Britische Zone, 290ff.

[205] BECKER, CDU, 136.

[206] CDU im Oldenburger Land, 297.

[207] BAK 1278/139.

[208] HEITZER, Britische Zone, 453 bes. A 166. Versuche, 1949 für den Bundestag zu kandidieren, scheiterten an parteiinternen Widerständen (ebd., 292 A. 84). Vom März 1946 bis zum Februar 1950 gehörte Söhlmann dem niedersächsischen Landtag an. Danach schied er aus der Politik aus und wurde Leiter des Landesjugendamtes in Hannover (MEIER, Ehlers, 618).

lich-konservative und christlich-soziale Protestanten in einer politischen Formation zu sammeln. Doch waren die weltanschaulichen Gräben innerhalb des Protestantismus zu groß. Es handelte sich doch, wie schon früher festgestellt, faktisch um zwei Konfessionen innerhalb des protestantischen Konservatismus.[209]

Noch etwas kam hinzu: Die traditionelle Unerfahrenheit der Protestanten in parteipolitischen Fragen führte bei den ersten politischen Problemen dazu, sich wieder aus dem Bereich der Politik zurückzuziehen. Dies kann nur einer Anti-Parteien-Mentalität zugeschrieben werden, die die politische Auseinandersetzung grundsätzlich ablehnte. Ähnlich war es bei Otto Schmidt in Wuppertal gewesen, und bei anderen Protestanten sollte sich in der Folgezeit der Vorgang wiederholen.[210] Gerade diese schnelle Bereitschaft, sich aus der Politik zurückzuziehen, was ja ein Ausweichen vor nachhaltigem parteipolitischem Engagement bedeutete, sollte aber ein protestantisch geprägtes Politikkonzept oft im Ansatz zunichte machen. Die mentale Disposition hinderte die politische Positionierung.

7.1.3.2. Die Gründung der CDU-Landespartei in Hannover und die Protestanten

In der ehemaligen preußischen Provinz Hannover war es vor allem ein Kreis um den früheren Landtagsabgeordneten und Vorsitzenden der Zentrumspartei der Provinz, Bernhard Pfad, der die Gründung einer christlich-demokratischen Partei vorantrieb.[211] Pfad nahm Kontakt zu Landesbischof August Marahrens auf, um auch die Protestanten für die Union zu gewinnen. Christliche Gewerkschaftler wie der spätere Bundesarbeitsminister Anton Storch knüpften ihrerseits wieder an alte Verbindungen mit ehemaligen CSVD-Mitgliedern an. Indem gerade CSVD-Mitglieder sich bei der Gründung der Partei engagierten, war gesichert, dass die CDU tatsächlich hier interkonfessionellen Charakter bekommen würde.

Wohl auf Marahrens' Vermittlung hin beteiligten sich auch der Oberkirchenrat und frühere Leiter des hannover'schen Volksmissionarischen Amtes, Adolf Cillien, und der Leiter der Pflegeschule Stephansstift in Hannover, Arnold Fratzscher,[212] fortan an den Beratungen. Eine überregionale Karriere als MdB und Vertrauensmann Adenauers sollte Cillien machen.[213]

---

[209] Vgl. Kap. 1.1.

[210] Vgl. Kap. 7.1.4.2.; 7.2.2.

[211] BECKER, CDU, 142ff.

[212] Ebd., 144. Fratzscher, Mitbegründer des CSVD in Mecklenburg-Lübeck und Mitglied der Bekennenden Kirche, wurde dann 1946 Generalsekretär des CDU-Bezirksverbandes Hannover, ein Amt, das er bis 1970 innehatte.

[213] Der gebürtige Elsässer setzte sein 1912 in Straßburg begonnenes Theologiestudium 1918 in Göttingen fort. Nach seinem Examen war er zunächst einige Jahre Gemein-

Am 18.11.1945 kam es zur Gründung der CDU für die Provinz Hannover. Einen maßgeblichen Beitrag lieferte auf dieser Gründungsversammlung Adolf Cillien mit seiner Rede zum Thema „Warum wir evangelische Christen uns für die Christlich-Demokratische Partei entscheiden".[214] Der Oberkirchenrat legte in seinen Ausführungen zunächst einmal Wert darauf, dass es sich bei der neuen Partei keineswegs um eine gleichsam kirchlich legitimierte Partei handle, sondern dass jeder Christ seine politischen Entscheidungen in voller selbstständiger Verantwortung zu treffen habe. Cillien versuchte andererseits dem protestantischen Hang zum politischen Quietismus zu wehren, wenn er seinen Zuhörern einschärfte, dass geradezu eine „Pflicht zum politischen Handeln" bestehe. Hierfür aber biete die neue Partei sich für den Christen in besonderer Weise wegen ihres betont interkonfessionellen Charakters an. Diesen „Willen zur Zusammenarbeit, ja zur Gemeinschaft" begründete Cillien dann aus den Erfahrungen der nationalsozialistischen Herrschaft, die die Christen beider Konfessionen in einer „Leidensgemeinschaft" wie auch in einer „Kampfgemeinschaft" zusammengebracht habe. Nun stehe man nach dem Zusammenbruch in einer „Notgemeinschaft", die aber auch eine „Segensgemeinschaft" sei.

Anders als viele seiner protestantischen Amtskollegen benutzte Cillien in der geschichtsphilosophischen Interpretation der Ereignisse, die zum Zusammenbruch Deutschlands geführt hatten, weniger die bekannte konservative „dämonologische" Interpretation – die Deutschen als Opfer dämonischer Mächte[215] – statt dessen deutete er wie Adenauer[216] die gegenwärtigen Zeitverhältnisse mit aus der Apokalyptik entlehnten Mustern und einem heilsgeschichtlichem Bezug, wenn er seinen Zuhörern klar zu machen versuchte, „daß die seit langer Zeit entfachte und genährte Auseinandersetzung zwischen dem Christus und dem Antichrist seinem Höhepunkt zustrebt." Die in der damaligen Zeit weit verbreitete Säkularismusthese griff Cillien – jetzt auch mit dämonologischen Hinweis – ebenfalls auf, wenn er apodiktisch feststellte: „Wird Christus der Heiland nicht mehr in unsere Mitte geladen, so verfällt Deutschland der grausigen Macht der Dämonen."

Cilliens Rede lässt sich neben der interkonfessionellen Ausrichtung als eine bewusste Wendung gegen den von ihm selbst thematisierten staatspolitischen Quietismus lutherischer Tradition verstehen. Aufschlussreich ist je-

---

depastor, dann Superintendent und ab 1937 Leiter des Volksmissionarischen Amtes der Hannover'schen Kirche (Christliche Demokraten, 85ff.). Cillien wurde zunächst Fraktionsvorsitzender der CDU im niedersächsischen Landtag und 1950 Vorsitzender des Landesverbandes Niedersachsen. Von 1953 bis zu seinem Tode 1960 war Cillien Mitglied des Bundestages. Neben Hermann Ehlers, Eugen Gerstenmaier und Elisabeth Schwarzhaupt galt Cillien lange als Repräsentant der Riege von Oberkirchenräten innerhalb der CDU, die das Bild der Protestanten in der Partei nachhaltig prägten.

[214] Ebd., 91ff.; daraus auch die nachfolgenden Zitate.
[215] Vgl. Lenk, Konservatismus, 638.
[216] Heitzer, Britische Zone, 95.

doch, dass hier anders als andernorts die „C"-Problematik pragmatisch und ohne theologischen Bezug gelöst wurde. Die Mitarbeit von evangelischen Christen in der CDU war für Cillien theologisch fraglos möglich. Hier schwang noch das alte „volksmissionarische" Erbe mit, wie überhaupt die Rede in geradezu volksmissionarischer Manier[217] ausdrücklich die Stunde der Entscheidung gekommen sah, nicht nur für den Einzelnen, sondern für das ganze Volk. War es in Wuppertal mehr der Rekurs auf „Barmen", so hier eher die Anknüpfung an die in der Weimarer Zeit intensive Volksmission – der Cillien ja auch selbst entstammte – die den evangelischen Beitrag zu staatsethischen Diskussion darstellte: Politik als glaubende Entscheidung in apokalyptischer Zeit. Dass auch dieser Ansatz kein dauerhaftes Politikkonzept ersetzen konnte, war Männern wie Cillien damals offensichtlich nicht bewusst.

Inwieweit Cilliens Versuch, mit seiner Rede besonders die evangelischen Christen anzusprechen, erfolgreich war, muss offen bleiben. Jedenfalls mussten durch auswärtige Protestanten, insbesondere durch Friedrich Holzapfel,[218] weitere Werbereisen unternommen werden, um überhaupt Protestanten für die Mitarbeit in der CDU zu gewinnen. Dass diese sich gegenüber der CDU zurückhaltend verhielten, lag sicher auch daran, dass mit der Niedersächsischen Landespartei, die sich ab 1947 Deutsche Partei nannte, eine besonders die evangelischen Wähler ansprechende Konkurrenz entstanden war.[219]

7.1.4. Bremen, Hamburg und Schleswig-Holstein

7.1.4.1. Die Dominierung der Protestanten durch den politischen Katholizismus in Bremen und Hamburg

Im überwiegend protestantisch geprägten Bremen trat im bürgerlichen Bereich zuerst der protestantische Liberalismus mit einer Parteigründung hervor. Im Oktober entstand hier die Bremer Demokratische Volkspartei (BDV).[220] Die in Bremen quantitativ kleine Gruppe der Katholiken, die vor 1933 mit nur drei Zentrumsabgeordneten in der Bremischen Bürgerschaft vertreten war, hatte sich, um dem Vorwurf der Zersplitterung des bürgerlichen Lagers zu entgehen, als „Christliche Gruppe" in den BDV integriert. Unter dem Einfluss der zonalen CDU bildete sich in Wesermünde (heute Bremerhaven) durch Initiative eines katholischen Geistlichen im November dann eine Christlich-Demokratische Partei, die interkonfessionell angelegt war.

---

[217] Vgl. PRIEBE, Handbuch, 327.
[218] HEITZER, Britische Zone, 99.
[219] Vgl. Kap. 9.
[220] Vgl. BECKER, CDU, 150ff.; HEITZER, Britische Zone, 128ff.

Schwieriger gestalteten sich die Entwicklungen in Bremen selbst. Versuche der „Christlichen Gruppe" innerhalb der BDV, die Gesamtpartei in die CDU zu überführen, scheiterten zunächst. Eine Kontaktaufnahme der katholischen Politiker mit den evangelischen Kirchenleitungen, die diese für das Projekt der interkonfessionellen Partei gewinnen sollten, hatte keinen Erfolg.[221] Parallel zu diesen Aktivitäten hatten ehemalige Mitglieder des CSVD in Bremen ebenfalls Gespräche mit der „Christlichen Gruppe" zur politischen Parteibildung aufgenommen, die ergebnislos blieben.

Erst nachdem ehemalige CSVD-Mitglieder zum Ausgangspunkt von Bemühungen der zonalen CDU wurden und man im Mai die Gründung der CDU für Bremen bei den Besatzungsbehörden beantragte, kam die „Christliche Gruppe" innerhalb der BDV so unter Druck, dass sie zusammen mit den ehemaligen CSVD'lern die Gründung der CDU vorbereitete. Die Integration der gesamten BDV in die neugegründete CDU gelang nicht, ebenso wenig Versuche, dem Fraktionsvorsitzenden des BDV, Bote, einem führenden Vertreter der Bremischen Bekennenden Kirche in der Zeit des Nationalsozialismus,[222] den Vorsitz der neuen Partei anzubieten. Damit blieb das liberal-protestantische Lager außerhalb der neuen Partei.

Im Juni 1946 wurde dann die CDU Bremens gegründet. Erster Vorsitzender wurde das frühere CSVD-Mitglied Johannes Kaum, sein Stellvertreter ein Katholik. Die CDU in Bremen konnte sich angesichts einer erdrückenden Mehrheit der SPD in der Bürgerschaft[223] allerdings kaum politisch hervortun.

Gegenüber der in Bremen traditionell starken Sozialdemokratie war es aber hier besonders die überkommene Spaltung des Protestantismus in Liberale und Volksdienstler, die dazu führte, dass mit der Gründung der CDU der katholische Einfluss überproportional stark wurde. Auch andernorts, etwa in Oldenburg, sollte sich der Vorgang wiederholen, dass Christlich-Soziale lieber mit den Katholiken zusammenarbeiteten, als mit liberalen Protestanten. Im Hintergrund blieben die unterschiedlichen geschichtsphilosophischen Auffassungen mentalitätsprägend. Die politische Romantik der Christlich-Sozialen sah sich eher mit dem katholischen Integralismus verbunden als mit dem vermeintlich säkularen Liberalismus. Während aber in Oldenburg die beiden protestantischen Gruppen zunächst eine Partei gebildet hatten, sorgten hier die ehemaligen Volksdienstler in Verbindung mit früheren Zentrumsleuten dafür, dass erst gar keine übergreifend protestantisch geprägte Partei gegründet wurde. Die Wirkung der ehemaligen CSVD-Mitglieder blieb ambivalent: Einerseits waren sie wie kaum andere Protestanten beim Aufbau der Parteien engagiert, andererseits verhinderten sie, dass eine libe-

---

[221] KUNST, Bremen, 7.
[222] HEITZER, Britische Zone, 133.
[223] BECKER, CDU, 157. Die SPD erhielt bei den Wahlen am 13.10.1946 48 % der Stimmen, die CDU nur 19,3 %, und damit wenig mehr als der BDV/FDP mit 16,9 %.

ral-konservative protestantische Partei entstand. Zu der üblichen protestantisch-konservativen Anti-Parteien-Mentalität trat bei ihnen ein nicht minder konservativer Anti-Liberalismus-Affekt.

Ähnlich wie in Bremen gab es in Hamburg neben den traditionell starken Linksparteien ein stabiles liberales Wählerklientel. Das Zentrum hatte hingegen wie der CSVD bei der letzten Wahl zur Hamburger Bürgerschaft in der Weimarer Republik lediglich 1,4 % der Stimmen erreicht. Dies lag hinsichtlich des Zentrums natürlich an der konfessionellen Struktur der Gesamtbevölkerung, die mit 80,3 % evangelischer Bevölkerung deutlich geprägt war.

In Hamburg traten schnell die alten Parteiformationen wieder auf. Im September 1945 war der Plan des Hamburger Bürgermeisters Petersen, eine am Vorbild der britischen Labour-Party orientierte Partei zu gründen, nicht zuletzt am Widerstand der SPD gescheitert.[224] Liberale Kräfte sammelten sich im „Bund Freies Hamburg" und im „Vaterstädtischen Bund". Da das Zentrum über eine kaum nennenswerte Ausgangsbasis verfügte, nahm Adenauer, der zwischenzeitlich Vorsitzender der CDU in der Britischen Zone geworden war, für die CDU deshalb Kontakte zu Petersen auf, um ihn für sein Konzept einer breiten bürgerlichen Sammlungspartei zu gewinnen.

Neben den liberalen Gruppen hatte sich im August 1945 eine interkonfessionelle „Christliche Arbeitsgemeinschaft" konstituiert, die sich zunächst als überparteiliche Organisation verstand und den christlichen Einfluss in allen Parteien sicherstellen wollte.[225] Zu den Mitgliedern dieser Gruppe gehörte auch der frühere Zentrumsabgeordnete Franz Beyrich, der schon bald den Gedanken einer christlich-demokratischen Partei aufwarf. Auf Widerstand stieß er damit bei einem anderen Gruppenmitglied, dem evangelischen Pastor Wendt, der dezidiert an dem Gedanken einer christlichen Einflussnahme in *allen* Parteien festhielt.

Auch in der Hamburger Kirchenleitung stieß der Plan einer christlichdemokratischen Partei auf Skepsis. Der Hamburger Hauptpastor und spätere Landesbischof Schöffel äußerte sich laut eines Aktenvermerkes vorsichtig:

> „Man könne bei einer Partei nicht wissen, ob diese nicht nachher im politischen Leben auch recht eigennützige Ziele und Interessen vertrete oder sonst unchristlich handle. Das könne zu einer Belastung für die Kirchen werden. Er halte daher die Bildung von Parteien, die sich ‚christlich' nennen, für unerwünscht, halte es aber für erstrebenswert, dass sich Parteien finden, deren Programm ohne den Namen ‚christlich' zu gebrauchen im Grundsätzlichen der christlichen Weltanschauung entsprechen …".[226]

Nicht zuletzt auf dem Hintergrund der damals bekannt gewordenen „Erklärung zur öffentlichen Verantwortung" der Treysaer Kirchenkonferenz und

---

[224] Stubbe-da Luz, Großstadtpartei, 28ff.
[225] Ders., Union, 166ff.
[226] Wieck, CDU, 185 A. 295.

ihren entsprechenden Anregungen[227] änderte die Arbeitsgemeinschaft im September 1945 ihren Namen in „Christliche Union"[228] um.

Die weiter auf Parteigründung drängende Teilgruppe innerhalb der „Christlichen Union" schuf dann mit der Gründung der Christlich-Demokratischen Partei Hamburgs am 1.10.1945 aber vollendete Tatsachen. Diese Gruppe war jedoch zunächst zahlenmäßig so gering, dass die in der Mehrzahl katholischen Teilnehmer faktisch auch schon den Vorstand bildeten. Die CDP hatte also politisch eine sehr schmale Basis. Programmatisch schloss man sich eng an die „Kölner Leitsätze" an.[229] Andernorts entwickelte sich jedoch die CDU immer mehr zur dominierenden Kraft im bürgerlichen politischen Lager. Dies mag dazu beigetragen haben, dass es im Sommer 1946 auch in Hamburg zum politischen Durchbruch für die CDP/CDU kam. Sicherlich mitbedingt durch den großen Landtagswahlerfolg der CDU in der Amerikanischen Zone,[230] verstärkte sich durch den Übertritt des „Vaterstädtischen Bundes" und einer Gruppe aus der „Fraktion der Parteilosen" in der Hamburger Bürgerschaft, zu der u.a. der Verleger Gerd Bucerius und Bürgermeister Petersen gehörten, die Partei erheblich. Trotzdem blieb die Partei von der Mitgliederzahl her mit mehr als 50 % Katholiken, bei einem Gesamtanteil von 6 % Katholiken in der Stadtbevölkerung, durchaus katholisch geprägt.[231] Auch hier hatte sich also das von der katholischen Seite bevorzugte Konzept einer christlich-demokratischen Partei durchgesetzt, obwohl die katholische Bevölkerungskraft bzw. die Stärke des ehemaligen Zentrums in Hamburg nur in Splitteranteilen zu messen war.

Mittelfristig veränderte sich die christlich-sozialistische Ausrichtung der Partei hin zum wirtschaftsliberalen Kurs, wozu hier – ähnlich wie im Rheinland – besonders die Protestanten beitrugen.[232]

Die Interpretation der Vorgänge in Hamburg und Bremen ist aus geschilderten ähnlich gelagerten Vorgängen möglich: Der Grund für die Schwäche des politischen Protestantismus in Bremen war seine politische Spaltung, resultierend aus der Einstellung der ehemaligen CSVD'ler gegen die Liberalen. In Hamburg stand mit dem langen Festhalten an überparteilichen Arbeitsformen die Anti-Parteien-Mentalität stärker im Mittelpunkt der innerparteilichen Kontroversen. In beiden Fällen war die Modernisierungsleistung, die die interkonfessionelle CDU zweifelsohne gegenüber konfessionellen

---

[227] Vgl. Kap.12.2.3.
[228] Vgl. STUBBE- DA LUZ, Arbeitsgemeinschaft, 31.
[229] Ebd., 37ff.
[230] BÖSCH, Adenauer-CDU, 77.
[231] BECKER, CDU, 163.
[232] STUBBE-DA LUZ, Arbeitsgemeinschaft, 107ff. Mit dem Vorsitzenden, dem Bankdirektor Hugo Scharnberg (1948–1954, 1956–1958), trat ein entschiedener Verfechter einer marktwirtschaftlichen Konzeption an die Parteispitze, der auch zu den später wichtigen „Düsseldorfer Leitsätzen" von 1949 beitrug.

Parteien der Weimarer Zeit bedeutete, kontrastiert mit einer Schwäche des protestantischen politischen Spektrums. Die CDU-Gründung wurde hier und andernorts deutlich zu einer Modernisierungsleistung unter katholischen Auspizien.

7.1.4.2. Die Christlich-Demokratische Aufbaupartei (CDAP) und die Entstehung der schleswig-holsteinischen CDU

In Schleswig-Holstein entwickelte sich ein nicht nur für Norddeutschland bedeutsames Zentrum christlich-demokratischer Parteibildung in Plön. Hier sollte ein letzter Versuch innerhalb der sich herausbildenden Christdemokratie gemacht werden, die Partei betont im christlich-konservativen Spektrum zu verankern.

Die Initiative dafür ging von dem ehemaligen pommerschen Gutsbesitzer und Reichsminister Hans Schlange-Schöningen aus. Schlange-Schöningen war einer der bedeutenden politischen Repräsentanten der Weimarer Republik, der in dieser Zeit einen Weg vom geschworenen Feind der parlamentarischen Demokratie zum Vernunftrepublikaner und schließlich zum überzeugten Demokraten zurückgelegt hatte und zum weiteren Kreis der Verschwörer des 20. Juli 1944 zählte.[233]

---

[233] Zu den biographischen Angaben vgl. u.a. TRITTEL, Schlange-Schöningen, 25ff. Schlange-Schöningen, 1886 in Schöningen bei Stettin geboren, durchlief nach dem Besuch des humanistischen Gymnasiums und einer kurzen Zeit als Berufssoldat eine Ausbildung als Landwirt. Wie für die meisten Deutschen und insbesondere die Vertreter des Großagrariertums bedeutete der Untergang der Hohenzollernmonarchie für ihn einen Zusammenbruch aller Werte, für die er bisher eingetreten war und im Krieg gekämpft hatte. Bald schon schloss sich Schlange-Schöningen der DNVP an. 1920 zog er für sie in den Preußischen Landtag, 1924 zusätzlich in den Reichstag ein. Schlange-Schöningen fiel in dieser Zeit als eindeutiger Vertreter der Völkischen Bewegung auf. Darüber hinaus empfand er sein politisches Handeln als eine „Reaktion [zurück M.K.] von der gegenwärtigen Verkommenheit zur alten Reinheit und Anständigkeit" (TRITTEL, Schlange-Schöningen, 27, der auf Schlange-Schöningens Rede „Preußengeist gegen Barmatgeist" eingeht. Zur so genannten „Barmataffäre" um den ehemaligen Reichskanzler Gustav Adolf Bauer, vgl. VOGT, Bauer, 188ff.). Seine reaktionären Absichten offenbarte Schlange-Schöningen auch in einer geheimen Denkschrift an Hugenberg, in der er die parlamentarische Arbeit ganz im Sinne von dessen destruktiver Haltung einzig als zum Zweck der Zerstörung eben gerade dieser beschrieb. 1926 wurde Schlange-Schöningen einer der Stellvertreter des gemäßigten DNVP-Vorsitzenden Graf Westarp. Es bleibt fraglich, warum er sich, als es zum Machtkampf zwischen diesem und Hugenberg kam, plötzlich gegen den ihm geistesverwandten „Pressezaren" stellte. Im Zuge dieser Frontstellung verlor Schlange-Schöningen immer mehr an politischem Rückhalt. Als über einer Abstimmung zum Zuchthausparagraphen die DNVP-Fraktion zerbrach, schied Schlange-Schöningen aus der Fraktion und Anfang 1929 aus der Partei aus (WINKLER, Weimar, 355; TRITTEL, Schlange-Schöningen, 29, spricht vom Ausscheiden im Zusammenhang mit einer Abstimmung über den sog. Young-Plan). Schon nach den Auseinandersetzungen um den Dawes-Plan, den Schlange-Schöningen nur, wie er schrieb, aus Parteiraison abgelehnt hatte, fasste er den Beschluss, sich „auf jede Gefahr hin bei den großen vaterländischen

Ab August 1945 versuchte der nach Schleswig-Holstein vertriebene Schlange-Schöningen zunächst mit einem kleinen Kreis von Anhängern eine rechtsstehende Partei ins Leben zu rufen. Dabei ging es nicht um einen Konfrontationskurs zur SPD, eine spätere Zusammenarbeit mit ihr wurde keineswegs ausgeschlossen, aber grundsätzlich sollte, anders als im „Labour-Konzept", bewusst eine „rechts von der Sozialdemokratie"[234] angesiedelte bürgerliche Partei ins Leben gerufen werden. Im Gründungskreis fand sich hauptsächlich das ostelbisch-altkonservative Milieu zusammen. Zu den Mitgliedern gehörten u.a. der pommersche Freiherr von Senfft-Pilsach, ein Offizier von Zitzewitz, Graf Brockdorff-Ascheberg, der Plöner Pastor Böger und der frühere Oberkonsistorialrat Prof. Dr. von Laag. Der Herzog von Schleswig-Holstein-Augustenburg war dem Kreis gegenüber ebenso wie der Sohn des Reichskanzlers Theobald von Bethmann-Hollweg aufgeschlossen.

Von Plön aus wurden auch Verbindungen zu anderen Kreisen in Westfalen und Hannover aufgenommen. Wilhelm von Rönne, Hans von Bonin-Gülzowhof und Hasso von Knebel-Doeberitz versuchten diese als Kontakt-

---

Fragen um keine Parteipolitik mehr zu kümmern."(SCHLANGE-SCHÖNINGEN, Tage, 32) Ein Entschluss, den er später noch oft zu verwirklichen suchte. Eine neue Heimat fand Schlange-Schöningen dann vorübergehend in der Deutschnationalen Arbeitsgemeinschaft, der Volkskonservativen Vereinigung und schließlich in der „Christlich-Nationalen Bauern und Landvolkspartei", die in Fraktionsgemeinschaft mit dem CVD/CSVD stand. Den Tolerierungskurs des CSVD gegenüber dem Kabinett Brüning trug er mit. Im November 1931 wurde Schlange-Schöningen Reichskommissar für die Osthilfe und Minister ohne Geschäftsbereich. Schlange-Schöningen entwickelte hier auf Drängen von Arbeitsminister Adam Stegerwald und Finanzminister Hermann Dietrich (WINKLER, Weimar, 466) Pläne für die Ansiedlung von Kleinbauern in den Ostgebieten und eine Ermächtigung der Reichsregierung, nicht mehr entschuldungsfähige Großgüter aufzukaufen. Ein Vorgehen, das ihm von seinen alten Standesgenossen, wohl auch von Hindenburg selbst (ebd., 470) den Vorwurf eintrug, ein „Agrarbolschewist" zu sein (KLEIN, Siedlungsarbeit, 18ff.). Der Streit um die Siedlungsverordnung brachte die Regierung Brüning letztlich zu Fall. Nach dem Rücktritt Brünings strebte Schlange-Schöningen „in völliger Verkennung der politischen Realitäten" (TRITTEL, Schlange-Schöningen, 32) eine eigene Kanzlerschaft an. Die richtige Verhältnisbestimmung von eigenen Ambitionen und politischen Machtverhältnissen sollte, wie spätere Entwicklungen zeigten, ein Schwachpunkt bei Schlange-Schöningen bleiben. Nach der nationalsozialistischen Machtergreifung widmete er sich wieder der landwirtschaftlichen Arbeit auf seinem Gut Schöningen, wo er nur zufällig den Mordaktionen der SS beim sog. „Röhmputsch" entging. Später nahm Schlange-Schöningen Kontakt zu Moltke und Goerdeler auf. Moltke besuchte ihn mehrfach (SCHLANGE-SCHÖNINGEN, Tage, 193ff.). Hinsichtlich der Pläne des Staatsaufbaus nach einem Umsturz unterschied er sich stark von Goerdeler, dessen Idee eines Ständestaates er als „teils phantastisch, teils Rudimente einer überlebten Vergangenheit" (ebd., 194) ablehnte. In den Plänen der Verschwörer des „20. Juli" war er als Landesverweser für Pommern vorgesehen. Nach dem Scheitern des Putsches, Schlange-Schöningen war bereits in Berlin, hielt sich Goerdeler einige Zeit in der Wohnung von Schlange-Schöningens Schwester verborgen.

[234] Zit. in: HEITZER, Britische Zone, 111.

leute herzustellen.[235] Für die altkonservative Prägung des Kreises stand besonders Hasso von Knebel-Doeberitz. Er zählte ebenfalls zum konservativen Widerstand im Nationalsozialismus. Im Dezember 1942 war es Knebel-Doeberitz gewesen, der versuchte, den deutschen Kronprinzen Wilhelm als Reichsstatthalter nach einem gelungenen Putsch gegen Hitler bei den führenden Kreisen des Widerstandes ins Gespräch zu bringen.[236]

Trotz dieser altkonservativen Ausrichtung seines Kreises verstand sich Schlange-Schöningen keineswegs als reaktionär. Reinhold Wulle, ein früheres Mitglied der Völkischen Bewegung, der später mit dem ehemaligen DNVP-Vorsitzenden Oskar Hergt Pläne für eine Rechtspartei entwickelte, konnte sich beispielsweise nicht mit Schlange-Schöningen verständigen. Zu den Vermittlern in dieser Angelegenheit hatte u.a. auch Prinz Oskar von Preußen gehört.[237]

Anfang September 1945 legte Schlange-Schöningens Mitarbeiter Heinrich von Senfft-Pilsach in einem Memorandum die Bedingungen für die Gründung einer konservativen Partei dar.[238] Von der Voraussetzung ausgehend, dass eine konservative Partei vorbehaltlos die Demokratie anerkenne, müsse die Bildung einer solchen möglich sein, schloss Senfft. Sollte die Militärregierung die Lizenzierung einer konservativen Partei wegen der Belastungen aus der Vergangenheit jedoch verweigern, müsse der Zusammenschluss mit dem Zentrum auf Basis einer überkonfessionellen Partei gesucht werden. Senfft war aber hier zurückhaltend. Wenn auch ein solcher Zusammenschluss „viel Verlockendes"[239] habe, sei jedoch trotzdem zu befürchten, „dass der eigentliche Charakter einer politischen Rechten mit ihren wichtigen Aufgaben auch im demokratischen Staat dann zumindest stark verwischt würde"[240]. Erst wenn ein solches Zusammengehen mit dem Zentrum scheitere, solle die Zusammenarbeit mit bürgerlich-liberalen Gruppen in Erwägung gezogen werden. Zunächst aber war die Bildung einer konservativen Partei geplant.

Am 18.9.1945 entwarf Schlange-Schöningen mit seinen Freunden den Aufruf zur Gründung einer „Christlich-sozialen Aufbau-Partei". Der Name Christlich-sozial war dabei sicher mit Bedacht gewählt. Er sollte für die Partei die Traditionslinie zur früheren christlich-sozialen Bewegung herstellen. Kurz darauf legte die Partei sich, möglicherweise in Anlehnung an die anderen Parteigründungen, das Attribut „christlich-demokratisch" zu.

Schon wenige Tage später war Senfft-Pilsach von seinen Plänen einer einseitig konservativen Parteibildung abgerückt. Zwischenzeitlich hatte man

---

[235] Zu den Personen vgl. WIECK, CDU, 159f.; 189.
[236] RITTER, Goerdeler, 509.
[237] WIECK, CDU, 159.
[238] Vgl. ebd., 161ff.
[239] Zit. in: Ebd., 62.
[240] Ebd.

von den parteipolitischen Entwicklungen im Rheinland und in Berlin, die einen Zusammenschluss von Protestanten und Katholiken in einer Partei ermöglicht hatten, wie auch von Gesprächen zwischen den Liberalen und Christdemokraten in Hamburg sowie von liberalen Aktivitäten in Kiel erfahren. Senfft bevorzugte nun die Gründung einer bürgerlichen Partei, die das gesamte Spektrum rechts von der Sozialdemokratie abdecken sollte, wobei die Frage offen blieb, „welche Gesichtspunkte in der nun zu gründenden Partei das Übergewicht besitzen würden."[241]

Unklar war die politische „Topographie", in der sich die Partei einordnen sollte. Schlange-Schöningen verstand die neue Formation nach wie vor eindeutig als Rechtspartei. So hieß es in einem Aufruf. „An alle Freunde der Christlich-demokratischen Aufbaupartei im Kreis Plön! Wo bleibt die politische Rechte? so lautet die oft gestellte Frage."[242] Und weiter:

„Wir wollen ein neues Deutschland aus der schöpferischen Zusammenarbeit aller in abendländischer Sitte, Religion und Kultur verwurzelten Kräfte unseres Volkes."

Die CDAP war nicht die einzige Parteigründung in Schleswig-Holstein. Anfang August hatte sich in Kiel eine liberale Gruppe gegründet. Zu ihren führenden Persönlichkeiten gehörten u.a. der letzte Vorsitzende der DVP in Schleswig-Holstein, Carl Schröter. Die Gruppe verstand sich ausdrücklich als bürgerlich, jedoch nicht in einem gesellschaftlich exklusiven Sinne. So wollte man etwa nach eigenem Anspruch der Arbeiterschaft den Weg zur bürgerlichen Lebensform eröffnen. Jedenfalls verlautete dies die Präambel zum Programm der Kieler, die „auf den entsprechenden Entwurf eines Kieler Geistlichen zurück"[243] ging. Allerdings blieb man bei den traditionellen liberalen Vorbehalten hinsichtlich einer „christlichen" Politik. Bei aller positiven Wertschätzung der Kulturleistungen des Christentums und der „charaktervollen Haltung der Kirchen gegen die Tyrannei des totalen Staates"[244] wollten sich die Parteigründer entsprechend ihrem liberalen Politikverständnis nicht zu der Erklärung der Partei als einer „christlichen" entschließen.

Die verschiedenen schleswig-holsteinischen Gruppierungen konnten deshalb hinsichtlich des Namens „christlich" keine Einigung erzielen.[245] Schlange-Schöningens Rede bei einem Treffen von Delegierten der verschiedenen Gruppen machte die tiefen programmatischen Unterschiede deutlich. Seine Worte atmeten einen deutsch-nationalen Geist. Allerdings wollte der frühere pommersche Gutsbesitzer von einem „deutschen Sonderweg" nichts (mehr) wissen:

---

[241] Ebd., 165.
[242] BAK 1071/21; daraus auch die nachfolgenden Zitate.
[243] WIECK, CDU, 176. Möglicherweise handelt es sich bei dem ungenannten Geistlichen um den Pastor Husfeld, vgl. ebd. 174.
[244] Programm, zit. in: Ebd., 175.
[245] HEITZER, Britische Zone, 117.

„Wir Deutschen mögen in diesen letzten 12 Jahren angerichtet haben, was wir wollen. Aber eines stellen wir fest: wir sind, wir bleiben, wir wollen bleiben ein westeuropäisches Kulturvolk; wir gehören mit unserer Kultur zum Westen hin. ... Es wird von dieser Schuldfrage jetzt so oft gesprochen. Vielleicht, meine Herren, von Deutschen selbst viel zu oft. Das, was in den 12 Jahren in Deutschland passiert ist, ist so weltoffenkundig, daß wir keine Denunzianten in Deutschland gebrauchen, die uns vor dem Ausland lächerlich machen. Es gibt auch eine Würde des Unglücks." [246]

Dass jemand, der als ein klassischer „Ostelbier" erschien, sich hier für die Verbundenheit mit Westeuropa so klar aussprach, überrascht. Wie es zu dieser Haltung gekommen war, lässt sich nicht eindeutig erklären. Wahrscheinlich aber ist hier eine Wendung gegen die Sowjetunion, die ja zwischenzeitlich das Gebiet der aus ihrer Heimat vertriebenen CDAP-Mitglieder besetzt hatte, zu finden. Der Antibolschewismus war insofern stärker als der klassisch deutsch-nationale Okzidentalismus. Dies sollten auch die folgenden Ausführungen zeigen.

Anschließend ging Schlange-Schöningen auf die Problematik des Wortes „christlich" in der neu zu gründenden Partei ein:[247]

„Da hat das Wort ‚christlich' schon wieder Anstoß erregt. Das dürfe man nicht so rausstellen, hieß es. Ja das ist ein grundsätzlicher Punkt für uns. Wir stellen es heraus und es bleibt stehen (Beifall)! ....Das, was wir unter christlich verstehen, ist die große Kampfansage gegen den Materialismus."

Anschließend gab Schlange-Schöningen seine Interpretation der jüngeren deutschen Geschichte, um dann von der Analyse eher zu einer geschichtsphilosophischen Deutung überzugehen, die nicht ohne Zuhilfenahme irrationaler Interpretamente auskam. Die Tragik der deutschen Geschichte bestehe darin, so meinte er, politisches Führen nie wirklich gelernt zu haben. Dies war aber für Schlange-Schöningen nicht rein politisch-rational zu begreifen: „Wir Deutsche haben darin nicht die Schuld, es ist eine wahrhafte Tragik." Während andere „Dämonen" bemühten, redete Schlange-Schöningen von Tragik im antiken Sinne des Wortes. Hier wie dort diente dies dazu, einer Auseinandersetzung mit den eigenen Fehlern auszuweichen.

Für die parteipolitische Zukunft prognostizierte er nun eine Zusammenarbeit der verschiedenen Parteien. Zum Klassenkampf dürfe es nicht mehr kommen, schließlich seien jetzt alle die „Klasse derjenigen, die alle mühselig und beladen sind." Allerdings so fügte er hinzu, gelte es, eine „Front gegen den Kommunismus" aufzurichten.

Wenn auch Schlange-Schöningen eindeutig für eine „christliche" Politik eintrat, war die Frage des „C" auch innerhalb der CDAP nicht völlig unum-

---

[246] BAK 1071/21; daraus auch die nachfolgenden Zitate.

[247] BÖSCH irrt, wenn er Schlange-Schöningen und allgemein den Protestanten unterstellt, bei ihnen habe „christliche Rhetorik eine ... untergeordnete Rolle" (Adenauer-CDU, 39) gespielt.

stritten. Landesbischof i.R. Heinrich Rendtorff, der an der Parteibildung lebhaften Anteil nahm, wurde dabei später von Senftt als Befürworter des „C" gesehen. Tatsächlich hat Rendtorff sich unsicher gegenüber dieser Bezeichnung geäußert, da er eine – wenn auch unausgesprochene – Monopolisierung des christlichen Anspruches im Bereich des Politischen durch die neue Partei befürchtete.[248] Kritisch gab er auch eine problematische Haftungsgemeinschaft der Kirchen mit allen politischen Entscheidungen, wie sie die neue Partei zwangsläufig werde treffen müssen, zu bedenken.

Obwohl auf dem Treffen der lokalen Parteien zunächst keine Einigung der schleswig-holsteinischen Gruppen erzielt worden war, beschloss man, eine gemeinsame Satzung für die noch zu gründende Partei zu entwickeln. Faktisch aber gingen beide Seiten vom Scheitern ihrer Bemühungen aus. Sie begannen deshalb getrennt, überregional nach Verbündeten zu suchen.

Schon einen Tag nach diesem Treffen verschickte Schlange-Schöningen einen Rundbrief,[249] in dem er „einen Zusammenschluss aller vaterlandsliebenden Deutschen gegen die Kommunisten in nur einer Partei" für erstrebenswert erklärte und der SPD wünschte,

„dass es ihr gelingen möchte, in klarer Frontstellung gegen die Kommunisten die große, bejahende, deutsche Arbeiterpartei zu werden, etwa wie England sie in der Labourpartei besitzt. Wir müssen und wollen anstreben, Hand in Hand mit dieser Sozialdemokratie unser unglückliches Vaterland zu retten und wieder aufzubauen."

Einen Zusammenschluss mit den Sozialdemokraten lehnte er allerdings nach wie vor ab, weil sich dann nach seiner Meinung der linke Flügel der Sozialdemokratie radikalisieren werde.

Angesichts der Dominanz der CDU als Partei des bürgerlichen Spektrums in anderen Gegenden Deutschlands vertrat Schlange-Schöningen zur Rettung seines CDAP-Konzeptes nun den Plan eines getrennten Auftretens von CDU und CDAP. Dieses Vorgehen nach dem Motto „Getrennt marschieren – vereint schlagen" ergab sich für ihn aus der konfessionellen Spaltung Deutschlands. Dabei versuchte er den Eindruck zu erwecken, CDAP und CDU befänden sich in einem programmatischen Gleichklang. Tatsächlich vertrat Schlange-Schöningen aber nach wie vor die Auffassung von der CDAP als einer „Rechtspartei", die, wie seine Ausführungen zeigten, am Ideal eines „christlichen Staates" orientiert war, was natürlich zu der proklamierten Zugehörigkeit zum „Westen" politik-theoretisch in Spannung stand. In seinem Rundschreiben führte er dazu aus:

„Beide [CDU und CDAP M.K.] lehnen konfessionelle Bindung ab. Ein späterer Zusammenschluß scheint durchaus im Bereich des Möglichen zu liegen und würde unserem Ziel einer Sammlung aller Kreise rechts von der Sozialdemokratie, damit zugleich

---

[248] WIECK, CDU, 170.
[249] BAK 1278/151.

einer politisch-parlamentarischen Dreigliederung in Rechte (Christliche Demokraten) - Mitte (Sozialdemokraten) - Linke (Kommunisten) entsprechen. Für die christliche Kirche und das christliche Ethos könnte es nur förderlich und nützlich sein, wenn die beiden grossen christlichen Konfessionen in einer politischen Partei vereinigt werden könnten."[250] Allerdings: „Zunächst sind die beiden Parteien berechtigt, ja unentbehrlich, weil ein bedeutender Teil der evangelischen Wählerschaft in der christlich-demokratischen Union trotz ihrer Lösung von einer ultramontanen Bindung das alte Zentrum erblickt und sie aus diesem Grunde ablehnt."

Deshalb solle ein „absoluter Burgfrieden" zwischen beiden Parteien herrschen und die CDU in überwiegend katholischen, die CDAP in überwiegend evangelischen Gebieten auftreten.

Anschließend machte er in seinem Rundschreiben nochmals deutlich, was die CDAP wolle:

„Wir nennen uns ‚Christlich-Demokratische Aufbaupartei". Die erste Forderung unseres Programmes ist ein christlicher Staat. Von diesem grundsätzlichen, im Parteinamen und im Aufbau unseres Programms zum Ausdruck gebrachten Bekenntnis dürfen wir uns niemals auch nur ein Tüpfelchen abhandeln lassen."

Auf sein Rundschreiben erhielt Schlange-Schöningen unterschiedliche Reaktionen, die teilweise noch durch die alten Vorbehalte gegenüber dem „Junker" Schlange-Schöningen geprägt waren. So schrieb der westfälische Christdemokrat Otto Boelitz an Friedrich Holzapfel, er befürchte, dass Schlange-Schöningen trotz ähnlichen Wollens „sich zu viel an eine gewisse obere Schicht wendet; … . Uns sollen wahre konservative Kräfte durchaus willkommen sein, wenn sie nicht reaktionär sind."[251]

Schlange-Schöningens Hauptaugenmerk für seine Pläne einer die Westzonen übergreifenden Partei richtete sich jedoch zunächst nicht nach Westen, sondern auf Süddeutschland. Hier hatte inzwischen sein Ministerkollege aus dem Kabinett Brüning, Adam Stegerwald, im Oktober 1945 in Würzburg die Christlich-Soziale Union – zwar zunächst nur für Würzburg, aber konzeptionell mit überregionalem Anspruch – gegründet.[252] In Verhandlungen vereinbarten beide eine Aufteilung der Parteiarbeit in Nord- und Süddeutschland. Während Stegerwald in Süddeutschland (US-Zone) weiter die CSU etablieren wollte, sah sich Schlange-Schöningen für die Ausdehnung der CDAP in der Britischen Besatzungszone zuständig. Diese sollte nach einem erfolgreichen Aufsaugen der CDU ihren Parteisitz in Hamburg nehmen. Als Vorsitzenden dieser Partei wollte Schlange-Schöningen sich selber „vorläufig zur Verfügung"[253] stellen. Am 3.12.1945 verstarb Steger-

[250] BAK 1071/21; daraus auch die nachfolgenden Zitate.
[251] BAK 1278/151.
[252] GURLAND, CDU/CSU, 49.
[253] ACDP II-107–001.

wald überraschend. Schlange-Schöningen verlor ohne seinen Partner bald darauf auch seinen Einfluss in Norddeutschland.

Auf Initiative des liberal eingestellten Carl Schröter entstand dann am 4.1.1946 in Rendsburg eine „Demokratische Union". Die Entscheidung über eine stärker liberale oder christdemokratische Richtung blieb dabei vorerst offen. Dass hier das Beiwort „christlich" vermieden wurde, ging neben der Weigerung der Liberalen, in eine solche Partei einzutreten, auf die Unsicherheiten über die Entwicklungen hinsichtlich der Interkonfessionalität in der rheinischen CDU und wohl auch auf die Distanz evangelischer Kreise gegenüber dem „C" im Parteinamen[254] zurück. Zu den Unterstützern dieser neuen Partei zählte auch Theodor Steltzer, der neue Oberpräsident von Schleswig-Holstein, der in Rendsburg eine Christlich-Demokratische Partei inauguriert hatte. Offen blieb also zunächst, ob sich die DU nach dem angestrebten Zusammenschluss mit der CDAP überregional der CDU oder der FDP anschließen werde.

An der konstituierenden Tagung für die CDU der Britischen Zone am 23.1.1946 in Herford nahmen sowohl Schlange-Schöningen als auch Schröter wegen des unklaren Status der Partei nur als Beobachter teil.[255] Schlange-Schöningens Hoffnungen, zum Vorsitzenden der CDU in der Britischen Zone gewählt zu werden, hatten sich so schon im Vorfeld zerschlagen. Auf der Tagung selbst wurde nochmals bekräftigt, die CDU wolle eine neue Partei sein, „die sich über die veralteten Begriffe von rechts und links hinwegsetzt".[256] Dies war auch ein bewusster Affront gegen Schlange-Schöningen. Gerade von Adenauer wurde dieser wegen seinem Konzept der CDU/ CDAP als „Rechtspartei" angegriffen. In einem Schreiben, das Adenauer unmittelbar nach der Herforder Tagung an Schlange-Schöningen richtete,[257] machte er diesem seine Gründe nochmals klar. Adenauer wehrte sich gegen die Bezeichnung des alten Zentrums als „ultramontan". Entschieden bestritt er auch eine Parallelisierung der deutschen SPD mit der britischen Labour-Party. Adenauer bat Schlange-Schöningen, falls er dem nicht zustimmen könne, um Gegenargumente und teilte ihm zum Abschluss des Briefes noch mit, er habe seine Auffassungen „zu meiner Selbstkontrolle mehreren … hervorragenden Mitgliedern unserer Partei aus beiden Confessionen und den verschiedensten Ständen vorgetragen"[258] und einhellige Unterstützung gefunden.

---

[254] WIECK, CDU, 193.
[255] HEITZER, CDU, 121.
[256] Zit. in: PÜTZ, Adenauer, 121.
[257] ADENAUER, Briefe, 145f.
[258] Ebd., 146.

Einen Tag nach der für Schlange-Schöningen ernüchternden Herforder Tagung übernahm dieser das Amt des Leiters der Ernährungsamtes in der Britischen Zone. Diese Aufgabe verbot zwar eine herausragende parteipolitische Betätigung und bedeutete für ihn zunächst ein Abstandnehmen von den parteipolitischen Entwicklungen, aber es war für Schlange-Schöningen von Anfang an klar, „dass ich hier nicht nur Kartoffeln bauen will."[259]

Wie weit verbreitet in den protestantischen Kreisen immer noch die Abneigung gegen die Parteiarbeit war, machte Schlange-Schöningens Mitarbeiter von Senfft-Pilsach deutlich. Er hatte an der Herforder Tagung teilgenommen und schied mit Schlange-Schöningen aus der parteipolitischen Arbeit aus. Seinen Rückzug sah er in einem Brief rundweg positiv, schließlich sei ihm „Parteipolitik von jeher zuwider, so notwendig und anerkennenswert die Beschäftigung damit auch sein mag…"[260]. Deutlicher konnte die tradierte Anti-Parteien-Mentalität kaum ausgedrückt werden. Mit Schlange-Schöningens und Senfft-Pilsachs Rückzug sank auch das Projekt einer christlich-konservativen CDAP in sich zusammen.

Schlange-Schöningens CDAP einfach *nur* als rückwärtsgewandtes Projekt zu interpretieren, wäre zu kurz gegriffen. Zunächst einmal war der Gedanke, eine Partei zu gründen, die sich besonders an die Protestanten wandte und darum ein stärker nationalkonservatives Profil hatte, aufgrund der politischen Tradition des Protestantismus naheliegend. Wie die von Stegerwald u. a. in Würzburg bzw. München begründete CSU später zeigte, konnte solch eine lokale bzw. regionale Partei innerhalb der Union durchaus ihren Platz behaupten. Warum scheiterte Schlange-Schöningen trotzdem? Vielen erschien, das macht der hier genannte Brief von Boelitz deutlich, die CDAP als ein zu sehr von der Vergangenheit angeregtes Unternehmen. Schlange-Schöningen und das übrige Personal, das sich weitgehend aus dem ehemaligen Ostelbien mit seinen politischen Traditionen rekrutierte, deuteten in der Tat darauf auch hin. Fast erschien die CDAP in Parallelität zu 1918/1919[261] wie eine neu erstandene DNVP mit stärker christlichen Anteilen, die diese zunächst ja auch hatte. Schlanges Wortwahl, die in den dargebotenen Zitaten deutlich wird, aber auch seine ausdrückliche Bezugnahme auf den „christlichen Staat" im Rahmen einer sich deutsch-national gebenden Partei, schien aber für die meisten protestantischen Konservativen nicht mehr zeitgemäß, zumindest nicht opportun. Wie zudem denn die beschworene Verbundenheit mit dem „Westen" aus dem Bezug auf die gemeinsamen kulturellen Wurzeln aussehen sollte, wurde darüber hinaus nicht deutlich. So war die „Westbindung" die Schlange-Schöningen vorschwebte, letztlich der zweifelhafte Versuch, unter Beibehaltung politischer Romantik („christ-

---

[259] Zit. in: TRITTEL, Schlange-Schöningen, 41.
[260] BAK 1278/313.
[261] Kap. 1.3.

licher Staat") und einer spezifisch protestantischen Parteiidentität noch einmal gleichsam im Jahre 1918/1919 anzufangen, diesmal aber sich unter dem Vorzeichen des Antikommunismus – sozusagen ohne „Rapallo"[262] – in den „Westen" einzureihen.

In Schleswig-Holstein waren mit dem Ende der CDAP die Würfel endgültig gefallen. Die DU um Schröter setzte sich durch. Für Schröter war nach der Herforder Tagung klar, dass die DU in die CDU überführt werden müsse. Am 15. Februar 1946 schloss sich eine nach Rendsburg einberufene Versammlung der DU der CDU der Britischen Zone an, worauf die liberalen Kräfte innerhalb der Partei mit der Gründung der FDP reagierten.[263] Vorsitzender der schleswig-holsteinischen CDU wurde Carl Schröter. Theodor Steltzer, bisher schon Oberpräsident von Schleswig-Holstein, wurde bald zum Ministerpräsidenten ernannt.

Letztlich obsiegte die Tendenz zu einer einheitlichen großen bürgerlichen Partei mit den Katholiken, die sich nicht politisch rechtsstehend, sondern soweit als möglich in der Mitte etablieren wollte, über eine an der Vergangenheit orientierte Aufspaltung des politischen Protestantismus, aber auch über ein gemeinsames liberal-konservatives protestantisches Engagement.

7.1.5. *Hessen*

Eine überregionale Bedeutung kam in Hessen naturgemäß der Metropole Frankfurt zu.[264] Obwohl Frankfurt mehrheitlich protestantisch geprägt war, ging auch hier der Gedanke einer interkonfessionellen Parteigründung von katholischen Kreisen aus. Mittelpunkt der Frankfurter CDU-Gründung war dabei ein „Katholischer Ausschuss", der am 20.4.1945 entstand. Dieser Ausschuss war Bestandteil der „Katholischen Volksarbeit" in Frankfurt, die wiederum aus der „Katholischen Aktion" erwachsen war.[265] Nicht zuletzt unter dem Einfluss von Walter Dirks und Eugen Kogon wurde der Frankfurter Kreis von christlich-sozialistischen Ideen geprägt, die damit auch an die „linken" Traditionen der Frankfurter Zentrumspartei anknüpften.[266]

Neben dem „Katholischen Ausschuss" spielte zunächst auch ein von den amerikanischen Besatzungsbehörden eingesetzter und dem Oberbürgermeister zugeordneter Bürgerrat, der jeweils zu einem Drittel aus Vertretern der KPD, der SPD und der beiden Kirchen bestand,[267] eine Rolle. Hier tra-

---

[262] Gemeint ist damit die Ausgleichspolitik Stresemanns, die in den Vertrag von Rapallo mit der UdSSR 1922 mündete, und im „Westen" äußerst kritisch aufgenommen wurde.

[263] BECKER, CDU, 173f.

[264] Vgl. WIECK, Entstehung, 37ff.

[265] RÜSCHENSCHMIDT, CDU, 22.

[266] Ebd., 20.

[267] Ebd., 25.

fen evangelische und katholische Christen aufeinander. Dirks' Pläne im „Katholischen Ausschuss" waren zunächst so angelegt, dass er die Idee einer
„Sozialistischen Einheitspartei" propagierte, die im Unterschied zu den sonstigen Sammlungsmodellen nun einen Zusammenschluss aller politischen
Kräfte links von den Konservativen anstrebte.[268] Der Mitarbeit von Protestanten stand Dirks skeptisch gegenüber, weil er dadurch das Einströmen
deutsch-nationaler Kräfte befürchtete. Eher korrespondierten seine Überlegungen mit denen des ehemaligen Zentrumsmitgliedes[269] Carl Spiecker, der
seinerseits das Zentrum als an der englischen Labour-Party orientiert wieder
aufbauen wollte. Kogon und Dirks nahmen deshalb zu ihm Verbindung
auf.[270]

Trotz dieser Zurückhaltung gegenüber protestantischen Kreisen auf Seiten von Kogon und Dirks, setzte sich dann die Auffassung des aus Köln nach
Frankfurt gekommenen Industriekaufmanns Bruno Dörpinghaus[271] durch,
der vom Weiterbestehen des traditionellen parteipolitischen Rechts-Links-
Schemas ausging und empfahl, auch das Gespräch mit den Protestanten zu
suchen. Als wichtiger Verbindungsmann galt hier Pfarrer Otto Fricke, ein
herausgehobenes Mitglied der Bekennenden Kirche.[272] Enger Kontakt bestand zu dem zwischenzeitlich aus der KZ-Haft befreiten Martin Niemöller.

Ungewöhnlich und singulär waren in Frankfurt die Auseinandersetzungen um den Begriff des „Christlichen" im Parteinamen, denn hier ging die
Initiative von evangelischen Kreisen und offensichtlich besonders von Fricke
aus. Fricke legte wohl deshalb erheblichen Wert auf die Bezeichnung
„christlich", um den offensichtlich in parteipolitischen Dingen zurückhal-
tenden evangelischen Bürgern zu verdeutlichen, dass es sich nicht um eine
katholische, sondern um eine konfessionsübergreifende Partei handle. Trotzdem markiert diese Haltung einen deutlichen Unterschied zu der sonst fast
immer vorhandenen Forderung der *katholischen* Seite nach dem „C" im Parteinamen. Frickes Beharren auf dem „C" fand auch bei Martin Niemöller
Zustimmung. Auf der Kirchenkonferenz von Treysa im August 1945 sprach
dieser sich für eine „christliche Demokratie" aus.[273] Fraglich ist jedoch, ob
man in der von evangelischer Seite ungewohnten Forderung im eher lutherisch geprägten Frankfurt[274] wie Hans Georg Wieck meint, einen reformierten „Ausfluß des Puritanismus" oder gar „ein gewisses Inferioritätsge-

---

[268] Ebd., 26.
[269] WIECK, Entstehung, 140.
[270] Ebd., 145; WIECK, Hessen, 36.
[271] BECKER, CDU, 89.
[272] VOLLNHALS, Kirche, 344. Fricke, 1902 geboren, war seit 1927 Pfarrer in Frankfurt
Bockenheim, 1936-1938 Mitglied der 2. VKL. Fricke selbst war später nicht mehr parteipolitisch engagiert. Er erwarb sich vielmehr Verdienste bei der Errichtung der sogenannten „Baugemeinden" (N.N., Fricke, 191).
[273] BESIER/LUDWIG/THIERFELDER, Treysa, 255.
[274] PRIEBE, Handbuch, 147.

fühl"[275] gegenüber dem Katholizismus sieht. Am 15. September 1945 wurde die Frankfurter CDP von den amerikanischen Besatzungsbehörden lizenziert.

In den „Frankfurter Leitsätzen" der Partei, die weitgehend den Vorstellungen der „Katholischen Volksarbeit" entsprachen,[276] wurde dann das „lebendige Christentum aller Bekenntnisse als Grundlage unsres politischen Handelns"[277] bezeichnet. Die „Frankfurter Leitsätze" waren allgemein sowohl stark von sozialen wie auch liberalen Elementen geprägt. Hinsichtlich der Frage der Sozialpflichtigkeit des Eigentums zeigte sich das christlich-sozialistische Element, wenn von einem „Sozialismus aus christlicher Verantwortung"[278] gesprochen wurde.

Trotzdem entwickelte sich die Partei kaum in die von ihren Initiatoren erhoffte überkonfessionelle christlich-sozialistische Richtung, wozu sicher der von den amerikanischen Besatzungsbehörden eingesetzte betagte Vorsitzende Jakob Husch beitrug, der eher dem alten Zentrumsgedanken verhaftet blieb.[279] Husch war innerhalb der Partei umstritten.[280] Allgemein galt für Hessen, „dass keine überragende Persönlichkeit da"[281] war, wie es Otto Heinrich von der Gablentz im Herbst 1946 in einem Bericht an Jakob Kaiser formulierte. Dirks und Kogon zogen sich bald aus der organisatorischen Arbeit in der dortigen CDU zurück, um sich auf die Arbeit an den „Frankfurter Heften"[282] zu konzentrieren.

Trotz der gegenläufigen Tendenz in Frankfurt behielt der am 25.11.1945 für Hessen konstituierte Landesverband den Linkskurs bei. Vorsitzender wurde der aus dem KZ befreite ehemalige Zentrumsvorsitzende in Sachsen, Werner Hilpert, sein Stellvertreter der Wiesbadener Protestant Erich Köhler. Auf der „Reichstagung" im Dezember 1945 in Bad Godesberg waren es dann vor allem die hessischen Christdemokraten, die das Programm eines „Sozialismus aus christlicher Verantwortung", eine Formulierung, die offensichtlich in Hessen entstanden war,[283] zur allgemeinen Anerkennung brachten.

Insgesamt spielten Protestanten in der hessischen CDU zunächst keine nennenswerte Rolle. Auffallend bleibt jedoch das Engagement von Niemöllers Mitarbeiter Otto Fricke für das „C" im Parteinamen. Es zeigt, wie völlig offen die parteipolitische Diskussion und die theologische Reflexion dieser Dinge im Sommer 1945 war, wenn sich neben Heinemann Männer wie

---

[275] WIECK, Entstehung, 46.
[276] RÜSCHENSCHMIDT, Entstehung, 37.
[277] Zit. in: WIECK, Entstehung, 48.
[278] Ebd., 51.
[279] Ebd., 52f.
[280] BECKER, CDU, 374f.
[281] Abgedruckt in: BECKER, CDU, 371ff., bes. 373.
[282] RÜSCHENSCHMIDT, Entstehung, 48.
[283] WIECK, Hessen, 51 A. 61.

Niemöller und Fricke *für* eine „christliche Demokratie" und damit einhergehend auch für eine solche Partei aussprechen konnten. Die Anhängerschaft solcher Pläne reichte also zunächst weit in das bruderrätliche Lager hinein. Dass der Bruderrat eine genuin kirchliche Angelegenheit war, der es nie zu einer einheitlichen politischen Willensbildung gebracht hatte, sollte sich nach 1945 fortsetzen und zu schweren Konflikten führen, von denen noch zu reden sein wird.

7.1.6. Baden und Württemberg

7.1.6.1. Die Gründung der Christlich-Sozialen Volkspartei (CSVP) in Nordwürttemberg und die politische Paralyse führender Protestanten

Die parteipolitische Entwicklung im Südwesten Deutschlands muss besonders auf dem Hintergrund der Besatzungsgrenzen verstanden werden. Während das heutige Baden-Württemberg zunächst ganz unter französischer Besatzungsherrschaft stand, kamen Nordwürttemberg und Nordbaden im Juli 1945 zur US-Zone.[284] Die Aufteilung Badens und Württembergs auf zwei Besatzungszonen entsprach auch der konfessionellen Spaltung im deutschen Südwesten. So wie der nördliche Teil überwiegend evangelisch war, prägte der Katholizismus den südlichen Abschnitt. Da in der Amerikanischen Besatzungszone die Parteien deutlich früher zugelassen wurden, als im französischen Gebiet, konnte sich das politische Leben hier rascher entfalten.

Korntal, das Zentrum des früheren CSVD, gehörte zur US-Zone. Konnten von hier aus wie nach dem Ersten Weltkrieg deutliche Impulse für den politischen Protestantismus ausgehen? Die Voraussetzungen waren dafür zunächst nicht gut. Schon in den Wochen unter der französischen Herrschaft hatten der ehemalige CSVD-Vorsitzende Simpfendörfer und sein Gesinnungsfreund Paul Bausch an die Wiederbegründung des Volksdienstes gedacht, was ihnen von den französischen Besatzungsbehörden allerdings verweigert wurde.[285] Auch an der provisorischen Regierung, die die Besatzungsherrschaft eingerichtet hatte, wurden sie nicht beteiligt. Verbittert bemerkte Bausch in einem Brief vom 25.5.1945:

„Bei den Kräften, die jetzt in Stuttgart wirksam sind, handelt es sich zu einem nicht unbeträchtlichen Teil um Konjunkturritter, Stellenjäger, Geschäftemacher, politische Schieber und ähnliches. Kräfte, die im Bunde mit der politischen und kirchlichen Reaktion und der hohen Bürokratie versuchen, unter der Herrschaft der Schlagworte ‚unpolitisch' oder ‚überparteilich' und mit Hilfe von politischen Neulingen ihre Ernte in die Scheune zu bringen. ... Wegen der Regierungsbildung bezw. dem Neuaufbau der Verwaltung sind wir bisher von keiner Seite um Rat gefragt worden, also weder von politischer Seite, noch von kirchlicher Seite, noch von irgendeiner Persönlichkeit,

---

[284] HStAS O 1/14, Büschel 8; SCHMITT, Nordwürttemberg, 137.
[285] Ebd., 141.

die mit den Dingen zu tun hat. Es scheint offenbar ein Übereinkommen zu bestehen, den Volksdienst auszuschalten. … Was könnte heute alles geschaffen werden, wenn gottgeführte Menschen ans Ruder kämen!"[286]

Der Brief macht über die konkreten Beschwerden hinaus grundsätzlich deutlich, dass dem Drängen nach Regierungsbeteiligung keine kritische Auseinandersetzung mit dem eigenen bisherigen politischen Weg korrespondierte. Weiterhin ersetzte der religiöse Bezug den politischen Diskurs. Von den Volksdienstlern waren also keine *neuen* politischen Impulse zu erwarten.

Nachdem die Amerikaner in Stuttgart die Besatzungsgewalt übernahmen, startete Simpfendörfer einen erneuten Versuch, nun an der Regierung beteiligt zu werden. Wieder blieb er erfolglos.[287] Durch die Vermittlung von einem früheren Reichstagskollegen Simpfendörfers kam es dann zum Kontakt mit ehemaligen Zentrumspolitikern.[288] Diese hatten sich seit Anfang Mai getroffen und über eine Parteigründung diskutiert. Umstritten war die Frage, ob das alte Zentrum neu entstehen sollte.[289] Gegen den Bischof von Rottenburg, Johann Baptista Sproll, einen ehemaligen Zentrumsabgeordneten, setzten dann jedoch hauptsächlich die von Stegerwalds Ansatz[290] inspirierten christlichen Gewerkschaftler Pläne zur Bildung einer interkonfessionellen Partei durch.[291]

Es lässt sich heute nicht mehr eindeutig bestimmen, ob es die besatzungspolitischen Hemmungen oder eher die Begegnungen mit den Zentrumspolitikern waren, die unter den ehemaligen Volksdienstlern die Bereitschaft zur Bildung einer interkonfessionellen Partei bestärkten. Eine grundsätzliche Zusammenarbeit mit dem Zentrum war ja schon in der Endphase der Weimarer Republik praktiziert worden.[292]

In den Verhandlungen um eine christdemokratische Parteigründung spielte auch die evangelische württembergische Kirche eine Rolle. Mit Datum vom 23.5.1945 befindet sich im Nachlass von Oberkirchenrat Karl Hartenstein[293] eine Denkschrift unter dem Titel „Warum Christliche Volkspartei Deutschlands?"[294] Darin heißt es, dass die „hier zum Ausdruck gebrachten Gedanken … zunächst nur einem regional begrenzten Personenkreis zur Kenntnis gebracht werden" könnten. Sie seien „jedoch das Ergebnis zahlrei-

---

286 BAK 1391/13.
287 WIECK, Hessen, 145.
288 SCHMITT, Nordwürttemberg, 142.
289 WIECK, Hessen, 138.
290 Vgl. Kap. 4.
291 SCHMITT, Nordwürttemberg, 139.
292 Kap. 1.4.
293 Zu Hartenstein vgl. EHMER, Hartenstein, 71ff.
294 LKAS D23/57,5; daraus auch die nachfolgenden Zitate. SCHMEER, CDU, 429f., schreibt dieses Memorandum Hartenstein zu. Aus den Unterlagen geht dies jedoch nicht eindeutig hervor, da es sich um einen „Durchschlag" handelt.

cher Besprechungen, die seit vielen Jahren mit geistig und politisch führenden Persönlichkeiten und Gruppen im ganzen Reich geführt worden sind." Offensichtlich verfügte der unbekannte Verfasser des Memorandums über Informationen hinsichtlich der politischen Pläne der Alliierten und zog daraus konkrete Schlüsse. Richtig erkannte der Autor, dass es zu einer schnellen Wiederbegründung von SPD und KPD kommen würde. Was aber würde mit den Parteien der Mitte und gar der Rechten geschehen? Da die Rechtsparteien diskreditiert und die Mittelparteien außer dem Zentrum schon vor 1933 eingegangen waren, blieben zwei grundsätzliche Optionen offen: „Schaffung einer Sammelpartei ohne jede Beziehung zum religiösen und Kirchlichen" oder „Schaffung einer Sammelpartei ohne konfessionelle Sonderbegrenzung, jedoch auf allgemein christlicher Grundlage." Das Memorandum optierte für die zweite Möglichkeit.

„Eine dergestalt begründete Politik wäre zwar nicht vor Irrtümern und Fehlern, wohl aber vor entscheidenden Irrwegen gesichert. Sie würde sich auf die stärkste geistige und moralische Potenz stützen und die wirksamsten Argumente vorbringen können, die unverbraucht und unbestritten aus dem allgemeinen staatlichen und geistigen Zusammenbruch Deutschlands gerettet worden sind. Eine Partei mit dieser Grundlage böte die grösste Gewähr für den haltbaren politischen Zusammenschluss von Kräften, die unter irgendeinem anderen Leitgedanken niemals zusammengefasst werden könnten."

Diese Partei auf allgemein christlichen Grundlagen, so hieß es weiter, böte in der Tat eine hervorragende Basis für das Zusammengehen mit dem politischen Katholizismus, wenn dieser, was nach dem Scheitern der „politischen Prälaten" in Weimar anzunehmen sei, von einer klerusgelenkten Partei Abstand nehmen würde. Zudem könne im innerevangelischen Raum eine Basis geschaffen werden, auf der sich ein religiös ansprechbarer Liberalismus, ein nicht mehr im reaktionären Fahrwasser segelnder Konservatismus und ein über den engen Gemeinschaftshorizont hinausgreifender Volksdienstgedanke treffen könnten. Die Denkschrift kannte die Lage in Württemberg also ganz genau. Alle drei evangelischen Positionen, württembergischer Liberalismus, schwäbischer Pietismus und Konservatismus waren in Württemberg vor der nationalsozialistischen Herrschaft mit DDP/DVP, Bürgerpartei (DNVP) und CSVD in eigenen politischen Formationen vertreten. Die Analyse war im Mai 1945 – geprägt von glasklarer Einsicht in die politischen Zusammenhänge und nicht getrübt durch idealistisch-romantische Wunschbilder – das Weitsichtigste, was sich im kirchlichen Raum an politischen Konzeptionen finden ließ.[295]

An den aktiven politischen Vorbereitungen zur Gründung einer solchen Sammelpartei beteiligten sich dann besonders der Oberkirchenrat Reinhold Sautter und Dekan Theodor Haug. Auf Anregung des württembergischen

---

[295] Ähnlich positive Wertung bei SCHMEER, CDU, 430.

Dekans Haug, seit November 1933 Mitherausgeber der ehemaligen CSVD-Zeitung „Evangelischer Weg"[296], kam es im August 1945 zu einem Treffen, in dem es um den evangelischen Beitrag zur wiederentstehenden Parteipolitik ging und die Differenzen zwischen ehemaligen DNVP bzw. NSDAP-Leuten und den CSVD'lern ausgeräumt werden sollten.[297] Offensichtlich nahm an dem Treffen auch der Liberale Wolfgang Haußmann teil. Während eine Einigung zwischen den beiden konservativen Gruppen erreicht werden konnte, war eine Verständigung mit den Liberalen – wie auch andernorts in Deutschland – jedoch nicht möglich.[298]

Bischof Wurm selbst verhielt sich bei allem Wohlwollen gegenüber einer „christlichen" Parteigründung zurückhaltender und suchte auch Kontakt mit der SPD und Gewerkschaftskreisen.[299] Schon im Mai 1945 hatte ein Treffen zwischen diesen und Wurm stattgefunden, das ihm berechtigte Hoffnung auf einen Neuanfang im Verhältnis zwischen Arbeiterschaft und Kirche gab.[300] Im Dezember legte der EOK sein Verhalten gegenüber den politischen Parteien fest, das in einer parteipolitischen Neutralität bestand. Positiv stellte sich der EOK zu dem Gedanken einer „überfraktionellen Vereinigung überzeugter evangelischer Männer aus allen vier Parteien"[301] im (nord-)württembergischen Landtag. Dieser Plan kam jedoch nicht zustande.

Am 25.9.1945 war bei einem Zusammenkommen von Vertretern des früheren Zentrums und des CSVD sowie des „Bauern- und Weingärtnerbundes" die Christlich-Soziale Volkspartei (CSVP) gegründet worden. Der Name schien gut gewählt, war doch das evangelische christlich-soziale Anliegen des CSVD darin vertreten und hatte andererseits das Zentrum schon 1918 als „Christliche Volkspartei" firmiert.[302]

In einem Rundbrief wurde „Grundsätzliches zum Programm der christlich-sozialen Volkspartei" dargelegt.[303] Programmatisch wurde eine „grundsätzliche Besinnung" und „radikale Umkehr" gefordert. Schließlich hätten „Materialismus und Nihilismus des Geistes" dem Nationalsozialismus die Macht geebnet. Nun gelte:

> „Allen Mächten des Unglaubens und der Verirrung setzen wir die Macht des wahren Glaubens entgegen und formen aus ihm unser neues Bild des Staats und der Wirtschaft …… . Die Zusammenfassung aller Christen Deutschlands zu einer politischen Einheit setzt keine dogmatische Vereinigung voraus, sie ist ein Bündnis zwischen im Grunde

---

[296] LEHMANN, Pietismus, 328 A. 82.

[297] SCHMEER, CDU, 435.

[298] HEIN, Milieupartei, 43, erwähnt ein solches Treffen, bei dem es sich offensichtlich um das auch von Schmeer genannte handelt.

[299] THIERFELDER/SPROLL, Religionsgemeinschaften, 311f.

[300] SCHNABEL, Parteiengründung, 138.

[301] Ebd., 143.

[302] BACKES/JESSE, Parteien, 19.

[303] BAK 1391/1; daraus auch die nachfolgenden Zitate.

ähnlichen Brüdern, die gemeinsame Ziele haben. … Unser christliches, politisches Bündnis wird ein Bruderbund werden, von christlicher Liebe getragen und damit ein Zeugnis vor aller Welt, dass wir es mit unserem Christentum ernst nehmen, auch dort, wo der dogmatische Riss noch nicht heilbar ist."

Daraus entwickelte die CSVP folgende Forderungen, die in der Rezeption des Begriffes eines christlichen Sozialismus deutlich an die „Kölner Leitsätze", das „Urprogramm" der rheinischen CDU, aber auch Stegerwalds Forderungen von 1920 erinnerten:

„1. Der Staat muss christlich sein. Unser Christentum muss radikal sein. Wir kehren uns ab von jener Verbürgerlichung, die Abschwächung und Entleerung christlicher sittlicher Forderung bedeutet und in der Vergangenheit so oft Misstrauen und Hass gegen das Scheinchristentum hervorbrachte. … 2. Der neue Staat muss sozial sein."

Zwar wurde die bestehende Eigentumsordnung nicht bestritten, aber es sollte doch zu einer „Verstaatlichung von Sozialeigentum" kommen. Dazu zählten für die CSVP Banken, Versicherungen und Großgrundbesitz. Für die CSVP gab es zudem eine „naturgegebene Verbindung von Christentum und Sozialismus". Darüber hinaus hieß es:

„3. Der neue Staat muss ein Volksstaat sein." Und ergänzt wurde: „Der urchristliche Gedanke der Menschheit verpflichtet uns zu wahrem Pazifismus. … 4. Der neue Staat muss demokratisch sein."

Evangelische christlich-soziale Elemente und Linkskatholizismus waren hier offensichtlich eine programmatische Verbindung eingegangen.

Die Unterstützung der früheren Volksdienstler für die neue Partei machten Bausch und Simpfendörfer in den nächsten Wochen durch ihre Reden, mit denen sie die neue Partei vorstellten, deutlich. Bezüge auf das oben bezeichnete Programm kamen allerdings kaum vor. Zwar erkannten die ehemaligen Volksdienstler den politischen Auftrag des Protestantismus, aber Gesinnung ersetzte bei ihnen auch 1945 nach wie vor ein politisches Konzept.

Auf der ersten öffentlichen Versammlung der CSVP am 10.11.1945 in Stuttgart ergriff Simpfendörfer das Wort. Hier lieferte er auch eine kritische Analyse des bisher weitgehend unpolitischen Protestantismus. Er sprach von der „verhängnisvolle[n] Scheidung von privater und öffentlicher Sphäre"[304], von mangelndem „politische[n] Instinkt" der Deutschen, von dem Versagen christlicher Kreise und der Tatsache, dass die Demokratie in der Gesellschaft kein „dynamisches Element" dargestellt habe. Dann ging Simpfendörfer auf die Problematik der Benennung einer Partei als „christlich" mit dem Hinweis ein, diese Bezeichnung sei nicht als Parteiname mit exklusivem Anspruch auf Christlichkeit der Politik zu verstehen.

Paul Bausch richtete in einem Vortrag den Blick zuversichtlich, ja dankbar in die Zukunft, indem er zu einer damals noch durchaus ungewöhnlich posi-

---

[304] Redemanuskript 1391/13; daraus die nachfolgenden Zitate.

tiven Wertung der Demokratie fand. „Ein Geschenk haben uns die Amerikaner gebracht, für das wir dankbar sein dürfen: Ihren Begriff der Demokratie." Ohne recht zu definieren, was er meinte, fügte er hinzu „Es soll eine deutsche Demokratie werden." In seiner Rede gab Bausch ebenfalls eine Begründung für das „C" im Parteinamen, zu dem der ehemalige CSVD-Mann ein unbefangenes Verhältnis hatte, und mit dem er an den nun in Schwange kommenden „Abendland-Diskurs"[305] anknüpfte.

„Christlich soll unsere Partei heißen, weil ohne das Christentum unser Abendland zu Grunde gehen wird; weil ohne das Christentum, die Botschaft der Liebe und der Versöhnung, der Klassenkampf uns noch um das bisschen Volk, das wir noch haben, bringen wird; weil ohne das Christentum, dem Rechnen mit Gottes Weisheit und Hilfe, der Karren nicht aus dem Dreck herausgezogen werden kann."

Und warnend fügte er hinzu, dieses „C" dürfe nicht lediglich ein „Aushängeschild" werden. Noch einmal resümierte er auch die Vergangenheit:

„Grosse Schuld haben wir in den Jahren vor 1933 auf uns geladen. Wir werden dermaleinst zur Verantwortung gezogen werden. Wir haben uns falsch führen lassen, auch von unseren frommen Führern. Das dürfen wir nicht vergessen! Nie hätten wir eine NSDAP bekommen, wenn evangelische und katholische Christen auf politischem Boden früher eine solche Front gebildet hätten."

Für Bausch ging es wie ehedem darum, zu verhindern, dass die Gebiete der „Politik und der Wirtschaft [sich] aus dem Herrschaftsbereich Gottes und dem Geltungsbereich seiner Gebote entziehen." So verstand er auch die Christen als „erneuernde und revolutionierende Kräfte." Schon vorher hatte er betont, die CSVP müsse eine „Brückenbauerpartei" sein, in der Arbeiter, Bauern und Frontkämpfer zusammenzufassen zu seien. Die Partei sei als „Spiegelbild der Volksgemeinschaft" zu verstehen. Es gehe um eine „Solidarität der Stände". In diesem Zusammenhang wurde positiv auf die englische Labour-Party verwiesen. Eine konsistente Vorstellung von Politik war bei Bausch auch jetzt nicht zu finden.

Auch die Gesinnungsgemeinschaften, mit denen die C(S)VD'ler zunächst ab 1924 in die Öffentlichkeit getreten waren, lebten teilweise wieder auf. Sie waren nun allerdings auch interkonfessionell und nicht als Konkurrenz zur CSVP, sondern als Vorfeldorganisation angelegt, schlossen aber „konfessionelle Sonderzusammenkünfte zur besseren Klärung und Vorbereitung" der gemeinsamen politischen Arbeit nicht aus. So entstand am 1.10.1945 in Plochingen eine solche Gruppierung. In einem verabschiedeten Beschluss hieß es:

„Wir christgläubigen Anhänger der katholischen und evangelischen Konfession schließen uns heute zu einer politischen Gesinnungsgemeinschaft zusammen. Der Grund dieses Zusammenschlusses ist die Erkenntnis und unsere innerste Überzeu-

---

[305] Vgl. bes. Kap. 12.3.

gung, dass nur die Rückkehr zum Christentum, wie es uns aus der hl. Schrift entgegenleuchtet, zu einem Tatchristentum, welches Menschen formt, von denen das Schriftwort gilt ‚Der Gerechte lebt aus dem Glauben‘ uns aus dem beispiellosen Niederbruch unseres Vaterlandes herausführen kann. Wir wollen die alte Wahrheit verkünden, dass die Religion, wie der Apostel Paulus sagt,[306] das ganze Leben zu heiligen hat und demnach doppelte Moral für die private und öffentliche Betätigung abzulehnen ist."[307]

Ein Zusammengehen mit der DVP wurde „grundsätzlich abgelehnt", weil man in der neuen Partei doch wieder die alten Nationalliberalen am Werk sah. Leute, „deren Weltanschauung und politische Tendenzen zu einer Verwässerung unserer politischen Grundsätze führen müssen."

Damit war eine entscheidende Weichenstellung für die südwestdeutschen politisch engagierten Protestanten markiert. Hier wie andernorts verlief die politische Scheidelinie nicht entlang der konfessionellen Prägungen, sondern zwischen dem Liberalismus und dem, was inhaltlich meist unscharf als „Christliche Demokratie" bezeichnet wurde. Für die ehemaligen Volksdienstler war ein Zusammengehen mit den protestantischen Liberalen völlig undenkbar. Zurecht kann von einer „Gegnerschaft der politisch sehr aktiven pietistischen Kreise Korntals gegen den Liberalismus in jeder Form" gesprochen werden.[308]

Den Vorsitz der CSVP, die sich ab Januar 1946 in Anlehnung an die Beschlüsse der Reichstagung von Bad Godesberg CDU nannte, übernahm der katholische Gewerkschaftler Josef André, Simpfendörfer wurde sein Stellvertreter, wobei vereinbart war, den Vorsitz zwischen beiden jährlich alternieren zu lassen.[309] 1947 übernahm Simpfendörfer, „der starke Mann der nordwürttembergischen CDU"[310], der im Kabinett Maier auch Kultusminister war, den Vorsitz der Partei. Im März desselben Jahres wurden Vorwürfe gegen ihn wegen seiner Haltung zum Nationalsozialismus laut.[311] Gegen Simpfendörfer wurde ein Spruchkammer-Verfahren eröffnet, so dass er als Kultusminister zurücktreten musste. Sein Parteiamt als Vorsitzender ließ er ruhen. Ähnlich erging es Paul Bausch, gegen den man ebenfalls ein Verfahren einleitete, nachdem sich herausstellte, dass er zusammen mit Simpfendörfer einen Antrag auf Hospitanz in der NSDAP-Fraktion gestellt hatte.[312] Obwohl sich die Vorgänge im Zuge einer politischen Intrige, die eigentlich den Ministerpräsidenten

---

[306] 1. Kor. 10,31 und Kol. 3,17.
[307] Entschließung, BAK 1391/13.
[308] WIECK, CDU, 158.
[309] SCHMITT, Nordwürttemberg, 146.
[310] MATZ, Reinhold Maier, 241.
[311] Vgl. 1.4.3. Am 19.3.1947 druckte die „Stuttgarter Zeitung" einen Artikel nach, den Simpfendörfer anlässlich der am 29.3.1936 stattfindenden Reichstagswahlen in der Zeitschrift „Evangelischer Weg" abgedruckt hatte.
[312] MATZ, Maier, 294.

Reinhold Maier treffen sollte, abspielten,[313] waren die eigentlichen Opfer Simpfendörfer und Bausch. Für zwei entscheidende Jahre[314] waren die zentralen Köpfe des ehemaligen CSVD und der konservativen Protestanten innerhalb der nordwürttembergischen CDU ausgeschaltet.

Letztlich blieb der Aufbau und die Führung der Partei schwierig, so dass von „beträchtlicher Unsicherheit an der Spitze des Landesverbandes" und von „Führungskrisen" gesprochen werden muss.[315]

Hinsichtlich der Frühgeschichte der nordwürttembergischen CDU lässt sich festhalten: Insgesamt war das Verhalten der Volksdienstler nicht wesentlich über die altbekannten Bahnen herausgegangen. Das betraf besonders die religiöse Interpretation von Politik, die immer noch der einzige Schlüssel zur Politikfeldanalyse darzustellen schien, wie auch die scheinbar völlig unproblematische Aufnahme des Gedankens einer „christlichen" Partei.

Andererseits brauchten die früheren CSVD'ler auf der institutionellen Politik-Ebene, der polity, auch nicht so viel Neues dazu zu lernen. In der Weimarer Zeit hatte der CSVD mit dem Zentrum zusammengearbeitet, so dass ihm der Gang in eine interkonfessionelle Partei nicht schwer fiel. Der schon früh von Bausch und anderen aufgenommene „Abendland"-Diskurs bot hier eine gemeinsame geistige Basis. Die Demokratie hatte man schon vor 1933 bejaht, so dass jetzt geradezu von einem „Geschenk" gesprochen werden konnte. Eine Formulierung, die andernorts eher mit ironischem Unterton gebraucht wurde. Dass es auch Ablehnung des Parteiwesens unter den Volksdienstlern gegeben hatte und die Bejahung der Demokratie hauptsächlich eine Indifferenz gegenüber jeder konkreten Staatsform war, wurde nun ebenso wie die nicht unbefleckte Vergangenheit gegenüber dem Nationalsozialismus verdrängt. Gerade das „christlich-soziale" Element sollte dann aber durch die politische Paralyse von Simpfendörfer und Bausch so nachhaltig geschwächt werden, so dass eine Verbindung von diesen Kräften mit dem Linkskatholizismus kein Gegengewicht gegen die „kapitalistischen" Entwicklungen der Partei, etwa im Rheinland, mehr darstellen konnte.

Ein Zusammenschluss aller Protestanten in einer politischen Partei kam in Württemberg ebenfalls nicht zustande. Letztlich war auch hier der konservative Protestantismus dem Katholizismus geistig verwandter als dem protestantischen Liberalismus.

---

[313] Ebd., 276ff.
[314] Bösch unterschätzt diese Zeit, wenn er davon spricht, beide hätten ihre Positionen „kurzzeitig ruhen lassen" (Adenauer-CDU, 47).
[315] Schmitt, Nordwürttemberg, 147.

7.1.6.2. Das Scheitern der „Neuen Gemeinschaft"; Erfolg und Niedergang der „Christlichen Arbeitsgemeinschaft" (C.A.G.) in Freiburg

In Freiburg hatten sich bereits während des Krieges Protestanten im „Freiburger Kreis" zusammengefunden und u.a. für die Bekennende Kirche die „Freiburger Denkschrift" erstellt. Darüber wurde an anderer Stelle schon berichtet.[316] Hier waren also schon konkrete Überlegungen für eine Nachkriegsordnung angestellt worden. Wie ließen sich diese nun in die politisch konkrete Situation in Baden transformieren?

Zunächst einmal war hier die katholische Kirche sehr aktiv. Im Land Baden, das jetzt die mittel- und oberbadischen Kreise mit der Hauptstadt Freiburg umfasste, war dabei die Frage der Wiederbegründung des Zentrums innerhalb des Katholizismus heftig umstritten. Der letzte Vorsitzende der Zentrumsfraktion im badischen Landtag, Prälat Ernst Föhr, der über gute Kontakte zur französischen Besatzungsmacht verfügte, setzte sich schon bald nach dem Einzug der Franzosen Ende April 1945 für die Wiederbegründung des Zentrums ein. Einen Gegenspieler fand er in Erzbischof Conrad Gröber, der für eine überkonfessionelle politische Partei eintrat. Föhr war ein klassischer Vertreter des Zentrumsgedankens, während Gröber den Entschluss zu einer „christlich-sozialen Union" fasste. In Freiburg wurde daher „um eine Alternative gerungen, die nur in wenigen Orten sich mit solcher Schärfe stellte."[317] Dies war eine Tatsache, die für die Rezeption der „Christlichen Demokratie" im protestantischen bruderrätlichen Lager indirekt von enormer Bedeutung sein sollte.[318] Zunächst unterlagen parteipolitische Pläne allerdings noch einem Moratorium, denn die französische Besatzungsherrschaft ließ sich fast ein Jahr Zeit, bis sie Parteien lizenzierte.[319] Damit vollzog sie mit weitem Abstand als letzte unter den vier Besatzungsmächten diesen Schritt.

Wohl deshalb scheiterten in Freiburg die ersten Pläne zur parteipolitischen Reorganisation, zu denen auch Gerhard Ritter und Constantin von Dietze ihren Beitrag lieferten. Ritter erinnerte sich 1967:

Es „war die allgemeine Meinung: so wie bisher darf es in Deutschland politisch nicht weitergehen: eine neue Zeit hat angefangen, in der die Christen beider Konfessionen gemeinsam gegen das Übel ankämpfen müssen."[320]

---

[316] Vgl. Kap. 6.4.
[317] WEINACHT, Arbeitsgemeinschaft, 53.
[318] Vgl. Kap. 12.3.
[319] WEINACHT, Arbeitsgemeinschaft, 53.
[320] Schreiben an Frederic Spotts, BAK 1166/356.

Dabei wusste er sich in Übereinstimmung mit Dietze:

„Wir haben beide immer das Empfinden gehabt, als ob jene überkonfessionelle Gemeinsamkeit der Geister in irgendeinem Sinn als Ursprung der CDU-Gründung zu
betrachten wäre. In Freiburg habe ich, heimgekehrt, sofort mit katholischen Gewerk-
schaftern und anderen katholischen Politikern, aber auch mit gemäßigten SPD-Vertretern, eine neuartige Partei zu begründen [versucht], dafür ein Programm entworfen
und Vortragsreisen im Südwesten geplant, bin aber sofort am Verbot dieser Parteibildung durch die französischen Besatzungsbehörden gescheitert."[321]

Offenbar handelte es sich bei dieser neuen „Parteigründung" um die
„Neue Gemeinschaft", zu der laut einer Liste, die den Besatzungsbehörden
geschickt wurde, neben Ritter u.a. die Professoren Walter Eucken, Constantin von Dietze, Franz Büchner sowie frühere Liberaldemokraten,
Christlich-Soziale, Sozialdemokraten, Gewerkschaftler und auch zwei
Kommunisten gehörten.[322] Deutlich war das Neuartige an dieser Partei,
die gleichsam überparteilich sein sollte. Deshalb blieb auch unklar, ob es
sich nun wirklich um eine Parteibildung handelte, wie Ritter später meinte,
oder um eine Vorfeldorganisation. Wahrscheinlich sollte die „Neue Gemeinschaft" eher eine Parteibildung vorbereiten. Dafür spricht auch Ritters eigene handschriftliche Bezeichnung auf der Akte mit den Unterlagen
zur Neuen Gemeinschaft: „Versuch zur Bildung einer politischen Arbeitsgemeinschaft jenseits der alten Parteien. 1946"[323] Als Ritter seinen Mit-
streitern die Ablehnung der Gruppierung durch die französischen Besatzungsbehörden mitteilte, sprach er von der „überparteilichen Studienge-
sellschaft ,die neue Gemeinschaft'".[324]

In den „Grundsätzen für die Bildung einer überparteilichen Arbeitsgruppe ,Neue Gemeinschaft'"[325] klangen die Grundauffassungen der Denkschriften des Freiburger Kreises an, wenn nun geplant wurde,

„in allen Ständen wirklich vertrauenswürdige, charaktervolle, rüstige Männer [zu] finden, die sich daran machen, das Chaos wieder zu bändigen und eine neue Ordnung
wieder aufbauen zu helfen."

Ritters Zurückhaltung gegenüber dem Parteienwesen, die er auch in der
Denkschrift „Politische Gemeinschaftsordnung" geäußert hatte, und die so
ambivalente Mischung aus Anti-Parteien-Mentalität und parteipolitischem
Engagement, kam zum Vorschein, wenn er auf die negativen Ergebnisse der
Weimarer Demokratie hinwies, allerdings auch betonte, man wolle das Parteienwesen nicht abschaffen, „wohl aber seine zeitgemässe Reform aufgrund
der Erfahrungen seit 1919 und vor allem seine Ergänzung und Überhöhung

---

[321] Ebd.
[322] BAK 1166/290.
[323] Ebd.
[324] Ebd.
[325] Ebd.; daraus auch die nachfolgenden Zitate.

durch grundsätzliche neue politische Organisationsformen" durchsetzen. In diesem Zusammenhang gelte es, gerade die deutsche Bildungsschicht, die sich bisher vom „Treiben der Parteien" ferngehalten habe, für diese Arbeit zu gewinnen. Dies solle die „Neue Gemeinschaft" erreichen. Weniger in einem neuen Parteiprogramm, denn in „allgemeinsten Grundsätzen" sei dabei die Arbeit der „Neuen Gemeinschaft" begründet. In der Innenpolitik sollten diese in „Gerechtigkeit, Wahrhaftigkeit und echter Gemeinschaft" bestehen, außenpolitisch komme es an, auf

„eine Haltung grundsätzlicher Friedfertigkeit, williger Bereitschaft, uns einzuordnen in eine neue, gerechtere und friedlichere Weltordnung, bei offener und ehrlicher Anerkennung allen Unheils, das von Deutschland über die Welt sich ergossen hat".

Zur zukünftigen Staatsform wurden bewusst keine Äußerungen gemacht, dies bleibe „der freien Diskussion" vorbehalten, hieß es. Als Ziel der „Neuen Gemeinschaft" sei anzustreben:

„Aussöhnung von innenpolitischen und sozialen Gegensätzen, Verhütung einer neuen Zerklüftung des deutschen Volkes, Überwindung der Gefahren gegenseitiger Entfremdung … und Schulung einer neuen Notablenschicht, Heranziehung fähiger Köpfe auch außerhalb der Parteien für die politische Arbeit".

Das nicht näher begründete Verbot der französischen Besatzungsbehörden bedeutete auch ein „definitives Ende"[326] von Ritters praktisch-politischer Tätigkeit.

Neben der „Neuen Gemeinschaft" hatte sich jedoch eine weitere Arbeitsgemeinschaft gegründet, die dann deren Zielsetzungen übernahm. Am 10. Mai 1945 suchte Franz Büchner bei Erzbischof Gröber um ein Gespräch nach, in dem Pläne für eine „Christliche Arbeitsgemeinschaft" (C.A.G.) entwickelt wurden. Binnen kurzem gewann der Katholik Büchner auch prominente Protestanten für die C.A.G., wozu besonders Constantin von Dietze und Erik Wolf gehörten. Am 17. Juli 1945 konstituierte sich die Arbeitsgemeinschaft, in der Büchner der katholische und Dietze der evangelische Sprecher wurden. Beide waren innerhalb des Kreises ganz offensichtlich „die stärksten Persönlichkeiten"[327]. Eine sich in der Christuskirche versammelnde Gruppe um sechs evangelische Pfarrer, die teilweise auch zum Freiburger Kreis gehört hatten, und weitere Laien ergänzten die C.A.G.. Die Arbeitsgemeinschaft wollte dabei ähnlich wie die „Neue Gemeinschaft" in einer überparteilichen Tätigkeit verharren, wobei sie noch zurückhaltender als die

---

[326] SCHWABE, Ritter, 110.
[327] WEINACHT, Arbeitsgemeinschaft, 57. Offen bleibt, warum Ritter nicht an der Arbeit der C.A.G. teilnahm. Möglicherweise lag es an der Arbeitsüberlastung des Historikers, der auch Vorsitzender der Entnazifizierungskommission der Universität war und Denkschriften für die EKD verfasste, oder aber an seiner Erfahrung mit der „Neuen Gemeinschaft". Erst im Februar 1946 hielt Ritter in der C.A.G. einen „lange angekündigten Vortrag" (ebd., 67 A. 51).

„Neue Gemeinschaft" war, die ja trotz ihres überparteilichen Charakters faktisch eine Genehmigung als Partei durch die Besatzungsbehörden beantragt hatte. Trotzdem hatte auch die C.A.G. den Anspruch, Geburtshelfer einer neuen Partei zu sein.[328]

In der konstituierenden Sitzung der C.A.G. wurde die Frage des spezifisch Christlichen in der Politik diskutiert. „Hier lag mancher philosophischer und dogmatischer Sprengsatz eingeschlossen"[329], der sich besonders in der Frage des Naturrechtes zeigte, aber dadurch entschärft wurde, dass man vereinbarte, sich nach Konfessionen getrennt zunächst über die jeweiligen Sachfragen klar zu werden. Einmütig konnten schon am 17. Juli 1945 sieben Thesen verabschiedet werden, die aber offenbar nicht mehr erhalten sind.[330]

In mehreren Vorträgen versuchten die Teilnehmer der C.A.G. die Grundlagen und Bedingungen für einen Wiederaufbau Deutschlands herauszuarbeiten. In einer Besprechung am 18.9.1945 referierte Franz Böhm über die Fragen einer politischen Verfassung.[331] Böhm forderte: „1. Freie Verfassung (= ‚demokratisch'); 2. Rechtsstaat; 3. Sozialer Staat." Der Schwerpunkt seines Vortrages lag auf der Frage des Rechtsstaates, während er bei der Verfassungsfrage lediglich eine „Volksvertretung, die Einfluß auf die Exekutive hat", forderte. Hier wurde sein Unbehagen am Prinzip demokratischer und gleicher Wahlen deutlich. Diese Zurückhaltung spiegelte nochmals die alten „okzidentalen" Ressentiments gegenüber der parlamentarischen Demokratie und ihre Vorliebe für die „unabhängige Einzelpersönlichkeit als Träger politischer Repräsentation."[332]

„Der einzelne muß seinen Einfluß mit vielen Millionen seinesgleichen teilen; auf seine Stimme entfällt eine winzige Einflußquote, ganz gleichgültig, ob Listenwahlsystem oder Kandidatenwahlsystem oder Notablenwahlsystem stattfindet. Man gibt an einem Sonntag seine Stimme ab und muß dann vier Jahre ohnmächtig zusehen, was passiert. Außerdem wählt das Volk ja auch nicht wirklich frei, sondern es wird reklamemäßig vorbehandelt und zu Faden geschlagen. Gegen die so verlogen erschlichene Gewalt irgendwelcher Abgeordneter oder Demagogen besteht berechtigter Widerwillen. ... je größer und unübersichtlicher die Abmessungen in einem Staat sind, desto mehr sind bei Massenwahlen radikale Programme und die radikalen Parteien privilegiert. Diese Programme und Parteien sind aber in sich antidemokratisch; sie bedienen sich demokratischer Einrichtungen bloß, um an die Macht zu kommen, machen aber mit der Demokratie ohne Federlesens ein Ende, wenn sie die Macht ‚legal' erobert haben."

Um die Machtorientierung der Parteien zu brechen, empfahl Böhm weiter die „Mitbeteiligung eines Oberhauses" am legislativen Prozess. Auch diese „Oberhauslösung" war ein typisch konservativer Versuch, der durch ver-

---

[328] Ebd., 60; SCHMEER, CDU, 365ff.
[329] WEINACHT, Arbeitsgemeinschaft, 59.
[330] Jedenfalls gibt WEINACHT, Arbeitsgemeinschaft, 60, keine Quelle an.
[331] ACDP I-345–015/2; BAK 1166/287; daraus auch die nachfolgenden Zitate.
[332] SYWOTTEK, Politik, 753.

meintlich wankelmütigen Volkeswillen zustande gekommenen Volksvertretung ein weiteres Organ entgegenzusetzen, das von höherer Warte aus wirkte. Sie wurde später auch im Blick auf den Bundesrat diskutiert.[333]

Ähnlich zurückhaltend gegenüber einer hauptsächlich auf den Parteien
basierenden politischen Willensbildung argumentierte Erik Wolf. Bei ihm
zeigte sich ein stark personalistischer Ansatz, wenn er ausdrücklich auf die
Schweiz rekurrierte:

„Die Schweiz zeigt auch, dass Listenwahlen (wie in Deutschland nach 1918) nicht notwendig zur Demokratie gehören. Gewählt werden Persönlichkeiten, „Notablen", z.B.
in Glarus Männer aus derselben Familie seit 700 Jahren. Die Parteigruppierung ist weit
weniger wichtig. Die Wurzel ist der christliche Personengedanke und das bonum
commmune."

In Frontstellung befand sich die C.A.G. von Anfang an gegenüber den Bestrebungen des Prälaten Föhr, der massiv die Wiederbegründung des Zentrums vorantrieb und dabei zum Leidwesen des Erzbischofs weitere Gesinnungsgenossen um sich scharte. Umstritten blieb aber auch hier die Frage
der Beteiligung von Protestanten innerhalb der neu zu gründenden Zentrumspartei. Föhr plädierte für eine nach wie vor rein katholische Partei, andere Mitglieder versuchten im Anschluss an die von Bachem und Stegerwald
schon seit Anfang des Jahrhunderts[334] begründete Auffassung die konfessionelle Basis der Partei zu verbreitern und knüpften so Kontakte zu Protestanten, wie dem späteren Oberkirchenrat Hof und dem Führer der Bekennenden Kirche in Baden, dem späteren stellvertretenden Landesbischof
Dürr, an. Beide entschlossen sich nach einiger Zurückhaltung, die politische
Arbeit zu unterstützen. Letztlich war dieser Versuch wenig erfolgreich, da es
kaum gelang, überhaupt Protestanten, die dann auch noch politisch unbelastet waren, zu gewinnen.[335]

Währenddessen bemühte sich Erzbischof Gröber ebenfalls um Verbindungen zu protestantischen Kreisen und trat deshalb mit dem badischen
Oberkirchenrat Friedrich in Verbindung. Auch in der C.A.G. strebte man
gleichzeitig danach, die soziale Basis der Gemeinschaft zu verbreitern, um
vom Image des debattierenden Professorenclubs loszukommen, und näherte
sich deshalb Gröbers Plänen an.[336] Nachdem im August 1945 die Zentrums-
Gruppe um Föhr mit der Wahl eines Vorstandes Fakten geschaffen hatte,
kam es daraufhin am 15.10.1945 zur Gründung des von Gröber inspirierten

---

[333] THRÄNHARDT, Geschichte, 71. Immerhin hatte sie im „Westminster-Modell" des
Parlamentarismus' Englands ein Beispiel, ohne dass allerdings damit konkret die Macht des
Unterhauses eingeschränkt war (LEHNER, Regierungslehre, 65).
[334] Vgl. Kap. 4.
[335] WIECK, Hessen, 104.
[336] WEINACHT, BCSV, 89.

Christlich-sozialen Volksbundes (CSVB),[337] der bewusst interkonfessionell
angelegt war, aber auch die Verbindung mit Zentrumsleuten suchte.

Der CSVB hatte die Unterstützung der C.A.G.. Büchner, von Dietze und
Wolf arbeiteten für die Partei ein Programm aus, das in 20 Punkten die
Grundsätze des Volksbundes beschrieb.[338] Wie der Name bereits ausdrückte,
sah man sich dem christlich-sozialen Gedanken verpflichtet und sprach sich
für die Zusammenarbeit der Konfessionen aus. Darüber hinaus wurde eine
föderale Gliederung Deutschlands gegen „eine Vormachtstellung Preussens"
und gegen „jede Form von Separatismus" gefordert. Besonders betont wurde der öffentliche Auftrag der Kirche, indem man „für sie das Recht auf entscheidende Mitgestaltung des öffentlichen Lebens" anstrebte. Wirtschaftspolitisch sprach sich das Programm sowohl „gegen den Kollektivismus" wie
auch gegen „jede private wirtschaftliche Vermachtung und Monopolisierung" und für „eine planvolle Gesamtordnung" des Wirtschaftslebens aus. In
der Sozialpolitik wurde besonders die christliche „Liebestat" als unabding-
bare Ergänzung staatlichen Handelns betont. Grundsätzlich galt, nicht zuletzt gemünzt auf Föhr und seine Anhänger: „Jeden Parteienhader lehnen
wir ab und halten uns bereit zu offener Aussprache und freier Zusammenarbeit mit allen, die guten Willens sind."

Nach Veröffentlichung eines Gründungsaufrufes, dem mit Erzbischof
Gröber, Dekan Dürr und Dekan Horch die „Führer der christlichen Kirchen"[339] voran standen, traten nun auch immer mehr Mitglieder der Zentrumsgruppe zum Volksbund über, ohne jedoch die Verbindung zu Föhr
völlig abreißen zu lassen.

Nach zahlreichen Hindernissen durch neue Verordnungen zur Genehmi-
gung politischer Parteien durch die französische Besatzungsmacht entstand
aus dem CSVB am 8.2.1946 die Badisch Christlich-Soziale Volkspartei
(BCSV). Vorsitzender wurde mit Leo Wohlleb, dem nachmaligen badischen
Staatspräsidenten, eine Persönlichkeit, die weder der C.A.G. noch dem Föhr-
Kreis angehört hatte.

Die C.A.G., die ihr Ziel einer interkonfessionellen Zusammenarbeit und
Partei erreicht hatte, löste sich auf. Zu früh, wie sich zeigte. Trotz der Bestätigung des Programms durch Wohlleb[340] blieb es völlig unbeachtet.[341] Statt
dessen wurde ein von ehemaligen Zentrumsleuten erarbeitetes Programm
verabschiedet. Prälat Föhr, der weiterhin die Zulassung des Zentrums betrieben hatte, scheiterte mit seinem Ansinnen und schloss sich äußerst wider-

---

[337] Ebd., 90.
[338] BAK 1166/287; daraus auch die nachfolgenden Zitate; insgesamt existieren mehrere Versionen; WEINACHT, Arbeitsgemeinschaft, 65.
[339] Zit. in: WEINACHT, Arbeitsgemeinschaft, 65.
[340] Ebd., 66.
[341] WEINACHT, BCSV, 91.

strebend der Partei an.[342] Allerdings gab er sein Pläne nicht auf. Indem er auf einer Separation der BCSV von der übrigen CDU beharrte, hoffte er, die Partei doch noch in seinem Sinne prägen zu können.

Die C.A.G. entschloss sich dann wieder, nachdem sie nun ihr „parteipolitisches Intermezzo mit einigem Enttäuschen"[343] hinter sich hatte, erneut im vorpolitischen Raum tätig zu werden. Es kam nur noch zu wenigen Sitzungen, dann stellte man diese ursprüngliche Arbeit der C.A.G. stillschweigend ein. Stattdessen wurden nun etwa kirchlich innerkonfessionelle Fragen oder die Vorbereitung der Weltkirchenkonferenz in Amsterdam 1948 besprochen.[344] Wohlleb, der auf die Unabhängigkeit des BCSV von der geistesverwandten CDU bedacht war, fand für die Partei auch neue Traditionen. Weder eine „christliche Demokratie" noch gar ein „christlicher Sozialismus" sollten diese sein, sondern der „christliche Humanismus" des Erasmus von Rotterdam, der ja auch in Freiburg gelebt hatte.[345]

1947 setzen sich die Befürworter einer stärkeren Anlehnung an die CDU durch. Der CDU-Gedanke war durch einige Mitglieder der früheren C.A.G. in Freiburg stark propagiert worden. Diese versuchten sogar, die CDU parallel zum BCSV zu etablieren.[346] Auf dem Parteitag im April 1947 in Freiburg wurde dann die Umbenennung des BCSV in „CDU Badens" beschlossen.

Während die C.A.G. und der BCSV bzw. die „CDU Badens" von katholischer Seite in der Person des Erzbischofs Gröber klare Unterstützung erfuhr, blieb die badische evangelische Kirchenleitung trotz der vielfältigen örtlichen Bezüge zu Freiburger Kirchengemeinden, besonders der Christuskirche, zurückhaltend. Auf der Sitzung der Vorläufigen Landessynode der Badischen Kirche im September 1946 wurde den Pfarrern parteipolitische Zurückhaltung auferlegt.[347] Weitere politische Dinge wurden nicht diskutiert. Auch bei späteren Anlässen sprach sich Landesbischof Bender, der allgemein als CDU-Sympathisant angesehen wurde, völlig zurückhaltend gegenüber der Parteipolitik aus.[348]

Ein Überblick über besonders die Freiburger Bemühungen ergibt den Befund der starken Kontinuität der Pläne des „Freiburger Kreises". Dies ist

---

[342] WIECK, Hessen, 117.
[343] WEINACHT, Arbeitsgemeinschaft, 67.
[344] SCHMEER, CDU, 374.
[345] WEINACHT, BCSV, 93. Eine Besonderheit des BCSV war der Aufbau der Partei nach Ständegruppen. Der Landesvorstand setzte sich aus Angehörigen verschiedener „Stände" zusammen, ein „Ständebeirat" war ihm zugeordnet. Vielleicht kann hier noch ein Erbe des Freiburger Kreises, der Denkschriften sowie der Überlegungen in der C.A.G. erblickt werden. Allerdings waren diese Pläne – man denke an Othmar Spanns Konzept oder an das Österreich der Zwischenkriegszeit – auch in den katholischen Kreisen nicht unbekannt.
[346] SCHMEER, CDU, 382.
[347] Ebd., 376 A. 114.
[348] Ebd., 376 A. 118.

verständlich, schließlich waren die dortigen Konzepte für die Nachkriegszeit entworfen worden und zudem bestand zwischen Freiburger Kreis und „Christlicher Arbeitsgemeinschaft" ein hohes Maß an personeller Kontinuität. Doch diese Kontinuität wurde nun auch zu einem Hemmnis, denn tatsächlich war die Situation nach dem Kriege eine andere, als in den konspirativen Zirkeln geplant. Die Zeit eines ständestaatlichen Personalismus war endgültig vorüber, statt dessen wurde die westliche Massendemokratie (wieder) etabliert. Ritters Bevorzugung einer „Notablenschicht", faktisch ein Ausdruck konservativer Bevorzugung einer „Elitenherrschaft"[349], Böhms Kritik an der Massendemokratie und Wolfs Vorliebe für das direkt-demokratische System ließen die Vorbehalte der politischen Romantik gegenüber dem parlamentarischen System wieder laut werden. Aus dieser Tradition kam dann auch das Beharren auf vorparteiliche Formen der Arbeitsgemeinschaft, die, wie das schnelle Aussteigen der C.A.G. aus der Politik zeigte, nicht genügend mit den Parteien verknüpft wurden. Die protestantische Schwäche im politischen Handeln, in den politics, gespeist aus mentalen Hemmungen und mangelnder Erfahrung, kam also hinzu. Das faktische politische Geschehen bestimmten auch hier andere – katholische – Kräfte.

Hier soll noch ein kurzer Blick auf die übrigen Gebiete in der Französischen Besatzungszone geworfen werden. Dort war die Meinung, die Zeit sei nun für eine interkonfessionelle Partei reif, ebenfalls keineswegs einhellig. Das galt nicht nur, wie vielleicht anzunehmen wäre, für eindeutig katholisch geprägte Gebiete. Gerade bei erdrückender katholischer Überlegenheit war man eher bereit, für den Unionsgedankens einzutreten, da ein irgendwie gearteter protestantischer Einfluss auf die Partei faktisch ausgeschlossen werden konnte. Diese Haltung traf z.B. für die unter französischer Besatzung stehende frühere Provinz Rheinland-Hessen-Nassau zu, so dass hier in der Gründung der CDU letzten Endes zunächst eher der überkonfessionelle Anspruch, den auch das alte Zentrum wenigstens programmatisch hatte, verwirklicht wurde, ohne dass der katholische Führungsanspruch innerhalb der Partei in irgendeiner Weise gefährdet erschien.[350] Umstritten blieb die Gründung eher in konfessionell gemischten Gebieten, wie etwa im nördlicheren Rheinland-Pfalz, wo der Weingutsbesitzer und frühere Zentrumsabgeordnete im Preußischen Landtag, Jakob Diel, sich strikt gegen die Gründung einer interkonfessionellen Partei, nur um „irgendwelche Rechtskreise einzufangen"[351], aussprach. Skeptisch blieb er auch gegenüber den Liberalen. Hier schlug er vor, ihnen „in Gottes Namen [zu] überlassen, ihren Laden wieder aufzumachen"[352], selbst wolle man aber bei der „Zentrumsfahne"

[349] LENK, Konservatismus, 636.
[350] MARTIN, Gründung, 170.
[351] Ebd.
[352] Ebd.

bleiben. Andererseits hielten sich auch die evangelischen Pfarrer, überhaupt die evangelische Bevölkerung, so betont zurück, so dass es kaum möglich war, von einer Union im eigentlichen Wortsinne zu sprechen.[353]

In der Pfalz trat der Bischof von Speyer, Josef Wendel, ebenfalls massiv wie Föhr gegen eine interkonfessionelle Partei auf. Er schlug – ähnlich wie dieser in Freiburg – vielmehr die Gründung einer evangelischen Partei neben der Wiederbegründung des Zentrums vor.[354] Trotzdem entwickelten sich in der Pfalz Pläne zu einer interkonfessionellen Partei, wobei die Katholiken von dem pfälzischen Kirchenpräsidenten Stempel unterstützt wurden.[355] So entstanden gegen alle Hindernisse und Widerstände sowohl in Rheinland-Hessen-Nassau als auch in Rheinhessen-Pfalz christlich-demokratische Parteien, die sich 1947 zur CDU Rheinland-Pfalz zusammenschlossen. Von einem nennenswerten evangelischen Anteil kann nirgendwo die Rede sein.

7.1.7. *Bayern und die Gründung der Christlich-Sozialen Union (CSU)*

In Bayern stellte sich die Frage des Verhältnisses zwischen Protestantismus und den politischen Parteien noch einmal in einer besonderen Weise. Etwa 75 % der bayerischen Bevölkerung waren katholisch. Nur in den Gebieten Ober- und Mittelfrankens gab es eine evangelische Mehrheit in der Bevölkerung.[356] Konnte hier mit einem nennenswerten protestantischen Impuls in politischen Dingen gerechnet werden?

Die Würzburger CSU, die von Adam Stegerwald ins Leben gerufen wurde,[357] entwickelte sich durch den frühen Tod ihres Begründers anders als geplant, nicht zum Zentrum einer bayerischen christlich-sozialen Partei. Maßgeblich für die CSU wurden zwei separate Gründungskreise in München. Hier hatten sich zum einen ehemalige Mitglieder der Bayerischen Volkspartei (BVP), des betont föderalistischen bayerischen Zentrumsflügels, getroffen, um über eine Neubelebung der Partei nachzudenken. Zu der Gruppe katholisch-konservativ gesonnener ehemaliger BVP-Politiker zählte u.a. der zum Ministerpräsidenten ernannte Fritz Schäffer sowie der spätere Kultusminister Alois Hundhammer. Eine andere Gruppierung sammelte sich um den wiederernannten Münchner Oberbürgermeister Karl Scharnagl und Josef Müller, einem der Verschwörer aus dem Umfeld des 20. Juli 1944.[358]

---

[353] Ebd., 174, 179.
[354] Ebd., 171.
[355] Ebd.
[356] MINTZEL, CSU, 30.
[357] Vgl. Kap. 7.1.4.2.
[358] SCHMÄDECKE, Umsturzversuche, 309ff. Müller erlangte als „Ochsen-Sepp" einen legendären politischen Ruf. Er gehörte in der Zeit der nationalsozialistischen Herrschaft zu der Widerstandsgruppe um Admiral Canaris (BECKER, Katholizismus, 239) und knüpf-

Sicherlich auf dem Hintergrund der gemeinsamen Erfahrungen im Widerstand gegen Hitler, wohl aber auch aus der Prägung seiner fränkischen Heimat heraus, war Müller daran interessiert, eine interkonfessionelle Partei zu schaffen. Interessant war die Begründung des Namens „CSU", die Müller vornahm. In Gesprächen mit Stegerwald war er zu dem Ergebnis gekommen, dass die neue Partei sich „christlich-sozial" nennen müsse. Der Begriff „demokratisch" schien Müller als „Importware" der Siegermächte zu belastet.[359] Um nun auch Protestanten zur Mitarbeit zu gewinnen, verfiel er als weiteren Namensbestandteil auf den Begriff „Union". Dies geschah in Erinnerung an die Vereinigung der protestantischen Fürsten im Dreißigjährigen Krieg gegen den katholischen Feldherrn Tilly![360] Sicher ohne es zu wissen, hatte Müller damit einen wenigstens in der Begründung durchaus zutreffenden Namen gewählt, denn die Durchsetzung der evangelischen Interessen in einer in der Folgezeit katholisch dominierten CSU, sollte in den nächsten Jahren ein erhebliches Problem darstellen.

Ob trotz oder wegen dieser ungewöhnlichen Namensgebung beteiligten sich auch einige Protestanten an dieser neu zu gründenden Partei. Dabei waren die Vorbehalte groß. Landesbischof Meiser äußerte bereits am 17. Mai 1945 seine Sorge, ob es in der künftigen Politik wirklich zu einer paritätischen Behandlung beider Konfessionen kommen werde. Schon am 11.6. 1945 bekam Kirchenrat Friedrich Langenfaß von Meiser den Auftrag, bei der amerikanischen Militärregierung vorstellig zu werden, um schwere Bedenken gegen die ungehemmt katholisch orientierte Personalpolitik der zwischenzeitlich wiedererstandenen BVP zu erheben.[361] Langenfaß war es dann auch, der im Auftrage Meisers die Verbindung sowohl zu den staatlichen Stellen wie auch zur CSU herstellte.[362] Von protestantischer Seite engagierte sich bei der Neugründung der CSU neben Langenfaß der Wirtschaftsprüfer Johannes Semler, der eine kurze Karriere als Direktor der Bizone machen sollte.[363]

Am 14.8.1945 kam es zu einer ersten Sitzung der beiden Gruppen – der Leute um Müller sowie der früheren BVP-Anhänger um Schäffer und Hundhammer – in der über die Bildung einer neuen Partei gesprochen wur-

---

te seinerseits Verbindungen zu ausländischen Mächten. Müller stand auch in engem Kontakt zu Dietrich Bonhoeffer.

[359] Herre, Adenauer, 13.
[360] Schmeer, CDU, 514.
[361] Ebd., 514 A. 50.
[362] Spotts, Kirchen 113; Schmeer, CDU, 515.
[363] Ebd., 514. Semler konnte sich in der Folgezeit mit seinen politischen Vorstellungen nicht durchsetzen. Zunächst scheiterte er mit seinen Plänen für eine zweite, in der Verfassung zu verankernden unabhängigen Wirtschaftskammer am Widerspruch der Bauernlobby (Mintzel, CSU, 240ff.), dann wurde er 1948 als Direktor der Wirtschaftsverwaltung der Frankfurter Bizone wegen seiner Kritik an der Ernährungspolitik der Besatzungsmächte durch Ludwig Erhard abgelöst (Benz, Gründung, 69).

de. Die unterschiedliche Ausgangslage machte eine Annäherung schwierig. Während Müller für einen durchaus „reichstreuen" Kurs stand, repräsentierte Hundhammer einen betont föderalistischen Ansatz.[364] Nur mit Mühe konnte sich die Müller-Gruppe durchsetzen. Das Attribut „christlich" für den neuen Parteinamen erhielt, wahrscheinlich weil das Attribut „bayerisch" wegfiel, nur eine Stimme Mehrheit.[365] Am 8.1.1946 wurde dann durch die Lizenzierung der CSU auf Landesebene die Partei im eigentlichen Sinne gegründet. Erster Vorsitzender wurde der die Amtsgeschäfte bisher provisorisch wahrnehmende Josef Müller. Doch bereits in den nächsten Wochen und Monaten zeigte sich, dass die Zusammenarbeit von Protestanten und Katholiken in der Partei, besonders wegen des Widerstandes der Anhänger von Schäffer und Hundhammer, nicht funktionierte.[366]

Mit Friedrich Wilhelm von Prittwitz und Gaffron stieß dann bald ein profilierter Protestant zur CSU. Von Prittwitz hatte in der Weimarer Republik der DDP angehört und als einziger deutscher Botschafter aus Protest gegen die Machtergreifung Hitlers seinen Dienst quittiert.[367] Langenfaß und von Prittwitz zählten bald zu den engen Mitarbeitern Müllers. Dies wurde besonders bei Werbereisen für die neue Partei deutlich, wo es die beiden Protestanten unternahmen, namentlich in Franken evangelische Kreise für den Eintritt in die CSU zu gewinnen.[368]

Zudem betrat mit August Haußleitner ein weiterer Protestant die politische Bühne in Bayern. Der Sohn eines evangelischen Pfarrers gehörte in der Weimarer Zeit zu den Kreisen der Konservativen Revolution.[369] Nach einer zeitweiligen Sympathie für den frühen Nationalsozialismus wandte er sich von diesem ab.[370] Haußleitner wurde in der Partei sehr schnell zum engen Vertrauten Josef Müllers.[371] Er nahm sich vor, das protestantische Element in der Partei gegen die dominanten katholischen Tendenzen um Schäffer und Hundhammer zu stabilisieren. Nach der für die CSU in den evangelischen Gebieten ernüchternden Wahl zur verfassungsgebenden Versammlung am 30.6.1946 trat er, um den evangelischen Anteil in der Partei zu stärken und dessen Arbeit zielgerichteter zu gestalten, für einen „evangelischen Volksbund" bzw. „evangelischen Volksverband"[372] ein.

Im selben Sinne versuchte ein Mitarbeiter in der CSU-Zentrale auch die Landeskirche für eine Verstärkung des evangelischen Anteiles in der CSU zu

---

[364] HERRE, Adenauer, 12f.
[365] SCHMEER, CDU, 516.
[366] Ebd., 559f.
[367] SCHMÄDECKE, Umsturzversuche, 296.
[368] SCHMEER, CDU, 526.
[369] SONTHEIMER, Denken, 118ff.
[370] STÖSS, Deutsche Gemeinschaft, 878.
[371] Ebd., 877ff.; SCHMEER, CDU, 547f.
[372] RENNER, Nachkriegsprotestantismus, 39.

gewinnen.[373] Hier hielt man sich jedoch eher zurück und beschränkte sich auf gute Ratschläge. Das betraf besonders die Beteiligung von Pfarrern am Aufbau und der Mitarbeit in den politischen Parteien. Bereits am 1. Mai 1945 hatte der Landeskirchenrat beschlossen, Pfarrern die Übernahme öffentlicher Ämter – dies war ja angesichts der chaotischen Lage in der ersten Nachkriegssituation keineswegs unüblich – zu verbieten.[374]

Trotz dieser Zurückhaltung suchten Haußleitner und die ihm nahestehenden protestantischen CSU-Abgeordneten den unterstützenden Kontakt mit Meiser. Neben der Kritik an der Partei – Meiser warf den Abgeordneten vor, dass allzu oft Anspruch und Wirklichkeit auseinander fielen – empfahl dieser jedoch einfach: „Die evangelische Gruppe soll das reinigende Element und gute Gewissen der Partei sein."[375] Die Landeskirche beschränkte sich in der Folgezeit weitgehend darauf, in informellen Gesprächen die Durchsetzung evangelischer bzw. kirchlicher Interessen zu versuchen.[376]

Mit der Regierungsbildung 1946 verschärfte sich die konfessionelle Situation weiter. Die CSU, die über die absolute Mehrheit verfügte, verhinderte, dass ihr eigener Vorsitzender Josef Müller Ministerpräsident wurde. Müller, der in einem Kabinettsentwurf immerhin drei Protestanten, von Prittwitz, Haußleitner und den Juristen Meinzolt[377] vorgesehen hatte, erreichte kein Mandat zur Regierungsbildung. Der schließlich gewählte Hans Ehard berücksichtigte in seinem Kabinett weder als Minister noch als Staatssekretär einen Protestanten.[378]

1949 wurde Müller auch als CSU-Landesvorsitzender gestürzt. Haußleitner trat aus der Partei aus und gründete die „Deutsche Gemeinschaft", eine politische Gruppe, die als rechtsextrem[379] bezeichnet werden muss. Die Partei kam über das Dasein einer Splittergruppe allerdings nicht hinaus.

Nach Haußleitner verließ mit Hermann Strathmann, Professor für Neues Testament in Erlangen, ein weiterer Protestant die Partei. In Strathmann bündelte sich dabei wie unter einem Brennglas die oft irrlichternde Suche von Protestanten nach einer Heimat in der Politik: Strathmann hatte sich 1918 zunächst der Bayerischen Mittelpartei, dem Versuch einer evangelischen Parteigründung, angeschlossen und war mit dieser Gruppe 1920 der DNVP beigetreten, für die er ein bayerisches Landtagsmandat errang. In der DNVP-Krise nach der „Machtergreifung" Hugenbergs trat er dem CSVD bei. In der Schriftleitung des „Fränkischen Kuriers" tätig, wurde er nach ei-

---

[373] SCHMEER, CDU, 550.
[374] Ebd., 534.
[375] Zit. in: Ebd., 568.
[376] RENNER, Nachkriegsprotestantismus, 41.
[377] Vgl. zu MEINZOLT, Renner, Nachkriegsprotestantismus, 44ff.
[378] SCHMEER, CDU, 577f.
[379] STÖSS, Deutsche Gemeinschaft, 877. Später war Haußleitner Mitbegründer der GRÜNEN.

nem Konflikt mit dem Herausgeber Julius Streicher 1939 entlassen. 1946 wurde er CSU-Mitglied. 1954 verließ Strathmann die CSU und gründete den „Deutschen Volksdienst", eine Partei, die niemals aus dem Bereich der Marginalität herauskam.[380]

Der Beitrag der Protestanten innerhalb der Gründungsgeschichte der CSU kann als ein gescheiterter Versuch, in der Partei eine angemessene Berücksichtigung zu finden, interpretiert werden. Der Gestaltungswille dazu war jedenfalls vorhanden. Doch stellten sich dem grundsätzliche und spezifische Hindernisse in den Weg. Die Bereitschaft zum interkonfessionellen Miteinander durch Männer wie Hundhammer, die in einer bayerisch-katholischen Tradition fest verwurzelt waren, war in dem weit überwiegend katholischen Bayern stark begrenzt, zumal die Protestanten um Josef Müller durchweg weniger föderalistisch veranlagt waren. Als Besonderheit kam hinzu, dass die Protestanten auf der Seite des späteren Verlierers im CSU-Machtkampf Josef Müller standen. Dies schwächte ihren Einfluss nachhaltig. Erst der Verlust der Regierungsmacht der CSU 1954 und die Bereinigung der innerparteilichen Streitigkeiten sorgte dann, etwa durch die Gründung des Evangelischen Arbeitskreises der CSU, für eine Berücksichtigung protestantischer Politiker und Interessen.

Wie lässt sich nun in einem *Gesamtüberblick* die Haltung des protestantischen Konservatismus hinsichtlich der Gründungsphase der CDU und der CSU interpretieren? Sie ist gekennzeichnet von der großen Schwierigkeit, sich auf die neue politische Situation einzustellen. Die mentalen Hemmungen gegenüber den politischen Parteien, zusammengefasst im Begriff Anti-Parteien-Mentalität, bestanden weiter fort. Dass die Parteien in den politischen Planungen im Widerstand keine Rolle gespielt hatten, war eine Folge dieser Haltung und kam nun erschwerend hinzu. Im politischen Konservatismus hatte man ganz offensichtlich mit dem Wiedererstehen einer parlamentarischen Demokratie nicht gerechnet. Insofern waren auch die, die Pläne für die Nachkriegszeit entworfen hatten, nun doch letztlich unvorbereitet. Politisch-romantische Vorstellungen einer organisch gefassten Gesellschaft, wie etwa die Rede von der „Gliederung der Masse" (von der Gablentz) oder einer elitären Regierung durch eine „Notablenschicht" (Ritter) waren damit obsolet geworden.

Die Vorliebe für „politische Arbeitsgemeinschaften", wie sie in einigen Gründungskreisen deutlich wurde, erwies erneut die traditionelle Parteienskepsis und die mangelnde Bereitschaft sich politisch dauerhaft zu engagieren. Der Versuch, positiv an protestantisch geprägte demokratische Konzepte wie etwa in Großbritannien oder den USA anzuknüpfen, wie das Heinemann unternahm, blieben einstweilen ein singulärer Vorgang. In Korntal, wo man der Demokratie positiv gegenüber stand, war deren Bejahung jedoch

---

[380] Vgl. auch HAAS, Strathmann.

weniger einer politiktheoretischen Einsicht denn theologisch wohlwollender Indifferenz hinsichtlich der Staatsform geschuldet.

Die parteipolitische Unerfahrenheit zusammen mit der Anti-Parteien-Mentalität trug ein Übriges dazu bei, dass sich viele Protestanten, wie etwa Ritter, Söhlmann, Schlange-Schöningen, zeitweise Otto Schmidt oder später[381] Steltzer, schnell wieder in andere Tätigkeitsbereiche zurückzogen und so die Zurückhaltung gegenüber parteipolitischem Engagement verstärkten. Dass gerade Männer wie Simpfendörfer oder Bausch, die über parteipolitisch Erfahrung verfügten, über einen längeren Zeitraum hinweg zur politischen Untätigkeit verurteilt waren, kam noch hinzu.

Die mangelnde theologische Ethik des Politischen führte dann in der Frage des „C" in der CDU zu unterschiedlichen Positionen, die teilweise von Ablehnung über eine hingenommene Akzeptanz bis zu mit sehr unterschiedlicher Argumentation vorgetragener Zustimmung reichten.

Die überkommene Trennung des politischen Protestantismus in Liberale und Konservative schwächte den protestantischen Einfluss in der Partei weiter. Hier wirkte sich eine überkommene Wendung gegen den politischen Liberalismus im protestantischen Konservatismus, der wiederum bei den Freidemokraten mit einer ähnlichen Aversion gegen religiöse Bindungen im Bereich des Politischen korrespondierte, hemmend aus.

Neben mentaler Traditionalität gab es aber auch bewussten Neuanfang: Niemand, mit Ausnahme von Schlange-Schöningen, dachte noch an die Bildung einer protestantischen Partei. Die Erfahrungen der nationalsozialistischen Herrschaft hatten hier einen Neuanfang im interkonfessionellen Geiste ermöglicht, dem sich auch die Protestanten trotz gelegentlich vorhandener Bedenken anschlossen.

Die Anti-Parteien-Mentalität kontrastierte – manchmal in einer Person – mit dem bewussten Öffentlichkeitswillen des Protestantismus, d.h. auch der Bereitschaft zu parteipolitischem Engagement. Theologische Erkenntnis und politische Umsetzbarkeit waren dabei einstweilen schwer kompatibel. Der Anspruch auf die religiöse Durchdringung aller Lebensbereiche, der in „Barmen II" zum Ausdruck kam, korrespondierte nicht mit einer politischen Strategie der Umsetzung. Eher gab es, etwa bei Otto Schmidt, deutliche Tendenzen zur theologischen Überformung des Politischen, die letztlich ein Ergebnis eben der nicht ausgebildeten Ethik des Politischen waren. Die gegenüber dem politischen Katholizismus mangelnde Erfahrung in der Parteipolitik kam hinzu.

So war die Gründung einer interkonfessionellen Partei ein erheblicher Modernisierungsschritt, der allerdings vielerorts durch die Perpetuierung der politischen Trennung zwischen protestantischen Liberalen und Konservativen erkauft wurde. Der Modernisierung auf der polity-Ebene entsprach

---

[381] Vgl. Kap. 7.2.2.

aber noch keine Ausbildung einer politischen Ethik. Insofern handelt es sich hier um eine pragmatische aber noch nicht theoretisch oder gar theologisch fundierte Modernisierung.

Die Uneinheitlichkeit und Schwäche der protestantischen Willensbildung trug schließlich entscheidend dazu bei, dass die Entstehung der CDU eine Modernisierung unter *katholischen* Auspizien darstellte.

7.2. Der christliche Sozialismus, die Kreisauer Staatskonzeption und der christliche Konservatismus als Verlierer der programmatischen Positionierung der CDU

7.2.1. Die Schwächung des christlichen Sozialismus

Im Verlaufe des Jahres 1946 war der Parteibildungsprozess in allen Zonen und Regionen abgeschlossen. Allerdings war die programmatische Ausrichtung der einzelnen christdemokratischen Parteien noch recht unterschiedlich. Dies galt besonders für die CDUD, die nun – nicht zuletzt unter den Bedingungen sowjetischer Besatzung – für einen christlichen Sozialismus eintrat, während in der Britischen Zone unter dem Vorsitz Adenauers und der tätigen Mithilfe der Protestanten die christlichen Sozialisten immer mehr in die Defensive gerieten. Wenn eine „reichsweite" Organisation der Partei geschaffen werden sollte, musste aber Einigkeit über die Programmatik erzielt werden. Am Ende waren der christliche Sozialismus, der christliche Konservatismus und die Kreisauer Staatskonzeption die Verlierer dieser Auseinandersetzung.

Das faktische Scheitern der christlichen Sozialisten war involviert in der Zurückweisung des Führungsanspruches Jakob Kaisers und der Berliner „Reichs"-CDU. Zunächst hatte die Perspektive für den Sozialismus in der CDU günstig ausgesehen. Bei der von der Berliner CDUD inaugurierten Reichstagung der CDU im Dezember 1945 in Bad Godesberg hatte die Frankfurter CDU den „Sozialismus aus christlicher Verantwortung" als politisches Leitmotiv der Partei installiert, ohne freilich damit eine wirkliche programmatische Richtungsentscheidung treffen zu können.[382] Mit dem nur wenige Tage später folgenden Aufstieg Jakob Kaisers zum Vorsitzenden der Berliner und ostzonalen CDUD wurde dann schnell Berlin das eigentliche Zentrum eines christlichen Sozialismus in der Union, während die Kölner und Frankfurter christlichen Sozialisten langsam gegenüber Adenauer und den konservativen Kräften ins Hintertreffen gerieten. Wie dann der Sozialismusbegriff besonders durch die Gruppe um von der Gablentz interpretiert und von Kaiser politisch vertreten wurde, ist bereits gezeigt worden. Ab

---

[382] Vgl. Kap. 7.1.1.2. und 7.1.5.

1946 standen sich mit dem neuen CDUD-Vorsitzenden Jakob Kaiser und dem CDU-Vorsitzenden in der Britischen Zone, Konrad Adenauer, die Exponenten von zwei grundverschiedenen politischen Ansätzen gegenüber. Kaiser galt als Vertreter des christlichen Sozialismus in der Wirtschafts- und Gesellschaftspolitik sowie der „Brückentheorie", die Deutschland zwischen den Blöcken Ost und West positionieren wollte, in außenpolitischer Hinsicht. Adenauer war der Verfechter einer Westintegration der nachmaligen Bundesrepublik sowie einer bürgerlich-liberalen Wirtschaftspolitik. Jenseits der Auseinandersetzung um den Kurs in Wirtschaftsfragen war es in mindestens ebenso starker Weise die außenpolitische Konzeption Kaisers, die nicht nur im Westen, sondern auch im Süden und Südwesten Deutschlands abgelehnt wurde. Da Kaiser deutlich zu erkennen gab, er sei nicht föderalistisch eingestellt, schwächte er seine Position weiter. Lediglich in den Sozialausschüssen, die sich wesentlich aus den christlichen Gewerkschaftlern rekrutierten, hatte Kaiser im Westen verlässliche Anhänger, die zudem auch seine außenpolitischen Vorstellungen teilten.[383] Um seine Position in den westlichen Besatzungszonen auszubauen, organisierten Kaiser und seine Vertrauten eine großangelegte Werbekampagne. Adenauer reagierte darauf, indem er die bayerische CSU und die CDU-Verbände in der amerikanischen Zone zu dem Beschluss brachte, eine noch zu bildende gesamtdeutsche CDU dürfe keineswegs von Berlin aus gelenkt werden.

Kaiser konnte sich allerdings neben der sowjetischen Unterstützung auch der der britischen Besatzungsbehörden sicher sein, in welchen seit Sommer 1945 durch die Labour-Regierung eine politische Richtung vertreten wurde, die Kaisers Intentionen mit Sympathie begleitete. Deshalb sah es zunächst für Kaisers Konzeption gut aus: Zwar äußerte Adenauer heftige Kritik am Konzept des christlichen Sozialismus,[384] den er schon seit jeher für verführerischer gehalten hatte als die dezidiert marxistische Interpretation des Sozialismus – die, wie er meinte, „von tausend Sozialisten nicht einer versteht"[385] – aber er stieß auch auf Widerstand in den eigenen Reihen, die teilweise Kaiser begeistert auf seiner Vortragsreise durch Westdeutschland empfingen.[386]

Auf der für die CDU-Geschichte dann wegweisenden Tagung der verschiedenen Landesverbände im hessischen Königsstein im Februar 1947 sollte in der noch immer offenen Führungsfrage die Vorentscheidung zugunsten Adenauers fallen. Die Tagung hatte zunächst die Zielsetzung, die auf der Ende 1945 in Bad Godesberg gehaltenen „Reichstagung" beschlossene Einigung der CDU-Verbände zu einer gesamtdeutschen Organisation zu voll-

---

[383] HEITZER, Britische Zone, 250.
[384] PÜTZ, Adenauer, 149f.
[385] Zit. in: ADENAUER, Maximen, 109.
[386] HEITZER, Britische Zone, 250.

ziehen. Doch entscheidender sollte der Kampf um die Führung der Union werden.

Im Zweikampf um die Macht in der Union zwischen den Katholiken Adenauer und Kaiser waren Protestanten in die Rolle von Adlaten gedrängt. Dies begann bei Friedrich Holzapfel: Er übernahm anstelle des zunächst abwesenden Adenauer die Leitung der Tagung. Als Adenauer im verschneiten Königsstein ankam, fiel diese selbstverständlich ihm zu.[387]

In der hier nicht weiter darzustellenden Diskussion gelang es Adenauer, Kaiser so in Bedrängnis und Verärgerung zu bringen, dass dieser durch sein Verhalten seinen Führungsanspruch faktisch selbst aufhob. Auch die heftige Unterstützung von der Gablentz' konnte daran nichts ändern. Sie verschlimmerte die Lage sogar. Theodor Steltzer, der Kaiser sachlich zu verteidigen suchte, äußerte ungewollt ebenfalls Zweifel an Kaisers Führungsfähigkeiten.[388] Als Ergebnis der Beratungen entstand die „Arbeitsgemeinschaft der Christlich-Demokratischen und Christlich-Sozialen Union Deutschlands", ein Gebilde, das zwar formal Kaisers Wunsch nach einer reichsweiten Organisation erfüllte, für eine wirkliche praktische Arbeit aber zu schwach konstruiert war.

Kaisers deutschlandpolitische Vorstellungen[389] und Initiativen hatten im Laufe des Jahres 1947 immer weniger Chancen auf Realisierung. Ende 1947 wurden Kaiser und sein Stellvertreter Ernst Lemmer als Vorsitzende der CDUD, wie fast genau zwei Jahre zuvor Andreas Hermes und Walther Schreiber, von der Sowjetischen Militäradministration gestürzt. Mit dem Wegbrechen der Ost-CDU, die unter den neuen Vorsitzenden Otto Nuschke und Hugo Hickmann einen SED-loyalen Kurs einschlug, war der Gedanke eines christlichen Sozialismus im Westen faktisch obsolet geworden.

Im Verlaufe des Jahres 1947 sollte allerdings die CDU noch ein Programm bekommen, das den Forderungen der christlichen Sozialisten weit entgegen kam, indem Adenauer auf Druck der gewerkschaftlich orientierten Kräfte in der Britischen Zone, in denen der ihnen entstammende Berliner Parteiführer Jakob Kaiser weiterhin großen Einfluss hatte, in der CDU für den Landtagswahlkampf in Nordrhein-Westfalen das sogenannte „Ahlener Programm" vom 3.2.1947 initiierte.[390] Die ausdrücklich aufgenommen aber dort kaum ausformulierten Programmpunkte von „Neheim-Hüsten" wur-

---

[387] BAK 1018/58.

[388] HEITZER, Britische Zone, 271.

[389] Vgl. SCHWARZ, Reich.

[390] BUCHHAAS, Volkspartei, 160. Wie Buchhaas darstellt, wurde das Programm weitgehend für den Landtagswahlkampf in Nordrhein-Westfalen 1947 im Stile eines Aktionsprogramms entwickelt: „Werbefunktion und Profilfunktion rangieren deutlich vor den potentiellen Binnenfunktionen: durch Diskussion konträre Strömungen zu integrieren sowie zur Demokratisierung des sachpolitischen Willensbildungsprozesses beizutragen" (ebd., 155).

den nun mit kräftigen Schlussfolgerungen wie Konzernentflechtung, Kartellgesetze, umfassendere Vergesellschaftung als nur die der Bergwerke, Ausbau des Genossenschaftswesens, Mitbestimmungsrecht, Gewinnbeteiligung der Arbeiter usw., versehen.

Adenauer gelang es damit, die in Wirtschaftsfragen weit auseinander liegenden Flügel der Union auf eine „gemeinsame programmatische Plattform zu verpflichten"[391], die letztlich „Ahlen" als Umsetzung von „Neheim-Hüsten" erscheinen ließ, was kaum praktikabel war. Sicherheitshalber hatte Adenauer auch organisatorisch vorgebaut, um eine eventuelle tatsächliche Umsetzung des „Ahlener Programms" verhindern zu können. Vom „Wirtschafts- und Sozialpolitischen Ausschuss" unter dem Gewerkschaftler Johannes Albers verselbständigte sich ein Teil zu einem „Wirtschaftspolitischen Ausschuss" unter Leitung des Bankiers Franz Etzel,[392] eines wirtschaftsliberalen Protestanten. Damit wurde das für die Überwachung der parteipolitischen Umsetzung des „Ahlener Programms" zuständige Gremium mit der Entstehung eines Widerlagers sofort geschwächt. In der praktischen Arbeit, etwa im Bizonenrat in Frankfurt, wurde das „Ahlener Programm" nie rezipiert. Formal wurde es allerdings auch nie aufgehoben.

Zwei Jahre später, im Juli 1949, verabschiedete die Union mit den von Ludwig Erhard maßgeblich geprägten „Düsseldorfer Leitsätzen" ein Programm für die Bundestagswahl, das von einem völlig anderen Geist durchdrungen war. Die Entscheidung dafür fiel nicht durch eine Programmrevision, sondern auf einer Sitzung des Zonenausschusses im Februar 1949. Das „Ahlener Programm", zu dem Adenauer nach eigenem Bekunden – allerdings nur rhetorisch – immer noch „restlos"[393] stand, wurde deklamatorisch beibehalten. Die „Düsseldorfer Leitsätze" hingegen verstanden sich als Plädoyer für die soziale Marktwirtschaft, die sich seit der Währungsreform bewährt hatte. „Das bedeutete den endgültigen Abschied von einer integrierten Sozial- und Wirtschaftspolitik.[394] Trotzdem ist Buchhaas[395] nicht zuzustimmen, wenn sie die Funktionalität des Programms nur zugunsten des „Werbeeffekts" betrachtet und darin „langfristige politische Strategien" nicht mehr zu erkennen glaubt. Sie finden sich durchaus darin, allerdings auf einer Metaebene: Von einem christlichen Sozialismus war keine Rede mehr und damit war die CDU eindeutig in die rechte Mitte gewandert. Durch die Bemerkung Adenauers allerdings, das „Ahlener Programm" sei nach wie vor gültig, wurde geradezu eine virtuelle Plattform gefunden, auf der die christlichen Sozialisten mit den Konservativ-Liberalen noch gemeinsam zu stehen glaubten. Da die „Düsseldorfer Leitsätze" sich als reines Wirtschaftspro-

---

[391] SCHWARZ, Adenauer I, 541.
[392] HEITZER, Britische Zone, 457.
[393] SCHWARZ, Adenauer I, 606.
[394] ALEMANN, Parteiensystem, 49.
[395] BUCHHAAS, Volkspartei, 169.

gramm verstanden, konnten andere Fragen, wie die der politischen Konzeption einer Christlichen Demokratie ausgeklammert und so erst recht liberalen und konservativen Wählern – und damit dem politisch noch heimatlosen evangelischen Bevölkerungsteil – eine Alternative geboten werden. Der Anspruch auf Christlichkeit wurde denen, die darauf Wert legten, durch andere Formen, wie das Kreuz im Parteiemblem, Gottesdienste vor Parteitagen und letztlich das „C" suggeriert.

Neben den grundsätzlichen Problemen, wie dem der schwierigen Stellung Kaisers gegenüber der sowjetischen Zonenverwaltung, der Frage, wie denn ein „Christlicher Sozialismus" breite Wählerschichten erschließen könne, wo doch die SPD als eigenständige Partei längst wieder erstanden war usw., bleibt jedoch auch festzuhalten, dass es in der für die Entwicklung der Gesamt-CDU so wichtigen Britischen Besatzungszone gerade die Protestanten waren, die die soziale Marktwirtschaft entschieden vorantrieben. Zur marktwirtschaftlichen Ausrichtung der CDU leisteten sie Adenauer einen unverzichtbaren Beitrag. Damit wurde die CDU zunehmend zu einer für konservative Protestanten wählbaren bürgerlichen Partei, die ihre christlich-sozialistische Klientel zwar nicht ausschloss, aber in den Sozialausschüssen weitgehend einhegte. Die soziale Marktwirtschaft und nicht der christliche Sozialismus von der Gablentz' stellte so ein verbindendes Glied zwischen den Konfessionen in der CDU dar. Während die Westbindung eher eine Angelegenheit des „katholischen" Adenauer wurde, geriet die soziale Marktwirtschaft zur Sache der Protestanten, zu denen u.a. neben Friedrich Holzapfel auch der nachmalige Kanzler Ludwig Erhard, der „Vater" der sozialen Marktwirtschaft, gehörte.

7.2.2. Das Ende der Kreisauer Staatskonzeption in der CDU

Bei seiner Rückkehr nach Schleswig-Holstein hatte der Mitbegründer der Berliner CDUD, Theodor Steltzer, schon eine buntscheckige Landschaft von Parteien vorgefunden, die entsprechend der britischen Besatzungspolitik zunächst auf lokaler Ebene organisiert waren. Steltzer engagierte sich in Rendsburg. Am 13.10.1945 wurde die Zulassung einer „Christlich-Demokratischen Partei" für Rendsburg beantragt.[396] Im Mai 1946 kam es rückwirkend zum 1.1.1946 zur Lizenzierung.[397]

Nach dem Ausscheiden Schlange-Schöningens aus der Parteipolitik blieben als herausragende Repräsentanten der norddeutschen CDU Carl Schröter und Theodor Steltzer übrig. Das Verhältnis der beiden entwickelte sich ungünstig. Die Gründe lagen nach Steltzers eigener Ansicht in der Orientierung Schroeters an einer bürgerlich-liberal geprägten Demokratie. Ein Mo-

---

[396] HEITZER, Britische Zone, 112.
[397] BECKER, CDU, 171.

dell, das Steltzer für überholt hielt. Steltzer, seit November 1945 zunächst er-
nannter Oberpräsident von Schleswig-Holstein, die Bezeichnung wurde
bald in „Ministerpräsident" umgewandelt, konnte und wollte sich in der
CDU je länger je weniger angesichts der Widerstände gegen seine Person
durchsetzen. Nicht zuletzt seine Verbindung zu den Männern des „20. Juli"
wurde ihm dabei zum Vorwurf gemacht.[398] Schon vor den ersten Landtagswahlen 1947 hatte er den Entschluss gefasst, nach diesen Wahlen zurückzu-
treten. Da die Wahl für die CDU verloren ging, erledigte sich diese Frage
von selbst. Steltzer sah sich in der norddeutschen CDU bald isoliert und zog
sich deshalb völlig aus der aktiven Politik zurück.[399] Er widmete sich in der
Folgezeit besonders der pädagogisch-politischen Arbeit sowie der Herstellung von außenpolitischen Kontakten. Schon während seiner kurzen Amtszeit als Ministerpräsident hatte er auf dem Gebiet der Bildungsarbeit neue
Pläne entwickelt, die hier kurz dargestellt werden sollen.

Zunächst gründete er in Verbindung mit dem Ev. Hilfswerk eine „St.-
Michaels-Stiftung" genannte ökumenisch orientierte Studienzentrale, die
„über die Probleme, die die Stellung des christlichen Laien in der Welt"[400]
mit sich brachte, nachdachte und an die sich eine christliche Volksbildungs-
arbeit anschließen sollte. Steltzer entwickelte daraus den Plan einer „Stu-
diengesellschaft Mundus Christianus", die am 2. April 1948 in Wiesbaden
gegründet wurde. Die Arbeitsgemeinschaft „Mundus Christianus", deren
Name offensichtlich Programm sein sollte, orientierte sich in ihrem Ansatz
an Kreisau. Nach eigenem Anspruch versuchte „Mundus Christianus" die
Kreisauer Vorstellungen zu verwirklichen und zu einer geistigen Neuordnung beizutragen. Zu den Teilnehmern der Studientagungen gehörten u.a.
die Schriftsteller Alfred Andersch und Hans Werner Richter sowie die Publizisten Eugen Kogon, Walter Dirks, Gerd Bucerius und Erich Kuby, aber
auch der damalige Rektor der Universität Frankfurt, Walter Hallstein, sowie
Werner von Trott zu Solz.[401] Er hatte ähnlich wie Steltzer einen Gesprächskreis, die „Gesellschaft Imshausen", ins Leben gerufen, an deren Tagungen
auch Steltzer teilnahm. Gerade in der unmittelbaren Nachkriegszeit blühten
diese Arbeitsgemeinschaften, die die gegenseitige geistige Orientierung zum
Ziel hatten auf. Die damals entstehenden Evangelischen Akademien sind
ebenfalls in dieser Perspektive zu verstehen. In Schloss Tremsbüttel kam man
innerhalb des Arbeitskreises „Mundus Christianus" allerdings nur zu wenigen Tagungen zusammen. Offensichtlich erwuchs der Bildungsarbeit Steltzers gerade durch die Evangelischen Akademien eine zu starke Konkurrenz.

---

[398] Bösch, Adenauer-CDU, 48.
[399] Steltzer, Zeitgenosse, 199. Die Einladung seines Freundes von der Gablentz', Ge-
neraldirektor des NWDR zu werden, lehnte er ab. An seiner Stelle übernahm Adolf
Grimme dieses Amt.
[400] Bericht E. Forsthoff, zit. in: Schwiedrzik, Träume, 210f. A. 82.
[401] Ebd., 12.2.

Auf der konstituierenden Sitzung des Arbeitskreises wurde jedoch noch einmal wie unter einem Brennglas Steltzers geistige Weltsicht deutlich, die nach den negativen politischen Erfahrungen von 1918/19[402] und 1945–1947 nicht mit scharfer Kritik an den Parteien sparte. In seinen „Grundsatzüberlegungen" für die Arbeit in Tremsbüttel legte Steltzer dies noch einmal dar: Er warf den Parteien einen überzogenen Führungsanspruch vor, „dem eine falsche Vorstellung des Politischen zugrunde liegt. Denn in der Selbstverwaltung liegen z.B. gar keine in diesem Sinn politischen, sondern nur sachliche Ordnungsaufgaben vor."[403] Steltzer rekurrierte wiederum auf das von ihm bevorzugte Prinzip der lokalen Selbstverwaltung, aus dem sich dann in indirekten Wahlen der Staatsaufbau Deutschlands ergeben sollte. Damit war die Frage nach dem Problem der Beteiligung der Wähler an der Bildung der staatlichen Organisationen und Institutionen gegeben:

„Hier treffen wir auf den Anspruch der Parteien, die einzigen legitimen Vertreter des Volkes zu sein. Dieser Anspruch, der zu keiner Zeit wirklich begründet war, muß aber jetzt erst recht zurückgewiesen werden. Denn die Parteien haben ihre jetzige dominierende Stellung nicht aufgrund irgendwelcher Leistungen oder soziologischer Notwendigkeiten, sondern aufgrund des Listenwahlsystems und des sich hieraus ergebenden Monopols bei der Kandidatenaufstellung. Sie sind zahlenmäßig die Vertretungen von Minderheiten und verdanken die großen Wahlziffern nur dem Umstand, dass dem unglücklichen Wähler nur die Wahl zwischen den wenigen Listen bleibt. Die Folge ist, dass die Parteien sich im Grunde geistig wenig bemühen, von kleinen Führerkliquen zusammen mit einer Parteibürokratie geführt werden und ihre Hauptkräfte im Kampf mit Personalfragen gegeneinander verbrauchen."

Da Steltzer sich eindeutig an einem demokratischen Elite-Begriff orientierte, kam er über die Kritik am vorherrschenden Parteiensystem nicht hinaus. Seine positive Anknüpfung an die alten behördlich-administrativen Traditionen in Deutschland atmete noch ungebrochen den Geist der preußischen Verwaltungskultur. Wie wenig wirklichkeitsbezogen seine Vorstellungen waren, zeigte sich bei dem aus Kreisau bekannten[404] und hier wiederholten Vorschlag, zu indirekten Wahlen überzugehen. Steltzer sah darin

„nur die Vorteile … Das System erleichtert eine bessere Auslese, da die Wahlkörperschaften die Kandidaten genau kennen werden. Es liegt im eigenen Interesse der Kreis- und Stadtparlamente, dass wirklich geeignete Persönlichkeiten in den Landtag kommen. … Auch ist unsere Bevölkerung gar nicht so wahlwütig, dass sie immerfort wählen möchte."

Steltzer glaubte nach wie vor, die Parteien im Staatsaufbau überflüssig machen zu können.

---

[402] Vgl. biographische Anmerkung zu Steltzer Kap. 6.1.
[403] Steltzer, Grundsatzüberlegungen, 179f.; daraus auch die nachfolgenden Zitate.
[404] Vgl. Kap. 6.1.

„Sie könnten ganz entbehrt werden, sie könnten aber auch eine wesentliche Aufgabe leisten, wenn sie die Wortführer einer geistig orientierten politischen Aussprache würden, die sie augenblicklich nicht pflegen, weil sie es infolge ihrer Machtposition nicht nötig haben. Das ist ja das beunruhigende, dass es zwischen den Parteien und innerhalb der Parteien, keine lebendigen, wesentlichen Gespräche gibt."

Steltzers Vorstellungen verschlossen sich dem Modernisierungstendenzen, die die westlichen Besatzungsmächte mit der schrittweisen Einführung parlamentarischer Demokratie freigesetzt hatten. Mit seinem Rückzug aus der Parteipolitik zog Steltzer die Konsequenzen. Doch dies sollte für ihn keine völlige Abstinenz vom Bereich des Politischen bedeuten. Für die Beratungen des Parlamentarischen Rates legte er einen Verfassungsentwurf vor, der im Wesentlichen seinen sonstigen Vorstellungen entsprach. Auch hier wehrte er sich gegen einen „Parteitotalitarismus"[405], schlug indirekte Wahlen vor und wollte dem Bundestag und dem „Länderrat" noch einen „Bundeswirtschaftsrat" und einen „Bundeskulturrat" zu Seite stellen. Damit sollte eindeutig die „ausschlaggebende Stellung"[406] der Parteien gebrochen werden. Die alte Anti-Parteien-Mentalität währte bei diesem Überlebenden des „20. Juli" ungebrochen fort.

In die aktive Politik schaltete Steltzer sich nicht mehr ein. Pläne, ihm die Funktion des Oberdirektors des Frankfurter Wirtschaftsrates zu übertragen, scheiterten an der Zurückhaltung Steltzers und am Widerstand Adenauers. Im Zusammenhang dieser Episode gebliebenen Bemühungen kam es auch zu Begegnungen Steltzers mit Adenauer. Dessen politische Vorstellungen der konsequenten Westbindung waren für Steltzer in „ihrer Simplizität ein unbedingtes Erfolgsrezept"[407]. Kritisch fügte er jedoch hinzu: „Für eine politische, eine gesellschaftliche Neuordnung und vor allem für die geistigen Wandlungen, die ihr vorausgehen mussten, war Adenauers stockkonservative Lebensauffassung, war sein durch und durch bürgerliches Weltbild keine ausreichende Hilfe."[408]

Mit Steltzer schied faktisch der letzte Vertreter der „Kreisauer" aus der aktiven Politik aus, da Gerstenmaier später auf die inhaltlichen Pläne dieses Kreises ausdrücklich keinen Bezug nahm.[409] Steltzers Verhalten, sein rasches Ausscheiden aus der Parteipolitik und seine politische Bildungsarbeit, waren typisch protestantisch. Politik wurde von ihm weltanschaulich hochgradig aufgeladen und der „reinen Lehre" im Zweifelsfall der Vorzug vor der demgegenüber unattraktiveren Wirklichkeit gegeben. Die Frage, wie die in der politischen Bildungsarbeit entwickelten Pläne umgesetzt werden könnten,

---

[405] Zit. in: BENZ, Hoffnung, 195.
[406] Ebd., 207.
[407] STELTZER, Zeitgenosse, 202.
[408] Ebd., 203.
[409] Vgl. Kap. 7.5.1.

wo doch die, die für sie standen, sich aus der Politik zurückzogen, stellte sich Steltzer offensichtlich nicht. Während im „Mundus Christianus" weltanschauliche Konzeptionen entworfen wurden, schufen Parteipolitiker wie Adenauer Fakten. Kritik an den politischen Institutionen (polity) korrespondierte bei Steltzer wiederum typisch mit dem Verzicht auf die Profilierung von Politikfeldern (policy) und einem Rückzug aus dem konkreten politischen Handeln (politics). Bei Steltzer war die Anti-Parteien-Mentalität auf die Dauer stärker als sein parteipolitisches Engagement.

7.2.3. Der Niedergang des christlichen Konservatismus

Bei der Regierungsbildung 1949 fiel das Amt des Bundeslandwirtschaftsministers nicht Hans Schlange-Schöningen zu. Dies hätte durchaus nahe gelegen, da Schlange-Schöningen vom Frankfurter Wirtschaftsrat 1947 zum Direktor für Ernährung und Landwirtschaft in der so genannten Bizone gewählt wurde,[410] ein Amt das faktisch – auch wenn der Titel in dieser Zeit strikt vermieden wurde – dem eines Ministers entsprach. Schlange-Schöningen behielt diese Aufgabe bis zur Einstellung der Bizonenverwaltung bei. Neben der Tatsache, dass außer Ludwig Erhard keiner der Frankfurter Direktoren in der Bundesrepublik Karriere machte, spielten bei Schlange-Schöningen gerade seine Politik in der Frankfurter Zeit sowie seine parteipolitischen Präferenzen für die erste Regierungsbildung in der Bundesrepublik die entscheidende Rolle, ihn selbst nicht zu berücksichtigen.

Als Direktor für Ernährung und Landwirtschaft war Schlange-Schöningen mit seinem Amt eine überaus schwere Aufgabe zugefallen, denn es galt die Ernährung eines Volkes unter den Bedingungen einer völlig zerstörten Infrastruktur sicherzustellen. Dieses Problem nahm nach dem harten Winter 1946/47 dramatische Ausmaße an, die dann zum sogenannten „Kartoffelkrieg" zwischen der Bizonenverwaltung und den einzelnen Länderregierungen führten.[411] Schlange-Schöningen hatte – ohne sich um parteipolitische Präferenzen, wie er es sich am Ende der Weimarer Republik vorgenommen hatte, zu kümmern – strikt sachbezogen für die Länder Abgabequoten festgesetzt. Diese riefen besonders in Bayern und Niedersachsen erheblichen Widerstand hervor. Diese überparteiliche Politik führte dazu, das Schlange-Schöningen im Wirtschaftsparlament so unter Druck geriet, dass es gerade das unionsregierte Bayern war, dass „den CDU-Außenseiter im Verwaltungsrat"[412] stürzen wollte. Während die übrige Union uneinig war, konnte sich Schlange-Schöningen nur durch die Unterstützung der SPD-Fraktion im

---

[410] BENZ, Gründung, 66.
[411] Vgl. ebd., 68.
[412] Sopade-Informationsdienst, 1.2.1949.

Amt halten. Die „‚Offene Feldschlacht' um Schlange-Schöningen"[413] hatte deshalb für seine unionsinternen Gegner einen negativen Ausgang.

Wenn Schlange-Schöningen gehofft hatte, wegen seiner letztlich erfolgreichen Ernährungspolitik im öffentlichen Bewusstsein reüssieren zu können, so sah er sich getäuscht. Der „Star" der Bizonenverwaltung war nach der Währungsreform für die Deutschen zweifellos Ludwig Erhard. Ihn stellte, obwohl Erhard nicht der CDU angehörte und durch Vorschlag der FDP in sein Amt gekommen war, die Union im Bundestagswahlkampf 1949 neben Adenauer besonders heraus.

Schlange-Schöningen spielte dort keine Rolle. Seine Politik gegen die eigene Partei in der Bizonenverwaltung sowie sein Auftreten gegen die „Kleine Koalition" 1949 schlossen ihn als Machtfaktor in der deutschen Politik aus, da er seit seinem Scheitern mit dem Projekt der CDAP auch über keine Hausmacht innerhalb der CDU mehr verfügte. Entsprechend seiner schon 1945 konzipierten Strategie einer durchaus denkbaren Zusammenarbeit zwischen Konservativen und Sozialdemokraten sprach sich Schlange-Schöningen nach der Bundestagswahl 1949 heftig für eine Große Koalition, die er als eine „Front der Vernünftigen"[414] bezeichnete, aus. Bekanntlich konnte sich Schlange-Schöningen mit diesen Plänen gegenüber seinem Gegner Konrad Adenauer, der zielstrebig eine Kleine Koalition mit der FDP und der DP herbeiführte, nicht durchsetzten.

Schlange-Schöningen nahm zunächst ein Abgeordnetenmandat wahr. Pläne innerhalb der SPD, ihn 1949 als Kandidat für das Amt des Bundespräsidenten zu unterstützen – ein Vorhaben, für das Schlange-Schöningen sich notfalls gegen die eigene Fraktion bereit halten wollte – scheiterten.[415] Walter Henkels, Porträtist der politischen Gründergeneration der Bundesrepublik, brachte nach der Konstituierung der Bundesorgane Schlange-Schöningens parteiinterne Stellung, der „meist allein und kaum beachtet durch die Korridore"[416] gehe, auf die Formel „Der Mohr hat seine Schuldigkeit getan."

1950 ging Schlange-Schöningen als erster Generalkonsul der Bundesrepublik nach Großbritannien. 1953 versuchte er nochmals in die deutsche Innenpolitik einzugreifen, indem er im Vorfeld der anstehenden Wahl zum Bundespräsidenten 1954 seine Chancen sondierte,[417] was sich jedoch als illusionär erwies. Nachdem Schlange-Schöningen 1955 wegen Erreichen der Altersgrenze seinen Londoner Posten verlassen musste, kündigte er seine „Rückkehr in die deutsche Innenpolitik"[418] an, wobei er sich weiter als Ex-

---

[413] Der Tagesspiegel, 3.11.1948.
[414] Rhein-Echo, 17.9.1949.
[415] SCHWARZ, Adenauer I, 628.
[416] Frankfurter Allgemeine Zeitung, 2.12.1949.
[417] Frankfurter Rundschau, 10.10.1953.
[418] Westfälische Rundschau, 17.5.1955.

ponent einer Großen Koalition ansah. Der „Vorwärts" vermutete: „Die CDU hat also mit einem nicht sehr bequemen Manne, der konfessionell ihren protestantischen Flügel verstärkt, zu rechnen."[419] Tatsächlich konnte Schlange-Schöningen in der Innenpolitik nicht mehr Fuß mehr fassen. Zum letzten Male erregte er 1958 öffentliche Aufmerksamkeit, indem er Adenauer wegen seiner Deutschlandpolitik angriff und die Frage aufwarf, ob denn die Politik in der CDU „als christlich"[420] bezeichnet werden könne. Im Anschluss daran stellte er Adenauer die rhetorische Frage, ob er ihn nun aus der CDU ausschließen wolle. Adenauer antworte auf Schlange-Schöningens Brief nur durch untergeordnete Stellen. 1960 starb Schlange-Schöningen. In den Nachrufen wurde er als „Politiker ohne Fortune"[421] bzw. als jemand, der den Nachkriegsstaat gestalten „wollte"[422], bezeichnet.

Abgesehen davon, dass Schlange-Schöningens Selbstwahrnehmung, gerade dann, wenn es um höchste Ämter ging, schon seit der Weimarer Zeit selten mit der Außeneinschätzung seiner Position übereinstimmte,[423] war er doch auch ein Opfer seiner „überparteilichen" Politik, die zwar ein hohes Maß an sachlicher Orientierung bewies, aber die Strukturen innerhalb der Parteiendemokratie unterschätzte. Die Protestanten in der Partei zählten schon seit längerer Zeit nicht mehr auf Schlange-Schöningen, insofern war sein politischer Abstieg eher persönliche Tragik als eine Schwächung der Protestanten in der CDU. Eine offene Frage bleibt allerdings, ob der dezidiert konservative Protestant, der wegen seiner Kooperationsbereitschaft mit der SPD paradoxerweise zum „linken Lager" gerechnet wurde, Nationalprotestanten stärker in die CDU hätte einbinden können.

Schlanges ausgeprägter politischer Individualismus, die konservative Orientierung an der unabhängigen Einzelpersönlichkeit, die auf die Unterstützung parteipolitischer Gremien verzichten zu können glaubte oder sogar gegen die eigene Partei sich mit Hilfe anderer Parteien durchsetzten wollte, sowie seine Orientierung an einer vermeintlichen Überparteilichkeit missachtete die fundamentalen Grundsätze eines Parteienstaates, der wiederum von Loyalitätsverhältnissen innerhalb der Partei geprägt war. Das Ergebnis war der Rückzug in den Status des politischen Beamten, ob als Bizonendirektor oder als Generalkonsul. Wieder einmal überwog die Anti-Parteien-Mentalität bei einem protestantischen Konservativen über das parteipolitische Engagement. Dass die maßgeblichen Entscheidungen in den politischen Parteien und nicht in behördlichen Ämtern fielen, wurde von Schlange nicht oder doch zumindest zu spät erkannt. In seinem ganzen Politikstil ist Schlange-Schöningen als ein Vertreter politischer Romantik zu

---

[419] Vorwärts, 27.5.1955.
[420] Neue Zeit, 4.5.1958.
[421] Vorwärts, 29.7.1960.
[422] DIE WELT, 29.7.1960.
[423] Vgl. Kap. 7.1.4.2.

verstehen, der dem vermeintlich „großen Ganzen" den Vorzug vor der „kleinteiligen" Parteipolitik gab. Trotzdem wollte er durch die Parteien zu hohen und höchsten Ämtern gelangen. Ein Versuch, der unter diesen Voraussetzungen scheitern musste.

7.3. Gustav Heinemann und die Krise des protestantischen Konservatismus in der CDU

7.3.1. Heinemanns Engagement für die CDU

Mit der Wahl zum ersten deutschen Bundestag 1949 trat nun ein Mann verstärkt in den Blickpunkt des öffentlichen Interesses, der bisher lediglich im protestantischen Lager bekannt war: Gustav Heinemann.[424] In der Endphase

---

[424] Heinemann war gebürtiger Essener und stammte aus einer religiös indifferenten und politisch liberalen Familie. Sein Urgroßvater hatte aktiv an der Märzrevolution von 1848 teilgenommen; Großvater und Vater gehörten zu den „Freisinnigen" (VINKE, Heinemann, 12ff.). Begonnen hatte der 1899 geborene Heinemann sein politisches Engagement ebenfalls zunächst im liberalen Lager, bei der DDP. Das ab Oktober 1919 überlieferte Tagebuch Heinemanns verzeichnet gleich im ersten Monat Einträge über eine Teilnahme an der Gedächtnisfeier für den verstorbenen DDP-Vorsitzenden Friedrich Naumann, einen Besuch mit dem Studienfreund Ernst Lemmer bei dem Liberalen Levin Schücking, die mehrfache Teilnahme an Versammlungen einer Jugendgruppe der DDP und den Besuch eines Vortrages von Martin Rade (HEINEMANN, Demokraten, 25). Während des Kapp-Putsches fiel Heinemann sogar eine kleine Funktion als Kurier für die geflohene Regierung zu (VINKE, Heinemann, 33ff.). Auffällig ist jedoch in dieser Zeit auch ein großes Verständnis für die Anliegen der radikalen USPD. So notierte er nach dem Attentat auf Erzberger: „Wenn mir nicht das große Ganze über meine eigenen Wünsche ginge, hätte ich manchmal nicht übel Lust, zur U.S.P.[D.] zu gehen. Das deutsche Volk weiß mit der Demokratie nichts anzufangen." (HEINEMANN, Demokraten, 41). Vom religiösen Standpunkt her war Heinemann zunächst – unter dem Einfluss seines Elternhauses – Agnostiker, bzw. ein religiös Suchender. Das Tagebuch ist voller religiöser Erörterungen, die einen ebenfalls liberalen Geist atmen. Neben diversen Besuchen von Veranstaltungen des Monistenbundes (ebd., 92,123,165) kam es auch zu religiösen Erwägungen. Nach einem Besuch der Alten Pinakothek in München schrieb er in Erinnerung an ein Bild von Rubens: „Christus am Kreuz: Christus ist tot, und doch ist er Licht." (ebd., 58) Von der liberalen Theologie war Heinemann jedoch nicht übermäßig beeindruckt, obwohl er als Marburger Student Rade persönlich kannte und auch in seinem Hause verkehrte (ebd., 131). Unter dem Einfluss seiner Frau, einer studierten Theologin, und dem Eindruck des Wirkens von Pfarrer Friedrich Graeber, der von 1927 bis 1947 Pfarrer der Gemeinde Essen-Altstadt (zu Graeber vgl. GEHRING, Graeber, 681ff.) war, hatte sich Heinemann Ende der zwanziger Jahre zu einem Christentum pietistischer Prägung bekehrt. Heinemann war dann auch wie sein geistiger Mentor Graeber, der für den CSVD „fast tagtäglich Wahlreden" (ebd., 682) hielt, politisch für diese Partei tätig geworden. Graeber, der sich auch als „Landsknecht Gottes" (ebd.) bezeichnete und theologisch ein Schüler Adolf Schlatters war, hatte Heinemann ganz offensichtlich durch die zupackende Art seines Glaubens beeindruckt. Neben seiner pastoralen Tätigkeit wirkte er als Evangelist. Zudem ließ er eine Industriebrache wieder urbar machen und dozierte gleichzeitig an der von dem Evangelisten Wilhelm Busch begründeten „UfE", der „Universität für Erwerbslose".

der Weimarer Republik war Heinemann wie sein geistiger Mentor, der Pfarrer Friedrich Graeber, für den CSVD politisch tätig gewesen. Von dort aus führte der Weg über das Engagement in der Bekennenden Kirche nach 1945 in die CDU. Heinemann stellte am 13.10.1945 den Zulassungsantrag für die Essener Partei.[425] An der Tagung der protestantischen rheinischen Christdemokraten im Hause Halstenbach in Wuppertal am 17.8.1945, wie auch an der Gründung der rheinischen CDP am 2.9.1945, nahm er teil. Bei der ersten Zusammenkunft der „Evangelischen Tagung" im Rheinland übernahm er das schon dargestellte Grundsatzreferat.[426]

Auch Adenauer schätze offensichtlich von Anfang an Heinemanns bedeutsame Stellung innerhalb der protestantischen Christdemokraten richtig ein. Dies wurde in einem „Werbebrief" von Robert Pferdmenges deutlich, in dem dieser bei Heinemann für Adenauer als CDU-Vorsitzenden des Rheinlandes eintrat. Pferdmenges bemühte sich dabei, den nie unumstrittenen Adenauer in einem milden Licht erscheinen zu lassen. Heinemann konnte ihn noch beruhigen: Er habe „gegen Herrn Dr. A. … meinerseits keine Bedenken, insbesondere teile ich nicht die Vorwürfe, die gegen ihn laut geworden sind."[427]

Heinemann selber entwickelte von Anfang an ein sehr differenziertes Verhältnis zur CDU, deren politische Positionierung er als offen ansah. So schrieb er Anfang Februar 1946 in einem privaten Brief:

> „Irgend etwas endgültiges über den Charakter der CDU lässt sich doch weiß Gott überhaupt noch nicht sagen. Die Dinge stehen im ersten Entwicklungsstadium, so dass es jedem Interessenten freisteht, sie möglichst in seinem Sinne zu beeinflussen und der neuen Partei insbesondere auch dasjenige personelle Gesicht zu geben, das von Ihnen gewünscht wird."[428]

Trotz seiner pietistischen Einstellung grenzte Graeber sich nicht in der sonst meist üblichen Weise von den „ungläubigen" Kommunisten ab, vielmehr sprach er sogar auf ihren Veranstaltungen. Heinemanns Hinwendung zum christlichen Glauben stieß besonders bei seinem freisinnigen Vater auf Unverständnis. Heinemann antwortete darauf in einem Brief: „Du weißt, daß ich lange Zeit sehr ‚monistisch' dachte und die Welt für hinreichend erklärt ansah, wenn es naturwissenschaftlich zuging. Aber ich bin schließlich an den Rand gekommen, wo das unzureichend und sinnlos wurde. Es steckt eine Gottesgeschichte in allem, eine Gottesgeschichte sowohl im Leben der Völker (siehe z.B. die Juden) wie auch der einzelnen." (KOCH, Einspruch, 193) In der Zeit der nationalsozialistischen Herrschaft war Heinemann zunächst in Essen und dann überregional einer der führenden Vertreter der Bekennenden Kirche. Nach dem Krieg gehörte er zu den evangelischen Mitbegründern der CDU in Essen; im Frühjahr 1946 wurde er stellvertretender Oberbürgermeister seiner Heimatstadt, im Herbst dann Oberbürgermeister. Zugleich war er Mitglied im Provinziallandtag und im ersten gewählten nordrhein-westfälischen Landtag. 1947/48 bekleidete er kommissarisch das Amt des Landesjustizministers.

[425] KOCH, Heinemann, 56.
[426] Vgl. Kap. 7.1.2.5.
[427] Schreiben an Pferdmenges, 28.1.46, AdSD NL Heinemann I.
[428] Ebd.

Gerade das hatte Heinemann vor. Sein hier schon dargestellter Vortrag auf der „Evangelischen Tagung" der rheinischen CDU 1945, in dem er eine positive Anknüpfung an die „christliche Demokratie" Englands und der USA versuchte,[429] markiert einen ersten programmatischen Ansatzpunkt. Heinemanns wenn auch zunächst nur regional herausragende Rolle in der CDU kam auch darin deutlich zur Geltung, dass er als Mitglied des Rates der EKD an der zweiten Besprechung von Kirchenvertretern mit den Repräsentanten der Protestanten in der CDU teilnahm, die dann die unterdessen aufgebrochenen Konflikte zwischen Kirchenvertretern und CDU-Mitgliedern nur schwer überbrücken konnte. Sie wird an anderer Stelle noch ausführlich dargestellt.[430] Einer breiteren Öffentlichkeit wurde Heinemann bekannt, als er nach den Landtagswahlen 1947 kommissarisch als Justizminister ins Kabinett des nordrhein-westfälischen Ministerpräsidenten Arnold eintrat. Adenauer übte daran Kritik, indem er auf Heinemanns Doppelbelastung als Oberbürgermeister von Essen und als Minister hinwies. Heinemann schied bald aus dem Kabinett aus. Das Verhältnis zu Adenauer erlebte eine erste Belastung.[431]

Adenauer ging es wohl nicht nur um Heinemanns Arbeitsüberlastung, sondern um eine Eindämmung des Einflusses von Heinemann. Im Zuge der programmatischen Klärungen in der Union war ihm deutlich geworden, dass Heinemann selbst eher dem linken, Adenauer-skeptischen Lager in der CDU um Arnold und Kaiser zuzurechnen war. Nach Kaisers Absetzung als Vorsitzenden der Ost-CDU hatte Heinemann die demonstrative Wahl Kaisers zum gesamtdeutschen CDU-Vorsitzenden gefordert,[432] was Adenauer nicht gefallen konnte.

Dass Heinemann jedoch bald als *der* Repräsentant der Protestanten in der Union galt, wurde auch bei der Eröffnung des ersten Bundestagswahlkampfes am 21.7.1949 vor dem Heidelberger Schloss deutlich. Neben Adenauer und dem erfolgreichen aber noch (lange) parteilosen „Manager" der Währungsreform, Ludwig Erhard, trat Gustav Heinemann, seit 1947 auch Präses der Synode der Evangelischen Kirche in Deutschland, als dritter Redner auf. Dies war insofern ungewöhnlich, da mit Erich Köhler, dem Präsidenten des Wirtschaftsrates, oder Friedrich Holzapfel, dem Fraktionsvorsitzenden der CDU im Wirtschaftsrat und stellvertretenden CDU-Vorsitzenden in der Britischen Zone, zumindest zwei Protestanten innerhalb der CDU herausgehobenere Ämter innehatten.

Heinemanns Ansprache hatte ganz offensichtlich die Zielsetzung, die Protestanten für die neue Partei zu gewinnen, denn Heinemann wandte sich

---

[429] Vgl. Kap. 7.1.2.6.
[430] Vgl. Kap. 12.4.3.
[431] SCHWARZ, Adenauer, 543.
[432] SCHMEER, CDU, 342.

in seiner Rede „sonderlich an die evangelischen Wähler"[433], um die Frage zu beantworten: „Warum stehe ich als evangelischer Politiker in der Union?" Er beantwortete diese selbst gestellte Frage mit einer Reminiszenz an den CSVD, dessen grundsätzliche politische Konzeption er dabei nicht bestritt, dessen Charakter als konfessionelle Partei er aber für nun nicht mehr zeitgemäß ansah, so dass er nun eine „Union" der Katholiken und Protestanten im politischen Leben befürwortete. Gegen die Einwände, bei der CDU handle es sich um eine katholische Partei – Heinemann selbst wusste „für solche Rede mancherlei Anzeichen zu nennen" – rief er die Protestanten zu eigener politischer Mitwirkung auf.

Heinemann ging dabei scharf mit den anderen Parteien ins Gericht. Ausgangspunkt dafür war die Behandlung der Schulfrage im Parlamentarischen Rat, der inzwischen mit der Verkündigung des Grundgesetzes am 23.5.1949 seine Arbeit abgeschlossen hatte. SPD und FDP hatten gemeinsam gegen die von der CDU geforderte Konfessionsschule gestimmt. Heinemann folgerte daraus, dass „Sozialdemokratie und Liberale keine politische Heimat für den evangelischen Wähler zu sein vermögen". Während die Liberalen mit der Bemerkung, von ihnen sei „nichts anderes zu erwarten" gewesen, abgefertigt wurden, bedauerte Heinemann, dass die Führung der Sozialdemokratie „immer noch im Banne sogenannter Aufklärung und materialistischer Geschichtsauffassung verharrt." Wenn auch einige Sozialdemokraten christlich gesonnen seien, ändere sich daran nichts, „denn ihr Wollen ist nicht von Einfluss auf das Verhalten der Führung. Und darauf kommt es im politischen Leben an." Heinemanns Kritik an der SPD ging aber noch weiter. Besonders heftig störte er sich am Fraktionszwang der SPD, der eine „Führerdiktatur" nach sich ziehe.

„Ich meine, daß es darum geht, Männer und Frauen in die Parlamente zu schicken, die von Fall zu Fall vor jeder einzelnen Frage das jeweils Richtige, Gerechte, Gute, Zweckmäßige und Fortschrittliche zu tun entschlossen sind, ohne Rücksicht darauf, ob und welcher Partei es dient."

Sollte also eine Regierung gebildet werden, die wie Heinmann es wünschte, in „Gottes Ordnung" stand, konnte dies für die protestantische Wählerschaft nach Lage der von Heinemann geschilderten Dinge nur die CDU sein.

Es handelt sich bei dieser Rede um eine Wahlkampfrede, dies darf bei der Interpretation nicht vergessen werden, und doch werden einige Sachverhalte deutlich: Zunächst fällt trotz des gegebenen Genus die betonte Nüchternheit Heinemanns auf, die seinen politischen Stil auch in der Folgezeit prägen sollte. Sieht man diese Rede im Vergleich zu dem, was etwa Simpfendörfer, Bausch, Schlange-Schöningen oder Otto Schmidt in dieser Zeit sagten, wird dies noch deutlicher. Bei Heinemann werden keine geschichtstheologischen

---

[433] Deutschland Union Dienst, 30.7.1949, ACDP I-001–042/4; daraus auch die nachfolgenden Zitate.

Dramen nachvollzogen, von Dämonie und Apokalyptik oder politischer Romantik findet sich keine Spur, statt dessen ist ein sachliches Plädoyer für die parlamentarische Demokratie zu hören. Während Männer wie Simpfendörfer und Bausch die Demokratie schon lange als Formalprinzip akzeptiert hatten, es ihnen letztlich aber um die „Herzen" ging, war Heinemann zunächst von der Demokratie als unabdingbarer Voraussetzung für einen deutschen Wiederaufbau überzeugt. Letztlich argumentierte er politisch und nicht religiös, wie seine Volksdienstfreunde.

Die Bruchlinie im Verhältnis zu Adenauer wird in dieser Rede ebenfalls schon deutlich. Es ist die Frage der innerparteilichen Demokratie. Während Heinemann sie gerade der SPD damals absprach, sah er sie offenbar in der CDU so weit gegeben, dass er sich in ihr engagierte.

In der Frage einer „christlichen Politik" bewegte Heinemann sich noch in den vorgegebenen Bahnen. Zwar sprach er SPD und FDP die „Christlichkeit" nicht ab, bzw. der CDU nicht explizit zu, aber indem für ihn nur die CDU für evangelische Christen wählbar war, war diese Partei faktisch ohne Alternative, wenn eine Regierung gebildet werden sollte, die „in Gottes Ordnung" stünde. Gerade diese Kritik an der SPD machte die alten „christlich-sozialen" Vorbehalte gegenüber der „materialistischen" Partei deutlich, die es durch ihre religiös bestenfalls indifferente Einstellung nicht zuließ, dass man zusammenging. Die inzwischen in Fluss geratene Entwicklung innerhalb der SPD – Schumacher hatte den „Geist der Bergpredigt" als legitimes Movens für die Mitarbeit in der Partei bezeichnet[434] – war für Heinemann noch zu unklar und offensichtlich zu schwach vertreten, als das hier von einer neuen Richtung gesprochen werden konnte. Auch die ungleich heftigere Kritik an der FDP, die wegen ihrer liberalen Grundhaltung für Heinemann außerhalb der Diskussion zu stehen schien, war eine typische Denkfigur der „Christlich-Sozialen", die eine Zusammenarbeit der Protestanten in einer Partei nach 1945 verhindert hatte. So findet sich neben der westorientierten Denkweise Heinemanns, wenn es um die Staatsform ging, noch viel weltanschaulicher Ballast in der Haltung gegenüber den Parteien. Wenn auch Heinemann diesen Ballast der SPD vorwarf, trug er ihn in der Denkweise der Christlich-Sozialen doch selbst noch mit sich herum.

Die Heidelberger Rede hatte eine Reihe kritischer Reaktionen zur Folge: Zu denen, die Heinemanns Darstellung einer faktischen Unmöglichkeit für evangelische Christen, die SPD zu wählen, heftig bestritten, gehörte auch Oskar Hammelsbeck, der als Leiter des „Arbeitskreises Evangelische Akademie" für die teilweise äußerst schwierigen Kirche-Parteien-Gespräche verantwortlich gewesen war.[435] Heinemann wehrte sich seinerseits gegen Hammelsbecks Vorwürfe, er habe die SPD pauschal als nicht wählbar für Christen

---

[434] Vgl. Kap. 11.1. und 11.1. 2.
[435] Vgl. Kap. 12.4.3.

bezeichnet und fasste seine Hinweise nochmals zusammen, indem er besonders erklärte, der Fraktionszwang lasse keine innerparteiliche Demokratie zu.
Den in der SPD arbeitenden Protestanten wünschte er deshalb, dass es ihnen
gelänge, eine „Änderung der Parteistruktur im Sinne personalistischer Demokratie herbeizuführen"[436], so dass an die Stelle von Fraktionsdisziplin „die
Gewissensbindung an den Gott der Bibel tritt."[437]

Kritik kam auch von Protestanten aus anderen Parteien, so von dem FDP-
Abgeordneten Julius Wellhausen, der sich über Heinemanns kritische Äußerungen gegenüber der FDP mokierte.[438] Heinemann machte in seinem Antwortschreiben deutlich, dass der Schwerpunkt seiner Heidelberger Rede gegen die SPD gerichtet gewesen sei. Er wandte sich aber nochmals dagegen,
dass die FDP zusammen mit der SPD im Parlamentarischen Rat für die Gemeinschaftsschule eingetreten sei. Ansonsten legte er Wert darauf, über die
FDP „keinerlei weltanschauliches Urteil abgegeben" zu haben.[439]

Schwerwiegender noch als Wellhausens Brief war eine fast postwendende
Reaktion des FDP-Vorsitzenden Theodor Heuss auf Heinemanns Rede.
Heuss bezog sich auf eine Zeitungsschlagzeile, in der es geheißen hatte, Heinemann habe bestritten, dass FDP oder SPD für evangelische Christen ‚politische Heimat' sein könnten. Heuss interpretierte dies so, dass offenbar diesen Parteien die Christlichkeit bestritten werde, und fragte, „ob und wieweit
dieser Bericht dem Gedankengang Ihrer Rede entspricht"[440]. Heuss war
über diese Äußerung eines führenden Repräsentanten der Evangelischen
Kirche „sehr betroffen" und „keineswegs gesonnen, diese Darstellung hin-
zunehmen".

Heinemann versuchte sich in seinem Antwortschreiben dadurch zu ent-
winden, dass er sich allein auf den konkreten Fall der gemeinsamen Abstimmung im Parlamentarischen Rat bezog, allerdings von sich wies, Parteien die
Christlichkeit abgesprochen zu haben. Heuss reagierte noch verärgerter:

„Sollten Sie die Dinge mitverfolgt haben, so müßten Sie wissen, daß die entscheidenden
Anträge über die Sicherung des Religionsunterrichtes meinen Namen tragen. …Wie
dem auch sei: nichts konnte sie zu dem Ausspruch berechtigen, den Sie in Heidelberg
gemacht haben. Ihr Wort war zumindest unchristlich für alle jene Menschen, die unter
Einwirkung von Friedrich Naumann in die Politik traten und für jene Kreise in der Sozialdemokratie, die bewußt der materialistischen Tradition ihrer Frühzeit abgesagt haben.… Ich bin alt genug zu wissen, dass man in der Politik keinen Dank zu erwarten hat,
sonst müßten die kirchlichen Kreise anerkennen, dass vor allem durch die Mittlertätig-
keit meiner Gruppe die religiösen Fragen eine Ordnung erfahren haben."[441]

---

[436] Schreiben 8.9.1949, AdSD NL Heinemann I.
[437] Ebd.
[438] Schreiben 15.10.49, AdSD NL Heinemann I.
[449] Ebd.
[440] Schreiben 26.7.1949, AdSD NL Heinemann I; daraus auch die nachfolgenden Zitate.
[441] Schreiben 8.8.1949, BAK 1221/148.

7.3.2. Der Konflikt um die Wiederbewaffnung und die innerparteiliche Demokratie

Bei der Regierungsbildung 1949 wurde von evangelischer Seite Heinemann als der Repräsentant der Protestanten ins Kabinett gebracht, was Adenauer nur widerstrebend hinnahm. Adenauer, der seinen alten Oberbürgermeisterkollegen Robert Lehr, der zudem in der Politik der Westbindung mit ihm völlig einig war, gegenüber dem Kaiser-Anhänger Heinemann bevorzugte, wurde auch durch Gespräche mit Heinemann nicht von diesem als Kabinettsmitglied überzeugt. Er versuchte mit einigen Rankünen diesen zu verhindern. Die CDU-Fraktion bestand jedoch auf Heinemann.[442] Maßgeblich beteiligt waren dabei die CDU-Abgeordneten Eugen Gerstenmaier, Gerd Bucerius, Gerhard Schröder und Hermann Ehlers.[443] Doch viele Protestanten rechneten sich den Erfolg an und sahen Heinemann nun als „ihren" Mann bei Adenauer.[444]

Mit Heinemann hatte es nun ein Vertreter jener protestantischen Gründergeneration der CDU bis ins Kabinett geschafft, der den Grundsätzen einer christlich-fundierten Politik verpflichtet war. Mit dem Amt des Innenministers vertrat er dabei einen durchaus herausragenden Posten. Andere Vertreter dieser politischen Richtung sahen sich mittlerweile im Abseits, wie etwa Otto Schmidt oder Wilhelm Simpfendörfer. Letzterer war nach zweijährigen Verhandlungen in der politischen Spruchkammer rehabilitiert worden, spielte aber in der Bundes-CDU keine herausragende Rolle. Paul Bausch war zunächst einfacher Abgeordneter im Parlament. Gleichzeitig war Heinemann, das zeigen die Bemühungen, ihn ins Kabinett zu bringen, auch Kandidat einer „neuen" Generation von Protestanten in der Politik, für die der Oberkonsistorialrat Eugen Gerstenmaier, der Oberkirchenrat Hermann

---

[442] SCHWARZ, Adenauer I, 629ff. Pferdmenges sollte bezeugen, dass Heinemann ihn einen „Schuft" genannt habe.

[443] Ebd., 629.

[444] So etwa der Mitbegründer des C(S)VD, Paul Bausch, der nun ebenfalls ein Abgeordneten-Mandat in Bonn wahrnahm und Heinemann gleich mit zahlreichen Personalvorschlägen kontaktierte (Schreiben 13.10.1949, AdSD NL Heinemann I), oder der ehemalige CSVD-Geschäftsführer in Westfalen und nunmehrige Bundestagsabgeordnete Ernst Bach (Schreiben 23.9. 1949; NL Heinemann I) sowie der CDU-Bundestagsabgeordnete und Teilnehmer an den Gesprächen zwischen dem „Arbeitskreis Evangelische Akademie" und der CDU, Gustav Theill, der direkt von einer Konferenz der pietistischen Evangelischen Allianz kommend an Heinemann schrieb: „Wir sind uns ja darin einig, daß wir glauben, daß Gott unser Volk noch einmal in Gnaden ansehen will und in seiner großen Gnade uns noch Aufgaben zu stellen hat, die wir nur ahnen können und in die hinein wir uns Schritt für Schritt führen lassen müssen." (Schreiben 21.9.1949, AdSD NL Heinemann I) Sie alle rechneten es sich zumindest auch als ihr Verdienst zu, Heinemann in die Regierung gebracht zu haben. Willy Halstenbach, in dessen Haus sich in den ersten Monaten nach dem Kriege die rheinischen Protestanten oft eingefunden hatten, grüßte – „Ich will mich still neben Sie stellen …" (Schreiben 12.10.1949, AdSD NL Heinemann I) – mit einem Segenswunsch.

Ehlers oder der Düsseldorfer Rechtsanwalt Gerhard Schröder standen. Die beiden ersten hatten sich bis zur Bundestagswahl 1949 politisch nicht exponiert. Schröder, 1949 erst 39 Jahre alt, war zunächst auf lokaler Ebene hervorgetreten.

Heinemanns Ernennung zum Innenminister wurde aber nicht nur mit Freude unter den Evangelischen aufgenommen. In einem internen Monatsbericht interpretierte Herbert Mochalski, der Geschäftsführer des Bruderrates der EKD, den Eintritt Heinemanns in die Regierung wie folgt:

Die „Bundesregierung mit 14 Ministern, davon 10 Katholiken, ist ein typisches Ergebnis von Koalitionsverhandlungen. … Heinemann ist in das Kabinett eingetreten, um den evangelischen Wählern deutlich zu machen, dass sie es nicht nötig hätten, nach den Rechtsparteien hin abzuwandern; sondern ihre Sache durch die CDU vertreten sein lassen können; seine Beteiligung am Kabinett möchte er als einen Damm gegen einen drohenden Rechtsrutsch der politisch ungeschulten evangelischen Wählermassen angesehen wissen."[445]

Aus Auckland schrieb Martin Niemöller an Heinemann, er halte die Gründung der Bundesrepublik für einen „politischen Fehler"[446], der zwangsläufig zur Etablierung „einer ostdeutschen Republik mit russischer Unterstützung" führen müsse. Den Nutzen habe dabei der Katholizismus, der „auf eine dauernde Teilung des deutschen Volkes zielt." Schließlich fragte Niemöller, ob es stimme, dass von den 14 Ministern zehn katholisch seien? Wenn dies wahr sei, wolle er „den Tag segnen, an dem der Präses der Synode und Mitglied des Rates der EKD sein Amt niederlegen würde, was m.E. früher oder später doch kommen wird".

Niemöllers prophetisches Wort sollte ein Jahr später zutreffen und die protestantische Position innerhalb der CDU schwer belasten. Entscheidender Grund für Heinemanns schlussendlichen Rücktritt als Bundesinnenminister war die Bereitschaft Adenauers, den Amerikanern eine militärische Aufrüstung Deutschlands anzubieten.[447] Ein Vorgehen, das mit dem Kabinett nicht abgestimmt war, worauf Heinemann seinen Rücktritt anbot, der dann aber erst zehn Wochen später zustande kam.[448]

Diese sich daran mit großer Heftigkeit entzündende „Wiederbewaffnungsdebatte" ist schon mehrfach dargestellt worden.[449] Sie hier nachzuzeichnen, ist nicht beabsichtigt. Es soll vielmehr gefragt werden, wie diese

---

[445] Monatsbericht September 1949, ZAHN 36/41.

[446] Schreiben 12.10. 1949, AdSD NL Heinemann I; daraus auch die nachfolgenden Zitate.

[447] Dem waren schon im Juli Gespräche mit den drei westlichen Hochkommissaren vorangegangen, SCHWARZ, Adenauer I, 741.

[448] Die konkreten Vorgänge blieben zwischen den Kontrahenten wie auch in der Forschung umstritten, vgl. MORSEY, Deutschland, 31.

[449] VOGEL, Wiederbewaffnung; PERMIEN, Wiederbewaffnung; KOCH, Heinemann, 168ff.

Debatte um eine spezifische Politik-Frage (Wiedervereinigung und Wiederbewaffnung) das Verhältnis des Protestantismus zu den politischen Parteien
verändert hat.

Zunächst: Heinemanns Stellung im Kabinett war von Anfang an nicht
unbelastet, da er einerseits als Vertreter des Arnold-Flügels in der CDU galt
und andererseits als Präses der gesamtdeutschen Synode der EKD selbstverständlich als Verfechter einer Politik, die der deutschen Wiedervereinigung
höchste Priorität zumaß, naturgemäß entschieden gesamtdeutsch orientiert
sein musste. Dies zeigte sich schon im Oktober 1949 bei den Auseinandersetzungen um das „Ruhr-Statut", durch das Frankreich und die Benelux-
Staaten die wirtschaftliche Kontrolle über die Industrie des Ruhrgebietes
übernahmen.[450] Heinemann hielt sich der Politik Adenauers gegenüber, der
das „Ruhr-Statut" anzunehmen empfahl, bedeckt. Er befürchte negative
Auswirkungen in der Bevölkerung.[451] Zu einem ernsthaften Konflikt mit
Adenauer kam es, als Heinemann als Präses der EKD anlässlich der EKD-
Synode 1950 in Berlin-Weißensee neben den beiden Berliner Bürgermeis-
tern und den alliierten Stadtkommandanten auch Vertreter der beiden Regierungen zu einem Empfang einlud. Adenauers Bemühungen, Heinemann
von diesem Schritt abzubringen, beantwortete dieser mit einer Rücktritts-
drohung als Innenminister, worauf Adenauer zunächst zurücksteckte.[452]

Letzter Anlass zum Rücktritt Heinemanns aus Adenauers Kabinett war
die schon genannte Auseinandersetzung um Adenauers eigenmächtiges Vorgehen in der Frage der Wiederbewaffnung. In der Kabinettssitzung am
31.8.1950 kam es zum Eklat, und Heinemann kündigte Adenauer seinen
Rücktritt an. Adenauer zögerte dessen Annahme zunächst noch bis zum
10.10.1950 hinaus. Da Heinemann unbestritten der Repräsentant des evangelischen Lagers in der Union war, konnte der Rücktritt unabsehbare Konsequenzen haben. Erst als deutlich wurde, dass die Protestanten in der CDU
sich von Heinemann distanzierten und mit Hermann Ehlers ein neuer Repräsentant gefunden werden konnte, sowie andererseits eine Verständigung
mit Heinemann, dem mittlerweile Adenauers leidenschaftlicher Gegner
Martin Niemöller mit einem formal durchaus ruppig gehaltenen „Offenen
Brief" beigesprungen war, ausgeschlossen war, nahm Adenauer den Rücktritt an.[453]

Heinemann selber fasste die Gründe für seinen Rücktritt in einem Memorandum unter dem Titel „Warum ich zurückgetreten bin. Memorandum

---

[450] Körner, Ära Adenauer, 75.

[451] Enders/Reiser, Kabinettsprotokolle, 148.

[452] Permien, Wiederbewaffnung, 9.

[453] Engels/Reiser, Kabinettsprotokolle, 744 A. 1. Adenauer versuchte in der Kabinettssitzung allerdings den Rücktritt mit angeblichem politischem Versagen Heinemanns
in Fragen der Innenpolitik (Verfassungsschutz, Aufbau einer Bundespolizei) zu begründen.

über die deutsche Sicherheit"⁴⁵⁴ zusammen. Die Argumentation für den Rücktritt bewegte sich auf mehreren unterschiedlichen Ebenen und ist somit differenzierter als die meist gebotene Darstellung, Heinemann sei „wegen" der Wiederbewaffnung zurückgetreten.

Zunächst argumentierte Heinemann auf der Ebene der policy: Er wies auf das Sicherheitsversprechen der Alliierten für die Bundesrepublik hin. Insofern sei die deutsche Sicherheit entgegen den Äußerungen Adenauers nicht gefährdet. Dann wechselte die Argumentation in den Bereich der konkreten politischen Vollzüge (politics). Heinemann kam auf den formalen Aspekt der Aktivitäten Adenauers hinsichtlich des deutschen Verteidigungsbeitrages zu sprechen. Diese geschahen für Heinemann eigenmächtig und ohne Rücksprache mit dem Kabinett, erst recht ohne Beteiligung des deutschen Volkes. Damit stellte sich für Heinemann die Frage nach der demokratischen Legitimität. Schließlich sprach Heinemann vom Gebot der Zurückhaltung, das in militärischen Dingen Deutschland gut anstehe. Erst wenn auf Basis der noch nicht bestehenden Gleichberechtigung die Frage der Wiederbewaffnung an Deutschland herangetragen werde, sei es an der Zeit, diese zu prüfen.

Heinemann war zu diesem Zeitpunkt noch keineswegs ein bedingungsloser Gegner der Wiederbewaffnung: „Niemand von uns sollte daher bei allem heutigen Durchdenken der Fragen schon jetzt diese Entscheidung vorwegnehmen." Es ging ihm vielmehr um die Art und Weise, *wie* eine solche Entscheidung getroffen wurde. Heinemann gab zunächst politische Gründe für seine Zurückhaltung an: Die Belastung der deutschen Wirtschaft durch die Rüstungsausgaben und die daraus möglicherweise entstehenden sozialen Folgen, die Gefahr für die Demokratie durch die politische Wirkung eines starken Militärs und schließlich die mögliche Provokation der UdSSR. Unterstützt wurde diese Argumentation durch eine Bibelstelle, die aber hier zunächst einen mehr allgemein weisheitlichen Charakter hatte: Lukas 14,31f.⁴⁵⁵

Dann kam Heinemann ganz offensichtlich zum Kern seiner Überlegungen. Hier nun sprang gleichsam seine Argumentation auf die religiöse Ebene: War das Angebot zur Wiederbewaffnung nicht vielmehr ein Zeichen von Furcht und mangelndem Gottvertrauen? Mit dieser Frage, betonte Heinemann, sei er kein „Gandhi-Apostel", wie einige ihn nennen würden. Das Recht der Gewaltausübung durch den Staat erkenne er an, wenn der Staat die Mittel dazu besäße. Die Bundesrepublik habe sie aber nicht.

„Hier erhebt sich, zumal für Politiker, die aus christlicher Verantwortung zu handeln erklären, die Frage, ob es nicht etwa so ist, daß wir durch Gottes Gericht waffenlos gemacht worden sind um deswillen, was wir mit der Waffe angerichtet haben. Auch dann

---

⁴⁵⁴ HEINEMANN, Warum, 97ff.; daraus die nachfolgenden Zitate.

⁴⁵⁵ Lukas 14,31f.: „Welcher König will sich auf einen Krieg einlassen gegen einen anderen König und setzt sich nicht zuvor hin und hält Rat, ob er mit zehntausend dem begegnen kann, der über ihn kommt mit zwanzigtausend? Wenn nicht, so schickt er eine Gesandtschaft, solange jener noch fern ist, und bittet um Frieden."

würden wir nicht für alle Zeit waffenlos bleiben müssen. Aber wir sollten uns gefragt wissen, ob es denn wirklich wieder so weit ist oder ob Gott uns heute nicht noch die Geduld und den Mut beibringen will, auch in gefahrvollster Situation seinem von uns nicht vorher zu berechnenden Weltregiment zu vertrauen. Er hat Möglichkeiten die Fülle. … Ich bitte diese Frage stehen zu lassen und nicht mit billigen Reden abzutun. … Wer nur aus Angst handelt, fällt erst recht in die Grube."

Dann verwies Heinemann mit dem Zitat des Propheten Jeremia – „Durch Stillesein und Hoffen würdet ihr stark sein, aber ihr wollt nicht" (Jes 30,15) – auf den entscheidenden Angelpunkt seiner Interpretation. Sie war bei allen politischen Argumenten letzten Endes theologischer Natur.

Die Gebote politischer, militärischer Analyse, historischen Vergleichs – kurz: weltlicher Klugheit – hatten für Heinemann enorme Bedeutung. Insofern argumentierte er durchaus politisch. Im Mittelpunkt aber stand die Frage der Praktizierung des Gottvertrauens. Deshalb war die letzte Motivation seines politischen Handelns religiös bedingt.[456] Die Situation, in der der Prophet Jesaja Gottes Weherede über die, „die ohne mich Pläne fassen und ohne meinen Geist Bündnisse eingehen" (Jes 30,19) sprach, war für den mit der Bibel lebenden Heinemann nicht eine historisch ferne Zeit oder allenfalls ein Interpretationsmuster, es war auch seine Situation, die Lage Deutschlands, an das Jesajas Anrede erging. Das war noch ungebrochen die Haltung der Volkdienstleute, die im Gebet, im Prüfen des Willens Gottes, ihre Maßstäbe gewannen. Nur wurde – und das unterschied Heinemann jetzt von ihnen – bei ihm diese Argumentation auch politisch unterfüttert, so dass sie auch etwa für den religiösen Agnostiker in ihrem politischen Gehalt schlüssig war.

Der Rückgriff auf die zitierte Stelle Jes 30,15 war in dieser Zeit keineswegs untypisch. Bischof Wurm hatte im Frühjahr 1950 in einem Brief an Heinemann unter ausdrücklichem Bezug auf diesen Bibelvers die politische Situation Deutschlands in der „Einkeilung zwischen Ost und West"[457] beschrieben; Heinemanns geistlicher Lehrer Friedrich Graeber sprach sich im August 1950 Heinemann gegenüber unter Rückgriff auf Jes 30f. dafür aus, dass es gelte „in der von Gott über unser Volk verhängten Lage: strenge Neutralität"[458] zu wahren.

---

[456] Historischer Hintergrund seines Zitates ist der Versuch des jüdischen Königs Hiskia an der Wende zum sechsten vorchristlichen Jahrhundert – politisch nicht unklug – eine Koalition verschiedener Staaten gegen die übermächtige Regionalmacht Assyrien unter dem König Sanherib zusammenzubringen. Dazu gehörten auch Verhandlungen mit der anderen Regionalmacht Ägypten. Das Bündnis erlitt gegen Sanherib jedoch eine vernichtende Niederlage und die Herrschaft Hiskias wurde auf das Stadtgebiet von Jerusalem beschränkt (Donner, Geschichte, 353ff.).
[457] Koch, Heinemann, 187 A. 44.
[458] Ebd., 188 A. 44.

Heinemann ging in seinem Memorandum den klassischen Weg religiös bedingter politischer Positivierung, indem er „von biblischen Begriffen ... her unmittelbar in die politischen Sprachlichkeiten"[459] überging. Trotzdem trifft ihn der Vorwurf an dieser Vorgehensweise nicht, diese Argumentation sei „oftmals subjektiv und nicht zwingend."[460] Tatsächlich hatte Heinemann in seinem Memorandum genügend und in sich abgeschlossene *politische* Gründe für seine Zurückhaltung gegenüber der Wiederbewaffnung geboten. Seine Motivation war aber *darüber hinaus* religiöser Natur. Indem Heinemann diese geistliche Erkenntnis in direkte Politik umzusetzen versuchte, bewegte er sich wohl in den Bahnen der Vorstellung einer „Politik aus Glauben", allerdings konnte seine Entscheidung auch jenseits dieser religiösen Struktur politisch nachvollzogen werden und so in dieser Hinsicht im politischen Diskurs eine Rolle spielen.

Heinemanns Begründung hatte also eine dreifache Struktur. Es war zum einen die Entscheidung auf metaphysischer Ebene: Heinemann konnte das Angebot Adenauers zur Wiederaufrüstung zur Zeit nicht mit seinem Glauben vereinbaren. Zum anderen gab er eine nachvollziehbare politische Argumentation der Gründe, die gegen die Wiederaufrüstung sprachen. Drittens war sein Demokratie- bzw. sein Verfassungsverständnis betroffen. Artikel 66 des Grundgesetzes regelt die Richtlinienkompetenz des Bundeskanzlers. Adenauer und Heinemann interpretierten diese unterschiedlich. Heinemann fühlte sich außerstande, die autoritäre Vorgehensweise des Bundeskanzlers zu akzeptieren. Hier lag für ihn nicht nur ein Verfahrensfehler in der Kabinettspolitik des Kanzlers vor, sondern möglicherweise der Anfang zur Rückkehr in ein autoritäres Regime. So schloss Heinemann sein Memorandum noch einmal mit einem deutlichen Hinweis in diese Richtung. Für eine so grundsätzliche Entscheidung wie die der Wiederbewaffnung sei kein Votum des deutschen Volkes eingeholt worden. „Der Bundeskanzler denkt in den Formen autoritärer Willensbildung und des stellvertretenden Handelns." Deshalb gelte:

„Mein Rücktritt aus der Bundesregierung ist erfolgt, weil ich die Verantwortung nicht tragen kann, die einem Bundesminister zugemutet wird. Wo die dem Kanzler obliegende Bestimmung der politischen Richtlinien so verstanden wird, dass eine gemeinsame echte Willensbildung nicht stattfindet, ... kann ich keine Mitverantwortung tragen. Mein Ausscheiden aus der Bundesregierung möge das deutsche Volk vor die Frage führen, wie es sich die Demokratie denkt und was es von seinen Ministern erwartet. Es möge die deutschen Männer und Frauen insbesondere in der vor uns stehenden Frage der Wiederaufrüstung veranlassen, selber nachzudenken und ihren Willen deutlich zum Ausdruck zu bringen."

Die entscheidende Lehre für Heinemann aus der nationalsozialistischen Herrschaft war nicht die Bereitschaft zum Kampf mit antichristlichen

---

[459] JACOBS, Religion, 69f.
[460] Ebd., 70.

Mächten, hier war Adenauer mit seiner Vorstellung von der Entscheidungs-schlacht zwischen christlichem Abendland und kommunistischem Osten den meisten Protestanten viel näher als Heinemann, sondern die durchgreifende Demokratisierung der Gesellschaft. Damit stand Heinemann damals weitgehend allein.

Heinemanns Memorandum hatte jedoch keinen Nachhall. Kaum eine Zeitung druckte es ab. In der aufgeheizten Stimmung des Korea-Krieges, der zwischenzeitlich ausgebrochen war, galt Heinemann den meisten als politischer Phantast.

Obwohl Heinemann sich bei einer gewichtigen Sachentscheidung innerhalb der Bundesregierung nicht durchsetzen konnte, blieb er trotzdem weiterhin in der CDU. Zwischen seinem Rücktritt aus der Bundesregierung und dem Austritt aus der Partei liegen zwei volle Jahre. Offensichtlich blieb Heinemann in der Partei, weil er zunächst davon ausging, seine Vorstellung von „christlicher Politik" immer noch in der CDU verwirklichen zu können. Doch seine Stellung war parteiintern heftig umstritten. Dazu hatte auch Martin Niemöller beigetragen. Wenige Tage nach Heinemanns endgültigem Rücktritt am 10.10.1950 unterstützte dieser Heinemann öffentlich.[461] Damit hatten der bisherige Repräsentant des Protestantismus in der CDU und die zentrale Gestalt des evangelischen Widerstandes gegen Hitler Adenauers Politik scharf verurteilt. Unklar war, wie sich dies auf das protestantische Lager in der CDU und die weitgehend national gesonnenen protestantischen Wähler auswirken würde.

Diese Frage war von hoher Dringlichkeit, zumal nur zehn Tage nach Heinemanns Rücktritt und fünf Tage nach Niemöllers Rede am 20.10.1950 die CDU als *Bundespartei* gegründet wurde (Sie hatte bisher rechtlich nur aus einzelnen Landesverbänden bestanden). Hier zeigte sich, wie völlig isoliert Heinemanns Stellung in der CDU mittlerweile schon war. Die evangelischen Delegierten, die sonst keine gesonderte Gruppe darstellten, verfassten eine eigene Entschließung, in der sie zunächst allgemein betonten, die CDU erstrebe „den Neubau unserer staatlichen, sozialen und wirtschaftlichen Ordnung aus dem Geist christlicher Verantwortung"[462]. Mit „tiefer Sorge" wurde dann Niemöllers Erklärung als „voreilig"[463], unbrüderlich und sachlich ungeprüft zurückgewiesen. Adenauer konnte sich also auch der evangelischen CDU-Mitglieder sicher sein.

Bei dieser Konstituierung der CDU auf Bundesebene stellte sich die Frage der angemessenen evangelischen Repräsentanz. Da selbstverständlich der Bundesvorsitz Adenauer zufiel, entschied sich diese bei der Besetzung des

---

[461] KJ 1950, 187. Niemöller las bei einer kirchlichen Kundgebung in Frankfurt einen Brief eines früheren Generalleutnants der Wehrmacht vor, aus dem klar hervorging, dass die Vorbereitungen für die deutsche Wiederbewaffnung bereits begonnen hatten.

[462] Ebd., 191.

[463] Ebd.

Stellvertreter-Postens. Neben Jakob Kaiser, der das ostdeutsche Element und damit den gesamtdeutschen Anspruch der Partei verkörpern sollte, wurde Friedrich Holzapfel zum stellvertretenden Bundesvorsitzenden der CDU gewählt. Holzapfel repräsentierte damit nach außen hin den Protestantismus in der CDU. Erfolglos, wie sich zeigen sollte.

Bereits einen Tag vorher war an anderer Stelle eine wichtige Personalentscheidung getroffen worden, die längerfristig größere Bedeutung hatte. Der oldenburgische Oberkirchenrat und CDU-Bundestagsabgeordnete Hermann Ehlers wurde zum neuen Bundestagspräsidenten gewählt. Heinemanns Nachfolge im Amt des Bundesinnenministers fiel schließlich dem Protestanten Robert Lehr zu.

Heinemann selbst erfuhr nun in der Partei immer stärker seine Isolierung. Die „Evangelische Tagung" der rheinischen CDU verabschiedete am 4.11. 1950 eine Entschließung, in der es zwar im Blick auf Heinemann noch hieß, man sei

„dankbar dafür, unter uns einen Mann zu wissen, der in lebendiger christlicher Verantwortung seine Entscheidung getroffen hat. Seine begründete Auffassung muss in unseren Reihen Raum haben und behalten können."[464]

Doch galt auch für Heinemanns Nachfolger und bisherigen Vorsitzenden der Tagung, Robert Lehr, man habe, „auch hier die Gewissheit, daß auch er sein Amt in letzter Bindung an sein evangelisches Gewissen zu führen beabsichtigt." Kritisch und enttäuscht äußerte sich die Tagung über Niemöllers Haltung, die die brüderliche Gemeinschaft aus der Zeit der BK schwer belaste. Er habe, so warf die Tagung ihm vor, sich politisch-taktisch geäußert. Hier aber gelte: „Niemand greife in ein fremdes Amt."

Unterstützung innerhalb der CDU erhielt Heinemann vom früheren CSVD-Vorsitzenden und nunmehrigen baden-württembergischen Kultusminister Wilhelm Simpfendörfer, der für Heinemann in der CDU-Fraktion warb. Simpfendörfer wollte Heinemanns Position in „brüderlicher und offener Aussprache" erörtern, schließlich ruhe „auf der inneren Gemeinschaft die Verheißung."[465] Weniger die politische, denn die theologische Argumentation Simpfendörfers wird wiederum überdeutlich. Doch der frühere Vorsitzende des Christlichen Volksdienstes war in der Bundes-CDU nur noch eine Randfigur, die zudem mit Adenauer nicht zurecht kam und diesen offen kritisierte.

Paul Bausch bemühte sich ebenfalls um Heinemanns Reintegration. Er schrieb an seinen früheren CSVD-Parteifreund Adolf Scheu:

„80 % der Anliegen [Heinemanns] konnte ich mir durchaus zu eigen machen. Die ganze Fraktion ist 100 %ig davon überzeugt, dass Heinemann aus lautersten und ech-

---

[464] ACDP-II-107-001/5; daraus auch die nachfolgenden Zitate.
[465] Schreiben 10.12.1950, AdSD NL Heinemann I.

ten Gewissensanliegen heraus gehandelt hat. Gerade deshalb aber habe ich die Gewiss-heit, dass das Ausscheiden von Heinemann vermeidbar gewesen wäre, wenn nicht gleichzeitig Niemöller seine verhängnisvolle Tätigkeit entfaltet hätte. … Da Heine-mann auf Dich hört, hast Du eine besondere Verantwortung für ihn. Versuche doch auf ihn einzuwirken, dass er Niemöller das Maul stopft. … Wir haben heute Ehlers zum Bundestagspräsidenten gewählt. Er ist ein Freund von Heinemann und von Niemöller. … Es war ein Akt der Versöhnung und des Ausgleichs, dass wir Ehlers ge-wählt haben. Nun muss aber auch die andere Seite Vernunft annehmen."[466]

Heinemann selbst knüpfte in dieser Zeit auch erstmals vorsichtige Kontakte zur SPD. Da er wegen der umstrittenen Frage der Wiederbewaffnung durch-aus mit Neuwahlen rechnete, konnte nach Lage der Dinge nur die SPD eine wählbare Alternative für die Protestanten sein. Heinemanns Haltung gegen-über der SPD wechselte nun von der Ablehnung zur Kooperation. An Hein-rich Albertz, damals Minister in Niedersachsen und als Pfarrer SPD-Mit-glied, schrieb er, falls es zu Neuwahlen komme,

„… dann machen Sie doch bitte Ihren ganzen Einfluss geltend, dass wenigstens die führenden Männer der SPD, wenn es schon die kleinen Funktionäre nicht mehr fertig bringen, keine die Christen und die Kirche verletzenden Äußerungen von sich geben. Es wäre gut, wenn die SPD gerade auch die Christen anredete und deutlich werden ließe, dass der materialistische Marxismus für sie keine Religion und die SPD keine Glaubensgemeinschaft ist."[467]

Für die evangelischen CDU-Wähler gelte, dass sie zum

„großen Teil keine Heimat mehr haben. Sonst fürchte ich, treiben wir wieder das evangelische Bürgertum, das ja doch nicht bösartig, sondern eher einfältig ist, nach rechts, zumindest dann zu dem Flügel der CDU, der für die Wiederaufrüstung ein-tritt."

Albertz sah offensichtlich die Zeiten des sog. Kirchenkampfes wieder ge-kommen. Er beantwortete umgehend Heinemanns Brief und schlug eine Großkundgebung am Reformationstag 1950 zusammen mit dem nieder-sächsischen Ministerpräsidenten Hinrich Wilhelm Kopf im Niedersachsen-Stadion in Hannover vor. Abgeschlossen werden sollte die Versammlung mit dem Luther-Lied „Ein feste Burg ist unser Gott", „wie in den besten Zeiten der Bekennenden Kirche … . Ich glaube, wir haben allen Grund dazu."[468] Zu einem gemeinsamen Auftreten von Heinemann und der SPD kam es je-doch noch nicht.

In die Zeit der Ablösung Heinemanns von der CDU fällt zum ersten Male eine deutliche Kritik von ihm an der damaligen Parteienstruktur. Noch im

---

[466] Schreiben, 20.10.50, AdSD NL Scheu, 10B.
[467] Schreiben 5.10.1950, AdSD NL Heinemann I; daraus auch die nachfolgenden Zitate.
[468] Schreiben 17.10.1950; AdSD NL Heinemann I.

Sommer 1950 hatte er sich in einem Artikel in der Zeitung „DIE WELT"
gegen das „Ideal ... [einer] Politik ohne Parteien"[469] ausgesprochen.

„Politik mit Parteien ist die Gewähr unserer staatsbürgerlichen Freiheit und ein Mittel
zu systematischer Arbeit. Politik mit Parteien heißt: die Regierung unter ständiger le-
galer Kritik halten, heißt der regierenden Gruppe eine opponierende entgegenstellen,
heißt eine Möglichkeit des Regierungswechsels zu haben, heißt so wählen zu können,
daß Auswahl besteht, heißt kurzum Freiheit. ... Ich finde selbst, daß vieles an unseren
Parteien ungut ist. Es wird die Sache der Wähler sein, sich auf wenige große Parteien
zu konzentrieren, und es ist vollends die Sache der Männer und Frauen, in die Parteien
hineinzugehen und sie zu dem zu machen, was sie sein sollen. Es ist nirgendwo vorge-
schrieben, daß nur fünf Prozent unseres Volkes als Mitglieder mit einer Partei verbunden sind und dadurch deren Gestaltung zu einer Angelegenheit kleiner und kleinster
Führungsgruppen wird."

In einem Interview mit der schweizerischen Zeitschrift „Die Tat" vom
2.12.1950 klang dies nun skeptischer. Heinemann äußerte jetzt selbst Parteienkritik. Zunächst sprach er sich für eine Parteibildung aus Sozialisten
und Protestanten aus. Diese solle ohne ideologische Bindung nur an prak-
tisch-realistischen Zielen orientiert sein. Im übrigen kritisierte er einen gewissen Autismus der bestehenden Parteien, die sich nach seiner Auffassung
um die Volksmeinung nicht kümmerten. Heinemann, der bald richtig stellte,
nicht seine eigene Meinung, sondern die weiter Kreise wiedergegeben zu
haben, sah sich trotz des Dementis nach dem Interview innerhalb des protestantischen Lagers der CDU scharfen Angriffen ausgesetzt. Offensichtlich
hatten doch viele ihn so verstanden, als habe er *seine* Meinung dargestellt,
zumal diesem Beitrag ein Interview mit Radio Frankfurt vorausgegangen
war, in dem er sich ähnlich geäußert hatte. Seine Ausführungen waren hier
als Empfehlung zur Bildung „einer nicht-katholischen, protestantisch-so-
zialistischen Partei"[470] aufgefasst worden. Das bedeutete einen erheblichen
Wandel gegenüber seinen Auffassungen, die er noch in der Heidelberger
Rede von 1949 entfaltet hatte. Heinemanns Demontage in der CDU begann. Robert Lehr forderte zur Trennung von Heinemann auf, die rheinische CDU wählte ihn nicht mehr in ihren Vorstand.[471]

Heinemanns Kritik an den politischen Parteien war jedoch nicht grundsätzlicher Natur. In einem Vortrag der Europäischen Laientagung des Ökumenischen Rates der Kirchen im Juli 1951 in Bad Boll bekräftigte Heinemann nicht nur die Ablehnung eines radikalen Pazifismus, sondern seine
Bejahung der Parteiendemokratie. Er hielt nach wie vor „die Beteiligung
von Christen an politischen Parteien und ihren Kampf um Macht deshalb
nicht nur für erlaubt, sondern sogar für geboten."[472] Allerdings äußerte Hei-

---

[469] Heinemann, Politik, 85f.; daraus auch die nachfolgenden Zitate.
[470] Brief an Radio Frankfurt, 4.11.1950, ZAHN 36/90.
[471] KOCH, Heinemann, 235f.
[472] HEINEMANN, Glaubensfreiheit, 106.

nemann hier mittlerweile seine innere Distanz gegenüber der Problematik, ob denn eine „christliche" Partei möglich sei.

Ein entscheidender Schritt hin zur Distanzierung von der CDU stellte Heinemanns überparteiliches Engagement dar. Schon während seiner CDU-Mitgliedschaft suchte er andere politische Aktionsformen, die über mehrere Etappen[473] in die „Notgemeinschaft für den Frieden Europas" (NG) münden sollten, die am 21.11.1951 gegründet wurde.[474] Daneben kämpfte Heinemann weiterhin innerhalb der CDU für seine Auffassungen, wobei er, anders noch als in den Gesprächen zwischen Kirchen- und CDU-Vertretern 1947, offen die Fragwürdigkeit des „C" als Parteibezeichnung erörterte. In einem Beitrag mit dem Titel „Zur theologischen Bemühung um Politik aus christlicher Verantwortung", der im Mai 1951 in der von bruderrätlichen Kreisen getragenen Zeitschrift „Stimme der Gemeinde" erschien, kam er auf die Problematik zu sprechen. Zwar habe die Kirchenkonferenz von Treysa 1945 die Möglichkeit einer christlichen Partei aus den Erfahrungen des Kirchenkampfes bejaht, so führte er aus, doch sei diese bald „einer vielstimmigen theologischen Verneinung"[475] begegnet. Schließlich hätten die Weltkirchenkonferenz von Amsterdam 1948 und sogar die konservativen Theologen Thielicke und Althaus die Möglichkeit einer „christlichen" Partei sehr kritisch gesehen. Heinemann schloss sich noch nicht vorbehaltlos dieser Sichtweise an, vielmehr konstatierte er die Hemmung der Protestanten innerhalb der CDU. „Hier ist Abhilfe geboten, um der Aktivierung ein Hemmnis zu nehmen." Heinemann stimmte darin zu, dass das „C" im Namen der Partei den Anschein, dass es sich hier um eine „christliche oder gar um eine kirchliche Machtbildung" handle, erwecke. Er schlug statt dessen eine „schlichte Union derjenigen, welche als Christen aus persönlicher Gewissensentscheidung politischen Dienst tun", als „hinlängliche politische Plattform" vor. Die entscheidende Problematik blieb für ihn, wie Christen im öffentlichen Raum „ihre konkreten Entscheidungen im Gehorsam gegen Gott finden." Heinemann brachte hier die ganze evangelische Verlegenheit in diesen Dingen auf den Punkt, wenn er in diesem Zusammenhang die „längst fällige Entwicklung einer evangelischen politischen Ethik" forderte.

> „Die ‚politische Diakonie' bedarf mit anderen Worten ihrer Entfaltung aus der Einheit des Gehorsams gegenüber dem sachlichen Auftrag und dem Herrn der Welt, so wie Karl Barth, Dogmatik III,3 es in dem Abschnitt ‚Der Christ unter der Weltherrschaft Gottes, des Vaters' unternimmt."

Mit diesem Verweis auf Karl Barths im Sommer 1950 erschienen dritten Teilband seiner Schöpfungslehre innerhalb der „Kirchlichen Dogmatik"

---

[473] MÜLLER, Volkspartei, 145ff.
[474] Vgl. Kap. 8.1.
[475] HEINEMANN, Bemühung, 6, Stimme der Gemeinde 5/51; daraus auch die nachfolgenden Zitate.

vollzog Heinemann nun auch theologisch eine Neuformulierung seiner theologischen Auffassungen, die von den pietistisch geprägten Vorstellungen seines Mentors Friedrich Graeber hin zu Karl Barths Theologie wechselten. So wie er einst Abschied von dem freisinnigen Einfluss seines Vaters genommen hatte, gewann er jetzt Distanz zum Gedanken einer „christlichen" Politik, wie sie Graeber, der CSVD und die CDU vertraten.

Heinemann blieb aber weiterhin CDU-Mitglied. Forderungen, die NG in eine Partei umzuwandeln, widersetzte er sich.[476] Trotzdem stellte sich für den innerparteilich isolierten Heinemann die Frage, ob er nicht in einer anderen Formation politisch weiterarbeiten sollte. Ein mahnender Brief seines „geistlichen Vaters" Friedrich Graeber versuchte ihn davon abzubringen. Der jetzt als Evangelist tätige 78jährige Greis beschwor ihn:

„Brechen Sie nicht mit der CDU, sondern gewöhnen Sie [eine] chr.[istlich] sein wollende Partei [daran], dass man ex I Kor 10,29 einem die Freiheit lassen muss. … Wenn Sie eine neue Partei aufmachen wollen, dann können Sie eines Tages betteln gehen. … lassen Sie die Essener CDU Freunde nicht versacken, sond.[ern] behalten Sie die kluge u.[nd] gütige Führung … Ihre Zeit kommt noch, aber Sie müssen sich nicht durch Extrasprünge jedem unmöglich machen. … Gründen Sie keine neue Partei! Dazu fehlt uns die Kraft, aber gewöhnen Sie die CDU daran, dass sie einer Opposition in den eigenen Reihen - weil [sie] christl.[lich] sein will, 1 Kor 10,29 ernst anzuerkennen! Frakt[ions]zwang ist widerchristlich … ."[477]

Wie isoliert Heinemann mittlerweile unter den ihm zunächst wohlwollend gegenüber stehenden Freunden aus dem CSVD war, machte ein verbitterter Brief Bauschs an Scheu deutlich. Bausch meinte „vor Gram darüber fast [zu] vergehen,"[478] dass er – historisch nicht ganz zutreffend – Adenauer Heinemann „aufgezwungen"[479] habe. Wilhelm Simpfendörfer setzte unterdessen in Gesprächen mit Hermann Ehlers[480] seine Bemühung um eine Reintegration Heinemanns in die CDU fort. Simpfendörfer bemühte sich, zu einer „Rückkehr zur positiven Mitarbeit in der CDU"[481] zu gelangen und fügte allerdings im Blick auf Heinemanns Aktivitäten in der NG diesem gegenüber hinzu, dass

„Ihre gegenwärtigen Aktionen meinen Bemühungen sehr wenig förderlich sind. … Nach meiner Auffassung wäre es ohne Schwierigkeit möglich gewesen, dass Sie heute die Stellung in der Partei einnehmen würden, die Dr. Ehlers hat."

---

[476] KOCH, Heinemann, 349.
[477] Schreiben vom 17.7.1952, AdSD NL Heinemann II, Mappe 048.
[478] Schreiben vom 7.9.1951, AdSD NL Scheu, 10B.
[479] Schreiben vom 7.9.1951, AdSD NL Scheu, 10B.
[480] Schreiben vom 17.9.1952, AdSD NL Heinemann I.
[481] Schreiben vom 27.10.1952, AdSD NL Heinemann I.

Postwendend antwortete Heinemann: „Ist das nicht einfach eine Misere, dass kein Mensch in der ganzen CDU, …, etwas zustandebringt wenn Dr. Adenauer nicht will?"[482] Dann ging er auf Simpfendörfers Vorwürfe ein:

„Wenn Sie dagegen meine Beteiligung an Erörterungen über eine neue Partei meinen, so weise ich darauf hin, dass hier eine Zwangsläufigkeit vorliegt, an der die monatelange und auch weiterhin unabsehbare Verzögerung einer verbindlichen Klärung wesentlich beteiligt ist."

So musste Heinemann Simpfendörfer und seinen Freunden vorwerfen, dass „trotz viel gutgemeinten Aufbegehrens" nichts wirklich Hilfreiches geschehen sei. Heinemann nahm trotzdem noch am 13.10.1952 an, er werde wohl seine „politische Heimat" in der CDU behalten.[483] Ende Oktober 1952 trat er, dem zuvor die Essener CDU ein Kommunalmandat nur unter der Bedingung außenpolitischer Zurückhaltung zugestehen wollte, aus der CDU aus.[484]

In seiner Austrittserklärung begründete Heinemann diesen Schritt mit der mangelnden innerparteilichen Demokratie und der nun grundsätzlichen Infragestellung einer „christlichen" Politik. Statt freie Meinungsbildung herrsche „Zwang unter eine Einheitsmeinung, in der die Unterstützung der Politik des Bundeskanzlers zum entscheidenden Maßstab der Christlichkeit erhoben wird."[485] Heinemann wies zudem auf die negativen Auswirkungen der westlichen Politik unter einer christlichen Parole auf die Christen im Osten hin, weil die „Beschlagnahme des Christentums für die Westpolitik" im Sinne der Verteidigung des christlichen Abendlandes letztlich die Gemeinden im Osten „zur politischen Ausrottung" freigebe. Damit war ein wichtiges Stichwort genannt.

Nicht die Parole: Christentum und abendländischen Kultur, sondern Umkehr zu Gott und Hinkehr zum Nächsten in der Kraft des Todes und der Auferstehung Jesu Christi ist das, was unserem Volke vor allem uns Christen selbst nottut. Die christliche Politik aber, soweit sie sich in der CDU darstellt, ist auf dem Wege, nicht nur zusätzliche Lasten für die Christenheit hinter dem eisernen Vorhang zu verursachen, sondern auch in der Bundesrepublik wieder in eine Bürger-Blockbildung zurückfallen, die nur zum Unheil werden kann."

Mit Heinemanns Kritik an der ideologischen Überhöhung des „christlichen Abendlandes" benannte er einen ihn von Adenauer maßgeblich unterscheidenden Politikansatz. Adenauers Rekurrierung auf das „christliche Abendland" ist eine Standardaussage seiner mehr grundsätzliche Themen betref-

---

[482] Schreiben vom 30.10.1952, AdSD NL Heinemann I; daraus auch die nachfolgenden Zitate.
[483] AdSD NL Heinemann I.
[484] KOCH, Heinemann, 349f.
[485] Freie Presse 21.11.1952, wiederabgedr. in: HEINEMANN, Vaterländer, 190ff.; daraus auch die nachfolgenden Zitate.

fenden politischen Reden:[486] „Wir müssen die religiösen und geistigen Kräfte der abendländischen Welt mobilisieren. Denn nur, wenn wir stark sind im Geist, werden wir unsere Lebensform behaupten."[487] Solche und ähnliche Sätze finden sich bei ihm häufig. Sie markieren das geistige Koordinatensystem, in dem Adenauer seine Politik entwickelte. Gegen den atheistischen Kommunismus mit seiner Lehre des Dialektischen Materialismus, aber auch gegen die materialistischen Versuchungen westlicher Konsumhaltung stellte er „die Besinnung auf die Grundlagen des Christentums"[488]. Adenauer befand sich damit im geistigen mainstream seiner Zeit, denn die Orientierung an den Werten des „christlichen Abendlandes" war nach dem Zusammenbruch 1945 allgegenwärtig. Der Zeithistoriker Axel Schildt stellt dazu fest:

„‚Abendland' war wohl in dieser Phase eines der im positiven Sinn meistbenutzten Worte; es ging in diesen bildungsbürgerlichen Diskursen um Muster quasireligiöser Umkehr, Meditation auf den Kanon bürgerlicher Tugenden wie Maß und Bescheidenheit, Ehrlichkeit, Aufrichtigkeit und Selbstzucht – und um den Anspruch, aus der Kultur heraus Politik und Gesellschaft zu formen"[489].

Es wäre eine in diesem Zusammenhang noch weiter zu untersuchende mögliche Frage, ob es Adenauer mit dem Rückgriff auf den politischen Archetypus „christliches Abendland" nicht gelang, in fast paradoxer Weise und in manchen Konsequenzen auch gegen seinen eigenen Willen,[490] die Westernisierung der Bundesrepublik voranzutreiben und den Okzidentalismus der Deutschen zu brechen. Wenn man auch nicht zur westlichen *Zivilisation* gehören wollte, ein selbstverständlicher Bestandteil der *Kulturgemeinschaft* des „christlichen Abendlandes" war man zweifelsohne, so wie auch die übrigen westlichen europäischen Länder. Auf diese Weise konnte man sich, anders als nach 1918, mit dem Westen aussöhnen und ohne Komplexe ein integraler Bestandteil desselben werden. Auch der Abendland-Diskurs war eine „Modernisierung unter ‚konservativen Auspizien'"[491].

Für viele Protestanten bedeuteten Adenauers Ausführungen jedoch lediglich den Versuch, ein katholisch dominiertes Kleineuropa in den Grenzen des Karolingerreiches, mit dem die EWG eine geographisch frappante Ähnlichkeit hatte, und parallel dazu „das Ende des kontinentaleuropäischen Protestantismus"[492], wie es Niemöller formulierte, heraufzuführen. Die Gleichsetzung von Christentum und bürgerlicher Gesellschaft hatte hier zugleich mit dem Aufkommen der „Abendland-Renaissance" im um Karl Barth formierten Lager des Protestantismus heftigste Ablehnung erfahren. Dies wird

---

[486] Vgl. ADENAUER, Seid wach, 32ff.
[487] Ebd., 36.
[488] Ebd., 39.
[489] SCHILDT, Ankunft, 154f.
[490] Vgl. SCHWARZ, Staatsmann, bes. 624.
[491] KLESSMANN, Möwen, 485.
[492] Zit. in: DOERING, westlich, 105.

in dieser Arbeit an anderer Stelle noch ausführlich dargestellt werden.[493] Für die Bruderrätlichen bedeutete der Abendland-Rekurs ein geradezu frivoles Spiel mit dem, was christlicher Glaube wirklich bedeutete. „Nicht die Parole: Christentum und abendländische Kultur, sondern Umkehr zu Gott und Hinkehr zum Nächsten in der Kraft des Todes und der Auferstehung Jesu Christi", so hatte es Heinemann formuliert (s.o.), sollte gelten. So schuf der Abendland-Diskurs eine gewaltige Projektionsfläche, in die jeder seine Hoffnungen oder Befürchtungen eintragen konnte. Während er den meisten als Begriff konservativer Selbstverständigung und positiver Identifizierung („Europa") jenseits aller Frontstellungen („Sonderweg") diente und wie gezeigt auch Modernisierungsaspekte enthielt, war das „Abendland" für den Bruderrat und Heinemann geradezu der Symbolbegriff des alten Irrweges einer unzulässigen Verbindung von Politischem und Religiösen, hier in Form eines vermeintlichen klerikalen politischen Katholizismus.

Heinemanns Austritt aus der CDU markierte damit das Ende seiner Versuche, innerhalb der Partei für seine politischen Vorstellungen von „christlicher Politik" Zustimmung zu gewinnen. Hatte Heinemann auf der Heidelberger Wahlkampfveranstaltung von 1949 noch in klassisch christlich-sozialer Manier FDP und SPD eine Absage erteilt, weil die Politik unter „Gottes Ordnung" stehen und „christlich" sein sollte, hatte er mittlerweile diese einfache Deduktion des Politischen aus dem Religiösen aufgegeben. Besonders sein Rücktrittsmemorandum als Innenminister machte dies deutlich. Zumindest die SPD wurde in der unmittelbaren Folgezeit für ihn ein potentieller politischer Partner. Die an ihr früher geübte Kritik des Fraktionszwanges wurde von ihm zunehmend gegen die CDU selbst gerichtet.

Sicherlich spielten vordergründig für Heinemanns Austrittsentscheidung die unterschiedlichen Auffassungen in den Politikfeldern „Wiederbewaffnung" und der damit verbunden „Deutschlandpolitik" eine entscheidende Rolle. Es ist wohl tatsächlich so, dass Heinemanns politische Position durch eine „Deutschland-Zentrik"[494] geprägt war. Ob sie deshalb die Interessen der Großmächte in Europa unterschätzte,[495] muss in dieser verallgemeinernden Formulierung bezweifelt werden. Eher war es so, dass Heinemann nicht allein auf die Interessen der Westmächte bezogen dachte und weit vor der offiziellen Entspannungspolitik deren Grundlagen zumindest gedanklich vorbereitete. Doch es war keineswegs allein die Außen- und Militärpolitik, die Heinemann von Adenauer trennte, sondern ebenso sein Verständnis des Zuordnungsverhältnisses von Regierung und Parlament. Während Heinemann – und hier dürften seine Erfahrungen mit presbyterialen und synodalen Gremien und ihren oft antikonsistorialen Affekten eine Rolle gespielt

---

[493] Vgl. Kap. 12.3.
[494] HILLGRUBER, Opposition, 514.
[495] Ebd.

haben – letztlich einem personalistischen Verständnis von parlamentarischer Arbeit huldigte, schätzte Adenauer das Parlament weitaus schwächer ein. Heinemann, der 1949 in seiner Heidelberger Rede den Fraktionszwang der SPD noch heftig kritisiert hatte, erlebte diesen nun in der CDU.[496]

Heinemanns Verständnis von Politik war sicher demokratischer als das von Adenauer, der in mancher Hinsicht ein „semiautoritärer Politiker des bürgerlichen Honoratioren-Typus von vor 1933"[497] war. Doch gerade damit konnte Adenauer die mental durchaus noch im Denken politischer Führerschaft verwurzelten Deutschen – besonders auch die Protestanten – für die Demokratie eher gewinnen als der im Vergleich dazu radikaldemokratische Heinemann. Heinemann wollte „mehr Demokratie wagen", um ein späteres Motto hier zu zitieren. Aber dafür waren die Deutschen – und die oft noch im Geiste politischer Romantik lebenden Protestanten zumal – noch nicht reif. So war Adenauer „die geeignete zivile Person zur Organisierung der Akzeptanz für die liberale Demokratie westlichen Zuschnitts"[498].

Adenauers Verständnis von Politik war in mancher Hinsicht der Zeit gemäßer, bzw. zumindest pragmatischer, als das Heinemanns. Gerade in der von Heinemann gelobten englischen Demokratie war schon seit Jahrzehnten das System der parlamentarischen Kabinettsregierung eingeführt worden, was der Regierung, genaugenommen dem Premierminister, zuungunsten des Parlaments eine enorme Machtfülle bescherte. Ein Sachverhalt, den Englands großer Verfassungstheoretiker Walter Bagehot als das „efficient secret" der englischen Demokratie bezeichnete.[499] Dass Adenauer nun wiederum unter diesen Prämissen seine Richtlinienkompetenz als Bundeskanzler ausdrücklich gegenüber seinen Ministern betonte, kam hinzu.[500] Heinemann war, nachdem er mit der NG eine Bewegung gegründet hatte, die das Gegenteil von dem anstrebte, was die CDU unter Adenauer wollte – und deren Mitglied er ja noch war – kaum noch innerparteilich aktionsfähig, da ein solches Maß an hochgradigem Individualismus in keiner Massenpartei ertragen werden konnte. Im Zusammenhang seiner Mitgliedschaft in der SPD sollte sich später, mit allerdings bezeichnenden Verschiebungen, Ähnliches wiederholen.[501] Eine demokratische Partei nach den Regeln persönlicher Gefolgschaft zu organisieren, war für ihn undenkbar. Adenauer verlangte es. Der Weg der CDU zum „Kanzlerwahlverein" bescherte der CDU zunächst gute Wahlergebnisse. Aber als der Kanzler abtrat und der „Talisman" Erhard für die CDU nicht mehr wirkte, kam es zu einer tiefen Parteikrise, die ihre Wur-

---

[496] Vgl. zur Thematik: Saalfeld, Parteisoldaten.
[497] SCHILDT, Ankunft, 23.
[498] Ebd., 96.
[499] DÖRING, Anmerkungen, 127ff.; zur Kabinettsregierung vgl. auch RITTER, Großbritannien, 317ff.
[500] Vgl. BUCHHEIM, Richtlinienkompetenz, 339ff.
[501] Vgl. Kap. 11.2.2.

zel nicht zuletzt in der Desintegration von Männern wie Heinemann hatte. Andererseits lag auch die „Entmachtung" der Partei durch den Parteiführer im Zuge der Zeit. So ist sogar die Behauptung aufgestellt worden, dass diese „„Vernachlässigung' seiner Partei" möglicherweise in einer unbewussten Paradoxie der entscheidende Beitrag Adenauers zur strukturellen Umgestaltung des deutschen Parteiensystems"[502] gewesen sei, da die dienende Funktion der Partei gegenüber der von ihr gestellten Regierung, anders als noch in der Weimarer Republik, wo eine Fraktion ihren eigenen Kanzler stürzen konnte,[503] zum ersten Male wirklich deutlich geworden sei.

Vielleicht unterschied *dies* beide Männer am meisten: Während Heinemann wie Adenauer ein zutiefst politischer Kopf war, war er doch auch ein *moralischer* Visionär. Adenauer hingegen nahm bekanntlich die Umstände und die „Menschen wie sie sind." Gerade darin war er ein Staatsmann, der tatsächlich den „Mantel der Geschichte am Zipfel" ergriff und das tat, was der politische Kairos zuließ. Das waren nicht Kaisers „Brückenkonzept" oder spätere Neutralitätsvorstellungen.

Es ist noch nicht einmal so sicher, dass Heinemanns und Adenauers Verständnis von Politik „zwei durch keinerlei Kompromiss auflösbare Gesinnungs- und Politikmodelle"[504] darstellten. Adenauer war sicherlich wie Heinemann auch von biblischen Bildern und Vorstellungen geprägt. Seine immer wieder gebrauchte Metapher der Auseinandersetzung zwischen gottlosem bolschewistischem Materialismus und christlichem Abendland war deutlich von den Endkampf-Prophezeiungen um Harmaggedon geprägt.[505] Für viele Protestanten aber war dies die beschriebene Manipulierung des „Christlichen". Die schon von Machiavelli[506] her bekannte systemstabilisierende Wirkung der Religion hat Adenauer sicher gekannt und eingesetzt, ob er sie missbraucht hat, wie Heinemann ihm später unterstellte, muss bezweifelt werden. Gerade in seinen Vorstellungen vom Kampf des Guten mit dem Bösen in der als Heilsgeschichte verstandenen Weltgeschichte war Adenauers Denken entschieden vor-machiavellistisch. Persönliche Frömmigkeit wird Adenauer darüber hinaus niemand absprechen.[507]

Die Unterscheidung, ja Diastase zwischen privater und öffentlicher Moralität, die Frage einer vermeintlichen Eigengesetzlichkeit in der Politik und

---

[502] Kaltefleiter, Adenauer, 288f.
[503] Vgl. den Sturz des letzten sozialdemokratischen Kanzlers Hermann Müller, Vogt, Müller, 202ff.
[504] Hillgruber, Opposition, 516.
[505] Adenauer, Seid wach, 430.
[506] Machivaelli, Vom Staate. Erstes Buch, Kap. 11–13.
[507] Hans-Peter Mensings kleine Schilderung, wie Adenauer privat Bischöfe und Professoren mit der Frage beschäftigte, wie denn die korrekte Übersetzung der fünften Bitte des Vaterunsers laute, einschließlich eines von ihm selbst vorgebrachten Lösungsvorschlages, zeigt einen Mann, der alles andere als religiös uninteressiert war; vgl. Mensing, Protestantismus, 43f.

die Differenzierung zwischen Gesinnung und Verantwortung in der Ethik und dem Feld des Politischen machen den Unterschied zwischen Adenauer und Heinemann aus. Adenauer fasste dies in die Erkenntnis, dass „die Politiker nach meiner Erfahrung schlechte Christen sind. Ich schließe mich ein und schließe keinen von uns aus!"[508] Dies war keine Koketterie, sondern die von ihm selbst empfundene Spannung zwischen christlichem Anspruch und politischer Wirklichkeit. Wilhelm von Sternburgs Vorwurf, das Christentum sei für Adenauer in der Politik „in erster Linie eine taktische Variante" gewesen, die er „kaltblütig und erfolgreich"[509] eingesetzt habe, ist zu einseitig. Das Schwergewicht für Adenauer lag im Bereich der politischen Erwägungen, die zu christlichen Maßstäben in Spannung stehen konnten, aber noch gerechtfertigt waren, so lange sie nach seinem Empfinden grundsätzlich der „christlichen Sache" dienten und so der Zweck buchstäblich die Mittel „heiligte", die deshalb immer noch als „christlich" bezeichnet werden konnten. Solch eine Möglichkeit gab es für Heinemann nicht. War Adenauer durchaus nach seinem eigenen Verständnis ein *christlicher Politiker*, war Heinemann ein *politischer Christ*.

Nachdem die Position Adenauers in der CDU absolut dominant geworden war, zog Heinemann daraus die Konsequenzen.

7.4. Die Organisation des protestantischen Konservatismus in der CDU durch Hermann Ehlers

7.4.1. Die Konsolidierung des protestantischen Konservatismus: Ehlers' Aufstieg und der Sturz anderer Protestanten

Wenige Tage nach dem endgültigen Rücktritt Heinemanns wurde mit der Berufung von Hermann Ehlers in das Amt des Bundestagspräsidenten eine entscheidende Weichenstellung vorgenommen, um die Krise, in die der Protestantismus in der CDU geraten war, beizulegen. Hermann Ehlers sollte bis zu seinem frühen Tod 1954 *der* Repräsentant der Protestanten in der CDU bleiben.

Mit ihm folgte formal als Nachfolger des glücklosen Erich Köhler ein weiterer Protestant auf den Stuhl des Bundestagspräsidenten. Köhlers kurze politische Karriere war damit beendet. Dieser hatte zunächst als Vertreter des protestantischen Flügels in der hessischen CDU den stellvertretenden Landesvorsitz der Partei innegehabt und war dann 1948 Präsident des Wirtschaftsrates geworden.[510] Bei der Konstituierung der westdeutschen Regie-

---

508 Zit. in: ADENAUER, Seid wachsam, 22.
509 STERNBURG, Adenauer, 50.
510 BENZ, Gründung, 72.

rungsorgane im Herbst 1949 wurde Köhler zum Bundestagspräsidenten nominiert, wobei offensichtlich, wenn auch nicht in erster Linie, konfessionspolitische Motive eine Rolle spielten.[511] Ein Jahr später musste Köhler,
den Adenauer und auch andere als überfordert ansahen,[512] Ehlers weichen
und eine demütigende politische Demontage hinnehmen.[512]

Einer breiteren Öffentlichkeit war Ehlers bis dahin nicht bekannt. Ehlers
hatte als Schüler und Student in der Weimarer Republik den Kreisen der
„Konservativen Revolution" zumindest gedanklich nahegestanden.[514] Unter der nationalsozialistischen Herrschaft engagierte er sich in der BK, in der
er Justiziar des Altpreußischen Bruderrates wurde. Als Mitglied der Delegation des Reichsbruderrates nahm Ehlers an der Kirchenversammlung in
Treysa 1945 teil und wurde dort Mitglied des Rechtsauschusses. Im Mai
1946 wurde Ehlers Mitglied der Verfassungskommission der Bekennenden
Kirche. Im Juni 1947 beauftragte der Rat der EKD u.a. Ehlers, einen Verfas-

---

[511] Schwarz, Adenauer I, 623.

[512] Gerstenmaier, Streit, 313.

[513] In Australien sollte einer der bis dahin zumindest formal führenden Repräsentanten des Staates einen Botschafterposten übernehmen. Bundespräsident Heuss sprach sich
dann für den Iran aus (Schwarz, Adenauer I, 783). Köhler wurde binnen kürzester Zeit
zur Unperson. An Friedrich Holzapfel schrieb er, er „habe einen förmlichen Ekel vor den
Menschen und Dingen bekommen, die mit der Bonner Atmosphäre in toto zusammen-
hängen." (Schreiben vom 2.12.1950, BAK 1278/190) Trotzdem blieb er noch bis 1957 als
Hinterbänkler im Bundestag. Der evangelischen Kirche blieb Köhler weiter verbunden.
So bat 1953 Köhler Hermann Kunst zu überlegen, „hin und wieder die evangelischen
Mitglieder der Fraktion zu einer geselligen Zusammenkunft zusammenzuführen"
(Schreiben vom 20.11.1953, EZA 87/820).

[514] Zu den biographischen Angaben vgl. bes. Erdmann, Ehlers, 1ff. Ehlers wurde am
1.10.1904 in Berlin-Schöneberg geboren und wuchs in Steglitz auf. Kindheit, Jugend und
Studienzeit wurden von drei geistigen Kräften geprägt: Einer Orientierung an Preußen,
sowohl hinsichtlich seiner geschichtlichen Wirkung als auch der mit ihm verbundenen typischen Eigenschaften von Pflichttreue, Korrektheit usw., einer national-konservativen
Einstellung und einem gelebten Christentum. In einem „Bibelkreis höherer Schüler" in
Steglitz, dem er ab 1919 angehörte, engagierte sich Ehlers stark. 1922 begann Ehlers das
Studium der Rechtswissenschaften in Berlin, das er dann in Bonn fortsetzte. 1923 wurde
er Mitglied im national-konservativen Verein deutscher Studenten (VDSt). Carl Schmitt
regte Ehlers zu einer Dissertation über „Wesen und Wirkungen eines Reichslandes
Preußen" (Diss. Bonn, erschienen Bonn/Leipzig 1929) an. Eine parteipolitische Bindung
Ehlers in der Weimarer Zeit ist nicht belegt, aber offensichtlich favorisierte er die DNVP
(Meier, Ehlers, 8), während er den auf bewusst christlicher Grundlage arbeitenden CSVD
ablehnte. In einen ersten Konflikt mit dem NS-Staat brachte Ehlers seine Arbeit in den
Schüler-Bibelkreisen. Seit 1932 in der Landesleitung der Schülerbibelkreise in Berlin –
Vorsitzender war Martin Niemöller – wandte sich Ehlers gegen eine gleichzeitige Mit-
gliedschaft in den Schülerbibelkreisen und der Hitlerjugend (ebd. 11). Er selbst gab bis
zum Verbot 1938 die Zeitschrift „Jungenwacht" heraus. Im November 1934 nahm der
gerade 30jährige zum ersten Mal an einer Sitzung des Bruderrates der Altpreußischen
Union teil. Zu den Zuarbeitern des Bruderrates gehörte auch Oskar Hammelsbeck, ein
späterer heftiger politischer Gegner (ebd., 20). 1937 wurde der Bruderrat, darunter auch
Ehlers, einige Zeit inhaftiert (Börner, Ehlers, 46).

sungsentwurf vorzulegen. Noch 1945 trat er in den Oberkirchenrat der Oldenburgischen Landeskirche ein.[515]

In Oldenburg kam Ehlers auch zum ersten Male in Kontakt mit politischen Parteien. Am 1.8.1946 trat er der CDU bei. Möglicherweise bewogen ihn dazu rein pragmatische Gründe. Bisher hatte er als bestelltes Mitglied dem von den Besatzungsmächten eingesetzten Ratsausschuss der Stadt Oldenburg angehört, nun sollte ein Stadtrat gewählt werden, so dass eine parteipolitische Verankerung für die Wahl notwendig war.[516] Ehlers betätigte sich in seiner Oldenburger Zeit nicht in hervorgehobener Weise in der CDU. Offensichtlich auf Anregung von Friedrich Holzapfel erklärte Ehlers sich bereit, für ein Bundestagsmandat zu kandidieren. 1949 zog er für die CDU in den Bundestag ein. Ende Dezember 1949 wurde der neue Bundestagsabgeordnete auch in den Bruderrat der EKD gewählt.[517] Eine Ämterverbindung, die, wie sich zeigen sollte, politischen Sprengstoff in sich barg.

Nach dem Rücktritt Erich Köhlers einigte sich die CDU nicht ohne Probleme auf Ehlers als Kandidaten für das Amt des Bundestagspräsidenten. Auch das Wahlergebnis war wenig überzeugend. Nur mühsam konnte Ehlers sich in der internen Abstimmung in der CDU-Fraktion als Kandidat durchsetzen. An der anschließenden Wahl nahmen nur 325 der 402 Bundestagsabgeordneten teil. Lediglich 201 Abgeordnete, also genau 50 % der Bundestagsmitglieder, stimmten für Ehlers. 55 Stimmen erhielt der CDU-Abgeordnete und spätere Bundeskanzler Kurt-Georg Kiesinger, obwohl dieser nicht nominiert war. Da der sozialdemokratische frühere Reichstagspräsident Löbe beteuerte, die SPD habe, den parlamentarischen Usancen folgend, den Kandidaten der stärksten Parlamentsfraktion geschlossen gewählt, war die Wahl für Ehlers innerhalb der Union kein Vertrauensbeweis. Da Ehlers zu seinen Freunden Heinemann und Niemöller aus den Zeiten der Bekennenden Kirche im Dritten Reich in einem engen Kontakt stand, mag er in der CDU-Fraktion auf Ressentiments gestoßen sein.[518] Möglicherweise hatten auch die negativen Erfahrungen mit Erich Köhler die Bereitschaft zu konfessionspolitisch zumindest mitgeprägten Entscheidungen zunächst verringert.

Hinzu mag kommen, dass Ehlers über die Kreise des kirchlichen Protestantismus hinaus nicht sehr bekannt war. Allerdings hatte er im parlamentarischen Rahmen schon durchaus als kompetenter und schlagfertiger Redner

---

[515] Ebd., 43.
[516] MEIER, Ehlers, 236. Das Verhältnis zu Bischof Stählin war offensichtlich nicht völlig ungetrübt. Jedenfalls erinnerte dieser sich, bei Ehlers eine gewisse „Eigenmächtigkeit" festgestellt zu haben (STÄHLIN, Via Vitae, 435). Der Begriff ist natürlich interpretierbar. Ganz offensichtlich war sich aber Ehlers seiner Möglichkeiten bewusst und gedachte sie hier wie später auch in der Politik auszuschöpfen.
[517] Ebd., 302.
[518] Dies nimmt auch ERDMANN, Ehlers, 14f. an.

für einen nachhaltigen Eindruck gesorgt.[519] Ausschlaggebend für seine Nominierung waren sicher Ehlers' Kontakte zur evangelischen Kirche,[520] die
sich nun nach den Erfahrungen mit Heinemann gleichzeitig als eine Art
„Nachteil" herausstellten. Ehlers hatte aus seiner Verteidigung der persönlichen Integrität sowohl Heinemanns als auch Niemöllers nie einen Hehl gemacht.

Dass Ehlers keineswegs gewillt war, sein Amt als Bundestagspräsident repräsentativ und unpolitisch zu begreifen, machten seine zahlreichen Parla-
mentsreden deutlich, die er auch als Bundestagspräsident weiter hielt, ebenso
so auch sein hervorgehobenes Interesse an Statusfragen.[521] Auch jenseits der
protokollarischen Feinheiten war Ehlers binnen kürzester Zeit zu einer bedeutenden Persönlichkeit im politischen Leben und natürlich besonders innerhalb der CDU geworden. Hier war er nun unbestritten *der* Repräsentant
des evangelischen Flügels innerhalb der Union.

Ehlers Weg an die Spitze musste nach Köhler ein weiterer bisheriger Spit-
zenvertreter des Protestantismus weichen: Friedrich Holzapfel. Schon im
April 1951 wurde Holzapfel Leiter der deutschen Mission bei der schweizerischen Bundesregierung, im April 1952 dann Gesandter der Bundesrepublik in der Schweiz und damit aus dem politischen Bonn entfernt. 1952 legte
er den stellvertretenden CDU-Vorsitz nieder, 1953 schied er aus dem Bundestag aus. Nach Schlange-Schöningen und Köhler war Holzapfel damit der
dritte ehemals führende Protestant in der CDU, der sich bald nur noch auf
einem Botschafterposten wiederfand, bzw. im „Falle Köhler" wiederfinden
sollte. Der Satz des Politologen Rudolf Wildenmann, Adenauers Weg an die
Macht sei „von gefallenen Rivalen gepflastert"[522], hat noch eine konfessionelle Komponente: Es waren besonders viele Protestanten darunter.

Mit Holzapfels Ausscheiden endete eine politische Karriere, die seit dem
geschilderten Zonen-Parteitag in Herford 1946 immer im Schatten Adenauers verlaufen war. Sie hatte nur deshalb so lange gedauert, weil Holzapfel
einstweilen als Protestant im CDU-internen Proporz gebraucht wurde. Der
weitere Weg Holzapfels war ein Abstieg, der beschämender Elemente nicht
entbehrte. Seine recht eigenwillige und mit Pressespott[523] begleitete Amtsführung als Botschafter führte 1958 zu seiner Versetzung in den einstweili-
gen Ruhestand, gegen die sich Holzapfel heftig wehrte, was aber letztlich er-

---

[519] Ebd., 2.
[520] Ebd.
[521] Ebd., 438. Dafür spricht auch ein Schreiben, das er nach nur einjähriger Amtszeit
an Bundespräsident Heuss richtete, in dem er diesen zu einer Klärung der protokollarischen Rangordnungsverhältnisse unter den Repräsentanten der Bundesrepublik aufford-
derte. Konkret hieß dies, dass die Frage geklärt werden sollte, ob der Bundesratspräsident
oder der Bundestagspräsident, also er selbst, als der „zweite Mann" im Staate zu gelten
habe. Die Frage ist bis heute nicht entschieden, vgl. ERDMANN, Ehlers, 438 A.1.
[522] Zit. in: KOERFER, Kampf, 71.
[523] Aufbau, 13.11.1953; DER SPIEGEL 31.7.1957 u.a.

folglos blieb. Holzapfels Abgang aus der Bundespolitik wurde kaum wahrgenommen. Zu wenig war es ihm gelungen, als Vertreter des protestantischen Flügels in Erscheinung zu treten. Holzapfel starb, politisch längst vergessen, 1969 in den USA.[524]

Ehlers, der nur mit Mühe 1950 Bundestagspräsident geworden war, gelang es wie gesagt, rasch, als unumstrittener Repräsentant des evangelischen Flügels in der CDU zu gelten. Auf dem Bundesparteitag 1952 wurde er mit gleicher Stimmenzahl wie Adenauer zum stellvertretenden Bundesvorsitzenden der CDU gewählt.[525] Gegenüber Bischof Lilje, der offensichtlich an der Installation Ehlers' mitgewirkt hatte,[526] sprach Ehlers jedoch von einer „mich an sich sehr bedrückenden Wahl"[527]. Offensichtlich konnte er sich keine gedeihliche Zusammenarbeit mit Adenauer vorstellen.[528] Jedenfalls füllte Ehlers auch das Amt des stellvertretenden CDU-Vorsitzenden, ganz anders als Holzapfel, machtbewusst aus. Dabei ging es ihm besonders um die angemessene Berücksichtigung des protestantischen Flügels in der Union. Ehlers als Nachfolger Holzapfels und Köhlers setzte hier zugleich andere Akzente. Er verstand es zum ersten Male, das protestantische Lager ganz bewusst als Machtfaktor einzusetzen, ja diese Frage überhaupt erst positiv aufzugreifen. Während man auf evangelischer Seite bisher eher untätig auf einen proporzmäßig zustehenden Einfluss Wert legte und im übrigen eine zunehmende Katholisierung der interkonfessionellen CDU konstatierte bzw. beklagte, verstand Ehlers diese Problematik als Machtfrage, die er vehement aber keineswegs ohne das Gefühl für politische Taktik und Pragmatismus anging. Den konfessionellen Aspekt in die innerparteiliche Debatte einzubringen, gelang allerdings nicht sofort. Das übernächste Kapitel soll davon ausführlicher berichten.

---

[524] Holzapfels langer Abstieg begann eigentlich schon mit einer Szene im Zusammenhang der Konstituierung der CDU der Britischen Zone 1946, als Adenauer sich in Herford, wo Holzapfel als Oberbürgermeister Hausherr war, einfach auf den freien Stuhl des Versammlungsleiters setzte und damit Holzapfel mit seinen Ambitionen ausspielte (SCHWARZ, Adenauer I, 503f.). Von da an stand Holzapfel völlig im Schatten Adenauers, ob als stellvertretender Vorsitzender der CDU in der Britischen Zone, zu dem er in Herford dann gewählt wurde, oder als stellvertretender Bundesvorsitzender seit 1950, was Holzapfel jedoch nicht daran hinderte, sich zumindest verdeckt für höhere Aufgaben, wie die des Bundeskanzlers (ebd., 621; GERSTENMAIER, Streit, 303) oder die des Bundespräsidenten (DER SPIEGEL, 31.7.1957, 20) bereit zu halten. Die realistischere Alternative des CDU-Fraktionsvorsitzes, wie einst im Wirtschaftsrat, wurde von Adenauer verhindert (SCHWARZ, Adenauer I, 643). Hier blieb Holzapfel wiederum nur die Stellvertretung hinter Heinrich von Brentano. Das Bundesinnenministerium nach dem Rücktritt Heinemanns zu übernehmen, traute Holzapfel – „Ich bin Wirtschaftsmann" (Westf. Rundschau 10.10.1950) – sich nicht zu (SCHWARZ, Adenauer I, 781).

[525] BESIER, Ehlers, 93.

[526] BÖSCH, Adenauer-CDU, 251.

[527] ERDMANN, Ehlers, 529.

[528] KUNST, Redebeitrag, 96.

Schon bald galt Ehlers als der kommende Bundeskanzler nach Adenauer. „Solange Hermann Ehlers lebte, wußte man um den Nachfolger. Hier waren sich Kanzler und Fraktion einig", so Heinrich Krone.[529] Ob sich Ehlers in seinen Ambitionen auch auf eine angebliche schon 1949 getroffene Absprache beziehen konnte, nach Adenauer solle ein Protestant im Kanzleramt sein Nachfolger werden,[530] ist allerdings unklar. Hans-Peter Schwarz konstatiert jedenfalls bei Adenauer Ehlers gegenüber gehörigen Respekt, was für die Person des Bundeskanzlers sonst eher ungewöhnlich war. Ehlers war für ihn hinsichtlich der protestantischen Wählerschichten „unbezahlbar".[531] Es steht zu vermuten, dass Ehlers das genau wusste.

Mit Ehlers hatte der Protestantismus in der Union nun einen dezidiert national-konservativen Vertreter, der sich auch dem Anspruch eines „Christlichen Konservatismus" zumindest hintergründig noch verpflichtet fühlte. Seine Herkunft aus den konservativen Kreisen Weimars verbarg er dabei nicht. Ehlers hat auf den 1925 verstorbenen Arthur Moeller van den Bruck, von dem er schrieb, dass dieser „zwar ein Buch mit einem sehr gefährlichen Titel [„Das Dritte Reich", M.K.] geschrieben hat und auch sonst manches Anfechtbare gesagt haben mag"[532], später noch gelegentlich Bezug genommen,[533] ohne jedoch dessen Ansichten im Einzelnen zu teilen. Trotzdem blieb bei Ehlers ein „Reichsbewußtsein" lebendig. Dieses setzte er allerdings vom kleindeutschen Reich von 1871, oder gar dem pervertierten „Großdeutschem Reich" Hitlers sowie dem Adenauer meist unterstellten westeuropäischen Verständnis eines neuen Karolingerreiches kritisch ab. Ehlers ging es um das in die europäische Staatengemeinschaft eingebundene wiedervereinigte Deutschland. Für das ja damals durchaus der Name „Deutsches Reich" unproblematisch verwandt wurde. Hier forderte er jedoch ein illusionsloses Verständnis:

„Das Reich, das wir meinen, ist keine romantische Schwärmerei, es ist keine nationalistische Verirrung, es ist keine arrogante Verherrlichung des eigenen Volkes. Das Reich, das wir wollen, ist das Instrument der Wahrnehmung einer Gesamtverantwortung für dieses Volk und diesen Erdteil in einer inneren Bindung und der Bescheidenheit, die immer bitteres Erleben gebietet."[534]

Noch wenige Tage vor seinem Tode wehrte er sich in einen Beitrag mit dem Ernst Moritz Arndt zitierenden Titel „Was ist des Deutschen Vaterland?"[535] gegen eine wie auch immer geartete Reichsromantik. In einem gewissen

---

[529] KRONE, Der Berater Adenauers, 25.
[530] KOERFER, Kampf, 70.
[531] SCHWARZ, Adenauer II, 32.
[532] ERDMANN, Ehlers, 251.
[533] Ebd., 5.
[534] Ebd., 242.
[535] Sonntagsspiegel 24.10.1954.

Widerspruch dazu stand Ehlers' eigenes Verhalten. Bei Aufenthalten in Norddeutschland pflegte er bevorzugt in Bismarcks Altersitz Friedrichsruh zu nächtigen.[536] An einer Analyse des Parteiwappens der CDU – ein goldner Adler auf schwarzem Kreuz vor rotem Grund – machte er seine latent vorhandenen romantischen Anschauungen deutlich, wenn er 1953 erklärte, dies sei der „Adler des alten Reiches"[537]. Arnulf Baring scheut sich deshalb auch nicht, vom „schwarz-weiß-roten Ehlers" [538] zu sprechen.

Hinsichtlich der Frage des „Christlichen" in der Politik blieb Ehlers zwar in den Formulierungen bemerkenswert flexibel, kaum aber im sachlichen Gehalt. Er forderte nicht mehr wie hundert Jahre zuvor die Konservativen den „christlichen Staat", de facto aber lief sein Politikverständnis auf solch eine – zeitgemäß angepasste – Vorstellung vom christlich durchdrungenen Staat hinaus. Nach außen hin konnte sich dies allerdings auch anders anhören. In einem Schreiben an einen CDU-Lokalpolitiker bekannte er,

„dass ich tatsächlich der Auffassung bin, dass es keinen christlichen Staat und keine christliche Partei gibt. Ich habe nicht gesagt, dass christlich nur die Kirche sei, denn man kann sehr wohl der Auffassung sein, dass auch die Kirche keineswegs immer ‚christlich' ist. Die Frage ist sehr einfach dadurch zu beantworten, dass wir uns überlegen, was der Inhalt des christlichen Glaubens ist. Weder der Staat in seiner Gestalt noch in seiner Organisation, noch eine Partei kann die Merkmale des christlichen Glaubens erfüllen. Unsere katholischen Freunde stehen in ihrem Verständnis von Staat und Kirche etwas anders. Es hängt nach meiner Überzeugung alles daran, dass wir nicht Schlagworte aufrichten, sondern in aller Nüchternheit dafür Sorge tragen, dass in den Lebensformen des Staates und der Parteien die an das Wort Gottes gebundene Verantwortung von Christen auch ausgeübt und damit in der Praxis des Staates verwirklicht wird. Wenn es sein kann, müssen Staat und Parteien dafür sorgen, dass nicht dem Wort und Gebot Gottes zuwidergehandelt wird."[539]

Diese Vorstellung bedeutete aber, wenn auch nicht explizit ausgesprochen, doch eine an der Konzeption des „christlichen Staates" orientierte Politik. Wenn er in dem genannten Schreiben äußerste Zurückhaltung gegenüber dem Begriff des „Christlichen" in der Politik erkennen ließ, war dies natürlich auch den heftigen Angriffen seitens seiner ehemaligen bruderrätlichen Freunde geschuldet, die nach Karl Barths Positionierung in dieser Frage die Möglichkeit einer „christlichen" Politik ja rundweg bestritten.[540] Ehlers schloss sich diesen Vorwürfen keineswegs an. In einem Schreiben an den westfälischen Präses Wilm wurde er deutlich. Hier wurde nun diese Vorstellung des „Christlichen" in der Politik ausdrücklich positiv gefasst:

---

[536] Bösch, Adenauer-CDU, 150.
[537] Buchhaas, Volkspartei, 209.
[538] Baring, Adenauer, 365.
[539] Erdmann, Ehlers, 382.
[540] Vgl. Kap. 12.3.

„Vielleicht stoßen Sie sich an dem Wort ‚christliche Politik'. Wir haben ja von vielen Theologen gehört, dass es zwar christliche Politiker geben könne und müsse, dass es aber keine christliche Politik gäbe. Hier hört mein Verständnis auf. Ich möchte, daß christliche Politiker und Pastoren sich nicht nur in theoretischen Erwägungen verlieren, was man tun könne, sondern dass sie ihre christliche Verantwortung in konkrete politische Handlungen umsetzen. Und das würde ich christliche Politik nennen."[541]

Als am Reichsgedanken orientierter Politiker genoss die Einheit Deutschlands in Ehlers Politikkonzept ebenso hohe Priorität wie bei Niemöller und Heinemann. Dass Ehlers gerade in der Deutschlandpolitik nicht ohne weiteres gewillt war, Adenauers strikt ablehnenden Kurs gegenüber der Regierung in „Pankow" zu teilen, war diesem bewusst.[542] Bei aller grundsätzlichen Loyalität zu Adenauer schlug Ehlers Kontaktmöglichkeiten nicht von vornherein aus, sondern nutzte sie mit umsichtiger Bestimmtheit. Damit gehörte er bald zu den „maßgeblichen Trägern der innerparteilichen Opposition" gegen Adenauers deutschlandpolitischen Kurs.[543] Dies wurde auch im Zusammenhang der Initiative des DDR-Ministerpräsidenten Otto Grotewohl[544] für eine Viermächte-Konferenz zur Regelung der deutschen Frage deutlich, als dieser auf seinen Brief erst nach sechs Wochen eine Antwort Adenauers erhielt. Ehlers äußerte vorsichtig öffentliche Kritik an Adenauers später Reaktion.[545]

Ehlers scheute sich auch keineswegs, in deutschland-politischen Fragen eigene Wege zu gehen. So kam es im Anschluss an die Grotewohl-Initiative zu einem Briefwechsel mit dem Präsidenten der DDR-Volkskammer, Johannes Dieckmann.[546] Adenauer bestritt dabei Ehlers das Recht, auf einen Brief Dieckmanns zu antworten, da es sich um eine Regierungsangelegenheit handle. Nur mühsam einigte man sich auf einen formalen Kompromiss.[547] Im Herbst 1951 führte Ehlers eine interfraktionelle Gruppe an, die auf ein erneutes Grotewohl-Angebot antwortete.[548] Noch deutlicher wurde der Konflikt, als sich Ehlers im September 1952 zu einem Empfang einer Delegation des Parlamentes der DDR in Ehlers' Amtszimmer bereit fand. Zur Delegation gehörte auch der Vorsitzende der Ost-CDU, Otto Nuschke. Obwohl Adenauer intervenierte und wegen befürchteter außenpolitischer Verwicklungen von dem Empfang dringend abriet – durch die Absage der Bundestagsvizepräsidenten Schmid (SPD) und Schäfer (FDP) hatte sich die Situation nochmals kompliziert – blieb Ehlers unbeirrbar. In einem Schreiben an Adenauer entgegnete er:

---

[541] Ebd., 572ff.
[542] SCHWARZ, Adenauer I, 783.
[543] BESIER, Ehlers, 100.
[544] Vgl. JODL, Grotewohl, bes. 217ff.
[545] Ebd., 101.
[546] ERDMANN, Ehlers, 386ff.
[547] BESIER, Ehlers, 103.
[548] Ebd., 105.

„Den Entschluss des sozialdemokratischen Parteivorstandes und die Absage der Teilnahme des Herrn Schmid haben in der Öffentlichkeit, besonders in den Kreisen der evangelischen Kirche, die immer eine gewisse Anfälligkeit für die SPD haben, einen denkbar schlechten Eindruck gemacht. ... Es könnte uns sehr viel daran liegen, vor der deutschen Öffentlichkeit endlich einmal das falsche Bild zu beseitigen, als ob die CDU und insbesondere Sie, Herr Bundeskanzler, weniger Interesse an der Frage der deutschen Einheit hätten, als die SPD."[549]

Ehlers Bemühungen profilierten ihn in besonderer Weise als einen wahrhaft an der deutschen Einheit interessierten Politiker. Hans-Peter Schwarz hält fest:

In „der Öffentlichkeit bleibt für Jahrzehnte das Bild eines aufrechten Politikers vom evangelischen CDU-Flügel, der sich - anders als der katholische Kanzler - zumindest gesprächsbereit gezeigt hat."[550]

Bei seinen Aktivitäten konnte Ehlers sich auf die Unterstützung des EKD-Ratvorsitzenden Dibelius verlassen. Immer wieder unternahm dieser intern bei Ehlers Vorstöße, den Gesprächsfaden zwischen Ost und West aufzunehmen.[551] Ehlers wiederum äußerte Dibelius gegenüber seine Einschätzung bezüglich positiver Ergebnisse in den Kontakten zur östlichen Regierung. Obwohl er hinsichtlich des Gesprächs mit der Volkskammerdelegation durchaus illusionslos war, unterstrich er Dibelius' Forderung nach grundsätzlicher Gesprächsbereitschaft. Je länger aber die deutsche Teilung währte, desto weiter rückte die Einheit in die Ferne. Beide Staaten begannen, sich in den unterschiedlichen Blöcken „einzurichten". Nach dem 17. Juni 1953 waren Verhandlungen mit dem Regime in Ost-Berlin faktisch unmöglich geworden. Ehlers nahm nun im Unterschied zu Heinemann und Niemöller von der Wiedervereinigung als politischem Nahziel Abstand.

Ehlers Erfolg innerhalb der Partei ist als Ergebnis mehrerer Faktoren zu deuten, die sich auch in der kontrastierenden Betrachtung des unterschiedlichen Politikstiles von Ehlers und Heinemann herausstellen lassen. Heinemann war als Politiker primär sachorientiert, wie seine Auseinandersetzungen mit Adenauer in der Wiederbewaffnungsfrage zeigte. Der christliche Glaube konnte hier, flankiert mit politischen Erwägungen, zu einem bestimmten Ergebnis führen, an dem Heinemann dann auch gegen alle politischen Widerstände festhielt. Eine solche Deduktion fehlt bei Ehlers, dem es in eher traditioneller Weise wie bei den christlichen Konservativen um einen allgemein als christlich verstandenen Bezugsrahmen politischer Entscheidungen ging und damit Adenauer, der gerne von der „christlichen Weltanschauung"[552] redete, wesentlich näher stand. Überhaupt blieb Ehlers den

---

[549] ERDMANN, Ehlers, 524.
[550] SCHWARZ, Adenauer II, 32.
[551] ERDMANN, Ehlers, 517 A. 1.
[552] GRESCHAT, Spannungen, 30.

traditionellen politischen Vorstellungen eher verhaftet. Eine kritische Analyse der obrigkeitlichen Staatstraditionen, wie sie Heinemann schon früh in dem genannten Vortrag vor der „Evangelischen Tagung" im Rheinland[553] bot, fehlt bei Ehlers. Hier war stärker eine Anknüpfung an die alten Traditionen, wie etwa den „Reichsgedanken", lebendig. Insofern stand Ehlers auch wohl eher für die Hauptströmung des deutschen Protestantismus. Damit und mit seinem Adenauer gegenüber offensiven Eintreten für das Ziel der deutschen Einheit gelang es ihm, den protestantischen Nationalkonservatismus in die Partei und damit faktisch auch in die westdeutsche Nachkriegsgesellschaft zu integrieren. Ehlers' dezidiertes Festhalten an der deutschen Einheit brachte ihn durchaus in Konflikte mit Adenauer, die er aber doch unter der Vorgabe kritischer Loyalität zu diesem zu handhaben verstand. Gleichzeitig Mitglied der CDU zu sein und in einer anderen Bewegung das Gegenteil von dem zu fordern, was die Politik des Kanzlers und seiner Partei war, wie Heinemann es in der NG versuchte, war für Ehlers unmöglich. Insofern passte sich Ehlers den Bedingungen des Parteienstaates besser als zunächst Heinemann an. So hatte er auf der politics-Ebene sicherlich ein moderneres Politikverständnis. Während Heinemann die Rolle als Repräsentant der Protestanten in der CDU wohl annahm und sich ihrer bei seiner Berufung ins Kabinett auch bewusst sein musste, versuchte Ehlers diese ganz gezielt einzusetzen, so dass ihm z.b. der Wahlerfolg der CDU 1953 in hohem Maße zugeschrieben wurde. In seinen politischen Anschauungen von christlicher Politik und dem Reichsgedanken noch durchaus traditionell geblieben, war Ehlers seit Naumann der erste Protestant, der beherzt nach den Möglichkeiten politischer Macht griff und sie einzusetzen gedachte. Dass er sich dafür bewusst nicht mehr als „un-parteiisch" wie etwa noch Schlange-Schöningen verstand, macht seine Modernität aus.

7.4.2. *Ehlers' Bruch mit den bruderrätlichen Kreisen der EKD*

Ehlers Integrationsleistung im Blick auf den protestantischen Nationalkonservatismus korrespondierte jedoch auch der Bruch mit einem anderen Milieu, dem der Bruderräte.

Sollte Adenauer anfänglich Ehlers Eigenwilligkeiten, etwa in der Deutschlandfrage, billigend in Kauf genommen haben,[554] um durch das Mitglied des Bruderrates der EKD die mit Heinemanns Ausscheiden aus der Regierung stark geschwächte Verbindung zu protestantischen Kreisen aufrecht zu erhalten, so musste er sich, was den linken Flügel der Bekennenden Kirche betraf, bald schwer getäuscht sehen. Ehlers geriet mit seinen früheren bruderrätlichen

---

[553] Vgl. Kap. 7.1.2.6.
[554] So Schwarz, Adenauer I, 783.

Freunden, besonders in der Frage der Deutschlandpolitik, aber auch grundsätzlich wegen seines Engagements in der Union, in scharfen Konflikt. Zunächst konnte er Wilhelm Niesel, dem Moderator des Reformierten Bundes, in der mit Heinemann geteilten Kritik am Führungsstil Adenauers durchaus noch zustimmen, wenn er selbst verpflichtet zu sein glaubte, „Restbestände vergangener Zeiten, und seien es auch Führerprinzipien in einer Demokratie" [555] überwinden zu helfen. Doch schon bald entwickelte sich Ehlers geradezu zur Reizfigur seiner nun ehemaligen Freunde, die aufgrund der früheren Verbindung mit ihm immer wieder brieflichen Kontakt aufnahmen und ihn gleichsam als Erfüllungsgehilfen Adenauer'scher Politik, namentlich in der Wiederaufrüstungsfrage, in heftigster Weise attackierten. Ehlers antwortete in er Regel nicht minder heftig. In einem Schreiben an den Hamburger Pastor Johann Tibbe betonte Ehlers sein Befremden, „dass aus der christlichen Himmelsrichtung, aus der Sie schreiben, in letzter Zeit mancherlei Äußerungen kommen, die in ihrer Simplizität doch das mögliche Maß überschreiten." [556]

Diese brieflichen Scharmützel markierten den zwischenzeitlich eingetretenen Bruch zwischen Ehlers und dem bruderrätlichen Protestantismus. Zu ersten Spannungen kam es schon wenige Tage nach Ehlers' Wahl zum Bundestagspräsidenten im Oktober 1950. In einem Brief an Martin Niemöller, den er seit der gemeinsamen Zeit in der BK in den 30iger Jahren in Berlin gut kannte, rechtfertigte sich Ehlers etwas gewunden dafür, dass er die Erklärung der evangelischen Delegierten des CDU-Parteitages in Goslar, auf dem diese sich hinter Adenauer und gegen Niemöller und Heinemann stellten, „etwa als fünfzigster" [557] unterschrieben habe. Er legte aber Wert darauf, dass bei aller Unterscheidung in politischen Sachfragen die Basis für gemeinsames Handeln „auf Grund brüderlicher Beratung" gewahrt bleibe. Immer mehr kühlte sich jedoch das Verhältnis seitens Niemöllers, der ihm das persönliche „Du" wieder entzog, ab, so dass es für Ehlers schwer wurde „mich an die Gemeinschaft der vergangenen Jahre immer wieder erneut zu erinnern, um sie nicht zerbrechen zu lassen." [558]

Mit der Zeit fand sich Ehlers in den Gremien der Bekennenden Kirche immer mehr isoliert. Besonders mit dem Geschäftsführer des Reichsbruderrates, Herbert Mochalski, den Ehlers hinter einer Welle von kritischen Eingaben an ihn vermutete, [559] gestaltete sich das Verhältnis so schwierig, dass Ehlers dem Präsident des Deutschen Evangelischen Kirchentages, Reinold von Thadden-Trieglaff, in einem privaten Schreiben mitteilte, er werde von einer weiteren Mitarbeit im Reichsbruderrat für die Dauer der Geschäfts-

---

[555] Erdmann, Ehlers, 377.
[556] Ebd., 380f.
[557] Ebd., 375.
[558] Ebd., 528.
[559] Ebd., 420.

führung Mochalskis Abstand nehmen.[560] Ehlers und von Thadden-Trieglaff wurden bei der Neuwahl der kooptierten Mitglieder des Bruderrates der EKD im März 1953 dann offensichtlich nicht mehr nominiert.[561] Damit war zwischen der CDU, der führenden Regierungspartei, und der Bekennenden Kirche nach dem Rücktritt Heinemanns und dessen CDU-Austritt eine weitere personelle Verbindung gekappt. Beide Gruppen standen sich in der Folgezeit ohne Vermittler unversöhnlich gegenüber.

Ähnlich entwickelte sich sein Verhältnis zur „Jungen Kirche", als deren verantwortlicher Herausgeber Ehlers zusammen mit Fritz Söhlmann seit dem Wiedererscheinen 1949 fungierte.[562] Nachdem die „Junge Kirche" besonders in der Frage der Wiederbewaffnung eindeutig die Position von Heinemann und der GVP bezogen hatte, schied Ehlers im November 1953 als Herausgeber der Zeitschrift aus.[563]

Besonders auch das Verhältnis zu Heinemann verschlechterte sich rapide. Heinemanns Gründung der „Notgemeinschaft für den Frieden Europas" wurde von Ehlers in der „Jungen Kirche"[564] deutlich zurückgewiesen. Immer wieder wandte er sich gegen den von ihm so empfundenen Versuch Heinemanns, „unsachlich politische mit berechtigten christlichen Anliegen"[565] zu verbinden. Heinemann antwortete darauf mit der Veröffentlichung einer Zitatensammlung von früheren Aussprüchen Ehlers' gegen die Wiederbewaffnung vor seinem parteipolitischen Aufstieg.[566] Kurz vorher hatte Ehlers in einem Schreiben an Niesel Heinemann „Politik aus Ressentiment"[567] vorgeworfen. Trotz dieser Spannungen aber erklärte Ehlers Heinemann gegenüber die prinzipielle Bereitschaft, sich für eine CDU-Bundestagskandidatur Heinemanns auf einem sicheren Listenplatz einzusetzen.[568]

Mit dessen CDU-Austritt und der Gründung der GVP steuerte das Verhältnis zu Heinemann auf den endgültigen Bruch zu. Noch 1952 hatte Heinemann einer Diskussionsveranstaltung mit Ehlers über die deutsche Sicherheitspolitik „ohne alles Zaudern fröhlich zugesagt"[569]. Ehlers teilte damals wiederum auf die etwas besorgte Anfrage Heinemanns hin mit, er habe

---

[560] Ebd., 449. Bei dieser Gelegenheit warf Ehlers Mochalski auch die angebliche Flucht aus seiner Berliner Pfarrstelle im April 1945 vor. Das Verhältnis zwischen Mochalski und Ehlers war wohl von jeher gespannt, wie ein Briefwechsel zeigt, auch wenn Mochalski sich anfänglich noch um ein kritisch-humorvolles Verhältnis mit dem Bundestagspräsidenten bemühte (Schriftwechsel, ZAHN 36/40).

[561] MEIER, Ehlers, 302f., 522.

[562] Weitere Mitherausgeber waren Walter Herrenbrück, Hans-Joachim Iwand, Heinz Kloppenburg und Wilhelm Niemöller; MEIER, Ehlers, 303.

[563] MEIER, Ehlers, 305.

[564] Junge Kirche 1/1952.

[565] ERDMANN, Ehlers, 455.

[566] HEINEMANN, Erinnerung, 1.

[567] ERDMANN, Ehlers, 451.

[568] Ebd., 554.

[569] Schreiben vom 31.3.1952, ACDP I-369-07/1.

„auch nicht die geringsten Hemmungen"[570], vorher in Heinemanns Haus zum Tee zu kommen. Doch schon bald, besonders im Zuge des Wahlkampfes 1953, kam es dann zwischen beiden zu einer auch persönlich bitteren Auseinandersetzung, nachdem Ehlers Heinemann im Wahlkampf politische „Brunnenvergiftung" vorgeworfen hatte.[571] Heinemann warnte Ehlers:

In „dem Maße, wie Du vor aller Öffentlichkeit evangelische Mitspieler oder Gegenspieler traktierst, wirst auch Du selbst traktiert werden, sobald Du Dr. Adenauer ernstlich irgendwo unbequem wirst. … Ich kann nur dringend wünschen, dass alle Evangelischen, die etwas mit der Bonner Politik zu tun haben, sich auch und gerade bei getrennten Wegen auf ein Zusammenspiel einrichten, das der Situation entspricht."[572]

Ehlers aber zeigte sich nicht verständigungsbereit. Auch die von Heinemann erbetene[573] Vermittlung des rheinischen Oberkirchenrates Beckmann half nicht weiter, da Ehlers nicht gewillt war, seine Vorwürfe zurückzunehmen. Die beiden herausragenden Repräsentanten des politischen Protestantismus blieben geschiedene Leute. Der Vorwurf der „Brunnenvergiftung" wurde zwischen beiden nicht mehr ausgeräumt.

Ehlers konnte nun auch kein Interesse mehr daran haben, Heinemann als Präses der EKD-Synode zu sehen. Allerdings riet er von seinem Sturz ab. Hatte er Anfang 1952 noch die Überlegung, Heinemann, der „menschlich so honorig"[574] sei, von seinem Amt als Präses der EKD-Synode abzuberufen, entschieden abgelehnt, äußerte er sich im Februar 1954 nur noch aus taktischen Erwägungen in diese Richtung. Ein Sturz Heinemanns, so meinte er, würde nur denen zu Nutze sein, „die ihn dann nicht nur zum politischen, sondern auch zum kirchlichen Märtyrer machen würden. Das ist ja bekanntlich immer die am schwierigsten auszubügelnde Vorstellung."[575]

Während der Zeit als Ehlers noch den Versuch machte, das Band zu seinen alten Kampfgefährten nicht völlig zerreißen zu lassen, geriet er mit dem schon aus der Bekennenden Kirche ausgeschiedenen Kieler Propst Hans Asmussen zunächst ebenfalls in Konflikt. In einem scharfen Brief vom Juni 1952 warf dieser zwischenzeitlich erbitterte Niemöller-Gegner Ehlers vor, sich „von der Front Niemöller-Heinemann-Held-Barth",[576] der Asmussen ein bewusstes Zulassen kommunistischen Einflusses in der EKD unterstellte, nicht eindeutig zu lösen:

„Wie können Sie sich über ‚Kommunistische Unterwanderung' in kirchlichen Kreisen wundern, nachdem diese seit 1946 ungehindert stattfindet? Grüber? Unterwegskreis? Sozietät? Heinemann? Der Hammelsbeckkreis? Oder wollen auch Sie zu der faden-

---

[570] Schreiben vom 2.4.1952, ACDP I-369-07/1.
[571] ERDMANN, Ehlers, 571.
[572] Ebd., 594 A. 4.
[573] PERMIEN, Wiederbewaffnung, 126.
[574] ERDMANN, Ehlers, 470.
[575] Ebd., 614.
[576] Ebd., 499 A. 2.

scheinigen Rede Ihre Zuflucht nehmen, die meisten dieser Männer dächten gar nicht kommunistisch? Nun, Sie denken so wenig kommunistisch, wie nach 1933 die gemäßigten DC nationalsozialistisch dachten."[577]

Ehlers ging in seinem Antwortbrief nicht näher auf die Vorwürfe ein, schlug aber ein Gespräch während der „Kieler Woche" 1952 vor. Dieses war offensichtlich fruchtbar. Ein Jahr später hatten sich die beiden ehemaligen Bruderratsmitglieder sehr angenähert. Dies zeigte sich angesichts der Bundestagswahl 1953. Asmussen ließ an 19. Juli 1953 unter seinen Mitarbeitern in der Propstei Kiel „einige Sätze zur bevorstehenden Bundestagswahl"[578] verteilen, die in 14 Punkten zwar indirekt, aber trotzdem unüberhörbar, zur Wahl der CDU aufriefen. Zwar forderte Asmussen zunächst, „eine der großen Parteien zu wählen", was schon einmal die GVP ausschloß, im Gefolge der Punkte dann aber deutlich machte, dass nur die CDU gemeint sein konnte. So hieß es z.B. weiter: „Christliche Politik ist es, wenn christliche Politiker verschiedener Konfessionen um ihres Christentums willen zusammenarbeiten wollen."

Möglicherweise stellte dieser letztlich unverhohlene Aufruf für die CDU eine Reaktion dar. Einen Tag vorher war im Evangelischen Pressedienst (epd) ein Aufruf Niemöllers, in dem dieser wiederum indirekt zur Wahl der GVP aufrief, veröffentlicht worden. Niemöller warf der Adenauer-Regierung vor, „die westdeutsche Politik"[579] sei „zum Hindernis geworden für die Aufnahme von Verhandlungen wie für eine friedliche Regelung der deutschen Frage." Ohne die selbstgestellte

„sorgenvoll[e Frage], ob sich nicht eine Partei findet, die bereit ist, sich im künftigen Bundestag für eine grundlegende Neuorientierung unserer Außenpolitik einzusetzen, um eine friedliche Wiedervereinigung und eine friedliche Zukunft unseres Volkes inmitten seiner Nachbarn herbeizuführen",

eindeutig zu beantworten, konnte dies nach Lage der Dinge nur die GVP sein. Noch in derselben Ausgabe war es zu einer scharfen Gegenrede von Ehlers gekommen.[580]

Ehlers, der den Wahlaufruf Asmussens von diesem zugeschickt bekam, ließ diese „14. Punkte" als Wahlkampfflugblatt des Evangelischen Arbeitskreises der Union veröffentlichen, was wiederum zu einem geharnischten „Offenen Brief" des westfälischen Präses Wilm an die Adresse Ehlers führte. Wilm legte zunächst einmal Wert darauf, festzustellen, das Niemöller „nicht einer bestimmten Partei das Wort geredet" habe,[581] was zwar formal zutraf, inhaltlich aber genauso wenig wie bei Asmussen stimmte. Wilm relativierte

---

[577] Ebd., 500.
[578] Ebd., 568 A. 1; daraus auch die nachfolgenden Zitate.
[579] KJ 1953, 41; daraus auch die nachfolgenden Zitate.
[580] Zit. in: ERDMANN, Ehlers, 569.
[581] KJ 1953, 44ff.; daraus auch die nachfolgenden Zitate.

seine Aussage zugleich auch, indem er Niemöllers Aufruf mit der selbstge-
stellten Frage verband, ob dieser sich denn nicht nur gemeldet habe, weil das
neue Wahlgesetz mit der Einführung der 5 %–Klausel es Parteien wie der
GVP fast unmöglich mache, erfolgreich für den Bundestag zu kandidieren.
Was Wilm dann bei Niemöller nicht kritisiert wissen wollte, bemängelte
er an Asmussens Aufruf: „Daß bei Asmussens 14 Punkten nur der 15. Punkt
fehlt und daß der lauten müsste: ‚Darum muß ein Christ CDU wählen', ist
doch dem unbefangenen Leser klar." Schließlich wies Wilm Ehlers' Kritik
an Niemöllers Äußerungen unter einem weiteren formalen Gesichtspunkt
zurück: Wenn Niemöller als Kirchenpräsident sich nicht politisch äußeren
dürfe, warum erhebe Ehlers dann keine Kritik daran, dass Dibelius und der
Lübecker Bischof Pautke Mitglieder der CDU seien? Schließlich trügen
Gerstenmaier, Tillmanns und Ehlers in der Politik sogar kirchliche Titel.
    Auf den „Offenen Brief" Wilms kam es dann zur „Offenen Antwort"
Ehlers'. Der Bundestagspräsident rettete sich ebenfalls in formale Argumente, wenn er betonte, Asmussen habe den sog. 15. Satz, CDU zu wählen, „nun
aber gerade nicht gesagt"[582]. Im Gegenzug warf Ehlers nun Wilms vor, ge-
gen die GVP nicht Stellung zu nehmen, wenn diese in ihren Flugblättern der
CDU unterstelle „mit dem katholischen Kleineuropa das Reich Karls des
Großen wiederherstellen zu wollen" und deshalb kein Interesse an der Wiedervereinigung zu haben. Dass gerade die „Stimme der Gemeinde" zum
„‚Propagandaorgan' der GVP und des ‚Bundes der Deutschen'" geworden
sei, halte Wilms wohl ebenso wenig für bedenklich, wie die Tatsache, „daß
Pfarrer Ihrer Kirche sich als die geborenen Ortsgruppenleiter der gesamtdeutschen Volkspartei verstehen?"
    Ehlers' Trennung von seinen früheren Kampfgefährten aus der Bekennen-
den Kirche war zunächst eine Folge der völlig unterschiedlichen persönlichen Einschätzung in politischen Fragen, namentlich der Wiederbewaffnung. Diesem Konflikt zugrunde lag aber eine grundsätzlich verschiedene
Auffassung vom Verständnis christlichen Handelns in der Politik. Die Charakterisierung dieser unterschiedlichen Ansätze ist vielfältig versucht worden. Sicherlich war die Gruppe um Niemöller in weiten Kreisen geprägt von
„einem dezisionistischen Weltbild, das durch glaubend anzuerkennende Beauftragung von der Pflicht zur diskursiven Begründung entlastet."[583] Dies
galt besonders für Niemöller, der grundsätzlich eher als prophetische Gestalt
beschrieben werden muss, wobei dies hier im Sinne Michael Walzers verstanden werden kann, der die israelitischen Propheten als die „herausragend-
sten Sprecher israelitischer Selbstinterpretation" deutet.[584] Niemöller war
ein solcher Sprecher, aber paradoxerweise im Sinne einer Anknüpfung an die

---

[582] KJ 1953, 49ff.; daraus auch die nachfolgenden Zitate.
[583] MEIER, Ehlers, 312.
[584] Vgl. REESE-SCHÄFER, Kommunitarismus, 131.

nationalstaatlichen Traditionen der Rechten.[585] Der Vorwurf galt aber z.B. nicht für Heinemann, dessen Glaubensaussagen immer mit hochrationalen politischen Überlegungen korrespondierten. Zunehmend verzichtete er auf eine „christliche" Begründung von Politik und nahm bald eine Verurteilung eines christlich firmierten Politikansatzes vor.

Ganz anders Ehlers. Er bekräftigte bis zu seinem Tode grundsätzlich die konservative Vorstellung von einem, wenn auch de facto nicht so genannten, „christlichen Staat". Darin liegen auch die Gründe für Ehlers, fast wider besseres Wissen an der Gemeinschaft mit den Kampfgefährten aus der Zeit der nationalsozialistischen Herrschaft festzuhalten. Während aber für Niemöller u.a. die Bekennende Kirche ein Kampfbund Gleichgesinnter war, die um der für richtig erkannten Auffassungen willen keine abweichenden Positionen dulden konnte, war bei Ehlers sicher ein quasi-romantisches Freundschaftsbund-Verständnis lebendig, das sich aus seinen Erfahrungen mit dem wandervogel-bewegten Schülerbibelkreisen entwickelt hatte. Wenn es der Bruderrat der EKD in prophetischer Selbstgewissheit zum Konflikt mit den „falschen Propheten" in den eigenen Reihen kommen ließ, ja aus seiner Sicht kommen lassen musste, fasste Ehlers wie kaum jemand sonst den Protestantismus geradezu als ein Corpus Evangelicorum, das er über alle Konflikte hinweg erhalten wissen wollte, auf. Ein Versuch, der zum Scheitern verurteilt war.

7.4.3. *Konfessionspolitische Auseinandersetzungen in der CDU*

Nachdem sich die Bundesrepublik mit der Stabilisierung der politischen Verhältnisse nach der Bundestagswahl 1953 zu etablieren begann, kam es bald in der CDU – aber auch in der Gesellschaft – zu einem „politischen Klimawechsel". Waren die ersten Jahre nach 1945 noch von einem interkonfessionellen Aufbruch in der Partei geprägt gewesen, verbunden in der gemeinsamen Erinnerung an den Widerstand gegen den Nationalsozialismus und die gleichzeitige gemeinsame Frontstellung gegen den „säkularen" Liberalismus, Materialismus und andere vermeintliche Ursachen der „deutschen Katastrophe", denen es jetzt zu wehren galt, veränderte sich nun das Bild. Die konfessionellen Unterschiede in der Partei und in der Gesellschaft traten wieder deutlicher hervor. Dies galt nicht zuletzt für den Katholizismus. Der katholische Soziologe Karl Gabriel hat sogar davon gesprochen, dass „nie zuvor ... Katholiken einer Zeit in Deutschland so sehr ihren Stempel aufgedrückt"[586] hätten, wie in der Ära Adenauer. Von der Bevölkerungsanzahl in der Bundesrepublik ungefähr gleichstark wie die Protestanten, versuchte die katholische Kirche die „Geschlossenheit des Milieus und die Inte-

---

585 DOERING-MANTEUFFEL, westlich, 105.
586 GABRIEL, Katholiken, 418.

grität als moralische Instanz zu wahren"[587] und bei aller strukturellen Anpassung an die neuen Gegebenheiten der Bundesrepublik und die einer interkonfessionellen Partei doch die Leit*kultur* des neuen Staates zu bestimmen.[588]

Besonders in Wahlkampfzeiten stellte die katholische Kirche ihre organisatorischen Möglichkeiten ganz unverhohlen in den Dienst der CDU. So veranstaltete das Kölner Diözesankomitee im Wahlkampf 1953 sechsundvierzig Großkundgebungen und verteilte darüber hinaus 650 000 Flugblätter. Prälat Böhler stellte nach der Wahl fest. „Dort, wo klar und zielsicher gearbeitet wurde, merkt man die Frucht dieser Tätigkeit am Wahlergebniss."[589]

Gegen diese Bestrebungen, CDU und katholische Kirche eng zu verzahnen, legte wie kein zweiter Ehlers Wert auf den konfessionellen Proporz innerhalb der Union. Ehlers selber machte sich nach einem gewissen Zögern bald zum entschiedenen Fürsprecher einer klar durchgeführten konfessionellen Parität in der Partei.[590] Dies geschah dabei auf allen Ebenen, etwa bei der Wahl eines katholischen Ministerpräsidenten im überwiegend protestantischen Schleswig-Holstein. Hier übte Ehlers zunächst noch nicht-öffentlich Kritik.[591]

Bald jedoch trat Ehlers ganz offen für die Berücksichtigung evangelischer Interessen ein. Eine Fülle von Beispielen belegt dies: Bei dem damaligen Parlamentarischen Geschäftsführer der CDU-Bundestagsfraktion Heinrich Krone beklagte sich Ehlers, dass im Bundestags-Rechtsausschuss alle Vertreter und Stellvertreter der CDU katholisch seien.[592] Verärgert nahm Ehlers

---

[587] LAURIEN, Kultur, 33.

[588] Vgl. GABRIEL, Katholiken, bes. 428f.; GAULY, Kirche, 168ff.

[589] Zit. in: GAULY, Kirche, 172.

[590] Vgl. GRESCHAT, Spannungen, 19ff.

[591] Als im überwiegend evangelischen Schleswig-Holstein der evangelische CDU-Ministerpräsident Bartram nach kurzer Amtszeit zurücktreten musste, wurde dort der Katholik Friedrich Wilhelm Lübke, ein Bruder des späteren Bundespräsidenten, erst zum Landesvorsitzenden und dann am 25.6.1951 zum Ministerpräsidenten gewählt. Gegen die Nominierung Lübkes sprach sich jedoch der Bischof von Holstein, Wilhelm Halfmann, im „Evangelischen Pressedienst" (EPD 23.6.1951) aus. Diese Einlassung Halfmanns wies Ehlers ebenfalls im Evangelischen Pressedienst zunächst mit deutlichen Worten als „ungerechtfertigte Störung aussichtsreicher Verhandlungen zur Konsolidierung der schleswig-holsteinischen Verhältnisse" zurück (ebd.). Intern bekundete er Übereinstimmung mit Halfmanns Auffassungen (ERDMANN, Ehlers, 407f.). Ihm gegenüber versuchte er sein Verhalten damit zu rechtfertigen, dass es zu Lübke keine evangelische Alternative gegeben habe, obwohl er grundsätzlich ebenfalls einen evangelischen Kandidaten bevorzugt hätte. Halfmann bat er, einzusehen, „dass die Verteidigung unserer evangelischen Position nicht in öffentlichen Erklärungen, … sondern in der inneren Stärke unserer Kirche und unserer Gemeinden" (ebd. 410) liege. In einem anderen Brief an einen Bekannten hieß es, dann wiederum, „… dass weithin schockiert nur die Leute sind, die sich evangelisch nennen, von ihrem evangelischen Glauben zwar nicht den geringsten praktischen Gebrauch machen, … . Auch in Schleswig-Holstein ist der Katholizismus so stark wie der Protestantismus schwach ist." (ebd. 405)

[592] Ebd., 521.

auch zur Frage einer katholischen Oberbürgermeisterkandidatur im protestantisch geprägten Herford Stellung.[593] Bei dem nordrhein-westfälischen Ministerpräsidenten Karl Arnold wurde Ehlers vorstellig, als eine Stelle im Verwaltungsrat des damaligen NWDR neu zu besetzen war.[594] In einem anderen Falle wandte er sich direkt an Adenauer, um diesen auf ungünstige Entwicklungen hinsichtlich des konfessionellen Proporzes in der Regierung Arnold hinzuweisen und um Adenauers persönlichen Einsatz in dieser Frage zu erbitten.[595] Welch seltsame Blüten diese Auseinandersetzungen trieben, zeigte in demselben Brief an Adenauer Ehlers' Hinweis auf ein Schreiben von Prälat Böhler, dem Vertreter der katholischen Episkopats bei der Bundesregierung, der

„sich in einer wie ich sagen muß auffälligen Weise danach erkundigt, wie ein Düsseldorfer Beigeordneter und die Landesbildstelle in Nordrhein-Westfalen dazu kämen, den geschlossenen Besuch des Lutherfilms durch evangelische Volksschulen … zu billigen."[596]

Weitere Beispiele ließen sich anfügen. Dass diese Aktivitäten keineswegs grundlos waren, sondern mit den zunehmend stärker auftretenden Bestrebungen im Katholizismus korrespondierten, sowohl die CDU als auch überhaupt die Gesellschaft der Bundesrepublik nach katholischen Vorstellungen zu formen und die katholische Position bisweilen aggressiv zu vertreten, zeigte am 28. Juni 1953 schlaglichtartig der „Ochsenfurter Zwischenfall", bei dem der damalige Würzburger Bischof Julius Döpfner sich weigerte, zusammen mit einem evangelischen Geistlichen die Weihe einer Zuckerfabrik vorzunehmen. Ein Aufschrei der evangelischen Öffentlichkeit, den sich vor allem FDP und DP zunutze machten und in dessen Zusammenhang sogar Adenauer und die Bischöfe Meiser und Dibelius tätig wurden, war die Folge.[597]

Bei der Bundestagswahl 1953 erzielte die CDU, die Monate vorher noch deutlich hinter der SPD gelegen hatte,[598] in überwiegend protestantisch geprägten Gebieten einen enormen Stimmenzuwachs. Dies war sicherlich Ehlers besonderes Verdienst. Für viele evangelische Christen war die CDU erst „durch den evangelischen Bundestagspräsidenten und stellvertretenden Vorsitzenden der CDU … vertrauenswürdig und damit wählbar"[599] geworden. Das allerdings durfte nicht darüber hinwegtäuschen, dass die relative Mehr-

---

[593] Ebd., 540.
[594] Ebd., 527.
[595] Ebd., 631.
[596] Ebd., 630.
[597] Vgl. GRESCHAT, Spannungen, 19ff.
[598] Vgl. BÖSCH, Adenauer-CDU, 151.
[599] BESIER, Ehlers, 96.

heit der Protestanten immer noch – wie etwa 1924 – die SPD wählte![600] Die CDU allerdings noch als katholische Partei zu bezeichnen, wäre in der Tat eine Verkennung der Wahlverhältnisse gewesen. Adenauer meinte denn auch, dass

„es sicher zu einem großen Teil sein [sc. Ehlers M.K.] Verdienst ist, wenn bei dieser Wahl in viel stärkerer Weise als bei der Wahl 1949 die evangelischen Christen zu uns gestoßen sind, trotzdem ein Mann wie Heinemann und wie Niemöller in dieser Weise gegen uns gearbeitet und gehetzt hat."[601]

Ehlers ging es keineswegs um einen Achtungserfolg, sondern er arbeitete fest daran, dieses ihm besonders zugeschriebene Ergebnis auch in politischen Einfluss umzumünzen. Dies wurde im Zusammenhang der Regierungsbildung sehr schnell deutlich. Unmittelbar nach der Wahl schaltete Ehlers sich in die Regierungsbildung ein. In einem Rundfunkvortrag im Bayerischen Rundfunk unter dem untertreibenden Titel „Einer von 508 [sc. Abgeordneten M.K.] meint …" kritisierte Ehlers die mangelnde konfessionelle Ausgewogenheit in der Bundesregierung. Der Vortrag hinterließ eine bereite publizistische Nachwirkung in der Tagespresse.[602]

Ehlers konnte sich bei seinem Vorgehen auch kirchlicher Unterstützung sicher sein. Wie er im CDU-Bundesvorstand mitteilte, hatte ihn besonders Bischof Lilje aufgefordert, sich für eine konfessionelle Ausgewogenheit in der Regierung stark zu machen.[603] Zwar ließ der Bundestagspräsident keine Zweifel daran, dass die sachliche Eignung für Beamtenstellen in der Bundesregierung entscheidend sein müsse, aber Ehlers machte doch deutlich, dass diese konfessionelle Frage von hoher Bedeutung sei. Es gehe darum, „das erwachende Gefühl des evangelischen Volksteils für seine besondere politische Verantwortung zu pflegen und zu stärken."[604] Keineswegs ging es Ehlers nur allgemein um die evangelische Sache – FDP, BHE und DP stellten insgesamt sieben Protestanten, somit waren die Evangelischen insgesamt im Kabinett in der Mehrheit – sondern um die Konfessionsverhältnisse in der CDU.

In einer von heutigen Gesichtspunkten aus nur noch schwer nachvollziehbaren Weise setzte sich Ehlers dann im Verlaufe der Regierungsbildung dafür ein, dass der noch freie Posten des Postministers mit einem Protestanten besetzt werde. Adenauers Schachzug, den allgemein als entscheidungsschwach angesehenen evangelischen Abgeordneten Mayr zu nominieren, wurde von Ehlers wiederum in einer Weise angegriffen, die die gereizte Stimmung in der CDU deutlich machte:

---

[600] SCHMITT, Wahlverhalten, 121. 37,5 % der Evangelischen gaben ihr die Stimme, 31,5 % der CDU, 13,1 % der FDP und 6,7 % dem BHE.

[601] BUCHSTAB, Protokolle 1953, 4.

[602] ERDMANN, Ehlers, 588 A. 2.

[603] BUCHSTAB, Protokolle 1953, 80.

[604] ERDMANN, Ehlers, 315.

„Damit, daß wir einen evangelischen Minister gestellt hätten, der bei jeder entscheidenden Frage platt auf dem Bauche gelegen hätte, wäre uns nicht gedient; dann schon lieber einen Katholiken, bei dem man scharf schießen kann."[605]

Ehlers Vorgehen war innerhalb der Protestanten in der CDU nicht unumstritten. Die Uneinheitlichkeit des evangelischen Lagers in der CDU stellte für Adenauer eine gute Ausgangsposition dar, einen Keil in die Argumentation zu treiben und den Anspruch eines „evangelischen Lagers" zu bestreiten. Dafür stellte sich Adenauers enger Freund, der Protestant Robert Pferdmenges, zur Verfügung, der in der Presse ausdrücklich Ehlers Autorisation bestritt, für das evangelische Lager zu sprechen.[606] Hoch verärgert erinnerte Ehlers Pferdmenges daran,

„ … daß, auch wenn Sie von den kleinen Leuten gesprochen haben, die sich jetzt nachträglich am Bundeskanzler reiben - um es etwas zurückhaltender auszudrücken, als Sie es getan haben - mein Einsatz im evangelischen Raum am 6. September immerhin ins Gewicht gefallen ist."[607]

In der „Evangelischen Verantwortung"[608], der Zeitschrift des inzwischen gegründeten „Evangelischen Arbeitskreises der CDU", erschien unter der Überschrift „Das neue Bundeskabinett" eine kommentarlose Auflistung aller Minister. Eine vordergründig überflüssige Angelegenheit, man konnte die Angaben auch jeder Tageszeitung entnehmen. Offensichtlich wollte aber der Herausgeber Ehlers mit den Konfessionsangaben, die bei den CDU-Ministern ein deutliches katholisches Übergewicht ergaben, während die *anderen* Koalitionsparteien DP und FDP hauptsächlich evangelische Minister stellten, den Eindruck erwecken, dass hier gehandelt werden müsse.

Natürlich blieb Ehlers Vorgehensweise, wie Pferdmenges gezeigt hatte, nicht unwidersprochen. Ihm wurde unterstellt, einen neuen Kulturkampf zu entfachen.[609] Ein Vorwurf, den Ehlers selbstverständlich zurückwies. Er sah diese Frage, „die – fast wie aus heiterem Himmel – überall erörtert wird"[610], eher in einer argumentativen Notlage der Oppositionsparteien nach der Bundestagswahl 1953 begründet.[611] Tatsächlich hatte besonders die GVP im Wahlkampf versucht, die CDU als eine rein katholisch dominierte Partei darzustellen.[612] Eine Behauptung, die sicher übertrieben war, um dessen berechtigten Kern Ehlers aber ganz genau wusste. Ehlers versuchte die Vorwürfe durch eine grundsätzliche Gegenbeschuldigung abzuwehren. Er sah in der Unterstellung

---

[605] Ebd., 591.
[606] Ebd., 588 A. 2.
[607] Ebd., 588.
[608] 10/1953, 13f.
[609] ERDMANN, Ehlers, 315.
[610] Ebd., 320.
[611] Ebd.
[612] GRESCHAT, Spannungen, 21f.

der Klerikalisierung und Konfessionalisierung der Politik einen vermeintlichen Versuch, überhaupt die Frage der „Wechselwirkung zwischen Glauben und politischer Entscheidung"[613] negativ zu beantworten.

Im Frühjahr 1954 kam auch Adenauer auf einer Bundesvorstandssitzung der CDU auf den Konfessionszwiespalt zu sprechen, welcher ihn „mit einer außerordentlich großen Sorge"[614] erfüllte. Adenauer beschwor die konfessionelle Einheit der Partei und erkannte naturgemäß Fehler auf beiden Seiten. Letztlich gelte: „Einmal muß das deutsche Volk diese Sache überwinden ..."[615].

Die Frage des Konfessionalismus in der Politik, die im Blick auf das scheinbare Übergewicht der Katholiken in Entscheidungsfunktionen auch als „Klerikalismus" bezeichnet wurde, ging auch nach dem Tode Ehlers 1954 weiter. 1955 erschien in einer Schriftenreihe „Heiße Eisen" von Thomas Ellwein ein Buch über den „Klerikalismus in der deutschen Politik", das erhebliches Aufsehen erregte. Ellwein, der ausgehend von der umstrittenen Frage der christlichen Gemeinschaftsschule das umfassende Problemfeld beleuchtete, sprach von einem

„Klima dieser Auseinandersetzungen und Unstimmigkeiten, das immer wieder zeigt, wie wenig Gemeinsames und in seiner Gemeinsamkeit Verbindliches es für unsere junge Demokratie mit ihrer meist mehr belastenden als ihr den Weg erleichternden Tradition gibt."[616]

Ellwein definierte den Klerikalismus als den „Machtwillen des Klerus", Einfluss auf politische Fragen zu nehmen „auch in Fragen – und hier liegt die ablehnende Tendenz in diesem Begriff –, die an sich die Kirchen nichts angehen sollten."[617] Konfessionalismus war für ihn

„die starke Betonung der Konfessionszugehörigkeit in allen Lebensbereichen. ... Man versteht darunter etwa, dass in einer Stadt mit einer evangelischen Minderheit von einem Viertel der Bevölkerung jeweils der vierte Chefarzt des städtischen Krankenhauses ein Protestant sein soll und was dergleichen Beispiele mehr sind."[618]

Ellwein konstatierte, der Konfessionalismus wirke deshalb so „herausfordernd, weil im allgemeinen bekannt ist, wie gering zahlenmäßig die Schar der ‚praktizierenden Christen' ist."[619]

Selbst im CDU-Bundesvorstand wurde über Ellweins Buch, allerdings mit insgesamt abwertendem Ton, berichtet. Bruno Heck gab aber zu bedenken: Dieses „Büchlein ist in der Hand von einem Teil der evangelischen

---

613 ERDMANN, Ehlers, 325.
614 BUCHSTAB, Protokolle 1953, 144.
615 Ebd., 146.
616 ELLWEIN, Klerikalismus, 9.
617 Ebd., 15.
618 Ebd., 16f.
619 Ebd., 17.

Geistlichkeit, die ein unüberwindliches Ressentiment hat, eine sehr gefährliche Angelegenheit."[620] Ein Jahr später wurde gar festgestellt, dass das Buch „geradezu verheerend"[621] gewirkt habe. Diese Wirkung konnte nur deshalb eintreten, weil Ellweins Vorwürfe keineswegs aus der Luft gegriffen waren.

Inwiefern die Vorwürfe Ehlers' über die Bevorzugung von Katholiken insgesamt zutrafen, lässt sich naturgemäß schwer belegen. Die Ergebnisse solcher Statistiken lassen sich durch die Änderung von Einzelmessdaten leicht variieren. Schließlich waren die Ergebnisse der Personalpolitik unterschiedlich interpretierbar.[622]

Dass Ehlers' Aktivitäten keineswegs grundlos waren, ist angesichts des katholischen Engagements für die CDU deutlich geworden. Es scheint aber zu kurz gegriffen, als habe Ehlers gleichsam nur auf den politischen Katholizismus in der Partei wie in der Gesellschaft reagiert. Eher muss unterstellt werden, dass er letztlich in ähnlichen Kategorien wie die katholische Kirche dachte und im Gegenzug das Corpus Evangelicorum zu stützen versuchte. Mit seiner deutlich pointierten Betonung des Konfessionellen in der Politik trug er selbst erheblich zu den als Konfessionalismus[623] bezeichneten Entwicklungen in der frühen Bundesrepublik bei. Ehlers versuchte jedenfalls nicht, die konfessionelle Sichtweise der Politik zu verändern und die Haltung der katholischen Konfessionalisten als obsolet und unzeitgemäß hinzustellen. Von einem Verständnis für die Modernisierungstendenzen in einer sich zunehmend säkular verstehenden Gesellschaft war auch bei ihm nichts zu verspüren.

Im Hintergrund stand bei ihm aber sicher noch das schon genannte romantische Verständnis der deutschen Nation, in dem das vermeintliche Corpus Evangelicorum einen angemessenen Platz bekommen sollte. Noch in seinem letzten zu Lebzeiten veröffentlichten Beitrag „Was ist des Deutschen Vaterland?"[624] wandte Ehlers sich gegen Kräfte, die den Begriff der Nation zugunsten Europas überspringen wollten, bzw. von der deutschen Nation

---

[620] BUCHSTAB, Protokolle 1953, 708.

[621] Ebd., 872.

[622] So wies etwa ein Mitarbeiter von Staatssekretär Globke im Kanzleramt den Vorwurf prokatholischer Personalpolitik bei Globke als „böswillige Verdächtigung" (GUMBEL, Globke, 93) zurück. Globke habe hinsichtlich der personalpolitischen Besetzung des Auswärtigen Amtes nur Adenauers Wunsch entsprochen, eine Restitution der „Wilhelmstraße", also des alten Auswärtigen Amtes, in Bonn zu vermeiden. Andere Beispiele wurden genannt, wo auch Katholiken nicht eingestellt worden seien, weil das „,Katholikenkontingent' des Amtes" (ebd. 94) schon erfüllt war. Andererseits war im Bundeskanzleramt als der Schaltstelle der deutschen Politik immer ein katholisches Übergewicht vorhanden.

[623] Die Formulierung dürfte in dem damals gebräuchlichen Sinne von Ellweins Buch herrühren.

[624] ERDMANN, Ehlers, 371ff.

nur abwertend sprachen. Diese Nation war aber für ihn ohne einen starken evangelischen Einfluss nicht vorstellbar.

Was Ellwein über das faktische Missverhältnis von Konfessionalismus und wirklicher Gläubigkeit in der Bevölkerung sagte, galt auch für die Abgeordneten selbst. Ehlers' Biograph Meier meint, Ehlers habe bei seinen Bemühungen „nicht ohne gottvertrauenden Idealismus" gehofft, dass die

„Frucht christlicher Gedanken auf die christliche Existenzweise der Beteiligten zurückwirke. Die kirchliche Verwurzelung der zu ernennenden evangelischen Minister wurde von ihm nie erörtert, ... Ehlers dürfte angenommen haben, daß die durch das Verfahren der Parität erzwungene Nominierung eines evangelischen Ministers diesen an seine – wie formal auch immer – im Wahlkampf bezeugte Bindung an das evangelische Bekenntnis ständig erinnere."[625]

Ehlers hat wohl als einziger Protestant in der CDU der frühen Ära Adenauer den Protestantismus als eine politische Größe zu begreifen versucht. Damit musste er scheitern, weil es so etwas wie ein Corpus Evangelicorum nun einmal nicht gab und weil die Versuche, den Protestantismus als politische Kraft wie den politischen Katholizismus einzusetzen von jeher zum Scheitern verurteilt waren. Es gab nun einmal nicht *den* politischen Protestantismus als einheitliche oder doch zumindest im Großen und Ganzen einheitliche Bewegung. Mit Ehlers' Tod hatten die Versuche, den Protestantismus offensiv als Machtfaktor innerhalb der Union einzubringen, ihren Höhepunkt überschritten.

7.4.4. Die Gründung des Evangelischen Arbeitskreises der CDU (EAK)

Auf dem Hintergrund des Ringens um einen konfessionellen Proporz innerhalb der Partei ist auch die Entstehung des „Evangelischen Arbeitskreises der CDU", der im März 1952 in Siegen, dem alten Zentrum der Christlich-Sozialen, gegründet wurde, zu verstehen.[626] Treibende Kraft für die Bildung des Kreises war neben Hermann Ehlers Ernst Bach, Oberbürgermeister von Siegen, in der Weimarer Republik Mitglied im CSVD. Bach schlug in einem Schreiben am 13.11.1951 Adenauer vor, „einen evangelischen Ausschuss der CDU zu bilden. ... Die Leitung müsste entweder Herr Dr. Tillmanns oder Herr Bundestagspräsident Ehlers übernehmen."[627] Wie sehr hier auch die politische Position Heinemanns, der sich gerade anschickte die „Notgemeinschaft für den Frieden Europas" zu gründen, indirekt mitwirkte, mach-

---

[625] MEIER, Ehlers, 358.
[626] Zur Gesamtthematik vgl. BESIER, Parteipolitik, 108ff.; OPPELLAND, Verantwortung, 35.
[627] ACDP IV-001-008/1.

te Bach in demselben Brief deutlich, indem er Adenauer eindringlich aber nicht näher beschreibend bat, den „Fall Heinemann [zu] bereinigen"[628].

Wenige Wochen später, am 7.12.1951, waren die Absprachen zwischen Ehlers und Bach, die sicher auch schon dem Schreiben Bachs an Adenauer zugrunde gelegen hatten, dann so weit gediehen, dass Bach Ehlers drängte, im „grösseren Rahmen zu einer Wochenendtagung im Februar in Siegen"[629] einzuladen. Diese Tagung kam dann schließlich im März 1952 zustande. Es sollte aber alles andere als eine „protestantische Heerschau" in der Union sein. Eher kam es den Evangelischen in der Union darauf an, gerade auch in Siegen das Festhalten am Unionsgedanken deutlich zu machen, ohne freilich den Anspruch auf berechtigte Repräsentation in der Partei damit hintanzustellen. In der seit dem Rücktritt Heinemanns besonders umstrittenen Deutschlandpolitik, die durch die Frage der Wiederaufrüstung hoch emotionalisiert war, stellte sich der EAK klar hinter Adenauer, so dass eine gewisse Eigenständigkeit, wie sie Ehlers z.B. in dieser Frage durchaus hatte, zurücktrat.[630]

So erfolgreich sich die innerparteiliche Profilierung des Protestantismus in der nach wie vor gewollten interkonfessionellen Partei mit dem EAK zu entwickeln schien, so reserviert verhielten sich sämtliche Kirchenführer. Aus den größtenteils absagenden Zuschriften zum ersten EAK-Treffen ist die Reserve der Kirchenmänner, selbst der Union grundsätzlich positiv gegenüber eingestellter Bischöfe wie Lilje, Dibelius und Meiser, spürbar. Offensichtlich befürchteten sie, in die parteipolitische Kontroverse hineingezogen zu werden.[631]

Zunächst arbeitete der EAK noch in weitgehend informellen Strukturen und fand deshalb umso mehr in Ehlers als dem herausragenden Repräsentanten der Protestanten in der CDU auch den eigentlichen spiritus rector. Erst im Januar 1953 wurde ein Geschäftsführer des EAK bestimmt, ab März 1953 erschien dann auch das Informationsblatt „Evangelische Verantwortung".[632]

Ehlers' Biograph Andreas Meier sieht in der Gründung des EAK lediglich das Motiv des Bundestagspräsidenten, die „evangelischen[n] Christen in die Übernahme politischer Verantwortung [zu] locken"[633]. Ein rein politisch-pädagogisches Interesse bei Ehlers unterstellen zu wollen, wie Meier dies tut,

---

[628] Ähnlich OPPELLAND, Verantwortung, 38, der im Fall Heinemann das eigentliche Movens zur Gründung des EAK sieht.

[629] ACDP-IV-001- 008/1.

[630] BESIER, Parteipolitik, 114f.

[631] Belege ebd., 114. A. 22.

[632] OPPELLAND, Verantwortung, 40.

[633] MEIER, Ehlers, 334, wendet sich damit unter Berufung auf einen engen Freund und Mitarbeiter (MEIER, Ehlers, 532 A. 110, gegen Schwarz, der wesentlich die machtpolitischen Motive dieses Schrittes betont).

greift zu kurz. Selbstverständlich ging es Ehlers darum, den Protestantismus innerhalb der Union politisch zu organisieren. Aber dass Ehlers diese Frage nicht auch machtpolitisch nutzen wollte, ist stark zu bezweifeln. Dies konnte er aber nicht offen tun. Ein dezidiert als Interessengruppe in der Partei auftretender Arbeitskreis hätte erhebliche Schwierigkeiten gehabt und der Anführer einer solchen als „Fronde" empfundenen Gruppe wohl kaum Chancen, zu (noch) höheren Ämtern zu gelangen.

Adenauer, den Meier mit Berufung auf Bischof Kunst als „sehr interessiert"[634] an diesen Plänen bezeichnete, blieb wohl nichts anderes übrig, als Bachs und Ehlers' Plänen zuzustimmen. Er musste ein Interesse daran haben, die deutlich zutage tretenden konfessionellen Spannungen[635] in der CDU abzubauen, damit die Auswirkungen „evangelischen Minderwertigkeitsgefühls"[636] in der CDU nicht unkontrollierbar wurden. In der Tat war das evangelische Lager in der Partei durch den Austritt Heinemanns aus der Regierung geschwächt und verunsichert. Mit Heinemanns NG entstand zudem ein, wenn auch nicht offen so bezeichnetes, aber doch für alle sichtbares, protestantisch-oppositionelles Element in der Politik. Mit einer ausführlichen Rede in Siegen gelang es Adenauer, den Verdacht, hier werde eine evangelische „pressure group" installiert, zu zerstreuen.[637] Schließlich war der EAK ein weiterer Schritt, Heinemann innerparteilich und innerprotestantisch in der CDU zu isolieren, da er ihm nicht angehörte. Dass Ehlers zudem nicht allein ein weiteres protestantisches Diskussionsforum in der CDU schaffen wollte, zeigte sein von den „Evangelischen Tagungen" in Rheinland und Westfalen völlig losgelöstes Vorgehen.[638] Er hätte sonst seine Arbeit auf diese schon bestehenden Einrichtungen beziehen können.

Mit der Zeitschrift „Evangelische Verantwortung" wurde ab 1953 ein publizistisches Forum geschaffen, das unionsintern der Klärung eines evangelischen Standpunktes dienen sollte, das aber auch die Verbindung zum Protestantismus außerhalb der Union, besonders in Kreisen der evangelischen Pfarrerschaft, herstellen wollte. Hier war die CDU, nicht zuletzt durch die Aktivitäten der Kirchlichen Bruderschaften und der NG, nicht unumstritten.

Publizistisch lagen die Schwerpunkte zunächst auf Beiträgen, die einen theologischen bzw. politisch-ethischen Hintergrund hatten und teilweise damit verknüpft die publizistische Auseinandersetzung mit den Gegnern der Wiederbewaffnung um Heinemann und Niemöller suchten. Der EAK übernahm es, auf Seiten der CDU im Wahlkampf 1953 die Hauptauseinanderset-

---

[634] Ebd., 532 A. 110.
[635] GRESCHAT, Spannungen, 19ff.
[636] OPPELLAND, Verantwortung, 37.
[637] KUNST, Redebeitrag, 96.
[638] MEIER, Ehlers, 532 A. 106.

zung mit Heinemanns GVP zu führen.[639] Mit dem Wahlausgang 1953, der die Attraktivität der GVP für nur knapp mehr als einen Prozent der Wählerschaft erbracht hatte, war diese Aufgabe insoweit erledigt, als die GVP nun keine ernstzunehmende Gefahr mehr für die CDU darstellte. Die fortwährenden Angriffe der bruderrätlichen Kreise auf die „christliche" Partei, wie auch die Infragestellung des Christlichen in der Partei durch die ab 1957 zur SPD stoßenden Protestanten um Heinemann forderten dann neue apologetische Anstrengungen.

Ebenso sollten die innerparteilichen Auseinandersetzungen mit den Katholiken im Sinne einer zielgerichteten evangelischen Personalpolitik im EAK vorbereitet und strukturiert werden. Zudem galt es, das protestantische Theoriedefizit in politischen Fragen aufzuheben.

Die Jahrestagungen des EAK und die dort formulierten Entschließungen dienten dem Doppelziel aus unionsinterner protestantischer Stabilisierung und äußerer Abgrenzung gegenüber dem linken protestantischen Lager. Damit spiegeln sie die als „evangelisch" erarbeitete Reaktion der konservativen CDU-Protestanten auf die Konflikte der Zeit. So verabschiedete man 1953 auf der Bundestagung des EAK in Hannover eine Entschließung über „das Verhältnis von politischen Parteien und Kirche"[640], die die Auseinandersetzungen um das politische Mandat der Kirche, wie es in besonderer Weise von den bruderrätlichen Kreisen der EKD vertreten wurde, aufnahm. Zurückhaltung der Pfarrer in politischen Dingen wurde akzeptiert, gegen vermeintlich von hoher theologischer oder gar prophetischer Warte begründete Urteile in politischen Fragen setzte man sich jedoch zur Wehr. Denn: diese „Zurückhaltung entbindet aber nicht von der Verpflichtung, sich über die Tatsachen zu unterrichten, die das politische Handeln bestimmen". Ein Vorwurf, der offensichtlich die „uninformierten" Gegner der Adenauer'schen Politik treffen sollte. Damit wurde ein theologisches Problem – die Wahrnehmung eines politischen Mandates durch die Kirche – zu einer Frage der politischen Informiertheit heruntergestuft. Eine eigentlich *theologische* Aussage war damit vermieden und somit auch in der damals innerhalb der Theologie schwelenden Frage der politischen Ethik, wie sie sich in den Entwürfen von der „Königsherrschaft Jesu Christi" bzw. der „Zwei-Reiche-Lehre" zeigten, keine klare Stellung bezogen.

Ganz in der Linie der Säkularismuskritik von 1945 stand die Entschließung zur „Überwindung der Verweltlichung des Lebens" auf der Bundestagung 1954 in Wuppertal, die faktisch am „Rechristianisierungskonzept",[641] wie es nach 1945 oft vertreten wurde, festhielt und deshalb betonte:

---

[639] OPPELLAND, Verantwortung, 39ff.
[640] ACDP IV-001-002/1; daraus auch die nachfolgenden Zitate.
[641] Vgl. GRESCHAT, Rechristianisierung.

„Verweltlichung ist Absperrung von der wahren Quelle allen Lebens und Abkehr von dem ewig gültigen Anspruch und Zuspruch Gottes gegenüber dem ganzen Dasein des Menschen. [Diese kann]… nur durch das Evangelium überwunden werden. Die Politik steht vor der Entscheidung, ob sie dieser Überwindung dient oder ob sie ihr im Wege stehen will.“

Die Modernisierungstendenzen, die sich in den Fünfziger Jahren in einem wenn auch äußerst komplexen Wechselverhältnis mehrerer Faktoren immer deutlicher zeigten, als eine Gesamtentwicklung zu deuten, die nicht automatisch als widerchristlich zu gelten habe, erörterte der EAK nicht. Er blieb mental gebunden im Deutungsschema der Modernisierung als (negativ gewerteter) Säkularisierung.

Auch die heftige Kritik Heinemanns und anderer an der angeblich nur vorgeblichen Christlichkeit der CDU hinterließ ihre Spuren. In Berlin beschäftigte sich der EAK auf seiner Bundestagung 1956 mit der Frage „Was heißt ‚christlich‘ in der politischen Verantwortung?“. In der Entschließung hieß es:

„Das Wort ‚christlich‘ im Namen unserer Partei bedeutet die Anerkennung des Anspruchs Gottes, daß auch in der Politik die Maßstäbe christlichen Glaubens und Lebens gelten. Es bedeutet nicht einen Anspruch darauf, daß die Praxis unserer Partei schlechthin als christliche Politik anzusehen wäre, und ebensowenig einen Anspruch darauf, daß alle im öffentlichen Leben tätigen Christen unserer Partei angehören müssten. Der Ausdruck ‚christliche Politik‘ ist mißverständlich. … Für den Christen, der mit der Kirche lebt, ergeben sich aus seinem Glauben auch bestimmte inhaltliche Maßstäbe für das politische Handeln. Sie entsprechen den Weisungen der Zehn Gebote in ihrem neutestamentlichen Verständnis.“

Faktisch wurde damit nichts Neues gesagt. Nie hatte ein CDU-Vertreter einfach behauptet, die Politik der Partei sei rundweg „christlich“. Trotzdem war dieser Eindruck entstanden, weil die Differenz zwischen Anspruch und Praxis, die in der Erklärung des EAK betont wurde, sonst kaum so deutlich artikuliert wurde. Insofern trug dieser Beitrag sicher zu einer sachlichen Klärung bei, zumal er die alten protestantischen Vorbehalte, die es ja auch parteiintern gegenüber dem „christlichen“ Anspruch gab, ebenso wie die Kritik von außen aufzunehmen versuchte. Ein eigner protestantischer Zugang zum Thema einer „christlichen“ Partei wurde damit deutlich, ohne dass es zu einer protestantisch-theologischen Grundlegung kam bzw., wie die noch zu schildernden theologischen Schwierigkeiten auf diesem Gebiet zeigen,[642] kommen konnte.

In der so genannten „Kasseler Erklärung“ des EAK auf seiner dortigen Bundestagung 1957 wurde nochmals die Frage der „Christlichkeit“ in der Politik erörtert. Unter dem Eindruck der bevorstehenden Bundestagswahl

---

[642] Vgl. bes. Kap. 12.3.; 12.6.1.

und dem Übertritt Heinemanns und weiter Teile der GVP zur SPD hieß
nun schon sehr zurückhaltend:

„Wir sind unter dem Zeichen ‚christlich‘ angetreten. Damit haben wir keinen Monopolanspruch erhoben. Wir haben uns vielmehr selbst herausgefordert, indem wir uns
unter diese gemeinsame Verpflichtung gestellt haben. Das bedeutet kein Urteil über
andere."

Die zunehmend defensiver werdende Argumentation des EAK zeigte, dass
die Kritik Heinemanns u.a. ihre Wirkung nicht verfehlt hatte. Die selbstkri-
tische Interpretation bezeugt dies. Die Schwierigkeiten, unter den Bedingungen der Moderne eine „christliche" Politik zu formulieren, werden hier
offensichtlich. Bald sollte sich die Gesamtpartei hinsichtlich des „Christlichen" in der Politik unsicher werden.

Mindestens ebenso wichtig wie die protestantische Selbstvergewisserung
und Außendarstellung war jedoch die interne innerparteiliche Organisation
zur Durchsetzung evangelischer Interessen und personalpolitischer Positionen. Dies belegen zahlreiche Beispiele. In einer Besprechung des Geschäftsführenden Ausschusses des EAK am 29.9.1952 wurde die Personalpolitik der
Bundesregierung ausführlich erörtert. Der Staatsminister im Justizministerium, Walter Strauss, schilderte dabei die zurückliegende Entwicklung als
zunächst durchaus für die protestantische Seite befriedigend. In Bonn habe
in den Anfangsjahren zunächst in den Ministerien eine überwiegend evangelische Beamtenschaft gearbeitet. Niemöllers Kritik am „katholischen
Bonn" habe Adenauer erst veranlasst, genaue Nachforschungen anzustellen,
die das protestantische Übergewicht ergeben hätten. Seitdem

„entwickelten sich die Dinge nun ganz anders, und seit 1951 sei eine energische Katholisierung leitender Stellen im Gange; es sei eindeutig das Bestreben vorhanden,
Schlüsselstellungen und leitende Stellungen mit katholischen Anwärtern zu besetzen"[643].

Daraufhin forderte Robert Tillmanns ein entschiedenes evangelisches Vorgehen, nicht ohne auf die Bedeutung des protestantischen Elementes in der
Union hinzuweisen:

„Sobald hier genügend Material vorhanden sei, sollten einige von uns in aller Form
zum Bundeskanzler gehen und ihm den Ernst der Situation klarmachen. Wir seien
nach seiner Auffassung in einer sehr günstigen Situation. Auch der Bundeskanzler wisse, daß die kommenden Bundestagwahlen davon abhängen, ob die evangelischen
Wähler bei der CDU bleiben oder nicht."

Die Personalpolitik durchzieht danach gleichsam als inneres Thema die Tagungen des Geschäftsführenden Ausschusses des EAK. In der nächsten Sitzung im Februar 1953 schlug Tillmanns vor, von Adenauer die Bildung eines

---

[643] ACDP IV-001–002/1; daraus auch die nachfolgenden Zitate.

Ausschusses zu verlangen, in dem Personalfragen „in diesem kleinsten Kreis" vorbereitet werden sollten. Es sollte allerdings noch ein gutes Jahr dauern, bis dieser Vorschlag verwirklicht wurde. Nach der Bundestagswahl 1953 und der gerade unter dem Gesichtspunkt der Konfessionsarithmetik quälenden Regierungsbildung trat Robert Tillmanns als Minister für besondere Aufgaben in das Kabinett Adenauer ein, sicher ein Tribut an die evangelischen Proporzvorstellungen. Walter Strauss meinte dann auch auf der Sitzung des Geschäftsführenden Ausschusses am 11.12.1953:

> „In personeller Hinsicht müsse es als eine besonders glückliche Kombination angesehen werden, daß der Sprecher des Evangelischen Arbeitskreises, D. Dr. Ehlers, zugleich der Zweite Vorsitzende der Partei sei - also die Möglichkeit bestehe, die Gedanken und Anliegen des Evangelischen Arbeitskreises bis in die Spitzengremien der Partei hinein zu übermitteln. Ebenso zu begrüßen sei es, daß der Evangelische Arbeitskreis durch Minister Tillmanns im Bundeskabinett vertreten sei."

Die Kritik hinsichtlich der Konfessionsverhältnisse aus der Partei kam jedoch keineswegs allein aus dem Protestantismus. Auch innerhalb des Katholizismus regte sich Unbehagen. Dort betonte man die relative Überzahl der Protestanten in den Beamtenstellen der Bundesregierung. Prälat Böhler beschwerte sich, dass Bundeskanzler Adenauer hinsichtlich der höchsten Staatsämter „als einziger Katholik"[644] sei. Ob diese „Beschwerde" allerdings ernst gemeint war oder ob sie nur einen taktischen Gegenangriff darstellte, lässt sich schwerlich ermessen.

Auf die konfessionspolitischen Querelen reagierte man auch im Bundesvorstand. 1954 kam es zur Konstituierung eines „Interkonfessionellen Ausschusses". In der Sitzung des Bundesvorstandes vom 26.4.1954 wurden u.a. Ehlers, Tillmanns, Pferdmenges, Simpfendörfer als Protestanten und der rheinland-pfälzische Kultusminister Franz-Josef Wuermeling, der rheinland-pfälzische Ministerpräsident Peter Altmeier und der CDU-MdB Bruno Heck von katholischer Seite berufen. Adenauer mahnte auf einer Bundesvorstandssitzung, der Ausschuss übernehme „eine Aufgabe, die viel Taktgefühl erfordert und mildes Denken für die andere Seite."[645] Eine Diskussion über den Ausschuss wurde nicht geführt, seine eigentliche Funktion auch nicht erläutert. Offensichtlich hatten die Gespräche dazu schon vorher informell stattgefunden.[646] Die „Evangelische Verantwortung" machte die Gründung des Ausschusses in der protestantischen Öffentlichkeit bekannt. Sie schrieb dazu:

---

[644] Zit. in: GAULY, Kirche, 178.
[645] BUCHSTAB, Protokolle 1953, 230.
[646] Buchstab als Bearbeiter der Protokolle weist auf die vorhergehende Sitzung des Bundesvorstandes hin; vgl. ebd. Tatsächlich ging es hier aber ausschließlich um den kulturpolitischen Ausschuss.

„Die Konstituierung dieses Ausschusses ist nicht, wie wohl mancher gern vermuten möchte, als ein Krisenzeichen innerhalb der CDU anzusehen. Sie bedeutet vielmehr die Schaffung einer Möglichkeit, interkonfessionelle Fragen aus dem kirchlichen Raum oder im politischen Bereich, die zu Schwierigkeiten Anlaß geben, zu besprechen und einer freundschaftlichen Regelung zuzuführen."[647]

Soweit es die Quellenlage zu ermitteln zulässt, trat dieser Ausschuss jedoch niemals zusammen. Die Gründe dafür können nicht mehr erhellt werden. Entweder war das Thema doch zu prekär oder man wartete nach dem Tod von Ehlers auf den Fortgang der konfessionspolitischen Entwicklung.

Die Arbeit des EAK blieb von Misserfolgen nicht verschont. Wenige Tage vor seinem Tod meinte Ehlers bei einer Sitzung des Geschäftsführenden Ausschusses resigniert, für viele sei ihre Mitgliedschaft im EAK „nur so lange von Interesse und Wichtigkeit, als die Möglichkeit einen Posten zu erhalten, bestehe." Noch einmal beschwor Ehlers die Anwesenden geradezu, diese Dinge in einem größeren Sachverhalt zu sehen: „Der Evangelische Arbeitskreis hat wichtige Aufgaben zu erfüllen – ohne seine Existenz würde das Zentrum alleine entscheiden!"

Ehlers Mahnung wurde zum Nachruf. Am 29.10.1954, kurz nach seinem fünfzigsten Geburtstag, verstarb er völlig überraschend. Der Protestantismus innerhalb der CDU hatte damit zweifellos seine herausragendste Persönlichkeit verloren. Ehlers großes Verdienst war es, nach 1945 die parlamentarische Demokratie bejaht und unterstützt zu haben. Noch in der Zeit der Weimarer Republik hatte er formuliert: „Wer sich ins Parlament begibt, kommt darin um."[648] Ehlers lernte dazu. Dauerhaft konnte man von ihm nicht als vom „schwarz-weiß-roten Ehlers"[649] sprechen. Er wurde der Anwalt der Parlamentarismus, ja überhaupt der westdeutschen Demokratie, innerhalb des Protestantismus.[650] Der zweite deutsche Bundestagspräsident setzte mit seiner straffen Amtsführung Maßstäbe. Das Parlament, dessen Ruf ja noch von Weimar her lädiert war, gewann an Ansehen. Darüber hinaus trug Ehlers dazu bei, dass sich der westdeutsche und noch weitgehend nationalkonservativ gebundene Protestantismus mit der Bundesrepublik als seinem Staat nicht nur abfand, sondern ihn auch zunehmend bejahte. Dass es auf die Dauer zu einem mentalen Wandel weg von der politischen Romantik hin zur demokratischen Gesinnung kam, war auch Ehlers' Verdienst. Wenn im Blick auf die Bundesrepublik von den Gründervätern Adenauer und Erhard gesprochen wird, die je durch ihre Erfolge die Identifikation mit dem westdeutschen Teilstaat rasch ermöglichten, dann muss für den Protestantismus auch noch der Name Ehlers hinzugefügt werden. Niemöllers harsche Kritik

---

[647] EV 5/54.
[648] Zit. in: MEIER, Ehlers, 6.
[649] BARING, Adenauer, 365.
[650] HAHN, Ehlers, 304ff.

und Heinemanns Bedenken fanden gerade durch Ehlers kaum Anklang bei den Evangelischen in Westdeutschland, dies ergaben zumindest die Wahlergebnisse. Ehlers Integrationsleistung ist hoch einzuschätzen. Das Nachlassen der „Anti-Parteien-Mentalität" im Protestantismus ist erheblich der Arbeit von Ehlers zu verdanken. Dies heißt jedoch noch nicht, dass er sich als Modernisierer verstand. Ehlers blieb in mancherlei Weise, im Festhalten am Reichsgedanken und im Pochen auf eine Art „Corpus Evangelicorum" politischer Romantiker. Im demokratischen Gewande schwebte Ehlers ein „christlicher Staat" vor. Deshalb gilt auch: „Sein christlich geprägter Konservatismus ragt wie ein Fremdkörper in die Gegenwart."[651] Doch muss noch einmal betont werden, dass diese politische Romantik, die viele mit ihm teilten, nicht erkauft wurde durch ein Verneinen der Gegenwart, sondern durch eine klare Akzeptanz des demokratischen Verfassungsstaates und der Parteiendemokratie. Hier war er ein Modernisierer „wider Willen".

Den EAK-Vorsitz übernahm der Berliner CDU-Abgeordnete Robert Tillmanns.[652] Als gleichzeitiger Vorsitzender der „Kammer für öffentliche Verantwortung" der EKD[653] besaß er ausgezeichnete Kontakte zu kirchlichen Kreisen. Den EAK konnte Tillmanns jedoch nicht prägen. Ein Jahr nach seiner Amtsübernahme verstarb er ebenso überraschend wie Hermann Ehlers.

7.5. Die Integration des protestantischen Konservatismus in der CDU

7.5.1. Der innerparteiliche Aufstieg Eugen Gerstenmaiers

Mit Ehlers Tod trat die Konfessionsfrage als brennendes innerparteiliches Problem langsam zurück. Dies korrespondiert mit den gesellschaftlichen Entwicklungen, zu denen sich diese Problematik ohnehin als retardierendes Element verhalten hatte. Die Wahl zum Nachfolger Ehlers' als Bundestagspräsidenten zeigte hier erste Erosionserscheinungen in der Partei hinsichtlich dieser Frage. Zunächst sollte in den alten und scheinbar bewährten Bah-

---

[651] Ebd., 313.

[652] Tillmanns, 1896 in Wuppertal geboren (KACZMAREK, Tillmanns, 45ff.), lebte seit langen Jahren in Berlin. Er kam zunächst aus dem christlich-sozialistischen Lager. 1945 plante er eine „Erneuerungspartei" (Skizze eines Aufrufes, ACDP-I-229–004/1; daraus auch die nachfolgenden Zitate), durch die „Gerechtigkeit, Wahrhaftigkeit und Redlichkeit wieder zur Herrschaft kommen" sollten. Tillmanns äußerte die Meinung, „dass es falsch wäre, wenn die nicht-sozialistischen Parteien der Vergangenheit in der alten Form wieder aufleben würden, weil das Ende des Krieges in Deutschland zugleich den endgültigen Abschluss der bürgerlich-kapitalistischen Epoche mit ihren Klassentrennungen bedeutet." In einem Aufsatz zur „Neuen Demokratie" forderte er deshalb: „Im Geiste eines christlichen Sozialismus soll das Wirtschaftsleben gestaltet werden." (ACDP-I-229–004/1) Später vertrat Tillmanns diese Position nicht mehr.

[653] Vgl. Kap. 12.5.1.

nen fortgefahren werden, einen profilierten evangelischen Kirchenmann als Zeichen der Interkonfessionalität der Union zu benennen. Nach dem Oberkirchenrat Ehlers wurde nun der Konsistorialrat Eugen Gerstenmaier nominiert. In der CDU/CSU kam es aber hierüber „zur offenen Rebellion gegen den Kanzlerwillen"[654].

Ernst Lemmer, in der protestantisch-liberalen Tradition stehend,[655] wurde aus der CDU-Bundestagfraktion ebenfalls nominiert. Da Lemmer sich dem EAK fernhielt und konfessionellen Überlegungen keine herausgehobene Bedeutung zumaß, war das ein klares Zeichen der Fraktion, den Ehlers'schen Kurs abzuschwächen. Nach Lemmers Erinnerungen sollte, um zu einer Lösung zu kommen, die Entscheidung dann im EAK bzw. innerhalb der Protestanten in der Fraktion fallen. Nach einer Abstimmung, an der nur die Hälfte der evangelischen CDU-Abgeordneten teilnahm, wurde schließlich dem Kanzlerwillen folgend Gerstenmaier nominiert.[656] Im Parlament verfehlte er im ersten Wahlgang die nötige Mehrheit. Daraufhin wurde Lemmer erneut von der FDP vorgeschlagen. SPD und BHE wollten nun ebenfalls für Lemmer stimmen. Nur der fälschlichen Mitteilung des Parlamentarischen Geschäftsführers der CDU-Fraktion, Krone, der abwesende Lemmer – er hielt sich demonstrativ zum Skatspielen in Berlin auf – werde eine Wahl zum Bundestagspräsidenten gegen den Kandidaten der CDU-Fraktion Gerstenmaier nicht annehmen,[657] verdankte Gerstenmaier die Tatsache, dass er im dritten Wahlgang mit relativer Mehrheit und einem Stimmenvorsprung von lediglich neun Stimmen gegenüber Lemmer gewählt wurde.

Gerstenmaier überspielt in seinen Memoiren diese blamablen Ereignisse und erwähnt Lemmer nicht. Seine Startschwierigkeiten führte er darauf zurück, dass man ihm gegenüber als Gefolgsmann Adenauers skeptisch gewesen sei.[658] Ähnlich sah auch die schweizerische Zeitschrift „Die Tat" Gerstenmaiers Probleme darin begründet, dass dieser sich „immer mehr in die Sonne des persönlichen Vertrauens des Bundeskanzlers vorgeschoben hat."[659] Zu bezweifeln bleibt, ob dies das einzige Argument war, das wirklich gegen Gerstenmaier sprach. Neben der Tatsache, dass er allgemein als „schwierige Persönlichkeit" galt, dürfte auch der Verdacht, dass mit dem kirchlich gebundenen Gerstenmaier eine Fortsetzung des konfessionalistischen Kurses in der CDU zu erwarten sei, eine Rolle gespielt haben. Dass nun gerade diese Befürchtungen innerhalb der CDU nicht laut ausgesprochen wurden, spricht nicht gegen die Vermutung sondern – genau genom-

---

[654] SCHWARZ, Adenauer II, 171.
[655] Vgl. Kap. 10.1.
[656] LEMMER, Manches, 347f.
[657] Ebd., 349.
[658] GERSTENMAIER, Streit, 356.
[659] Die Tat, 18.11.54.

men – dafür, dass in der Union selbst das Klima des Konfessionalismus, das Ellwein charakterisiert hatte, als unangenehm empfunden wurde. Gerstenmaier hielt sich deshalb in der Folgezeit in solchen Fragen zurück. In seinen Memoiren ist er gar der Meinung, dass Adenauer die „konfessionelle Optik"[660] überschätzte. Er gesteht allerdings auch ein, die Proporzfragen auf konfessionellem Gebiet hätten in „jenen Jahren eine Rolle [gespielt], die für die Jüngeren kaum mehr verständlich ist." Er selbst nahm an den Bestrebungen, den protestantischen Flügel in der CDU zu stärken, keinen Anteil. Einer Kooptation in den EAK nach dem Tode Ehlers' entzog er sich zwar nicht, er legte aber Wert darauf, dass dies nicht öffentlich bekannt gemacht werde! Als EAK-Mitglied trat Gerstenmaier demzufolge auch nicht hervor. In der Zeitschrift „Junge Stimme" beklagte Gerstenmaier später unter der Überschrift „Das ‚Gesangbuch' in der Politik" die „Monotonie des konfessionellen Proporzes": „Ich kann ganz allgemein sagen, daß ich gar keine Freude an dem habe, was man die Konfessionalisierung des öffentlichen Lebens genannt hat."[661]

Anders als Heinemann und Ehlers konnte Gerstenmaier kaum noch als *der* Repräsentant der Protestanten in der Union angesehen werden, dazu fehlte ihm auch innerparteilich die Unterstützung. Anderseits suchte er sie auch nicht, wie sein Verhältnis zum EAK zeigt. Die Unterschiede zu Ehlers wurden jedoch nicht nur in der Frage des Konfessionellen deutlich. Von der konservativen Vorstellung des „christlichen Staates", der Ehlers immer noch angehangen hatte, grenzte Gerstenmaier sich ausdrücklich ab und wies darauf hin, dass gerade das Grundgesetz diesen nicht vorsehe. Gerstenmaier verschweigt in seinen Memoiren allerdings nicht, dass er der jungen Demokratie zunächst mit erheblichen Vorbehalten – das galt besonders für das parlamentarische System – gegenüber stand. Ein weiterer Kritikpunkt war für ihn die Preisgabe des „Reichsbegriffes" im neuen Staatsnamen und der nach seiner Meinung zunächst überzogene Föderalismus des neuen Staatswesens.[662]

Obwohl Gerstenmaier sich innerhalb des EAK völlig zurückhielt und sich auch in den konfessionspolitischen Fragen nicht engagierte, verbarg er doch seine Herkunft aus dem kirchlichen Milieu nicht. Er wurde sogar zum „Parteitheologen", bzw. wie der Abgeordnete Paul Bausch es formulierte: er war „unbestrittenermaßen der Chefideologe der Union"[663]. Dies wurde besonders auf den Bundesparteitagen der CDU deutlich. In den Jahren 1956, 1958 und 1960 hielt Gerstenmaier dort Grundsatzreferate, die auch eine geistige Standortbestimmung der CDU markierten. Einige Beispiele mögen dies belegen:

---

[660] GERSTENMAIER, Streit, 356.
[661] Junge Stimme, 6.1.1962.
[662] Ebd., 295f.
[663] Informations- und Materialdienst Paul Bausch, 15.10.1958; ACDP I-210-018/1.

Eine für das Selbstverständnis der CDU fundamentale Frage war die inzwischen heftig umstrittene „rechtmäßige" Verwendung des „C" im Parteinamen. Hier war der Konsistorialrat gefordert. 1956 äußerte Gerstenmaier sich zum christlichen Selbstverständnis der Partei, in dem er nochmals die „klassische" Argumentationslinie der Union zusammenfasste und die Entstehung der CDU im religiösen Erleben der Kriegs- und unmittelbaren Nachkriegszeit begründete. Nachdrücklich wandte er sich gegen die Bestreitung des Christlichen in der Politik durch die bruderrätliche Fraktion im Protestantismus aber auch durch Liberale wie Thomas Dehler. Gerstenmaier ging dabei auch auf das Problem einer politischen Ethik ein. Als Schüler des schweizerischen Theologen Emil Brunner forderte er mit Verweis auf Brunners 1947 in zweiter Auflage erschienenes und Ende der vierziger Jahre breit aufgenommenes[664] Buch „Gerechtigkeit"[665] auch im evangelischen Raum eine Besinnung auf das Naturrecht. Dessen protestantische Bestreiter sah er kurzerhand „im Widerspruch zu der gesamtkirchlichen Überlieferung"[666].

„Wir sprechen nicht von christlicher Politik als von einem uns gegebenen Katalog fertiger Rezepte, aber wir bekennen uns zu der christlichen Politik als einer Summe verpflichtender, aus den Geboten der Heiligen Schrift und dem Naturrecht uns überkommener Erkenntnisse, Einsichten und Verhaltensweisen in der Gestaltung des persönlichen wie des staatlichen Lebens."

Gerstenmaier versuchte damit, auch einen protestantisch-theologischen Zugang zur Frage der „christlichen" Politik unter ausdrücklicher Aufnahme des Naturrechtes zu entwickeln. Allerdings blieb seine sich der theologischen Arbeit Emil Brunners verdankende Interpretation des „Christlichen" eine Minderheitsmeinung im protestantischen Spektrum, da Brunners Ansatz im Protestantismus keine weite Verbreitung fand. Eine *theologische* „Integration" des Protestantismus in die Partei konnte auf einer so schmalen Basis theologischer Zustimmung nicht gelingen.

Gerstenmaier hat selbst seine Funktion innerhalb der Partei so eingeschätzt, das seine Aufgabe die Behandlung von „Grundsatzfragen und ihre Verfechtung gegen die heftiger werdende Kritik linksgestimmter Intellektueller" gewesen sei.[667] Doch trotz dieser Bemühungen wusste er selbst, wie stark die Bindekraft des christlichen Bezuges in der Partei[668] nachließ: „Das ‚hohe C' wurde allmählich aber auch diesem und jenem in der Union zur Verlegenheit."[669]

---

[664] KAEGI, Einleitung, 1ff.
[665] BRUNNER, Gerechtigkeit.
[666] GERSTENMAIER, 10 Jahre, 38; daraus auch die nachfolgenden Zitate.
[667] DERS., Streit, 408.
[668] Ebd., 404.
[669] Ebd., 408.

Politisch verstand Gerstenmaier sich innerhalb der CDU als „Christlich-
Sozialer". Insofern kam es hier noch einmal in der Person des damals wohl
einflussreichsten Repräsentanten des Protestantismus in der Union nach Ehlers' Tod zu einer Akzentverschiebung, da Ehlers eher als „Christlich-Konservativer" zu bezeichnen war. Neben seinem eigentlichen Schwerpunkt
Außen- und Europapolitik äußerte sich Gerstenmaier gelegentlich zur Sozialpolitik. Diese Verlautbarungen waren durchaus kritisch gegenüber den
diesbezüglichen neuen Entwicklungen hin zum Wohlfahrtsstaat.[670]

Vom „strengen Personalismus"[671] seines Lehrers Friedrich Brunstädt ausgehend, erblickte er mit diesem gerade auch im sozialpolitischen Bereich erhebliche Gefahren. Schon der Student Gerstenmaier hatte hier eine dezidierte Meinung, wenn er in einem Referat von zwei Grenzüberschreitungen
des modernen Staates sprach: Einmal geschah dies für ihn im sich politisch
absolut setzenden Staat, den er später im politischen Widerstand bekämpfte,
und zum anderen im Wohlfahrtsstaat.[672]

1958 beschwor er wiederum auf einem CDU-Bundesparteitag die Gefahren des Wohlfahrtsstaates:

„Unsere Sozialpolitik befindet sich seit Jahr und Tag auf einer Gratwanderung. Sie
braucht unser aller Zielklarheit und charaktervolle Beständigkeit, um mit den Gefahren fertig zu werden, die ihr aus steigenden Ansprüchen bei wahrscheinlich sinkender
Leistungsbereitschaft erwachsen."[673]

Auf dem Parteitag 1960 erklang noch einmal unter der Überschrift „Wohl-
stand und was sonst?" das Credo christlich-sozialen Handelns, dass „seit einem Jahrhundert ein System der sozialen Sicherung angestrebt, das der
Würde des selbstverantwortlichen Menschen" entspreche. Gleichzeitig ver-
ankerte Gerstenmaier hier nochmals die Christlich-Sozialen innerhalb des
Konservatismus, nicht ohne die alte Kritik auch innerhalb der CDU zu üben,
wenn er feststellte:

---

[670] Ein wesentliches Element der Nachkriegszeit in Westdeutschland war hier die Eta-
blierung des Wohlfahrtsstaates, in dem die bisher weitgehend getrennt laufenden
Sozialstaatstraditionen der Bismarck'schen Versicherungen und des Fürsorgeprinzips (vgl.
dazu besonders HOCKERTS, Vorsorge, 223ff.) zu einem umfassenden System sozialer
Sicherungen ausgebaut wurden. Hier war es am Beispiel der Rentenreform 1957 gerade
Adenauer, der mit der Einführung der dynamischen Rente als Lohnersatzfunktion zur
Lebensstandardsicherung einen entscheidenden Schritt erzwang, während von konservativer, auch kirchlicher Seite, massive Kritik erscholl: Einer der „geistigen Väter der sozialen
Marktwirtschaft, der Ökonom Wilhelm Röpke, sah in der „staatlich organisierten Mas-
senfürsorge ... die Prothese einer durch Proletarismus verkrüppelten und durch Vermassung zerkrümelten Gesellschaft." (zit. in: ABELSHAUSER, Wirtschaft, 50). Bischof Bergrav
sah auf der Lutherischen Weltkonferenz 1952 im Wohlfahrtsstaat eine geradezu wider-
göttliche Macht (COLLMER, Art.: Wohlfahrtsstaat, 1372ff.)
[671] GERSTENMAIER, Friedrich Brundstädt, 226.
[672] Referatsskizze Sommersemester 1933, ACDP I-210-0029.
[673] GERSTENMAIER, Gesellschaftsbild, 93.

„Es ist keineswegs Allgemeingut in unserer Partei, dass darunter [christlich-sozial M.K.] nicht die reaktionäre oder restaurative Verteidigung eines besitzbürgerlichen Status quo verstanden werden darf, sondern dass dieser Begriff als Grenzbegriff zum Liberalismus das bekundet, was den (übrigens geschichtlich von den Konservativen herkommenden) Christlich Sozialen so wichtig, ja heilig, ist, nämlich sittliche Bindungen zu bejahen und sich eben nicht über Familien-, Geschichts- und Glaubensbindungen hinwegzuheben."

Trotz dieser letztlich in konservativen Denktraditionen stehenden wieder-holten Mahnungen, kann jedoch – auch bei Gerstenmaier selbst – nicht mehr von einem eigentlichen Gewicht dieser Frage und einem massiven Verteidigen des christlich-sozialen Anliegens gesprochen werden. Gersten-maier bekannte sich zu seinen Ursprüngen, seine politischen Interessen gin-gen jedoch weit über dieses Feld hinaus. Wenn hier von Modernisierung im Bereich des Sozialen gesprochen werden kann, war es von Seiten des Protes-tantismus eher eine defensiv-resignative.

Im Unterschied zu Ehlers hatte Gerstenmaier kein Interesse an einer ge-winnenden Diskussion mit den Vertretern des Adenauer-kritischen Flügels des Protestantismus. Während Ehlers Männern wie Niemöller und Heine-mann zunächst das Recht zur Kritik und die relative Berechtigung ihrer Position nicht absprach und sich um eine Vermittlung der Positionen be-mühte, stand Gerstenmaier klar und deutlich im Lager Adenauers. Er war zugleich neben Thielicke und Asmussen der „Hauptvertreter der Niemöl-ler-Gegner"[674] im kirchlichen Raum. Überhaupt legte er zumindest nach außen hin auf kirchliche Unterstützung seiner politischen Arbeit keinen ge-steigerten Wert. In seinen Memoiren bescheinigt er der Evangelischen Kirche vielmehr, sie habe sich mit ihren „Worten" und Gutachten „oft über-nommen"[675]. Besondere Kritik traf die „kaum verdeckte Politisierung der Synode"[676] der EKD. Gerstenmaier meinte, sich überhaupt im Bundestag „unbefangen und freier"[677] gefühlt zu haben, als im kirchlichen Raum, be-sonders in den Synoden. Als Adenauer im Bundesvorstand der CDU einmal bemerkte, „ ... das Wort ‚Synode' kommt mir nicht mehr über die Lip-pen"[678], pflichtete Gerstenmaier ihm bei. Er bezeichnete Niemöller und Heinemann schlicht als „Minderheit" und den Berliner Systematiker Hein-rich Vogel als „Phantast"[679]. Er war der Meinung, die „Borniertheit eines Teiles der evangelischen Pfarrer ... [sei] geradezu himmelschreiend."[681]

---

[674] KOCH, Heinemann, 353.
[675] GERSTENMAIER, Streit, 300.
[676] Ebd.
[677] Ebd.
[678] BUCHSTAB, Protokolle 1953, 941.
[679] Zu Vogel: FISCHER, Vogel, 62ff.
[680] BUCHSTAB, Protokolle 1953, 954.

Gerstenmaier unterstellte der evangelischen Kirche dabei eine wohlfeil-kalkulierte Renitenz. Offensichtlich sage man sich in kirchlichen Kreisen:

„Die CDU ist sowieso der Laden, den wir wählen müssen, von dem können wir uns gelegentlich distanzieren, und ihn können wir kritisieren; denn solange wir die CDU kritisieren, werden wir von den anderen nicht beschimpft."[681]

Neben der politischen Kritik an manchen Erscheinungen in der evangelischen Kirche dürfte seine demonstrative Zurückhaltung gegenüber den bruderrätlichen Kreisen aber auch darin begründet gewesen sein, dass er mit deren geistigen Mentor Karl Barth zerstritten war. Im Unterschied zu Ehlers, dessen Verhältnis zum Bruderrat der EKD erst während seiner Zeit als Bundestagspräsident zerbrach, stand Gerstenmaier von Anfang an im Lager der dezidierten Gegner des linken Flügels des ehemaligen Reichsbruderrates.

Schon aus der Zeit seiner Leitung des Hilfswerkes der Evangelischen Kirche hatte Barth Gerstenmaiers Wirken mit publizistisch geäußertem Missfallen kommentiert.[682] Gerstenmaier sah darin Ressentiments gegenüber der Tatsache, dass er sich als Schüler des Freundes und Widerparts von Barth, Emil Brunner, bezeichnete. Dieser fühlte sich seinerseits auf Barths Angriffe hin zu einer ebenfalls publizistischen Ehrenrettung seines ehemaligen Schülers veranlasst. Später hielt Gerstenmaier – bis zum dadurch auch mitbedingten Ende seiner Tätigkeit als Bundestagspräsident ein bevorzugter Gegner der DDR-Propaganda – daran fest, Barth habe „damit jene Rufmordkampagne ins Rollen" gebracht, die später von der Ost-Berliner Regierung „aufgenommen und gigantisch überhöht"[683] worden sei. Das Verhältnis Gerstenmaiers zu Barth und den ihm nahe stehenden Theologen war seit den publizistischen Auseinandersetzungen in der unmittelbaren Nachkriegszeit irreparabel geschädigt. Wie tief der Bruch ging, macht ein Brief Gerstenmaiers an Brunner aus dem Jahre 1948 deutlich, in dem er von Barth schlicht als „unserem Widersacher"[684] sprechen konnte, dessen Einschätzung des Kommunismus, „die einem Goebbels Ehre machende Verwischung der tatsächlichen Gefahr" bedeute.

In den Auseinandersetzungen um die Rolle Martin Niemöllers in der deutschen Politik bezog Gerstenmaiers deutlich Stellung gegen diesen, zumal sich Auseinandersetzungen um sein eigenes Amt im Hilfswerk damit verbanden. Gerstenmaier musste die Leitung des Hilfswerkes gegen seinen Wunsch 1950 abgeben. Der Grund waren kircheninterne Widerstände. Im Umfeld der ersten Konstituierung des Bundestages hatte der westfälische

---

[681] Ebd., 955.
[682] Busch, Lebenslauf, 339.
[683] Gerstenmaier, Streit, 236
[684] Schreiben vom 7.7.1948, ACDP I-210–35/1.

Präses Wilm „im Fall Gerstenmaier"[685] seine „ernstesten Bedenken ange-
meldet", falls Gerstenmaier die Führung des Hilfswerkes dann beibehalte.
Damit verbinde sich die „Parole Hilfswerk = CDU". Dibelius versuchte nun,
diesen zum Rückzug aus dem Hilfswerk zu bewegen: Er teilte ihm mit, es
bestehe im Rat einfach eine

> „Abneigung dagegen, den Abgeordneten einer politischen Partei an der leitenden
> Stelle zu sehen. Parallelen lässt man nicht gelten: Heinemann habe niemals politisch
> kandidiert und Niemöller sei nur in einer Einzelfrage politisch geworden."[686]

In der Tat war diese Begründung nicht sehr überzeugend, war doch mit Heinemann ein, wenn nicht damals *das* profilierteste protestantische CDU-Mitglied gleichzeitig Präses der Synode der EKD. Später sollte das gleiche Argument, dass jetzt gegen Gerstenmaier verwandt wurde, auch gegen Heinemann ausgespielt werden.

   Gerstenmaier war zunächst nicht gewillt, in diesem Streit nachzugeben.
Er fasste die Auseinandersetzung in der Wurzel als politisch auf:

> „Wenn der Rat der Meinung ist, dass die von Kirchenpräsident Niemöller betriebene
> falsche Politisierung der Kirche tragbar sei, würde ich mit einem Verzicht auf mein
> Amt, insbesondere auch noch unter russischem Druck, die Aufgabe eines Widerstan-
> des sehen, der mir, so wie die Dinge nunmehr stehen, auch innerhalb der Kirche bis
> auf weiteres geboten erscheint."

Er zog sich aus der Arbeit zurück, als die Sowjetunion drohte, das gesamtdeutsche Hilfswerk in der DDR zu verbieten.[687]

   Weitere Gründe für Differenzen mit den Bruderrätlichen kamen hinzu:
Gerstenmaier unterstützte die Pläne zur europäischen Einigung mit Vehemenz.[688] Ein Sachverhalt, der ihn nochmals in starken Gegensatz zu den bruderrätlichen Kreisen der EKD brachte, die ihm wie Adenauer die Preisgabe
Ostdeutschlands vorwarfen. Schließlich trat Gerstenmaier auch ohne Vorbehalte für die Wiederbewaffnung ein. Auf dem Essener Kirchentag 1950, wie
schon zuvor in der von ihm herausgegebenen Zeitung „Christ und Welt",
sprach er sich für diese aus.[689] Rückblickend sah Gerstenmaier in der Frage der
Wiederbewaffnung wohl zu Recht den Trennungsgrund innerhalb des westdeutschen Nachkriegsprotestantismus: „Mehr als alles andere führte sie im
evangelischen Kirchentum zu einer Distanzierung von der CDU. In den Jahren
1945 bis 1949 war diese kritische, oft feindselige Distanz undenkbar."[690]

---

[685] Schreiben vom 7.10.1949, AdSD NL Heinemann I; daraus auch die nachfolgenden
Zitate.
[686] Schriftwechsel Dibelius-Gerstenmaier, ACDP I-210–35/1; daraus auch die nachfolgenden Zitate.
[687] GERSTENMAIER, Streit, 290f.
[688] Ebd., 316.
[689] Ebd., 324, 328ff., KOCH, Heinemann, 156.
[690] GERSTENMAIER, Streit, 331.

Gerstenmaier war von ihr selbst mit betroffen. Doch ist damit auch deutlich, dass er für die bruderrätliche Fraktion im Protestantismus schon seit den Zeiten des Kirchenkampfes und dann besonders seit der unmittelbaren Nachkriegsphase eine umstrittene Persönlichkeit war. Die alten Konflikte schwelten weiter. Durch Gerstenmaier war die Distanz des Linksprotestantismus zur CDU noch größer geworden, als sie ohnehin schon seit dem Ausscheiden Heinemanns und dem Bruch der BK mit Ehlers war. Die in den Augen der Bruderrätlichen falsche Politik Adenauers hatte ihren herausragenden Repräsentant in Gerstenmaier, der seinerseits aus seiner Abneigung gegen Niemöller u.a. keinen Hehl machte.

Nach dem Tode Robert Tillmanns Ende 1955 wurde Gerstenmaier zusammen mit Kai-Uwe von Hassel sowie Karl Arnold und Jakob Kaiser einer der Stellvertreter Adenauers im Parteivorsitz. Da zunächst Arnold hinzugewählt werden sollte und somit mit Kaiser ein weiterer Katholik, dabei noch linker Provenienz, die Stellvertretung Adenauers übernommen hätte, wurden mit Gerstenmaier und von Hassel wiederum nach konfessionspolitischem Proporz zwei Protestanten gewählt, die zudem dem konservativen Parteiflügel angehörten.[691]

Doch Gerstenmaier war je länger je mehr kein getreuer Gefolgsmann Adenauers mehr. Er wurde „zeitweilig eine Art Ein-Mann-Opposition"[692]. Als er sich ab 1957 durchaus zu einem möglichen Nachfolge-Kandidaten im Amt des Bundeskanzlers entwickelte, wurde er gleichzeitig zu einem „selbstbewußten Gegner"[693] des Kanzlers, besonders in Fragen der Deutschlandpolitik. Hier trat er u.a. mit Vorschlägen für einen Friedensvertrag hervor, schließlich suchte er auch die Verbindung mit der SPD für eine gemeinsame Außenpolitik. Überhaupt pflegte Gerstenmaier immer wieder Kontakt zu den Sozialdemokraten, so dass er 1961 gar als möglicher Kanzler einer Großen Koalition galt.[694] Allerdings standen Gerstenmaier vielfach persönliche Eigenschaften im Wege.[695] Gerstenmaier blieb ein Einzelgänger ohne Hausmacht.[696] Sicherlich war er in politicis ein eigenständiger Kopf. Jedoch spielte für ihn die Frage einer dezidiert evangelischen Politik keine maßgebliche Rolle mehr. Unterschiedliche Auffassungen in politischen Sachfragen waren für ihn politisch nicht mehr konfessionell oder gar religiös begründet. Indem Gerstenmaier auf den Bundesparteitagen der CDU, wie schon ausgeführt, die „offizielle Theologie" zu liefern bereit war, war für ihn zumindest das

---

[691] SCHWARZ, Adenauer II, 266.

[692] Ebd., 352.

[693] Ebd., 358f.

[694] Ebd., 669.

[695] Bezeichnend war dafür Adenauers Charakterisierung Gerstenmaiers gegenüber Bundespräsident Theodor Heuss, der in ihm seinen möglichen Nachfolger sah: „unbeherrscht, in der Fraktion unbeliebt, ungeschickt" (zit. in: SCHWARZ, Adenauer II, 508).

[696] KOERFER, Kampf, 187f.

evangelische Element in der Partei „angekommen" und bedurfte keiner speziellen Gruppen wie des EAK mehr.

Trotzdem blieben konfessionelle Motive noch länger zumindest als nach außen hin vorgetragene Argumente wirkend. In der sogenannten „Präsidentschaftskrise" 1959 trat Gerstenmaier für einen katholischen Kandidaten – zunächst Adenauer selbst, dann Heinrich Lübke – für das Amt des Bundespräsidenten ein, um die Möglichkeit für einen evangelischen Nachfolger im Amt des Bundeskanzlers, vielleicht für ihn selbst, offen zu halten.[697] Auf dem Hintergrund des Wahlkampfes 1961, den die FDP mit der Parole „Mit der CDU – aber ohne Adenauer" führte – sie verfügte dabei über die stillschweigende Unterstützung weiter CDU-Kreise – war Gerstenmaier einer der Frondeure[698] gegen den greisen Kanzler. Er wollte aber letztlich nach der für die CDU nicht zufriedenstellenden Wahl nicht, wie er eingestand, als „Conny-Killer in die Geschichte eingehen."[699]

Diese Auseinandersetzungen um die Nachfolge des alten Kanzlers war nicht mehr primär konfessionspolitisch oder sonst ideologisch geprägte Politik, sondern politische Ranküne. Gerstenmaier trug dazu nicht unerheblich bei. Damit ist aber auch ein Nachlassen des konfessionellen Momentes zu konstatieren, das nach der konfessionellen Erhitzung der Fünfziger Jahre wieder abkühlte. Die Modernisierung der Gesellschaft, die in ihrem Makrotrend auf eine zunehmende Säkularisierung hinauslief, wurde auf Dauer von der Belebung des Konfessionellen nicht aufgehalten.

7.5.2. Der Tod Robert Tillmanns und die abnehmende Bedeutung der Konfessionsfrage unter dem EAK-Vorsitz von Gerhard Schröder

Für den EAK spitzte sich die Situation weiter zu, als Ehlers Nachfolger als Vorsitzender des Arbeitskreises, Robert Tillmanns, nach nur einjähriger Amtszeit ebenfalls überraschend verstarb. Der schleswig-holsteinische Ministerpräsident Kai-Uwe von Hassel lehnte eine Nachfolge im Amt des EAK-Vorsitzenden definitiv ab, so dass sich die Bemühungen darauf konzentrierten, den protestantischen Innenminister Gerhard Schröder zu gewinnen. Zwar hatte auch Schröder eine Kandidatur zunächst abgelehnt, doch nahm er die Wahl an. Waren jedoch Ehlers als ehemaliger oldenburgischer Oberkirchenrat und Mitglied des Reichsbruderrates und Tillmanns als Vorsitzender der Kammer für Öffentliche Verantwortung der EKD kirchlich engagiert und über vielfältige personelle Kontakte mit kirchlichen Gremien verbunden, fehlte dies Schröder völlig. Er hatte nie ein kirchliches Amt bekleidet, gehörte allerdings während der nationalsozialistischen Zeit der

---

[697] Ebd., 236.
[698] Ebd., 557ff.
[699] Zit. in: KOERFER, Kampf, 580.

Bekennenden Kirche an.[700] Wie kritisch Schröder teilweise in kirchlichen Kreisen gesehen wurde, macht ein Brief des Bevollmächtigten der EKD bei der Bundesregierung, Bischof Hermann Kunst, an Ehlers aus dem Jahre 1953 deutlich. Kunst, sonst immer um diplomatische Formulierungen bemüht, äußerte damals seine Sorge zu der bevorstehenden Nominierung Schröders anstelle Tillmanns zum Innenminister. Seine grundsätzliche Einschätzung dürfte sich auch bei der Wahl Schröders zum EAK-Vorsitzenden nicht geändert haben. Kunst bedauerte damals, dass Adenauer sich ablehnend gegenüber Tillmanns ausgesprochen habe.

„Um so größer ist nun meine Sorge, dass das Amt auf Gerhard Schröder zugeht. Dass seine Arroganz jedes landesübliche Maß überschreitet, liesse sich vielleicht noch ertragen. Vielmehr macht es mir Sorge, dass wir am Ende nicht einen einzigen bewusst evangelischen Minister haben werden. Das muss jenen Kräften, die jetzt mit verschlagenen Atem dasitzen, neuen Auftrieb geben."[701]

Wie stark das konfessionspolitische Moment damals noch vorherrschte, wird deutlich. Schröder sollte wesentlich zu seiner Entkräftung beitragen.

Innerhalb des EAK entstand bald die Frage, wo der Schwerpunkt der Arbeit liegen solle: in der geistigen Selbstbesinnung des CDU-Protestantismus oder in der Organisation der Interessen der Protestanten in der Partei?[702] Auf einer Sitzung des EAK-Vorstandes schälten sich zwei Lager heraus. Während Gerstenmaier und Cillien besonders die „geistig-politische Orientierung"[703] des Kreises forderten, ging es Walter Strauss und Otto Heinrich von der Gablentz sowie Edo Osterloh stärker um die „politische Profilierung". Deutlicher wurde Werner Lauffs, der von einer „konkrete[n] Verpflichtung gegenüber der evangelischen Wählerschaft" sprach und dabei forderte, „…personalpolitische Anliegen nicht außer Acht [zu] lassen."

Unter Schröder, der dem EAK bis 1978 vorstand, nahm die personalpolitische Aktivität des EAK jedoch deutlich ab. Schröder weigerte sich, den EAK als Instrument zur Wahrnehmung protestantischer Interessen zu verstehen.[704] Anders als Ehlers und Tillmanns arbeitete er zumindest nicht mehr nach außen auf einen sichtbaren Konfessionsproporz hin, vielmehr beschränkte er sich auf interne Aktivitäten.[705] Im Zuge der Regierungsbildung 1957 fiel das Konfessionselement weniger ins Gewicht als noch 1953. Zwar gab es auch damals Auseinandersetzungen um den Proporz von Ka-

---

[700] KUNST, Grußwort, 17.
[701] Schreiben vom 21.9.1953, EZA 87/820. Ähnliche Befürchtungen hinsichtlich der mangelnden kirchlichen Einbindung Schröders hegte auch der Direktor der Evangelischen Akademie Loccum, Johannes Doehring (vgl. SAUER, Westorientierung, 275).
[702] MEHNERT, Siegen, 30.
[703] Sitzung vom 1.12.1955, ACDP-IV-001–002/1; daraus auch die nachfolgenden Zitate.
[704] Epd 2.6.1961, ACDP I-483–060/2.
[705] So nach der Bundestagswahl 1961, ACDP I-483– 060/2.

tholiken und Protestanten in der Regierung, doch spielten sie sich gleichsam „hinter den Kulissen" ab und wurden von Persönlichkeiten der „zweiten Reihe" geführt. So verlangte eine Delegation protestantischer Abgeordneter unter Leitung des Oberkirchenrates und MdB Adolf Cillien bei Adenauer nach der Wahl 1957 eine konfessionelle Ausgewogenheit des neuen Kabinetts und mit Ludwig Erhard einen Protestanten als Vizekanzler.[706] Damit wurde das Anliegen des konfessionellen Proporzes allerdings weit weniger profiliert vertreten als noch 1953, als Ehlers selbst massiv in die Debatte eingriff. Zudem wurde die Diskussion auch immer formalistischer, denn Erhard war über die Tatsache seiner Zugehörigkeit zur evangelischen Konfession hinaus nicht nennenswert im protestantischen Leben verankert.[707]

Zwar konnte sich der EAK über mangelnde Aufmerksamkeit, besonders in der Zeit, als Schröder als ein ernstzunehmender Aspirant auf die Kanzlernachfolge galt, nicht beklagen,[708] doch ließ der eigentliche Einfluss des Kreises nach. Wohl bemühte der Vorsitzende sich erfolgreich, den EAK auf intellektuell anspruchsvollem Niveau zu erhalten, gleichzeitig schwächten sich aber wegen Schröders mangelnder kirchlicher Bindung[709] die Kontakte zur Evangelischen Kirche ab. Schröder brachte nicht jene Verbindung zum kirchlichen Protestantismus mit, die bei Männern wie Ehlers und Tillmanns für eine nicht zu unterschätzende emotionale „evangelische" Atmosphäre gesorgt hatte. Bei einer Umfrage wussten nur sechs Prozent der Bundesbürger, dass der EAK-Vorsitzende evangelisch war![710] In einem Brief des EAK-Mitbegründers und schleswig-holsteinischen Kultusministers Edo Osterloh[711] an Gerhard Schröder wurde diese mangelnde kirchliche Einbindung deutlich. Osterloh sprach von der geäußerten Kritik an Schröders Beiträgen in der EAK-Zeitschrift „Evangelische Verantwortung": Die Kritik habe sich darin geäußert, dass Schröders „Art auch in diesen kleinen Aufsätzen zu kalt, zu einseitig und im Blick auf den theologischen Hintergrund zu harmlos sei."[712]

Die eigentliche geistige Führung des EAK fiel bald dem baden-württembergischen Kultusminister und evangelischen Theologen Wilhelm Hahn zu. Er etablierte innerhalb des Kreises eine Studiengruppe, die „politischen Einfluß und weite Publizität"[713] errang.

Dass konfessionelle Argumente je länger je mehr in den Hintergrund traten, zeigte sich im Falle des von Adenauer für den Fall seiner eigenen Präsi-

---

[706] KOERFER, Kampf, 173.
[707] BÖSCH, Adenauer-CDU, 339.
[708] OPPELLAND, Verantwortung, 50.
[709] BÖSCH, Adenauer-CDU, 332.
[710] Ebd., 341.
[711] Zu Osterloh vgl. FISCHER, Osterloh, 130ff.
[712] Schreiben vom 2.1.1958, ACDP I-483-054/1.
[713] HAHN, Erinnerungen, 93.

dentschaftskandidatur 1959 erwogenen Nachfolge-Kandidaten Franz Etzel. Etzel, seit 1952 Vizepräsident der Hohen Behörde der Montanunion in Luxemburg, wurde 1957 nach der Bundestagswahl als noch geheimer Kanzlernachfolger[714] Finanzminister. Etzel war wie Erhard Protestant, schien aber Adenauer aus der Villa Hammerschmidt heraus lenkbarer. Dass Adenauer Etzel gegenüber Erhard als Kanzler in der CDU-Fraktion nicht durchbringen konnte, war ein wesentlicher Grund für seinen Verzicht auf das Amt des Bundespräsidenten. Nennenswerte evangelische Unterstützung fand der im Vergleich zu Erhard prononciertere[715] Vertreter christlichen Einflusses in der Politik nicht. Hinsichtlich der Nominierung des Landwirtschaftsministers Heinrich Lübke zum Bundespräsidenten, eines Katholiken, sprachen schließlich die Protestanten in der CDU mit unterschiedlichen Stimmen. Hinzu kam, dass auch der Ratsvorsitzende der EKD, Otto Dibelius, keine Einwände gegen Lübke erhob.[716] Innerhalb der CDU sprach sich Gerhard Schröder für Erhard als Bundespräsidenten aus, wahrscheinlich, um selbst den Weg zur Kanzlerschaft frei zu haben, während Adolf Cillien Erhard den Weg zum Kanzleramt bahnen wollte und deshalb für Lübke als Bundespräsidenten votierte.[717]

Die konfessionellen Überlegungen waren zweifelsohne nicht hinfällig geworden, das sollten die späteren Jahre noch verdeutlichen,[718] doch überlagerten, wie gezeigt, zunehmend andere Erwägungen, wie etwa rein machtpolitische persönliche Ambitionen, diese Fragen. Der EAK als ein Zentrum, das nach Ehlers Vorstellungen die Diskussion bündeln und dann einen evangelischen Vorschlag bringen sollte, war so nicht mehr vorhanden. Der Einfluss des Arbeitskreises war „nicht allzu hoch zu veranschlagen"[719]. Dies war sicher nicht nur ein Ergebnis unterschiedlicher Vorstellungen in politischen Sach- und Personalfragen, die nicht einfach auf eine protestantische und katholische Lösung gebracht werden konnten. Der nach Ehlers' Tod insgesamt abgesunkene politische Einfluss des EAK jenseits der Frage konfessioneller Selbstverständigung in der Partei offenbarte ebenfalls, dass ein retardierendes Element in einer sich modernisierenden Gesellschaft langsam abgeschliffen wurde. Welche Konfession Kanzler und Präsident hatten, spielte, das machte die „Präsidentschaftskrise" deutlich, nur noch eine nachgeordnete Rolle.

---

[714] KOERFER, Kampf, 162.
[715] Etzel, von 1931–1933 Jugendführer der niederrheinischen DNVP, wurde 1945 Vorsitzender der Duisburger CDU (SCHMEER, CDU, 72f.). Er war von seiner Herkunft her ein Vertreter des Christlichen Konservatismus. Als solcher bemühte sich Etzel um Verbindungen mit dem kirchlichen Protestantismus. Immer wieder legte er in den Anfangsjahren der CDU Wert darauf, die Partei mit evangelischen Pfarrerkreisen in Kontakt zu bringen (ebd., 81, 142, 160).
[716] Vgl. Kap. 10.1.
[717] Vgl. OPPELAND, Verantwortung.
[718] Vgl. BÖSCH, Adenauer–CDU, 339ff.
[719] Ebd., 56.

7.6. Das „C" und das Selbstverständnis der Union

Wie sehr konfessionelle, ja sogar allgemein-christliche Politikbegründungen Anfang der 60iger Jahre in den Hintergrund traten, zeigte sich deutlich auf einer Sitzung des Bundesvorstandes der CDU am 10. Mai 1962. In einer bisher nicht gekannten Weise wurde die „Christlichkeit" der Union thematisiert und zugleich problematisiert. Ausgangspunkt dieser Diskussion war eine Studie mit dem Titel „Untersuchungen über das geistige und gesellschaftliche Bild der Gegenwart und die künftigen Aufgaben der CDU", die Rainer Barzel, der junge Minister für Gesamtdeutsche Angelegenheiten, angefertigt hatte.[720]

Barzel fragte auf dem Hintergrund der von ihm analysierten geistigen Situation in der pluralistischen Industriegesellschaft nach den Chancen und Gefahren einer „christlichen" Partei. Im Bezugsrahmen des Zerbrechens überkommener Weltanschauungs- und Wertesysteme und dem Verlust transzendenter Bindungen drohe die Religiosität zu einem „Attribut bürgerlicher Wohlanständigkeit"[721] herabzusinken, konstatierte er. Trotzdem sei aber die Religion in Deutschland für politische Entscheidungen ein wesentlicher Faktor geblieben. Insofern müsse deshalb die Diskussion über die Bedeutung des „C" in der Partei offensiv geführt werden, da der Glaube zwar im Rahmen gesellschaftlicher Konventionen nach wie vor akzeptiert sei, sich aber kaum noch aus unmittelbarem Glaubenserleben, wie vielfach unmittelbar nach 1945, speise. Barzel kam zu dem Ergebnis: Trotz der sich wandelnden gesellschaftlichen Umstände müsse gelten: CDU und CSU bleiben

„christliche Parteien, also Vereinigungen von Menschen, die auch ihr politisches Handeln unter Gottes Wort und Gebot stellen und eine Ordnung erstreben, die vor Gottes Gebot bestehen kann."[722]

Doch diese Argumentation stieß auf Widerstand. Barzel musste sich in der Aussprache einige Kritik anhören. Diese kam besonders von Adenauer, der hinsichtlich der Thesen zum Christentum in der Denkschrift viel pessimistischer als Barzel war. Adenauer stellte fest: Die einigende und mobilisierende Wirkung des „C" lasse nach und könne gar kontraproduktiv für den Machterhalt werden: Er kam deshalb im Blick auf Barzels Denkschrift, die bis heute nur in Handexemplaren existiert,[723] zu dem überraschenden Ergebnis:

„Mir ist diese Arbeit zu kirchlich. … Da nun einmal das kirchliche Denken in unserem Volke rapide zurückgeht und wir die sogenannten Liberalen auch zu uns bekommen, müssen wir uns hüten, etwas zu tun, was die Liberalen beider Konfessionen abhalten

---

[720] BUCHSTAB, Protokolle 1961, 239ff.; vgl. auch BARZEL, Streit, 29ff.; DERS, Es ist, 109ff.
[721] Ziffer 97.
[722] Ziffer 121.
[723] Vgl. auch BÖSCH, Adenauer-CDU, 350.

könnte, für uns zu stimmen. Ohne die liberalen Stimmen können wir keine Mehrheit in Deutschland bekommen. … Ich denke immer, wenn ich einen solchen Satz lese, an einen Durchschnittskatholiken oder an einen protestantischen Liberalen, wenn der nun liest: Wir stellen unsere Politik unter Gottes Gebot! – ich muß Ihnen ehrlich sagen, das ist mir etwas peinlich. … Lassen wir uns nichts weißmachen hier! Wir handeln nicht nach Gottes Gebot."

Aus dieser Aussage des Kanzlers entspann sich ein Disput mit Bundestagspräsident Gerstenmaier. Während Gerstenmaier Adenauer zu erklären versuchte, er bewege sich mit seiner Politik selbstverständlich „innerhalb des Rahmens und Raumes, was mit unserem ‚C' ausgedrückt ist" [724], hatte Adenauer seine Meinung: „Ich tue es nicht!", sagte er und humorvoll gewandt zum Schatzmeister der Partei fügte er hinzu: „Aber Sie tun es auch nicht, Herr Burgbacher!" [725]

Otto Schmidt, Mitbegründer der Wuppertaler CDU,[726] ergriff das Wort. Schmidt resümierte in dem ihm eigenen pathetischen Ton:

„Wenn wir noch nicht gewußt haben, was das ‚C' in unserem Parteinamen bedeutet, dann haben wir es in dieser Stunde erlebt. Ein solches Gespräch, wie es hier geführt worden ist, kann nur in einer Partei mit diesem Vorzeichen geführt werden. Ich muß sagen, ich halte das für das beste Gespräch, was ich hier je erlebt habe … denn im Grunde geht es darum, daß wir über die Routine, den Opportunismus und die Taktik hinaussehen. Man muß erkennen, daß es sich lohnt, um eines höheren und wertvolleren Zieles sich lohnt, politisch tätig zu sein."[727]

Adenauer bescheinigte daraufhin Schmidt, dass dieser ihn überhaupt nicht verstanden habe. 1945 sei es um die Zusammenarbeit der Konfessionen in einer Partei gegangen. Das sei erreicht worden. Nun sei es an der Zeit, festzustellen, „ob die kommende Zeit eine christliche Partei nötig hat oder nicht." [728] Nachdem CDU-Geschäftsführer Konrad Kraske Adenauers Thesen mit statistischen Daten über die nachlassende konfessionelle Bindung der Bevölkerung und die abnehmende Bedeutung des „C" für die Wähler unterstützt hatte, bekräftigte Adenauer seine Ausführungen hinsichtlich von Überlegungen zur strukturellen Mehrheitsfähigkeit der Union und trat dabei für die FDP ein:

„Ich möchte hinzufügen, warum ich das Weiterbestehen einer echten liberalen Partei für notwendig halte. Bei uns in Deutschland ist es so, daß eine große Zahl von Wählern vorhanden ist, die nicht sozialdemokratisch wählen will, aber auch eine Partei, die das Wort ‚christlich' in ihrem Namen trägt nicht wählen will. Und diesen Leuten soll man

---

[724] BUCHSTAB, Bundesvorstandsprotokolle 1962, 250f.
[725] Ebd., 250.
[726] Vgl. Kap. 7.1.2.
[727] BUCHSTAB, Bundesvorstandsprotokolle 1962, 253.
[728] Ebd., 254.

eine Unterkunft in dieser Weise bieten, indem man sie dadurch, daß man mit ihnen eine Koalition macht, an sich bindet."[729]

Dorothee Buchhaas hat darauf hingewiesen, dass der CDU mit Beginn der sechziger Jahre die Selbstdefinition als „christlich" nicht mehr gelang. Symptomatisch ist für sie der Satz Barzels: „Politik sei unter ‚Gottes Wort und Gebot'"[730] zu stellen. Dieser Ausspruch – so meint sie –

„wäre … während der ersten Hälfte der fünfziger Jahre von vielen fraglos und kommentarlos verstanden worden. Zehn Jahre später glichen diese Formulierungen jener Botschaft von denen Goethes Faust sagte, er höre sie wohl und gleichwohl fehle ihm der Glaube."[731]

Letztlich war diese Entwicklung kein zufälliger Prozess, sondern ein Vorgang, der die gesamtgesellschaftlichen Vorgänge seit 1945 reflektierte. Adenauer erwies sich als der Modernste in seiner Partei, indem er die Entwicklungen registrierte und daraus Schlüsse zog. Strukturell mehrheitsfähig konnte die CDU – zum Zeitpunkt der Diskussion besaß sie noch die absolute Mehrheit – mit der Beschwörung des Christlichen nicht bleiben, weil für die Mehrheit der Gesellschaft dieser Bezugsrahmen nicht mehr entscheidend war. Adenauer mag dies persönlich bedauert haben, aber er stellte sich darauf ein.

Die Diskussion war damit in der Union noch nicht beendet. Auf dem Bundesparteitag 1962 in Dortmund griff Eugen Gerstenmaier nochmals die Problematik auf. Gerstenmaier wehrte sich zum wiederholten Male gegen die Vorwürfe, die CDU beanspruche, eine „Monopolpartei der Christen"[732] zu sein. Er betonte vielmehr, es gehe darum, durchaus politische Ziele in der Partei christlich verantworten zu können. Barzel vertrat hier wiederum in der Diskussion eine dezidiertere Anschauung, wenn er vorschlug, als Formel für die Politik der CDU die Begründung „auf die 10 Gebote, auf Gottes Wort und Gebot"[733] zu sehen. Adenauer bekräftigte coram publico jetzt den weltanschaulichen Boden, auf dem die Partei stehe. In ihr sammelten sich für ihn die Menschen, die „dem Geiste nach Christen sind"[734]. Damit hielt er zwar an der Grundaussage der Partei fest, die Formulierung war jedoch so weit angelegt, dass sie kaum noch eine offensive Stoßkraft hatte.

Das junge Parteimitglied Gerhard Stoltenberg bezog sich nochmals ausdrücklich auf Barzels Ausarbeitung und forderte eine programmatische Klärung, die über die von Gerstenmaier zuvor wieder gebotene Formel der „Politik aus christlicher Verantwortung" hinausgehe und sich der Frage stelle,

---

[729] Ebd.
[730] Barzel, Denkschrift, Ziffer 131.
[731] Buchhaas, Volkspartei, 301.
[732] Bundesparteitag, 186.
[733] Ebd., 201.
[734] Ebd., 205.

„wie wir diesen personalen Charakter des Begriffs der christlichen Verantwortung betonen und herausarbeiten und dennoch versuchen, zu einem gewissen Grundver-
ständnis auch im Normativen, im Programmatischen zu kommen."[735]

Die ganze Unsicherheit der Union hinsichtlich einer Selbstbesinnung auf
das „C" Anfang der 60iger Jahre und die „Erkenntnis, dass sie Gefahr lief, die
‚geistige Führung' zu verlieren,"[736] machte ein Beitrag von Hermann-Josef
Dufhues in einem Vortrag 1964 deutlich, in dem er die Einsicht formulierte:
„Die christliche Weltanschauung ist nicht einfach der christliche Glaube."[737] Damit war Dufhues zu einem Ergebnis gelangt, das fast wortwörtlich
den Erkenntnissen glich, die Oskar Hammelsbeck schon 1947 den Unions-
politikern klarzumachen versuchte und dessen unzureichende Betonung mit
Hermann Diem und anderen viele Protestanten der CDU vorwarfen.

Werden die Fünfziger Jahre als ein Weg der westdeutschen Gesellschaft
ins ‚postideologische Zeitalter'[738] interpretiert, lassen sich die Diskussionen
in der CDU als ein Reflex auf diese veränderte Situation und ein Nachvollziehen der Entwicklung verstehen. Dass diese Diskussion weitgehend defen-
siv und kaum stringent geführt wurde, mag besonders damit zusammenhän-
gen, dass eine wirkliche Erörterung des Begriffes „Christliche Demokratie"
als politische Theorie[739] kaum innerhalb der Partei geleistet worden war.

7.7. Der protestantische Konservatismus am Ende der „Ära Adenauer"

Nachdem Theodor Steltzer, Friedrich Holzapfel und Hans Schlange-
Schöningen aus der Arbeit in der CDU schon länger ausgeschieden waren,
„verabschiedete" sich 1959 auch Otto Heinrich von der Gablentz. Er tat dies
mit seinem Buch „Die versäumte Reform", das die Etablierung der Bundesrepublik als eine Geschichte im Wesentlichen verpasster Gelegenheiten zur
grundlegenden demokratischen Neustrukturierung der Gesellschaft beschrieb.[740]

Fast wie ein Epilog auf den Versuch einer „christlichen" Politik wirkt das
weitere Schicksal von Wilhelm Simpfendörfer und Paul Bausch in der Partei.
Die beiden ehemaligen Volksdienstführer waren 1945 geradezu selbstverständlich in der CDU aktiv geworden, schien sich doch 1945, das, was sich
die beiden unter einer „christlichen" Politik vorstellten, zu verwirklichen.
Simpfendörfer blieb als baden-württembergischer Kultusminister und Vorsitzender der CDU-Nordwürttemberg stärker auf den Landesbereich be-

---

[735] Ebd., 217.
[736] THRÄNHARDT, Geschichte, 17.
[737] Union-Informationsdienst Nr.23 (4.6.1964).
[738] SCHILDT, Ideologien, 635.
[739] Vgl. dazu besonders MAIER, Herkunft.
[740] Zum Inhalt s.u.

schränkt. Immer wieder versuchte er, auf der Bundesebene der Partei in die Richtung einer christlich geprägten Politik zu wirken. Die Bemühungen, Heinemann nach seinem Rücktritt vom Amt des Innenministers in der CDU zu halten, sind schon geschildert worden.

Simpfendörfer lag auch das Thema „deutsche Einheit" am Herzen. Hier verstärkte sich für ihn Anfang der 60iger Jahre der Eindruck, die CDU tue zu wenig. In mehreren Briefen wandte er sich brieflich an Adenauer, Gerstenmaier, Erhard, Schröder und Verteidigungsminister Strauß. Strauß' Antwort war offensichtlich überheblich und abweisend. Simpfendörfer wandte sich nach einem Gespräch auch schriftlich an seinen alten Volkdienstfreund und GVP-Mitbegründer Adolf Scheu. Scheu wiederum setzte sich gleich mit Heinemann in Verbindung, dem er mitteilte dass Simpfendörfer, von dem er sich politisch Anfang der 50iger Jahre getrennt hatte, „im Grunde mit mir nun wieder völlig übereinstimmt."[741] Scheu fragte, „wie man diese interessanten Dinge auswerten könnte." Einen Bericht im SPIEGEL werde Simpfendörfer wohl ablehnen, besser sei wohl ein Aufsatz in der zwischenzeitlich entstandenen Zeitschrift der Protestanten in der SPD, „Politische Verantwortung". Dazu sollte es nicht mehr kommen. Der Brief wurde von den Ereignissen überrollt. Am selben Tage, dem 26.10.1962, brach mit der Durchsuchung der Redaktionsräume des Nachrichtenmagazins „DER SPIEGEL" die Affäre aus, die die Bundesrepublik erschüttern und das Ende der „Ära Adenauer" einleiten sollte.

Die gesellschaftliche Wirkung der „SPIEGEL–Affäre" kann kaum unterschätzt werden. Festnahmen und Zensurmaßnahmen,[742] für die es keine Rechtsgrundlage gab, wurden in der demokratischen Gesellschaft nicht mehr hingenommen. Es kam zu einer Erklärung von 600 Hochschullehrern und ersten studentischen Demonstrationen. Die Gewerkschaften nahmen Stellung und auch die Evangelische Kirche. Alles in allem bedeutete diese Affäre eine starke „Erschütterung des autoritären Kanzlerregimes"[743] Adenauers.

Im Zusammenhang dieser Affäre um den damaligen Verteidigungsminister Strauß kam es zu einer tiefgehenden Entfremdung Bauschs von der CDU. Bausch, der schon 1948 der CDU „Gewissenserforschung und Selbstbesinnung[744] empfohlen hatte und dabei auf die Arbeit der „Moralischen Aufrüstung" hinwies, musste sich fragen, ob dieses Vorgehen mit all seinen Begleiterscheinungen noch mit „christlicher" Politik in Einklang gebracht werden konnte? Bausch entschloss sich zu einem Memorandum über die Lage der CDU. Wie aufgeregt und sich ständig ändernd die Lage war, macht

---

[741] Schreiben vom 26.10.1962, AdSD NL Heinemann II/0752; daraus auch die nachfolgenden Zitate.
[742] Vgl. THRÄNHARDT, Geschichte, 151ff.
[743] Ebd., 151.
[744] Vortrag, AdSD NL Scheu, Nr. 10.

der Titel der Denkschrift deutlich: „Beurteilung der geistigen und politi-schen Lage der CDU/CSU aufgrund des Standes vom 27. November 1962 von Abend"[745] Bausch rechnete geradezu ab:

„Die Rangordnung der Werte, nach der die CDU/CSU einst angetreten waren, hatte zum großen Kummer von vielen unter uns für diese Parteien schon seit langer Zeit kaum noch eine praktische Bedeutung. … Die entscheidenden und absolut gegen den Verteidigungsminister sprechenden Vorbehalte sind jedoch gegen die menschliche Substanz dieses Mannes und, eng damit verbunden, gegen die Art, mit der dieser Mi-nister dem Parlament gegenübertritt, geltend zu machen. Innerhalb der CSU besteht durchaus keine Einigkeit über ihren Parteivorsitzenden. Schon vor Jahren konnte man es von sehr bedeutenden Persönlichkeiten der CSU hören: ‚Franz Josef Strauß ist zwar von höchster Intelligenz, aber er ist ein Mann ohne jede ethische und sittliche Sub-stanz.' … Im Frühjahr 1945 hat sich ein solches Gericht Gottes über einer anderen Partei vollzogen. Soll sich ein solches Gericht nun auch an unserer Partei vollziehen? … [Nötig ist vor Gott eine M.K.] Erneuerung der CDU/CSU an Haupt und Glie-dern. … Dass er sich als Werkzeug für sein gnadenvolles Handeln des ominösen ‚Spie-gel' bedient hat, liegt im Bereich seiner Souveränität, in der werden wir ihm nicht hin-ein zu reden haben."[746]

Bausch argumentierte fast ungebrochen im Stile des alten Volksdienstlers. Übergangslos wurden theologische Meinungen und politische Sachverhalte in einen Zusammenhang gebracht. Eine politische Analyse der Ereignisse fand nicht statt.

Die Reaktionen auf Bauschs Vorgehen waren ablehnend. Besonders Ger-stenmaier wandte sich gegen ihn. Er warnte Bausch, er gerate mit seinen Ak-tionen nur „in einen Bereich, in dem Du nicht mehr ernst genommen wirst."[747] Seine politische Bedeutungslosigkeit werde die Folge sein. Dies war faktisch der Fall.

Während Bausch in der Partei blieb – 1969 schied er aus dem Bundestag aus – verließ Wilhelm Simpfendörfer noch im hohen Alter die Union. Schon 1965 legte er den Ehrenvorsitz der nordwürttembergischen CDU nieder, weil sich die CDU/CSU nicht zu einer Anerkennung der Oder-Neiße-Linie als polnischer Westgrenze durchringen konnte. 1971 trat er we-gen der Blockadehaltung der CDU in der Ostpolitik aus der Partei aus. Simpfendörfer verstarb 1973.

Bausch blieb ein politischer Romantiker, dessen personalistisches Politik-verständnis an Ernst Ludwig von Gerlach erinnerte. Setzte dieser und mit ihm die christlich-konservative Kamarilla auf einen „christlichen König", so hoffte Bausch auf den „christlichen" Staatsmann. In seinen Memoiren, sie müssen vor 1974 geschrieben sein, wurde dies nochmals schlaglichtartig deutlich. Im Rückblick auf seine Bonner Zeit schrieb er:

---

[745] BAK 1391/021.
[746] Memorandum, BAK 1391/021.
[747] Schreiben vom 29.11.1962, BAK 1391/021.

„Trotzdem, wenn ich alles überprüfe, was seit 1949 in Bonn geschehen ist, dann fehlt mir etwas. … Was mir fehlt, wird vielleicht deutlich, wenn ich die Bundesrepublik mit Amerika vergleiche. Dort haben wir einen Staat, dessen oberster Mann, Richard Nixon, schon bei seiner Amtsübernahme den Mut hatte, sich zur Nachfolge Christi auch bei der Wahrnehmung seines politischen Amtes zu bekennen. … er hat den Psalm 1 mit seinen Verheißungen für sich."[748]

Mit dem amerikanischen Präsidenten, der den USA den größten politischen Skandal ihrer Geschichte einbrachte, der aber offensichtlich sich nicht scheute, „Zeugnis abzulegen", hatte Bausch noch einmal die Grundschwäche dieser Geisteshaltung artikuliert. Vorgebliche persönliche Frömmigkeit war wichtiger als ein politisches Konzept.

In gewisser Weise bedeutete die „SPIEGEL-Affäre" auch einen Einschnitt für den führenden deutschen Historiker Gerhard Ritter. Ritter hatte sich in der „Frankfurter Allgemeinen Zeitung" vehement gegen die aktuelle politische „Führerlosigkeit"[749] und für die Polizeiaktion gegen den SPIEGEL ausgesprochen. Dezidiert forderte er die Sicherung der staatlichen Autorität, die ihm, wie er es anderer Stelle formulierte, durch den „politischen Nihilismus der Sensationsblätter" und den „uralten Adenauer"[750] gefährdet erschien. Eine Kritik, die nur auf dem Hintergrund seiner noch 1963 erneuerten Vorbehalte gegenüber der Massendemokratie[751] und seiner Betonung der politischen Autorität[752] verstanden werden kann. Wenige Tage später antwortete in derselben Zeitung der Historiker Karl Dietrich Bracher, der Ritter ein obrigkeitliches Staatsverständnis vorwarf.[753] Ritter, der mittlerweile im Zusammenhang der „Fischer-Kontroverse"[754], in der jener mit seiner Theorie zur Kriegsschuldfrage im Ersten Weltkrieg für Ritter geradezu eine mentale „nationale Katastrophe"[755] heraufzubeschwören schien, auch innerhalb der Geschichtswissenschaft seine bisher führende Rolle verlor, zeigte mit alledem „dass er die Zeichen der Zeit nicht mehr verstand."[756] Überall deutete sich ein Gezeitenwechsel an, der „einen kräftigen Liberalisierungsschub und damit die Abkehr von obrigkeitsstaatlichen Traditionen"[757] bedeutete.

---

[748] BAUSCH, Erinnerungen, 276f.
[749] Zit. in: CORNELISSEN, Ritter, 432. Zur schwankenden Haltung Ritters gegenüber Adenauer vgl. ebd., 423, 425.
[750] Ebd., 431.
[751] Ebd., 433.
[752] Ebd., 415.
[753] WINKLER, Westen II, 212f.
[754] Vgl. CORNELISSEN, Ritter, 597ff.
[755] Ebd.
[756] ULLRICH, Frontkämpfer.
[757] WINKLER, Westen II, 211.

Heinrich August Winkler bilanziert: „Die Ära Adenauer neigte sich un-übersehbar dem Ende zu. ... Die Bundesrepublik war westlicher geworden, als es der Vater der Verwestlichung vorhergesehen und erstrebt hatte."[758] 1965 trat Otto Heinrich von der Gablentz aus der CDU aus. Er vollzog angesichts des Wahlsieges seines Gegners in wirtschaftspolitischen Fragen, Ludwig Erhard, was sich schon 1960 angedeutet hatte. Damals meldete sich von der Gablentz mit einer Radikalkritik an der „versäumten Reform" der westdeutschen Gesellschaft zu Wort. Er sah besonders in Adenauer, aber längst nicht nur in ihm, einen Schuldigen dafür, da dieser sich auf das Ein-verständnis der Mehrheit der Bevölkerung verlassen konnte. Ihr warf er vor, ihr passe „ein Führer, der noch ganz im Obrigkeitsstaat wurzelte, nur zu gut."[759]

Manche „Männer der ersten Stunde" verließen später die CDU oder ver-harrten doch zumindest in einer Art innerparteilicher Opposition. Ihre z.T. dezidierten Vorstellungen über „christliche" Politik oder christlichen Sozia-lismus fanden in der von Adenauer gelenkten und zur Volkspartei geworde-nen CDU keine Resonanz mehr.

Adenauer geriet für manche Protestanten, besonders aus dem bruderrätli-chen Flügel, aber wie gezeigt, nicht nur dort, zum Feindbild. Doch dazu eig-nete er sich trotz seines autoritären Regierungsstiles nicht. Dass Adenauer ein Demokrat war, konnte schwerlich bestritten werden. Anders als so man-cher Kirchenmann und Theologe hatte er schon die Weimarer Demokratie unterstützt. Seine Art des Regierens, die sowohl den Einfluss seiner eigenen Partei wie den des Parlamentes schwächte, zeigte durchaus eine deutliche Nähe zum in Großbritannien praktizierten Politikstil. Sie musste allerdings aufgrund der spezifischen deutschen Erfahrungen vielen kritischen Beob-achtern als tendenziell antidemokratisch erscheinen. Sein Regierungsstil war unter politiktheoretischen Gesichtspunkten stark von Max Webers Konzept einer plebiszitären Führerdemokratie[760] geprägt. Was von der Gablentz unter dem Begriff des „Führers" hier ins Negative wendete, kann im Weber'schen Sinne auch positiv interpretiert werden. Mittlerweile wird die autoritäre Kanzlerdemokratie Adenauers und sein patriarchalischer Stil nicht mehr nur als „Restauration", sondern als eine alles in allem gelungene gemäßigte Form der Modernisierung und als der damaligen Mentalität der Deutschen angemessene Form des Regierens beschrieben.[761] Seine Regierungsform

---

[758] Ebd., 213.
[759] GABLENTZ, Reform, 18.
[760] Vgl. ebd., 133ff.
[761] BÜHRER, Adenauer-Ära, 11ff. Ähnlich Bundeskanzler Gerhard Schröder, der Ade-nauer als „für die damalige Zeit ganz richtig" bezeichnete (ZDF-Serie „Kanzler",Teil 1); vgl. auch BEYME, Willensbildung, bes. 825ff.; im übrigen für die Anfangsjahre der Ade-nauer-Ära auch in diesem Sinne durchaus anerkennend Walter Dirks, vgl. BÜHRER, Ade-nauer-Ära, 184.

konnte auch von demokratieskeptischen Konservativen akzeptiert wer-den.[762] Die Weimarer Republik erlebte in den vierzehn Jahren ihres Beste-hens fünfzehnmal[763] einen Wechsel im Amt des Reichskanzlers, die Bundes-republik im selben Zeitraum allein Adenauer. Dieses hohe Maß an Stabilität und die autoritäre Regierungsweise dürften erheblich dazu beigetragen ha-ben, die konservativen Protestanten mit „Bonn", das nun eben doch nicht „Weimar" (Fritz René Alleman) war, zu versöhnen. Gerade im Protestantis-mus wählte man weniger die CDU, sondern Adenauer![764] Eine nicht zu un-terschätzende Integrationsleistung der bereits erwähnten „Modernisierung unter konservativen Auspizien" (Christoph Klessmann).

Besonders gewandelt hatte sich der protestantische Konservatismus. Die Eigenschaften, die ihn noch nach 1918 ausgezeichnet hatten – Okzidentalis-mus, politische Romantik, Demokratiefeindlichkeit, Nationalismus, Par-teienverachtung, Beharren auf einem deutschen Sonderweg – waren ver-schwunden oder doch zumindest nicht mehr dominierend. Nun verstand man sich dezidiert als Teil der westlichen Wertegemeinschaft, als Teil der „freien Welt", die es gegen den Kommunismus und den Ostblock zu vertei-digen galt. An der parlamentarischen Demokratie als der gegebenen Staats-form wurde nicht mehr ernsthaft gezweifelt. Der Nationalismus und der Sonderwegsgedanke war paradoxerweise nun eher zu einem Thema des Linksprotestantismus und besonders der mit ihm eng verbundenen GVP ge-worden. Parteienverachtung fand sich, anders als noch zwischen 1918 und 1933, nun da man seit 1949 ununterbrochen Regierungspartei war, nicht mehr deutlich. Ein Nachhall politischer Romantik zeigte sich noch in der unbestrittenen Führungsrolle Adenauers und seinem schon beschriebenen Politikstil, der auch von Protestanten in der Partei nie grundsätzlich ange-zweifelt wurde. Die besonderen Ausprägungen des politischen Protestantis-mus – christlicher Konservatismus, christlich-soziales Denken, ein nach 1945 neu entstandener christlicher Sozialismus, „Volksdienst-Politik" und die Orientierung an der Kreisauer Staatskonzeption – waren durch das Aus-scheiden ihrer jeweils profiliertesten Vertreter aus der Partei oder ihre schwa-che Stellung innerhalb derselben (Schlange-Schöningen, Simpfendörfer, Steltzer, von der Gablentz u.a.) abgeschliffen und im übrigen in die inter-konfessionelle Sammlungspartei eingeschmolzen worden. Die Proklamie-rung des christlichen Ethos als Grundlage der Partei erwies sich als ein hin-reichend breites Fundament, auf dem sich Katholiken und Protestanten fin-den konnten. Die nicht weitergehende inhaltliche Profilierung dieses Ansatzes grenzte allerdings die an einer dezidierten Bearbeitung dieser Frage interessierten Protestanten aus oder marginalisierte sie (Heinemann, Otto

---

[762] LENK, Konservatismus, 639.
[763] SCHMID, Fragen, 25.
[764] BÖSCH, Adenauer-CDU, 152.

Schmidt, Theodor Steltzer). Dies war der Preis, den man sich zu zahlen entschloss, um die Einheit der Partei zu wahren. Es war, wie sich zeigen sollte,
zudem der erste Schritt, um die weltanschauliche Basis des Partei zu wahren,
ohne jedoch noch wie in Weimar „Weltanschauungspartei" sondern jetzt
„Volkspartei" zu sein. Diesen Weg hatte die SPD im hier beschriebenen Untersuchungszeitraum erst noch vor sich.[765] Die Bildung einer Sondergruppe,
des EAK, führte nun nicht mehr, wie noch bei der CSP Stoeckers[766] oder
dem EVRA Mumms[767], zur Sezession, sondern zur weitergehenden Integration in die Partei. Die Überwindung der konfessionellen Spannungen in der
Partei glückte. Anders als früher ein reaktionärer Konservatismus schaffte es
der politische Katholizismus, die protestantischen Konservativen dauerhaft
in der Partei zu halten. Insgesamt war der protestantische Konservatismus
dabei von Rechts Richtung politische Mitte gerückt, während in der CDU
gegenüber der alten Mittelpartei Zentrum, etwa durch den protestantischen
Beitrag in Wirtschaftsfragen, nun konservativere Positionen dominierten.

Es lässt sich feststellen: Während der protestantische Konservatismus nach
1918 weitgehend in seiner „okzidentalen" Verweigerungshaltung gegenüber der parlamentarisch-demokratischen Republik verharrte und damit
reaktionären und antidemokratischen Kräften zuspielte, war er nun ein wesentlicher Faktor für die Etablierung der zweiten deutschen Demokratie.
Nicht nur die politische Kultur der Bundesrepublik, auch der protestantische
Konservatismus, hatte sich modernisiert.

Der Weg nach Westen, den Adenauer mit der Bundesrepublik einschlug,
sollte am Ende auch seine „autoritäre Demokratie" zu einer Station auf dem
Weg zur pluralistischen Gesellschaft machen. Die Reaktion der deutschen
Öffentlichkeit auf die „SPIEGEL-Affäre" zeigte dies.

---

[765] Vgl. Kap. 11.
[766] Vgl. Kap. 1.2.
[767] Vgl. Kap. 1.3.

8. Die „Notgemeinschaft für den Frieden Europas" (NG) und die Gesamtdeutsche Volkspartei (GVP) als Option des politischen Protestantismus

8.1. Gustav Heinemann und die „Notgemeinschaft" als eine überparteiliche Alternative zu den etablierten Parteien

Die „Notgemeinschaft für den Frieden Europas" und die „Gesamtdeutsche Volkspartei" sind aus der Sicht der Parteienforscher ephemere Erscheinungen, so dass sie in den meisten parteigeschichtlichen Darstellungen und Handbüchern kaum einer Erwähnung für nötig befunden werden. Trotzdem haben beide Organisationen innerhalb des Themenkreises von Protestantismus und politischen Parteien eine erhebliche Bedeutung, da sie gleichsam einen Paradigmenwechsel für Teile innerhalb des politischen Protestantismus bedeuten. Dies soll hier näher entfaltet werden.

Nach einigen Vorstadien wurde am 21.11.1951 – dem Buß- und Bettag – von Gegnern der Adenauer'schen Wiederbewaffnungspolitik, darunter als prominenteste Gustav Heinemann und Helene Wessel, in Düsseldorf die „Notgemeinschaft für den Frieden Europas (NG) gegründet.[1] Von einer politischen Organisation, starker Mitgliederschaft oder einer soliden finanziellen Grundlage konnte jedoch nicht im entferntesten gesprochen werden. Strukturell gesehen war die NG ein „Honoratiorenkreis"[2]. Keinesfalls wollte man Partei sein. Vielmehr dachten sich die Gründer die NG als eine notwendige Ergänzung zum 1945 eingeführten Parteiensystem. So hieß es in der Vorstellung der NG:

„… viele suchen aus Enttäuschung oder Ablehnung der Demokratie einen Weg zur Mitbestimmung außerhalb der Parteipolitik. Ihnen allen will die ‚Notgemeinschaft für den Frieden Europas' das so oft geforderte Signal geben."[3]

Für alle Menschen – außer Nationalsozialisten oder Kommunisten – wollte die Notgemeinschaft nach eigenem Anspruch offen sein,[4] um mit ihnen dem „obrigkeitlichen Gebaren in Bonn staatsbürgerliche Entschlossenheit

---

[1] MÜLLER, Volkspartei, 166.
[2] Ebd.
[3] HEINEMANN, Notgemeinschaft, 3.
[4] Ebd.

entgegenzusetzen"[5]. Dabei verstand sich die NG besonders auch als ein Forum für die, die „den christlichen Gehorsam gerade auch im politischen Felde und in der öffentlichen Verantwortung"[6] praktizieren wollten, aber die CDU nicht mehr und die SPD noch nicht wählen konnten. Die NG sah sich deshalb als Brücke zwischen Bürgerlichen und Sozialisten. Ersteren sollte deutlich werden, dass „Sozialisten nicht einfach Kirchenfeinde sind", die anderen sollten merken, dass „die Kirche nicht einfach Bürgerblock ist."[7]

Zum leitenden Vorstand der NG gehörten neben Heinemann die Zentrumsvorsitzende Helene Wessel, das ehemalige CSVD-Mitglied Adolf Scheu und der frühere Konteradmiral Ludwig Stummel. Die vier Repräsentanten machten personell deutlich, wo die Schwerpunkte der NG lagen: Heinemann war noch CDU-Mitglied, aber als Mitherausgeber der „Stimme der Gemeinde" inzwischen fest verankert im Lager der Kritiker einer „christlichen" Politik. Helene Wessel war als Zentrumsvorsitzende Vertreterin des linken Katholizismus, der in der Adenauer-CDU keine wirkliche politische Heimstatt gefunden hatte. Mit Adolf Scheu, aus dem CSVD kommend, von der „Moralischen Aufrüstung" und ihrer unreflektiert prowestlichen Ausrichtung ernüchtert, beteiligte sich ein Vertreter jener CSVD-Kräfte, die in der CDU einen Verrat alter CSVD-Ideale sahen, an der NG. Und schließlich war Ludwig Stummel ein Mitglied der nationalen Kreise, die man prinzipiell auch zu gewinnen trachtete, was allerdings besonders in der BK auf Widerstand stieß.

Zum erweiterten Vorstand gehörte auch Oskar Hammelsbeck, ein heftiger Kritiker der CDU in den Partei-Kirche-Gesprächen 1946/47, die damals zu einer Entfremdung zwischen weiten Teilen der bruderrätlichen Fraktion und der CDU aber andererseits aber auch zu keiner Annäherung an die SPD geführt hatten.[8] Hammelsbeck betätigte sich abermals als Parteienkritiker. Er ging in einem Beitrag für das bruderrätliche Organ „Stimme der Gemeinde" auf die Enttäuschung über „das Versagen der ‚alten' Parteien"[9] ein. Für ihn waren die „großen Worte und Werte, die einmal echte Parolen politischer Bewegungen gewesen sind," mittlerweile zu „Partei-Ideologien" verkommen. Das betraf für Hammelsbeck keineswegs nur die CDU, sondern ausnahmslos alle 1945 lizenzierten Parteien. Organisation und Ideologie seien, so meinte er, bei ihnen an die Stelle eines neuen Aufbruchs getreten. Hammelsbeck konstatierte, „die schiefe Ebene der Parteipolitik" sei ebenso wieder betreten worden wie 1932. Die NG bilde deshalb eben eine „politische

---

[5] Ebd.
[6] HEINEMANN, Abschied, 191.
[7] Ebd., 193.
[8] Vgl. Kap. 12.4.3.
[9] HAMMELSBECK, Notgemeinschaft, 356.

Notgemeinschaft ... ein Bund, der möglicherweise nach vier Jahren wieder auseinandergehen darf."[10]

Die NG, die sich selbst also deutlich als ergänzende, wenn nicht gar als überwindende Kraft des sechs Jahre „alten" Parteiensystems empfahl, versuchte trotz ihrer harten Parteienkritik auch innerhalb derselben Anhänger zu finden. Dies erwies sich – in der konkreten Situation einer Parteiendemokratie konnte das nicht verwundern – als schwierig. Wie sollten andere Parteien eine Organisation, die sich als Korrektiv zu ihnen darstellte, unterstützen? Die SPD, die als große Oppositionspartei eine potentielle Bündnispartnerin war, hielt sich weitgehend zurück, bald verbot sie ihren Mitgliedern die Arbeit in der NG.[11] Heinemann hatte dabei schon vorher den SPD-Vorsitzenden Kurt Schumacher über die Notgemeinschaft informiert und seine bzw. die Unterstützung der Partei erbeten. Konkret lud er Schumacher ein, ein von der Notgemeinschaft projektiertes Volksbegehren in Nordrhein-Westfalen zu unterstützen. Dasselbe erbat er für eine geplante Petition an den Bundestag. Schumacher notierte auf Heinemanns Brief die Anmerkung

„wer bucht den Erfolg für sich? Die Kommunisten? Parole für Adenauer? ... im Kampf wird ihnen die Abgrenzung gegenüber der KP faktisch nicht möglich sein ..."[12].

In der Tat lehnte dann auch der SPD-Parteivorstand Heinemanns Vorschläge zur Zusammenarbeit ab.[13]

Die CDU wahrte völlige Abstinenz. In der FDP stieß die NG lediglich in der Hamburger Bürgerschaft auf Sympathie, bis auch die Bundes-FDP einen Unvereinbarkeitsbeschluss zwischen ihrer Parteimitgliedschaft und der NG-Mitarbeit[14] erwirkte. Die Gewerkschaften hielten sich ebenfalls bedeckt.[15] Im Zentrum wurde die Vorsitzende Wessel, die jetzt auch der NG angehörte, bald entmachtet.[16]

Überraschender als die Absage der politischen Parteien war, dass auch zu den Adenauer-kritischen Teilen des Katholizismus keine wirkliche Verbindung entstand, obwohl mit Helene Wessel im Vorstand eine Katholikin saß, die zunächst noch die Vorsitzende des Zentrums war. Die NG blieb eine vorwiegend protestantische Angelegenheit.[17] Interessant war auch die Zusammensetzung des Vorstandes aus geographischer Perspektive. Alle Mitglieder kamen aus dem Rheinland oder Westfalen.[18] Wenn auch versucht wur-

---

[10] Ebd., 369.
[11] MÜLLER, Volkspartei, 183.
[12] AdSD NL Schumacher, Mappe 75.
[13] Sitzung PV 18./19.12.1951, AdSD NL Schumacher, Mappe 76.
[14] MÜLLER, Volkspartei, 189.
[15] Ebd., 179.
[16] Ebd., 185.
[17] Ebd., 169f.

de, einen überparteilichen Anspruch zu erheben und die durch alle gesellschaftlichen Schichten hindurchgehende Verankerung der NG zu bekunden,
war dies weitgehend eine Wunschvorstellung. Eigentlicher Träger waren die
„linken" Kreise der Bekennenden Kirche, die sich in den „Bruderräten" und
„Kirchlichen Bruderschaften" sammelten.[19]

Besonders tat sich Herbert Mochalski, Geschäftsführer des Bruderrates
der EKD und Redaktionsleiter der kirchlichen Zeitschrift „Stimme der Gemeinde", hervor.[20] Mochalski öffnete dem publizistisch seit seinem Rücktritt als Bundesminister weitgehend isolierten Heinemann die „Stimme der
Gemeinde" als politisch-publizistisches Forum, so dass er wenigstens hier
noch – wenn auch in dem beschränkten Umfang einer kirchlichen Zeitschrift – in den öffentlichen Diskurs eintreten konnte. 1951 wurde Heinemann Mitherausgeber der „Stimme der Gemeinde". Gerade die Tatsache,
dass der ehemalige Bundesinnenminister für seine politischen Ansichten hier
unvoreingenommene Zustimmung erfuhr, dürfte erheblich dazu beigetragen haben, dass Heinemann sich immer stärker dem bruderrätlichen Flügel
der EKD annäherte.

Mochalski entwickelte auch den Plan, mit einer Petition, die sich auf Art.
17 GG bezog, der von einem Petitionsrecht an den Bundestag spricht, an
diesen heranzutreten.[21] Mit einer „Darmstädter Aktionsgruppe", die zwar
formal nicht der NG angehörte, aber ihre Ziele vertrat, forcierte Mochalski
die politische Auseinandersetzung in deutlicher Weise. So rief er zu Demonstrationen auf, um die Debatte noch stärker im außerparlamentarischen
Raum zu verankern. Bei einer von ihm im Mai 1952 nach Essen einberufe-
nen „Jugendkarawane" kam es dabei zu schweren Auseinandersetzungen
mit der Polizei, bei denen ein demonstrierender Jugendlicher erschossen
wurde. Heinemann, der solchen Aktionen sehr reserviert gegenüberstand,
zog daraus den Schluss, Veranstaltungen der NG nur noch in geschlossenen
Räumen stattfinden zu lassen, um die Situation jederzeit einigermaßen im
Griff zu haben.[22]

War die NG somit faktisch auf einen engen soziologischen Ausschnitt der
westdeutschen Bevölkerung, ja des Protestantismus bezogen, hatte sie trotzdem das Ziel, eine Volksbewegung zu sein, die denen Stimme verlieh, die
gegen die Wiederaufrüstung Deutschlands eintraten. Allerdings musste man
bald feststellen, dass Aufrufe, Petitionen usw. weitgehend ohne Resonanz
blieben. Dabei waren die Jahre 1951/52 hinsichtlich der Westbindung der
Bundesrepublik entscheidend. Die Bestrebungen über die Gründung einer

---

[18] Ebd., 169.
[19] Vgl. BUCHSTÄDT, Welt.
[20] KOCH, Heinemann, 249.
[21] Ebd., 249.
[22] Ebd., 329.

Europäischen Verteidigungsgemeinschaft (EVG) entwickelten sich aus dem nach dem französischen Ministerpräsidenten benannten Pleven-Plan. Die Verhandlungen über die Ablösung des Besatzungsstatuts im sogenannten „Deutschland-Vertrag" näherten sich im Frühjahr 1952 ihrem Abschluss. Gleichzeitig hatten die DDR und die Sowjetunion seit Ende 1951 mit zahlreichen Gegenvorschlägen, darunter der sogenannten „Stalin-Note" vom März 1952, die Ratifizierung der Verträge zu verhindern versucht.

Hier wurden wieder die unterschiedlichen Demokratievorstellungen zwischen Adenauer und Heinemann deutlich. Adenauer, der von deutscher Seite die Unterzeichnung der Verträge weitgehend im Alleingang betrieb und ganz bewusst Regierung, Fraktion und Parlament ausschaltete, begründete dies später mit der Unreife des Bundestages, der „ein sehr junges Parlament"[23] gewesen sei. Ganz anders sahen dies die NG und Heinemann. Für sie regierte Adenauer autokratisch und mit der Ausschaltung des Parlamentes zutiefst undemokratisch. In der Tat verursachte Adenauers Vorgehen auch in der CDU-Fraktion und in der Koalition erhebliche Unruhe, ja Widerstand. CDU-Fraktionschef von Brentano beklagte sich heftig über die „Verkennung der Aufgaben, aber auch der Rechte des Parlamentes"[24] durch Adenauer. Gegen diese Politik und den Politikstil des Kanzlers stand die Notgemeinschaft.

Am 4.12.1951 erschien der Aufruf „Es geht um Krieg oder Frieden!"[25] der kurz und knapp Heinemanns politische Argumente – nun völlig ohne religiöse Tiefendeutung – gegen die Wiederbewaffnung zusammenfasste, die in der These mündeten, dass damit die Wiedervereinigung Deutschlands unmöglich werde:

„Rüstung und Eingliederung Westdeutschlands in den Westblock führen auf verhängnisvolle Bahnen. … Je mehr West- und Ostdeutschland sich in den Aufmarsch der Weltmächte gegeneinander eingliedern lassen, desto geringer ist die Hoffnung, daß wir wieder zusammenkommen."[26]

Die auf Anregung Mochalskis entstandene Petition an den Bundestag verstand sich als Versuch, über den Bundestagspräsidenten auf das Parlament einzuwirken, um so die Verabschiedung der o.g. Verträge zu verhindern. Das Parlament war für die NG der Ort, an dem diese weitgehenden politischen Weichenstellungen diskutiert werden mussten. Mit der Kritik daran, dass dies nicht geschah, stand man, wie gezeigt, durchaus nicht allein. Trotzdem war der Versuch, das Parlament durch diese außerparlamentarische Opposition unter Druck zu setzten, erfolglos und letztlich kontraproduktiv, da die parla-

---

[23] Zit. in: SCHWARZ, Adenauer I, 926.
[24] SCHWARZ, Adenauer I, 929.
[25] Abgedruckt bei MÜLLER, Volkspartei, 200f.
[26] Ebd., 200.

mentarischen Fraktionen nun ihre Abschottung gegenüber der NG verstärkten.

Die NG blieb politisch erfolglos. Dies hatte mehrere Gründe: Die NG besaß letztlich nur den einen Programmpunkt: Die Verhinderung der Wiederaufrüstung Deutschlands, damit statt dessen eine Wiedervereinigung im Rahmen politischer Neutralität möglich werde. Nur in dieser Hinsicht wurden die Mitglieder der NG zusammengehalten, in anderen Fragen, etwa wirtschafts- oder sozialpolitischer Natur, wäre die Gemeinschaft bei längerer Dauer auseinander gebrochen.[27]

Ein anderer Punkt dürfte noch entscheidender gewesen sein. Im sich herausbildenden antikommunistischen Grundkonsens der bundesrepublikanischen Gesellschaft erschienen Gruppen wie die NG spätestens seit dem Beginn des Korea-Krieges als zweifelhafte Erscheinungen, die möglicherweise – wenn schon nicht von „Moskau" – so doch von „Pankow" gesteuert waren oder doch ich deren Sinne zu handeln schienen.

Wenngleich die NG in ihrer Position gegen die Wiederaufrüstung zunächst eine durchaus verbreitete Stimmung in der Bevölkerung ausdrückte, blieb sie wegen ihrer nicht antikommunistischen Haltung in der Mehrheit der Bevölkerung völlig isoliert und spielte objektiv gesehen keine Rolle. Regierung und weiteste Teile der Presse beurteilten die Mitglieder der NG als politisch naiv und auf dem „linken" Auge blind.[28] Die Verurteilungen umfassten so abwertende Kommentare wie: „politische Wanderprediger" oder „Tragikomiker"[29]. Dass das „Neue Deutschland" als SED-Organ hingegen immer wieder wohlmeinende Artikel zur NG druckte,[30] trug zum Misstrauen gegenüber der NG weiter bei. Faktisch gesehen verhallte die Arbeit der NG, ausgenommen eben im kleinen Kreis politisch engagierter Protestanten aus dem linken Flügel der BK, völlig. Es muss deshalb ernsthaft bezweifelt werden, ob es durch die NG gelang, „daß die politischen Hauptkräfte in der Bundesrepublik in entscheidenden Fragen Farbe bekannten."[31] Kritiker der Westbindungspolitik bzw. der Wiederaufrüstung, wie Jakob Kaiser, Kurt Schumacher oder der vom FDP-Ministerpräsidenten Maier unterstützte Abgeordnete Karl Georg Pfleiderer[32], mieden jedenfalls jeglichen Kontakt zur NG.

Die Bedeutung der NG liegt auf einer anderen Ebene. Der politische Protestantismus, eine Erscheinungsform desselben war die NG zweifelsohne, hatte hier jenseits der alten Frontstellungen von christlich-konservativ, christlich-sozial, protestantisch-liberal und religiös-sozialistisch eine neue

---

[27] KOCH, Heinemann, 273.
[28] Ebd., 280ff.
[29] Zit. in: KOCH, Heinemann, 284.
[30] Ebd., 290.
[31] Ebd., 301.
[32] Zu Pfleiderer vgl. auch ALBERTIN, Jahrzehnt, 674.

politische Formation entwickelt, die sich nicht aus einer weltanschaulichen Präfiguration ableitete. Nach den negativen Erfahrungen mit einer „christlichen" Politik in konservativer Konnotation wurde nun ein Politikansatz formuliert, der zwar durchaus christlich motiviert war, jedoch keinen dezidiert christlichen Anspruch entwickelte oder gar als verbindlich christlich bezeichnet wurde. Statt dessen beschränkte sich die Argumentation auf rational-politische Begründungen.

Dabei nahm Heinemann, anders als gut ein halbes Jahrhundert zuvor Friedrich Naumann, nicht grundsätzlich Abschied von der Vorstellung, aus christlicher Motivation heraus Politik betreiben zu können. In seiner Begründung des Austritts aus der CDU[33] hatte er seine persönlichen Auffassungen nochmals deutlich formuliert, und auch in späteren Jahren sollte immer wieder spürbar werden, dass der christliche Glaube und die aus ihm gewonnen Überzeugungen das eigentliche Movens seiner politischen Tätigkeit waren. Doch innerhalb der NG wurde rein politisch argumentiert. Weil „das protestantische Element und innerhalb dessen die Tradition der Bekennenden Kirche überwog"[34], war deutlich, dass auf eine „christlich-politische" Argumentation verzichtet wurde, ja werden musste. Was Männer wie Hammelsbeck jahrelang der CDU vorgeworfen hatten, konnten sie nun kaum selbst behaupten.

Wie lässt sich nun das „Phänomen" NG interpretieren? Formal gesehen ist sie hinsichtlich der konkreten Politikfelder (policies) eine der durchaus zahlreichen Gruppen des „dritten Weges", der neutralistischen Opposition in der frühen Bundesrepublik, die es angesichts des weitgehenden antikommunistischen Konsenses in der westdeutschen Gesellschaft mit ihren differenzierten Stellungnahmen besonders schwer hatten. Darüber hinaus ist aber auch ihr Verhältnis zur parlamentarischen Demokratie von Bedeutung. Die Bundesrepublik war – durchaus in den Intentionen der Verfassungsschöpfer – ein starker Parteienstaat, dessen Stabilität aber mit einem Mangel an sonstigen Einflussmöglichkeiten auf die politische Willensbildung erkauft wurde.[35] Vom Standpunkt einer erst später entwickelten partizipatorischen Demokratietheorie[36] waren die Mitglieder der NG ihrer Zeit voraus, indem sie ein Bild der politisch selbstbewussten Bürgergesellschaft propagierten, die es so in Deutschland noch nicht gab. Die NG versuchte in diesem Sinne – um Christoph Klessmanns Beschreibung[37] der Bundesrepublik in den 50iger Jahren charakteristisch abzuwandeln – eine „Modernisierung unter *fortschrittlichen* Auspizien". Dabei verstand sich die NG durchaus ernsthaft als *Ergänzung* zur Parteiendemokratie, indem sie zunächst auf die verfassungs-

---

[33] Vgl. Kap. 7.3.2.
[34] KOCH, Heinemann, 273f.
[35] BEYME, Willensbildung, 826.
[36] SCHMIDT, Demokratietheorien, 187ff.
[37] KLESSMANN, Möwen, 485.

technisch vorgesehenen Möglichkeiten eines Volksbegehrens oder einer Petition an den Bundestag rekurrierte.

Diese also stärker partizipatorisch gesonnene Haltung war jedoch nicht von Ambivalenzen frei. Die zitierten Äußerungen Hammelsbecks machen deutlich, dass gleichzeitig noch ein hohes Maß von Anti-Parteien-Mentalität fortexistierte. Waren in Weimar viele gegen die Parteien, weil sie zu *schwach* erschienen, richteten sich nun die Aversionen gegen deren *Stärke*, die andere Formen der Willensbildung nicht zuließ. Mit dem Rückgriff auf den Bewegungsgedanken, der zur Gründung der NG führte, wurde an konservative Traditionen aus Weimar angeknüpft, die in dem Maße, wie sie anti-parteilich verstanden wurden, auch politiktheoretisch gesehen retardierend wirkten.

8.2. Die GVP als „Partei wider Willen"

Am 29./30. 11. 1952 wurde die Gesamtdeutsche Volkspartei (GVP) gegründet, rund ein Jahr nach Entstehung der NG und vier Wochen nach dem Austritt Heinemanns aus der CDU. Offensichtlich war die Gründung der GVP ein Ergebnis der „doch insgesamt politischen Folgenlosigkeit der Arbeit der NG"[38]. Heinemann öffnete sich damit nach langem Zögern einem Vorhaben, das schon seit Monaten vor allem von Heinemanns Freund und Mitarbeiter Adolf Scheu betrieben worden war.[39] Anders als jener rechnete dieser nicht mehr damit, durch außerparlamentarischen Druck im Bundestag zu anderen Mehrheitsverhältnissen zu kommen.

An Scheus politischem Werdegang lässt sich anschaulich belegen, wie tief der Riss mittlerweile durch das Lager der früheren Volksdienstler, zu denen auch Heinemann gehörte, ging. Scheu zählte am Ende der Weimarer Republik zum engeren Führungskreis des württembergischen CSVD. Er war zunächst Leiter der CSVD-Jugendorganisation „Evangelische Jungfront" gewesen, bevor er sich dann in der Zeit der nationalsozialistischen Herrschaft zusammen mit Bausch der Oxford-Bewegung anschloss, die nach dem Zweiten Weltkrieg als „Moralische Aufrüstung" breiten Einfluss erlangte. [40]

---

[38] MÜLLER, Volkspartei, 302.
[39] Ebd., 305.
[40] Lebenslauf, AdSD NL Scheu. 1907 geboren, nach einigen Irrungen und Wirrungen zum Pietismus der Kinderzeit zurückgekehrt (ebd. 498), zog Scheu Ende der 20iger Jahre nach Korntal und kam dort in Kontakt mit den CSVD. Nach eigenem Bekunden wurde er schnell „ein gelehriger Schüler der beiden Reichtagsabgeordneten Simpfendörfer und Bausch und bald deren enger Freund und jugendlicher Kampfgenosse." (Ebd.) 1932 übernahm Scheu die Leitung der „Evangelischen Jungfront", der Jugendorganisation des CSVD in Württemberg. Offensichtlich durch Vermittlung von Bausch kam Scheu dann 1934 in Verbindung mit der 1933 gegründeten sog. „Oxford-Bewegung" des Amerikaners Frank Buchman. Es war die „Moralische Aufrüstung", die als erste internationale Vereinigung nach dem Zweiten Weltkrieg Deutsche wieder als vollwertige Mitglieder zu

Von 1947 bis 1950 war Scheu dann intensiv für die „Moralische Aufrüstung" tätig. 1948 kam es in diesem Zusammenhang zur Begegnung mit Heinemann, mit dem er sich seitdem „am engsten verbunden"[41] fühlte.

Doch auch mit Bausch und Simpfendörfer hatte sich die enge Freundschaft, die als brüderliche Gemeinschaft im Glauben verstanden wurde, zunächst gehalten. Es war eine ganz und gar von pietistischem Geist durchzogene Freundesbeziehung, wie viele in typisch pietistischem Sprachduktus gehaltene Briefe von Scheu an Bausch deutlich machen.[42]

Das Ziel war für die ehemaligen Volksdienstler nach dem erwarteten Zusammenbruch eine Erneuerung Deutschlands aus dem christlichen Glauben. So schrieb Paul Bausch in einem Rundbrief am 8.11.1944:

„… mein Freund Adolf Scheu wies mit Recht auf das Wort in 2. Kor. 6,9 und 10 hin. … Ich kann mir eine Zukunft Deutschlands ohne Christus nicht denken. Es wird, wenn nicht alles täuscht, die Zeit kommen, in der man wieder nach ihm frägt(!)."[43]

Doch während Bausch und Simpfendörfer nach 1945 zurück in die Politik gingen, engagierte Scheu sich weiter für die „Moralische Aufrüstung". Bald schon kamen ihm aber Zweifel an der Organisation, an „maßlos viel Betrieb, Geltungsbedürfnis"[44] etc. Auch das Ehepaar Heinemann, das zunächst in der Bewegung mitgearbeitet hatte, begann sich in dieser Zeit von „Caux", wie die Bewegung nach ihrem Hauptsitz auch genannt wurde, zu lösen.

Als die Kontakte Scheus zu Heinemann enger wurden, begannen sie sich besonders zu Bausch – unmerklich zunächst – zu lockern. Auf dem Höhepunkt der Affäre um den Rücktritt Heinemanns beschwor Scheu seinen Freund Bausch, sich nicht von ihm zu trennen, „auch wenn wir in manchen Dingen sachlich nicht immer gleicher Meinung sind."[45] Scheu, der in diesem Brief auch seine Mitwirkung an Heinemanns Rücktrittsmemorandum erwähnte, glaubte sich mit Bausch immer noch auf der früheren Volksdienstlinie. So bat er Bausch darum, Heinemanns Memorandum doch bekannt zu

---

Treffen einlud. Das Ansehen und der Wirkungsgrad der heute fast vergessenen Bewegung war nach dem Zweiten Weltkrieg außerordentlich hoch, und fast alle Schichten und zumindest die bürgerlich geprägten politischen Richtungen sandten Mitglieder nach Caux bei Montreux, wo das Zentrum der Bewegung lag.

  [41] Ebd.
  [42] Schreiben vom 7.10.42, AdSD NL Scheu, Mappe 10: „Es ist doch eine feine Sache um unsere gute Verbindung, die trotz der kurzen Zeit, die wir einander widmen können, immer so fabelhaft funktioniert, wie es sein muss. Gerade an dem Tag, an dem Du so besonders an mich denken musstest, hatte ich eine recht tiefgehende Schwierigkeit im Geschäft, die mich ganz aus der Fassung brachte. Mitten in einer grossen Negation konnte ich merkwürdigerweise dann plötzlich stille werden und alles hat sich durch Gottes Hilfe wieder gelöst. Hab herzlichen Dank für Deine Fürbitte!"
  [43] Schreiben, AdSD NL Scheu, Mappe 10.
  [44] Schreiben vom 15.3.1947, AdSD NL Scheu, Mappe 10.
  [45] Schreiben vom 24.10.1950, AdSD NL Scheu, Mappe 10.

machen. Vorher hatte dieser seinerseits schon versucht, Scheu davon zu überzeugen, über Heinemann mäßigend auf Niemöller einzuwirken.

Ein Jahr später, als die Gründung der NG vorbereitet wurde, kam es zum schwerwiegenden Konflikt. Bausch schrieb an Scheu einen Brief der auch die weit verbreitete antikommunistische Stimmungslage angesichts des Koreakrieges wiedergab:

„Ich sehe, dass Du Dich in steigendem Masse auf einer Linie bewegst, auf die ich Dir nicht folgen kann. Ich halte diese Linie für falsch und für durchaus unfruchtbar. ... Was die Russen mit unsren Brüdern und Schwestern in der Ostzone machen, ist ein einziges Verbrechen am laufenden Band. Es wird nicht von den Amerikanern, sondern von den Russen begangen. Der Krieg in Korea wurde von den Russen begangen. Die kommunistische Regierung ist eine reißende Bestie, genauso wie das Hitlerregime machtgierig und blutrünstig war. Es ist ein Unrecht, wenn man solche Dinge verfälschen will, wie dies Herr Heinemann tut."[46]

Scheu wähnte sich trotzdem immer noch in der brüderlichen Gemeinsamkeit mit Bausch und fragte diesen

„warum es nicht möglich sein soll, auch an einem anderen politischen Standort als in der CDU unsere Fahne hochzuhalten. ... Meine persönliche Sorge – ich bitte das wirklich als ein freundschaftliches Bekenntnis unter vier Augen aufzufassen – ist die, daß wir in der Notgemeinschaft den rechten Weg finden, um nicht in der Praxis den Bolschewismus zu stützen, oder was ich für ebenso wenig fruchtbringend halten würde, Schumacher 1953 zum Erfolg zu verhelfen. Ich glaube, dass wir mit den Lizenzparteien eben überhaupt nicht mehr zu einer wirklichen Lösung kommen".[47]

Kurz vor der Gründung der GVP kam es dann zum Bruch zwischen Scheu auf der einen und Bausch und Simpfendörfer auf der anderen Seite.[48] Simpfendörfer hatte noch im Sommer 1952 Scheu versichert, dass auch er seine Probleme mit den Deutschland-Verträgen habe. Aber in den Auffassungen „der SPD, Heinemann-Scheu-Wessel-Pfleiderer und anderen"[49] könne er nichts Besseres erkennen. Auch den Weg der NG hielt Simpfendörfer für wenig erfolgreich. Er hoffte auf eine „Weiterentwicklung der CDU"[50].

Diese Hoffnung hatten Scheu und Heinemann mittlerweile aufgegeben. Scheu ging es aber nun darum, zwischen dem bürgerlichen Regierungslager und der sozialistischen Opposition eine dritte politische Kraft zu bilden. Deshalb setzte er sich mit Vehemenz für sein Ziel einer politischen Partei ein.

---

[46] Schreiben vom 7.9.1951, AdSD NL Scheu, Mappe 10.
[47] Schreiben vom 23.2.1952, AdSD NL Scheu, Mappe 10.
[48] Schreiben vom 15.10.1952, AdSD NL Scheu, Mappe 10.
[49] Zit. in: MÜLLER, Volkspartei, 305f.
[50] Ebd.

So war die Umwandlung der NG in die GVP wesentlich auf Scheus Engagement zurückzuführen.[51]

In der NG waren die Meinungen dazu durchaus gespalten. Einige, wie der junge schwäbische NG-Aktivist Erhard Eppler, befürworteten den Gedanken, die NG an die SPD anzuschließen. Eppler gab zudem die Hoffnung nicht auf, dass sich der FDP-Flügel um Reinhold Maier doch noch zu einer Ablehnung der „Pariser Verträge", die im Oktober 1954 dann in Paris unterzeichnet wurden,[52] durchringen würde. Oskar Hammelsbeck hingegen sprach sich weiter für politische Vorfeldarbeit aus. Auf keinen Fall sollte eine Partei mit christlichem Anspruch gebildet werden. Die Präsides Held und Wilm von der rheinischen bzw. westfälischen Landeskirche sowie Kirchenpräsident Niemöller aus Hessen Nassau äußerten sich der GVP gegenüber positiv, nahmen aber mit Rücksicht auf ihre kirchlichen Ämter von einem Parteibeitritt Abstand.[53] Die „Darmstädter Aktionsgruppe" um Mochalski wiederum beschloss ihre Selbstauflösung und empfahl ihren früheren Mitgliedern den Beitritt zur GVP.[54] Wieder andere sprachen sich gerade im Gegenteil für eine Neuauflage des Christlichen Volksdienstes aus, der nun aber gegen die konservative CDU arbeiten sollte. Letztlich setzte sich Scheu mit seinen Plänen durch. Entscheidend war dafür, dass Heinemann seinen Widerstand gegen eine Parteigründung aufgab. „Mir graut davor, aber ich weiß keinen Ausweg gegenüber all den Anforderungen und den gegebenen Umständen".[55]

Der Vorstand der GVP war bis auf den für Admiral Stummel kooptierten Robert Scholl, den Vater der im Widerstand gegen die Nationalsozialisten umgekommenen Geschwister Scholl, identisch mit dem der NG.

Obwohl man nun den Weg in die parteipolitische Organisationsform gewählt hatte, wollte man – wie ehedem im CSVD und in der NG – doch keine Partei im eigentlichen Sinne sein und auf den Begriff „Partei" verzichten. Zahlreiche Beiträge auf der Gründungsversammlung, u.a. von den Vorstandsmitgliedern Scholl und Wessel, machten die Distanz zum Parteienwesen deutlich. Erst nach rechtlichen Hinweisen Heinemanns entschloss man sich überhaupt, den Begriff „Partei" im Namen aufzunehmen.

Die Unterschiede zu den anderen politischen Parteien blieben trotzdem. So huldigte man einem hochgradigen Personalismus, Fraktionszwang wurde entschieden abgelehnt, und schließlich wollte man jetzt „Zweckpartei – nicht Gesinnungspartei"[56] sein. Diese Definition bezeichnete auch den fun-

---

[51] Ebd., 306ff.
[52] Zu den „Pariser Verträgen" vgl. WEBER, Aufbau, 221ff.
[53] KOCH, Heinemann, 382.
[54] MÜLLER, Volkspartei, 331.
[55] Zit. in: MÜLLER, Volkspartei, 322.
[56] Ebd., 333.

damentalen Unterschied zum CSVD. War man dort als Erbe der „christlichen Gesinnungsgemeinschaften" flexibel in der Festlegung der politischen Ziele, aber völlig entschieden darin, zunächst einmal eine christliche *Gesinnung* zu haben, galt hier der Zweck als das Entscheidende. Aus welchen Gründen auch immer – nun gleichsam von den „Hecken und Zäunen" (Lk 14,23) – die Parteimitglieder kamen, war zweitrangig. Andererseits erinnerte gerade der hohe moralische Anspruch, dem man sich selber unterwarf, an die Absicht, Politik aus hehren Motiven, nicht wie vermeintlich die anderen Parteien aus reinem Machtwillen, zu betreiben, stark an die Attitüde des CSVD. Es war daher kein Zufall, dass die GVP gerade in alten CSVD-Gebieten wie dem Siegerland oder dem Oberbergischen einen starken Zulauf erhielt.[57]

In einem Manifest anlässlich der Parteigründung machte Heinemann nochmals die Ziele der neuen Partei deutlich. Sie waren besonders gegen die CDU gerichtet. Statt persönlicher Gewissensentscheidung Raum zu geben, werde innerhalb der CDU diese missachtet und das Christentum zur Legitimation der Politik der Regierung Adenauer missbraucht, hieß es. Auch hier machte Heinemann seine schon dargestellte[58] Kritik sowohl im policy- wie auch im politics-Bereich deutlich. Nicht nur politische Fehlentscheidungen wurden von ihm kritisiert, sondern ebenfalls der von ihm festgestellte Tatbestand, dass die Bundesrepublik „in steigendem Maße zu totalitärer Regierungsweise hinneigt."[59]

Dem Versuch, die schmale Ausgangsbasis der NG in der GVP zu verbreitern, stellten sich jedoch von Anfang an Schwierigkeiten entgegen. Das Unternehmen, nationalkonservative sowie ehemalige und nun geläuterte nationalsozialistische Kreise zu gewinnen, wie einige dies vorhatten, wurde besonders von Heinemann und Mochalski skeptisch gesehen. Bezeichnend aber ist, dass man sich dies zutraute. Tatsächlich war die NG in dieser Zeit wesentlich nationaler gesonnen als die CDU, die diesen Aspekt der Politik zwar nicht ausließ, aber besonders den Europa-Gedanken betonte, der in der NG wiederum als katholisches Projekt („Karolingerreich") verdächtigt wurde.

De facto blieben wiederum die bruderrätlichen Kreise als hauptsächliche „Trägerschicht" der GVP übrig. Die zunehmende und auch intern nicht unumstrittene Politisierung der Bruderräte hatte gerade im Widerstand gegen die Wiederbewaffnung sowie gegen einen zunehmenden katholischen Integralismus in der Bundesrepublik seinen besonderen Anhaltspunkt.[60] Der westfälische Präses Ernst Wilm begrüßte deshalb die GVP, konnte sie doch

---

[57] PERMIEN, Wiederbewaffnung, 124.
[58] Vgl. Kap. 7.3.2.
[59] HEINEMANN, Aufbruch, 202.
[60] BUCHSTÄDT, Welt, 165ff., 203ff.

nach seiner Meinung die „Heimatlosigkeit vieler evangelischer aber auch katholischer Christen in politischer Beziehung"[61] beenden helfen.

Programmatisch jedoch blieb man trotz aller Bemühungen um ein Parteiprogramm faktisch eine „Ein-Punkt-Partei", also das genaue Gegenteil einer catch-all-party nach der Typisierung Otto Kirchheimers, die sich als die erfolgreichste Parteiformation der Nachkriegszeit herausstellen sollte. Dieser *eine* Punkt, der die Identität der GVP ausmachte, war die Wiedervereinigung eines neutralen Deutschlands. Deshalb strebte man die Verhinderung der durch die Wiederbewaffnung zunehmenden Westbindung an. Letztlich war es dann doch diese „Gesinnung", die alle anderen Unterschiede mühsam zu überdecken versuchte. Dies zeigte sich etwa in wirtschafts- und sozialpolitischen Fragen, in denen man ähnlich hilflos wie ehedem der CSVD „das heutige Gegeneinander der einzelnen Gruppen durch ein solidarisches Miteinander"[62] ersetzten wollte. Eine Vorstellung, deren politische Ausstrahlungskraft allerdings „gleich Null"[63] war.

In anderer Hinsicht bedeutsam war die Stellung zum Christentum. Hatte man in der NG aus theologischer Überzeugung rein politisch-rational argumentiert, bekam diese nun weitergeführte Linie einen neuen Akzent: die ausdrückliche Kritik an einer als „christlich" bezeichneten Politik. Das Programm-Manifest der GVP stellte bei anderen Parteien, gemeint war die CDU, fest: Man „mißbraucht das Christentum zu politischen Zwecken, versucht, den Bolschewismus durch einen Kreuzzug zu überwinden"[64]. Mit deutlich stilistischer Anlehnung an die Barmer Theologische Erklärung und das „Darmstädter Wort" hieß es:

„Wir verwerfen insbesondere die Verfälschung des Christentums in ein politisches Zweckinstrument, sowie jede Frontbildung von Christen gegen andere Teile unseres Volkes. Wer politische Interessen mit christlichen Parolen verteidigt oder wer die Überwindung des Bolschewismus durch Rüstung zu einem kirchlich-westlichen Auftrag stempelt, versperrt der christlichen Verkündigung in beiden Teilen Deutschlands den breiten Zugang zu allen Menschen und gefährdet die Christen im Osten."[65]

Allerdings blieb die ideologische Basis der GVP disparat. Die Formulierung „Glaube, Sitte und Mut" erinnerte wenigstens semantisch stark an das konservative „Glaube, Sitte, Heimat"[66], die unklaren wirtschaftspolitischen Vorstellungen wurden schon erwähnt.

Während sich die GVP politisch nie aus dem Bereich der Marginalität heraus bewegen konnte, lag wie bei der NG ihre große Bedeutung innerhalb

---

[61] Zit. in: PERMIEN, Protestantismus, 188.

[62] Zit. in: BRANDT, Linke, 115.

[63] MÜLLER, Volkspartei, 356.

[64] Zit. in: Ebd., 345.

[65] Ebd.

[66] Zit. in: BRANDT, Linke, 114; MÜLLER, Volkspartei, 348, behauptet irrtümlich, diese Formulierung sei nicht aufgenommen worden.

des Protestantismus. Nicht von Sozialisten oder Kommunisten, sondern von Männern und Frauen, denen der christliche Glaube nur schwer abgesprochen werden konnte, wurde nun die Möglichkeit einer „christlichen" Politik rundweg bestritten.

Insgesamt lässt sich feststellen, dass der politische Protestantismus, der sich in der GVP sammelte, ein durchaus modernisiertes Profil hatte. Die Kritik am Parteienstaat durch die GVP war vorhanden, aber sie war nicht mehr zu vergleichen mit der „okzidentalen" Parteienverachtung des Protestantismus in der Weimarer Zeit, wenn auch die Anti-Parteien-Mentalität immer noch fortbestand. Die Wendung gegen die Westbindung war eben kein alter Okzidentalismus mehr, sondern unter grundsätzlicher Partizipation der westlichen Werte Kritik am Antikommunismus der „freien Welt", der die deutsche Einheit zu zerstören schien. Das Eintreten für die deutsche Nation war deshalb auch kein chauvinistischer Nationalismus mehr, sondern die Sorge um die Deutschen im Osten, die man nicht preisgeben wollte. Der „dritte Weg" der neutralistischen Opposition war nur insofern noch ein „deutscher" *Sonderweg*, als Deutschland durch die Teilung von der ideologischen Weltkonfrontation des Kalten Krieges betroffen war und als geteiltes Land neben Korea tatsächlich einen *Sonderfall* darstellte.

Die grundsätzlichen Werte des Westens wurden von der GVP geteilt. Die Kritik an einer „christlichen" Politik schließlich war eine radikale Absage an den Geist politischer Romantik. Sie kennzeichnete in besonderer Weise das Profil der GVP. In mancher Hinsicht aber reichte die Modernisierung noch nicht aus. Das Beharren auf letztlich *einem* politischen Programmpunkt – Wiedervereinigung unter dem Vorzeichen der Neutralität – erwies sich als ein Erbe Weimars, das letztlich den Erfolg der Partei unmöglich machte und ebenso unproduktiv wie das Beharren des CSVD auf der „Gesinnung" war. Indem die GVP zudem faktisch für die eintrat, die sie gar nicht wählen konnten – die Deutschen im Osten – und es ihr offensichtlich nicht gelang, das Sicherungsbedürfnis der Deutschen im Westen zu befriedigen, agierte sie am *Wahl*volk vorbei. Die Wahlergebnisse sollten das zeigen.

8.3. Die Dauerkrise und das Ende der GVP

Politisch hatte die GVP schon nach einem Jahr ihre Zukunft hinter sich. In der Vorbereitung der Bundestagswahl 1953, nicht zuletzt unter dem Eindruck der bevorstehenden Wahlrechtsänderung, die die 5 %–Klausel mit sich brachte, sah man sich in der GVP nach Bundesgenossen unter den kleineren Gruppen um, um zu einer Listenverbindung zu gelangen. Ein damals auch deshalb nicht unübliches Vorgehen, da die ungleich stärkere CDU in Gegenden, wo sie aus eigener Kraft keine Mehrheiten erringen konnte, ebenfalls solche Bündnisse in Form von „Wahlblöcken" einging.[67] Man knüpfte in der GVP Kontakte zu der aus dem radikalpazifistischen „Nauheimer Kreis"[68] entstandenen „Freien Mitte", die sich ihrerseits mit der „Freien Sozialen Union", die der Freigeldtheorie Silvio Gesells anhing,[69] vereinigt hatte. Schließlich schlossen sich noch die rechtsstehende Kleinstpartei „Nationale Partei Deutschlands", nicht zu verwechseln mit der späteren NPD, und eine „Partei der Frauen" an.

Zudem bemühte man sich um den in Nordrhein-Westfalen, Hessen und Nürnberg wiedererstandenen CSVD. Scheu schlug vor, innerhalb der GVP „eine evangelische Aktionsgruppe oder Arbeitsgemeinschaft zur besonderen Wahrung des evangelischen Anliegens"[70] zu gründen. Das war aber nun genau die Lösung, die in der CDU mittlerweile mit dem Evangelischen Arbeitskreis (EAK) versucht wurde. Die von Scheu eröffnete Möglichkeit, innerhalb der GVP nun doch noch eine Art „Evangelische Arbeitsgemeinschaft" einzuführen, stand natürlich kaum noch in der Linie des Manifestes der GVP, auf eine „christliche" Politik zu verzichten. Dazu kam es dann auch nicht.

Die Pläne eines Zusammengehens mit dem CSVD entwickelten sich zunächst verheißungsvoll. Der stellvertretende Landesvorsitzende des CSVD in Nordrhein-Westfalen versicherte dem jungen GVP-Mitglied Diether Posser, ein Zusammengehen sei wohl möglich, „da wir in den meisten grundsätzlichen Fragen fast die gleichen Auffassungen vertreten."[71] Außer mit der Nürnberger CSVD-Gruppe kam man jedoch zu keinen bindenden Vereinbarungen.

In der Wahl der Bündnisgenossen und auch der Mittel war man in der Partei aus blanker Not, die die die 5 %–Hürde darstellte, schon lange nicht mehr wählerisch. Zum Verhängnis wurde der GVP die Verbindung mit dem „Bund der Deutschen" (BdD) des Altreichskanzlers Joseph Wirth,[72] der offene Kontakte zur DDR-Regierung pflegte. Scheu wandte sich, wie sein besorgter Brief an Bausch deutlich machte, heftig gegen eine Zusammenarbeit mit dem BdD. Ähnlich skeptisch sah Erhard Eppler diese Zusammenarbeit.[73] Mochalski setzte sich wiederum vehement für eine Kooperation ein. Indem er einen Wahlaufruf Niemöllers der Öffentlichkeit übergab, in welchem der Kirchenpräsident eine Zusammenarbeit verschiedener politischer Gruppierungen forderte, „die … eine deutsche Politik der Wiedervereini-

---

[67] BÖSCH, Adenauer-CDU, 145f.
[68] Vgl. DOHSE, Dritte Weg, 41ff.
[69] Ebd., 380.
[70] Schreiben vom 18.5.1953, AdSD NL Scheu, 10.
[71] Schreiben vom 16.4.1953, AdSD NL Scheu, 10.
[72] Zu Wirth vgl. SCHULZE-BILDINGMAIER, Wirth; HERBSTRITT, Verständigung, bes. 145ff.
[73] EPPLER, Stückwerk, 36f.

gung und des Friedens zu treiben entschlossen sind"[74], und dies gleichzeitig als Votum Niemöllers für eine Zusammenarbeit mit dem BdD interpretierte, setzte Mochalski Heinemann, der eine vermittelnde Position einnahm, massiv unter Druck. Am 19.7.1953 kam es zu einem Wahlbündnis zwischen GVP und BdD. Heftigste Angriffe aus dem Regierungslager waren die Folge. Die GVP zahlte mit gleicher Münze heim und kritisierte die Weltanschauung der bürgerlichen Parteien, die doch nur in einem „Drei-Punkte-Programm besteht, das da lautet: Viel verdienen; Soldaten, die es verteidigen – und Kirchen, die beides segnen."[75] Mit diesem Bündnis schwächte sich die GVP, statt sich zu stärken. Die FSU und der CSVD wandten sich wegen des Wahlbündnisses mit dem BdD von der GVP ab.

Abermals hatte die GVP ihre mangelnde Abgrenzungsbereitschaft gegenüber „Moskau" und „Pankow" scheinbar klar dokumentiert. In der politisch aufgeheizten Atmosphäre dieser Zeit war das ein schwerer politischer Nachteil. Das ehemalige CSVD-Mitglied und nunmehrige Bundesschatzmeister der CDU, Ernst Bach, bezeichnete Heinemann jetzt als „bezahlten Sprecher Sowjetrußlands"[76]. Drei Tage vor der Bundestagswahl brachte die DIE ZEIT, herausgegeben vom damaligen CDU-Mitglied Gerd Bucerius, einen Beitrag über angebliche kommunistische Verbindungen Heinemanns.[77] Schon vorher war der BdD als von der SED bezahlt bezeichnet worden.[78] Dies verfehlte seine Wirkung auf die Wählerschaft nicht. Das Wahlergebnis vom 6.9.1953 war für die Partei eine Katastrophe. 1,16 % Stimmen vereinigte die GVP auf sich, Adenauer und die CDU/CSU kamen auf 45,2 %, ein Zuwachs von über 14 %. Das beste Ergebnis erreichte die GVP noch in der alten christlich-sozialen Hochburg Siegen mit 8 %.[79]

Der „Nationalneutralismus"[80] der GVP und anderer Gruppen hatte in der westdeutschen Bevölkerung offensichtlich keinen Rückhalt. Sie hatte sich mehrheitlich für die Adenauer'sche Westintegration der Bundesrepublik als Staatsräson entschieden. In völliger Hilflosigkeit meinte eine GVP-Funktionär: „In der Bewertung der Wählerschaft haben wir uns geirrt. In der Sache nicht."[81] Karl Barth formulierte gelassener: „Was habt Ihr anderes erwartet? Daß es mehr als ein Prozent vernünftige Leute gibt?"[82] Wie auch immer man die Dinge sah: Das wesentlich bruderrätliche Projekt der GVP hatte – auch im protestantischen Kirchenvolk – wenig Anhänger.

---

[74] Zit. in: MÜLLER, Volkspartei, 412.
[75] Zit. in: Ebd., 418.
[76] Zit. in: KOCH, Heinemann, 416.
[77] Ebd.
[78] Zu den Tatbeständen vgl. HERBSTRITT, Verständigung, 145ff.
[79] PERMIEN, Wiederbewaffnung, 125.
[80] DOERING-MANTEUFFEL, Westintegration, 70.
[81] Zit. in: MÜLLER, Volkspartei, 459.
[82] Zit. in: KOCH, Heinemann, 425.

Die Wahlen waren mit vielen Verdächtigungen, Pauschalisierungen, Halb- und Unwahrheiten geführt worden. Die Unterstellungen kommunistischer Unterwanderung, zu denen allerdings die GVP in ihrem Wahlbündnis mit dem BdD selbst beigetragen hatte, der kurz vor der Wahl veröffentlichte ZEIT-Artikel, die teilweise heftigen Angriffe des EAK usw. hatten selbstverständlich der GVP geschadet. Diether Posser wollte deshalb in den Wahlen von 1933 und 1953 „eine erschreckende und bestürzende Parallelität"[83] entdecken. Schließlich sei um Konrad Adenauer ein ebensolcher ‚Führerkult' wie um Adolf Hitler entfacht worden. Dass es hier ganz offensichtlich einen Unterschied zwischen einem bürgerlichen Parteiführer und einem totalitären Diktator gab, wollte Posser im Unterschied zur Mehrheit der Bevölkerung und auch der Protestanten nicht einleuchten. Adolf Scheu sprach in seiner Verbitterung gar von Adenauer kurz und knapp als „Konradolf".

Trotz des niederschmetternden Wahlausganges war der Entschluss, die GVP nicht aufzulösen, sondern mit der politischen Arbeit fortzufahren, unbestritten.[84] Allerdings hielt man sich zunächst zurück, erneut zu Wahlen anzutreten. Nach den schlechten Erfahrungen mit dem BdD und anderen Kleinparteien konnte langfristig allenfalls ein Wahlbündnis mit der SPD in Frage kommen. Dementsprechende Versuche, mit der SPD zur Landtagswahl 1954 in Nordrhein-Westfalen zu einer Vereinbarung zu kommen, scheiterten jedoch an der ablehnenden Haltung der SPD.[85] Obwohl also politische Partei, verschob die GVP in realistischer Einschätzung ihre Zielsetzung: Das primäre Anliegen war jetzt nicht mehr der Einzug in den Bundestag oder in die Landesparlamente, sondern die Arbeit im vorparlamentarischen Raum. Ausgehend davon, dass die Parteien nach dem Grundgesetz „an der politischen Willensbildung" mitarbeiten, war dieser Ansatz legitim, von der praktischen Auswirkung her jedoch ein Widerspruch in sich. Eine Partei als Organisationsform der parlamentarischen Demokratie, die nicht auf Vertretung in den Parlamenten strebt, bleibt unglaubwürdig.

Nennenswert aus dieser vorparlamentarischen Arbeit bleibt nur die so genannte „Paulskirchen-Bewegung". Auf dem Hintergrund des Scheiterns des EVG-Projektes in der französischen Nationalversammlung und der anstehenden Ratifizierung des Deutschland-Vertrages, der die Bundesrepublik in die Souveränität entlassen und sie andererseits fest ins westliche Staatensystem einfügen sollte, versuchte Heinemann eine übergreifende Aktion der gesellschaftlichen Kräfte, die dieser Entwicklung distanziert bzw. ablehnend gegenüberstanden, zu organisieren. Tatsächlich gelang es, eine breite Oppositionsfront zu bilden. Am 29.1.1955 sprachen bei einer Kundgebung in der Frankfurter Paulskirche vor ca. 1000 geladenen Gästen u.a. Erich Ollenhauer,

---

[83] Posser, Rückblick, 295.
[84] Müller, Volkspartei, 468.
[85] Ebd., 478.

Gustav Heinemann, die evangelischen Theologen Helmut Gollwitzer und Ernst Lange, der katholische Professor Johannes Hessen, der Soziologe Alfred Weber und der Gewerkschaftler Georg Reuter gegen die Politik der Regierung Adenauer. Verabschiedet wurde dabei ein „Deutsches Manifest". In ihm wurde

„aus ernster Sorge um die Wiedervereinigung Deutschlands … [zu] entschlossenem Widerstand gegen die sich immer stärker abzeichnenden Tendenzen zu einer endgültigen Zerreißung unseres Volkes"[86]

aufgerufen.

Dabei sollte besonders die bevorstehende Aufstellung westdeutscher Streitkräfte verhindert werden. Unterschrieben hatten das Manifest u.a. die Theologen und Kirchenmänner Joachim Beckmann, Günther Dehn, Hermann Diem, Helmut Gollwitzer, Oskar Hammelsbeck, Hans-Joachim Iwand, Walter Kreck, Martin Niemöller, Friedrich Siegmund-Schultze und Ernst Wolf sowie die Sozialdemokraten Heinrich Albertz, Adolf Arndt, Willy Brandt, Willi Eichler, Fritz Erler, Adolf Grimme, Marie Juchacz, Waldemar von Knoeringen und Carlo Schmid. Auf die zentrale Versammlung in Frankfurt folgte eine Anzahl weiterer Treffen im ganzen Bundesgebiet. Es entstand eine „Paulskirchen-Bewegung", die zum ersten Male – ganz anders als die Notgemeinschaft oder die GVP – unterschiedliche gesellschaftliche Gruppen vereinigte.[87] Trotzdem wurden Ende Februar 1955 die „Pariser Verträge" vom Bundesrat ratifiziert.

Nachhaltiger als der letztlich erfolglose Appell der „Paulskirchen-Bewegung" war die erstmalige Zusammenarbeit von prominenten Sozialdemokraten mit den oppositionellen Kräften jenseits ihrer Partei, wozu eben besonders die GVP und der linke bruderrätliche Flügel der evangelischen Kirche gehörten. Andererseits führte die Bewegung innerhalb der EKD zu schweren Auseinandersetzungen, die auf der Synode 1955 in Espelkamp offen zutage traten. Heinemann wurde als Präses der EKD-Synode abgewählt. Formaler Grund war, dass nun kein „Parteipolitiker"[88] mehr dieses Amt innehaben sollte. Das war Heinemann aber auch schon bei seiner erstmaligen Wahl gewesen. Mit hoher Zustimmung wurde er allerdings anschließend in den Rat der EKD gewählt. Das überzeugende Votum machte deutlich, dass man sich in der EKD keineswegs von Heinemann zu distanzieren trachtete, andererseits aber auch nicht von jemandem repräsentiert werden wollte, hinter dem nur 1,16 % der Wähler standen. Dibelius hatte schon nach der Bundestagswahl 1953 seinem Tagebuch anvertraut, die Wahl sei für Heinemann von verheerender Wirkung. Wenn Heinemann politisch so weitermache,

---

[86] Abgedr. in: REITZ / ZABEL, Rau, 45.
[87] KOCH, Heinemann, 446.
[88] Zit. in: KOCH, Heinemann, 449.

„verliert er auch seine Stellung in der Kirche u. landet bei der SPD."[89] Nach der Synode von Espelkamp notierte er:[90] „Es geht um den Sturz Heinemanns. Metzger … SPD, konnte sich überhaupt nicht beruhigen." Dass sich mit Ludwig Metzger ein SPD-Politiker „nicht beruhigen" konnte, zeigte, welchen Weg die GVP bald gehen sollte.

Neben der nach wie vor zentralen Deutschlandfrage und dem nunmehrigen Kampf gegen einen Beitritt zur EVG bzw. NATO trat in der Folgezeit das Element des Konfessionellen in der deutschen Politik in den Vordergrund der GVP-Arbeit.[91] Sie wollte sich nun verstärkt als Antipode zur vermeintlich katholisch geprägten und „christlich" firmierten Politik der Koalitionsregierung unter Adenauer profilieren. Es wurden sogar Pläne ventiliert, die GVP ganz bewusst als evangelische Partei zu etablieren.[92] Damit sollte dem „Klero-Faschismus"[93] Adenauers entgegen getreten werden.

Selbstverständlich griff auch Heinemann immer wieder in die Debatte um eine vermeintlich „christliche" Politik ein. Schon im Vorfeld der Bundestagswahl 1953 hatte er im Zusammenhang des bevorstehenden Bundesparteitages der CDU in Hamburg in der „Stimme der Gemeinde" analysiert, es vollziehe sich „eine sehr wesentliche Scheidung nach Befürwortern und Gegnern einer Verwendung des Christentums als politische Waffe"[94]. Die Parole von der „christlichen Einheitsfront" verfälsche in Wirklichkeit die „Politik aus christlicher Gewissensbindung in eine Blockpolitik der ‚christlichen Sache‘ nach dem Verständnis der herrschenden Person oder Gruppe"[95]. Noch einmal machte Heinemann den Vorschlag, eine „schlichte ‚Union‘ derjenigen, welche als evangelische und katholische Staatsbürger aus persönlicher Gewissensentscheidung politisch zusammenarbeiten wollen und sich darin gegenseitig respektieren, wäre durchaus eine hinlängliche echte Plattform."[96]

Heinemann bezeichnete die christliche Weltanschauung in der CDU letztlich als „Anti-Programm mit christlicher Verbrämung"[97], das außenpolitisch gegen die Sowjetunion und innenpolitisch gegen liberale, sozialistische Ideen sowie Parteien gerichtet sei. Am 1.1.1955 richtete Heinemann „Ein Wort an den Evangelischen Arbeitskreis der CDU", in dem er sich „kritisch mit einem Kapitel westdeutscher Parteiengeschichte" befassen wollte, nämlich der CDU und ihrer konfessionellen Struktur. Heinemann

---

[89] Tagebuch 6.9.1953, BAK 1493.
[90] Tagebuch 6.-12.3.1955, BAK 1493.
[91] Vgl. Kap. 7.4.3.
[92] Müller, Volkspartei, 474.
[93] Zit. in: Ebd., 475.
[94] Heinemann, Sache, 156.
[95] Ebd., 197.
[96] Ebd., 198.
[97] Ebd., 199.

erinnerte seine ehemaligen Parteifreunde daran, die Partei sei mit dem Willen zu bewusster interkonfessioneller Zusammenarbeit auf politischem Gebiet gegründet worden, nicht aber mit dem „Zwang zur Befolgung interner Mehrheitsmeinungen oder Führungsparolen"[98]. Nun herrsche jedoch in der Partei ein christlich firmierter Antikommunismus und die Rückkehr zu „besitzbürgerlichen Positionen"[99] vor. Obwohl die Protestanten an diesen Entwicklungen innerhalb der CDU einen nicht unerheblichen Anteil trugen, forderte er diese auf, über ihren Verbleib in einer solchen Partei nachzudenken. Entweder streiche die CDU das „C" und ihre Betonung der Verwirklichung der konfessionellen Einheit oder die Protestanten müssten aus der Partei ausscheiden, meinte er.

Heinemann hieb dann in einer bis dahin von ihm nicht gekannten Weise in die konfessionelle Kerbe der Partei, die ja auch eine Bruchstelle sein konnte, indem er die Protestanten letztlich als Mitläufer einer katholisch dominierten Organisation darstellte, deren Schwesterparteien in anderen Ländern zur Verfolgung oder zumindest zur Benachteiligung von Protestanten schwiegen und die Religionsfreiheit nicht wirklich akzeptierten. Letztlich wolle die CDU in Deutschland einen katholischen Staat errichten.[100] Der EAK sah sich, wie schon dargelegt wurde, durch diese Angriffe gezwungen, sein eigenes Verständnis des „Christlichen" in der Politik stärker zu profilieren.[101]

Die GVP konnte jedoch mit ihrer Kritik in einer breiteren Wählerschicht nicht reüssieren. Wenn auch die GVP durch außerparlamentarische Aktionen wie die Paulskirchen-Bewegung versuchte, im politischen Leben der Bundesrepublik eine „bewegende" Rolle zu spielen, so musste doch der Tatbestand, dass man als Partei in keinem Parlament vertreten war, letztlich die Berechtigung der GVP in Frage stellen. In der Tat war seit dem desaströsen Wahlergebnis von 1953 „die Geschichte der GVP ein schleichender Prozeß der Agonie"[102].

Mit dem niederschmetternden Wahlergebnis bei der baden-württembergischen Landtagswahl am 4.3.1956, die GVP bekam 1,5 % Wähleranteile,[103] erhielt die Diskussion über die Berechtigung der Partei eine neue Dynamik. Besonders viele Stimmen innerhalb der GVP sprachen sich nun für einen Anschluss an die SPD aus. Heinemann selbst hatte schon 1954 eine öffentli-

---

[98] HEINEMANN, Wort, 219.
[99] Ebd., 221.
[100] Dass Heinemanns Vorwürfe nicht völlig aus der Luft gegriffen waren, wussten gerade die Mitglieder des EAK am Besten. Ehlers selber hatte 1952 mit dem spanischen Botschafter Aguirre einen scharfen Briefwechsel über die Benachteiligungen von Protestanten in Spanien geführt, vgl. ERDMANN, Ehlers, 473ff.
[101] Vgl. Kap. 7.4.4.
[102] MÜLLER, Volkspartei, 545f.
[103] Ebd., 558.

che Annäherung eingeleitet, als er einen Aufsatz „Gestalt und Wandel der Sozialdemokratischen Partei" in der „Stimme der Gemeinde" veröffentlichte. Der Aufsatz trug Heinemann durch Fritz Erler eine konkrete Einladung zur Mitarbeit innerhalb der SPD ein. Erler sorgte auch dafür, dass Heinemanns Beitrag unter dem Titel „Der Weg der Sozialdemokratie" in dem sozialdemokratischen Theorie-Organ „Die Neue Gesellschaft" erschien.[104] Er soll wegen seines grundsätzlichen Charakters hier kurz skizziert werden:

Bedeutungsvoll griff Heinemann in seinen Ausführungen zunächst auf Friedrich Naumann zurück und erinnerte an dessen Mahnungen an die SPD, endlich zu einer geschlossenen Anstrengung und politischen Konzeption aller Kräfte jenseits des damaligen Zentrums, bzw. der Rechtsparteien, zu kommen. Heinemann konstatierte nun: „An der Stelle des Zentrums steht heute die CDU; im übrigen ist die Situation unverändert."[105] Danach gab er einen geschichtlichen Abriss der Entwicklung der SPD aus seiner Sicht. Heinemann sah die SPD noch immer durch das Verharren in marxistischer Revolutionsrhetorik daran gehindert, auch auf Bundesebene die Regierungsgewalt zu erringen. Heinemann bedauerte besonders, dass es der SPD nach der Anerkennung der westlichen Regierungsweise der parlamentarischen Demokratie seit 1918 nicht gelungen sei, auch das westlich geprägte marktwirtschaftliche Modell zu akzeptieren. Schließlich kam er ausdrücklich auf das distanzierte Verhältnis der Partei zu den Kirchen zu sprechen, das auch in der hohen Zahl konfessionsloser Parteivorstandsmitglieder zum Ausdruck komme. Heinemann sah den Grund dafür darin, dass diese sozialdemokratische Quasi-Tradition im Gefolge der Feindschaft der obrigkeitlich gebundenen Kirchen deshalb entstanden sei, weil für die Arbeiter nicht wie in Großbritannien Freikirchen als Alternativen zur Verfügung gestanden hätten.[106] Er überging aber die positiven Entwicklungen in der SPD keineswegs. Heinemann fragte jedoch:

„Die Absage an den Marxismus als Ersatzreligion ist noch keine Entscheidung für eine positive geistige Haltung. Kann die Partei ein positives Verhältnis zum Christentum finden, so daß endlich auch der christliche Arbeiter ein volles Vertrauen zu ihr gewinnen könnte?"[107]

Heinemann verwies auf die Entwicklungen in der evangelischen Kirche, die dort eine deutliche Annäherung an den sozialen und politischen Bereich mit sich gebracht hatten. Er forderte die SPD auf, sich vom Satz „Religion sei Privatsache" zu verabschieden und wandte sich gleichzeitig gegen die Parolen klerikaler Kreise von der „christlichen Einheitsfront" im letzten Wahlkampf 1953.

---

[104] Ebd., 548.
[105] HEINEMANN, Sozialdemokratie, 243.
[106] Ebd., 250f.
[107] Ebd., 252.

Der Aufsatz Heinemanns begründete zunächst ein kooperatives Verhältnis zu Fritz Erler. Er wurde für ihn zum Hauptansprechpartner innerhalb der SPD.[108] Dies zeigte sich besonders im Zusammenhang einer Bundestagsdebatte, in der Erler die protestantischen Wiederbewaffnungsgegner gegen die CDU in Schutz genommen hatte.[109] Heinemann, der dem Bundestag in jener Zeit nicht angehörte, gratulierte Erler ausdrücklich zu dessen Redebeitrag, zumal

„die CDU-Parole von der christlichen Einheitsfront durch die CDU-Zwischenrufer selbst demaskiert worden ist und Ihre Partei als diejenige dasteht, welche Pfarrer, Theologie-Professoren und Kirchenpräsidenten gegen die CDU in Schutz nehmen musste."[110]

In diesem Brief brachte Heinemann auch gleich ein eigenes Anliegen zur Sprache: die Annäherung von GVP und SPD. Heinemann gab zu bedenken:

„Aus dem Vorgang vom 16. Dezember]gemeint ist die Bundestagsrede M.K.] zeichnet sich für die SPD eine außerordentliche Chance ab, zu der notwendigen Verbreiterung, sei es unmittelbar oder sei es mit Hilfe von mindestens zunächst selbständig bleibenden anderen Gruppen zu kommen, die sie endlich einmal über das fatale rd. 1/3 der Wählerstimmen hinausführt."

Für eine solche stärkere Annäherung an die GVP und andere Kleinparteien konnte die Beteiligung der SPD an der „Paulskirchen-Bewegung" als ermutigendes Signal seitens der Sozialdemokraten verstanden werden. Bei der Landtagswahl in Rheinland-Pfalz 1955 stellte die SPD zwei Mitgliedern der GVP, beide evangelische Pfarrer, Listenplätze zur Verfügung. Das Vorgehen war innerhalb der SPD nicht unumstritten. Nachdem die SPD allerdings bei den Wahlen Stimmen eingebüßt hatte, kühlte sich das Verhältnis zwischen den Parteien wieder ab.[111]

Der Gedanke, durch eine Hinzufügung des eher bürgerlich strukturierten Elementes GVP die SPD erfolgreich auf den Weg einer nach dem englischen Labour-Vorbild strukturierten Partei zu bringen, musste zunächst als gescheitert angesehen werden. Es lag nahe, die GVP als allein nicht lebensfähige Kleinstpartei nun doch in eine andere Partei – vornehmlich die SPD – zu überführen. Doch nun gerade sprach sich Heinemann für ein Weiterbestehen der GVP aus. Heinemann hielt trotz der ernüchternden Ergebnisse in Rheinland-Pfalz an der GVP fest. Dies geschah nicht nur zur Verärgerung einiger Parteifreunde, sondern auch zu der von Fritz Erler, der Heinemann

---

[108] SOELL, Erler, 278ff.
[109] ERLER, Rede, 3211.
[110] Schreiben vom 27.12.1954, AdSD NL Heinemann II/0686; daraus auch die nachfolgenden Zitate.
[111] MÜLLER, Volkspartei, 552f.

vorwarf, dass dieser immer noch glaube, „mit seiner Sekte einen Wahlkreis direkt erobern zu können."[112]

Offensichtlich aber traute Heinemann der SPD noch nicht zu, alleine eine Mehrheit jenseits der CDU zu erringen. Deshalb bedürfe es, so meinte er, weiter der GVP, die auch bürgerliche Elemente binden könne.

Ein weiteres Argument kam hinzu, die „C"-Problematik: Dass die GVP eine christlich durchdrungene Partei war, konnte ihr niemand bestreiten. Deshalb war sie auch imstande, glaubwürdig eine Auseinandersetzung über den Umgang mit dem Christentum in der Politik zu führen. Wäre jedoch der Widerstand gegen eine „christliche" Politik aus der SPD gekommen, wäre dies immer noch als eher materialistische Religionskritik überhaupt am Christentum ausgelegt worden. Heinemann favorisierte deshalb ein „Beiwagen"-Modell, in dem die GVP und andere Parteien wie der BHE und die FDP als Sozii der großen SPD die nötigen Stimmen aus dem bürgerlichen Lager holen konnten, um eine Mehrheit jenseits der CDU zu schaffen. „Ich sehe also die Notwendigkeit der GVP nicht in programmatischen Besonderheiten, sondern in ihren funktionellen Aufgaben"[113], schrieb er an Eppler.

Besonders mit diesem und einigen weiteren jungen schwäbischen GVP-Aktivisten war es zu Meinungsverschiedenheiten über den weiteren Weg der Partei gekommen. Anfang Oktober 1955 traten Eppler und zwei weitere schwäbische GVP-Mitglieder aus der Partei aus. Sie begründeten dies mit den völlig erfolglosen Aussichten der GVP:

> Zwar [war] die GVP ursprünglich … zu dem Zweck gegründet worden, dem Wähler in den für entscheidend gehaltenen Wahlen 1953 ein deutliches, nicht sozialistisches Nein zur Bonner Außenpolitik zu ermöglichen, so wird jetzt der umgekehrte Weg beschritten: man geht in die Wahl weil man Partei ist und Parteien in die Wahl gehen. Die Mehrzahl der Delegierten hat diesen Entschluss gefasst, obwohl sie weiß, dass in dieser Wahl keine Mandate zu holen sind. Von dieser Seite wird argumentiert, es komme nicht auf Mandate, ja nicht einmal auf den Erfolg an. Hier liegt doch ein Widerspruch. Solche Widersprüche könnte sich die GVP nur leisten, wenn Sie 1. Stammwähler hätte, die bereit wären, ihr zuliebe ihre Stimme immer wieder unter den Tisch fallen zu lassen, wenn 2. eine Partei beliebig viele Niederlagen nach innen und nach außen verkraften und wenn 3. das Anliegen dieser Partei von niemand anderes aufgenommen werden könnte."[114]

Eppler und seine Freunde kündigten an, in der SPD, die die deutschlandpolitischen Forderungen der GVP aufgenommen habe, mitzuarbeiten. In einem weiteren Brief beschwor Eppler Heinemann geradezu, seine Meinung zu ändern und von einem Weiterbestehen der GVP abzurücken.

---

[112]   Zit. in: SOELL, Erler, 286.
[113]   Schreiben vom 19.7.1955, AdSD NL Heinemann II/0693; vgl. auch MÜLLER, Volkspartei, 554.
[114]   Schreiben vom 4.10.1955, AdSD NL Heinemann II/0695.

Die „GVP steht auf ihren zwei Augen. Wo Sie ja sagen, sagt so schnell niemand nein. ... Sie erzählten, dass Sie Ollenhauer gegenüber die Meinung verträten, wir bekommen unsere 1 oder 2 % allemal, aber ihr bekommt ohne uns keine 51. Hier scheint mir ein eklatanter Rechenfehler vorzuliegen: Sie werden auf Dauer keine ernsthaften politischen Mitarbeiter finden, die bereit wären, ihre Kraft auf die erfolglose Sammlung von ein oder zwei Prozenten zu verwenden."[115]

Eppler schlug stattdessen vor, die GVP solle sich – ähnlich wie vordem die NG – in eine überparteiliche Organisation verwandeln und ihren Mitgliedern empfehlen, parteipolitisch mitzuarbeiten, wo sie ihre politischen Anliegen am besten vertreten sähen, „also wohl in der SPD".

Heinemann verfolgte aber in dieser Zeit weiter das Projekt, mit der bürgerlich-liberalen FDP, sowie dem BHE, dem Zentrum und der DP Kontakte zu knüpfen. Er konnte sich hier berechtigte Hoffnungen machen, mit den bisher eher der CDU nahestehenden Parteien einig zu werden, da im Zuge der Wahlvorbereitungen zur Bundestagswahl 1957 die Absicht der Union deutlich wurde, die kleineren und mittleren Parteien mittels Wahlrechtsänderungen auszutrocknen. Diese mussten sich also wehren.

Besonders bei der FDP schien Heinemanns Hoffnung sehr realistisch zu sein. Seit 1954 war Thomas Dehler Vorsitzender der Bundespartei. Mit ihm befand sich Heinemann in einem, wenn auch nicht von kritischen Untertönen freien, so doch insgesamt sehr respektvollen Verhältnis. Als Heinemann 1950 im Streit die Bundesregierung verließ, kritisierte auch Dehler ihn heftig für sein Verhalten. Im April 1952 schrieb Dehler schon versöhnlicher: „Ich verfolge Ihren Weg mit grosser Teilnahme, wenngleich er nicht der meinige ist."[116] Der Kontakt zwischen beiden blieb weiter bestehen. Zu einem Streit zwischen ihnen kam es allerdings, als Dehler, der für sein cholerisches Temperament berüchtigt war, einem zur GVP übergetretenen FDP-Mitglied vorwarf, die Grundlage der GVP sei „politische Charakterlosigkeit"[117].

Nachdem der im zweiten Kabinett Adenauer nicht mehr zum Minister berufene Dehler 1953 den Fraktions- und 1954 den Parteivorsitz der FDP übernommen hatte, entwickelte er sich bald vom Anhänger des Kanzlers zu dessen heftigem Kritiker, was besonders für die Deutschland- und Ostpolitik galt.[118] 1956 verließ die FDP, nicht zuletzt wegen der deutschlandpolitischen Differenzen, aber auch wegen der beabsichtigten Wahlrechtsänderungen, die Koalition mit der CDU/CSU. Heinemann bemühte sich jetzt verstärkt um eine Annäherung zwischen GVP und FDP. Am 16.10.1956 berichtete Dehler dem württembergischen FDP-Vorsitzenden Haußmann über eine Be-

---

[115] Schreiben vom 22.10.1955, AdSD NL Heinemann II/0695; daraus auch die nachfolgenden Zitate.
[116] Schreiben vom 7.4.1952, AdL N 1/30/9.
[117] Schreiben vom 23.12.1952, AdL N 1/30/9.
[118] WENGST, Dehler, 241ff.

gegnung mit GVP-Vertretern. Diese hätten mit ihm Kontakt aufgenommen und angeboten, auf die Aufstellung eigener Kandidaten zu verzichten, wenn auf die FDP-Liste „an aussichtsreicher Stelle einer ihrer Leute aufgestellt wird. …"[119].

Insgesamt hielt sich Dehler dem Werben Heinemanns gegenüber eher zurück. Immer wieder kamen jedoch von diesem dringliche Bitten um ein Gespräch. Wie tief Heinemanns Hoffnungen in der Zwischenzeit hinsichtlich der GVP gesunken waren, machte ein Brief des Hamburger FDP-Vorsitzenden Edgar Engelhardt an Dehler deutlich:

> „Dr. Heinemann hat mir direkt und indirekt zugegeben, dass er an einen Erfolg seiner Partei - trotz des hohen qualitativen Querschnitts der Mitgliedschaft und der doch nicht zu leugnenden Kraft der Aussage in dieser Partei - eigentlich nicht mehr glaube."[120]

Als Heinemann im April 1956 Dehler zu dessen allerdings glanzloser Wiederwahl als FDP-Vorsitzendem gratulierte und gleich hinzufügte, „lassen Sie mich bitte wissen, wann Sie den Zeitpunkt für gekommen erachten, unser Gespräch fortzusetzen"[121], war Dehlers Stern innerparteilich schon im Sinken. Nur mit Not hatte er Ende 1955 seine Abwahl als Vorsitzender der FDP-Bundestagsfraktion verhindert.[122] Das schwache Wahlergebnis zur Wahl des Vorsitzenden auf dem Bundesparteitag 1956 zeigte, dass Dehler „seit dem Frühjahr 1956 Partei- und Fraktionsvorsitzender auf Abruf"[123] war. Im Januar 1957 wurde Dehler in beiden Ämtern abgelöst. Das Projekt der Zusammenarbeit zwischen FDP und GVP war damit endgültig gescheitert.

Heinemann, dessen Verhandlungen mit dem Zentrum, dem BHE und der DP ebenfalls scheiterten, musste nun seinen Versuch aufgeben, die SPD für sein „Beiwagen"-Modell zu gewinnen.[124] Somit stand wieder die Frage eines Zusammengehens von SPD und GVP im Vordergrund. Diese Kontakte stockten aber. Innerhalb der SPD gab es zahlreiche Kräfte, die von einer Zusammenarbeit mit der GVP mehr Schaden als Nutzen befürchteten. Abermals wie in Rheinland-Pfalz zugunsten der GVP auf die Aufstellung eigener Kandidaten zu verzichten, war man nicht mehr bereit.[125]

Trotzdem bemühte sich Adolf Scheu weiter intensiv um eine Zusammenarbeit mit der SPD. Scheu hatte sich von Anfang an gegen Heinemanns Modell der Zusammenarbeit der kleinen Parteien gewandt und stattdessen

---

[119] Schreiben, AdL N1-30/9.
[120] Schreiben vom 23.4.1956, AdL N1-30/9.
[121] Schreiben, AdL N1-30/9.
[122] WENGST, Dehler, 279ff.
[123] Ebd., 29.
[124] KOCH, Heinemann, 480.
[125] Ebd., 482.

zielstrebig auf einen Übergang der GVP in die SPD hingearbeitet.[126] Auch Herbert Mochalski führte zahlreiche Gespräche, die das Ziel hatten, die GVP in die SPD zu führen.[127] Im Januar 1957 kam es dann zu offiziellen Gesprächen zwischen SPD und GVP, wobei die Vertreter der GVP allerdings mit unterschiedlichen Zielvorstellungen – Zusammenarbeit oder Aufgehen – in die Gespräche gingen. Die SPD bestand auf dem letzten Modell. Da gerade in diesen Tagen Dehler seine Ämter verlor, musste das Heinemanns politische Konzeption schwächen.

Bei einer Bundesvorstandstagung der GVP im Februar 1957 beschloss man, den Gremien der Partei die Selbstauflösung und den Übergang in die SPD zu empfehlen. Doch gerade der Kreisverband Siegerland-Wittgenstein, die alte Hochburg der Christlich-Sozialen, des CSVD und auf wesentlich geringerem Niveau auch der GVP, wehrte sich – wie innerlich auch immer noch Heinemann – gegen diese Entscheidung. Noch am 18.3.1957 hatte dieser in einem Rundschreiben an die kirchlichen Freunde Joachim Beckmann, Martin Fischer, Helmut Gollwitzer, Heinrich Grüber, Heinrich Held, Karl Immer, Hans-Joachim Iwand, Heinz Kloppenburg, Martin Niemöller, Heinrich Vogel und Ernst Wilm von der fast völligen Aussichtslosigkeit der Verhandlungen mit der SPD berichtet.[128] Aus dem Schreiben geht auch hervor, dass einige der Adressaten selbst auf eine Verbindung zur SPD hinarbeiteten und dementsprechende Kontakte suchten.[129] Heinemann führte aus, trotz der schlechten Aussichten hinsichtlich einer Einigung mit der SPD werde die GVP nicht zur Wahl antreten. In Siegen überlege man, ihn als unabhängigen Kandidaten zur Bundestagswahl aufzustellen. Heinemann war nicht dafür.

„So stehen also die Dinge. Einzelne unserer Freunde versuchen trotz dieser Situation das Gespräch mit der SPD doch wieder anzustoßen. Ich halte das aber für wenig aussichtsvoll, so sehr ich bedaure, dass viele gute Gründe ein anderes Ergebnis zu rechtfertigen vermöchten."[130]

Erst Ende April 1957 entschloss sich Heinemann nach langem Zögern zur Auflösung der Partei.[131] Auf dem letzten Bundesparteitag der GVP am 18./19. Mai 1957 wurde diese vollzogen. Allein Delegierte aus Hessen sowie der Kreisverband Siegerland-Wittgenstein stimmten dem Beschluss nicht zu.[132] Hier wurde das alte christlich-soziale Erbe im ehemaligen Kerngebiet der

---

[126] MÜLLER, Volkspartei, 563.
[127] Ebd., 564.
[128] AEKiR, Handakten Beckmann, A 58.
[129] Belegt ist dies von Helmut Simon (BUCHSTÄDT, Welt, 278), der aber hier nicht erwähnt wird.
[130] Ebd.
[131] MÜLLER, Volkspartei, 567.
[132] Schreiben vom 15.5.1957, AdSD NL Scheu, Nr. 65.

Stoecker'schen CSP, das von einem tiefen Misstrauen gegenüber der größeren und religiös nicht gebundenen SPD geprägt war, deutlich. Binnen eines Jahres traten dann doch die meisten Mitglieder des Siegerländer Kreisverbandes zur SPD über.[133]

Eine Interpretation des Gesamtweges des politischen Protestantismus in der NG und der GVP zeitigt mehrere Ergebnisse. Formal stellt sich die Entwicklung als ein langsames Ankommen in der Wirklichkeit des westdeutschen Parteienstaates dar. Dieser Weg lässt sich als ein geradezu nach dem System von „Versuch und Irrtum" aufgebauter Lernprozess beschreiben: Über eine Ergänzungsorganisation zu den politischen Parteien (Notgemeinschaft für den Frieden Europas) ging es hin zu einer eigenen Partei (GVP), die allerdings als „Ein-Punkt-Partei" der politischen Modernität nicht mehr entsprach. Über deren Erfolglosigkeit führte der Weg zurück zur Arbeit als politische Bewegung, wie sie die „Paulskirchen-Bewegung" der Atombewaffnungsgegner von 1957 darstellte. Durch deren mangelnde Resonanz bedingt, kam es zu Versuchen der parlamentarischen Koalitionsbildung und durch deren Erfolglosigkeit veranlasst, schließlich zum Verschmelzen mit der SPD, die ihrerseits auf dem Weg zur Volkspartei war. Die Motive – politische Partizipation und Anti-Parteien-Mentalität – sind dabei so verschmolzen, dass diese eigentümliche Mischung aus Modernität und Rückwärtsgewandtheit kaum auflösbar ist, sondern eben beide Elemente nur konstatiert werden können.

Zum anderen markieren NG und GVP auch die Emanzipation von Teilen des christlich-konservativen und christlich-sozialen Lagers vom Gedanken einer „christlichen Politik" oder einer „christlichen" Partei. Eine Emanzipation, die in einer Art Pendelschlag geradezu Formen der Aversion gegen das früher für richtig Gehaltene annahm. Damit wurde eine heftige Kritik aufgenommen, die besonders die bruderrätliche Fraktion des deutschen Protestantismus verbreitet hatte und die an anderer Stelle in der Arbeit noch dargestellt wird.[134] Im politischen Mainstream der Zeit befand man sich damit nicht, denn der Rekurs auf das „christliche Abendland" und in dem Zusammenhang eine „christliche" Politik erschien damals vielen als ein überzeugender Neuanfang nach der nationalsozialistischen Katastrophe.[135] NG und GVP formulierten hingegen mit der Absage an eine „christliche" Politik eine Abwendung von der Mentalität politischer Romantik, die den eigentlichen Modernisierungsschub im Protestantismus darstellte. Dass andernorts, etwa im EAK, diese „christliche" Politik nur noch verteidigt, nicht aber mehr offensiv vertreten wurde,[136] macht die Wirkung der GVP deutlich.

---

[133] MÜLLER, Volkspartei, 569 A. 43.
[134] Vgl. Kap. 12.3.
[135] Vgl. SCHILDT, Abendland.
[136] Vgl. Kap. 7.4.4.

Die Abendland-Rhetorik trat bald in der politischen Kultur der Bundesrepublik ebenso wie der demonstrative Bezug auf das Christliche in der Politik zurück, bzw. wurde, wie schon gezeigt, auch in der CDU zunehmend problematisch. Hier hat die GVP, indem sie der weltanschaulichen Überformung des Politischen wehrte, langfristige Entwicklungen der Modernisierung des protestantischen Politikbegriffes zweifelsohne gefördert.

9. Die „Deutsche Partei" (DP) als erfolgloser Versuch einer protestantisch geprägten Partei

Obwohl die Deutsche Partei (DP) sich nie dezidiert als eine protestantische Partei bezeichnete, muss sie jedoch unter die protestantisch dominierten Parteien gerechnet werden. Ihr Scheitern markiert das Ende konservativ-protestantischer Parteiformationen.

1945 als niedersächsische Landespartei (NLP) entstanden, knüpfte die NLP an die Deutsch-Hannoversche Partei (DHP) an, die in welfischer Tradition für ein von Preußen unabhängiges Königreich Hannover eintrat.[1] Die NLP forderte nach 1945 die Bildung eines Landes Niedersachsen in einem föderalistisch strukturierten Deutschland. Dabei gerierte sie sich als „eine christlich-konservative Rechtspartei"[2], die sich allerdings selbst in Niedersachsen gegen die ihr als bürgerliche Konkurrenzpartei entstandene CDU nicht durchsetzen konnte. Um das Wählerspektrum und die geographische Basis zu erweitern, benannte sich die Partei im Juli 1947 in „Deutsche Partei" um.

Die DP baute nun in ganz Norddeutschland eine Organisationsstruktur auf. Neben den bisher prägenden welfisch orientierten Politikern traten von diesen lokalen Traditionen unabhängige konservative Persönlichkieten hinzu, zu denen u.a. Hans-Joachim von Merkatz zählte.[3] Merkatz war, wie er sagte, „ein überzeugter Monarchist, weil ich die Monarchie für das größte Hindernis gegen die Diktatur halte."[4] Doch über seine Tendenz zur Monarchie hinaus vertrat von Merkatz unter den DP-Mitgliedern wohl am profiliertesten noch einmal die Positionen eines christlichen Konservatismus.

1949 kam die DP mit 17 Abgeordneten in den ersten deutschen Bundestag. In der Folgezeit entwickelte sich in der Partei eine immer stärkere Spannung zwischen den nach wie vor welfisch orientierten niedersächsischen

---

[1] Zur DP vgl. SCHMOLLINGER, Deutsche Partei, 1024ff.

[2] Ebd., 1028.

[3] Zu Merkatz vgl. STRELOW, Politik, 315ff. Merkatz, 1905 in Stargard/Pommern geboren, war von 1938 bis 1945 Generalsekretär im Ibero-Amerikanischen Institut in Berlin. 1946 wurde er Rechtsberater des Direktoriums (Vorstandes) der NLP, 1948/49 wissenschaftlicher Mitarbeiter der DP-Fraktion im Parlamentarischen Rat, 1949–69 MdB. Seit 1952 war Merkatz Mitglied des DP-Direktoriums, 1953–55 Vorsitzender der DP-Fraktion im Bundestag, ab 1955 stellvertretender DP-Vorsitzender. 1955 wurde er Bundesratsminister, 1956 zugleich Bundesjustizminister. 1960/61 war er Vertriebenenminister.

[4] Pariser Kurier, 27.7.1957.

Parteimitgliedern und den übrigen DP-Angehörigen. Bei letzteren zeichnete sich mit der Zeit immer deutlicher eine Tendenz zu rechtsextremistischen Positionen ab. Nachdem die Sozialistische Reichspartei (SRP) in Niedersachsen stark in die Wählerschichten der DP eindringen konnte, versuchte sich die DP als eine streng konservative Partei mit einer offenen Flanke hin zum Rechtsextremismus zu geben. Dieser Annäherungskurs an extremistische Kräfte trug in der Bundestagswahl 1953 keine Früchte. Die DP erreichte nur 3,3 % Wählerstimmen und gelangte nur durch von der CDU überlassene Mandate in den Bundestag. In der Folgezeit versuchte sich nun die DP wieder von den Rechtskreisen abzugrenzen und eine konservativ geprägte Politik zu entwickeln. Damit knüpfte sie an die ursprünglichen Traditionen der NLP und der DP an, wobei sich mittlerweile die welfischen Kreise von der Partei weitgehend abgewandt hatten. Wie einstmals die NLP in ihrer frühen programmatischen Äußerung „Der Weg zum Neuaufbau" betont hatte, dass „Christentum und christliche Moral"[5] für sie fundamental seien und die „Beachtung der sittlichen Weisungen des Christentums sowohl im Privatem also auch im öffentlichen Leben"[6] anzustreben sei, so legte die DP in Anlehnung an ihre 1952 beschlossenen „Grundsätze" wieder Wert darauf, das Christentum als „Grundlage des geschichtlichen Daseins der deutschen Nation"[7] und den Menschen als „Glied der von Gott gesetzten Schöpfungsordnung"[8] zu sehen. Der DP-Vorsitzende Heinrich Hellwege formulierte es so:

„Deutschland ist ein christlicher Staat. Das bedeutet: Das christliche Sittengesetz muß Richtschnur allen staatlichen Handelns nach Innen und Außen sein. Diese Forderung darf sich nicht in einer äußerlichen Anerkennung der christlichen Grundlagen der abendländischen Kultur erschöpfen, sondern muß in der täglichen Wirksamkeit des Staates auf allen Gebieten des politischen, wirtschaftlichen, kulturellen und sozialen Lebens seinen Ausdruck finden."[9]

Auch eine stärkere theoretische Fundierung und zeitgemäße Neuformulierung des christlichen Konservatismus wurde versucht. Hans Mühlenfeld, der DP-Fraktionsvorsitzende im deutschen Bundestag unternahm, dies in seinem Buch „Politik ohne Wunschbilder". Die politische Romantik des christlichen Konservatismus lebte hier noch einmal auf. Mühlenfeld grenzte sich von sämtlichen politischen Ideologien ab, die für ihn nur Krisenzeichen des 20. Jahrhunderts waren und die zur Katastrophe des Nationalsozialismus mit beigetragen hatten. Konservatismus bestand dagegen vielmehr in den Sinnprinzipien „Heimat, Grund und Boden, Eigentum, Familie, Sitte und Brauch, Tradition, Freiheit, Recht und Religion."[10] Mühlenfeld stand damit

---

[5] Zit. in: SCHMOLLINGER, Deutsche Partei, 1043.
[6] Ebd., 1044.
[7] Ebd., 1048.
[8] Ebd., 1048f.
[9] ACDP I-147–098/01.
[10] MÜHLENFELD, Politik, 326.

ganz in der konservativen Kulturkritik vergangener Jahrzehnte, die sich besonders in der Säkularismuskritik äußerte. Die mit der neuzeitlichen Aufklärung einsetzenden Entwicklungen waren auch für ihn eine Hybris gegenüber den göttlichen Forderungen.

„Die beiden Jahrhunderte, in denen die Ideologien solcher Hybris dadurch zur Geltung verhalfen, dass sie in Staat, Gesellschaft und Wirtschaft selbstherrlich entworfene Gegenbilder zu Natur und Geschichte zu realisieren versuchten, haben denn auch mit einem unermeßlichen Bankrott geendet, der offenbar eine Katastrophe des menschlichen Wesens selber darstellt."[11]

Dies alles war für ihn, ganz im Stil konservativer Theologie, ein göttliches „Gericht, dessen Strenge alle historischen Beispiele übertrifft."[12] Er beschloss sein Buch mit der Feststellung:

„Konservativ zu sein und in Theorie wie Praxis konservative Politik zu treiben, sagt mit einem Wort: auf die Welt als Schöpfung hin zu denken und zu handeln, in Zielen und Verfahren letztlich religiös bestimmt zu sein, als oberste Instanz einzig und allein Gott anzusehen und anzuerkennen. Die konservative Theorie führt also, konsequent zu Ende gedacht, mit Notwendigkeit zur religiösen Fundierung. Und ebenfalls mündet die konservative Praxis auch dann, wenn sie nicht auf dem Wegen des Denkens zu ihrer Theorie vordringt, aus der Tiefe des ungebrochenen Gefühls heraus in die religiöse Sanktion ihres Tuns und empfängt von dort her immer wieder Kraft und Mut, Geduld und Beharrlichkeit. Das Welt- und Lebensbild, dessen sie als Erfahrung der Wirklichkeit im Handeln inne wird, wurzelt ohne Umwege im Glauben an das jeweils eigene Recht und den jeweils besonderen Sinn aller Werke in der Schöpfung, deren ewigen Ansprüchen sich der Mensch beugen und anvertrauen muß, wenn er nicht an sich selbst zugrunde gehen will."[13]

Trotz dieser inhaltlichen Nähe zur Haltung konservativ-protestantischer Theologen hielt man sich in kirchlichen Kreisen gegenüber der DP weitgehend zurück. Dies wurde schon bei den Beratungen zum Grundgesetz im Parlamentarischen Rat deutlich, als die DP immer wieder versuchte, als besondere Sachwalter in kirchlicher Interessen aufzutreten. Als sich die DP im Zusammenhang mit den Auseinandersetzungen um die Schulfrage in Niedersachsen als „Hüterin des Protestantismus"[14] zu gerieren versuchte, stieß dies ebenfalls auf eine betonte Zurückhaltung des hannoverschen Landesbischofs Lilje. Sich als protestantische Partei zu geben, war jedoch auch innerhalb der DP umstritten, denn dies verhinderte eine dringend notwendige Basisverbreiterung der Partei, die nach Lage der Dinge in Süddeutschland gesucht werden musste.

---

[11] Ebd., 374.
[12] Ebd., 376.
[13] Ebd., 376f.
[14] MEYN, Deutsche Partei, 86ff.

Es blieb jedoch so, dass die DP eine vorwiegend evangelische Partei war. 81 % der DP-Wähler waren evangelisch.[15] Da jedoch auch die CDU in evangelischen Kreisen Zuspruch fand, gelang es der DP nicht, sich als *die* evangelische Partei zu positionieren, obwohl sie etwa auf Wahlplakaten mit einem Konterfei Luthers und dem Slogan „Den lassen wir uns nicht nehmen"[16] warb. Die Zurückhaltung kirchlicher Kreise lässt darauf schließen, dass man jedenfalls nicht an einer eigenen evangelischen Partei interessiert war. Die zeitweise Nähe der DP zum Rechtsextremismus trug zu dieser Distanz zusätzlich bei. Der DP gelang es in der Folgezeit nicht, sich zu stabilisieren. Verschiedene Parteifusionen hatten keinen Erfolg. Der Übertritt des stellvertretenden Parteivorsitzenden von Merkatz und anderer Führungsmitglieder 1960, der wohl wesentlich in machtpolitischem Opportunismus begründet war,[17] markierte dann auch das Ende für die DP, die sich 1961 faktisch auflöste.

Merkatz war in kirchlichen Dingen ebenfalls betont konservativ und betrachtete die politischen Entwicklungen in geschichtsphilosophischer Perspektive. Das betraf auch die Rolle der evangelischen Kirche in der DDR.

„Wie tapfer haben sich die christlichen Kirchen beider Konfessionen in der sog. DDR gehalten! Was haben sie und ihre Gläubigen nicht alles … erdulden müssen! … Noch steht aber das Christentum jenseits der Zonengrenze im Herzen von Millionen fest gegründet. Aber man sollte sich auch nicht täuschen. Der Kommunismus arbeitet in dieser Hinsicht auf lange Sicht. Längst hat er erkannt, dass er in dem Kampf gegen das Christentum in Mitteleuropa lange Zeit und systematisches Vorgehen benötigt. … Gewiß ist das Christentum östlich und westlich der Zonengrenze ein bedeutsames Bindeglied der Deutschen untereinander und ein wichtiges Element in der Frage der Wiedervereinigung Deutschlands. Es ist aber auch höchst wichtig, dass die Wiedervereinigung in absehbarer Zeit kommt. Sonst kann das Christentum als Bindeglied und Element für die Wiedervereinigung durch die ständigen Gefahren, dass es eines Tages zur Bedeutungslosigkeit herabsinkt"[18], ausfallen.

Merkatz, der mit seinem Übertritt zur CDU 1960 sicherlich wesentliche Wählerschichten der DP mit zur CDU geführt hatte, wurde bei der Regierungsneubildung nach der „SPIEGEL-Affäre" 1962 von Adenauer nicht mehr ins Kabinett berufen.

Das Scheitern der DP lässt sich auch als Versagen gegenüber den gesellschaftlichen Modernisierungstendenzen charakterisieren. Die DP wollte eine christlich-konservative ja sogar „protestantische" Politik gestalten, ohne zu merken, dass sie dafür keine Bündnispartner hatte. In kirchlichen Kreisen wurde einerseits die „christliche" Politik heftig angegriffen und andererseits gab es auch bei konservativen Kirchenleuten eine erhebliche Zurückhaltung

---

[15] Ebd., 109.
[16] Bösch, Adenauer-CDU, 183.
[17] Ebd., 187.
[18] Schriftstück, ACDP I-148–201/02.

bei der Unterstützung einer sich als evangelisch gerierenden Partei. Der christlich orientierten Wählerschaft schließlich genügte für ihre Ansprüche die CDU, die als interkonfessionelle Partei selbst erheblich moderner als die DP war und sich um der breiten Unterstützung in der Bevölkerung willen nicht mit dezidiert konservativen Theoriebildungen aufhielt. Im Scheitern der DP wurde klar, dass die politische Romantik als bindende Mentalität im konservativen Protestantismus nachließ.

10. Der politisch-protestantische Liberalismus und die Freie Demokratische Partei (FDP)

10.1. Der politisch-protestantische Liberalismus in der Spannung zwischen CDU und FDP

Der politische Liberalismus stand nach seinem Untergang am Ende der Weimarer Republik vor dem Problem, wie er sich neu organisieren sollte. Dabei bildete folgende Frage den Mittelpunkt der Überlegungen: Konnte das Projekt einer oder gar wie bisher zweier liberaler Parteien erneut gewagt werden? Drohte diesen nicht möglicherweise wie der DVP und der DDP/DStP das Schicksal einer Klein- oder Kleinstpartei? Die Alternative war, nun in einer großen bürgerlich strukturierten Formation Heimat zu finden. Die 1945 entstandene CDU musste gerade auf die Liberalen, die Religion und Kirche nicht fern standen, einen großen Reiz ausüben, schließlich hatte der Kulturprotestantismus einmal das Projekt einer „Christlichen Welt" (Martin Rade) vertreten. Schien die CDU nicht Ähnliches zu wollen? Hinzu kam für manche Liberale eine gewisse Selbstunsicherheit. Der Liberalismus als Idee war nach seinem Scheitern in Weimar keineswegs mehr unumstritten.

Gerade für die bewussten Protestanten im Liberalismus stellte sich diese Frage eines Eintritts in die CDU mit besonderer Dringlichkeit. Die ehemals enge Verbindung zwischen liberaler Theologie und dem politischen Liberalismus war längst zerbrochen. Männer wie Friedrich Naumann, Ernst Troeltsch, Otto Baumgarten und Martin Rade, die nach dem Zusammenbruch 1918 ganz wesentlich das Projekt einer liberalen Partei, die sich auch aus dem liberal-protestantischen Gesellschaftsbild speiste, entwickelt hatten, waren verstorben. Schon in Weimar war der Einfluss religiöser Liberaler deutlich zurückgegangen und der freisinnige Liberalismus klar dominierend geworden.[1] Nun befanden sich die liberalen Protestanten in einer doppelten Zwangslage. Die liberale Theologie hatte in den Augen nicht nur der kirchlichen Öffentlichkeit versagt. Der Schuldspruch, den besonders die Dialektische Theologie aussprach, war überdeutlich. Die liberale Theologie schien sich erledigt zu haben. Die Theologen um Karl Barth hatten nach eigener Einschätzung diese vermeintliche Fehlentwicklung liquidiert,[2] die nun zum

---

[1] Vgl. Kap. 2.2.
[2] GEYER, Krise, 155ff.

„Museumsstück"[3] geworden war. Letztlich konnte von einer liberalen Theologie 1945 in der Tat kaum noch gesprochen werden. Andererseits hatte auch der politische Liberalismus am Ende von Weimar versagt. Unter den Bedingungen des Zusammenbruchs und der sich daraus entwickelten These der Säkularisierung bzw. der Säkularismuskritik musste also ein christlich fundiertes Gesellschaftsbild auf die religiös liberal Gesonnenen einen starken Einfluss ausüben. Im Hinblick auf das Zerbrechen liberaler Werte unter dem Ansturm des Totalitarismus öffneten sich viele Liberale für den Gedanken einer auf christlichen Grundlagen fundierten Politik. Sie knüpften damit an das alte deutsche Erbe eines im europäischen Vergleich relativ am wenigsten antikirchlichen Liberalismus an,[4] der sich neben einer betont freisinnigen Linie immer gehalten hatte.

Emil Dovifat, einer der liberalen Mitbegründer der CDUD, brachte es auf die Formel:

„Nicht zu uns gehört: Der Liberale …, dem schon bei dem Begriff ‚christlich' eine Gänsehaut über den Rücken läuft, und wer nicht erlebte, wie hier eine der widerstandsstärksten Abwehrkräfte gegen die Fluten des Hitlertums sich aufstaute und blühende seelische Provinzen rettete, der gehört nicht zu uns."[5]

Viele politisch-protestantische Liberale wie Dovifat gingen jetzt in die CDU, so etwa Otto Boelitz, in der Weimarer Republik kulturpolitischer Sprecher der DVP,[6] der jetzt Mitbegründer der CDU in Soest und Vorsitzender der „Evangelischen Tagung" von Westfalen wurde.[7] Weiter ist Ferdinand Friedensburg[8] zu nennen, früher ein profiliertes Mitglied der DDP, jetzt wurde er Mitbegründer der Berliner CDU und zusammen mit Louise Schröder letzter Bürgermeister von Groß-Berlin. Ebenso zu erwähnen ist auch Ernst Lemmer, in Weimar DDP-MdR, nun nach Hermes' und Schreibers Sturz zusammen mit Kaiser Vorsitzender der CDUD.

In der Folgezeit blieben denn auch dezidiert christlich gebunden oder gar kirchlich engagierte Protestanten in der FDP in der Minderheit. Es verwundert nicht, dass durch das Fernbleiben der christlichen Liberalen die Mehrheitshaltung in der FDP kirchenkritisch war,[9] da das freisinnige Element dominierte.

---

[3] WERBLOWSKY, Theologie, 154.
[4] NIPPERDEY, Geschichte 1800–1866, 188.
[5] Zit. in: FROMMELT, CDU, 18.
[6] BRICKWEDE, Frühgeschichte, 82. Von 1923 bis 1925 war Boelitz preußischer Kultusminister und Mitglied des Preußischen Landtages bis 1932.
[7] SCHMEER, 337ff.
[8] Friedensburg hatte offensichtlich engen Kontakt zu seinem Parteifreund Martin Rade (vgl. Briefwechsel BAK 1114/25). Nach dem Kapp-Putsch 1923 schloss er sich der DDP an. Im Soge des Unterganges der Weimarer Republik und mit ihr des politischen Liberalismus hatten Versuche Friedensburgs, eine politische Sammlungsbewegung von Liberalen und Konservativen zu schaffen, keinen Erfolg (FROMMELT, Friedensburg, 215).

Was sich hier an einzelnen Personen zeigt, ergab sich auch strukturell. Der politisch-protestantische Liberalismus war oft bereit, zugunsten einer breiten bürgerlichen Sammlungspartei von dem Projekt einer liberalen Partei Abstand zu nehmen. Die zunächst noch fließenden Abgrenzungen zwischen Freien und Christlichen Demokraten sind im Zusammenhang der Darstellung der regionalen CDU-Gründungen schon beschrieben worden, so dass auf eine Wiederholung hier weitgehend verzichtet werden kann.[10] Doch sollen hier die entsprechenden Entwicklungen, Problemstellungen und Hemmungen noch einmal kurz aus Sicht der Liberalen beleuchtet werden.

Gerade die erste christlich-demokratische Parteigründung in Deutschland, die CDUD in Berlin, hatte in ihrer frühen Phase unter dem Vorsitz von Andreas Hermes einen durchaus beachtlichen Anteil liberaler Politiker in ihren Reihen. Zu ihnen zählten etwa die schon genannten Ferdinand Friedensburg und Ernst Lemmer sowie Otto Nuschke und Walther Schreiber. Da die ehemaligen liberalen Parteimitglieder weit überwiegend Protestanten waren, floss in die neue, nun konfessionsübergreifend organisierte christlich-demokratische Partei, ein besonderes liberal-protestantisches Element ein. Dass die Liberalen sich nicht an der fast zeitgleich stattfindenden Gründung einer DDP in Berlin beteiligten, dürfte in der völlig zerstörten Reichshauptstadt zunächst an der mangelnden Kenntnis dieser Parteigründung gelegen haben. Die Gründungsväter der Berliner DDP, die ehemaligen Reichsminister Eugen Schiffer und Wilhelm Külz sowie dessen Schwiegersohn Waldemar Koch,[11] erfuhren wenige Tage nach der CDUD-Gründung von der neuen Partei. Ein kurz darauf geführtes Gespräch zwischen Koch und Schreiber über eine mögliche Fusion führte zu keiner Einigung. Koch kritisierte besonders die christliche Basis, auf die sich die CDUD gestellt habe, während Schreiber seinerseits auf einem Anschluss der DDP an die CDUD bestand. Damit trennten sich die Wege der ehemaligen Parteigefährten, und gleichzeitig ging mit der Entstehung einer christdemokratischen und einer liberaldemokratischen Partei (LDP), wie sich die DDP bald – in bewusster Abgrenzung gegen die Christdemokraten nannte[12] – ein Riss durch den politischen Protestantismus, der sich fast überall zeigen sollte.

Anders gelagert war die Entwicklung im Rheinland. Hier waren zunächst unabhängig von einander zwölf liberale Parteien gegründet worden.[13] Von

---

Friedensburg, 1933 zwangspensioniert, wurde 1935 und 1940 wegen angeblicher Vergehen inhaftiert. Friedensburg schloss sich, ohne Anhänger von Barth zu sein, der Bekennenden Kirche an. (FRIEDENSBURG, Lebenserinnerungen, 233)

  [9] Vgl. HAMM-BRÜCHER, Mut, 124ff.
  [10] Vgl. bes. Kap. 7.1.3.1.; 7.1.4.; 7.1.6.1.
  [11] HEIN, Milieupartei, 28ff.
  [12] Ebd., 29f.
  [13] Ebd., 141ff.

einem gewissen Interesse sind hier die liberalen Parteigründungen in Wuppertal und Essen. In Wuppertal war mit dem „Bürgerkomitee" eine zunächst liberal gesonnene Gruppierung entstanden, die schnell in das Kraftfeld einer dezidiert „christlich" orientierten Politik, wie sie Hermann Lutze und Otto Schmidt vertraten, geriet. Doch auch hier setzte sich der Sammlungsgedanke nicht durch. Während Klaus Brauda, der Vorsitzende des „Bürgerkomitees", der CDU beitrat, entschloss sich eine andere Gruppe, eine eigene liberale Partei, die „Demokratische Partei Wuppertals", zu gründen.[14]

Die in Essen „liberal-demokratisch" genannte neue Partei formierte sich dort um den Justizrat Viktor Niemeyer, der im Kaiserreich zu den Nationalliberalen gehört hatte und 1918 in Essen die DDP mitbegründete. Die Unterschiede zu den Christdemokraten wurden hier bald deutlich. Im Aufruf und im ausführlichen Programm der LDP vom November 1945 war außer der klassisch liberalen Forderung nach der Freiheit des religiösen Bekenntnisses kein religiöser Bezug oder gar eine Geschichtstheologie wie bei vielen CDU-Programmen zu erkennen.[15] Von daher war es nicht verwunderlich, dass Gustav Heinemann, der 1926 mit Niemeyer eine Anwalts-Kanzlei gegründet hatte,[16] sich hier nicht engagierte.[17] In der Regel gingen die rheinischen Liberalen eigene Wege, so dass es hier kaum zu weiterreichenden Entwicklungen hin auf eine große bürgerliche Sammlungspartei kam. Möglicherweise fühlten sich die protestantischen Liberalen auch von den ehemaligen Zentrumsleuten, die auf eine stolze Tradition blicken konnten, so unterschieden, dass dieser Versuch gar nicht erst unternommen wurde.

In Norddeutschland sahen die Verhältnisse von der konfessionellen Seite her anders aus, da diese Region protestantisch geprägt war. Im zunächst politisch weitgehend wiederhergestellten Land Oldenburg waren in den nördlichen und mittleren Kreisen des ehemaligen Freistaates, der zu 92,2 % protestantische Einwohner hatte, die traditionellen Hochburgen des politischen Liberalismus. DDP und DVP hatten hier in der Weimarer Zeit Spitzenergebnisse erzielt, so zum Beispiel im späteren Kreis Ammerland, wo auf die beiden liberalen Parteien bis zu 3/4 der Wählerstimmen entfielen. Trotzdem wurde die im September 1945 auf Initiative von Theodor Tantzen konstituierte „Demokratische Union" (DU) nicht zuletzt durch das schon geschilderte Umschwenken zahlreicher Protestanten zur CDU faktisch paralysiert.

Auch in der ehemaligen Provinz Hannover, deren protestantischer Bevölkerungsanteil bei 83,8 % lag,[18] etablierte sich zunächst eine Demokratische Union, die in liberaler Tradition stand, die aber wie andernorts weit ins kon-

---

[14] ALBERTIN/GRINGMUTH, Liberalismus 22; HEITZER, CDU, 59f.
[15] ALBERTIN/GRINGMUTH, Liberalismus, 9ff.
[16] Verträge und Schriftwechsel 1926, AdSD NL Heinemann I.
[17] HEIN, Milieupartei, 142.
[18] Im Jahr 1925, vgl. HEIN, Milieupartei, 112.

servative Lager hinein greifen wollte. Nachdem Anfang 1946 der FDP-Zonenverband gegründet wurde, benannte man sich in FDP um.[19] Im März 1946 kam es zu einem Treffen von Vertretern der CDU, der Niedersächsischen Landespartei (NLP) und der FDP. Die Gespräche wurden allerdings von der CDU aus einer Position der Stärke heraus geführt. Die CDU-Vertreter forderten, bei einem Zusammenschluss der drei Parteien müsse der Name „CDU" übernommen werden. Damit scheiterte dieser Versuch.[20]

In Bremen mit einer Bevölkerung von 84,9 % Protestanten[21] war am 28.10.1945 die Bremer Demokratische Volkspartei (BDV) ebenfalls als übergreifend bürgerlich konzipierte Gruppierung begründet worden. Vorherrschend jedoch waren die liberalen Strömungen.[22] Durch die Entstehung der CDU, an der maßgeblich ehemalige CSVD-Mitglieder beteiligt waren, wurde die Partei ganz erheblich geschwächt. 1946 spaltete sich dann noch eine weitere Gruppe ab, die sich als FDP etablierte. BDV und FDP in Bremen schlossen sich erst 1951 zusammen.[23]

In Hamburg war im Mai 1945 mit dem „Bund freies Hamburg" eine liberale Partei gegründet worden. Zunächst hatte man auch hier an eine übergreifende politische Gruppierung gedacht, die nach dem Muster der englischen Labour-Party bis weit in das sozialistische Spektrum hineingreifen sollte.[24] Erst nachdem diese Versuche sich als aussichtslos erwiesen, nahm man Kontakte mit einer katholischen Gruppe auf, um nun eine bürgerliche Partei zu formieren. Diese kam nicht zustande, da die Zentrumsmitglieder auf einer dezidiert sich christlich nennenden Partei bestanden.[25] So etablierte sich in Hamburg eine liberale Partei, die Partei der Freien Demokraten (PDF).

Die aus der ehemaligen DVP kommenden Mitglieder hatten sich im „Vaterstädtischen Bund Hamburg" zusammengefunden. Der VBH versuchte zunächst alle Parteien rechts von der CDU zusammenzufassen. Nachdem der VBH über die Integration einiger rechtsstehender Kreise aber nicht hinaus gekommen war, schloss er sich 1946 der CDU an. Am 26. Juni 1946 war zudem schon ein großer Teil der sogenannten „Fraktion der Parteilosen" – ein ebenfalls eher liberal gesonnener bisher politisch unabhängiger Block der Hamburger Bürgerschaft – der CDU beigetreten. Zu den Übergetretenen gehörte u. a. Gerd Bucerius. Damit war die zunächst aus der kleinen Zentrumsgruppe in Hamburg entstandene CDU bei weitem gegenüber den

---

[19] Ebd., 116.
[20] Ebd., 121f.
[21] Ebd., 75.
[22] Ebd., 78.
[23] Ebd., 81.
[24] Ebd., 88.
[25] Ebd., 89.

anderen bürgerlichen Kräften dominierend geworden. Auch hier hatte sich die Spaltung des protestantischen Lagers wieder bemerkbar gemacht.

Ähnlich war die Entwicklung in Schleswig-Holstein, das zu 88 % protestantisch war und über einige liberale Hochburgen verfügte. Nachdem sich die im Januar 1946 gegründete liberal und christlich-demokratisch geprägte „Demokratische Union" auf Zonenebene der CDU angeschlossen hatte, trat der linksliberale Flügel aus der Partei aus und gründete einen eigenen FDP-Landesverband.[26]

Die Auseinandersetzungen um die Frage, ob es zu einem umfassenden Zusammenschluss der bürgerlichen Gruppierungen in einer Partei kommen solle oder ob es besser sei, neben der christlich-demokratischen auch eine eigene liberale Partei zu favorisieren, setzte sich auf zonaler Ebene in der Britischen Zone fort. Auf einer Tagung am 8/9.1.1946 in Opladen wurde die Freie Demokratische Partei in der Britischen Zone gegründet. Zum ersten Vorsitzenden wählten die Delegierten Wilhelm Heile.[27] Heile selbst war typisch für einen der Kirche entfremdeten liberalen Protestantismus. In jungen Jahren bereits war er aus der evangelischen Kirche ausgetreten.[28] Trotzdem stand er dem Wirken der Kirche grundsätzlich aufgeschlossen gegenüber.[29] In seiner Ansprache anlässlich der Gründung der Zonenpartei machte Heile sein politisches Weltbild deutlich. Gerade in der Stellung zur Religion und zu den Kirchen wurde – vergleicht man diese Rede mit zeitgenössischen Äußerungen anlässlich von CDU-Gründungen, etwa der von Otto Schmidt anlässlich der Begründung der rheinischen CDU[30] – deutlich, wie der liberale Standpunkt gegenüber diesen Institutionen war. So forderte Heile Achtung gegenüber der Religion und den Kirchen, ja er forderte, „daß ein religiöses starkes Dröhnen durch unser Volk"[31] gehe. Im übrigen beließ er es bei ein paar knappen Appellen an die „Anständigkeit" der Menschen. Dies war der durchschnittliche liberal-protestantische Standpunkt, der sich den kirchlichen Bekenntnissen entfernt hatte, aber trotzdem den religiösen Institutionen als Kulturträgern mit Achtung und Respekt gegenüber stand. Dass sich von hieraus kaum ein Weg zu einer dezidiert christlich fundierten Politik und Partei finden lassen würde, war klar.

Trotzdem versuchte Heile das Projekt einer übergreifend bürgerlichen Partei zu fördern. Sofort nach dem Gründungstreffen in Opladen wandte er sich in einem Schreiben an Theodor Steltzer.

---

[26] Ebd., 100.
[27] SCHRÖTER, FDP; zu Heile vgl. auch die – allerdings stark „hagiographische" – Darstellung von LUCKEMEYER, Heile, 30.
[28] Vgl. zum Lebensweg LUCKEMEYER, Heile, 34.
[29] LUCKEMEYER, Heile, erwähnt dies nicht. Es geht jedoch aus den folgenden Dokumenten deutlich hervor.
[30] Vgl. Kap. 7.1.2.3.
[31] Zit in: SCHRÖDER, FDP, 31.

Nachdem „sie das Wörtchen ‚christlich' in dem von ihnen gewählten Parteinamen ohne große Bedenken haben fallen lassen [gemeint ist die schleswig-holsteinische DU, M.K.], sollte es ihnen auch nicht schwer fallen, den nach langen Kämpfen in Opladen gefundenen gemeinsamen Namen „Freie Demokratische Partei" auch für ihre Gruppe zu übernehmen. Ich freue mich, dass sie nicht darauf bestehen, für solches Denken und Wollen im Parteinamen die Autorität des Christentums in Anspruch zu nehmen. Wir beide sind aus verschiedener Einstellung zu dem, was als historische Wahrheit zu gelten hat, zu einer verschiedenen Einstellung zu Christentum und Kirche gekommen. Ich war und bin ein entschiedener Freund der Kirche als Idee und wünsche nichts sehnlicher, als dass unsere Kirchen imstande sein möchten, unser Volk mit religiösen Kräften zu durchdringen. Darum, dass ich zu meinem Bedauern aus meinen Erfahrungen heraus trotz meiner Freundschaft mit so vielen führenden Männern des kirchlichen Christentums von meinen Jugendeindrücken, dass die Kirche von heute den Menschen Steine statt Brot gibt, nie losgekommen bin, bin ich doch keineswegs, wie sie anzunehmen scheinen, zum Verächter der Kirche geworden. Ich bin überzeugt, dass nicht bloß unser Volk, sondern dass auch die christliche Kirche unserer Tage eine entscheidende Schicksalsstunde durchlebt. Wenn die Männer der Kirche jetzt die Weitherzigkeit und Warmherzigkeit aufbrächten, so manchen historisierenden Ballast als Ballast zu betrachten und behandeln, würde es jetzt möglich sein, die abendländische Menschheit zu einer religiös-kulturellen Gemeinschaft zusammen zu führen."[32]

Anfang Februar 1946 wandte sich der FDP-Vorsitzende mit seinen Fusionsplänen auch an seinen CDU-Kollegen Adenauer. Adenauer reagierte „wie elektrisiert"[33] und sandte ein positives Antwortschreiben, in dem er aber auch schon auf Differenzen hinwies. Besonders aber in der Frage der Namensgebung erwies sich Adenauer als flexibel:

„Aus Ihrem Schreiben an Herrn Oberpräsidenten Steltzer vom 13.1.46 scheint mir hervorzugehen, dass Ihnen das Wort ‚christlich' im Parteinamen nicht gefällt. Ich bitte aus dem zur vertraulichen Kenntnis beigefügten Programmentwurf zu sehen, wie das Wort gemeint ist. Wir wollen keine Religionsgemeinschaft oder wie dgl. sein. Wir verlangen nicht von unseren Mitgliedern, dass sie sich zu einem bestimmten christlichen Bekenntnis bekennen. Denn wir sind eine politische Organisation und wollen nichts anderes sein. Unsere Partei steht jedem offen, der sich zur christlich-humanistischen Weltanschauung und den ethischen Grundsätzen des Christentums bekennt. Wir erblicken wie Sie in der materialistischen Weltauffassung den Todfeind des deutschen Volkes und überhaupt Europas, ihn wollen wir bekämpfen, der materialistischen Weltauffassung die christliche, seinen Grundsätzen die der christlichen Ethik, gegenüberstellen. ... der Name Ihrer Partei scheint uns das wesentliche auch Ihrer Auffassung nicht genügend zur Darstellung zu bringen, der Name ‚Christlich-Demokratische Union' scheint uns besser zu sein. Ich meine, wir müßten zueinander kommen. Es steht zuviel auf dem Spiel für unser Volk. Ich unterschreibe jedes Wort, das Sie darüber sagen."[34]

---

[32] Schreiben 13. Januar 46, BAK 1132/39.
[33] SCHWARZ, Adenauer I, 510.
[34] Schreiben vom 14.2.1946, BAK 1132/39.

Adenauer legte dem Schreiben sein zu diesem Zeitpunkt noch „privates" Parteiprogramm, das später in Neheim-Hüsten angenommen werden sollte[35] und nicht das in Geltung stehende Rheinisch-Westfälische Programm bei. Ebenso angefügt wurde eine Abschrift des schon genannten Briefes an Schlange-Schöningen,[36] in dem Adenauer sich gegen dessen Auffassung der CDU als Rechtspartei wandte.

Ein Treffen mehrer FDP-Mitglieder mit Adenauer am 2. März 1946 in Rhöndorf endete jedoch ohne Ergebnis.[37] Der entscheidende Grund war, dass man sich nicht auf die Namensgebung einigen konnte. Adenauer bestand – obwohl er vorsorglich in seinem Brief eine sehr „weiche" Interpretation gegeben hatte – auf der Firmierung der Partei als „christlich". Heile und die übrigen FDP Mitglieder konnten sich dazu nicht verstehen.

Heile schrieb enttäuscht an Steltzer:

„Lieber Herr Steltzer, die Verhandlungen mit Adenauer haben ergeben, dass A. mit mir in allen für absehbare Zeit wesentlichen Punkten einig ist. Der Zusammenschluß der beiden Parteien scheint auch ihm nötig. Er stellt aber eine Bedingung, die unerfüllbar ist. Indem er verlangt, dass die neue gemeinsame Partei den Namen seiner Partei „C.D.U." bekommt. Diese Bedingung kann ich bei meinem Parteivorstand nicht durchsetzen, weil sie als Unterwerfung unter [Adenauer angesehen wird; unleserlich M.K.] … soll es wirklich so weit kommen? Teilen Sie Adenauers Standpunkt?"

Steltzer antwortete mit dem Vorschlag, sich zu einer „Arbeitsgemeinschaft Demokratische Union zusammenschließen? Wir dürfen am C nicht alles platzen lassen."[38]

Es sollte weder zu der Arbeitsgemeinschaft noch zur Parteifusion kommen. Mit Heiles bald erfolgter Isolation in der FDP waren diese Pläne endgültig ohne Perspektive. Die FDP in der britischen Besatzungszone hatte in der Folgezeit wie andernorts mit dem Vorwurf zu kämpfen, es handle sich um eine eigentlich a-christliche Partei.[39]

In Hessen, das zu zwei Dritteln protestantisch geprägt war, kam es nicht zu einer geplanten Zusammenfassung der bürgerlichen Kräfte in einer Partei. Hier waren teilweise die Ansätze von Anfang an zu unterschiedlich. Dies lässt sich besonders am Beispiel Frankfurts zeigen. Die dortige LDP war de facto eine Rechtspartei, während die Frankfurter CDU mit sozialistischen Thesen sympathisierte. Auch in anderen Gebieten kam es kaum zu einer Zusammenarbeit.

Am deutlichsten spielte sich der innerprotestantische Konflikt hinsichtlich der Frage einer liberalen oder christdemokratischen Partei in Württemberg ab. Hier war sowohl eine Hochburg des CSVD als auch des politischen

---

[35] Vgl. Kap. 7.1.2.5.
[36] Vgl. Kap. 7.1.4.2.
[37] SCHRÖDER, FDP, 114.
[38] Schriftwechsel, BAK 1132/39.
[39] ALBERTIN/GRINGMUTH, Liberalismus, 301.

Liberalismus. Am 18.9.1945 wurde in Stuttgart durch den Rechtsanwalt Wolfgang Haußmann und den früheren DStP-Vorsitzenden Reinhold Maier eine „Demokratische Volkspartei" (DVP) gegründet. Diese sah sich dem schwäbischen Liberalismus verpflichtet. Ein Erbe, dass keineswegs dezidiert „freisinnig" war, sondern auch dem Religiösen bzw. der Kirche Achtung nicht versagte.[40]

Der Gedanke, eine übergreifende bürgerliche Sammlungspartei zu gründen, fand in Württemberg keinen Widerhall. Im August 1945 hatte eine Zusammenkunft, die zur Gründung einer überkonfessionell angelegten CDU führen sollte und an der auch Haußmann teilnahm, zu keiner Einigung geführt, da sowohl die Zentrums-Vertreter wie die Mitglieder des früheren CSVD auf einer dezidiert christlichen Fundierung der Partei im Namen und im Programm bestanden.[41] Dazu waren die Liberalen nicht bereit. Offensichtlich hielten die DVP-Gründer die Basis für eine eigene liberale Partei in Württemberg für ausreichend. Dabei sah man die Klientel der Partei in der „Masse liberal-protestantischer Bürger, die dem Pietismus, also auch dem christlichen Volksdienst, genauso fern standen wie dem politischen Katholizismus."[42] In der Tat gelang es der DVP mit einem Programm, dass im wesentlichen ein „Kompendium altliberaler Gemeinplätze"[43] bot, sowohl die früheren Mitglieder der DDP wie auch der DVP weitgehend zu sammeln.

Eine Woche nach Entstehung der DVP fand ebenfalls in Stuttgart die Gründung der Christlich Sozialen Volkspartei (CSVP) statt. Damit war auch in Württemberg der politische Protestantismus wiederum gespalten. Dies war aufgrund der traditionellen Gegnerschaft zwischen protestantischen Liberalen und Pietisten nicht überraschend. Zu sehr blieb man in den alten konfessionell, bzw. innerkonfessionell geprägten Differenzen haften.

---

[40] So legte Haussmann noch 1952 in einem Brief an Oberkirchenrat Karl Hartenstein dar: „Obwohl wir von der D.V.P. entschieden auf christlichem Boden stehen, haben wir es bewußt abgelehnt, dies in unserem Parteinamen zum Ausdruck zu bringen, denn wir wollen das Christentum weder zur Parteisache machen, noch für uns in Beschlag nehmen." (Schreiben vom 4.3.1952, LKAS D 32/57) Die wohlwollende Stellung zum Christentum galt auch für die führenden Männer der wiederbegründeten Partei. So schreibt Reinhold Maiers Biograph Matz etwa im Blick auf Maier: „Religiöse Erziehung und Konfirmation waren gesellschaftliche Notwendigkeiten. Sie wurden als solche propagiert und akzeptiert. Ob sie aber den Keim legten für spätere Religiosität und christliche Lebensanschauung, mußte die Zukunft weisen. Im Falle von Reinhold Maier scheinen sie diesen Keim gelegt zu haben. Jedenfalls betrachtete er sich immer, obwohl er kein Kirchgänger war, als gläubigen evangelischen Christen. Belege für ernsthafte Zweifel oder tiefe Glaubenskrisen gibt es nicht. Wie tief der christliche Glauben in ihm jedoch verankert war, ob und gegebenenfalls in welchem Umfang bloße Konvention ihn bestimmte, muß in Zweifel stehen. In Stunden des Leids, der Schwäche und der Verletztheit suchte er jedenfalls kaum je nach seinem barmherzigen Gott, sondern vertraute der Kraft, die aus dem Gleichmut der antiken Stoa strömt." (MATZ, Maier, 33)

[41] HEIN, Milieupartei, 43.

[42] WIECK, Demokraten, 148.

[43] ADAM, Liberalismus, 221.

Allerdings blieb dieser Abgrenzungskurs der Stuttgarter Liberalen nicht unwidersprochen. In Nordbaden war erfolgreich der Versuch gemacht worden, liberale und christlich orientierte Politiker in einer Partei zusammenzuschließen. Dies geschah etwa in Mannheim, wo ehemalige Zentrumsmitglieder und Protestanten sich zu einer gemeinsamen politischen Gruppe vereinigten.[44] In Heidelberg vertrat der damals dort ansässige Theodor Heuss ebenfalls den Gedanken eines Zusammenschlusses zu einer konfessionsübergreifend angelegten bürgerlichen Zusammenarbeit in einer Partei. Nachdem Heuss allerdings nach Stuttgart übersiedelte, um in die Landesregierung einzutreten, zerschlugen sich derartige Pläne. Es entstand vielmehr auch hier eine liberal ausgerichtete Demokratische Volkspartei und eine Christlich – Soziale Partei.

Einzig in Heuss' Heimatstadt Heilbronn kam es zu einer nennenswert anderen Entwicklung. Unter seinem Einfluss gelang es hier tatsächlich, eine übergreifende Partei zu gründen, die de facto jedoch aus den ehemaligen Mitgliedern der DDP und denen des Zentrums bestand. Diese Entwicklung hin zur „Volkspartei" erklärte sich aus dem liberalen Übergewicht in Heilbronn, während es den wenigen katholischen Kräften offensichtlich nicht möglich war, sich selbst zu organisieren. Dass die Heilbronner Volkspartei in ihrem Parteinamen wie auch in ihrem Parteiprogramm völlig auf die Betonung eines christlichen Fundamentes in der Parteiarbeit verzichtete, spricht für die Schwäche des politischen Katholizismus, da dieser sonst selbstverständlich auf einer solchen Fundierung bestand. Heuss, der gegenüber einem befreundeten Journalisten die aufschlussreiche Bemerkung machte, sei er zur Zeit der Gründung der CDUD in Berlin gewesen, hätte er sich wohl in ihr engagiert,[45] riet noch „Mitte Oktober 1945 … überzeugt liberalen Kräften, sich den neuentstehenden Christdemokraten anzuschließen."[46]

Mit seiner Sammlungs-Konzeption konnte Heuss sich in Württemberg letztlich nicht durchsetzen. Zwar gab es in der Landeshauptstadt „für mehrere Monate eine zweigleisige Entwicklung der DVP"[47], dass heißt der Zusammenschluss mit der Christlichen Volkspartei wurde nicht grundsätzlich ausgeschlossen, doch kamen bei der Gründung der DVP-Landespartei am Dreikönigstag 1946 die Verfechter einer exklusiven Konzeption eindeutig in eine Mehrheitsposition. Im Dezember 1945 waren noch einmal, besonders die Heilbronner Volkspartei hatte sich dafür stark gemacht, Gespräche zu einem Zusammenschluss von CSVP und DVP geführt worden. Heuss und der CSVP-Vorsitzende André hatten sich darauf geeinigt, für die bevorstehenden Gemeindewahlen in Nordwürttemberg einen gemeinsamen Aufruf der

---

44 WIECK, Demokraten, 124ff.
45 HEIN, Milieupartei, 49.
46 ADAM, Liberalismus, 223.
47 HEIN, Milieupartei, 53.

beiden Parteien herauszubringen, in dem die „christlich-abendländische Bindung"[48] der jeweiligen Gruppen deutlich werde. Nach der Konstituierung der Landes-DVP wurden die Gespräche dann jedoch im Januar 1946 ergebnislos abgebrochen. Dies lag nicht nur an dem von der DVP vertretenen Ansatz, letztlich doch eine eindeutig liberal geprägte Partei zu gründen. Auch auf Seiten der ehemaligen CSVD-Mitglieder war keine große Bereitschaft vorhanden, mit den liberalen Konfessionsbrüdern zusammenzugehen, weil ihnen „der Liberalismus der politische Gegner war und blieb"[49]. In Leonberg, Heidenheim und Esslingen waren in Anlehnung an das Vorgehen in Heilbronn ebenfalls sogenannte Volksparteien gegründet worden. Mit dem definitiven Beschluss, keine übergreifende politische bürgerliche Sammlungspartei zu etablieren, mussten sich nun diese Formationen für eine der beiden Richtungen entscheiden. Mit Ausnahme von Heilbronn, wo die Mitglieder weitgehend zur DVP wechselten, gingen die Angehörigen der anderen Volksparteien zur CDU.[50]

Auf Zonenebene wurde die FDP am 28./29. 9. 1946 in Heppenheim gegründet.[51] Die Frage eines Zusammengehens mit der CDU stand nicht mehr zur Debatte. Dies hatten die Entwicklungen auf regionaler Ebene wie auch in der Britischen Zone deutlich gemacht.

In Bayern vollzog sich die Gründung einer liberalen Partei schleppend. Die traditionell ungünstigen Vorraussetzungen für den politischen Liberalismus in dem katholisch-agrarischen Land trugen ein übriges dazu bei. Nur im evangelisch stärker geprägten Ober- und Mittelfranken sah die Lage günstiger aus.[52] Die politische Wiederbegründung der liberalen Parteien nahm zunächst von den evangelischen Gebieten Frankens seinen Ausgang. Erst am 15. Mai 1946 wurde eine Partei auf Landesebene gegründet. Erster Vorsitzender wurde der damalige Bamberger Staatsanwalt Thomas Dehler. Obwohl sich in der CSU verstärkt eine katholisch beeinflusste Politik durchsetzte, gelang es der FDP trotzdem nicht, die von der Union enttäuschten Protestanten an sich zu binden. Nur Mittelfranken blieb gegenüber der CSU eine liberale Hochburg.[53]

Kirchlicherseits hatte die Partei keine Unterstützung zu erwarten. Das ging aus einem Gespräch hervor, das ein Vertrauter Thomas Dehlers mit Landesbischof Meiser am 19.8.1947 führte. Meiser machte dabei klar:

„1. Das Kirchenvolk kann sich nur den Parteien zuwenden, die dem christlichen Bekenntnis gegenüber offiziell eine positive Stellung einnehmen. Die Kirche könne es nicht zulassen, dass die Träger der politischen Funktionen dem Christentum gegen-

[48] Schreiben vom 6.1.1946; LKAS A126/2156.
[49] WIECK, Demokraten, 151.
[50] Ebd.
[51] ADAM, Liberalismus, 226.
[52] HEIN, Milieupartei, 66.
[53] Ebd., 74.

über sich indifferent verhielten. 2. Die Kirche als Institution sei verpflichtet dafür zu sorgen, dass der Staat entsprechend dem Willen der Mehrheit des Volkes seine Werterziehungs- und Kulturmaßnahmen auf die sittlichen Forderungen des Christentums aufbaue. Sie müsse alles tun, damit nicht wieder, wie unter dem Nationalsozialismus, das politische Leben ohne Bindung an den christlichen Geist, gestützt auf die Vergottung des Menschen, entwickelt werde."

Meiser kritisierte im Verlaufe des Gesprächs besonders die Bezeichnung „freie" Demokraten, da er offensichtlich hier einen Bezug zu den Freisinnigen vermutete. Ebenfalls fand der Begriff „Liberale" sein Missfallen. Er wies darauf hin,

„dass man in der evangelischen Kirche dem Begriff des ‚Liberalen' allein schon deshalb misstrauisch gegenüberstehe, da die zum Bankrott gelangte liberale Theologie große Verheerungen angerichtet habe, und dass es also unsere Sache sein müsse, die kirchlichen Menschen davon zu überzeugen, dass das Gedankengut der FDP nicht in diesem Sinn liberal sei."[54]

Zwar deutete der FDP-Gesprächspartner die Unterredung, „als einen sehr gelungenen Versuch, zur Klärung beizutragen" – schließlich war Meiser zu weiteren Gesprächen auch „durchaus bereit" – aber die erheblichen kirchlichen Vorbehalte gegenüber den Liberalen waren doch unübersehbar.

Auf überregionaler Ebene war Heiles Versuch der letzte seiner Art, einen Zusammenschluss der christlich-demokratischen und freidemokratischen bzw. liberalen Kräfte in einer Partei zu erreichen. Danach gingen die Liberalen ihre eigenen Wege. Diese führten über das kurzlebige Zwischenspiel einer alle Besatzungszonen umfassenden „Demokratischen Partei Deutschlands" (DPD) mit den gleichberechtigten Vorsitzenden Theodor Heuss und Wilhelm Külz zur Konstituierung der auf die Westzonen beschränkten Freien Demokratischen Partei (FDP) am 11./12. Dezember 1948 in Heppenheim. Erster Vorsitzender der Partei wurde Theodor Heuss, sein Stellvertreter Franz Blücher. Letzterer war seit Mai 1946 Vorsitzender der FDP in der Britischen Zone, während Heile auf das einflusslose Amt eines „Präsidenten" abgeschoben wurde. Blücher, Mitbegründer der Essener LDP, galt als ein Vertreter des wirtschaftsliberalen Flügels.

Heiles und anderer Schwierigkeiten, einer Partei mit dem Attribut „christlich" im Namen beizutreten, und Meisers kritische Bemerkungen gegenüber den Bezeichnungen „liberal" und „frei" sind natürlich weit mehr als ein Streit um Worte. Letztlich ging es um die Frage der Vereinbarkeit von politischen Ideologien. Konnten Liberalismus und politischer Katholizismus in *einer* Partei zusammen kommen?

Was hinsichtlich der Frage konfessionell geprägter Parteien einen erheblichen Modernisierungsfortschritt darstellte, die Gründung einer interkonfessionellen Partei, wurde für die Liberalen zum Hemmnis. Der Liberalismus,

---

[54] Schreiben vom 19.8.1947, AdL N 53-112; daraus auch die nachfolgenden Zitate.

der als politische Idee in einem wenn auch differenzierten positiven Verhältnis zur Aufklärung, zur Französischen Revolution und zur englischen Freiheitsbewegung stand, konnte sich letztlich nicht mit einer Weltauffassung verbinden, die hier erhebliche weltanschauliche Vorbehalte hatte. Die protestantischen Liberalen konnten diese Spannung zur weltanschaulichen Festlegung in der CDU nicht überbrücken. Abermals wurde deutlich, das sich der politische Protestantismus im 19. Jahrhundert faktisch in zwei Konfessionen gespalten hatte. Diese Trennung von 1848 wirkte auch hundert Jahre später fort und verhinderte ein geschlossenes protestantisches Vorgehen im Blick auf eine politische Partei. Konservative Protestanten waren letztlich in ihrem immer noch romantischen Verständnis des Christlichen als eines Ordnungsfaktors den Katholiken näher als ihren liberalen Glaubensbrüdern, die den emanzipatorischen Charakter betonten. Wenn auch die Projektionen der politischen Romantik je konfessionell verschieden waren, so blieb doch die Orientierung an Tradition, historisch Gewachsenem, Autorität und Hierarchie hier verbindender als der liberale Freiheitsbegriff.

Der politisch-protestantische Liberalismus jedoch zerfiel nun ebenfalls in zwei Lager. Eine Gruppe ging unter Akzeptanz einer weltanschaulichen Vorentscheidung in eine „christliche" Partei, eine andere versuchte in einer grundsätzlich liberal gesonnenen Partei christliches Gedankengut einzuspeisen. Das Ergebnis war ernüchternd. In der CDU hatten Männer wie Boelitz, Lemmer und Friedensburg, um nur diese zu nennen, keinen maßgeblichen Einfluss. In der FDP war die Wirkung politisch-protestantischer Liberaler, wie sich zeigen sollte, marginal.

10.2. Die FDP und die Bemühungen um ein konstruktives Verhältnis zur Evangelischen Kirche

Die durch mangelnde personelle Verbindung bewirkte Entfremdung von Kirche und Theologie schuf ein Problem, das der FDP in den folgenden Jahren zu schaffen machen sollte. Der politisch-protestantische Liberalismus innerhalb der Partei war zu einer verschwindenden Minderheit zusammengeschrumpft und als solcher für Außenstehende überhaupt nicht mehr wahrnehmbar. Da der protestantische Liberalismus nicht in dem Sinne „kirchentreu" war, wie der politische Katholizismus, wirkte er auf Außenstehende offensichtlich schon geradezu agnostisch. So konnte Heuss bekanntermaßen bei einigen CDU-Mitgliedern bei seiner Nominierung zum Bundespräsidenten nur mit Hinweis auf seine „gläubige" Frau reüssieren.[55] Mit seiner Wahl schied Heuss dann 1949 aus der aktiven Parteipolitik aus und das politisch-protestantische Element in der FDP wurde noch weiter ge-

---

[55] BÖSCH, Adenauer-CDU, 92f.

schwächt. Für den Protestantismus hatte Heuss in den Jahren 1945–1949 allerdings schon einiges geleistet: Es war besonders dem Eintreten Heuss' im Parlamentarischen Rat zu verdanken gewesen, dass die Kirchen in der Bundesrepublik weiterhin ihre gesetzlich gesicherte Stellung aus der Weimarer Zeit behalten konnten.[56]

Der Vorwurf der Unchristlichkeit wurde der FDP in den folgenden Jahren immer wieder gemacht, so dass sich die Partei zu gegensteuerndem Handeln veranlasst sah. Auf dem Bundesparteitag 1951 sprach der damalige Justizminister Thomas Dehler über „Christentum und Parteipolitik". Er wehrte sich scharf gegen den Ruch, die FDP sei sozusagen die Partei der „Ungläubigen". Er wies darauf hin, auf allen Parteiebenen stünden „bewußte, bejahende, bekennende Anhänger einer Kirche"[57]. Im übrigen sei es unmöglich, „im 20. Jahrhundert einen Staat auf die Grundsätze des christlichen Mittelalters gründen zu wollen, den Versuch Dollfuß' in Österreich wiederholen zu wollen." Damit hatte Dehler ein Thema angeschlagen, dass in den folgenden Jahren besonders von ihm immer wieder aufgegriffen wurde: Die Tendenzen zur Klerikalisierung und Konfessionalisierung des politischen Klimas in der Bundesrepublik.

Während Dehler, wie sein Dollfuß-Vergleich zeigt, einen durchaus aggressiven Stil gegenüber den Kirchen pflegte, versuchten andere Persönlichkeiten in der FDP zu einem Ausgleich zu kommen. Diese Kräfte, die auf eine Verständigung mit den Kirchen aus waren, prägten den Begriff des „geläuterten Liberalismus"[58]. Damit sollte deutlich werden, dass man sich von den antikirchlichen Strömungen im Liberalismus früherer Zeiten klar distanzierte. Auf einer Entschließung des Kulturpolitischen Ausschusses der FDP hieß es deshalb 1952, der „geläuterte Liberalismus [sei] nicht verantwortlich … für beklagenswerte Fehlentwicklungen, die einer aufklärerischen, bindungslosen und fortschrittsgläubigen Geisteshaltung entstammen"[59]. Da der Vorwurf allerdings immer wiederholt werde, die Freien Demokraten „seien Gottesleugner und Kirchenfeinde", lud man die christlichen Kirchen zu einem „in Unvorgenommenheit und Gewissenhaftigkeit zu führenden Gespräch ein."

Der damalige Vorsitzende der Partei, Vizekanzler Franz Blücher, betonte ebenfalls, es sei der Partei ein Bedürfnis, dass sie mit Kirchenvertretern in ein Gespräch komme. Und er fügte begründend hinzu: „Jede lebendige geistige Bewegung hat einen Anspruch darauf, aus ihrem Handeln in der Gegenwart beurteilt zu werden."[60]

---

[56] Vgl. Kap. 7.3.1.
[57] Referat Dehler, 68, AdL A1/20; daraus auch die nachfolgenden Zitate.
[58] Vgl. auch GUTSCHER, FDP, 110.
[59] Erklärung des Kulturpolitischen Ausschusses, AdL A1/27; daraus auch die nachfolgenden Zitate.
[60] Aussprache, AdL A/27.

Wenn trotz all dieser Verständigungssignale in den Beziehungen zwischen FDP und Kirchen weiterhin die Konfliktbereitschaft überwog, so lag dies nicht zuletzt an Thomas Dehler,[61] der immer wieder mit kirchenkritischen Äußerungen hervortrat. Über sie wird hier noch zu sprechen sein (s.u.).

Mit dem niederschmetternden Wahlergebnis von 1953 war die Problematik des Verhältnisses zu den Kirchen in eine neue Dimension getreten, denn es ging, wie ein FDP-Mitglied meinte, „um den Bestand unserer Partei"[62]. Die bisher eher deklamatorischen Bekundungen einer christentumsfreundlichen Einstellung und der Bereitschaft zum Gespräch genügten nun nicht mehr. Es musste mehr geschehen.

In einer mehrstündigen Aussprache im FDP-Bundesvorstand wurde eine grundsätzliche Bilanz des Verhältnisses von Liberalismus und Kirchen gezogen.[63] Der Bundestagsabgeordnete Richard Hammer hielt ein Referat über das Verhältnis von Kirche und Staat. In der nachfolgenden Aussprache ergriff der Abgeordnete Hans Reif das Wort. Reif erörterte besonders auch das Verhältnis zu der protestantischen Kirche und der Theologie. Dabei ging er auf den Niedergang der liberalen Theologie ein, die besonders während der nationalsozialistischen Herrschaft im Vergleich zu den „Orthodoxen"[64] eine schwächere Stellung gehabt habe. Zudem sei der biographische Zusammenhang zur liberalen Theologie bald nicht mehr gegeben. Es gäbe nur noch in Berlin „den uralten Pastor Luther, einer der wenigen noch lebenden liberalen Theologen."[65] Die Frage laute also: „Was können wir mit dieser Kirche in ihrem jetzigen Zustand anfangen, die also nun wirklich von orthodoxen Leuten geführt wird?" Reif schlug vor, gegenüber der CDU, die ihre Partei als christlich firmiere – auch etwa in der Frage „über Malzzölle, über Wohnbaudarlehen und so weiter" – in die „Gegenoffensive über[zu]gehen." Ziel müsse also sein, „der Verballhornung des Religiösen entgegen [zu] treten." Natürlich sei hier erst einmal die katholische Kirche die Anzugreifende, „die protestantische Kirche läuft ja hinterher". In der evangelischen Kirche habe man dann sogar die Chance, die Fronten aufzubrechen.

Der Referent MdB Hammer wies noch einmal auf das dringende Gespräch mit dem kirchlichen Protestantismus hin. Man könne darin „nicht so weiter machen, daß wir den Kontakt verloren haben in einer so bedeutenden Schicht in Deutschland, mit der wir früher glänzend gestanden haben." Dabei schlug er eine Kontaktaufnahme mit Theologen der bruderrätlichen Richtung vor. Hier werde „das eigentlich Unvereinbare von Staat und Kirche, das Unvereinbare zwischen Prophetie und Verantwortung" ebenso

---

[61] Wengst, FDP-Bundesvorstand, XCVII.
[62] Zit. in: Ebd., 1340.
[63] Ebd., 1325ff.
[64] Ebd., 1327(ff.); daraus auch die nachfolgenden Zitate.
[65] Gemeint war Pfarrer Paul Luther, Vorsitzender des Protestantenvereins und früher DVP-Mitglied, vgl. Kirn, Protestantenverein, 540.

deutlich wie in der FDP gesehen. Erste Kontakte seien hier schon sehr viel-versprechend gewesen.

Thomas Dehler stimmte Hammer grundsätzlich zu, wenn er betonte, „wir müssen dieses Odium des Unchristlichen, des Jakobinertums, des Antichristlichen von uns wegbringen." Allerdings war er skeptisch. Wieder-holte Bemühungen, etwa um ein Gespräch mit Bischof Meiser, seien ver-geblich gewesen: „Für ihn ist ja das Liberale, die Übertragung der liberalen Grundsätze der Theologie auf das Politische, etwas Teuflisches." Dehler kam dann auch auf die Gründungsphase der Partei nach 1945 zu sprechen, in der es die Absicht gegeben habe, eine übergreifende bürgerliche Partei zu grün-den. Letzten Endes wäre durch das konfessionelle Vorzeichen der CDU dies nicht gelungen. Es sei eine „bittere Tatsache, daß in dieses Lager Menschen gekommen sind, die in Wirklichkeit zu uns gehören."

Im Verlaufe des Gespräches wurde deutlich, dass verstärkt der Kontakt zu evangelischen Kreisen gesucht werden sollte, um sie zu einer Anerkennung der Bestrebungen dieser liberalen Partei zu bringen und die Hemmungen gegenüber dem Liberalismus abzubauen. Schließlich, so fügte ein Diskus-sionsteilnehmer hinzu, seien es doch gerade „die evangelische Kirche und das Luthertum [gewesen, die] in der geistigen Freiheit den Grundbegriff ‚li-beral' geschaffen haben."

Der FDP-Vorsitzende Blücher forderte ebenfalls, an die traditionelle Ver-bindung von Liberalismus und Protestantismus anzuknüpfen:

„Wir haben als Partei in den evangelischen Kirchen Deutschlands einmal einen Herr-schaftsbereich besessen. Als wir ihn hatten, waren wir unter den Parteien eine Groß-macht, als Troeltsch und Baumgarten in unseren Reihen standen. Ich glaube, daß es außerordentlich wichtig ist, diese Herrschaftsbereiche wieder – wenn nicht gerade zu erobern, so doch wenigstens an ihnen beteiligt zu sein, und ich habe gesagt, wenn das gelingt, wäre das Alibi geschaffen dafür, daß wir keine Heiden und Stromer wären."

Insgesamt war die Analyse der Liberalen durchaus zutreffend: Die Verbin-dung zur liberalen Theologie war abgerissen und die Gründung der CDU hatte viele in diese Partei geführt, die von Hause aus Liberale waren.

Interessant war im Zusammenhang dieser Diskussion der Vorschlag, Kontakt zur bruderrätlichen Richtung in der evangelischen Kirche aufzu-nehmen. Worin die ersten offenbar verheißungsvollen Kontakte bestanden, wurde nicht näher ausgeführt. Tatsächlich gab es, besonders in der Kritik an einer „christlichen" Politik, Gemeinsamkeiten. Hermann Diem war z.B. FDP-Mitglied.[66] Trotzdem kam es zu keiner wirklichen Annäherung. Zum einen hatten die bruderrätlichen Kreise nun in der GVP eine parteipoli-tische Formation, die ihre politischen Anliegen aufnahm, zum anderen dürfte es doch letztlich unmöglich gewesen sein, von einer theologischen Richtung, die sich die Liquidation der liberalen Theologie als Verdienst

---

[66] Vgl. Gesprächsprotokoll, BAK 1378/138.

anrechnete, zu erwarten, dass sie gerade in einer liberalen Partei ihre politische Formation finden würde. Im Weltanschaulichen blieb man, trotz Annäherungen in einzelnen Politikfeldern, dazu sollte ab 1956 auch die Deutschlandpolitik kommen, letztlich zu verschieden. Die Unterschiede in der Auffassung vom öffentlichen Auftrag der Kirche kamen hinzu. Dehler sollte sie später benennen.

Für die auf der FDP-Bundesvorstandssitzung geforderte Annäherung an die Kirchen hatte der „Kulturpolitische Ausschuss" der FDP schon eine Vorarbeit geleistet. Dies war im besonderen die Leistung des Vorsitzenden Paul Luchtenberg. Seine Gedanken werden in einem von ihm gehaltenen Referat über diese Thematik deutlich. Luchtenberg wandte sich hier ausdrücklich gegen eine libertinistische, d.h. für ihn sittlich ungebundene Interpretation des Liberalismus und versuchte statt dessen eine Brücke zum christlichen Glauben zu schlagen. Luchtenberg bemühte sich deshalb, gerade in der christlichen Tradition einen Wurzelgrund des Liberalismus zu sehen. So wurden für ihn Männer wie Wycliff, Hus, Luther, Melanchthon, Zwingli und auch Calvin, Persönlichkeiten, die „mit den gestrengen Maßstäben kirchlicher Orthodoxie gemessen liberale Menschen [waren]."[67] Die Traditionslinie führte weiter über Lessing, Goethe, Schiller, Hölderlin bis hin zu Albert Schweitzer. Luchtenberg war sich der kirchlich durchaus nicht unumstrittenen Stellung besonders der Letztgenannten bewusst, aber er gab zu bedenken: Wenn all diese Männer

„ihre kirchlichen Beziehungen überprüften, so kann man das nicht kurzerhand als sündhafte Verfehlungen abtun, ... Oft ist es der enttäuschte christliche Empörer enger an seinen Gott gebunden als der zufriedene Platzhalter in der Gemeinschaft der Gläubigen."

Mit dieser den alten kulturprotestantischen Geist verkörpernden Traditionslinie ging es Luchtenberg um die Anerkennung eines kirchendistanzierten Christentums, bzw. eines christlich geprägten Liberalismus. Auf den Vorwurf, die Liberalen seien „sozusagen wesensmäßig Freigeister, Gottesleugner und Kirchenfeinde", ging Luchtenberg in seinem Referat ebenfalls ein. Er gestand der Liberalismuskritik eindeutig zu, dass es im Zeitalter der Aufklärung zu Fehlentwicklungen und Entgleisungen sowie areligiösen Entwicklungen gekommen sei, im Blick auf die Gegenwart sprach er jedoch von einer „unverantwortlichen Verfälschung ... jenen frühen Liberalismus mit dem Neo-Liberalismus unserer Tage kurzerhand zu identifizieren." Diesen Neo-Liberalismus, den Luchtenberg gern auch als „geläuterten Liberalismus" bezeichnete, wollte er dabei deutlich vom „schrankenlosen Wirtschaftsegoismus" und der „moralische[n] Zügellosigkeit von einst" unterschieden wissen. Der „Kulturpolitische Ausschuss" hatte somit eine positive

---

[67] Vortragsniederschrift Luchtenberg, ADL A1/21; daraus auch die nachfolgenden Zitate.

christliche Tradition für die Partei konstruiert. Ob sie tragfähig war, musste sich erst erweisen.

In der Ansprache des neugewählten Vorsitzenden Dehler über „Auftrag und Verantwortung der Freien Demokratie"[68] wurde die Suche nach einer umfassenden weltanschaulichen Fundierung der Partei deutlich. So legte er die geistige Fundierung der FDP in einem großen geschichtlichen Rückgriff dar, der noch hinter die Reformation zurück ging. Er erläuterte, dass der Liberalismus „seine Quellen ... genauso in der Stoa und im Evangelium" wie etwa in der Aufklärung habe. Von dieser eigenen festen weltanschaulichen Verankerung aus konnte Dehler nun scheinbar berechtigt auch das Thema „Konfessionalisierung" wieder aufgreifen, das tatsächlich seit dem Ausgang der Bundestagswahl 1953[69] immer virulenter wurde. Heftig geriet der Streit mit der CDU. Dehler behauptete pointiert, es sei „eine moderne Form der Christenverfolgung, allen denen, die sich nicht zu den Unionsparteien schlagen, das Christentum abzusprechen!" Hier zeigte sich eine Ähnlichkeit mit der Argumentation Heinemanns, die tatsächlich beide für kurze Zeit politisch zusammenzuführen schien.[70]

In einem weiteren Punkt aber unterschied er sich deutlich von Heinemann und auch von den großen protestantischen Richtungen der damaligen Zeit – dem konfessionellen Luthertum und der bruderrätlichen Linie – wenn er sich kritisch mit dem Öffentlichkeitsanspruch der Kirche auseinander setzte. Statt der Wahrnehmung eines öffentlichen Amtes empfahl er der Kirche, stärker binnenzentriert zu arbeiten, weil sie „an Wirkung verliert, wenn sie Aufgaben der Zeit übernimmt." Dabei griff Dehler ausdrücklich auf die Theologische Erklärung von Barmen zurück, die er so interpretierte, als dürfe die Kirche sich keine quasi staatlichen Funktionen zulegen. Das war sicher richtig. Aber gerade den Anspruch, zu den Dingen der res publica auch öffentlich etwas zu sagen, schien er in „Barmen" nicht zu erkennen. Die Kirche als einen Faktor im öffentlichen Leben zu sehen, blieb Dehler unmöglich. Die alte liberale Forderung der Trennung von Staat und Kirche vermochte hier offensichtlich nicht in eine positive Konzeption der Stellung der Kirche in der pluralistischen Gesellschaft überführt zu werden. Dehler suchte so das Gespräch, aber er betonte gleichzeitig konfrontativ: „Das Odium nehmen wir nicht länger hin, als ob unsere Partei nun nicht genau so christlich sei wie eine Partei, die das Christentum in der Etikette trägt."

Dehler konnte sich bei der letztgenannten Kritik auf die Zustimmung der Adenauer kritisch gegenüber eingestellten Kräfte innerhalb der evangelischen Kirche, zu ihnen zählte besonders der als Ehrengast auf dem Parteitag anwesende Martin Niemöller, verlassen. Niemöller hatte am 30. Mai 1953

---

[68] Ansprache, 84ff., AdL A1/69; daraus auch die nachfolgenden Zitate.
[69] Vgl. Kap. 7.4.3.
[70] Vgl. Kap. 8.3.

anlässlich eines Gespräches von Vertretern der FDP mit Mitgliedern der Kirchenleitung der Evangelischen Kirche in Hessen und Nassau einen später gedruckten Vortrag über „Die Kirche im Gericht und der Liberalismus in der Krise"[71] gehalten. Dieses Referat barg einige überraschende Thesen in sich. Ähnlich wie Dehler sprach Niemöller darin von der „Gefahr einer akuten Politisierung der Kirche durch die konservativ-autoritativ-institutionell politischen Kräfte, [die] heute ganz besonders groß" seien. Im Rückblick auf die Jahre der nationalsozialistischen Herrschaft redete Niemöller dann auch von einem Versagen der Kirche gegenüber dem Liberalismus. Während sich der Liberalismus für das „Menschenrecht des Individuums" eingesetzt habe, sei es der Kirche in jenen Jahren nur um ihre institutionelle Sicherung gegangen. Schließlich aber sei die Kirche auch gegenüber dem Liberalismus schuldig geworden, weil sie ihm ihre Botschaft des Evangeliums verweigert habe. Deshalb sei der Liberalismus in Ideologie und Utopie, die an die Verbesserung aller Zustände und an das wesensmäßige Gutsein des Menschen glaube, gemündet. Da aber für Niemöller die Utopie vom Nihilismus nicht weit entfernt war, sei nun die Frage zu stellen, worin denn heute „noch eine geistige Grundlage" des Liberalismus bestünde. Gerade der Wirtschaftsliberalismus bedeute ein Zeichen dafür, dass die wesensmäßig verwandte geistige Grundlage des Liberalismus mit dem Protestantismus verloren gegangen sei, meinte er weiter. Auftrag der Kirche müsse es aber nun sein, aus diesen Fehlern zu lernen und dafür zu sorgen, „daß das genuin liberale Element in der Politik lebendig bleibt, wieder lebendig wird."

Interessant bleibt, dass Niemöller offensichtlich einen Teil der Schuld für das Versagen des Liberalismus bei den Kirchen fand und neue Anknüpfungspunkte – etwa in der Evangeliumsverkündigung an den Liberalismus – zwischen der bruderrätlichen Richtung und den Liberalen sah. Es dürfte eher die gemeinsame Gegnerschaft zu Adenauer und den von der CDU propagierten Werten eines „christlichen Abendlandes" gewesen sein, die die beiden so wesensmäßig verschiedenen Größen Liberalismus und bruderrätlichen Protestantismus zusammenführte. Eine dauerhafte Kooperation konnte jedenfalls daraus nicht entstehen.

Dehler, der genau drei Tage vor Niemöllers Ansprache bei seiner Eröffnung des Bundestagswahlkampfes 1953 von der Gefahr gesprochen hatte, dass Deutschland künftig von „Prälaten und Oberkirchenräten" regiert werde – eine Äußerung, die in einem Schriftwechsel mit dem EKD-Ratsvorsitzenden Dibelius ein Nachspiel fand[72] – hatte insofern in Niemöller einen Geistesverwandten. Aber über die Kritik an „christlicher" Politik ging diese Beziehung nicht hinaus.

---

[71] AdL N1–3602; daraus auch die nachfolgenden Zitate.
[72] Schreiben vom 7.10.1953, AdL N 1/1188.

Jenseits der letztlich folgenlosen Kontakte mit dem bruderrätlichen Protestantismus blieb die FDP auch an Gesprächen mit dem Rat der EKD interessiert. Beiden Seiten musste daran gelegen sein. Die FDP wollte das Odium des Antichristlichen ablegen, die EKD musste ein Interesse daran haben, auch mit dieser Partei Kontakte zu pflegen, um nicht in den Geruch der Parteilichkeit zu kommen.

Am 18.1.1955 kam es in der Wohnung von Hermann Kunst nach langer Vorplanung zu einem Gespräch zwischen EKD-Vertretern und FDP-Führern. An dem Gespräch nahmen von kirchlicher Seite Hanns Lilje, Martin Niemöller, Martin Haug, Volkmar Herntrich, Reinhold Mager und Hans Böhm teil. Auf FDP-Seite erschienen u.a. Viktor Emanuel Preusker, Hans Schäfer, Hans Wellhausen, August Martin Euler und Paul Luchtenberg. Die atmosphärische Wirkung des Gespräches war offensichtlich ausgesprochen positiv. Noch am Tage des Zusammentreffens sandte Kunst ein Schreiben an Dehler, in dem er ihm mitteilte, es sei ihm

„ein aufrichtiges Anliegen, Ihnen noch einmal für die schöne Begegnung, die wir heute miteinander haben durften, zu danken. … Ich gestehe Ihnen, es gibt in den mehr als fünf Jahren, in denen ich jetzt meinen Dienst in Bonn tue, nicht viele Begegnungen, in denen solches Niveau und solche Atmosphäre herrschte wie heute morgen bei uns. Ich kann nur hoffen, daß der heutige Tag nicht ein einsamer Meilenstein an unserem Wege bleibt, sondern er nur eine Richtung andeutet, in die wir gemeinsam mit Entschlossenheit und Vertrauen gehen."[73]

Tatsächlich kam es jedoch nicht zu einer Fortsetzung, wie aus einem späteren Schreiben Dehlers an Kunst hervorgeht.[74] Insgesamt blieb „der Eindruck einer freundlichen Distanz zwischen den Liberalen und den Kirchen, mehr freundlich in evangelischer … Richtung."[75] Es ist nicht recht zu erhellen, warum dies so war, bzw. blieb. Einstweilen schien es der FDP zu genügen, durch das Gespräch dokumentieren zu können, dass Liberalismus und evangelische Kirche kein Abgrund trennte.

Gemeinsame Themen ergaben sich für FDP und EKD offensichtlich nicht, obwohl sie nahe gelegen hätten. Im Zuge der zunehmenden Konfessionalisierung des politischen Lebens nach dem für die CDU erfolgreichen Bundestagswahlkampf 1953 machte sich die FDP immer mehr zu Sachwaltern einer in ihren Augen nicht-klerikalen und nicht-konfessionalistischen Politik. Nachdem die FDP 1956 aus der Regierung Adenauer ausgeschieden war, wurde dieses Vorgehen noch stärker. Als Adenauer im Bundestagswahlkampf 1957 u.a. die Wahl unter dem Aspekt der Zukunft eines „christlichen" Deutschlands den Menschen vor Augen führte, versuchte die FDP die evangelischen Kirchenleitungen zu einer Stellungnahme zu bewegen.

---

[73] Schreiben vom 18.1.1955, AdL N 1/1505.
[74] Schreiben vom 4.10.1956, AdL N 1/1505.
[75] WITTE, Kirche, 208.

Zunächst gab der Bundesvorstand eine Erklärung heraus, in der es hieß: Der Bundeskanzler habe,

„den konfessionellen Hader zwischen den Parteien entfacht und die Fragen des Christentums in den Wahlkampf getragen. Die Freien Demokraten, die diesen Streit nicht angefangen haben, halten es im Interesse der Religion wie der Politik für geboten, den Streit zu beenden, Mißverständnisse aufzuhellen und ungerechtfertigten Vorwürfen entgegenzutreten. … Die CDU will die Überzeugung verbreiten, daß die Politik der Bundesregierung sich unmittelbar mit Gottes Plänen deckt. Solche Überzeugung halten wir aber nicht nur für anmaßend, wir halten sie darüber hinaus für gefährlich und unchristlich. Wir richten an die evangelische Kirche eine ernste Bitte: Es gibt für die evangelische Kirche – im Unterschied zur katholischen Kirche – innerhalb des Rechtsstaates keine spezifisch ‚christliche‘ Ordnung. Sozial, liberal oder konservativ sind Begriffe, die den Glauben und die Kirche im evangelischen Verständnis nicht berühren. … Wir Freien Demokraten bitten die evangelischen Kirchenleitungen um der Gewissen unserer christlichen Mitglieder und Wähler willen, sich klar von dieser Propaganda zu distanzieren. Wir bitten sie, festzustellen, daß die Verkündigung der Kirche und die Wahl oder Nichtwahl der CDU zwei Dinge sind, die unmittelbar nichts miteinander zu tun haben."[76]

Die Reaktionen auf diese Erklärung machen noch einmal die unterschiedliche politische Standortbestimmung innerhalb des kirchlichen Protestantismus deutlich. Der Ausschuss für Öffentlichkeitsfragen der Evangelischen Kirche im Rheinland hatte eine „Erklärung zum gegenwärtigen Bundestagswahlkampf" verfasst, die den Intentionen der FDP entgegenkam. Darin hieß es, die Evangelische Kirche rede „niemandem ins Gewissen, eine bestimmte Partei zu wählen oder sie nicht zu wählen."[77] In der Erklärung des Evangelisch-Lutherischen Landeskirchenrates in München hieß es schon modifizierter, Politik aus christlicher Verantwortung könne zwar nicht mit einer Partei gleichgesetzt werden, aber – und hier wurde eben auch die offene Flanke der FDP getroffen –:

„Für den Wähler ist es von Bedeutung, daß politische Entscheidungen in christlicher Verantwortung getroffen werden und Parteien christlicher Verantwortung Raum geben. … Es ist Sache der evangelischen Christenheit, daß mehr und mehr Männer und Frauen in verschiedenen Parteien in christlicher Verantwortung politisch tätig werden."

Damit war nun keine eindeutige Erklärung für die CDU abgegeben, aber mit dem Begriff der „christlichen Verantwortung" wurde natürlich die von der FDP angesprochene Frage offen gelassen, inwiefern überhaupt christliche Aspekte im Raum des Politischen umsetzbar waren.

Geradezu ablehnend äußerte sich der Bischof der Kirche von Holstein, Wilhelm Halfmann. Er bemängelte in einem Schreiben an den nunmehrigen

---

[76] Erklärung, AdL A7/11.
[77] AdL A7/11.

FDP-Vorsitzenden Maier die „einseitige Fronstellung gegen die CDU"[78].
Auch die kritisierte Antithese zwischen Christentum und Kommunismus
konnte Halfmann durchaus positiv sehen, schließlich sei der Kommunismus
eine De-facto-Religion, so dass auch diese Antithese politisch legitim sei.
Der Vorwurf der FDP, die CDU tue so, als ob sich ihre Politik „unmittelbar
mit Gottes Plänen" decke, konnte Halfmann nicht nachvollziehen: „Davon
habe ich wirklich noch nichts bemerkt." Deshalb war für ihn nun solch eine
Behauptung seitens der FDP „nur zu den Entgleisungen im Wahlkampf [zu]
rechnen."

Fast zeitgleich mit dieser Erklärung des FDP-Bundesvorstandes und dem
damit auch intendierten Versuch, sich als Sachwalterin evangelischer Interessen gegen eine Vermischung von Religion und Politik durch die CDU zu
gerieren, wurde auch ein erneuter Versuch zur Behebung der alten Vorwürfe
der Kirchendistanz der FDP gemacht. Es erschien ein grundsätzlicher Beitrag über das Verhältnis von „Liberalismus und Kirche" im „Deutschen Allgemeinen Sonntagsblatt". Als Autor firmierte der seit 1956 amtierende Bun-
desvorsitzende Reinhold Maier, tatsächlich war der Beitrag jedoch von
Klaus Scholder, dem kulturpolitischen Referenten der Bundes-FDP, verfasst
worden.[79] Maier bot in diesem Beitrag den Kirchen eine sachliche Zusammenarbeit an. Schon von seiner Person her war Maier dazu besser geeignet
als sein Vorgänger Thomas Dehler. Während Dehler aufgrund seines chole-
rischen Temperamentes immer wieder mit scharfen Worten wirkliche oder
vermeintliche klerikalistische Tendenzen geißelte, bevorzugte Maier einen
sachlicheren Ton.

In dem Beitrag hieß es gleich zu Beginn programmatisch: „Der Liberalismus ist heute wie noch kaum je in seiner Geschichte bereit, auf die Verkündigung der Kirche zu hören."[80] Dass es zwischen Liberalismus und Kirche in
den zurückliegenden Jahren kaum eine Zusammenarbeit gegeben habe, dafür machte Maier resp. Scholder hauptsächlich den politischen Konservatismus der Kirchen in der Vergangenheit verantwortlich. Unter ausdrücklichem Rückgriff auf den mittlerweile verstorbenen Bischof Wurm wurde
nun ein Neuanfang im Verhältnis Staat und Kirche – und dies implizit auch
im Verhältnis FDP-Kirche – konstatiert. Dabei sah Maier in der verfassungs-
mäßigen Trennung von Staat und Kirche eine wichtige Voraussetzung. Als
besonderes Vorbild wurde etwa das Staat-Kirche-Verhältnis in den Vereinigten Staaten hingestellt. Maier warb dafür, die altliberale Grundforderung der
Trennung von Kirche und Staat als doch für beide Seiten das Beste anzusehen. Die Unterscheidung der beiden Bereiche sei im liberalen Sinne keineswegs mit einer feindlichen Distanz zu verwechseln. Gerade die Befürchtung,

---

[78] Schreiben vom 19.7.1957, ADL A7/11.
[79] Vgl. Entwurf von Scholder, AdL A7/94.
[80] Sonntagsblatt, 21.7.1957; daraus auch die nachfolgenden Zitate.

im weltanschaulich neutralen Staat würde das Christliche in den Hintergrund treten oder gar bekämpft werden, versuchte Maier zu entkräften. Auch die Liberalen standen nach seiner Überzeugung dem Christentum positiv gegenüber:

„Der Liberale hat die negativen Elemente, welche in den Begriffen ‚Freigeist‘ oder ‚Freisinn‘ gemeinhin einbezogen werden, abgelegt. Der Liberale steht wie alle anderen verantwortungsbewußten Menschen in einer festen Bindung, nämlich in der Bindung durch das Gewissen. Und dieses Gewissen ist gebildet durch die christlichen Lehren, die wir einst in unserer Jugend von unseren Eltern, Lehrern und Pfarrern empfangen haben und nie vergessen haben.“

Dieser programmatische Beitrag hatte aber keine spürbaren Auswirkungen. Das Verhältnis zwischen evangelischer Kirche und Liberalismus gestaltete sich in der folgenden Zeit weiter in der Atmosphäre einer freundlichen aber doch distanzierten Koexistenz. Wie labil es damit letztlich blieb, zeigte ein Zwischenfall aus dem Jahr 1960: Das „Berliner Sonntagsblatt – Die Kirche“ hatte sich in seiner Ausgabe vom 18.12.1960 in seiner Rubrik „Probleme der Woche“ kritisch über das Mehrparteiensystem der Bundesrepublik Deutschland ausgesprochen, welches zwischenzeitlich de facto zu einem Dreiparteiensystem (CDU/CSU, FDP, SPD) geworden war. Gerade die Rolle der FDP als Mehrheitsbeschafferin wurde kritisiert: „Nicht die Mehrheit und sei sie auch noch so groß, soll entscheiden, sondern die Minderheit“[81]. Damit, so meinte das Blatt, werde das „Prinzip der Demokratie in sein Gegenteil verkehrt.“ Wie ernst der Beitrag genommen wurde, zeigte auch die Reaktion in der Presse. Die „Süddeutsche Zeitung“ brachte einen Bericht, in dem es hieß: „Das ‚Berliner Sonntagsblatt‘ des Ratsvorsitzenden der Evangelischen Kirche in Deutschland, Bischof Dibelius, hat vor der staatspolitischen Konzeption des Dreiparteiensystems gewarnt.“[82]

Die Reaktion auf den Artikel im Sonntagsblatt war im FDP-Bundestagsvorstand ausgesprochen heftig. Der neue FDP-Vorsitzende Erich Mende schickte ein Telegramm an Dibelius, in dem er sich gegen die „tendenziöse und staatsrechtlich wie verfassungspolitisch unrichtige Darstellung des Parteienwesens“ wandte.[83] Die Zeitung reagierte. Am 15.1.1961 wurde ein Beitrag über das Zweiparteiensystem gebracht, der so kritisch war, dass er letztlich geradezu als ein Referat aus FDP-Sicht gelten konnte. Mit dem „Rückzieher“ des Sonntagsblattes legten sich die Wogen noch immer nicht. In einem Schreiben an den nordrhein-westfälischen FDP-Politiker Willy Weyer beschwerte sich Dibelius: „Was in aller Welt ist denn passiert?“[84] Das Berliner Sonntagsblatt habe sich doch nur „mit einem parteipolitischen Pro-

---

[81] Berliner Sonntagsblatt, 18.12.1960.
[82] Abschrift, EZA 87/822.
[83] EZA 87/822.
[84] Schreiben vom 3.2.1961, EZA 87/822; daraus auch die nachfolgenden Zitate.

blem beschäftigt." Indem Dibelius damit die Bedeutung des Sonntagsblattes bewusst herunterspielte, umging er natürlich die enorme Auswirkung, die dieses Blatt als Quasi-Organ des Bischofs hatte. Dibelius nahm sein Schreiben an Weyer zum Anlass, noch einmal seine Stellung zur Parteipolitik darzulegen:

> „Im übrigen weiß jedermann, daß ich seit dem Jahre 1918, also vierzig Jahre hindurch, eisern das Prinzip verfochten habe, daß die evangelische Kirche über den Parteien zu stehen hat und sich niemals zur öffentlichen Beurteilung von Parteien hergeben darf – es sei denn, daß Prinzipien und Handlungen der Parteien dem, wofür die Kirche da ist, radikal ins Gesicht schlagen."

Dass Dibelius de facto so überparteilich, wie er es hier vorgab, nicht war, ist in dieser Arbeit schon deutlich geworden. Am 10.2.1961 nahm dann auch der FDP-Bundesvorstand „mit Befriedigung von der Klarstellung der Evangelischen Kirche Kenntnis."[85]

Einige Monate vorher hatte sich das junge FDP-Mitglied Karl Hermann Flach, „als evangelischer Christ, der sich für seine Tätigkeit im weltlichen Raum zum liberalen Gedanken bekennt"[86], in der Frage der umstrittenen und durch den CDU-internen Streit zwischen Adenauer, Erhard und anderen zur „Präsidentschafts-Krise"[87] gewordenen Heuss-Nachfolge an Dibelius gewandt. Hier wurde nochmals der Versuch der FDP deutlich, als Sachwalterin evangelischer Interessen aufzutreten. Flach meinte, planmäßiges katholisches Vorgehen in personalpolitischen Fragen zu erkennen. Da Dibelius sich öffentlich nicht dezidiert für einen evangelischen Bundespräsidenten neben dem katholischen Kanzler ausgesprochen habe, müsse „man nur von grosser Sorge darüber erfüllt sein, dass dieser gegenreformatorischen Bewegung auch noch von führender Stelle der evangelischen Kirche Vorschub geleistet wird."

Kunst antwortete Flach für Dibelius und beharrte darauf, dass der Evangelischen Kirche nicht daran gelegen sei, besonders was Kanzler und Präsident betreffe, dass „auf die Träger dieser Ämter eine konfessionelle Arithmetik angewandt wird."[88] Gerade im Blick darauf, dass es „mit Ausnahme von Herrn Hitler kein katholisches Staatsoberhaupt gegeben [habe], wobei man Herrn Hitler ja unter keinen Umständen von der katholischen Kirche her begreifen kann", sei die Äußerung von Dibelius, der auf diesem konfessionellen Hintergrund „wegen des Vorschlages von Herrn Minster Lübke angeredet" worden sei, erfolgt.

Den Irritationen in der FDP standen einzelne konstruktive Aktionen gegenüber: 1962 entstand auf Anregung der späteren Bundesministerin Lise-

---

[85] SCHIFFERS, Bundesvorstand, 63.
[86] Schreiben vom 22.6.1959; EZA 87/656;
[87] Vgl. Kap. 7.5.1.; 7.5.2.
[88] Schreiben vom 29.6.1959, EZA 87/656; daraus auch die nachfolgenden Zitate.

lotte Funcke ein Gesprächskreis zwischen der NRW-FDP und den Kirchen. Zunächst musste man als „Evangelischer Gesprächskreis"[89] arbeiten, da die katholische Kirche zurückhaltend war. Sie schloss sich erst später an. Der Gesprächskreis hatte „die Absicht, Fragen, die Kirche und Politik von ihrer jeweiligen Aufgabenstellung her beschäftigen, gemeinsam zu besprechen und das gegenseitige Verständnis zu vertiefen"[90].

Dass die Spannungen zwischen FDP und Protestantismus keineswegs überwunden waren, zeigte auch der „Entwurf eines Absatzes über das Verhältnis der FDP zu den Kirchen in der Rede des Vorsitzenden auf dem Parteitag 1963"[91]. Dieser Entwurf war von Klaus Scholder und Lieselotte Funcke erarbeitet worden. Darin hieß es:

„Noch ein Wort zu unserem Verhältnis zu den Kirchen. Es ist ja heute große Mode, allenthalben sein Einverständnis mit Kirche und Christentum zu beteuern. Vielleicht erhofft man sich davon zusätzliche Wählerstimmen."

Die FDP wolle diesen Weg so nicht mitgehen. Es gebe nun einmal Differenzen zwischen ihr und einer Kirche,

„die, obwohl sie nur einen Teil des Volkes repräsentiert, Anspruch darauf erhebt, daß die staatliche Ordnung nach ihren Glaubensprinzipien ausgerichtet wird. … Wir können das nicht einfach verschweigen."

Der Parteivorsitzende lade aber im Namen der FDP die Kirchen zu Gesprächen mit „Christen beider Konfessionen, die in unseren Reihen mitarbeiten", ein.

Insgesamt lässt sich der Versuch einer Annäherung zwischen FDP und Evangelischer Kirche als nur bedingt erfolgreich interpretieren. Indem die FDP in den Fünfziger Jahren einen so erheblichen Wert auf ihre weltanschauliche Verankerung im Evangelium (Dehler) und der Reformation (Luchtenberg) legte, zollte sie paradoxerweise dem geistigen Klima Tribut. In der von einer „christlichen" Partei dominierten Politik und Gesellschaft wollte man nicht einfach abseits stehen. Man vertrat nun einen „geläuterten" Liberalismus. Eine Selbstbezeichnung die gleichzeitig im Stile eines „Sündenbekenntnisses" auch eine Selbstverurteilung des früheren Liberalismus implizierte. Die naheliegende Überlegung, nun zur Sachwalterin des „Protestantismus" zu werden, gelang nicht. Weder die Gespräche mit Niemöller noch die mit der EKD-Spitze hatten nachhaltige Wirkungen. Dies lag zum einen darin, dass in Ermangelung einer theologisch-liberalen Richtung innerhalb der Evangelischen Kirche der gegebene Ansprechpartner fehlte. Zum anderen aber blieb das Kirchen-Konzept der FDP uneinheitlich. Gerade die Forderungen nach Trennung von Kirche und Staat, die dann 1974

---

[89] Das Freie Wort, 2.6.1962.
[90] Ebd.
[91] AdL, A7/81; daraus auch die nachfolgenden Zitate.

zum heftig umstrittenen „Kirchenpapier" der Partei führten,[92] und die Bestreitung des volkskirchlichen Charakters der Kirche, wie ihn Mende im o.g.
Zitat deutlich machte, zeugen davon, dass die Partei für einen weiteren Modernisierungsschub im Verhältnis zu den Kirchen eintrat, der die „hinkende
Trennung" von Kirche und Staat in der Weimarer Verfassung und im Grundgesetz zur vollständigen machen sollte. Ein Schritt, zu dem in der evangelischen Kirche, die in der Bundesrepublik ein bis dahin nicht gekanntes Maß an
Freiheit vom Staat *zusammen mit* gesellschaftlichem Einfluss erreicht hatte,
kaum jemand bereit war. So musste es in den Augen der Kirche auch widersprüchlich sein, wenn sich die FDP andererseits als Fürsprecher der Evangelischen gegenüber der „katholischen" CDU zu gerieren suchte. Ihre Rolle
widerspruchsfrei klar zu machen, gelang der Partei nicht. Es blieb daher Dis
tanz zwischen politischem Liberalismus und kirchlichem Protestantismus,
auch wenn sie „freundlicher" wurde.

Das Bemühen, von den Kirchen ein politisches „Unbedenklichkeitszeugnis" zu erhalten, zeugt von dem enormen gesellschaftlichen Einfluss, den
diese in den Fünfziger Jahren ausübten. Die diesbezüglichen Anstrengungen
der FDP lagen im Zug der Zeit und bestätigen noch einmal die These von
der „Modernisierung unter konservativen Auspizien" (Christoph Klessmann). „Unchristlich" wollten in dieser Zeit in der Politik so gut wie niemand sein. Dies traf in noch stärkerer Weise als bei der FDP, wie sich zeigen
wird, auf die SPD zu.

---

[92] Vgl. WITTE, Kirche, 203ff.

11. Der Protestantismus und die Sozialdemokratische Partei Deutschlands (SPD)

11.1. Die Neuorganisation der SPD und die Frage ihres Verhältnisses zum Protestantismus

11.1.1. Die Religiösen Sozialisten in und neben der SPD

Für die Sozialdemokraten war die Lage 1945 scheinbar günstig. Sie hatten zu den ersten Opfern der nationalsozialistischen Herrschaft gehört und waren in keiner Weise durch diese korrumpiert worden. Ihnen musste eigentlich die politische Führung zufallen, zumal sie an die alte Parteiorganisation von vor 1945 anknüpfen konnten. Bis Ende 1946 gehörten der Partei in den Westzonen wieder über 700000 Mitglieder in ca. 8000 Ortsvereinen an.[1] Auch die marxistische Geschichtsdeutung, die in den Nationalsozialisten Helfershelfer des Großkapitals gesehen hatte, schien durch die vorangegangenen Ereignisse bestätigt. Dass eine neue Gesellschaftsordnung nur eine sozialistische sein konnte, war bis weit in die Reihen der Konservativen, erinnert sei nur an Jakob Kaiser und Otto Heinrich von der Gablentz, eine Selbstverständlichkeit. Was sprach also dagegen, als Partei dort wieder anzuknüpfen, wo man 1933 hatte aufhören müssen?

Andererseits waren die Jahre von 1933 bis 1945 nicht ohne neue Erfahrungen geblieben. Dies betraf besonders die Annäherungen an ehemalige Klassenfeinde. In den KZ's und in den Widerstandskreisen hatten sich Bürgerliche und Sozialisten zusammengefunden und tiefgehende Gemeinsamkeiten entdeckt. Sollten diese neuen Erkenntnisse nicht auch verarbeitet werden?

Zuerst mussten sich wohl die Religiösen Sozialisten solche Fragen stellen, waren sie doch bisher Bindeglied zu anderen Kreisen, wie etwa dem christlich gesonnenen Bürgertum, gewesen. Zunächst kam es jedoch nicht zu einer Wiederbegründung des „Bundes Religiöser Sozialisten", dafür war die allgemeine Infrastruktur zu schlecht. Ein Zusammenkommen war kaum bzw. nur unter schwierigen Bedingungen, zu denen die Zonengrenzen ein übriges beitrugen, möglich. Letztlich war aber auch nicht klar, ob es überhaupt zu einem direkten Anschluss an die Weimarer Tradition kommen sollte. Damit zusammen hing für die Religiösen Sozialisten die Frage, wie sie

---

[1] HOFMANN, Parteien, 248.

sich innerhalb oder zwischen den wiedererstandenen sozialistischen Parteien, im Westen SPD und KPD, in der Sowjetischen Zone die bald zwangsweise vereinigte SED, positionieren sollten. Diese Unsicherheit führte zu großen Konflikten. Zunächst blieb es deshalb bei Einzelinitiativen, die sehr unterschiedlichen Erfolg hatten und eher tastende Versuche der Annäherung darstellten.

Für eine Einbindung Religiöser Sozialisten in die SPD setzte sich in Nürnberg Julius Zirkelbach ein. Zirkelbach, der in der Weimarer Republik noch nicht zu den Religiösen Sozialisten gehört hatte, wurde, wie er formulierte, durch „christliche Nächstenliebe im Oktober 1945 dazu [getrieben], mit der SPD die Verbindung aufzunehmen und damit von der christlichen Seite her eine Möglichkeit zu schaffen, den Arbeitern zu helfen.“[2] Am 17. April 1946 kam es in Nürnberg zur Gründung der „Arbeitsgemeinschaft für Christentum und Sozialismus in der SPD“. Im Mai 1947 wurde die Gruppierung von der bayerischen SPD als offizielle Arbeitsgemeinschaft der Partei anerkannt.[3] Ziel der Bemühungen war dabei recht allgemein, „unter den Christen für den Sozialismus einzutreten, damit die christliche Verantwortung gegenüber dem Arbeiter immer größer wird.“[4] Die Tätigkeit Zirkelbachs entfaltete sich zunächst durchaus erfolgreich. Im Herbst 1947 waren nach eigenen Angaben in über sechzig bayrischen Orten Mitglieder des ACS ansässig, in zahlreichen Orten hatten sich eigene Arbeitskreise gebildet.[5]

Erste Konflikte mit der SPD entwickelten sich dann im Zusammenhang der noch darzustellenden „Ziegenhainer Erklärung.“[6] Zirkelbach war mit dieser Erklärung unzufrieden, weil ihr, wie er es formulierte, „eine klare Ausrichtung auf Jesus Christus hin“[7] fehlte. Offensichtlich stieß Zirkelbachs Tätigkeit innerhalb der Partei mehr und mehr auf Zurückhaltung. In einem Schreiben an den Leiter der „Sozialistischen Kulturzentrale“ beim Parteivorstand der SPD, Arno Hennig, beschwerte sich Zirkelbach über eine vermeintliche Zurücksetzung seiner Arbeit, die er darin zu erkennen glaubte, dass die ACS keinen besonderen Status innerhalb der „Sozialistischen Kulturzentrale“ bekam. Zirkelbach monierte:

„Nach einer anfänglichen Tolerierung zum Christentum hin wird jetzt in der Partei wieder stark die antichristliche Note herausgekehrt und das ganz besonders in den Gegenden, wo sie in der Mehrheit ist.“[8]

---

[2] Schreiben vom 6.9.1947, AdSD NL Schumacher, Mappe 83.
[3] MÖLLER, Kirche, 253.
[4] Schreiben vom 6.9.1947, AdSD NL Schumacher, Mappe 83.
[5] MÖLLER, Evangelische Kirche, 254.
[6] Vgl. Kap. 11.1.2.
[7] Zit. in: MÖLLER, Kirche, 254.
[8] Schreiben vom 6.9.1947, AdSD NL Schumacher, Mappe 83; daraus auch die nachfolgenden Zitate.

Zirkelbach sah in dieser antichristlichen Tendenz, die er in der SPD meinte feststellen zu müssen, eine grundsätzliche Gefahr seiner Arbeit, protestantische Kreise für die SPD zu gewinnen. Bis hin zu Landesbischof Meiser seien dabei nach eigenen Angaben seine Bemühungen erfolgreich gewesen. All diese Protestanten hätten ihm wiederum geraten, seinerseits den Kontakt mit der SPD zu halten, um zu sehen, „ob es tatsächlich möglich ist, daß ein Christ, der treu zu seiner Kirche steht, mit gutem Gewissen in der SPD stehen kann." Dies schien für ihn jetzt negativ entschieden. Zirkelbach legte deshalb in seinem Schreiben an Hennig seine Arbeit nieder. Letzter Auslöser war für ihn eine ihm vermeintlich gegebene Erklärung, dass sich aus der Tätigkeit der Religiösen Sozialisten „das künftige Kulturprogramm der Partei entwickeln" sollte. Diese Möglichkeit sah Zirkelbach nicht mehr gegeben.

Trotz dieser Ankündigung stellte Zirkelbach jedoch seine Arbeit innerhalb der SPD und des ACS noch nicht ein. In einem Antwortschreiben versuchte Hennig Zirkelbach klarzumachen, dass die vermeintliche Benachteiligung Religiöser Sozialisten völlig irrig sei. Er wies vielmehr darauf hin, er selbst habe sich mit seiner Arbeit des öfteren schon den Vorwurf zugezogen, Religiöse Sozialisten zu bevorzugen. Hennig lehnte es nach wie vor – weil unüblich – ab, der ACS im Kulturausschuss der Partei eine besondere Vertretung zu gewähren. Zirkelbach versuchte seinerseits weiterhin das Gespräch zwischen SPD und Protestantismus zu fördern, was Hennig unterstütze.

Im Zusammenhang dieser Bemühungen kam es zu zwei Begegnungen zwischen der bayerischen SPD und der Evangelisch-Lutherischen Kirche in Bayern. Die Gespräche verliefen allerdings ohne konkrete Ergebnisse. Es war eher ein Wert an sich, dass sich Kirchenvertreter und bayerische Sozialdemokraten zu einem Gespräch begegnet waren. In „Weimar" war das noch völlig unmöglich gewesen. Für eine dauerhafte Annäherung zwischen Protestantismus und SPD schien es allerdings wegen der ausbleibenden Ergebnisse noch zu früh.

Zirkelbach selber fand in der SPD keine politische Heimat. 1949 gründete er eine „Evangelische Wählergemeinschaft"[9], 1952 kam es zur Konstituierung des „Evangelischen Volksdienstes", der „eine soziale Einstellung mit nationaler Haltung in deutscher Staatsauffassung"[10] verbinden wollte. Zirkelbach schloss sich damit dem in Dillenburg/Hessen wiedergegründeten Evangelischen Volksdienst an. Dies alles waren Aktivitäten, die wie auch die späteren politischen Arbeiten Zirkelbachs im Bereich der Marginalität blieben.[11]

---

[9] MÖLLER, Kirche, 256.
[10] DIE WELT, 5.11.1952.
[11] SCHMEER, CDU, 611. Der EVD verstand sich im Rückgriff auf die Traditionen des CSVD. Wegen des Einspruches der Landeskirche stellte der EVD in Bayern seine Tätigkeit als Partei wieder ein und betätigte sich wiederum als vorparteiliche „Evangelische Wählergemeinschaft". Ein Wahlbündnis des EVD mit der GVP wurde 1953 nach weni-

Der Versuch, eine Annäherung zwischen Christentum und Sozialismus herzustellen, scheiterte. Maßgeblich dafür war ein Irrtum in der Selbstdefinition Zirkelbachs. Er handelte weniger als ein Religiöser Sozialist denn aus christlich-sozialem Interesse, wenn er, wie oben zitiert, unter Christen für den Sozialismus werben wollte und nicht, wie es nahe gelegen hätte, als Religiöser Sozialist unter Sozialisten für das Christentum. Mit der Gründung des Evangelischen Volksdienstes in Nürnberg hob Zirkelbach diesen Widerspruch selber auf.

Erfolgreicher sollten andere Kontakte zwischen Christentum und Sozialismus sein. Doch auch sie machen deutlich, wie parteipolitisch im Fluss noch all diese Bemühungen waren. Am 7./8.9.1946 wurde in Oberrammede bei Lüdenscheid die „Arbeitsgemeinschaft für Christentum und Sozialismus" gegründet. Erster Vorsitzender war der Ministerialdirektor im nordrhein-westfälischen Kultusministerium, Otto Koch. Mitarbeiter seit spätestens April 1947[12] war der Unnaer Pfarrer Hans Lutz, der dort 1945 zunächst die CDU mitbegründet hatte.[13]

Die Arbeitsgemeinschaft verstand sich also keineswegs als eine einseitig an der SPD orientierte Gruppe. So war Lutz schon als CDU-Mitglied in der Arbeitsgemeinschaft. Ihr schwebte vielmehr ein überparteiliches Engagement vor. Hinsichtlich der neuen Parteienstruktur wurde empfehlend „auf die Labour Party in England hingewiesen."[14] Indem die Arbeitsgemeinschaft bewusst auf die Begriffe „Religiöser Sozialismus" oder „Christlicher Sozialismus" verzichtete, versuchte man sich der parteipolitisch weitgehend besetzten Begriffe zu entziehen. Vielmehr, so meinte man, sei der Sozialismus „eine Art der Gesellschaftsordnung, die nicht mehr und nicht weniger einer religiösen Begründung bedarf, als eine sonstige Einrichtung in dieser

---

gen Wochen aufgelöst. Mit der Zeit schien Zirkelbach, der die Wählergemeinschaft auch „Christlichen Volksdienst" nannte, ein neues Betätigungsfeld zu finden: Die konfessionelle Problematik, etwa in der Besetzung von Beamtenstellen. 1960 gab er eine Zeitschrift mit dem aussagekräftigen Titel „Protestantische Wacht" heraus, die sich gegen vermeintliche ultramontanistische Tendenzen wehren sollte. Zu diesem Zeitpunkt hatte der „Christliche Volksdienst" in Nürnberg 3,6 % der Wählerstimmen und damit einen Sitz im Stadtrat, den Zirkelbach selbst wahrnahm (Pressemappe 13.5.1960; AdSD Archiv des SPD-PV).

[12] SCHMEER, CDU, 281 A. 460, der die Angaben von Möller, Evangelische Kirche, 158 A. 69, korrigiert (Allerdings irrtümliche Seitenangabe bei Schmeer hinsichtlich Möllers).

[13] Der 1900 in Magdeburg geborene Lutz hatte 1923 das Studium der Nationalökonomie abgeschlossen. Anschließend war er Redakteur in München, danach Syndikus in Dortmund und Bochum. Dem schloss sich das Studium der Evangelischen Theologie und die Promotion an. Seit 1934 war Lutz Pfarrer in Bielefeld und ab 1937 in Unna. Hier begründete er 1945 die CDU mit! (SCHMEER, CDU, 291) 1948 wurde Lutz SPD-Mitglied (ebd., 321 A. 457). Von 1947 bis 1966 war er an der Sozialakademie in Dortmund tätig, von 1954 bis 1960 Professor für Gesellschaftslehre in Marburg.

[14] Zit. in: MÖLLER, Kirche, 258.

Welt."[15] Lutz definierte in seinem Buch „Protestantismus und Sozialismus heute"[16] seine Arbeit integrativ als die

„eines Christen, der auf dem Boden der Bekennenden Kirche steht und sich besonders Karl Barth verpflichtet weiß. Sie ist die Arbeit eines Sozialisten, der im realen Humanismus wurzelt und Karl Marx recht zu würdigen versucht."

Es war wohl die Weltkirchenkonferenz von Amsterdam 1948 und ihre Kritik an den entstandenen christdemokratischen Parteien, die Lutzes Verhältnis zur CDU lockerte. Lutz kritisierte jetzt an der Parteibildung, alle, „die die politischen Grundsätze einer solchen Partei nicht teilen, [würden] nicht nur gegen diese Partei, sondern gegen das Christentum selbst in Front gebracht."[17] Doch gegenüber der SPD blieb Lutz zunächst ebenfalls skeptisch. Bei aller Befürwortung der „Ziegenhainer Erklärung" von 1947 bedauerte er doch, dass in ihr dem Anspruch der Kirche auf das Recht öffentlicher Verkündigung nicht entsprochen worden sei. Schließlich gelte: „Es genügt auch nicht, daß man nur von Religion spricht, man sollte den Mut haben, von Kirche zu sprechen."[18] Lutz nahm nicht an den maßgeblichen Treffen zwischen Vertretern der Bekennenden Kirche und der SPD in Detmold teil. In eine aktive Parteiarbeit in der SPD stieg er, soweit ersichtlich, nicht ein.

Die für das Verhältnis zwischen Sozialdemokratie respektive Sozialismus und Evangelischer Kirche folgenreichste Neugründung ereignete sich in Hessen. Hier entstand zu Jahresbeginn 1947 ebenfalls eine „Arbeitsgemeinschaft für Christentum und Sozialismus"[19], nachdem sich bereits im Jahre 1945 erste lose Verbindungen hessischer Religiöser Sozialisten entwickelt hatten. Zentrum war damals der Raum Frankfurt-Darmstadt. Zu den Mitgliedern der Gruppe gehörten unter anderem Adolf Arndt, Emil Fuchs, Walter Dirks und Ludwig Metzger. Walter Dirks, der die Frankfurter CDU mitbegründet hatte, zog sich bald auf die Herausgabe der Frankfurter Hefte zurück. Adolf Arndt trat 1945 ins hessische Justizministerium ein und konnte so an der Arbeit nur noch eingeschränkt teilnehmen.

Zunächst blieb die Position der ACS in Hessen unbestimmt. Während Ludwig Metzger für einen engen Anschluss der Arbeitsgemeinschaft an die SPD und auch eine Mitarbeit der Religiösen Sozialisten in der Evangelischen Kirche eintrat, stand Emil Fuchs für eine Position, die sowohl Kirche und SPD gegenüber distanziert war und eine Anlehnung an die KPD resp. SED suchte. Bei der Wiederbegründung des „Bundes der Religiösen Sozialisten", der im Juni 1948 in Kassel stattfand, wurde diese Auseinandersetzung deutlich. Erst nachdem Fuchs 1949 einen Ruf an die Universität Leip-

---

[15] Ebd., 259.
[16] Berlin-Grunewald, 1947.
[17] LUTZ, Protestantismus, 92.
[18] Ebd., 97.
[19] SCHMIDT, Christen, 24ff.

zig angenommen hatte und aus der SPD austrat, war der Weg frei, den „Bund der Religiösen Sozialisten" eng an die SPD anzulehnen.[20] Der Bund selbst versank allerdings in den 50er Jahren „endgültig in Bedeutungslosigkeit."[21] Mit dazu beitragen sollte sicher auch die Tatsache, dass sich nun bald außerhalb des Lagers der Religiösen Sozialisten Christen fanden, die gleichzeitig Sozialdemokraten waren oder wurden. Der Vermittlungsdienst der Religiösen Sozialisten wurde je länger je weniger gebraucht. Zunächst aber sah dies noch anders aus.

Die hessische Arbeitsgemeinschaft, in der sich Metzger entschieden gegen einen Anschluss an diesen Bund ausgesprochen hatte, stellte jedoch in der Folgezeit – weniger als Arbeitsgemeinschaft als in den sie vertretenen Personen – eine Brücke zwischen SPD und Kirchen dar. Eine wichtige Vermittlerposition fiel dem damaligen Darmstädter Oberbürgermeister Ludwig Metzger zu, der als Mitglied des Rates der EKD, Landes- und EKD-Synodaler und auch als Mitglied des SPD-Parteivorstandes für diese Aufgabe geradezu prädestiniert erschien.[22]

Anders als Zirkelbach beurteilte Metzger die programmatische Neupositionierung der SPD nach 1945 zumindest verheißungsvoll. Schumachers Reden, die hinsichtlich der Frage einer religiös motivierten Mitarbeit in der SPD von Toleranz geprägt waren, sah Metzger als „für die geistige Entwicklung der SPD von großer Bedeutung"[23] an. Metzger selbst trat ebenfalls für eine Annäherung von SPD und Evangelischer Kirche schon auf dem ersten Parteitag der SPD 1946 in Hannover ein, wenn er forderte:

„Man sollte der Kirche die Möglichkeit geben, in Freiheit die ihr zukommenden Aufgaben zu erfüllen. Denn wir sind der Meinung, die Kirche hat durchaus ihre Existenzberechtigung. Daß müssen wir zum Ausdruck bringen, und wir werden damit vielen die Möglichkeit geben, überhaupt den Weg zu uns zu finden … ."[24]

1948 nahm Metzger als Mitglied der deutschen Delegation an der bedeutsamen Weltkirchenkonferenz in Amsterdam teil.[25] Es war Metzger, der auf dieser Konferenz den Antrag stellte, dass die Identifizierung von christlicher Kirche mit einer sich christlich nennenden Partei unterbleiben müsse. Bekanntlich nahm die Amsterdamer Konferenz diesen Antrag an.[26] Eine Entscheidung von weitreichender Bedeutung, war doch nun jeder Versuch, eine sozusagen gegebene Gemeinsamkeit zwischen einer christdemokratischen Partei und (zumindest der evangelischen) Kirche herstellen zu wollen,

---

[20] Ebd., 26.
[21] Ebd., 27.
[22] Vgl. MÖLLER, Kirche, 231ff.
[23] METZGER, Tagen, 109.
[24] Zit. in: MÖLLER, Kirche, 247.
[25] METZGER, Tagen, 115.
[26] MÖLLER, Kirche, 247.

gleichsam kirchenoffiziell abgelehnt. Metzger war auch Teilnehmer der Gespräche zwischen Kirchenvertretern und SPD-Mitgliedern 1947 in Detmold und 1950 in Darmstadt.

Die engagierte Mitarbeit führender Religiöser Sozialisten wie Metzger und Arndt in der SPD markierte für den Religiösen Sozialismus wie auch die SPD einen qualitativen Neuanfang, der allerdings zunächst noch lokal und personell begrenzt blieb. Die Einsicht setzte sich durch, dass die relative Isolierung, in der sich die Religiösen Sozialisten bisher befunden hatten, unbedingt aufgebrochen werden müsse, wollten sie ihren Anliegen stärkeres Gehör verschaffen. Bei der SPD war es zunächst eine eher noch diffuse Wahrnehmung dafür, dass auch andere geistige Strömungen als die des Marxismus in ihr einen Platz finden mussten. Ein schwieriger und mit Rückschlägen verbundener Lernprozess der Modernisierung für die Partei auf dem Hintergrund einer sich zunehmend weniger klassenspezifisch bzw. milieugebunden verstehenden Gesellschaft setzte damit ein, den die Religiösen Sozialisten wesentlich mit anstießen und in dessen Verlauf sie ihre „Mission" erfüllten und an Bedeutung verloren.

11.1.2. *Die unterbliebene geistig-programmatische Neudefinition der SPD und ihre Stellung zum Christentum*

Da die Nachkriegs-SPD in ihrer Gründungsphase auf das Engste mit der Person Kurt Schumachers verbunden ist,[27] liegt es nahe, bei der Frage des Verhältnisses des Protestantismus zur SPD die Stellung des ersten SPD-Nachkriegsvorsitzenden darzustellen und ihn dabei im Gesamtzusammenhang der programmatischen Neubesinnung der SPD nach 1945 zu sehen. Schumachers Rolle bleibt dabei, wie sich zeigen wird, ambivalent. Selbstverständlich war allen einsichtigen Kräften nach 1945 klar, dass die SPD ihr Programm, obwohl die historische Entwicklung ihr vermeintlich recht gegeben hatte, aktualisieren musste. Trotzdem kam es in den ersten Jahren nicht zu einer Überarbeitung des noch geltenden kirchlich und religiös distanzierten Heidelberger Parteiprogramms von 1925. Dass es nicht gelang, zu einer programmatischen Form „geistiger Neuverständigung"[28] zu kommen, war auch Kurt Schumachers Versäumnis. Er sprach sich nach dem nationalsozialistischen Zusammenbruch gegen die Neuformulierung eines Programms aus, weil er die äußeren Bedingungen noch zu sehr im Fluss sah und so eine programmatische Fixierung ihm nicht möglich erschien. So sehr die phänomenologische Analyse zutraf, führte seine Zurückhaltung gerade in dieser programmatisch noch so offenen Zeit nicht dazu, „die vielfach vorhandenen

---

[27] Zur Biographie vgl. etwa MERSEBURGER, Schumacher.
[28] KLOTZBACH, Staatspartei, 122.

geistig-emotionalen Sozialismusoptionen durch Erarbeitung klarer programmatischer Konturen"[29] für die SPD fruchtbar zu machen.

Durch die Entscheidung Schumachers für eine Anknüpfung an die SPD-
Tradition von Weimar, sowohl was die Programmatik als auch die Organisationsform betraf, wurden große Chancen verspielt. An anderer Stelle wurde
schon gezeigt, wie in den Reihen der Christdemokraten bis weit in den
Liberalismus hinein zunächst daran gedacht wurde, eine Partei nach dem
englischen Labour-Schema zu gründen.

Besonders auch Protestanten begeisterten sich für diesen Plan. Galt doch
im Sommer 1945 die Labour-Party als verheißungsvolles Zukunftsmodell.
Für das Ausland völlig überraschend hatte in Großbritannien die Labour-
Party mit ihrem Vorsitzenden Clement Attlee die konservativen Tories und
den Kriegshelden Winston Churchill bei den britischen Parlamentswahlen
geschlagen und die Regierung übernommen. Attlees demokratischer Sozialismus, der besonders in der Einführung des Wohlfahrtsstaates und der Verstaatlichung von Schlüsselindustrien bestand, galt damals als der „dritte Weg"
zwischen stalinistischem Kommunismus und Kapitalismus. Attlee, „ein Vorbild an politischer Moralität und Barmherzigkeit"[30], war ein typischer Vertreter des „non-dogmatic and tolerant British approach to socialism"[31], der
durch Männer wie Robert Owen mitbegründet wurde und im Unterschied
zu kontinentalen Entwicklungen das religiös-sozialistische Element nie ausgeschieden hatte.

Nachdem nun auch der englische Exil-Vorstand der SPD wieder nach
Deutschland gekommen war, hätte man annehmen können, das Labour-
Modell eines weitgehend undogmatischen Sozialismus wäre auch in der
SPD diskutiert worden. Doch gerade das Gegenteil war der Fall. Dazu hatte
nicht zuletzt das traditionell distanzierte Verhältnis zwischen englischer und
deutscher Arbeiterbewegung beigetragen, dass auch durch die Exilszeit vieler sozialdemokratischer Gruppen in Großbritannien während der nationalsozialistischen Herrschaft nicht verbessert wurde.[32] Auch in der Zeit
der Besatzungsherrschaft blieb etwa das Verhältnis zwischen Schumacher, für
längere Zeit immerhin der vermeintlich kommende deutsche Regierungs-
chef, und der englischen Regierung „nicht so glücklich"[33].

Schumacher selbst sprach sich vehement gegen die Pläne zur Gründung
einer Labour-Party aus. Nachdem sich diese Pläne zerschlagen hatten, rühm-
te er sich, „das Kind zu Bett gebracht", bzw. diese Pläne gar „liquidiert"[34] zu
haben. Letzter Grund für Schumacher war dabei seine Kritik an der Macht

---

[29] Ebd., 122.
[30] SCHWARZ, Reformer, 503.
[31] BURRIDGE, Attlee, 11.
[32] RÖDER, Exilsgruppen, 134ff.
[33] SCHWARZ, Reich, 536.
[34] Zit. in: MERSEBURGER, Schumacher, 227.

der Gewerkschaften in der Labour-Party, die seinem zentralistischen Konzept widersprach.[35]

Die von Schumacher bevorzugte Politik der Wiederanknüpfung an Weimar belastete besonders auch das Verhältnis zur evangelischen Kirche. Gerade hier hatte man ebenfalls auf eine nach Labour-Programmatik erneuerte SPD gehofft. Die Vorstellung, dass es nach den gemeinsam erlittenen Bedrückungen der nationalsozialistischen Herrschaft zu einer grundlegenden Neubesinnung im gegenseitigen Verhältnis kommen werde, erfüllten sich nicht. Schumacher blieb mit seiner Auffassung von Religion und Kirche weitgehend in den Bahnen der herkömmlichen SPD-Ideologie. Martin Möller hat in seinem Werk über das Verhältnis der evangelischen Kirche zur SPD die Kirchenposition Schumachers ausführlich dargestellt,[36] so dass hier nur noch einmal Grundzüge erörtert werden.

Wenngleich Schumacher die gewohnten Schemata der parteiamtlichen Neutralität gegenüber den Kirchen nicht verließ, kam es besonders im Hinblick auf die evangelische Kirche zumindest zu einer Akzentverschiebung, weg von einer aggressiv-negativen Neutralität zu einer durchaus wohlwollenden, aber immer noch weitgehend indifferenten Haltung. Dies betraf mehr den einzelnen Christen als die Kirche in ihrer Rolle als öffentlichen Faktor. Bekannt wurde Schumachers Äußerung aus dem Jahre 1945, dass es für die Mitarbeit in der SPD

„gleichgültig [sei], ob jemand durch die Methoden marxistischer Wirtschaftsanalyse, ob er aus philosophischen oder ethischen Gründen, oder ob er aus dem Geist der Bergpredigt Sozialdemokrat geworden ist."[37]

In seinem Aufsatz von 1947 „Die Chance des Christentums"[38] sprach Schumacher von der Religion als einer sich „notwendigerweise gut auswirkende[n] Macht"[39]. Eine Formulierung, die zwar noch recht vage war, aber etwa im Munde eines August Bebel unvorstellbar gewesen wäre.

Obwohl die Mitarbeit von Christen in der SPD ausdrücklich begrüßt wurde und Religiöse Sozialisten sich wie gezeigt verstärkt in der Partei engagierten, war doch gar keine Rede davon, dass sich die deutsche Nachkriegs-SPD programmatisch hinsichtlich ihres Verhältnisses zum Christentum so offen und wohlwollend tolerant entwickeln solle, wie die englische Labour-Party. Bei aller Anerkennung christlichen Engagements in der SPD blieb Schumacher gegenüber der Institution Kirche und ihrem Öffentlichkeitsanspruch äußerst zurückhaltend, letztlich ablehnend. Wenn die evangelische Kirche auch sein hartes Diktum über die katholische Kirche als

---

[35] Ebd.
[36] MÖLLER, Kirche, 161f.
[37] Zit. in: MÖLLER, Kirche, 162.
[38] Zit. in: SCHOLZ/OLISCHEWSKI, Turmwächter II, 311f.
[39] Ebd., 312.

der „fünften Besatzungsmacht" nicht betraf, so war auch hier seine Haltung grundsätzlich reserviert. Der alte kämpferisch-warnende Ton kam immer wieder durch. So wurde in einer parteiamtlichen Broschüre wörtlich formuliert: „Es wäre für Deutschland und die Zukunft der evangelischen Kirche besser, wenn sich auch die evangelischen Kirchen deutlich von den Kreisen der Reaktion abwenden würden!"[40] Vor dem Parteivorstand sagte Schumacher im August 1946 ebenso:

„Vor den kirchlichen Institutionen haben wir den notwendigen Respekt zu erweisen, soweit sie sich nicht in das politische Leben einmischen. In anderem Falle müssen wir alle Mittel anwenden, um dafür zu sorgen, daß die kirchlichen Institutionen ihren tatsächlichen Aufgaben nachkommen."[41]

Wie der Schumacher keineswegs geistesverwandte Thomas Dehler, der die Kirchen später auch auf ihre scheinbar originären Aufgaben verweisen wollte,[42] beharrte der SPD-Vorsitzende auf einem eingeengten Kirchenverständnis, dass eine öffentliche Rolle der Kirche nicht zuließ. Religion war einstweilen auch für Schumacher „Privatsache". Im übrigen blieb die Kirche der Kumpanei mit dem Kapital verdächtig. Deutlich wurde dies 1948 in einem Gespräch des SPD-Parteivorstandes mit der SPD-Fraktion im Wirtschaftsrat. Hier warf Schumacher der Kirche vor, sie habe sich „dem Streben der CDU, dem Kapitalismus angeschlossen. Niemöller hätte nicht gegen die Nazis, sondern gegen die Sachwertbesitzer auftreten sollen."[43]

Das von protestantischer Seite geradezu ersehnte und hier noch darzustellende Gespräch zwischen Kirchen- und SPD-Vertretern in Detmold 1947[44] änderte an Schumachers grundsätzlicher Haltung nichts. Dies lag wohl nicht zuletzt daran, dass das, was seitens der Bekennenden Kirche positiv als längst notwendige Revision des Verhältnisses von Kirche und Sozialismus verstanden wurde, letztlich in der SPD unter einem machttaktischen Gesichtspunkt – der Männern wie Iwand, Niemöller und Wolf offensichtlich fremd war – interpretiert wurde. Dies zeigt die zurückhaltende Nachbereitung des Treffens im SPD-Parteivorstand (s.u.).

Letzten Endes bleibt Frederick Hartwigs Vorwurf bestehen, dass Schumacher die Bekennende Kirche mit ihrer radikalen Abkehr vom obrigkeitsfixierten Kirchenverständnis „nicht gebührend wahrgenommen" hat.[45] Andererseits muss bedacht werden, dass eben nach Schumachers Selbstverständnis eine Art gemeinsamer Front mit Kräften der Bekennenden Kirche nicht möglich war, da sie dem eher privatistischen Kirchenverständnis Schuma-

---

[40] Zit. in: MÖLLER, Kirche, 169.
[41] ALBRECHT, SPD, 69.
[42] Kap. 10.2.
[43] ALBRECHT, SPD, 352.
[44] Vgl. Kap. 12.4.3.
[45] HARTWEG, Schumacher, 192.

chers widersprach. Schließlich war Schumacher sicher auch klar, dass die Bekennende Kirche innerhalb der evangelischen Kirche Deutschlands nur eine Minderheitenrolle spielte. [46]

Schumachers Distanz betraf auch sein persönliches Verhältnis zu dem Exponenten der Bekennenden Kirche, Martin Niemöller. Während dieser in der Rückschau die Detmolder Zwangsgemeinschaft als „eine der persönlich angenehmsten Begegnungen meines Lebens"[47] und Schumacher gar mit den Worten „man muß ihn gern haben"[48] beschrieb, hielt sich Schumacher in der Einschätzung Niemöllers, dessen Leidensweg durch das Konzentrationslager und sein nach außen hin oft schneidendes Auftreten ihm verwandt vorkommen musste, bedeckt. Jahrelang hatte man gar zusammen im KZ Dachau gesessen, war sich aber niemals begegnet.[49] So stellte er in einer Sitzung des Parteivorstandes auf die Nachricht hin, eine nicht näher genannte „amerikanische Stelle"[50] habe eine Reise deutscher Sozialdemokraten nach London und die Niemöllers in die USA „in einem Atemzug genannt", lapidar fest: man fasse das „allerdings in keiner Beziehung als Schmeichelei auf."

Wenn Wolf-Dieter Narr von einer „Beschränkung durchschnittlicher sozialdemokratischer Verständnisfähigkeit für Religion und Kirchen"[51] spricht, so trifft dies allgemein wohl auf Schumacher zu. Er stand in keinem direkten Bezug zu einer kirchlichen Gruppe und war über das Normalmaß hinaus als Protestant aus dem katholisch geprägten Gebiet um Kulm nicht evangelisch geprägt. Ob man deshalb wie Louis J. Edinger geradezu von einem Scheitern sozialdemokratischer Kirchenpolitik in den ersten Jahren nach 1945 sprechen muss,[52] bleibt fraglich. Im Sinne von Kirchenpolitik als policy gab es diese nach 1945 bei der SPD zunächst nicht. Dies lag nicht zuletzt an der ausgebliebenen Reform der Programmatik der Partei. So blieb es dabei, dass die Partei „gleichsam Schritt für Schritt sich die neuen Positionen"[53] im Verhältnis zu den Kirchen erarbeiten musste. Insofern ist auch Spotts kritischer Analyse der Haltung Schumachers zuzustimmen, wenn dieser darauf hinweist, Schumacher und die SPD hätten die großen Chancen,

---

[46] Wie teilweise verschoben innerhalb der SPD die Einschätzung der BK war, machen mehrere Schreiben eines nicht näher bekannten Sozialdemokraten in dieser Sache an Schumacher deutlich. Er warnte Schumacher vor einer zu engen Anlehnung an den „Papst der Bekennenden Kirche" Martin Niemöller und verwies dabei auf den „ungeheure [n] Rückhalt, den die BK von Seiten des kapitalistischen Weltprotestantismus genießt." Schließlich sei die „BK... eine Gruppe neben anderen"; Schreiben vom 9.2.1948, AdSD NL Schumacher, Mappe 79.
[47] Zit. in: HARTWEG, Schumacher, 194.
[48] Ebd., 194.
[49] MERSEBURGER, Schumacher, 171f. Merseburger erklärt dies damit, Schumacher habe anders als Niemöller nicht zur ‚Gruppe priviligierter Häftlinge' gezählt.
[50] ALBRECHT, SPD, 352; daraus auch die nachfolgenden Zitate.
[51] NARR, CDU – SPD, 134.
[52] EDINGER, Kurt Schumacher, 349; MÖLLER, Kirche, 174f.
[53] STROHM, Kirche, 120.

die sich ihr nach 1945 im Verhältnis zur evangelischen Kirche boten, nicht genutzt.[54]

Das Ausbleiben einer programmatischen Selbstklärung der SPD unmittelbar nach 1945 hatte auch seine positive Seite. Angesichts der später durchaus mühsamen Reformdiskussion war es 1945–1949 keineswegs ausgemacht, dass ein neues Programm reformerische Züge tragen würde. Indem Schumacher die Diskussion offen hielt, ermöglichte er immerhin „Freiräume, in denen sich neue Fragestellungen"[55] entwickeln konnten.

Die Diskussion, ob nach den vorausgegangenen Ereignissen nationalsozialistischer Herrschaft und des Zweiten Weltkrieges die marxistische Philosophie parteiamtlich weiterhin ein De-facto-Monopol beanspruchen konnte, ließ sich jedenfalls nicht mehr von der Tagesordnung bringen. Inwiefern – das war die Frage – war, bzw. konnte eine spezifische Weltanschauung für parteipolitische Arbeit ein verbindlicher Horizont ihrer Selbstvergewisserung sein? Wenn solche Überlegungen nun drängende Relevanz bekamen, hing dies u.a. damit zusammen, dass sich trotz einer großen Kontinuität im Mitgliederprofil der SPD, doch, wenn auch zunächst nur zaghaft, neue Schichten für die Parteiarbeit öffneten. Dazu zählten etwa Menschen, die tief im Bildungsbürgertum verankert waren, wie Carlo und Lydia Schmid. Gerade Schmid kämpfte innerhalb seiner Partei dafür, sich von der marxistischen Weltanschauung als maßgeblicher Parteitheorie zu trennen.[56] Schmid erwähnt in seinen Memoiren die mit Fritz Erler unternommenen Versuche, „zwischen Vertretern der Kirche und der Arbeiterbewegung das klärende Gespräch lebendig zu erhalten."[57]

Ebenfalls auf diesem Gebiet engagiert war seine evangelische Frau Lydia. Dabei ging es ihr nach eigenem Verständnis zunächst einmal um ein wirkliches Kennenlernen von Christen und Sozialisten. Außerhalb des Lagers der Religiösen Sozialisten bestanden damals kaum Kontakte. Bei Lydia Schmid trat auch ein gewisses missionarisches Element hinzu. Für ihre Tätigkeit waren die Auseinandersetzungen innerhalb des protestantischen Lagers dabei alles andere als hilfreich. In einem Brief an Heinrich Albertz schilderte Lydia Schmid ihre Schwierigkeiten:

> „Ich kann den Leuten aus der Partei, die erst jetzt wieder merken, dass die Kirche eine beachtbare Realität ist (So habe ich 4 dabei, die noch nicht wieder in die Kirche eingetreten sind!), gleich den Gegensatz: hie offizielle Kirche, hie Barthianer vorsetzen, ... Dabei kritisiere ich beide Parteien, indem ich nicht müde werde zu betonen, dass ich diesen persönlichen Stunk in einer Kirche nicht begreifen könne."[58]

---

[54] SPOTTS, Kirchen, 281f.
[55] KLOTZBACH, Staatspartei, 125.
[56] Vgl. WEBER, Schmid, 245ff. u.ö.
[57] SCHMID, Erinnerungen, 262.
[58] Schreiben vom 21.10.1949, AdSD NL Albertz, Mappe 151.

Doch auch auf der anderen Seite sah es nicht besser aus. Schmid sprach von Schumacher als jemanden,

„den man am liebsten umgehen möchte, auch wenn man zur SPD neigt! Was meinen Sie wie ich mich für ihn verkämpfen muss, um ihn den Leuten menschlich näher zu bringen und ihn verständlich zu machen, mit seinen scharfen Formulierungen.“[59]

Doch nicht nur auf christlicher Seite kam es in der Sozialdemokratie zu neuen Entwicklungen. Innerhalb der SPD gewannen nun auch nicht-marxistische Gruppen einen stärkeren Einfluss. Dazu zählten die Anhänger eines ethischen Sozialismus des Religionsphilosophen Leonhard Nelson. Seine Ideen in der SPD zu verbreiten, hatte sich besonders Willi Eichler vorgenommen, der während der Kriegszeit Vorsitzender des von Nelson begründeten „Internationalen Sozialistischen Kampfbundes“ (ISK) war. Eichler drängte auf eine theoretisch grundlegende Neubesinnung des Verhältnisses von SPD und Christentum, die über die letztlich Einzelaussagen bleibenden Äußerungen Schumachers hinausgehen sollte.[60] Er selbst hatte in dieser Thematik einen weiten gedanklichen Weg zurückgelegt. Als Anhänger Nelsons übernahm er zunächst dessen kirchenfeindliche Einstellung. So gab Eichler in den Zwanziger Jahren monatlich die durch die Agitation des ISK erreichten Kirchenaustritte bekannt.[61] Im Exil während der nationalsozialistischen Herrschaft mäßigte Eichler seine bisher völlig kompromisslose Haltung gegenüber den Kirchen, wobei besonders die noch schärfer bekämpfte katholische Kirche eine gewisse Anerkennung wegen ihres teilweisen Widerstandes gegen den Nationalsozialismus fand. Die evangelische Kirche hingegen erschien für Eichler mit Ausnahme Niemöllers völlig korrumpiert.[62]

Nach dem Zweiten Weltkrieg revidierte Eichler seine Haltung grundsätzlich. Einerseits wohl wegen besserer Erkenntnis, die nun ein Zusammengehen ethischer Sozialisten mit Christen nicht ausschloss, andererseits aus machtpolitischen Erwägungen.[63] Da der ISK sich nach 1945 in die SPD integrierte und Eichler auf kulturpolitischem Gebiet tätig wurde, kamen in der Folgezeit gerade von Männern wie Eichler die entscheidenden Impulse für eine Neubesinnung im Verhältnis zwischen SPD und den Kirchen.

Überhaupt wurde im Zuge der Neukonstituierung der SPD die kulturpolitische Arbeit der SPD verstärkt. Zu diesem Zweck wurde eine „Kulturpolitische Zentrale“ beim Parteivorstand mit Arno Hennig als Leiter installiert. Ein erster Höhepunkt dieser Arbeit war eine kulturpolitische Konferenz, die Ende August 1947 im hessischen Ziegenhain stattfand. Zwar wurde hier die Weitergeltung der marxistischen Philosophie bekräftigt, gleichzeitig

---

[59] Ebd.
[60] Vgl. dazu auch MÖLLER, Kirche, 178ff.
[61] LEMKE-MÜLLER, Sozialismus, 76.
[62] Ebd., 136.
[63] Ebd., 233.

aber ordnete man diese in den historischen Zusammenhang ein und schloss die Einbeziehung neuer Denkansätze in dem parteitheoretischen Diskurs nicht aus. Nun hieß es: „Kämpferisches Bewußtsein der unterdrückten Klassen, Wille zur Menschlichkeit, religiöse und sittliche Verpflichtung vereinigen sich in der Sozialdemokratie zu einer gemeinsamen Kraft"[64]. Ob sich allerdings die Bekräftigung einer religiösen Motivation für die Mitarbeit in der Partei als ein „bewußter Brückenschlag zu den christlichen Institutionen"[65] verstand, muss offen bleiben. Zwar fand die Tagung nur wenige Wochen nach dem besonders für die Kirchenvertreter denkwürdigen Detmolder Treffen statt, eine bewusste Rezeption dieses Gespräches lässt sich im Zusammenhang der Kulturkonferenz jedoch nicht feststellen. Eher wurden die allgemein schon angelegten Tendenzen der neuen Gruppen in der SPD, die eine Revision des bisherigen Programmbildes suchten, formuliert. So stammte die Endfassung der sogenannten „Ziegenhainer Erklärung" von Carlo Schmid.[66] Weitere Konferenzen schlossen sich an, so etwa im Juli 1948 in Lübeck zum Thema „Christentum, Sozialismus, Humanismus"[67], auf der der nach Amerika emigrierte Theologe und Religiöse Sozialist Paul Tillich einen „tief angelegten improvisierten Vortrag bot."[68]

Trotz dieser diversen Bemühungen kam es nicht zu einer grundsätzlichen Neubestimmung im Verhältnis der SPD zu Religion und Kirche. Die Kulturarbeit der Partei war eher von dem Bestreben geprägt, ethisch-sozialistische Motive der Mitarbeit in der SPD als legitime Motivation ihre Anerkennung zu verschaffen, als grundsätzlich das Verhältnis zum Faktor Kirche in der Gesellschaft neu zu bestimmen. Der besondere Öffentlichkeitswille der evangelischen Kirche nach dem Krieg blieb der Partei weiterhin fremd, wenn nicht gar suspekt.[69] Im allgemeinen bewegte man sich weiter in den Bahnen distanzierter Toleranz gegenüber religiös motivierten Begründungszusammenhängen in der SPD-Mitarbeit. So hieß es etwa im SPD-Jahrbuch 1950/51 zu der Mitteilung, dass der Religiöse Sozialist Ludwig Metzger hessischer Kultusminister geworden sei:

„Daß mit dem neuen Kultusminister Metzger, Hessen, und Schenkel, Württemberg-Baden, bzw. Baden-Württemberg, maßgebende Mitglieder der protestantischen Kirche entscheidende kulturpolitische Positionen einnahmen, sei nur deshalb besonders erwähnt, um einen echten Beweis für die Toleranz der Sozialdemokratie in Glaubens- und Weltanschauungsfragen anzuführen."[70]

---

[64] SPD-Jahrbuch 1947, 114.
[65] KLOTZBACH, Staatspartei, 183.
[66] Ebd., 182.
[67] SPD-Jahrbuch 1948, 168.
[68] Ebd.
[69] Vgl. MÖLLER, Kirche, 187.
[70] SPD-Jahrbuch 1950/51, 319.

Der Grundgedanke war also weiterhin Toleranz und Akzeptanz, nicht Wille zur Zusammenarbeit zwischen den zwei Institutionen.

Das o.g. Zitat macht deutlich, dass die marxistische Gesellschaftsinterpretation mit ihrer kirchenkritischen Einstellung einstweilen weiter gültig blieb und man andere Auffassungen lediglich zu tolerieren bereit war. Diese zurückhaltende Stellungnahme war auch ein Ergebnis fehlerhafter Selbstwahrnehmung und defizitärer Analyse der Gesellschaft. Indem die SPD und besonders Schumacher das Zeitalter des Sozialismus geradezu gesetzmäßig kommen sahen,[71] erschien ihnen die SPD als die zeitgemäßeste und somit modernste Partei. In gewisser Weise glaubte man es gar nicht nötig zu haben, Bundesgenossen wie die Kirche, deren frühere Beschützer, die Konservativen, buchstäblich abgewirtschaftet hatten, zu bekommen. Erst die schmerzliche Einsicht in den Folgejahren, dass sich die Wirklichkeit nicht nach der marxistischen Gesellschaftsanalyse richtete, sollte auch im Verhältnis zu den Kirchen einen Umdenkungsprozess in Gang bringen.

11.2. Die Integration von Teilen des politischen Protestantismus in die SPD

11.2.1. Heinrich Albertz als Parteireformer in der SPD

Heinrich Albertz steht in besonderer Weise für die Öffnung der Nachkriegs-SPD gegenüber den Christen. Der Sohn eines königlich-preußischen Hofpredigers hatte sich schon in der Weimarer Zeit der SPD angeschlossen. Als Vikar und Pfarrer der Bekennenden Kirche wurde Albertz während der nationalsozialistischen Herrschaft mehrfach verhaftet. Mit dem Zusammenbruch 1945 kam Albertz nach Celle, wo er zunächst im kirchlichen Auftrag die Betreuung von Flüchtlingen übernahm. Es folgte 1947 der Einzug in den niedersächsischen Landtag als Flüchtlings-Abgeordneter. 1948 wurde Albertz Flüchtlingsminister, 1951 übernahm er das Sozialressort.

Welch erhebliches Aufsehen auch 1946 noch der (Wieder-)Eintritt eines evangelischen Pfarrers in die SPD verursachte, machte eine Notiz in der SPD-Zeitung „Telegraf" deutlich, die ihren Lesern diesen Eintritt meldete. Zwar bemühte man sich um eine gewisse Relativierung, trotzdem schien die Tatsache interessant genug, zumal der Pfarrer eben auch „klassenbewusst" war:

„Der Eintritt eines Geistlichen in die SPD ist kein welterschütterndes Ereignis, zumal er gleichgesinnte Kollegen vorfinden kann, das Motiv, das zu diesem Schritt geführt hat, ist immerhin bemerkenswert. Pastor Albertz war schon immer ein Gegner davon,

---

[71] MERSEBURGER, Schumacher, 410.

daß sich die besitzenden Klassen durch ‚Wohltätigkeit‘ ihrer sozialen Pflicht bequem zu entledigen suchten."[72]

Anschließend zitierte die Zeitung Albertz' Meinung, dass der „wahre Sozialismus … in dem Programm der SPD am unverfälschtesten enthalten"[73] sei. Doch so selbstverständlich wie die Dinge zunächst erschienen, waren sie für Albertz dann doch nicht. Das sollte die Folgezeit erweisen.

Albertz bemühte sich sehr früh, mit seiner Arbeit das Verhältnis zwischen SPD und evangelischer Kirche zu entkrampfen. In einem Beitrag für das Hamburger Abendblatt schrieb er am 28.1.1950 zunächst kritisch über die Restaurationstendenzen in der evangelischen Kirche nach 1945, vor denen er „fassungslos"[74] stehe. Albertz erinnerte sich auch an die „ehrlichen Begegnungen zwischen Christen und Sozialisten in den Jahren 1945 und 1946", die für ihn in das Detmolder Gespräch zwischen Kirchenvertretern und führenden SPD-Mitgliedern 1947 mündeten. Selbstkritisch stellte er fest, dass die Detmolder Begegnung „kaum eine Folge hatte." Wie andere Mitglieder der Bekennenden Kirche sah auch Albertz den hauptsächlichen Grund darin, dass mit der CDU eine Partei entstanden sei, die „ihre politischen Auffassungen dem Namen des Christentums verschrieb". Am Schluss forderte Albertz deshalb hinsichtlich des Verhältnisses von SPD und evangelischer Kirche ein „neues Beginnen auf beiden Seiten."

Albertz machte sich selbst daran, diesen Neubeginn in die Wege zu leiten. Unterstützung fand er besonders bei Hans-Joachim Iwand, der als wesentlicher Inspirator der „Darmstädter Wortes" von 1947, in dem auch das bisher distanzierte Verhältnis der Kirche zum Sozialismus thematisiert worden war,[75] daran ein besonderes Interesse hatte. Dieser schrieb an Albertz:

„Es muss gelingen, eine Verständigung zwischen der SPD bzw. der Arbeiterbewegung und ihrer Ziele mit der evangelischen Kirche zu erreichen. Das ist unsere Schuld nach 1918 gewesen und das darf nicht wieder passieren."[76]

Iwand regte Vortreffen in Arbeitsgemeinschaften an, um einen festen Kreis zu bilden, dem es dann auch gelinge, „die Honoratioren besser fest[zu]haken, damit gelegentliche Begegnungen und Gespräche nicht allzu unverbindlich bleiben."[77]

---

[72] Telegraf 17.8.1946.
[73] Ebd. Wie ungewöhnlich die Tätigkeit eines evangelischen Pfarrers gar als Minister für die SPD war, wurde auch Jahre später noch deutlich, als Albertz in die Berliner Senatsverwaltung eintrat, wo er schließlich 1966 Nachfolger Willy Brandts als Regierender Bürgermeister wurde. Seine Ernennung zum Senatsdirektor 1955 meldete die Zeitschrift „Der Abend" mit dem Aufmacher „SPD holt einen Pastor" (Der Abend, 8.6.1955).
[74] Hamburger Abendblatt, 28.1.1950; daraus auch die nachfolgenden Zitate.
[75] Vgl. Kap. 12.4.2.
[76] Schreiben vom 20.6.1950, AdSD NL Albertz, Mappe 145.
[77] Ebd.

Durch die Kontakte mit Iwand und Mochalski kam es tatsächlich am 1. Mai 1950 zu einem erneuten Treffen zwischen Kurt Schumacher und Martin Niemöller.[78] Niemöller gelang es dabei, Schumacher für ein Wiederholungstreffen zwischen Vertretern der Bekennenden Kirche und der SPD-Führung zu gewinnen. Gleichzeitig brachte er ihn davon ab, mit dem Rat der EKD Kontakte aufzunehmen. Schumacher wusste also aus erster Hand um die schwerwiegenden Differenzen im Lager der evangelischen Kirche.

Nach einigen Verschiebungen kam es am 30.10.1950, wenige Tage zuvor war die Bundes-CDU in Goslar gegründet worden, in Darmstadt zu einer Begegnung zwischen beiden Seiten. Von der SPD nahmen u.a. Erich Ollenhauer, Carlo Schmid, Willi Eichler, Arno Hennig, Heinrich Albertz, Adolf Arndt, Kurt Schumacher und Annemarie Renger teil. Auf Seiten des Bruderrates waren Martin Niemöller, Heinrich Held, Joachim Beckmann, Hans-Joachim Iwand, Oskar Hammelsbeck, Hans Böhm, Helmut Gollwitzer, Theodor Dipper, Herbert Mochalski, Ludwig Metzger u.a. vertreten. Dieses Treffen stand ganz unter dem Schatten der vorausgegangenen Ereignisse um den Rücktritt Gustav Heinemanns aus der Regierung Adenauer. Heinemann, der auch eingeladen war, sagte kurzfristig aus Termingründen ab.[79]

So stand nun weniger eine prinzipielle Diskussion über das Verhältnis von Christentum und Sozialismus im Vordergrund, sondern vielmehr eine Frage auf der policy-Ebene: die Wiederbewaffnung. Die evangelischen Gegner derselben versuchten in der SPD Bundesgenossen zu finden. Doch hier war die Meinungsbildung noch nicht abgeschlossen. Im Schlusskommuniqué waren sich beide Seiten darin einig, dass es in der Frage der Remilitarisierung zu einer Neuwahl des Bundestages kommen müsse, da der gegenwärtig amtierende nicht befugt sei, über eine Frage zu entscheiden, die bei seiner Konstituierung noch nicht auf der politischen Tagesordnung gestanden habe. Die Bruderrätlichen hatten mit ihrem Anliegen zwar keine Bundesgenossen gefunden, aber mit der Forderung nach Neuwahl der SPD in die Hände gespielt. Dass der Bundestag nur über Sachverhalte beraten dürfe, die zum Zeitpunkt seiner Konstituierung schon bekannt waren, bildete politiktheoretisch gesehen eine einigermaßen abenteuerliche Ansicht, die von der SPD aus machttaktischen Gesichtspunkten geteilt wurde, die aber auch Unerfahrenheit in den Spielregeln der parlamentarischen Demokratie auf Seiten der Kirchenleute erkennen ließ.

Die Reaktion auf das Zusammentreffen in der deutschen Presse, das kurz als Begegnung zwischen Niemöller und Schumacher bezeichnet wurde, war außerordentlich. Die Schleswig-Holsteinische Volkszeitung sprach von

---

[78] Vgl. dazu auch MÖLLER, Kirche, 223ff.
[79] Ebd., 226.

„aufgeregte[r] Nervosität in Bonn"[80] und spielte damit auf Befürchtungen in der Regierung Adenauer an, durch das Treffen zwischen den Kirchenvertretern und der SPD könne sich die Basis für den Widerstand gegen die Remilitarisierungspläne verbreitern. Die „Frankfurter Rundschau" machte ebenfalls eine „heftige Bonner Reaktion"[81] aus. Die SPD-Zeitung „Telegraf" meinte zuversichtlich, dass angesichts der Reaktionen auf das Darmstädter Gespräch die „Rückstoßwucht"[82] die neue Grundlage zwischen evangelischer Kirche und SPD nicht gefährden könne. Auch die „Süddeutsche Zeitung" vermerkte, das Gespräch habe „in Bonn starke Beachtung"[83] gefunden. Die „Fränkische Tagespost" fragte gar schon „Strauchelt Adenauer...?"[84]

Albertz selber gab im Evangelischen Pressedienst eine Interpretation des Gespräches, das er bezeichnenderweise auf den „Vorabend des Reformationstages und zwei Tage vor der Verkündung des Dogmas über die leibliche Himmelfahrt der Mutter Gottes durch den Heiligen Vater"[85] gelegt fand. So sah Albertz als wesentlichen Ertrag die Bekennende Kirche und die SPD in einer gemeinsamen Front gegen „die Führung des politischen Klerikalismus". Damit gab er ein Stichwort vor, das in späteren Jahren – erinnert sei an die Beiträge Thomas Dehlers und Thomas Ellweins, aber auch die Arbeit Hermanns Ehlers' und die Kritik durch die GVP – in der Tat die gesellschaftliche Debatte stark beherrschen sollte. Zu dem Treffen bilanzierte Albertz weiter, dass man sich in Westdeutschland „langsam daran gewöhnen" müsse, dass sich Protestantismus und Sozialismus zum Besten „ihres gequälten, geschlagenen und nun als Handelsobjekt angebotenen Volkes" zusammentun würden. Doch dazu sollte es nicht kommen, obwohl die kirchlichen Gesprächsteilnehmer von dem Gespräch begeistert waren. So schrieb Iwand an Albertz:

„...lassen Sie mich noch einmal Ihnen danken, es war so schön am Montag... . Nur wenn dies Bündnis hält, können wir die Restauration überwinden. Es muss halten. ... Immerhin, wir stehen erst am Anfang. Es ist ein Loch ins Eis geschlagen und wir hören darunter die Wasser rauschen, der Frühling ist noch nicht da."[86]

Seitens des SPD-Vorstandes wurde dem Gespräch offensichtlich keine erhebliche Bedeutung zugemessen. Jedenfalls kam man auf der nächsten Sitzung des Parteivorstandes am 27.11.1950 mit keinem Wort auf die Zusam-

---

[80] Schleswig-Holsteinische Volkszeitung, 2.11.1950.
[81] Frankfurter Rundschau, 2.11.1950.
[82] Telegraf, 3.11.1950.
[83] SZ, 2.11.1950.
[84] Fränkische Tagespost, 1.11.1950.
[85] EPD, 1.11.1950; daraus auch die nachfolgenden Zitate.
[86] Schreiben vom 2.11.1950, AdSD NL Albert, Mappe 144.

menkunft zu sprechen.[87] Es blieb „eine vor allem auch von evangelischer Seite als historisches Ereignis gewertete Zusammenkunft"[88].

Die Darmstädter Begegnung war die letzte große offizielle Begegnung von Vertretern der Bekennenden Kirche und der SPD-Führung. Auch dieses Gespräch verhallte letztlich wie das Treffen 1947. Die Gründe lagen darin, dass sich die SPD damals noch nicht zu einer solch konsequenten Ablehnung der Remilitarisierung entschließen konnte, wie sie in der Bekennenden Kirche gegeben war. Erst im Verlaufe des Jahres 1952 wurde hier der Widerstand gegen die Aufrüstung Westdeutschlands stärker.[89]

Schließlich kamen Ungeschicklichkeiten auf der Seite der Bekennenden Kirche hinzu: Am 12.3.1951 sollte es zu einer erneuten Begegnung zwischen SPD-Vertretern und Mitgliedern der Bekennenden Kirche kommen. Als ein zentrales Thema war die damals heftig umstrittene Frage der betrieblichen Mitbestimmung vorgesehen. In einem Schreiben an Kurt Schumacher schlug Mochalski, der dazu offensichtlich von Präses Wilm[90] angeregt worden war, vor, das Zusammentreffen um die Frage der Wiedervereinigungsproblematik zu erweitern.[91] Offenbar sollten die SPD-Mitglieder damit aber auf die Neutralitätsvorstellungen des Linksprotestantismus festgelegt werden. Äußerst kurzfristig sagten die SPD-Mitglieder das Treffen ab. In einem Schreiben an Niemöller begründete Schumacher dies mit einer Dringlichkeitssitzung des Bundestages in eben der genannten Mitbestimmungsfrage. Er fügte jedoch hinzu:

„Trotzdem halte ich es für richtig, Sie darauf aufmerksam zu machen, dass eine Notiz im Evangelischen Pressedienst in der Sozialdemokratie verschnupft hat. Dort ist ohne vorherige Abmachung oder auch nur Benachrichtigung neben dem Mitbestimmungsrecht und den die Ostzone betreffenden Fragen als dritter gesonderter Tagesordnungspunkt die Neutralisierung genannt worden. Nun ist es klar, und es ging aus dem Brief des Herrn Mochalski hervor, dass diese Fragen als Bestandteil unseres Verhaltens gegenüber der sowjetischen Besatzungszone behandelt werden sollte. Als besonderer Tagesordnungspunkt benannt, hat er viele Gegner der Sozialdemokratie die Ohren spitzen lassen und den Verdacht einer Aktion mit bestimmten Zwecken hervorgerufen."[92]

Zwischenzeitlich hatten sich die protestantischen Wiederaufrüstungsgegner in der NG und später in der GVP gesammelt. Gerade dort vermutete man von SPD-Seite aber „bedenkliche Geschäftstätigkeit" und „Schwärmerei"[93]. Besonders wegen der Aktivitäten der „Darmstädter Aktionsgruppe" um

---

[87] AdSD PV, Mappe 51.
[88] KLOTZBACH, Staatspartei, 216.
[89] Ebd., 220.
[90] Schreiben Wilm an Mochalski vom 5.2.1951, ZAHN 36/22.
[91] Schreiben Mochalski an Schumacher vom 23.2.1951, ZAHN 36/22.
[92] Schreiben Schumacher an Niemöller vom 15.3.1951, ZAHN 36/22.
[93] Zit. in: Hartweg, Schumacher, 193.

Herbert Mochalski sah man sich von der SPD aus genötigt, zu einer scharfen Abgrenzung zu kommen, die das Verhältnis zur Bekennenden Kirche belastete. Anlass war eine Broschüre des Parteivorstandes über die „Darmstädter Aktionsgruppe", die diese der kommunistischen Unterwanderung verdächtigte.[94] Albertz sah sich daraufhin veranlasst, einen Brief an den Sekretär im Parteivorstand, Fritz Heine, der die Broschüre verantwortlich herausgegeben hatte, zu schreiben, um vor den Folgen dieser Veröffentlichung zu warnen. Albertz ging es darum, „zu verhindern, daß Kontakte, die uns immer noch wichtig sind, durch irgendwelche Mißverständnisse gestört werden."[95] In einem Schreiben an den Dortmunder Superintendenten Heuner, das in Durchschrift an Präses Wilm, Präses Held, Hans-Joachim Iwand, Ludwig Metzger und Carlo Schmid ging, konnte Albertz am 20.10.1952 erleichtert mitteilen, dass die Broschüre, die zwischenzeitlich schon auf Ortsebene verteilt wurde, umgehend in ihrer Weitergabe gestoppt worden sei.

Dies war u. a. das Ergebnis einer im Vergleich zu früheren Treffen weniger hochrangigen Besprechung zwischen Kirchenvertretern und Mitgliedern der SPD, die am 27.9.1952 in Dortmund stattfand. Ganz allgemein schien dieses Gespräch von einer guten Atmosphäre geprägt, so dass besonders Hans-Joachim Iwand noch einmal große Hoffnungen an die Unterredung knüpfte. Einen Tag später schrieb er schon an Albertz:

> „Das war das schönste, was ich nach 1945 erlebt habe. Eine Begegnung voll großer Hoffnungen. ... Es sieht so aus, als ob die Chance, die wir 1945 verpaßt haben, und zwar die Kirche wie die SPD, uns noch einmal von Gott gegeben würde."[96]

Albertz selber war nicht minder begeistert und schrieb an Iwand, dass er auf der nächsten Parteivorstandssitzung die Bedeutung des Gespräches besonders thematisieren wolle. Albertz konnte seinerseits davon berichten, dass auch die SPD-Mitglieder von dem Gespräch angenehm berührt waren, „übrigens auch ein Mann wie Herbert Wehner, der aus einem ganz anderen Kreis kommt und wohl das erste Mal in seinem Leben mit Kirchenfürsten geredet hat."[97] Offensichtlich sollten nun konkrete Schritte zur Weiterarbeit entwickelt werden. Albertz beabsichtigte, vom Parteivorstand dafür „eine gewisse Generalvollmacht"[98] zu bekommen. In der Tat wurde in der Parteivorstandssitzung am 26./27.10.1952 das Gespräch mit den Kirchenvertretern erörtert. Albertz verwies besonders mit Rückgriff auf die gerade zuende gegangene EKD-Synode in Elbingerrode[99] darauf, dass viele Protestanten

---

[94] Vgl. PV-Sitzung 28/29.11.1952, AdSD PV, Mappe 93.
[95] Schreiben vom 1.9.1952, AdSD NL Albertz, Mappe 148.
[96] Schreiben Iwand vom 28.9.1952, AdSD NL Albertz, Mappe 148.
[97] Schreiben vom 6.10.1952, AdSD NL Albertz, Mappe 148.
[98] Ebd.
[99] Vgl. Kap. 12.5.4.

nun „politisch heimatlos"[100] seien. In der Tat waren die unterschiedlichen Auffassungen in der Frage der öffentlichen Verantwortung der Kirche innerhalb der EKD dort wie nie zuvor aufeinander geprallt.[101] Insgesamt glaubte Albertz deshalb feststellen zu können, „in protestantischen Kreisen hätten sich große Möglichkeiten aufgetan"[102].

Wenige Tage später schrieb Iwand erneut an Albertz, indem er sich noch immer darüber begeistert zeigte, „wohl seit langem nicht unter so anständigen und mir sympathischen Menschen in politicis gesessen"[103] zu haben. Seine Frage hatte nun aber eine konkrete Zielrichtung, die wohl ebenfalls im Zusammenhang der vergangenen Synode stand. Iwand überlegte, wie es gelingen könne, Mitglieder der SPD in die Synoden zu bekommen.

Ganz offensichtlich wurde dadurch noch einmal der Ansatz Iwands und mit ihm vieler anderer Mitglieder des bruderrätlichen Flügels der EKD. Ihr Interesse war primär kirchlich bestimmt. Es ging ihnen in erster Linie neben der Verbesserung des Verhältnisses zur Sozialdemokratie darum, die *Kirche* zu ändern, von der aus dann offensichtlich gesellschaftsverändernde Wirkungen ausgehen sollten. Die Frage nach der Mitarbeit von Protestanten in den politischen Parteien, hier nun in der SPD, stellte sich weniger.

Ähnlich ernüchternd wie für die GVP waren dann für die SPD die Wahlergebnisse im September 1953. Dass der für die Planung des Wahlkampfes zuständige Fritz Heine auf einer Vorstandssitzung nach der Wahl bezweifelte, ob 1957 überhaupt noch in Deutschland demokratische Zustände herrschen würden und deshalb freie Wahlen möglich seien, spiegelt die wohl strukturell ähnlich tiefe Erschütterung und argumentative Hilflosigkeit anlässlich des Wahldebakels wie in der GVP wieder.[104] Es war nun gerade Heinrich Albertz, der dazu aufrief, eine grundsätzliche Programmrevision und Neuorganisation der Partei in Angriff zu nehmen.[105] In einem Artikel unter der Überschrift „Der Besiegte besinnt sich"[106] forderte Albertz von alten Beschwörungen der Partei als Schutzmacht der Proletarier abzurücken und Volkspartei zu werden. Dazu gehöre auch, ein neues Wirklichkeitsverhältnis aufzubauen.

„Unserer Begriffe müssen der heutigen Sprache, unsere Formeln der Wirklichkeit des Jahres 1953 entsprechen. ... Wir sollten mit aller Konsequenz abstreifen, was uns an Eierschalen des 19. Jahrhunderts anhaftet."[107]

---

[100] PV-Sitzung am 26./27.10.1952, AdSD PV, Mappe 91.
[101] Vogel, Wiederbewaffnung, 171ff.
[102] PV-Sitzung am 26./27.10.1952, AdSD PV, Mappe 91.
[103] AdSD NL Albertz, Mappe 148.
[104] Klotzbach, Staatspartei, 289.
[105] Ebd., 292ff.
[106] Neuer Vorwärts, 25.9.1953.
[107] Ebd.

In einem vertraulichen Brief an Waldemar von Knoeringen, Carlo Schmid und Georg August Zinn forderte Albertz dazu auf, „in der nächsten Vorstandssitzung grundsätzlich Remedur zu schaffen."[108] Auf der nächsten Sitzung des Parteivorstandes beteiligten sich besonders Fritz Erler und Carlo Schmid an der Diskussion. Zwar gelang es, die „reformerische Frontalattacke"[109] der Leute um Albertz innerhalb kurzer Zeit zum Stillstand zu bringen, trotzdem war die Diskussion nicht völlig umsonst. Der Parteivorstand berief zwei Kommissionen, die einerseits die zu prüfenden Fragen einer Programmrevision und andererseits eine Neuorganisation der Partei überdenken sollten. Der mit den theoretischen Fragen betrauten „Kommission A" gehörten unter Willi Eichlers Vorsitz u. a. auch Fritz Erler und Karl Schiller an, jedoch auch Traditionalisten wie Fritz Heine und Fritz Kukil.

Albertz, der in keine der beiden Kommissionen berufen wurde, ruhte ebenfalls nicht, weiter eine Neupositionierung der SPD voranzutreiben. Dazu gehörte für ihn weiterhin auch eine Neubestimmung des Verhältnisses zu den Kirchen. Zwischenzeitlich Berliner Senatsdirektor, entwickelte er dort „15 Berliner Thesen" zum Verhältnis zwischen Kirche und SPD, in denen besonders die führenden SPD-Mitglieder aufgefordert wurden, innerhalb der evangelischen Kirche Laienämter zu übernehmen.[110]

Letztlich gelang die Annäherung zwischen Sozialdemokraten und Protestanten – ein wesentlicher Aspekt der politischen Modernisierung der Bundesrepublik im Sinne des Abbaus weltanschaulicher Kämpfe im Bereich des Politischen – zunächst nur in geringem Maße. Die Gründe dafür lagen auf beiden Seiten. Trotz des Bemühens von Männern wie Iwand, zu einem Ausgleich mit der SPD zu kommen, blieb das Interesse an der Partei als solcher unterentwickelt. Außer Albertz und Metzger war zunächst kein prominenter kirchlicher Protestant bei den Sozialdemokraten engagiert. Bei einer so straff und gut organisierten Partei wie der SPD blieb dies ein Manko, wenn man wirklich etwas bewegen wollte. Das Interesse der Bruderrätlichen blieb kirchlich bezogen. In der Kirche sollten Änderungen stattfinden. Das Interesse lag daran, SPD-Leute in die Synoden zu bekommen, nicht Kirchenleute in die Parlamente. Die Anti-Parteien-Mentalität, neu angereichert durch Barths Parteien-Kritik,[111] lebte trotz allen Engagements immer noch fort.

Neben dieser Distanz im Bereich der polity kam anderes hinzu: Die SPD in der „Ära Schumacher" verweigerte sich der ablehnenden Haltung zur Wiederbewaffnung der Bundeswehr, der „Ohne-mich"-Haltung, die gerade die Bruderräte deutlich unterstützten. Insofern waren diese Protestanten, die zudem nur einen bestimmten Teil der Kirche repräsentierten, in politischen

---

[108] Schreiben 11.9.53; AdSD NL Albertz, Mappe 149.
[109] KLOTZBACH, Staatspartei, 297.
[110] Ebd., 309 A11. Die „Thesen" sind offensichtlich nicht erhalten geblieben.
[111] Vgl. Kap. 12.3.

Dingen kaum Bundesgenossen und ohnehin schwer einschätzbar.[112] Weiter
kam die schon beschriebene mentale Distanz zum kirchlichen Bereich hinzu. Schumacher und mit ihm die Partei hatte diese trotz Ausnahmen noch
nicht überwunden. Die Kirche oder doch zumindest einen beachtlichen Teil
von ihr als Bündnispartner anzusehen, ihren Einfluss statt zurückzuschnei-
den, gar zu stärken, kam ihm und der Partei noch nicht in den Sinn. Zur
Moderne in sozialistischem Verständnis gehörten die Kirchen einstweilen
nicht hinzu.

11.2.2. Gustav Heinemann und die „Einwanderung" der GVP in die SPD

Eine Annäherung zu der protestantischen Kirche, bzw. zu den auf dem linken politischen Spektrum stehenden Kräften in ihr, gelang der SPD erst
durch die schon dargestellte sogenannte „Paulskirchen-Bewegung".[113] Der
SPD, die nach den Bundestagwahlen 1953 parlamentarisch in eine fast aus-
sichtslose Minderheitsposition gerutscht war, blieb nun, um politisch wir-
kungsvoll zu sein, nichts anderes übrig, als solche außerparlamentarischen
Oppositionsformen zu suchen, was sie auch wieder in Berührung mit den
vorgenannten kirchlichen Kräften brachte. Dies war insofern nun einfacher,
als man jetzt ebenfalls zu den erklärten Gegnern der Adenauer'schen Wie-
derbewaffnungs- und Europapolitik zählte.

Ein wesentliches Ergebnis dieser Bemühungen um eine verbreiterte politische Aktionsbasis waren die Versuche, eine Annäherung zwischen GVP
und SPD herzustellen, da jetzt nicht mehr, wie noch zu Beginn der GVP,
unterschiedliche politische Anschauungen in der Deutschlandpolitik trennten. Die Geschichte der Auflösung der GVP und der Übertritt vieler ihrer
Mitglieder ist an anderer Stelle in diesem Buch dargestellt worden, so dass sie
hier nicht wiederholt zu werden braucht.[114] Deutlich soll jedoch nochmals
in Erinnerung gerufen werden, mit wie viel Hemmungen, besonders auch
bei Heinemann, der Schritt ins Lager der Sozialdemokraten getan wurde.
Begeisterung spielte nicht mit, sondern die schiere Notwendigkeit dies zu
tun, wollte man mit der GVP nicht (endgültig) in der politischen Bedeutungslosigkeit versinken.

Heinemanns und anderer Übertritt zur SPD löste in der Presse ein erhebliches Echo aus. Die „Neue Zürcher Zeitung" deutete die Aufnahme Heinemanns und seiner Partei-Anhänger dahin, dass der „bisherige Repräsentant einer neutralistischen Sekte"[115] der SPD einige, wenn auch wenige Pro-

---

[112] Merseburger, Schumacher, 446.
[113] Vgl. Kap. 8.3.
[114] Kap. 8.3.
[115] NZZ, 30.5.1957.

zent von Wahlstimmen zuführen werde. Da die SPD ebenso auf die Stimmen der inzwischen aufgelösten KPD rechnen konnte, war dies nicht unerheblich. Skeptisch stand die NZZ der Auffassung gegenüber, Heinemann führe weite Kreise des Protestantismus der SPD zu. Schließlich sei Heinemann keineswegs „der Repräsentant des deutschen Protestantismus schlechthin"[116].

Heinemann selbst deutete seinen Übertritt aus einer anderen Perspektive. Auf einer Pressekonferenz legte er Wert darauf, dass die Monopolstellung, die die CDU bisher in Fragen der christlichen Politik für sich in Anspruch zu nehmen schien, zu Ende sei. Heinemann betonte, dass mit seinem Übertritt zur SPD auch ein breiter Einbruch in die evangelische Wählerschicht gelingen werde. Er sprach von über einem Dutzend evangelischer Theologieprofessoren, Hunderten von evangelischen Pfarrern und einer „nicht zu ermessende[n] Zahl von evangelischen Studenten und aktiven Kirchenmitgliedern"[117], die sich nun ebenfalls der SPD zuwenden würden. Tatsächlich waren mit Heinemann 160 evangelische Pfarrer zur SPD gekommen.[118] Die SPD – und damit die mit Abstand zweitstärkste politische Partei in der Bundesrepublik Deutschland – und nicht die GVP wurde nun zur Alternative der Christen und Kirchenleute, die mit der Adenauer-Regierung unzufrieden war. Neben dem nicht zu bemessenden zahlenmäßigen Effekt bedeutete dies einen Klimawechsel, dem eine veränderte Mentalität zugrunde lag. Christentum und Sozialismus war nun in der Verbindung der beiden Bereiche nicht mehr eine Angelegenheit politisch-esoterischer Kreise, wie sie die Religiösen Sozialisten faktisch dargestellt hatten, vielmehr wurde diese Verbindung nun zu einer nicht mehr zu übersehenden Größe. Wenn auch diese neue Konstellation alles andere als eine euphorische Überzeugungsgemeinschaft war, sondern auf beiden Seiten rationaler Überlegung entsprach, ist die nachhaltige Wirkung dieses Schrittes nicht zu übersehen. Was Friedrich Naumann gewünscht hatte,[119] trat nun ein: Die Verbindung von zumindest Teilen des politischen Protestantismus mit der Sozialdemokratie. Dies war aber nun kein politisch-romantisches Projekt eines christlichen Sozialkonservatismus mehr, wie noch bei Stoecker, sondern der rationaler Überlegung entspringende Zusammenschluss von Minderheitskräften – GVP und SPD – die so erhofften, eine politische Mehrheit zumindest mittelfristig zu bekommen.

In einem Beitrag für den „Vorwärts" versuchte Heinemann unter Verweis auf die Entwicklungen in der englischen Labour-Party und die Entstehung der holländischen Arbeiterpartei auch in Deutschland weiter für eine Annäherung von Kirche und SPD zu werben. Selbstkritisch ging Heinemann in diesem Beitrag darauf ein, dass die GVP nun nicht gerade große Wähler-

---

116 Ebd.
117 PPP, 28.5.1957.
118 Vgl. LÖSCHE/WALTER, Klassenpartei, 333.
119 Vgl. Kap. 2.1.

schichten mitbringe. Allerdings, so gab er zu bedenken, sei sie doch „ein gewisses dynamisches Kräftereservoir für kommende politische Möglichkeiten"[120]. Heinemann hatte sich, wie die Zukunft zeigen sollte, darin nicht getäuscht.

Im Protestantismus waren die Reaktionen auf Heinemanns Übertritt unterschiedlich. Ein bewegender Brief kam von dem Remscheider Fabrikanten Gustav Theill, einstmals selbst ein Mitbegründer der CDU. Theill erinnerte ausdrücklich an das Gespräch mit der CDU 1947 in Detmold.[121] Damals habe er die Möglichkeit einer christlichen Politik „auch noch leidenschaftlich verteidigt... . Die Brüder sahen damals weiter als ich."[122] Hans-Joachim Iwand, „Motor" so vieler Gesprächsbemühungen in den vergangenen Jahren, sagte Heinemann Dank für den Schritt, den er „für uns alle mitvollzogen"[123] habe. Iwand deutete ihn als eine folgerichtige Entwicklung. Er selber, dies geht aus dem Brief hervor, konnte sich neuerlich nicht dazu entschließen, ein politisches Amt zu übernehmen.

Kritische Reaktionen riefen vor allem Heinemanns Angaben über die angebliche Zahl von Kirchenvertretern, die sich seinem politischen Schritt anschlossen, hervor. Zu diesen Kritikern zählten so unterschiedliche Leute wie Helmut Gollwitzer und Hans Asmussen. Asmussen, der aus seiner Sympathie für die CDU nie einen Hehl gemacht hatte, störte sich besonders daran, dass über die Zahl von „Kirchenführern" gesprochen wurde, die sich nun zur SPD hielten. Asmussen diagnostizierte „einen ausgesprochenen Linksdrall"[124] in der evangelischen Kirche. Er rief den Rat der EKD dringend dazu auf, sich von dem Verhalten Heinemanns zu distanzieren. Es bedeute einen „Dolchstoß" für die Christen in der DDR. Nach seiner Meinung musste Heinemanns Verhalten dazu führen, dass „die Zahl derer, die in der evangelischen Kirche heimatlos werden, täglich wächst."[125] Der ganze Zwiespalt und die Unsicherheit im Verhältnis zu den politischen Parteien wurde sowohl in diesem Schreiben genauso deutlich wie auch in dem Brief, den Gollwitzer schrieb. Während Asmussen in einem Schreiben an den Rat der EKD Heinemanns Verhalten heftig kritisierte, wandte sich Gollwitzer direkt an Heinemann. Natürlich teilte Gollwitzer nicht Asmussens politische und kirchliche Schussfolgerung. Er wandte sich vielmehr dagegen, dass Heinemann Angaben über evangelische Kirchenvertreter, die nun auch zur SPD kämen, gemacht habe. Er hielt dieses Vorgehen „für sehr unglücklich"[126]. Im

---

[120] Vorwärts, 7.6.1957.
[121] Vgl. Kap. 12.4.3.
[122] Schreiben vom 27.8.1957, AdSD NL Heinemann I.
[123] Schreiben vom 5.6.1957, AdSD NL Heinemann I.
[124] Abschrift vom 30.5.1957, AdSD NL Heinemann I.
[125] Ebd.
[126] Schreiben vom 5.6.1957, AdSD NL Heinemann I; daraus auch die nachfolgenden Zitate.

selben Schreiben versagte sich Gollwitzer auch Heinemanns Ansinnen, an einer politischen Zeitschrift mitzuwirken, die die neue Verbindung zwischen SPD und Protestantismus verstärken sollte. Gollwitzer sprach sich dagegen aus, dass

> „wir das böse Beispiel der CDU nachahmen und nun auch unsererseits dazu beitragen, den Anschein zu befestigen, als teile sich die evangelische Kirche in zwei politische Lager auf. Das geschieht, wenn jeder Teil sich ‚seine' Theologen zum Kurs holt."

Offensichtlich war aber im Kreise der Kirchlichen Bruderschaften die Idee entstanden, eine Zeitschrift zu gründen, die dem genannten Zweck dienen sollte.[127] Gedacht war die Zeitschrift in der Form eines „Antwortblattes auf die ‚Evangelische Verantwortung' der CDU"[128]. Die Schriftleitung übernahm der bisherige Redakteur der „Gesamtdeutschen Rundschau", Johannes Rau. Am 1.7.1957 startete die „Politische Verantwortung". Zum Herausgeberkreis zählten Adolf Arndt, Hermann Diem, Gustav Heinemann, Karl Immer, Hans-Joachim Iwand, Heinz Kloppenburg, Karl Kupisch, Ludwig Metzger, Johannes Rau, Adolf Scheu und Ernst Wolf. Im Umfang und Erscheinungszeitraum an die „Evangelische Verantwortung" des EAK angepasst, übernahm die „Politische Verantwortung" nun besonders auch die Auseinandersetzung mit dem Konzept einer „christlichen" Politik. Artikel unter den Überschriften „Konfession und Parteipolitik"[129], „‚Christliche' Partei – geht das noch?"[130], „Kritik an Namen der Unions-Partei"[131], „Das Christliche in der Politik"[132] usw. erinnerten an die „Stimme der Gemeinde", die ebenfalls dieses Thema immer wieder aufgegriffen hatte. Auf der anderen politischen Seite versuchte der EAK, wie schon beschrieben,[133] dieses Thema im positiven Sinne für die CDU zu bearbeiten.

Gleichzeitig übernahm die „Politische Verantwortung" die selbstgestellte Aufgabe, die Annäherung zwischen Protestantismus und SPD zu vertiefen. Doch die alte Anti-Parteien-Mentalität des Protestantismus, nun noch angereichert durch die Kritik Karl Barths, der die Parteien als „vielleicht von jeher krankhafte Erscheinungen"[134] bezeichnet hatte, kam auch im SPD-nahen Protestantismus durch. So schrieb etwa der damalige Duisburger Pfarrer und spätere rheinische Präses Karl Immer, ein Mitherausgeber der „Politischen Verantwortung", unter der Überschrift „Wir brauchen eine Alternative zur CDU!"[135]:

---

127 Vgl. Abschrift Schreiben vom 5.8.1958, AdSD NL Heinemann II/0556.
128 AdSD NL Heinemann II/0556.
129 PV/ES Nr. 5/1957.
130 Ebd.
131 PV/ES Nr. 7/1957.
132 PV/ES Nr. 1/1959.
133 Kap. 7.4.4.
134 BARTH, Christengemeinde, 48.
135 PV/ES Nr. 3/1957; daraus die nachfolgenden Zitate.

„Wir Evangelischen haben mit den Parteien nie viel Glück gehabt. Zu oft sind wir enttäuscht worden. Resignation und Skepsis sind die Folgen bitterer Erfahrung. Ob wir die Parteien zu wichtig genommen haben? Manche reden vom kleineren und größeren Übel. Das ist besser, als wenn man beim Parteienwechsel von Charakterlosigkeit spricht. Wir sollten die Freiheit haben, Parteien als ein notwendiges Übel anzusehen."

Karl Immer überblickte in seinem Beitrag in groben Zügen die Geschichte von Protestantismus und Parteien, die letzten Endes in nationaler Verengung geendet habe. Die CDU habe zwar durch die profilierten Protestanten wie Hermann Ehlers und Gustav Heinemann einen „neue [n] Ansatz versucht, doch sei letzten Endes der Weg in der CDU nicht wirklich zu Ende gegangen worden." So wurden nach Immer die Evangelischen in der CDU immer mehr in die Defensive gedrängt. Geradezu euphorisch klang das Votum für die SPD nun gerade nicht, wenn Immer auf Grund der geschichtlichen Entwicklungen und der Auseinandersetzungen um die konkreten politischen Fragen in der Bundesrepublik der 50er Jahre feststellte:

„Ich bin der Meinung, daß die SPD im gegenwärtigen Zeitpunkt das kleinere Übel ist. Und das kleinere Übel ist immer noch besser als die Resignation. In einer Demokratie ist jeder verantwortlich für den Weg des Ganzen."

Vielleicht sollte jedoch auch dieser nüchterne Ton es den noch schwankenden Protestanten einfacher machen, sich der SPD anzunähern.

Heinemann jedenfalls sah nach anfänglichem Schwanken nun seine Aufgabe darin, das Verhältnis zwischen Kirche und Sozialdemokratie weiter zu bessern. Um so überraschender kam für ihn eine Anfrage von Bischofs Dibelius, ob er bereit sei, dass Amt des berlin-brandenburgischen Konsistorialpräsidenten zu übernehmen. Nach einigem Zögern lehnte Heinemann geehrt und dankend mit dem Hinweis ab:

„Ich stehe jetzt in einer politischen – und, erlauben Sie mir, es so zu sagen – in einer auch um unserer Kirche willen wesentlichen Aufgabe der Überbrückung alter Gräben zu einer Sozialdemokratie, die soeben erst recht eigentlich begonnen hat."[136]

Wie lässt sich nun diese Entwicklung im Verhältnis zwischen Protestantismus und SPD im Überblick seit 1945 interpretieren? Die Annäherung zwischen Protestanten und SPD lässt sich als Ergebnis eines Modernisierungsschubes von der Klassen- zur Volkspartei verstehen, den die SPD verstärkt seit 1953 und mit Vehemenz seit 1957 erlebte und der sie „Auf dem Weg zur Staatspartei"[137] schließlich 1966 in die Regierung brachte. Das daher angestrebte bessere Verhältnis zu den gesellschaftlichen Kräften, zu denen auch die Kirchen zählten, legte diese Kontakte zwingend nahe. Heinemann und die GVP sowie auch die Kreise des Adenauer-feindlichen Protestantismus legten schließlich im Zuge innerprotestantischer Modernisierung, die zu-

---

[136] Zit. in: KOCH, Einspruch, 104.
[137] So der Titel der bedeutsamen diesbezüglichen Darstellung von Kurt KLOTZBACH.

gleich eine politische Entromantisierung war, ihre Zurückhaltung gegenüber einer „sozialistischen" Partei ab und entschlossen sich zur aktiven Mitwirkung in der SPD. Damit wurde die „babylonische Gefangenschaft" eines nicht-religiös-sozialistischen oder liberalen politischen Protestantismus im Lager des Konservatismus endgültig zerbrochen. Ein Bekenntnis zum Sozialismus bedeutete das keineswegs. Überhaupt war es wohl das modernste Element am ganzen Geschehen, dass diese Annäherung auf beiden Seiten mit erheblichem Pragmatismus betrieben wurde. Ein „historisches Bündnis" oder dergleichen glaubte niemand zu schließen. Die Sozialdemokraten, der nächste Abschnitt macht das noch deutlicher, brauchten kirchlichen Anschluss, wollten sie endlich mehrheitsfähig werden. Die Adenauer-feindlichen Protestanten wollten endlich eine politische Mehrheit, um ihre Zielsetzungen umzusetzen. So konnten nun Protestanten innerhalb der SPD auf Gehör, ja aktive Unterstützung bei ihren Reformplänen, die ein Baustein der Parteireform waren, und nicht nur auf tolerantes Gewährenlassen setzen.

11.2.3. *Das Godesberger Programm und die Revision des Verhältnisses zu den Kirchen*

Heinemanns wichtigster Beitrag innerhalb der SPD war zunächst einmal die Bearbeitung des Verhältnisses zu den Kirchen im „Godesberger Programm" der SPD von 1959. Mit ihm kamen über ein Jahrzehnt während Bemühungen der Parteireformer um eine theoretische Neufundierung der Arbeit in der Sozialdemokratie zu einem Abschluss. Auf dem Berliner Parteitag 1954 war bereits die Bildung einer Programmkommission vereinbart worden, die sich am 26.3.1955 konstituierte. Unter Eichlers Vorsitz gehörten ihr Männer wie Heinrich Albertz, Adolf Arndt, Waldemar von Knoeringen, Karl Schiller, Helmut Schmidt und Herbert Wehner an. Verschiedene Unterausschüsse beschäftigten sich mit Detailfragen.[138] Mit der erneuten Niederlage bei der Bundestagswahl 1957 forcierte dieser Ausschuss seine Arbeit erheblich.[139] Die politische Neubesinnung in der Partei war nun „unumgänglich"[140] geworden. Auch innerhalb des Parteivorstandes kam es zu personellen Veränderungen. Die Vorstandswahlen endeten mit einem klaren Erfolg der Reformer. Mit Ludwig Metzger kam ein weiterer Vertreter eines besseren Verhältnisses zur evangelischen Kirche (wieder) in den Parteivorstand. Die Arbeit an der Programmreform und der Abschied von den noch wesentlich marxistisch geprägten Sozialismusvorstellungen ging nun weitaus zügiger vonstatten. 1959 wurde das Godesberger Programm, ein Markstein in der Entwicklung der SPD, verabschiedet. Damit wurde im Zusammenhang der Reform-

---

[138] KLOTZBACH, Staatspartei, 433.
[139] Ebd., 436.
[140] BAHR, Zeit, 86.

diskussion ein wichtiges Signal gegeben. Die SPD öffnete sich weit ins bürgerliche Lager hinein und wurde damit zu einer möglichen Heimstatt für politisch engagierte Protestanten. Auf dem Parteitag vom 13.–15. November 1959 wurde das Programm verabschiedet. Zuvor hatte besonders Willi Eichler in Hunderten von Vorkonferenzen dafür geworben. „Godesberg" stellte eine grundsätzliche Revision in vielen Bereichen sozialdemokratischer Programmatik dar. Dies betraf auch das Verhältnis zu den Kirchen. Hier hieß es jetzt:

„Der Sozialismus ist kein Religionsersatz. Die Sozialdemokratische Partei achtet die Kirchen und die Religionsgemeinschaften, ihren besonderen Auftrag und ihre Eigenständigkeit. Sie bejaht ihren öffentlich-rechtlichen Schutz. Zur Zusammenarbeit mit den Kirchen im Sinne einer freien Partnerschaft ist sie stets bereit."[141]

In einem auf dem Stuttgarter Parteitag 1958 besprochenen Vorentwurf war von diesem partnerschaftlichen Verhältnis noch keine Rede. Hier hieß es noch:

„Weit ist der Weg, den die Kirchen und der demokratische Sozialismus zurückgelegt haben. Daß sie für die Gestaltung des sozialen Lebens keinen gemeinsamen Weg fanden, wird jeder als Tragik empfinden. … Je mehr die Kirchen erkennen werden, daß diese Werte [der Freiheit und Gerechtigkeit M.K.] der Wesenskern des demokratischen Sozialismus sind, um so mehr wird der Graben eingeebnet, der sich zum Schaden der Menschheit zwischen ihnen und dem demokratischen Sozialismus aufgetan hat."[142]

Dass es zwischen den beiden Parteitagen zu einer deutlich positiveren Stellungnahme und der Hinzunahme der Formel von der „gegenseitigen Partnerschaft" kam, war besonders Gustav Heinemann und Adolf Arndt zu verdanken. Es waren gerade ihre Reden, die auf dem Godesberger Parteitag die Mehrheit der Delegierten überzeugten, auch den Bestimmungen hinsichtlich des Verhältnisses von Kirchen und Partei im Sinne der Vorlage des Parteivorstandes zuzustimmen.

Mit dem Godesberger Programm war „der Weg frei geworden für eine neue Begegnung zwischen dem demokratischen Sozialismus und den christlichen Kirchen."[143] Dabei ergaben sich besonders auf dem Gebiet des Sozialen Kooperationsmöglichkeiten. Wenn das Godesberger Programm vom Ziel der „menschenwürdigen Gesellschaft" redete, so entsprach dies in theologischer Perspektive der „verantwortlichen Gesellschaft", wie sie auf den Vollversammlungen des Weltkirchenrates 1948 in Amsterdam und 1954 in Evanston entwickelt worden war.[144]

---

[141] Godesberger Programm, 25.
[142] Die Verhandlungen, 374.
[143] STROHM, Godesberg, 7.
[144] Vgl. STROHM, Kirche, 145ff.

Einstweilen mussten die Parteireformer jedoch noch viele Mitglieder in diese neue Richtung „ziehen". Der Mentalitätswechsel in der SPD gegenüber den Kirchen begann sich erst langsam zu vollziehen. Dass die Interpretation von Heinemann und Arndt noch keineswegs Allgemeingut in der Partei war, machten die Änderungsanträge deutlich, die in Godesberg allerdings vergeblich eingebracht worden waren. So empfahl der Ortsverein Darmstadt als alternative Formulierung:

> „Da die Sozialdemokratische Partei eine politische Partei und nichts anderes sein will, kann sich das Verhältnis zwischen Sozialdemokratie und Kirche auch nur politisch im Hinblick auf die Ordnung der Rechtsverhältnisse innerhalb des Staates ausdrücken. Alle anderen Überlegungen sind gegenstandslos."[145]

Der Kreisverband Köln forderte gar die Formulierung, den Kirchen sei zwar die Freiheit der Religionsausübung zu gewähren, darüber hinaus hätten sie „sich der politischen Agitation zu enthalten."[146]

Das alte freidenkerische Element in und neben der SPD meldete sich ebenfalls zu Wort. Das Berliner SPD-Mitglied Max Köhler erinnerte nach dem Parteitag in der „Stimme des Freidenkers" an den Judenhass Martin Luthers und die Schwierigkeiten des Humanismus gegenüber den Kirchen. Daraufhin wurde er wegen Verstoß gegen das Godesberger Programm aus der SPD ausgeschlossen. Erst auf seine Beschwerde und den Hinweis hin, dass in seinem Beitrag die SPD überhaupt nicht erwähnt worden sei, wurde der Beschluss notgedrungen revidiert.[147] Dieses und andere Beispiele zeigen, wie die SPD-Parteispitze zunehmend einen demonstrativen Wert auf ein entspanntes Verhältnis zu den Kirchen legte. Der Berliner Regierende Bürgermeister und Kanzlerkandidat für die Bundestagswahl von 1961, Willy Brandt, der sich als „Protestanten, der in besonderer politischer Verantwortung steht,"[148] bezeichnete und überhaupt auf seine kirchliche Bindung – er war im Unterschied zu anderen Parteigrößen nie aus der Kirche ausgetreten – erheblichen Wert legte,[149] suchte deshalb verstärkt Kontakt zu kirchlichen Kreisen. Dass er seine Rede zur Inauguration als Kanzlerkandidat mit der Formel „So wahr mir Gott helfe!"[150] beendete – der „Vorwärts" machte sie sofort zur Überschrift in seinem Redebericht – war daher kein Zufall. Mit Macht sollte die Partei vom Odium des Freidenkertums gereinigt werden.

An einem weiteren Beispiel konnte die veränderte Gesamtlage beobachtet werden: Offizielle Parteibroschüren wiesen nun die Konfessionszugehörigkeit von SPD-Mitgliedern, SPD-Abgeordneten etc. aus.[151]

---

[145] Die Verhandlungen, 491.
[146] Ebd., 509.
[147] KOCH, Brandt, 265f.
[148] BRANDT, Plädoyer, 89.
[149] KOCH, Brandt, 267.
[150] Ebd., 260ff.
[151] Ebd., 266.

Wenn Fritz Erler das Ziel all dieser Bemühungen darin sah, den politischen Einfluss der Kirchen zu neutralisieren,[152] sollte dies nun nicht als kalter Pragmatismus eines Sozialdemokraten gedeutet werden. Tatsächlich musste es einer Partei um die Gewinnung möglichst breiter Unterstützung oder doch zumindest einer neutralen Haltung wichtiger Institutionen gehen. Diese Zielsetzung setzte die SPD nun um. Mit dem Stichwort der „freien Partnerschaft" war auch ein Lernprozess seitens der Partei verbunden, der eben auch die Anerkennung einer öffentlichen Rolle der Kirche, von der Schumacher noch nichts wissen wollte, beinhaltete. So war „Godesberg" der entscheidende Meilenstein auf dem Weg der Modernisierung der SPD, zu dem auch ein neues, zeitgemäßes Verhältnis zu den Kirchen gehörte. Ebenso wie die FDP erwies nun auch die SPD in fast paradoxer Weise der „christlichen" Gesellschaft der Adenauer-Jahre ihre Reverenz. Wer in dieser Zeit die politische Macht erringen wollte, konnte dies offensichtlich nicht gegen die Kirchen, bzw. zumindest nicht ohne ihre Neutralität.

11.2.4. Heinemanns Opposition und Integration in der SPD und das Abschwenken ehemaliger GVP-Mitglieder in die Deutsche Friedensunion (DFU)

Während Heinemann im Blick auf die Programmrevision einen wesentlichen Beitrag leisten konnte und es gerade ihm zu verdanken war, dass das Verhältnis der Sozialdemokraten zu den Kirchen erstmals in der Geschichte der Sozialdemokratie nun konstruktiv gestaltet wurde – zumindest war das jetzt schon einmal der Stand der offiziellen Parteilinie – geriet Heinemann auf einem anderen Feld bald in eine Minderheitsposition, die an die Jahre 1950–1952 in der CDU erinnerte: Es war die Deutschland- und Sicherheitspolitik. Nachdem er sich bei seinem Eintritt in die SPD mit der parteiamtlichen Linie in voller Übereinstimmung befand, entwickelte die SPD im Zusammenhang ihrer Programmrevision in diesen Fragen neue Vorstellungen. Zunächst hatte die Partei in der Anti-Atomtod-Bewegung mitgearbeitet, die 1958 die innenpolitische Diskussion beherrschte. Annemarie Renger hat im Rückblick die besonders von Gewerkschaftlern, bruderrätlichen Theologen, Intellektuellen und Publizisten getragene Bewegung als „mit dem Anspruch einer überparteilichen Repräsentationselite und Massenbewegung zugleich"[153] begründet, bezeichnet. Die SPD arbeitete zunächst mit, weil sie „die Hoffnung hatte, ihre Basis in der Bevölkerung, insbesondere unter den evangelischen Christen, …, durch eine plakative Identifizierung mit der Anti-Atombewegung zu verbreitern."[154] Schon Mitte 1958, nach

---

[152] Ebd., 267.
[153] Renger, Politik, 232.
[154] Ebd., 235.

der für die Partei spektakulär verlorenen Landtagswahl in Nordrhein-Westfalen, die den Verlust der Regierung mit sich brachte, distanzierte sich die Partei von der Bewegung. 1960 gab dann Herbert Wehner in einer vielbeachteten Bundestagsrede den bisherigen Widerstand gegen die Deutschlandpolitik Adenauers auf und befürwortete von nun an eine gemeinsame Politik mit der Bundesregierung. Beide Entwicklungen widersprachen diametral Heinemanns Auffassungen.[155]

Die Reaktion Heinemanns war diesmal nicht offensiver Widerstand gegen die neue Politik in der SPD, vielmehr zog er sich in der Folgezeit aus den wehrpolitischen und deutschlandpolitischen Debatten weitgehend zurück. In der Frage der atomaren Bewaffnung erklärte Heinemann jedoch öffentlich seine abweichende Position von der neuen Haltung der SPD. Dies wurde ihm vom Parteivorstand der SPD ausdrücklich zugebilligt. In einem Schreiben Ollenhauers an Heinemann vom 15.2.1961 bekräftigte der SPD-Vorsitzende dies. Ollenhauer rekapitulierte noch einmal Heinemanns ethisch und christlich begründete Ablehnung der atomaren Bewaffnung und betonte:

„Lassen Sie mich, bitte, nochmals ausdrücklich bekräftigen, daß die von Ihnen eingenommene und dargelegte Haltung in der Sozialdemokratischen Partei Deutschlands vertreten werden kann. … Die Beschlüsse der SPD hindern keinen Menschen, der wie Sie atomare Bewaffnung als christlich oder ethisch unverantwortbar aus Gewissensgründen ablehnt, die von ihnen gekennzeichnete Haltung einzunehmen."[156]

In den Teilen der protestantischen Öffentlichkeit, die der Politik Adenauers nach wie vor kritisch gegenüberstanden, löste der Kurswechsel der SPD und Heinemanns weitgehendes Schweigen dazu erhebliche Irritationen aus. Ein Pfarrer brachte in einem Schreiben an Heinemann die Fragen vieler irritierter Protestanten vor: „Was macht Heinemann? Man hört nichts mehr von ihm, hat er resigniert?"[157] Der Pfarrer warf Heinemann vor, sich nicht dagegen zu wehren, dass eine wirkliche Oppositionspolitik in der SPD nicht mehr durchgehalten werde und statt dessen das Motto gelte: „Mit Willy zur Macht". Der Geistliche kündigte auch Konsequenzen an. Er arbeite nun wiederum in einer kleinen Partei mit, die sich denselben Zielen verschrieben habe wie einstmals die GVP. Diese Partei war die Deutsche Friedensunion (DFU). Da auch ein prominentes Parteimitglied der SPD[158] das Verbot der DFU gefordert habe, war dies für den Pfarrer endgültig ein Zeichen dafür, dass die SPD von allen ihren ehemals wichtigen Positionen, die weite Teile der GVP ihr zugeführt hatten, abgerückt sei.

---

155 Vgl. SOMMER, Heinemann, 67ff.
156 Schreiben, AdSD NL Heinemann II/0750.
157 Schreiben vom 21.7.1961, NL Heinemann II/0750.
158 Es lässt sich nicht zweifelsfrei ermitteln, auf wen hier Bezug genommen wird.

Wie erregt die Atmosphäre war und wie verärgert viele Teile des Links-protestantismus sich zeigten, macht auch ein Brief, den Helmut Gollwitzer an Erich Ollenhauer schrieb, deutlich. Gollwitzer warf der SPD wegen ihrer gemeinsamen Deutschland-Politik mit der CDU gar vor, dabei mitzuhelfen, in Deutschland die Demokratie abzuschaffen:

„Es sieht übel aus, verehrter Herr Ollenhauer. Wir schreiben 1932! Die Luft riecht für den, der eine gute Nase hat, schon nach KZs. Mit der Kommunistenangst hat man einmal schon das deutsche Bürgertum bereit gemacht, zuzusehen, wie Männer von Ossietzky bis Breitscheidt totgeprügelt wurden… Die SPD wird durch jetzige Handlangerdienste nicht von den künftigen Folgen geschützt sein."[159]

Erinnert man sich daran, dass sich nach der Bundestagswahl 1953 enttäuschte Sozialdemokraten die Frage stellten, wie lange denn in Deutschland noch die Demokratie herrschen werde, zeigte dies den Gesinnungswandel der SPD, die sich auf die politischen Mehrheits- und Machtverhältnisse eingelassen hatte. Modernisierungsverweigerer waren aber offensichtlich einige Teile des bruderrätlichen Protestantismus, die die deutsche Einheit immer noch auf dem Wege politischer Neutralität erreichen wollten. Ein evangelischer Pfarrer schickte einen Brief an Herbert Wehner Heinemann zur Kenntnis. In diesem warf er Wehner vor, mit seiner neuen Politik, das „Vaterland verraten"[160] zu haben.

Die „Stimme der Gemeinde", die über Jahre hinweg eine der heftigsten publizistischen Gegnerinnen der Adenauer'schen Politik war und die gerade Heinemann in einer Zeit, in der er sonst kein publizistisches Forum fand, immer ihre Seiten öffnete, kritisierte nun heftig den Kurswechsel der SPD. Heinemann und auch Ludwig Metzger schieden aus der Herausgeberschaft der „Stimme der Gemeinde" aus. Hämisch sprach die „Deutsche Woche" in München vom „,Stimmbruch' bei der SPD"[161]. Herbert Mochalski, Leitender Redakteur der „Stimme", engagierte sich fortan in der DFU.

Heinemann selber versuchte viele, die mit ihm einstmals von der GVP zur SPD übergewechselt waren, davon zu überzeugen, dass das Wiederaufmachen einer kleinen Partei völlig sinnlos sei. Dabei verteidigte er sein Verhalten. Er gab zu bedenken, dass es zunächst einmal nötig sei, an die Macht zu kommen, bevor man politische Vorstellungen umsetzen könne. Manche, wie die Entstehung der DFU zeigt, konnte er nicht gewinnen. So wurden gerade die Kirchlichen „Bruderschaften zu einer der Wurzeln der DFU; und auch in späteren Jahren hatte der erhebliche Anteil von Christen, vor allem von protestantischen Pfarrern"[162] die DFU geprägt. Die „Heidelberger Konferenz", ein Zusammenschluss „Kirchlicher Bruderschaften" aus Württem-

---

[159] Abschrift 13.7.1960, AdSD NL Heinemann II/0750.
[160] Abschrift 21.6.1961, AdSD NL Heinemann II/0750.
[161] Deutsche Woche, 8.2.61.
[162] SCHÖNFELDT, Deutsche Friedensunion, 854.

berg und Hessen, entwarf einen „Aufruf an die politisch tätigen Persönlichkeiten in der Bundesrepublik", der politische Forderungen vertrat, die im
Wesentlichen mit denen der DFU übereinstimmten.[163] Dieses Wort war
aber nicht einmal mehr repräsentativ für die bruderrätlichen Kräfte.[164] Über
ihr Dasein als völlig marginale Kleinstpartei kam die DFU nie hinaus. Auf
der anderen Seite verschwanden auch die Bruderschaften mehr und mehr
aus dem kirchlichen Leben.[165]

Dass Heinemanns Verhalten von vielen kritisiert wurde, zeigt, wie viele
Protestanten innerhalb des Protestantismus nicht fähig waren, die verschiedenen politischen Ebenen zu unterscheiden. Heinemann war keineswegs in
diesen Jahren zum Opportunisten geworden, der nun eine andere politische
Grundhaltung einnahm als während seiner CDU-Mitgliedschaft. Vielmehr
zeigt sein Verhalten, dass Heinemann eher ein Verantwortungsethiker im
Weber'schen Sinne war, denn ein Gesinnungsethiker.[166] Die CDU hatte er
letztlich nicht wegen seiner abweichenden politischen Auffassungen verlassen, sondern weil es ihm unmöglich wurde, für seine Position innerhalb der
CDU überhaupt noch zu werben, geschweige denn selber aktiv politisch in
die Meinungsbildung eingreifen zu können. Wie die hier schon vorgenom-
mene Analyse des Rücktrittsmemorandums von 1950 zeigt,[167] war die entscheidende Argumentation Heinemanns damals auf der strukturellen Ebene
anzutreffen. Dies galt jetzt wiederum. Zwar stand Heinemann in einem
wichtigen Politikfeld in einer Minderheitsposition, dies führte aber nicht zu
ähnlichen Reaktionen in der SPD, wie damals in der CDU. Innerparteiliche
Demokratie erlaubte es Heinemann nämlich sehr wohl, seine politische Auffassung in der Partei zu vertreten. Das hatte ihm Ollenhauer in seinem
Schreiben ausdrücklich bestätigt. Dies genau war in der frühen Phase der
CDU eben nicht möglich gewesen, und deshalb war Heinemann schließlich
aus dieser Partei ausgetreten. Andererseits ging Heinemann nun nicht mehr
so weit, wie ehedem in der „Notgemeinschaft" eine Organisation zu gründen, die öffentlich das genaue Gegenteil von dem propagierte, was seine eigene Partei wollte. Auch Heinemann war in den Verhältnissen der par-
teienstaatlichen Demokratie „angekommen".

Dass Heinemann seinerseits nicht für eine Politik vereinnahmt werden
wollte, die er nicht vertreten konnte, zeigen seine mehrfachen Bitten, in das
für die Bundestagswahl 1961 gebildete Schattenkabinett Willy Brandts nicht

---

[163] BUCHSTÄDT, Welt, 429.
[164] Ebd., 434f.
[165] Ebd., 442f.
[166] In einem Briefwechsel mit Helmut Schmidt hat sich Heinemann auf dessen Vorwurf hin, er sei „Gesinnungsethiker", mit dieser Problematik auseinander gesetzt, vgl.
KOCH, Einspruch, 128f.
[167] Vgl. Kap. 7.3.3.

aufgenommen zu werden.[168] Mit seiner Ernennung zum Bundesjustizminister 1966 und seiner Wahl zum Bundespräsidenten 1969 kam sein politischer Lebensweg und auch die Integration protestantischer Sozialdemokraten in die SPD zu einem erfolgreichen Abschluss.

Manche Protestanten aber, das zeige die Entstehung der DFU, konnten diese Integration nicht mit vollziehen. Für sie war der Weg der SPD ein Weg in die Opportunität. Endlich hatten sie sich einer großen Partei angeschlossen, die mit ihnen gegen Adenauer ziehen sollte, da zog diese nun de facto mit dem Kanzler. Die tiefe Enttäuschung, ja Verbitterung, wird in den zitierten Briefen deutlich. Man sah sich doppelt verraten: sowohl von einer vorgeblich „christlichen" CDU als nun auch noch von der scheinbar opportunistischen SPD. Das erneute „Aufmachen" einer Kleinstpartei und das Verharren in ihr zeigt, dass manche Bruderrätlichen den Weg in die politische Moderne mit ihren Gegebenheiten einer parlamentarischen Demokratie nicht mitzugehen bereit waren. Heinemanns Argumentation fruchtete da nichts mehr. Die Einsicht in den Charakter *moderner* Parteien, die, wenn sie existieren wollen, Volksparteien sein müssen, fehlte hier völlig. Man begnügte sich in der DFU mit der alten und etwas trotzigen Annahme, es besser zu wissen als die Mehrheit.

Auf kirchlicher Seite kam noch etwas anderes hinzu: Die Spannung zwischen dem von den Bruderschaften erhobenen Anspruch auf ein „Wächteramt" und den Bedingungen politischer Willensbildung in der parlamentarischen Demokratie ließ sich nicht fruchtbar bewältigen. Es gab genügend Formen der Protesthaltung aber auch der kritisch-konstruktiven Mitwirkung, so dass ein „Wort" auszusprechen, wie es besonders die bruderrätlichen Kreise übten, nicht mehr in der Weise in der Öffentlichkeit wahrgenommen wurde wie unter den Bedingungen einer Diktatur. Schließlich roch die „Kanzlerdemokratie" Adenauers, anders als Gollwitzer es meinte, nur für die wenigsten „nach KZ's". Auch in diesem politischen Unvermögen zur *konstruktiven* Opposition und zur Akzeptanz der Bedingungen einer modernen parlamentarischen Demokratie wird wohl der schleichende Prozess der Aushöhlung der Bruderräte zu sehen sein.

---

[168] SOMMER, Heinemann, 78.

12. Die Stellung der Evangelischen Kirche und Theologie zu den politischen Parteien

12.1. Kirchliche Säkularismuskritik und Demokratieskepsis

Nach der nationalsozialistischen Herrschaft und dem Kriegsende stellte sich für die evangelische Kirche die Aufgabe einer umfassenden Neuformierung. Dies betraf nicht allein die organisatorische Seite, sondern auch die theologische Reflexion. Institutionell bestand die DEK nur noch in einem formalen Sinn aus einer in den Harz evakuierten Restkirchenkanzlei und dem „Geistlichen Vertrauensrat". Eine organisatorische Hülle, die eine Einheit darstellte, die schon seit der 1937 faktisch bestehenden Spaltung in Lutherrat und Reichsbruderrat nicht mehr existierte.[1] Gerade die letzte Gruppe war im Verlaufe des „Kirchenkampfes" durch staatliche Verfolgung und innere Differenzen in politischen Fragen faktisch wiederum auseinandergefallen. Mit dem „Einigungswerk" von Bischof Wurm war dann ab 1943 eine weitere kirchenpolitische Größe entstanden, der sich auch ein Teil der Bekennenden Kirche angeschlossen hatte.[2] So war die Lage des kirchlichen Protestantismus mit Kriegsende unübersichtlich, und es galt – teilweise im buchstäblichen Sinne – sich erst wieder neu zu finden. Hierbei schälten sich nun zwei weit auseinanderliegende Zielvorstellungen für die kirchliche Neuorganisation heraus, die sich jeweils als Reaktion auf die jüngste Vergangenheit verstanden. In den unterschiedlichen Ansätzen und den sie repräsentierenden Personen traten die alten kirchenpolitischen Frontstellungen rasch wieder zutage. Auf der einen Seite war dies der Lutherrat und hierbei besonders die Bischöfe August Marahrens und Hans Meiser, die nun endlich die Stunde einer lutherischen deutschen Nationalkirche gekommen sahen, auf der anderen Seite stand Martin Niemöller, der nach der Haftentlassung rasch wieder das alte Kraftzentrum des Reichsbruderrates der BK bildete und der mit einem Neubau der Kirche von den Bekenntnisgemeinden her ernst machen wollte. Eine dritte, eher vermittelnde Gruppe, repräsentierte der württem-

---

[1] Es kann an dieser Stelle nicht die komplizierte und in der Deutung der kirchengeschichtlichen Forschung umstrittene Entwicklung des deutschen Protestantismus in der Zeit der nationalsozialistischen Herrschaft und der Nachkriegszeit nachgezeichnet werden. Als Überblick mit Forschungsdiskussion vgl. BESIER, 20. Jahrhundert.

[2] RÖHM/THIERFELDER, Kirche, 83ff.

bergische Bischof Theophil Wurm, dessen „Einigungswerk" ja schon erste Schritte der Verständigung zwischen den anderen kirchlichen Lagern unternommen hatte. Wurm selbst, das sollte sich bald zeigen, war nicht bereit, die kirchliche Einheit zugunsten einer von seinen lutherischen Amtsbrüdern im Bischofsamt angestrebten lutherischen Nationalkirche preiszugeben.

Zwar waren diese Fragen ekklesiologischer Natur, doch bedurfte es keiner großen Phantasie, sich klar zumachen, dass die künftige Kirchengestalt – jenseits aller rechtlichen Klärungen im Staat-Kirche-Verhältnis – auch über das Verhältnis zum Politischen entscheiden würde. Dabei war anzunehmen, dass eine lutherische Nationalkirche grundsätzlich eher in den Bahnen des überkommenen Obrigkeitsverständnisses des Luthertums agieren würde. Hingegen war von der Bekennenden Kirche als Ertrag des Kirchenkampfes eine stärker kritische Haltung mitsamt dem von ihr beanspruchten „Wächteramt" auch gegenüber dem Bereich des Staatlichen zu erwarten. Dass eine vermeintlich unpolitische Haltung, wie man sie vor 1933 für richtig angesehen hatte, obsolet geworden war, durfte als Gemeingut beider Gruppen angesehen werden. Doch wie jenseits dieser Grundentscheidung das Verhältnis zum Staat aussehen sollte, blieb einstweilen noch unbestimmt. Zu viele Imponderabilien hingen daran. Zur Zeit existierte keine Staatlichkeit in Deutschland. Die künftige Staatsform, die mit der Wiederbegründung der politischen Parteien wohl als eine parlamentarisch-demokratische zu sehen war, erschien erst in groben Umrissen. Zunächst musste man sich darüber klar werden, wie denn insgesamt das Verhältnis zur „Obrigkeit", so wie sie sich jetzt abzuzeichnen begann, pragmatisch im Alltag Nachkriegsdeutschlands und auch theologisch reflektiert im Sinne einer politischen Ethik zu gestalten war. Fragen, die, wie sich bereits in der Vergangenheit gezeigt hatte, nicht losgelöst werden konnten vom ekklesiologischen Selbstverständnis. Dabei war gerade die Neugestaltung der politischen Ethik mit erheblichen Schwierigkeiten behaftet. Die Erfahrungen und Deutungen der nationalsozialistischen Herrschaft mussten hier eine Rolle spielen und damit auch die kritische Reflexion der unterschiedlichen Haltungen innerhalb der Kirche zu diesem Herrschaftssystem. Zudem galt es, diese Erkenntnisse auf eine nun ganz offensichtlich als demokratisch zu verfassende Nachkriegsgesellschaft hin zu transponieren, wobei der Demokratiebegriff der Besatzungsmächte, die einstweilen die politische Gewalt in Deutschland ausübten, keineswegs einheitlich war. Alles in allem war dies eine in den Wirren der Nachkriegsgesellschaft nur schwer lösbare Aufgabe.

Das erste politische Faktum, dem man begegnete, waren neben den Besatzungsmächten, denen gegenüber sich die Kirchenmänner gleich welcher kirchenpolitischen Couleur als Repräsentanten des deutschen Volkes verstanden, die politischen Parteien, die schon wenige Tage bzw. Wochen nach

---

[3] Vgl. Kap. 7.1.

der deutschen Kapitulation wiederbegründet wurden.[3] Auf dem Hintergrund der negativen Erfahrungen mit ihnen in der Weimarer Republik sowie der Manipulierung des Parteibegriffes durch die NSDAP war eine
grundsätzlich tiefe Skepsis gegenüber dem Parteienwesen zu erwarten. Als
Ertrag der zurückliegenden Erlebnisse ließ sich jedoch auch ebenso die Forderung nach einer durchgreifenden Demokratisierung und Parlamentarisierung der politischen Lebensbezüge erheben. Infolge der mentalen Bindungen an ein obrigkeitliches Staatsverständnis überwog die erste Haltung im
Raum des Protestantismus jedoch bei weitem, obwohl es, wie sich zeigen
wird, grundsätzlich beide Positionen gab.

Was Theodor Heuss nach dem Kriegsende als Stichworte für eine Rede
notierte, beschrieb allgemein die Haltung der Deutschen zu den Parteien:
„Müdigkeit und Misstrauen, schon das Wort: Partei, Mißkredit, Miß-
trauen."[4] Waren schon 1918 die Vorbehalte gegenüber den Parteien groß gewesen, so gab es für die meisten kirchlichen Vertreter nun scheinbar erst
recht keinen Grund, sich dem Phänomen der politischen Parteien gegenüber
aufgeschlossen zu zeigen. Dass gerade der distanzierte „Vernunftrepublikanismus" in der „Demokratie ohne Demokraten" erheblichen Anteil daran
hatte, die Weimarer Republik scheitern zu lassen, sahen die meisten nicht.

Auch die persönlichen Erfahrungen der meisten Kirchenführer, wie sich
die Bischöfe nach dem Zusammenbruch immer noch nannten, waren nicht
dazu angetan, die Parteien positiv zu sehen. Manche von ihnen, wie z.B.
Wurm, Dibelius oder Koch, hatten ihre eigenen negativen Erfahrungen mit
dem Parteienwesen im persönlichen parteipolitischen Engagement gemacht.[5] Gerade bei ihnen war die Distanz gegenüber den Parteien offensichtlich noch größer als 1918.

Diese Haltung muss auch auf dem Hintergrund der geistesgeschichtlichen Deutung der vorausgegangenen Ereignisse gesehen werden. Sie kam in
der sogenannten Säkularismus-These, die nicht nur weite Teile des Protestantismus in der damaligen Zeit beherrschte, zum Ausdruck:[6] Obwohl schon
auf der Weltmissionskonferenz von Jerusalem 1928 zum ersten Male u.a. von
dem späteren Präsidenten des Princeton Theological Seminary, John A.
Mackay, im Sinne eines kritischen aber keineswegs völlig ablehnenden Ver-
ständnisses der neuzeitlichen aufklärerischen Entwicklungen gedeutet,[7] gewann eine eindeutig negative Interpretation des Begriffes im Sinne konservativer Kulturkritik[8] nun brennende Aktualität. Sie wurde die „geschichtstheologische Deutung der Ursachen der ‚deutschen Tragödie' ... die bereits
zum Zeitpunkt des ‚Zusammenbruchs' innerhalb der protestantischen

  [4] HEUSS, Aufzeichnungen, 156.
  [5] Vgl. Kap. 5.1.
  [6] Vgl. zum geistesgeschichtlichen Hintergrund LÜBBE, Säkularisierung, bes. 109ff.
  [7] WALZ, Art.: Säkularisation, 1290ff.
  [8] LENK, Konservatismus, 638.

Theologie und Kirche einen bemerkenswert hohen Grad an Selbstverständlichkeit erreicht hatte."[9] Aufbauend auf einem Geschichtsverständnis, das „ziemlich genau der Gerichtsdoxologie des deuteronomistischen Geschichtswerkes entspricht (Abfall Israels vom Worte Jahwes – Hinwendung zu anderen Göttern – Gericht Gottes vor allem in kriegerischen Katastrophen – Schreien zu Gott und Umkehr zu seinen Geboten – Rettung)"[10], wurde hier eine Interpretation der jüngsten Ereignisse entfaltet, die nun „eine nachhaltige Anziehungskraft"[11] ausübte: In ihr ordnete man die nationalsozialistische Herrschaft, den Zweiten Weltkrieg und – damals kaum thematisiert – den Holocaust in eine große Verfallsgeschichte ein, die je nach Standpunkt mit der Renaissance, zumeist aber mit der Französischen Revolution oder mit dem Jahr 1848 und dem „Kommunistischen Manifest" begann. Dies erlaubte zunächst einmal eine erste Dispensierung von der eigenen Rolle in der jüngsten Vergangenheit, da die konkreten Ereignisse „nur" Schlusspunkt einer sich in ihrer Dramaturgie gleichsam schicksalhaft entfaltenden Tragödie waren. Meist wurden die Ereignisse auch geradezu dämonologisch interpretiert, was allerdings auf dem Hintergrund der ungeheuerlichen Verbrechen des Nationalsozialismus, der Bombennächte und allgemein der bis dahin nie gesehenen Zerstörung verständlich erscheinen musste. Eine Folge dieser Theorie war, dass nach dem Ende der „dämonischen" Herrschaft und dem Bankrott aller nun erst recht mit dem Signum der Ungläubigkeit versehenen Ideologien, wie etwa Liberalismus, Sozialismus oder Kommunismus, die Stunde einer „Rechristianisierung" Deutschlands[12] und überhaupt Europas gekommen schien.

Die Säkularismus-These als Schlüssel einer *historischen* Interpretation für das Aufkommen des Nationalsozialismus ist allerdings heute in der historischen Wissenschaft völlig obsolet. Doch auch jenseits solcher Geschichtstheorien gaben die äußeren Faktoren für die Deutung einer an ihr Ende gekommenen Säkularisierung und damit für die Möglichkeit der Rechristianisierung allen Anlass: Das kirchliche Leben „bot den Zeitgenossen ein nachgerade grandioses Bild. ‚Wie überall stockte zunächst weithin das Leben. Es blühte nur eins: Die Arbeit der Kirche. Es strömte zu den Gottesdiensten.'"[13] Oder, wie es Paul Schempp registrierte: „Die Aktien der Kirche sind empor geschnellt und neutrale Toleranz ist fast schon der äußerste Grad der Entfremdung."[14] Der Zusammenbruch bot in der Tat eine „präzedenzlose ‚Stunde der (evang.) Kirche'"[15]. Dies bestätigt Gerhard Schmidtchens

---

[9] Noormann, Mandat, 41. Ebenso Nowak, Christentum, 305.
[10] Vogel, Wiederbewaffnung, 104.
[11] Noormann, Mandat, 45.
[12] Greschat, Christenheit, 310ff.
[13] Noormann, Mandat, 31.
[14] Schempp, Stellung, 25.
[15] Noormann, Mandat, 32.

Erkenntnis: „Je größer die soziale Desintegration, desto stärker die Hinwendung zu religiösen Institutionen, vorausgesetzt, diese sind intakt und hochorganisiert."[16] Doch gerade diese alles in allem zutreffende soziologische Feststellung war *theologisch* keineswegs gedeckt.

Angesichts der vollen Kirchen und des blühenden kirchlichen Lebens in den Ruinen wird man nicht ohne weiteres sagen können, dass die Auffassung von der „Rechristianisierung" und der „Säkularisierung" eine rein geistliche und ausschließlich binnenkirchliche Deutung der Vergangenheit und Gegenwart[17] gewesen sei. Die Stellung der Kirchen im öffentlichen Leben war in dieser Zeit „stärker als je zuvor"[18]. Auf diesem Hintergrund konnten die Kirchenvertreter mit erheblichem Selbstbewusstsein in die Besatzungszeit hineingehen und sich in gewisser Weise als die eigentlichen Repräsentanten der deutschen Bevölkerung empfinden, zumal die staatlichen Organe zusammengebrochen waren. Andererseits ist hier eine mögliche Wurzel für die Distanz zu den politischen Parteien zu finden. Denn in dem Maße, wie diese sich wieder reorganisierten, musste der Einfluss der Kirchen als Repräsentanten Deutschlands schwinden.[19]

Das Phänomen der politischen Parteien blieb für die Kirchenvertreter ein Signum der vergangenen Zeit. Dies galt sogar allgemein für die Demokratie, die in Weimar gescheitert war und jetzt von den Siegermächten aufoktroyiert wurde: „Die Demokratie wird in Deutschland nicht Fuß fassen, ... sie ist ein ausländisches Staatssystem"[20], teilte etwa Bischof Dibelius den Besatzern mit. Auch sein kirchenpolitischer Widerpart Martin Niemöller hielt nichts von einer Wiedereinführung der demokratischen Parteien. Er bevorzugte ein Repräsentativsystem, das sich vorwiegend über lokale berufsständisch organisierte Formen entwickeln sollte.[21]

Wenn auch im Verlaufe der Entwicklung galt, dass man

„parlamentarisch-demokratische Verkehrsformen nicht länger nur zu tolerieren, sondern sie als wirksamste Gewähr gegen ‚totalitaristische Entartungen' wertzuschätzen

---

[16] SCHMIDTCHEN, Strömungen, 189.
[17] GRESCHAT, Rechristianisierung, mit besonderem Rückgriff auf LÜCK, Nachkriegszeit.
[18] BUCHHAAS, Leitbilder, 12.
[19] Überhaupt sollte die These von der hohen Bedeutung, die die Kirchen als Repräsentanten Deutschlands gegenüber den Besatzungsmächten hatten, auch nicht überstrapaziert werden. Natürlicher Ansprechpartner waren die unbelasteten Politiker, die allerdings die Kirche nennen konnte (so auch HERBERT, Tradition, 15). Auf der „Weißen Liste" der Amerikaner stand schon 1945 auf Platz 1 der ehemalige Kölner Oberbürgermeister Adenauer. Das hingegen folgenlose und etwas groteske Treffen des EKD-Ratsvorsitzenden Wurm mit einem Vertreter General Eisenhowers 1945 hat Wurms Begleiter Helmut Thielicke anschaulich geschildert (THIELICKE, Stern, 204ff.).
[20] Zit. in: SPOTTS, Kirchen, 103.
[21] BENTLEY, Niemöller, 247.

[lernte] und sie allmählich zum nicht mehr hinterfragbaren Normgut evang. Sozialethik aufzuwerten"[22]

begann, so gilt dies noch nicht für die erste Zeit. Demokratieskepsis und Distanz gegenüber dem Parteiwesen, die alte Anti-Parteien-Mentalität, war allenthalben verbreitet. So trugen die ersten Kontakte zu den wiederbegründeten demokratischen Parteien durchaus einen ambivalenten Charakter. Man hielt zwar nicht viel von ihnen, man musste sich jedoch notgedrungen arrangieren.

Es stellte sich bald heraus, dass gerade die christlich-demokratischen Parteigründungen insofern eine geistige Affinität zur Haltung der Kirchen besaßen, als sie die Säkularismusthese teilten. Der Gedanke, dass nach dem Abfall von Gott und der Herrschaft dämonischer Kräfte, allgemein nach einer gottlosen Zeit, nun die Rückbesinnung auf die Werte des Christentums nötig sei, prägte wie in der Darstellung der Gründungsgeschichte der christdemokratischen Parteien gezeigt wurde, auch deren erste programmatische Überlegungen.[23]

Doch gerade diese vordergründige Affinität in der Adaption des „Christlichen" barg einen „Sprengstoff" in sich, der zunächst kaum erkannt oder in dieser Zeit für nicht so gefährlich gehalten wurde, um sich dieser neuen Parteiart zu verschließen. Dies hieß andererseits noch lange nicht, dass sich die kirchlichen Stellen nun als Exponenten der CDU verstanden, dafür war eben die Distanz gegenüber den Parteien allgemein zu groß und der politische Entwicklungsgang zu unsicher. Möglicherweise, dies war ja noch offen, konnte auch die SPD wie die englische Labour-Party eine positive Grundhaltung zum Christentum einnehmen.[24]

Doch neben den demokratieskeptischen Tendenzen gab es auch positive Zugänge. Dazu trug erheblich Karl Barth bei. Zweimal hatte Barth sich 1945 schon dezidiert zur politischen Zukunft der Deutschen geäußert. Einmal mit einem Vortrag, den er im Januar und Februar 1945 in mehreren schweizerischen Städten gehalten hatte, und nochmals mit einem Zeitungsbeitrag für die „Manchester Evening News", den Barth am 8. April 1945 verfasste.[25] In beiden Texten setzte sich Barth mit der obrigkeitsstaatlichen Tradition in Deutschland und ihrem gouvernemental-fixierten politischen Denken auseinander, das er in die heftig umstrittene Traditionslinie Friedrich der Große – Bismarck – Wilhelm II. – Hitler stellte.[26] Abgesehen von dem damals noch prophetischen Wort, „dass es auch mit dem deutschen Staat, auch mit der deutschen Einheit für lange Zeit vorbei sein wird"[27], forderte er seine

---

[22] BUCHHAAS, Leitbilder, 74.
[23] Vgl. Kap. 7.
[24] Vgl. Kap. 11.1.; 11.2.1.
[25] BUSCH, Lebenslauf, 337f.
[26] BARTH, Deutschen, 343, 359.
[27] Ebd., 346.

Schweizer Landsleute mit ihrer demokratischen Erfahrung auf, den Deutschen dabei zu helfen, „nunmehr ohne Hakenkreuz und Adler ein wirklich mündiges Volk werden zu wollen."[28] Deutlicher wurde Barth in seinem Beitrag für die „Manchester Evening News", in dem er die zukünftige Besatzungsmacht Großbritannien zu demokratischem Anschauungsunterricht und der Einübung lokaler Selbstverwaltung aufforderte. Das hieß für ihn nichts anderes als: „Man gebe ihnen [sc. den Deutschen] die Gelegenheit, Bürger zu werden."[29] Konkret äußerte sich Barth hier auch zu den Parteien. Seine Überlegungen fasste er dabei dezidiert unter den Gedanken eines „christlichen Realismus"[30]:

> „Um was wird es in Deutschland morgen und übermorgen und für viele Jahre gehen?
> … Nicht darum, nun endlich das Programm zu exerzieren, das diese und jene Richtung oder Partei schon vor 15 oder fünfzig Jahren ausgearbeitet hat, das sie bisher nicht an den Mann brachte, für das sie nun die glückliche Stunde gekommen meint! …
> Wenn die Deutschen bisher nicht mit Befehlen und Gehorchen beschäftigt waren, haben sie sich nämlich Rezepte, Programme und Prinzipien ausgedacht in der Hoffnung und Absicht, mit diesen eines Tages an die Macht … zu kommen. … Armes deutsches Volk, wenn die alte Sektiererei (wir denken noch mit Schaudern an die 23 – oder waren es 37 – Parteien des letzten deutschen Reichstages) nun erst recht wieder kommen sollte! … Gesund werden würde für die Deutschen in dieser Hinsicht bedeuten: fähig werden (ein wenig nach englischem oder schweizerischem Vorbild) Tagespolitik zu treiben, d.h. sich mit den Anderen an einen Tisch zu setzen und miteinander zu reden – nicht um gegeneinander zu philosophieren, nicht um sich (konservative, sozialistische, nationale, internationale, christliche, atheistische) Ideen an den Kopf zu werfen, gerade nicht in der heimtückischen und üblen Absicht, ,an die Macht zu kommen', sondern um endlich einmal um des Lebens willen aufeinander zu hören und unter den jeweils erreichbaren Lebensmöglichkeiten gemeinsam die besten zu finden und ins Werk zu setzen."[31]

Was Barth damit forderte, war nichts weniger als eine radikale Neubesinnung der Deutschen, eine Abkehr von ihrem Sonderweg und die Einbindung in den Westen. Die empfehlenden Hinweise auf Großbritannien aber auch auf die Schweiz waren dabei, gerade auch was das letztgenannte Land betraf, durchaus aktuell. In den süddeutschen und südwestdeutschen Gebieten stieß eine Orientierung auf das stark föderalistische Modell des schweizerischen Staatsaufbaus in dieser Zeit auf großes Interesse.[32]

Wie umstritten Barths Ansichten allerdings selbst in der BK waren, zeigt ein wenige Tage vor dem Treffen des Reichsbruderrates im August 1945 in Frankfurt von Niemöller an Otto Weber geschriebener Brief, in dem Niemöller sich über Barths politische Vorstellungen mokierte und bei diesem

---

[28] Ebd., 357.
[29] BARTH, gesund, 375.
[30] Ebd., 381.
[31] BARTH, gesund, 379f.
[32] SCHWARZ, Reich, 415.

kurzerhand eine „religiös-sozialistische Verflachung westlerischer Religiosität"[33] festzustellen glaubte.

Bis tief in die Reihen der Bekennenden Kirche galt es also scheinbar als gesichert, dass nicht der „deutsche Sonderweg" in die nationalsozialistische Katastrophe geführt hatte, sondern die „Infektion" mit den westlichen Ideen von Parlamentarismus, Demokratie usw., die seit 1918/19 voll „ausgebrochen" war. Es war, auch noch nach dem Zusammenbruch von 1945, zunächst die alte Mentalität des „Okzidentalismus", gebändigt unter den Bedingungen eines Besatzungsregimes, die den Demokratiediskurs bestimmte. Barth, mit seinem anderen politisch-biographischen Hintergrund aus der demokratischen Schweiz war einstweilen ein „einsamer Rufer".

12.2. Die Konferenz von Treysa 1945 und der Versuch einer Konzeption zur Verhältnisbestimmung zu den politischen Parteien bei Annäherung an die Union

12.2.1. Die Vorkonferenz des Reichsbruderrates in Frankfurt

Im August 1945 wurden die Weichen für die organisatorische Grundlegung der evangelischen Kirchen im Nachkriegsdeutschland gestellt. Zentrales und andere Zusammenkünfte bedingendes Ereignis war die Konferenz von „Kirchenführern", die vom 27.– 31. August im hessischen Treysa stattfinden sollte.[34]

Um die Ansprüche der Bekennenden Kirche und mit ihr die der Bruderräte in der vorgesehenen Neuorganisation der evangelischen Kirche zu formulieren, versammelte sich der Reichsbruderrat auf Einladung Niemöllers vom 21.– 24.8.1945, also im unmittelbaren Vorfeld der Treysaer Konferenz, in Frankfurt. Nicht ohne Grund befürchtete Niemöller ein Wiederaufleben der restaurativ-konservativen Tendenzen in der Kirche, dem die Kirchenführertagung offensichtlich dienen sollte. Im Zusammenhang mit diesen Abwehrbestrebungen musste auch positiv ein Konzept für den Neuaufbau der evangelischen Kirche bedacht werden. So war die ekklesiologische Problematik für die Konferenz maßgebend. Doch konnte sie nicht ohne eine Stellungnahme zur öffentlichen Verantwortung der Kirchen in dieser Zeit denkbar sein. Allerdings waren es gerade auch politische Fragen gewesen, die den Reichsbruderrat ab 1938/39 letztlich paralysiert hatten. Eine kontroverse Diskussion musste also erwartet werden.

---

[33] BESIER / THIERFELDER / LUDWIG, Kompromiß, 61.
[34] Eine ausführliche Dokumentation der genannten Treffen bieten BESIER / LUDWIG / THIERFELDER (HGG.), Kompromiß. Subjektiv eingefärbt ist die Zusammenstellung SÖHLMANNS, Treysa.

Aktuell stellte sich die Frage des Verhältnisses zu den politischen Parteien. In Berlin waren schon einige Wochen vorher eine liberal-demokratische, eine sozialdemokratische und eine kommunistische Partei gegründet worden. Hinzu kam die CDUD, die als interkonfessioneller politischer Zusammenschluss etwas Neuartiges darstellte. Andernorts wiederholten sich diese Vorgänge. In Frankfurt selbst war es Niemöllers Mitarbeiter Otto Fricke, der eifrig für eine interkonfessionelle Partei warb.[35]

Zu den Teilnehmern der Frankfurter Tagung gehörten dabei Männer, die durchaus schon erste Erfahrungen mit parteipolitischen Neugründungen bzw. politischer Arbeit hatten, so etwa Hans Encke aus Köln und Otto Fricke aus Frankfurt, die Professoren Gerhard Ritter und Erik Wolf aus Freiburg sowie Peter Brunner und Harmannus Obendick aus Wuppertal.

Am zweiten Tag des Treffens des Reichsbruderrates in Frankfurt wurde die Frage des Verhältnisses zur Politik ausführlich erörtert. Die unterschiedlichsten Erfahrungen und Vermutungen, Hoffnungen und Befürchtungen kamen in der Diskussion zum Ausdruck. Als erster äußerte sich Hans Asmussen, der in seinem Statement eine strenge Diastase zwischen kirchlichem Auftrag und politischem Handeln aufriss und bewusst mit theologischen Kategorien und Begriffen argumentierte. Damit gelangte er zu einer rein theologischen Analyse der Parteien: „Die Kirche ist Gericht selbst der christlichsten Partei. Die unchristlichste Partei ist niemals davor sicher, dass ihr in der Verkündigung Heil und Gnade gesagt wird."[36] Mit völlig anderer Akzentuierung nahm Karl Bernhard Ritter den Gedanken auf, wenn er „Gott und das Volk, Gott und die Welt"[37] zusammenband und davor warnte, sich kirchlicherseits dem politischen Auftrag zu entziehen. Für ihn lautete die entscheidende Frage: „Was haben wir zu den entstehenden christlichen Parteien heute zu sagen?"[38] An Ritters Votum anschießend wurde dessen Bruder Gerhard Ritter nach seinen Erfahrungen mit der interkonfessionellen Zusammenarbeit, von der er durch die kurzlebige „Neue Gemeinschaft" und die „Christliche Arbeitsgemeinschaft" in Freiburg berichten konnte, befragt. Ritter betonte in seinen Ausführungen den politischen Auftrag der evangelischen Laien und sprach sich gegen eine direkte Stellungnahme der Kirche in politischen Dingen aus. Dazu fehle die Grundlage, nämlich ein evangelisches Naturrecht. Karl Bernhard Ritter hingegen insistierte auf dem politischen Auftrag gerade der Kirche als Körperschaft, der über die engeren politischen Sachfragen hinaus die ganze kulturelle Arbeit umfassen müsse. Otto Fricke berichtete von den konkreten parteipolitischen Erfahrungen in Frankfurt. Hier habe sich die BK eindeutig für eine nicht nur binnenkirchlich ausgelegte Reformarbeit entschieden. Man gehe sogar „in die Betriebs-

---

[35] Vgl. Kap. 7.1.1.; 7.1.5.
[36] BESIER / THIERFELDER / LUDWIG, Kompromiß, 94.
[37] Ebd.
[38] Ebd., 128.

räte usw. hinein, und zwar in Richtung einer christlich-sozialen Partei"[39]. Niemöller nahm diesen Anspruch auf, indem er forderte, dass fortan bei jedem Universitätsstudium zwei Semester Beschäftigung mit den christlichen Glaubenslehren und ihren politischen Implikationen vorgeschaltet sein müssten! Im Blick auf die Parteipolitik wehrte er sich gegen die Verbindung mit einer bestimmten Partei, da der politische Auftrag der Kirche vielmehr „das Gegenteil von Parteipolitik" zu sein habe.[40]

Als zum damaligen Zeitpunkt noch über den Fragen der konkreten Parteipolitik stehend, verstand sich der oldenburgische Oberkirchenrat Hermann Ehlers, indem er kritisch auf parteipolitische Aktivitäten in Hamburg, Hannover und Schleswig-Holstein hinwies. Etwas hölzern gibt das Protokoll seinen Beitrag wieder: „Dort wird schon die Kirche mißbraucht für Separation"[41]. Es wurden weitere Eindrücke von den parteipolitischen Entwicklungen zur Diskussion gestellt: Erik Wolf wies auf die Arbeit der C.A.G. und die Auseinandersetzungen in Freiburg hin. Die Wiederbegründung des Zentrums sei erfolgreich verhindert worden. Harmannus Obendiek, Professor an der Kirchlichen Hochschule in Wuppertal, berichtete von den dortigen Konflikten, die sich zwischen den entschieden evangelischen bzw. christlichen Gruppen und den eher liberal eingestellten Kräften im Bürgerkomitee abspielten. Für die Liberalen gelte: „nicht das Kreuz nennen."[42]

Noch einmal meldete sich Gerhard Ritter zu Wort, in dem er das Konzept der C.A.G. und auch seinen Lieblingsgedanken der politischen Arbeitgemeinschaften darlegte. Er sprach sich für eine politische Vorfeldarbeit, wie sie die C.A.G. betrieb, und damit gegen die Gründung einer Volkspartei aus. Es gehe gerade nicht um eine „Massenpartei", sondern um die „Bildung von politisch verantwortlichen Notablengruppen"[43]. Ritter nahm mit dieser Formulierung wieder einen Gedanken der Denkschrift „Politische Gemeinschaftsordnung" auf, die 1942/43 im Auftrag der BK verfasst worden war.[44] Insgesamt spielte diese Denkschrift in der Diskussion allerdings keine Rolle mehr. Das darin noch vorausgesetzte souveräne Deutschland war nicht mehr gegeben.

Hatte sich die Diskussion zunächst weitgehend allgemein mit dem – auch parteipolitischen – Neuanfang beschäftigt, wurde dann das Verhältnis zu den sozialistischen Parteien angesprochen. Für eine Verständigung mit ihnen machte sich besonders Hans-Joachim Iwand stark. Er sah bei den sozialistischen Parteien, wobei er von der Sache her offensichtlich an die SPD dachte, eine zunehmend weniger ideologisierte Haltung gegenüber der Zeit vor

---

[39] Ebd.
[40] Ebd., 95.
[41] Ebd.
[42] Ebd., 97, 130.
[43] Ebd., 96.
[44] Vgl. Kap. 6.4.

1933. Die Sozialisten seien „nüchtern geworden, … irdisch geworden, darum können wir heute mit ihnen ganz anders sprechen und sie hören."[45] Iwands Beitrag fand zunächst keinen direkten Nachhall in der Diskussion.

Alles in allem war diese Diskussion noch eher ein allgemeiner Meinungsaustausch, ein Informieren über andernorts gemachte Erfahrungen, so dass es hier zu keinen Festlegungen in diesen Dingen kommen konnte.

Natürlich war die Frage des Verhältnisses zu den Parteien eingebettet in die Stellung der Kirchen zur parlamentarischen Demokratie überhaupt. Wie weit man hier von einer innerlich überzeugten Bejahung entfernt war, machte Asmussen deutlich, wenn er in der Diskussion meinte betonen zu müssen, Martin Niemöller, die Symbolgestalt des kirchlichen Widerstandes, habe schließlich „nur für das Evangelium gelitten"[46], nicht für die Demokratie. So richtig diese Analyse im Blick auf Niemöller war, zeigte doch die reichlich polemische Verwendung dieses Argumentes, wie wenig sich die Haltung zur Demokratie gewandelt hatte.

Später formulierte Asmussen kurz und bündig: „Der Geist der Guillotine ist kein besserer Geist als der von Potsdam."[47] Dies war die unmittelbare Reaktion auf eine Werberede für die Demokratie und einer Kritik an den herkömmlichen Vorstellungen „christlicher Politik", die Barth zuvor laut Protokoll gehalten hatte:

> „… was mich gefreut hat: daß das Wort ‚demokratisch' gefallen ist. Also ich brauche gar nicht die Türen einhämmern, einschlagen, öffnen. Was heute gesagt worden ist, liegt im Gegensatz oder ist ein Einbruch [in die] Lehre der beiden Reiche (Luther). Wir alle sind verantwortlich und können es nicht auf die Obrigkeit abwälzen. Wir sind beteiligt an der Obrigkeitsangelegenheit. … Bismarck … . Was hat das mit dem Christentum zu tun? Genauso muß auch Friedrich der Große mit dem Hohenfriedberger Marsch bei uns fallen. Dieser Bereich muß verschwinden. Der Geist von Friedrich und von Bismarck ist nicht möglich. Friedrich, Bismarck und Hitler waren Menschenverächter, darum könnt ihr mit ihnen nicht christliche Politik machen. … Sie schütteln mit dem Kopf; war das heute früh doch nicht so ernst gemeint, wie es geklungen hat?"[48]

Nicht nur bei Asmussen stieß Barth mit seinen Vorstellungen auf Widerspruch. Besonders seine „Ahnenkette" von Friedrich II. von Preußen zu Hitler wurde heftig bestritten. Gerhard Ritter wandte sich entschieden gegen Barths Bismarck-Bild und betonte, selbstverständlich habe dieser als „christlicher Staatsmann" gewirkt.

Die weit verbreitete antidemokratische Stimmung unter den in Frankfurt versammelten Brüdern untermauerte schließlich Obendiek mit dem Hinweis, schon Calvin habe sich für die Aristokratie als Herrschaftsform ausge-

---

[45] BESIER / THIERFELDER / LUDWIG, Kompromiß, 96.
[46] Ebd., 97.
[47] Ebd., 105.
[48] Ebd.

sprochen.[49] Insgesamt zeigte sich also auch in diesem Gremium eine deutliche Skepsis gegenüber der parlamentarischen Demokratie und den politischen Parteien überhaupt.

In anderen Fragen blieb Barth ebenfalls in der Minderheit: Auch in Frankfurt – und damit im Rahmen des Reichsbruderrates – war die Bemühung, die Geschehnisse der vergangenen Jahre mit der mythologischen Kategorie der „Dämonie" zu interpretieren, spürbar. Barths Vermutungen aus seinem Vortrag von Anfang 1945, die Deutschen würden nun anstelle einer rationalen Diskussion über die Entstehung des Nationalsozialismus sich mit „geschichtsphilosophischem Tiefsinn [als] Opfer großer, schicksalsmäßiger geschichtlicher Notwendigkeiten"[50] sehen und schnell auch auf die Schuld der anderen hinweisen, fand in Frankfurt eindrucksvolle Bestätigung. Die von Barth unterstellte Schuldverweigerung bzw. der Verweis auf dämonische Kräfte unternahm etwa der spätere sächsische Landesbischof Hahn. Er legte dar, am kürzlich erfolgten Einsatz der Atombombe könne gesehen werden, wie die Demokratie nicht vor der Dämonie gefeit sei.[51]

Wie distanziert die Teilnehmer gegenüber den konkreten Fragen des Politischen waren, zeigt der Umgang mit einem Entwurf Asmussens für ein Wort „An die Herren Amtsbrüder". Darin sprach Asmussen bei aller Skepsis, die er auf der Tagung nicht verhehlt hatte, noch unbefangen davon, sich dem Anruf der Öffentlichkeit im Hinblick auf die neu entstehenden Parteien nicht zu verschließen und darin kirchlicherseits mitzuarbeiten, obwohl er die Befürchtung nicht verhehlte, „dass hier Wege beschritten werden, die doch schon zu Ende gegangen sind."[52] Selten wurden gleichzeitige Anti-Parteien-Mentalität und parteipolitisches Engagement im Protestantismus dieser Tage deutlicher, doch sollte die Anti-Parteien-Mentalität noch stärker formuliert werden.

Eine Kommission, die Asmussens Entwurf überarbeitete, redete zurückhaltender nur noch davon, dass angesichts der besonderen Situation und den Bitten der Öffentlichkeit um Mitarbeit, „nichts dagegen einzuwenden sei, wenn ein Pfarrer gelegentlich solche Dienste tut."[53] Der konkrete Bezug zu den Parteien war allerdings gestrichen worden. Ein weiterer und dann angenommener Entwurf verstärkte diesen Duktus, wenn er davon sprach, Pfarrer dürften sich der Mitarbeit im öffentlichen Leben „unter den gegebenen Umständen oft nicht entziehen."[54]

Die in Frankfurt teilnehmenden parteipolitisch engagierten Kirchenleute zogen sich dementsprechend bei dieser kritischen Sicht parteipolitischer Ar-

---

[49] Ebd., 107.
[50] BARTH, Deutschen, 360.
[51] BESIER/THIERFELDER/LUDWIG, Kompromiß, 106f.
[52] Ebd., 168.
[53] Ebd., 172.
[54] Ebd., 175.

beit bald aus der aktiven Tätigkeit zurück. Zwar wurde die Frage der öffentlichen Verantwortung als noch genauer zu reflektierende bezeichnet, einstweilen aber galt als Ausgangsbasis: „Nicht zuletzt geben wir der Welt durch
unser Dasein als Gemeinde, was wir ihr zu geben schuldig sind."[55]

Das zudem verabschiedete „Wort an die Gemeinden" hielt sich hinsichtlich der Parteien ebenfalls bedeckt. Dass im Blick auf die Zukunft von ihnen
nicht gesprochen wurde, lag hier in der inneren Logik des Papiers, denn
wohl wurde nun davon geredet, dass das Gemeindeglied „als Christ öffentliche Verantwortung" übernehme, aber offensichtlich nur zu dem Zweck,
das umzusetzen, „was hinter Mauern und in der Stille gebetet und geplant"[56]
worden war. In diesen Planungen hatten – wie gezeigt – die Parteien keinen
Platz gehabt. Der Auftrag war für die Gemeinden die Erneuerung der Kirche
und von daher der Ruf des Volkes zurück zu Gott.

Insgesamt lässt sich klar die Gewissheit eines „öffentlichen Auftrages" der
Kirche in den Beratungen und den „Worten" von Frankfurt feststellen. Doch
wird deutlich, dass die Reichweite dieser Erkenntnis zunächst die Kirche als
Größe sui generis in der Nachkriegsgesellschaft betraf. Wie diese Verantwortung jedoch jenseits eines Wächteramtes der Kirche in der Predigt bzw. veröffentlichten „Worten" aussehen sollte, wurde nicht erörtert. Eine eigene
Konzeption vermittelter Wahrnehmung der öffentlichen Verantwortung
von Christen innerhalb der Gesellschaft findet sich deshalb hier nicht. „Öffentliche Verantwortung" mündete zunächst nicht in die praktische Umsetzung einer dementsprechenden Empfehlung an die Pfarrer, etwa zu einem
zumindest anfänglichen Dienst innerhalb der sich jetzt herausbildenden
neuen Strukturen, wie denen der demokratischen Parteien. Damit kam es
aber auch nicht zu einer positiven Interpretation dieser politischen Tätigkeit
– wenigstens im Sinne einer politisch-diakonischen „Notmaßnahme" – in
der Erörterung pfarramtlichen Dienstes. Erkennbar ist in den „Worten" des
Reichsbruderrates die Sorge, der genuine kirchliche Dienst könne neben
gesellschaftlich-politischer Arbeit zu kurz kommen. Ob diese Befürchtung
begründet war – Kurt Nowak formuliert etwas spitz, mancher Geistliche
habe sich in dieser Zeit „im Neben- und Zweitberuf als Politiker"[57] verstanden – muss offen bleiben. Die Interpretation des parteipolitischen Engagements als Versuch, mit den theoretisch gewonnenen Einsichten in den öffentlichen Auftrag der Kirche in einer extrem notvollen Zeit ernst zu machen, wurde vom Reichsbruderrat skeptisch gesehen. Hier hatte sich eine
spezifische Mentalität der von der barthianischen Theologie beeinflussten
Theologen durchgehalten: Die frühere Kritik an den in Vereinen und Organisationen „Allotria" treibenden Pfarrern, vornehmlich den liberalen Theo-

---

[55] Ebd.
[56] Ebd., 163.
[57] NOWAK, Christentum, 302.

logen, die das „Eigentliche", die Kirche, darüber versäumt hätten. In einem Punkt stimmte auch Barth mit seinen Glaubensbrüdern anderer kirchenpolitischer Couleur überein: Befürworten der Demokratie hieß, wie noch zu zeigen sein wird,[58] noch lange nicht Unterstützung der politischen Parteien.

Doch auch die Gemeinden wurden nicht wirklich aufgefordert, nun in der zerbrochenen Gesellschaft von 1945 tätig zu werden. Es ging in Frankfurt zunächst um die *Kirche*, die erneuert werden sollte, alles andere schien sich von daher dann zu finden. Die bewusste Unterscheidung zwischen Kirche und Gesellschaft, die hier selbstverständlich erscheint, schuf jedoch eine Diastase, die durch die Ungleichzeitigkeit der Entwicklungslinien von gesellschaftlichem Wiederaufbau und theologischer Reflexion des öffentlichen Auftrages der Kirche weiter vertieft wurde und die später auf parteipolitischem Feld offen zutage treten sollte.

12.2.2. Das Vortreffen des Lutherrates in Treysa

Ähnlich wie der Bruderrat der EKD versammelte sich auch sein kircheninterner Widerpart, der sogenannte „Lutherrat", im unmittelbaren Vorfeld der Kirchenkonferenz von Treysa – und zwar schon am Versammlungsort – in den beiden Tagen vor Konferenzbeginn. Wie beim Bruderrats-Treffen in Frankfurt war das Ziel, die kirchenpolitische „Marschrichtung" für den Wiederaufbau der Kirche festzulegen, wobei es maßgeblichen Kräften darum ging, nun eine lutherische Nationalkirche zu etablieren.[59] Auf jeden Fall sollten die vermuteten Ansprüche der Kreise um Niemöller und Barth auf kirchliche Führung zurückgedrängt werden. Die vielfach ins Zwielicht geratene Rolle von lutherischen Bischöfen in der Zeit der nationalsozialistischen Herrschaft hatten den selbstbewussten Anspruch auf theologische Vorherrschaft der Lutheraner im Lande Luthers geschwächt. Der bayerische Landesbischof Meiser wies schon im Vorfeld auf die zu erwartenden Auseinandersetzungen hin. Das Protokoll vermerkt etwas sperrig: „Barth hat uns in nationaler Beziehung Luthertum unerhört beschimpft u.f. Nationalsozialismus u. das ganze Unglück der Welt schuldig gemacht."[60] Heinz Brunotte wies ergänzend auf Barths Schriften, besonders auf „Können die Deutschen gesund werden", hin und sprach kurzerhand von einer „Beleidigung Deutschlands"[61].

---

[58] Vgl. Kap. 12.3.
[59] BESIER / THIERFELDER / LUDWIG, Kompromiß, 9ff.
[60] Ebd., 189.
[61] Ebd., 190. Das Protokoll vermerkt an dieser Stelle „Brunner". Peter oder Emil Brunner oder andere Träger dieses Namens haben an der Sitzung nicht teilgenommen. Von der Namensähnlichkeit her ist am ehesten ein Beitrag Brunottes zu vermuten.

Die Fragen des Verhältnisses zu den entstehenden politischen Parteien wurde auf diesem Vortreffen schon erörtert: Zwar notierte der hannoversche Geistliche Vizepräsident Paul Fleisch ins Protokoll „Eine längere Aussprache beschäftigt sich mit der Stellung zu den entstehenden politischen Parteien. Bei der sichtlich sehr verschiedenen Lage läßt sich eine ganz einheitliche Stellung nicht durchsetzen"[62], trotzdem zeigte die Diskussion aufschlussreich die Gedankengänge der einzelnen Kirchenführer und ihre politischen Absichten, die im Wesentlichen pragmatischer ausgerichtet waren als die entsprechenden Überlegungen beim Bruderrat in Frankfurt.

Der neue Lübecker Propst Johannes Pautke wies auf die guten Beziehungen zum SPD-Oberbürgermeister von Lübeck hin und berichtete dabei gleichzeitig über Pläne zur Gründung einer Partei „mit starkem christl. Einschlag"[63]. Offensichtlich dachte Pautke an eine Gruppe ehemaliger DDP- und DVP-Mitglieder, die sich jetzt als „Christliche Demokraten" zusammengefunden hatten.[64] Auf die gezielte Nachfrage von Landesbischof August Marahrens „Wie ist es mit den christl. Demokraten?"[65] wies Pautke nochmals auf die Lübecker Christdemokraten hin.[66] Für Hamburg erwähnte er den „Bund Freies Hamburg".

Vizepräsident Fleisch ging über Marahrens' Frage nach den Christlichen Demokraten hinaus, als er direkt forderte, zur SPD Verbindung aufzunehmen. Fleischs Vorschlag blieb ähnlich wie der Iwands in Frankfurt zunächst ohne Nachhall. Im Anschluss an einen Vorschlag Propst Pautkes, der die Zielrichtung hatte, der Lutherrat solle in Treysa für eine Zusammenarbeit von evangelischer und katholischer Kirche im Blick auf die Gründung von christlich-demokratischen Parteien werben, entzündete sich eine kontroverse Diskussion. Landesbischof Meiser griff Pautkes Anregung auf und konstatierte in diesem Zusammenhang, man sei in der „theologischen Durcharbeitung der Frage Christ/Kirche und Politik stark im Rückstand."[67] Gleichzeitig war Meiser skeptisch, was die Möglichkeiten einer interkonfessionellen Partei anging. Am Beispiel der katholischen BVP wies er auf die massive Personalpolitik der offen klerikalen Partei hin. Nötig sei, anders als Pautke es fordere, der Rückzug kirchlicher Kreise aus der Politik, sonst mache man das „Christentum zur Parteisache."[68] Gerade die Klerikalisierung der Politik, die Meiser der katholischen Kirche vorwarf, sollte verhindert werden: „Nicht die Kirche soll es machen, aber ev. Kreise an polit. Verantwortung er-

---

[62] Ebd., 201.
[63] Ebd., 181.
[64] WIECK, CDU, 179.
[65] BESIER/THIERFELDER/LUDWIG, Kompromiß, 184.
[66] Bei dem genannten „Erdmann" handelte es sich um den katholischen Senator Ehrtmann, ein früheres Mitglied des Zentrums.
[67] BESIER/THIERFELDER/LUDWIG, Kompromiß, 196.
[68] Ebd., 197.

innern und eventuell mit den Kath. im Wahlkampf zusammengehen."[69] Wie
der Landesbischof sich diese Bündnisse konkret vorstellte, wurde nicht deutlich. Getrennte katholische und evangelische Parteien favorisierte er offensichtlich nicht, denn im selben Statement forderte Meiser jeweils eine große
rechte und linke Partei und warnte vor der Rückkehr der Splittergruppen.
Meiser sah positive Anknüpfungspunkte bei der SPD. Seine Hoffnungen
richtete er auf die Jungsozialisten, die einen „neuen Weg suchen."[70]

Direkt nach Meiser schaltete sich Eugen Gerstenmaier in die Diskussion
ein. Einigermaßen überraschend im Blick auf seine späteren politischen
Entscheidungen, hielt er es klar für „Narrenfang, wenn man ev. Männer in
christl. Partei unter katholischer Führung entsenden würde."[71] Er berichtete
der Versammlung, dass er im amerikanischen Hauptquartier schon das ehemalige Reichstagsmitglied Prälat Georg Schreiber gesehen habe. Unausgesprochen hieß das: Die katholische Kirche arbeitet wieder mit ihrem konfessionell geprägten Konzept politischer Einflussnahme. Gerstenmaier sah erste
Ansatzpunkte zu einer Verständigung mit den Sozialdemokraten und wies
auf positive Signale hin, die von dieser Seite gesendet würden. Darüber hinaus wurde bei ihm eine grundsätzliche Distanz zum Parteienwesen spürbar,
wenn er im Zusammenhang der Parteipolitik von einer nicht näher bezeichneten „unechte[n] Politik"[72] sprach. Die Teilnehmer verstanden offensichtlich was gemeint war. Jedenfalls regte sich kein Widerspruch. Parteipolitik
blieb wie in den Zeiten Weimars verdächtig. Die Anti-Parteien-Mentalität
dauerte fort.

Während Gerstenmaier hinsichtlich der SPD nur unbestimmt von positiven Signalen sprach, konnte Vizepräsident Fleisch aus Hannover, wo das
„Büro Schumacher" seinen Sitz hatte, nähere Informationen zu SPD-Inter-
na geben. Er sprach durchaus zutreffend[73] von einem „Ringen um [eine]
neue Linie" und sah zugleich die „Bonzen wieder am Werk"[74], was offensichtlich auf die zunehmenden Aktivitäten alter Parteifunktionäre hindeute-
te. Pautke griff das Labour-Modell, die Partei regierte seit einigen Wochen
in Großbritannien, positiv auf, wenn er meinte: „Verschmelzung auch mit
SPD zu wünschen: christl. demokratisch sozialistische Partei."[75]

Doch nicht nur das Verhältnis zu den Sozialisten spielte eine Rolle. Bischof Wurm wies – offensichtlich nicht ohne Sorge – darauf hin, dass die
ehemaligen CSVD-Kreise wieder politisch aktiv würden. Den interkonfessionell angelegten christdemokratischen Parteigründungen gegenüber blieb

---

[69] Ebd.
[70] Ebd.
[71] Ebd., 195.
[72] Ebd., 197.
[73] Vgl. Kap. 11.1.
[74] BESIER / THIERFELDER / LUDWIG, Kompromiß, 197.
[75] Ebd.

er skeptisch. Mit diesen sah er die alte Trennung von Bürgertum und Arbeiterschaft wieder aufleben. Gleichzeitig konnte er von einem Gespräch mit – nicht näher bezeichneten – Gewerkschaftlern berichten, in dem er eine neue Offenheit der Kirche für die Interessen der Arbeiterschaft betont habe. Schließlich sei gerade in den Forderungen der Gewerkschaftler „christliches Gedankengut vorhanden"[76]. Selbst in der KPD seien die Dinge im Fluss. Alles in allem vermerkt das Protokoll: „Sache ist verwickelt. Zurückhaltung. Vertrauensmänner, keine offiziellen Parteien."[77] Wurm vertrat damit politisch ein Konzept einer Art Labour-Party, das in Deutschland in dieser Zeit viele Anhänger fand. Die abermalige Trennung von Bürgertum und Arbeiterschaft, an der die Kirchen nicht unschuldig gewesen waren, konnte so für Wurm am ehesten verhindert werden.[78]

Wie fragil das Verhältnis zu den entstehenden demokratischen Parteien auch bei den Lutheranern war, machte ein Beitrag von Landesbischof Schöffel aus Hamburg deutlich. Er berichtete von den Bemühungen der Christdemokraten und Schlange-Schöningens Plan einer Partei, die sich bewusst als rechtsstehend empfand. Der Landesbischof verhehlte seine Sympathien nicht und blieb gegenüber der Demokratie skeptisch. So bescheinigte er der Gruppe um Schlange-Schöningen, es seien „geschulte ev. klare Leute, die zudem an die […] monarchistisch heranwollen, haben erkannt, dass Arbeiten mit dem Begriff Demokratie unecht ist."[79]

Die später so folgenreiche Problematisierung des Namens „christlich" wurde nur an einer Stelle kurz angesprochen. Edmund Schlink wandte sich kritisch gegen diese Bezugnahme. Nachhall in der Diskussion fand seine Bemerkung nicht. Der Stuttgarter Oberkirchenrat Wilhelm Pressel deutete einen weiteren Weg an, der für die Kirche gangbar sei. Mit der missverständlich klingenden Bemerkung, die CDU überlege sich einen Zusammenschluss mit den Katholiken – Pressel hatte offensichtlich die Stuttgarter Verhältnisse vor Augen, wo die ehemaligen CSVD-Leute dominierten – empfahl er die Bildung von Akademien und darüber hinaus, in jeder Landeskirche ein „politisches Amt zu gründen, das consilia"[80] gibt.

---

[76] Ebd.

[77] Ebd.

[78] Schon in einer Sitzung der vorläufigen Volksvertretung für Württemberg-Baden am 28. Mai 1946 hatte Wurm leidenschaftlich für einen Ausgleich zwischen Sozialismus und Christentum plädiert, nicht ohne dabei kirchliches Versagen in der Vergangenheit auch zu benennen. „… Wenn die Führer der politisch organisierten Arbeiterschaft sich nicht mehr als Propagandisten eines atheistischen Freidenkertums fühlen, und wenn wir, die Kirchen, uns nicht mehr fühlen, als wäre es unser Auftrag, für alte, überlebte Privilegien, überhaupt für Privilegierte in der Gesellschaft und im Staat einzutreten, … dann sehe ich nicht mehr ein, warum ein Kriegszustand sein müsste … ." (Rede, EZA 2/273).

[79] BESIER / THIERFELDER / LUDWIG, Kompromiß, 198.

[80] Ebd.

Insgesamt lässt sich die Haltung des Lutherrates in mancher Hinsicht mit der des Bruderrates in Einklang bringen, doch werden auch signifikante Unterschiede deutlich. Alles in allem herrschte hier wie dort eine skeptische Einstellung gegenüber der Demokratie und den politischen Parteien vor. Pfarrer sowie die Kirche überhaupt sollten politisch nicht in Erscheinung treten. In ersterem waren auch die Bruderrätlichen in Frankfurt derselben Meinung, wenngleich dort von einer Zurückhaltung der Kirche als Gesamtgröße jedoch keine Rede war.

Mit der vom Lutherrat angemahnten Reserve der Institution Kirche in öffentlichen Fragen, das Stichwort „Wächteramt" fiel hier nicht, war aber indirekt auch wieder die Problematik eines identifizierbaren öffentlichen Auftrages der Kirche gestellt, der Gefahr zu laufen drohte, rasch wieder verloren zu gehen. Die unterschiedlichen Konzeptionen über die Aufgabe der Kirche in den politischen Dingen zwischen Lutherrat und Bruderrat begannen sich hier wieder abzuzeichnen.

Insgesamt, trotz des Eingeständnisses, dass hier noch viel theologische Reflexionsarbeit zu leisten sei, war der Zugang zu den Parteien jedoch im Lutherrat wesentlich pragmatischer, wie die Ausschau nach Bundesgenossen, die Überlegung, Vertrauensmänner in den Parteien zu verankern, und das Nachdenken über das politische Zusammengehen mit Katholiken zeigten. Ein bindendes „Wort" wie in Frankfurt wurde nicht verabschiedet, aber die pragmatische Marschrichtung der Kontaktaufnahme mit den Parteien war klar. Während also in Frankfurt sich abzeichnete, dass die Kirche *selbst* als politische Größe verstanden werden sollte, dachte man auf dem Vortreffen in Treysa an den Zugang der Kirche zur Politik durch die politischen Parteien nach. Insofern war hier anders als in Frankfurt der Wille stärker vorhanden, an den Entwicklungen, die sich im parteipolitischen Feld ergaben, durch „Vertrauensmänner" zu partizipieren und auf sie Einfluss zu nehmen. Wohl war die Parteienskepsis in Treysa beim Lutherrat ebenso groß wie beim Reichsbruderrat in Frankfurt, aber man stand den Dingen – weil pragmatischer – faktisch konstruktiver gegenüber. Alles in allem war aber auch hier wieder die Mischung aus Anti-Parteien-Mentalität und parteipolitischem Engagement deutlich.

12.2.3. Die Konferenz von Treysa

Zwar waren die Überlegungen des Lutherrates im Verhältnis zu den politischen Parteien durchaus schon konkreter als im gleichzeitig tagenden Bruderrat; weil man aber nicht mit einer Vorlage wie dieser in die Verhandlungen ging, war das bruderrätliche „Wort an die Pfarrer" zunächst einmal die gegebene Diskussionsgrundlage auf der Tagung in Treysa. In einer Sitzung der Kirchenführer verlas Niemöller dieses Wort. Die von den Bischöfen Halfmann und Meiser erhaltenen Mitschriften ermöglichen leider keine völlig einheitliche Darstellung des Diskussionsprozesses. Nach Halfmanns Protokoll erläuterte Asmussen besonders das im „Wort an die Pfarrer" beschriebene Verhältnis zur Politik als ein „Programm, das in eklatantem Gegensatz steht zu einem früher gesteuerten Kurs"[81] kirchlicher Zurückhaltung in politischen Dingen. Distanziert dazu äußerte sich der Vorsitzende des „Gnadauer Verbandes", Walter Michaelis, der sich gegen eine direkte kirchliche Einflussnahme der Kirche auf die Politik und Gesetzgebung aussprach. Für ihn tauchte damit die Thematik der sogenannten christlichen Partei auf. Dieser gegenüber hatte sich die Gemeinschaftsbewegung schon in der Weimarer Republik distanziert gezeigt.[82]

Im direkten Anschluss an Michaelis empfahl Hanns Lilje aus dem „Wort an die Pfarrer" den betreffenden Absatz zur Öffentlichkeitsarbeit heraus zu nehmen und zu einem eigens ausgeführten „Wort" zu machen. Völlig gegen ein kirchlich-politisches Engagement sprach sich in diesem Zusammenhang Meiser aus. Bezugnehmend auf die negativen Erfahrungen der katholischen Kirche mit ihrer politischen Einflussnahme in der Weimarer Republik und die gegenwärtigen schwierigen Aufgaben wiederholte er die weit verbreitete Auffassung: „Wer sich in die Politik hineinbegibt, behaftet sich mit Dreck. ... Es war doch Gottes Führung, dass er uns herausgenommen hat aus all den säkularen Dingen. Das Wort an die Geistlichen belastet mit einer Verantwortung, die die Pfarrer nicht tragen können."[83]

Anders sah dies der Essener Superintendent Held, der gerade von der Theologischen Erklärung von Barmen 1934 her eine offizielle Stellungnahme zu den politischen Parteien verlangte und dabei unausgesprochen von „Barmen II" ausging:

„In der Vergangenheit wurde deutlich, dass das Evangelium einen totalen Anspruch auf unser Leben erhebt. Es gibt keinen Bereich des öffentlichen Lebens, wo das Evangelium nicht seine Botschaft geltend machen muß. Können wir den Totalanspruch auch positiv geltend machen im Umkreis des ganzen öffentlichen Lebens? Wir können nicht verlangen, dass sich Evangelium und Öffentlichkeit des Volkes berühren, wenn wir unserem Volk nicht sagen können, was man darf und was nicht. Die Kirche als solche müsste offiziell Stellung nehmen zu den politischen Parteien."[84]

Meiser selbst notierte sein Votum gegen die politische Betätigung der Pfarrer, während in seinen Aufzeichnungen Niemöller Held beipflichtete und in der Diskussion ausdrücklich den „Gedanken von christlicher Demokratie"[85]

---

[81] Ebd., 224.

[82] Ob es sich tatsächlich um Michaelis handelt, kann nicht mit letzter Sicherheit behauptet werden, da der Protokollant nur einen „X" erwähnt. Aus den parallelen Aufzeichnungen Meisers legt sich allerdings dieser Schluss nahe. Vgl. BESIER/THIERFELDER/LUDWIG, Kompromiß, 225, 47

[83] BESIER/THIERFELDER/LUDWIG, Kompromiß, 229.

[84] Ebd., 252.

[85] Ebd., 254.

ansprach. Niemöller führte weiter aus: „Es steht vor uns die Aufgabe, im Hinausgehen über das, was die Kirche in Barmen gesagt hat, zu diesen Dingen zu sprechen."[86] Von Kirchenparteien war im übrigen wie noch vor 1945 keine Rede mehr.[87]

Tatsächlich wurde über die Frage der öffentlichen Verantwortung der Kirche neu diskutiert. Zu diesem Zweck wurde eine Arbeitsgruppe eingesetzt, der nach Meisers Notizen u.a. Gerhard Ritter, Bischof Meiser selbst, Eugen Gerstenmaier und wahrscheinlich Theodor Steltzer angehörten.[88] Die Beratungen führten inhaltlich zu einer Bekräftigung des durchaus schon mancherorts bewährten Prinzips der vor- bzw. überparteilichen Arbeitsgemeinschaften. Die Arbeitsgruppe hielt es für

„notwendig, da in den Landeskirchen und besonders in den Großstädten sich Laienarbeitskreise bilden, in denen sowohl grundsätzliche wie praktische Tagesfragen des öffentlichen Lebens bearbeitet werden, unter geistlicher Leitung durch die Pfarrer, so daß in erster Linie die Laienschaft mit ihrer praktischen Sachkenntnis die Arbeit und ihre öffentliche Verantwortung trägt. ... Solche Vertrauensmänner sollte die EKiD nach Möglichkeit in allen Parteien und Amtsstellen besitzen und zu immer neuer Fühlungnahme und gegenseitiger Verständigung sammeln."[89]

Die Pfarrer selbst sollten hier nur Vorfeldarbeit leisten und sich keineswegs in den „Tageskampf der Parteien und Gruppen" einschalten. Die Überparteilichkeit der Kirche wurde weiter festgehalten, wenn man betonte, dass die Kirche weder Partei sein könne, noch sich mit einer einzelnen Partei identifizieren oder sich gar von ihr bestimmen lassen dürfe.

Gleichzeitig wurde „Wohlwollen" gegenüber der „Bildung einer politischen Partei geäußert, die sich selbst auf christliche Grundsätze verpflichtet, ... soweit diese etwa durch die politischen Verhältnisse notwendig wird."[90]

---

[86] Ebd.

[87] Die Wiederetablierung der Kirchenparteien spielte in Treysa überhaupt keine Rolle mehr. Die neuen Synoden waren alle einem System der Personenwahl verpflichtet. Ob damit eine „Dauerkrise der kirchlichen Demokratie" (HÖLSCHER, Demokratie, 188) anbrach, müsste in Einzelstudien belegt werden. Das Auftreten der DC als Kirchenpartei und ihr überwältigender Sieg bei den preußischen Kirchenwahlen 1933 hatte dem „Unternehmen kirchenpolitischer P(artei)en in der Kirche ein Ende bereitet" (BECKMANN, Art.: Parteien, 129), wie Joachim Beckmann erläuterte. Er fügte hinzu: „Schon vor 1933 war bei der theologischen Jugend für die überlieferten k(irchlichen) P(artei)en kein Verständnis mehr vorhanden." (Ebd.) Damit war der eigentliche Grund für das *dauerhafte* Ende der Kirchenparteien genannt. Es war eine der wenigen Übereinstimmungen zwischen Lutherrat und Bruderrat, die so klar war, dass sie nicht mehr ausgesprochen werden musste. Die bischöflich organisierten Kirchen hatten kein Interesse an einer parteilich-parlamentarischen Struktur in der Kirche und die Bruderräte auch nicht. „Die Kirche als Gemeinde Christi darf sich nicht in P(artei)en für ihre Gemeindeleitungen und Synoden organisieren, da Parteiung dem Wesen der Gemeinde widerspricht." (Ebd., 130).

[88] BESIER / THIERFELDER / LUDWIG, Kompromiß, 259.

[89] Ebd., 327.

[90] Ebd. 327f.

Zugleich war man darum bemüht, den „Verdacht der Parteilichkeit gegenüber den christlichen Persönlichkeiten"[91] streng zu vermeiden. Ein Punkt nahm ausdrücklich das neue Phänomen einer interkonfessionellen Partei in den Blick, wenn wegen dem Kampf gegen den Säkularismus und gegen das „Wiederaufleben der ehemaligen Zentrumspartei"[92] nun „ein politisches Zusammengehen beider Konfessionen auf dem Boden christlicher Union"[93] ausdrücklich anerkannt wurde.

Das Wort verhehlte seine Sympathien gegenüber den entstehenden Unionsparteien also durchaus nicht. Aber es war doch keine simple Empfehlung der Union, wie es Hermann Diem und andere später sehen wollten.[94] Dazu hätte ein Mann wie Karl Barth in Treysa wohl kaum geschwiegen. Die Parteibildung auf „christlichen Grundsätzen" war im Spätsommer 1945 noch ein völlig offener Prozess. Solch eine Partei konnte liberal-konservativen Charakter wie unter Andreas Hermes und Walther Schreiber in Berlin, linkssozialistische Ansprüche wie in Frankfurt oder Köln, christlich-sozialen Anstrich wie in Stuttgart oder gar dezidiert protestantischen Charakter wie in Wuppertal haben.

Bischof Halfmann hielt in Stichworten fest:

„Prof. Ritter über Ausschußbericht betr. Pfarrer und polit. Frage. Beim Rat der EKiD Ausschuss über Fragen des öff Lebens. – In Landeskirchen bes. Großstädten Laienarbeitskreise, unter geistl. Leitung der Pfarrer. Vertrauensmänner in allen Parteien und Amtsstellen. – Je mehr diese Ziele erreicht werden, desto weniger nötig ist unmittelb[ares] Auftreten der Pfarrer."[95]

Meiser notierte ergänzend: „Prof. Ritter: Wort über die politische Betätigung von Pfarrern. ... Das Wort soll Landeskirchen mitgeteilt werden."[96] Aus Ritters späteren Briefen geht hervor, dass augenscheinlich er selbst den entscheidenden Anteil an der Verfasserschaft des Wortes trägt.[97] Nicht wirklich klar wird, ob es sich bei den Ausführungen Ritters in Treysa schon um das endgültige Wort handelt. Nach Ritters eigenen Angaben ist wohl an einen ersten detaillierten Entwurf zu denken.[98] Am 4.10.1945 wurde die endgültige Fassung von Hans Asmussen durch die Kirchenkanzlei verschickt.[99] Das Wort selbst sollte keine „Kundgebung" der Treysaer Konferenz sein,[100] sondern durch die Versendung eine breitere Diskussion, möglicher-

---

91   Ebd., 328.
92   Ebd., 328.
93   Ebd.
94   Vgl. Kap. 12.3.
95   Besier / Thierfelder / Ludwig, Kompromiß, 243.
96   Ebd., 262.
97   So auch Nowak, Ritter, besonders 252f. 10.
98   Nowak, Ritter, 252f. 10.
99   Besier / Thierfelder / Ludwig, 326; vgl. auch Greschat, Christenheit, 125f.
100 So Heinz Brunotte in einem Bericht über Treysa, ebd., 336.

weise in den zu gründenden Arbeitsgemeinschaften, in Gang setzten. Während Oberkirchenrat Friedrich Merzyn es in seiner Dokumentation über Treysa dann sogar als Nr. 1 der Verlautbarungen der Konferenz aufführte,[101] sparte es Joachim Beckmann im Kirchlichen Jahrbuch ganz aus. Weder war jedoch die Entschließung eine „Kundgebung" wie es Merzyn glauben machen wollte, noch war sie gleichsam gar nicht geschehen, bzw. von so peripherer Bedeutung, dass sie eine Aufnahme in das „Kirchliche Jahrbuch" nicht verdient hätte, wie es Beckmann offensichtlich meinte. Der Streit darum, ob das „Wort zur öffentlichen Verantwortung" in Treysa *beschlossen* worden sei, sollte noch 1961 zu einer Auseinandersetzung der ehemals Beteiligten führen.[102] Sie zeigte, wie unterschiedlich dann doch die Interpretation dieses Wortes zwischen Bruderrat und Lutherrat war. Eine Interpretation dieser Vorgänge macht deutlich: Insgesamt war dieses Wort nun durch die Explikation der Wahrnehmung der kirchlichen öffentlichen Verantwortung eher im Sinne des Lutherrates verfasst worden, was besonders durch die Erwähnung und Empfehlung der „Laienarbeitskreise", die ja dem Gedanken der „Vertrauensmänner" entsprachen, deutlich wurde. Die positive Haltung zur „Union" musste einstweilen noch nicht als trennend empfunden werden, zumal ja Niemöller selbst die „christliche Demokratie" empfohlen hatte. Dass sich der Bruderrat dem Wort zunächst anschloss, bzw. es nicht ausdrücklich ablehnte, hing wohl neben der nicht mehr ganz aufzuhellenden Rezeption vor Ort in Treysa selbst und der noch nicht abgeklärten Begrifflichkeit bzw. theologischen Haltung zu diesen Dingen besonders damit zusammen, dass gerade ein Mitglied des *Bruderrates*, Gerhard Ritter, dieses Wort maßgeblich verfasst hatte. Seine alte Präferenz für die „Notablengruppen" und für den christlichen Laieneinfluss in den Parteien bei amtskirchlicher Zurückhaltung lag aber *faktisch* auf einer Linie mit der Auffassung des Lutherrates. Noch einmal zeigt sich daran, wie stark die BK letztlich eine kirchliche Sammlungsbewegung gegen einen gemeinsamen Gegner gewesen war, wie wenig aber eine verbindende Theologie und Ethik des Politischen dahinter stand. Insgesamt ließ diese erste Stellungnahme der EKD zu politischen Dingen mehr Fragen offen als sie beantwortete.

Da „wenig theoretische Vorarbeit, wenig konkrete Vorstellung und noch weniger praktische Erfahrung"[103] für den Einstieg in eine parlamentarisch-demokratische Arbeit vorhanden war, bedeutete dies keinen guten Start. Die Enttäuschung wird in den Aussagen der mitgereisten politisch engagierten Laien deutlich: Im Rückblick schildert z.B. Otto Heinrich von der Gablentz die für ihn ernüchternde Erfahrung der Kirchenversammlung, die ihm einen verhängnisvollen Rückfall in längst überwunden geglaubten Konfessionalis-

---

[101] MERZYN, Kundgebungen.
[102] Vgl. Kirche in der Zeit 4/1961, 131ff.; LEHMANN, Asmussen, 33ff.
[103] SCHMITT, Konfession, 86.

mus bedeutete. Anschaulich schildert er die Wirkung der tags zuvor gegründeten VELKD auf die Konferenz.

„Und mit einem Male erhob sich wie der Swinegel im Märchen eine theologische Schule und erklärte ‚Wir sün all da!' und hielt uns kirchenpolitische Denkschriften des 16. Jahrhunderts mit den schönen Namen ‚Augustana invariata' und ‚Konkordienformel' entgegen und behauptete, das seien ‚Bekenntnisse' und darauf hätten sie eine Kirche gegründet".[104]

Ähnlich war es bei Theodor Steltzer: Nach seiner Auffassung gab es von Treysa „wenig zu berichten. Ich empfand sie [die Konferenz M.K.] als unerfreulich, weil viele überholte kirchenpolitische Gegensätze dort noch eine Rolle spielten."[105] Grundsätzlich zeigte die Konferenz die Richtigkeit der späteren knappen Feststellung Anselm Doering-Manteuffels, im Kontrast zum politischen Katholizismus gelte: „Die evangelische Kirche war zunächst mehr auf sich selbst bezogen."[106]

12.3. Die Kritik an einer „christlichen" Partei
im bruderrätlichen Protestantismus

Die in Treysa wohl schon vorhandenen unterschiedlichen politischen Grundkonzeptionen aber noch nicht aufgebrochenen Konflikte in politischen Dingen sollten kurz danach deutlich hervortreten. Zwar kein unmittelbarer Anlass, aber doch immerhin ein Streitpunkt dafür war, das „Wort zur öffentlichen Verantwortung", genau genommen, dessen wohlmeinende Haltung zum Gedanken der „politischen Union" von Katholiken und Protestanten. Diese im Treysaer Wort noch positiv begrüßte „christliche Union" wurde, unmittelbar nachdem Hans Asmussen das Wort am 4.10.1945 versandt hatte, geradezu zum „casus belli" innerhalb des politischen Protestantismus hinsichtlich der Frage der Wahrnehmung der politischen Verantwortung der Kirche. In der Haltung zu der nun allerorts entstehenden CDU wurden die Schwierigkeiten der Entfaltung einer politischen Ethik des Protestantismus wie unter einem Brennglas deutlich. Dabei bot die Partei neben den sachlich mit ihrer Gründung durchaus verbundenen theologischen Anfragen offensichtlich aber auch eine Projektionsfläche von Befürchtungen und Vorbehalten innerhalb des bruderrätlichen Lagers im Protestantismus. Das wurde in der Interpretation des Begriffes „christlich" als Element des Politischen deutlich.

---

[104] GABLENTZ, Reform, 84.
[105] STELTZER, Zeitgenosse, 181.
[106] DOERING-MANTEUFFEL, Adenauer, 180.

Den Anstoß zur Auseinandersetzung mit der CDU gab Karl Barth. Auf einem Vortrag, den er am 14.10.1945 zum Thema „Die evangelische Kirche in Deutschland nach dem Zusammenbruch des Dritten Reiches" in Zürich hielt, forderte Barth hier zunächst ein neues Verständnis der Evangelischen Kirche in Deutschland für den Gedanken einer „sozialen Demokratie", ohne deshalb zu „irgendwelchen neuen Bindungen nun an die Linksparteien"[107] kommen zu wollen. Mit dieser Aussage wollte Barth der Kirche eine neue Richtung politischer Ethik weisen, weg von ihrer konservativ-obrigkeitsfixierten Haltung und hin zu dem, was er als „soziale Demokratie" bezeichnete. Dies war in der Tat keineswegs eine parteipolitische Empfehlung für die Sozialdemokratie, auch wenn die Wortähnlichkeit dies nahe zu legen schien, sondern der Hinweis auf eine Staatsauffassung, die den liberalen Rechtsstaatsgedanken durch den Hinweis auf die soziale Dimension der demokratischen Gesellschaft ergänzte. Eine Theorie, die sich so schon bei Lorenz von Stein, Eduard Bernstein aber auch in der katholischen Soziallehre fand.[108] Da diese Position in der damaligen SPD keineswegs mehrheitsfähig war und statt dessen parteioffiziell immer noch eine marxistische Gesellschaftsinterpretation vorherrschte, kann hier also keineswegs von einer „parteiischen" Äußerung Barths gesprochen werden. Eine stärker im Sinne der Labour-Party organisierte CDU, wie man sie sich in Köln und Frankfurt vorstellte, hätte wohl unter diesen Maßgaben möglicherweise auch Barths Beifall gefunden. Die konservative CDU-Variante, wie sie sich anderorts herausbildete, fand diese Zustimmung jedoch nicht. In diesem Zusammenhang fragte Barth erstmals kritisch gegen die CDU gerichtet:

„Was soll man davon halten, daß sich die kirchlichen Protestanten in Deutschland nun vielfach mit dem ehemaligen katholischen Zentrum den beiden Linksparteien gegenüber zu einem ,christlich-demokratischen' Block zusammenschließen? Wird die evangelische Kirche Realismus genug aufbringen, um die Bedenklichkeit, um nicht zu sagen den Trug einer solchen Gruppenbildung zu durchschauen?"[109]

Deutlicher noch wurde Barth in einem Brief, den er im Februar 1946 an Gustav Heinemann, Mitglied des Rates der EKD, schickte. Heinemann hatte ihm zuvor seinen Vortrag über „Demokratie und christliche Kirche" zugesandt, der im Wesentlichen die Fassung seines hier schon besprochenen Vortrages vom November 1945 auf der „Evangelischen Tagung" der rheinischen CDU darstellte.[110] Offensichtlich versprach sich Heinemann von seinem Aufsatz eine Richtigstellung der Anschauungen Barths über die CDU,[111] indem er die historische „evangelische Linie" im Blick auf eine

---

[107] BARTH, Zusammenbruch, 45.
[108] Vgl. SCHMIDT, Demokratietheorien, 179ff.
[109] BARTH, Zusammenbruch, 45.
[110] Vgl. Kap. 7.1.2.1.
[111] Der Briefauszug ist abgedr. in: KOCH, Briefe, 59.

christliche Demokratie betonte. Heinemann hatte bekanntlich in seinem Vortrag die Partei als Erbe der Stoecker'schen christlich-sozialen Bewegung und nicht zuletzt des CSVD dargestellt, wobei gerade dem freikirchlichen Ansatz, für den der Volksdienst stand, von Heinemann eine besondere Affinität zur Demokratie zugebilligt worden war.

Barth antwortete Heinemann auf sein Schreiben mit einer kritischen Auseinandersetzung mit dessen Thesen, die seinerseits zu zahlreichen skeptischen Anfragen führte. Besonders fraglich erschien Barth, dass Heinemann „von der mir tief unheimlichen Gestalt von Stoecker aus"[112] eine politische Traditionslinie über den CSVD zur CDU zog. Weiter fragte Barth: „Was ist das im Sinn des Namens und Anspruchs dieser Partei ‚Christliche'?"[113] Doch auch das „Demokratische" zweifelte er an. Gerade im oft so positiv gedeuteten Zusammenschluss von Katholiken und Protestanten in der Union stellte sich für Barth die Frage nach der Führung der Partei. Barth sah diese klar beim politisch erfahreneren Katholizismus, dessen demokratische Verankerung ihm nicht so gewiss wie Heinemann erschien. Auch die von Heinemann herausgearbeitete protestantische Affinität zur Demokratie sah er skeptisch. Dies gelte auch für die BK-Kreise, die „vor dem Worte Demokratie scheuen, ... wie die Kuh vor dem neuen Scheunentor"[114]. Dass die CDU die Rechts-Kreise zu ihrer Klientel zählen wollte, ließ Barth weiter nach dem Profil der Partei fragen: „Wer wird da ganz zwangsläufig Anschluß suchen und finden? Und was wird sich da unter Mißbrauch des ‚Christlich' und unter Verhöhnung des ‚Demokratisch' aufs neue breit zu machen wissen?"[115]

Alles in allem hielt Barth die CDU für eine reichlich übereilte und von Wahlterminen diktierte Angelegenheit. Er schlug statt dessen einen demokratischen Aufbau von unten – aus den christlichen Gemeinden – vor. Mit diesen Basiserfahrungen versehen, „in einer unvergleichlichen Weise ausgerüstet und ausgewiesen"[116], könne innerhalb der Parteien oder durch Neugründung einer sich nicht christlich firmierenden Partei gearbeitet werden.

Barth blieb dabei: „Was diese Partei nun eigentlich ist und will, das ist mir aus Ihrem Vortrag nicht deutlicher geworden als aus dem, was ich mir besonders in Freiburg ausführlich habe erzählen lassen."[117]

Gerade die letzte Bemerkung mit der Erwähnung der Kontakte nach Freiburg lässt aufhorchen und für Barths starke Distanz zu den Bestrebungen einer christlich-demokratischen Partei neben theoretischen Überlegungen auch praktische Anhaltspunkte finden! In den parteipolitischen Vorgängen

---

[112] Ebd., 61.
[113] Ebd.
[114] Ebd., 62.
[115] Ebd.
[116] Ebd., Briefe, 63.
[117] Ebd., 61.

in Freiburg sah er alle seine Befürchtungen bestätigt bzw. begründet! Wie kam es dazu? Nach dem Ende des Krieges hatte Barth seine erste Reise nach Deutschland ins nahegelegene Freiburg unternommen.[118] Dieser sollten bis zum Brief an Heinemann im Januar 1946 noch fünf[119] weitere folgen. Hier machte er auch die Bekanntschaft mit Erik Wolf, aus der eine nachhaltige Freundschaft, wie ein intensiver Briefwechsel in den Jahren 1945/46 zeigt,[120] erwuchs.[121]

Wolf, der an der C.A.G. beteiligt war, konnte Barth aus erster Hand über die dortigen Konflikte und die politischen Bestrebungen des Prälaten Föhr[122] informieren. Andererseits war der Einfluss Barths auf Wolf in politischen Dingen, wie es der Briefwechsel zeigt, deutlich.[123] Wolf berichtete Barth auch von der Gründung der ersten christdemokratischen Parteiformation; von den Konflikten mit der Föhr-Gruppe hatte dieser, wie oben gezeigt, ebenfalls Kenntnis. Dass Barths kritische Frage nach Führung der Katholiken hier verständliche Anhaltspunkte hatte, ist offensichtlich. Barth musste, nach dem was er aus Freiburg erfuhr, die CDU als ein letztlich katholisches Unternehmen, das die Protestanten vereinnahmen wollte, erscheinen.

Doch Barth blieb nicht bei diesen empirischen Beobachtungen stehen. In seiner 1946 erschienenen Schrift „Christengemeinde und Bürgergemeinde" vertiefte er die Kritik an einer „christlichen Partei" noch einmal. Barths grundsätzlich skeptische Haltung gegenüber den politischen Parteien überhaupt wurde deutlich, wenn er von ihnen als „keinesfalls … konstitutiven Elemente[n], vielleicht von jeher krankhafte[n], auf jeden Fall nur sekundären Erscheinungen"[124], sprach. Diese Bemerkung lässt besonders aufhorchen, wenn sie in Verbindung mit der kurz zuvor gemachten Bemerkung Barths gebracht wird, eine geistige Nähe zur politischen Theorie von Jean-Jacques Rousseau wolle er nicht in Abrede stellen.[125] Rousseau war ein entschiedener Verfechter der direkten Demokratie, während er Parlamentarismus und Parteien ablehnte.[126] Die Ähnlichkeit zu Barth ist also nicht zu übersehen.[127] Doch wusste Rousseau, dass solch eine direkte Demokratie nur in Stadtstaaten bzw. kleinen Kommunen zu praktizieren war. Hier besteht ebenfalls eine Ähnlichkeit zu Barth. Dieser nahm seinen Vergleich von „Christen- und Bürgergemeinde" sogar ausdrücklich aus der Welt des

---

[118] Busch, Lebenslauf, 340.
[119] Koch, Lebenslauf, 61 A. 13.
[120] Der Briefwechsel ist im Karl-Barth-Archiv in Basel.
[121] Busch, Barth, 340.
[122] Vgl. Kap. 7.1.6.2.
[123] Gerade hier erbat Wolf von Barth ein geistliches Vollmachtswort im Stile eines Hirtenbriefes. Schreiben Wolf vom 4.7.1945, Karl-Barth-Archiv.
[124] Barth, Christengemeinde, 48.
[125] Ebd., 46.
[126] Schmidt, Demokratietheorie, 69ff.
[127] Vgl. auch Dannemann, Denken, 245ff.

schweizerischen Dorfes. Diese Vorstellungen wurden aber nun von ihm auf die Demokratie überhaupt übertragen. Ein Verständnis für die komplexen Strukturen einer Massendemokratie war hier offensichtlich nicht vorhanden. In gewisser Weise herrscht auch bei Barth eine politische Romantik vor, nicht wie bei den preußischen Konservativen mit ihrem monarchischen Prinzip und Obrigkeitsverständnis, aber doch in der Orientierung an der überschaubaren direkten Demokratie einer schweizerischen Dorfgemeinde. Antiparlamentarismus und Anti-Parteien-Mentalität finden sich also bei Barth *und* bei den protestantischen Konservativen. Ja es muss sogar weiter gefragt werden, ob die Funktion der Christengemeinde, die ja die „Richtung und Linie"[128] vorgeben soll, nicht an den „Legislateur"[129] in Rousseaus „Gesellschaftsvertrag" erinnert. Dieser hat auch keine formale Macht, aber er wirkt außerordentlich als „der Weise, der für die Verfassungsgesetzgebung Maßstäbe zu setzten" hat, dabei aber „weder herrschen noch regieren [soll] – als ob er Erzieher wäre."[130] Wenn Rousseau als Vorbild dieses „Legislateurs" ausdrücklich Calvin mit besonders lobenden Worten erwähnt,[131] wird hier eine Traditionslinie deutlich, die bis zu den Bruderräten reicht, die zwar auch keine direkte politische Macht besaßen oder erstrebten, die sich aber trotzdem mit ihren Auffassungen – das werden die Gespräche mit den politischen Parteien zeigen –[132] als durchaus Maßstäbe setzend für den Staat empfanden.

Tatsächlich fand Barth in „Christengemeinde und Bürgergemeinde" zum Phänomen der politischen Parteien keinen positiven Zugang, und es gelang ihm demzufolge auch nicht, das entscheidende Medium politischer Willensbildung in einen fruchtbaren Zusammenhang seiner Ausführungen des Verhältnisses zwischen Bürger- und Christengemeinde zu bringen. Gar eine dezidiert „christliche" Partei zu gründen, lehnte Barth auf diesem Hintergrund erst recht ab. Die christliche Gemeinde sei, so meinte er, faktisch selbst ‚Partei' „mit ihrem allerdings besonderen Sinn und Auftrag dem Ganzen gegenüber"[133]. Das bedeutete: „Der rechte Staat muß in der rechten Kirche sein Urbild und Vorbild haben."[134] Unter Aufnahme des Gedankens von der „Königsherrschaft Jesu Christi" hieß dies:

„Dieses Evangelium, dessen Inhalt der König und sein jetzt politisch verborgenes, einst zu offenbarendes Reich ist, ist von Haus aus politisch, und wenn es in Predigt, Unterricht und Seelsorge in rechter Auslegung der Heiligen Schrift und in rechter Anrede

---

[128] BARTH, Christengemeinde, 28.
[129] Zur Kritik der Rolle des „Legislateurs" in der Konzeption Rousseaus vgl. SCHWAN, Theorien, bes. 227.
[130] SCHMIDT, Demokratietheorie, 81.
[131] ROUSSEAU, Gesellschaftsvertrag, II.7 und Anmerkung L.
[132] Vgl. Kap. 12.4.3.
[133] BARTH, Christengemeinde, 46.
[134] Ebd., 52.

an den wirklichen (christlichen und nicht-christlichen) Menschen verkündigt wird, notwendig prophetisch-politisch."[135]

Insofern war für Barth die Gemeinde, weniger die politische Partei, für Christen zentrales Organ der politischen Willensbildung.

„Die Christengemeinde handelt auch dann im Sinn und in den Grenzen ihres Auftrages und ihrer Kompetenz, wenn sie durch den Mund ihrer presbyterialen und synodalen Organe in wichtigen Situationen des politischen Lebens durch besondere Eingaben an die Behörden oder durch öffentliche Proklamationen sich zu Worte meldet."[136]

So blieb von daher jedoch die Frage nach der kontinuierlichen christlichen Mitverantwortung in der Politik beschränkt auf den Zeugendienst der Gemeinde und deren politischer Wirkung. Einer vermeintlichen „christlichen" Staatslehre oder der religiösen Sanktion bestimmter politischer Konzepte hatte sie nicht das Wort zu reden, wohl aber einer bestimmten „Linie"[137]. Dies war die Erinnerung an das Reich Gottes und an die Gleichnisfähigkeit des Politischen gegenüber demselben, die dann in gewisse Grundziele wie Humanität, soziale Gerechtigkeit, Rechtsstaat u.a. mündete.[138]

Von dem aber nun trotz dieses negativen Befundes vorfindlichen Tatbestand der Existenz einer „christlichen" Partei ausgehend, fragte Barth weiter, ob eine solche nicht die christliche Botschaft zu korrumpieren drohe: „Wird diese Partei die Christengemeinde und ihre Botschaft nicht notwendig gerade mit ihrer Christlichkeit auf Schritt und Tritt kompromittieren?" Die Verankerung solcher Gedanken einer „christlichen" Partei im Naturrecht, für Barth „ein angeblich christliches, in Wirklichkeit aus humaner Weltanschauung und Moral zusammengeleimtes Gesetz"[139], war für ihn klar. Das Ergebnis war: „Gerade repräsentiert durch eine christliche Partei kann die Christengemeinde der Bürgergemeinde das politische Salz nicht sein, das zu sein sie ihr schuldig ist."[140]

Die Bemerkung Anselm Doering-Manteuffels, dass Barths Vorstellungen von der politischen Demokratie „höchst defizitär"[141] gewesen seien, bezeichnet einen Sachverhalt, der aus dem Ausgeführten heraus deutlich wird, zumal sich die von Doering-Manteuffel benannten Gründe – Ablehnung des Naturrechtes und Orientierung am direkt-demokratischen schweizerischen Politikmodell – aus dem Gesagten heraus als zutreffend erweisen. Doch muss auch betont werden, dass es sich deshalb keinesfalls um eine auch

---

[135] Ebd., 50.
[136] Ebd., 51.
[137] Ebd., 28.
[138] Ebd., 36ff.
[139] Ebd., 50.
[140] Ebd.
[141] DOERING-MANTEUFFEL, Westernisierung, 106.

in der damaligen Zeit im Protestantismus noch wohlfeile Verachtung der Demokratie handelte. Hier war Barth anders ausgewiesen, nicht zuletzt durch seine Schrift „Rechtfertigung und Recht" von 1938. Barths Interesse war letztlich rein theologisch gestimmt und bestimmt. Damit blieb aber eine Unklarheit im Verhältnis von gläubiger Erkenntnis und der Vermittlung in politische Willensbildung hinein bestehen. Barths Konzeption verlor „die Rückkoppelung an die Realität"[142]. Doering-Mantueffel konstatiert als Folge dessen, dass nach Barth die

„Kirche eine ‚Richtlinienkompetenz' in politischen Dingen wahrzunehmen habe. Das war die Vorstellung vom ‚prophetischen Wächteramt' der Kirche in Form eines ethischen Autoritäts- und Avantgardeanspruchs gegenüber der Gesellschaft. Sie war mit dem pragmatischen, zum Kompromiß verpflichtenden Entscheidungsprozeß der Parteiendemokratie nicht zu vereinbaren".[143]

Dies traf phänomenologisch betrachtet den Kern der Sache. Obwohl Barth eine „Richtlinien*kompetenz*" in diesem Sinne ablehnte,[144] war diese Tendenz im „Wächteramt" und in der „Königsherrschaft Jesu Christi" durchaus angelegt. Das sollte sich später, etwa in den Gesprächen mit den politischen Parteien, zeigen.

Diese Ausführungen Barths, die besonders durch Ernst Wolf zu einer expliziten Lehre von der „Königsherrschaft Jesu Christi" weiter entfaltet wurden,[145] markieren zwar den entscheidenden Neueinsatz evangelischer politischer Ethik nach dem Zweiten Weltkrieg, die zentralen Handlungsträger des politischen Geschehens, die politischen Parteien, fanden aber hier keinen Platz, eine „christliche" Partei gar wurde abgelehnt. Indem die Gemeinde ihren Zeugendienst von der „Königsherrschaft Jesu Christi" in der Welt ausrichtete, hatte sie für Barth ihren durchaus auch politischen Auftrag erfüllt, selbst wenn andere diese „Worte" möglicherweise als faktische Bevormundung auslegten, wie es Doering-Mantueffel retrospektiv deutet.

Dies traf besonders im Blick auf alles „Christliche" zu. Für die historisch-politische Interpretation des Begriffes „christlich" und damit seine Bedeutung als eines kulturellen Faktors hatte Barth kein Verständnis. Dass das Wort „christlich" neben der theologischen Bedeutung in semantischer Polyvalenz auch eine historische und kulturelle Konnotationsbreite hatte, war Barth natürlich deutlich, aber er akzeptierte dies nicht. Wenn die CDU in dem Sinne eine „christliche" Partei sein wollte, dass sie an die Traditionen anknüpfte, die den europäischen Kulturkreis christlich geprägt hatten, ohne dass er deswegen im streng *theologischen* Sinne „christlich" war, wenn in der CDU die

---

[142] GRESCHAT, Christenheit, 328.
[143] DOERING-MANTEUFFEL, Westernisierung, 107.
[144] BARTH, Christengemeinde, 18.
[145] Vgl. etwa WOLF, Königsherrschaft.

„religiösen und geistigen Kräfte der abendländischen Welt"[146] (Adenauer)
bemüht wurden, musste ihm dies als Wiederauflage schon gescheiterter Versuche der Verbindung von Christentum und Kultur, sei es aus dem konservativen Ansatz eines „christlichen Staates" heraus, sei es aus dem liberalen Verständnis einer „Christlichen Welt" (so der programmatische Titel von Rades
Zeitschrift), tief unheimlich bleiben. Bemühungen, wie sie Barths Freund
und Widerpart Emil Brunner fast gleichzeitig unternahm, die spannungsvolle Synthese von „Christentum und Kultur"[147] in einen kritisch-fruchtbaren
und nicht nur als „römisch", konservativ-protestantisch oder protestantisch-
liberal zu verdächtigenden Zusammenhang zu bringen, ergaben sich für
Barth erst gar nicht. Brunners Bemühungen um eine christliche Erneuerung
des Naturrechtes[148] waren nach dem in „Christengemeinde und Bürgergemeinde" Gesagten obsolet. Insofern konnte in theologischer Deutung eine
„christliche" Partei aus ekklesiologischen, theologischen und dann auch
politischen Gründen nur Barths Ablehnung finden.

Barths Interesse lag nicht an der Frage möglicher Anknüpfungspunkte der
christlichen Botschaft oder gar der Verbindung mit geschichtlichen Phäno-
menen, wie etwa den Parteien. Solche Versuche bedeuteten für ihn einen
Irrtum, durch „fröhliche kleine Bindestriche"[149] Geschichte und Offenbarung, Religion und Sozialismus, Deutschtum und Evangelium zu vermi-
schen. Dasselbe galt offensichtlich für die Bereiche Partei und Christentum.
Dass in seiner grundsätzlichen Ablehnung jeder „verbindlichen" Haltung,
die für ihn letztlich den Versuch natürlicher Theologie darstellen musste, in
seiner „Kirchlichen Dogmatik" gerade der niederländische Reformierte
Abraham Kuyper[150] und der christlich-soziale Adolf Stoecker, beide ausge-
rechnet Begründer einer „christlichen" Partei, als sozusagen abschreckende
Beispiele namentlich genannt wurden, vertiefte diesen Eindruck.

Die lutherische Theologie wusste in dieser Zeit nicht viel zu diesen
Dingen zu sagen und erst recht nicht, Barth etwas zu entgegnen. In einem
Aufsatz aus dem Jahr 1948 stellte Helmut Thielicke bedauernd fest, dass das
Luthertum „eine gewisse Reife und Klarheit seiner politischen Ethik noch
vermissen lässt"[151], während auf der reformierten Seite eine „kleine, aber
durch ihr Niveau und ihre Streitbarkeit beachtliche Zahl"[152] von Theologen tätig sei. Tatsächlich dauerte es bis in die Fünfziger Jahre, bis sich die
lutherische Theologie produktiv mit den barthianischen Vorwürfen aus-

[146] ADENAUER, Wach, 36.
[147] So ein entsprechender Buchtitel BRUNNERs, bes. 321ff.
[148] BRUNNER, Gerechtigkeit.
[149] BARTH, KD II/1, 195.
[150] Kuypers Weg führte nicht zuletzt deshalb in die Politik, weil er sich gegen die Abschaffung des Ideals eines christlichen Unterrichtes einsetzte, vgl. AUGUSTIJN, Kuyper,
294f.
[151] THIELICKE, Lage, 266.
[152] Ebd., 264.

einander zu setzen begann.[153] Einstweilen schien Barth auch die Deu-
tungshoheit für die lutherische Theologiegeschichte zu besitzen. Die ganze
Bearbeitung der Problematik aus lutherischer Sicht, die Barth mit der negativ wertenden Begrifflichkeit von der „Zwei-Reiche-Lehre" und ihrer
angeblichen Schuld an der verhängnisvollen Entwicklung der deutschen
Geschichte thematisiert hatte, bedeutete allerdings eine „Überfremdung
der historischen Vielfalt des 16. Jahrhunderts durch systematisch-theologi-
sche Vereinheitlichung"[154], die schematisierend blieb und den unzweifel-
haften Modernisierungseffekt der lutherischen Trennung der Bereiche von
Sakralem und Profanen, ihre Entflechtung und dialektische Neuzuord-
nung,[155] zuungunsten der nicht zu bestreitenden Fehlentwicklungen nicht
mehr in den Blick bekam. Die von Barth entworfene politische Ethik offenbarte erst später ihre Schwächen, die besonders darin bestanden, das
jenseits globaler Zielbestimmungen der politischen Ethik, wie sie etwa in
„Christengemeinde- und Bürgergemeinde" vorgenommen wurden, der
politics-Bereich, die Frage, *wie* denn diese Ziele zu erreichen seien, kaum
beachtet wurde. Wo Barth mit Hilfe der teilweise etwas gezwungen wir-
kenden Analogie-Lehre[156] konkret wurde, wie etwa in der vielkritisierten
Ablehnung staatlicher Geheimdiplomatie in Analogie zur Christusoffenba-
rung, zeigten sich die Schwächen des Konzeptes.[157]

Deutlich wird im Gefolge Barths dann bei seinen theologischen Anhängern die Tendenz, die Fragen der Umsetzung politischer Ziele zu überspringen und sich aus theologischen Erwägungen unter Rückgriff auf „Barmen
II" und das sogenannte „Wächteramt" eine allgemeine Richtlinienkompetenz zumindest potentiell anzumaßen.[158] Die Vernachlässigung der Frage
politischer Willenbildung in Massendemokratien und „die Verständnislosig-
keit gegenüber der parlamentarischen Demokratie als politisch-sozialem
Ordnungsprinzip"[159] gingen hier Hand in Hand. Der Anspruch der Bruderräte in politischen Dingen erinnert an den Rousseau'schen „Legislateur"
(s.o.).

Innerhalb der von Barth gegebenen streng offenbarungstheologischen Interpretation des „Christlichen" konnte eine „christliche" Partei den in dieser Logik nur unmöglichen Versuch darstellen, die Botschaft des Evangeliums als parteipolitische Angelegenheit aufzufassen. Wenn die evangelische
Kirche aber nun endlich nach langen Jahrhunderten frei sein wollte zu
„dankbarem Dienst" („Barmen II") an Gottes Geschöpfen, dann gehörte

---

[153] Vgl. Kap. 12.6.
[154] OBERMAN, Reformation, 330 A. 3.
[155] Ebd., 330.
[156] Vgl. FISCHER, Systematische Theologie, 351; HONECKER, Grundriß, 328.
[157] HUBER, Öffentlichkeit, 462.
[158] Vgl. Kap. 12.6.2.
[159] DOERING-MANTEUFFEL, Westernisierung, 105.

dazu für Barth auch die Befreiung aus den „gottlosen Bindungen dieser Welt", wozu offensichtlich auch die Verbindung mit dem politischen Konservatismus zählte, hinzu.

Gerade der Versuch, im historisch-politischen und kulturellen Sinne von einer „christlichen" Partei zu sprechen, stieß bei einem weiteren Theologen, Hermann Diem, auf heftigsten Widerspruch. Als Diem im September 1945 aus der Kriegsgefangenschaft zurückkehrte, erfuhr er von den Treysaer Beschlüssen, die besonders auch hinsichtlich ihrer Stellung zur Parteipolitik seinen deutlichen Unwillen erregten. Noch über ein Vierteljahrhundert später formulierte er heftig: „Ich weiß nicht, wer für dieses unmögliche Papier verantwortlich ist."[160] Diem sah genau die parteipolitische Entwicklungen voraus, die auch Weimar geprägt hatten. Die Kirche stand dabei für ihn wieder in der alten Frontstellung mit den reaktionären Kräften gegen die Anliegen der Arbeiterbewegung.

„Der Unterschied bestand lediglich darin, daß sie [sc. die Reaktion M.K.] nicht mehr die politischen Rechtsparteien für ihre Zwecke in Anspruch nehmen konnte, da es diese nicht mehr gab, sondern jetzt offen eine ‚christliche' Partei inaugurierte."[161]

Für den am theologischen Denken Kierkegaards[162] geschulten Diem war dies genau der Versuch, eine vorgefundene bürgerliche Gesellschaft mit dem Epitheton „christlich" zu versehen, das ihr gar nicht zukam. Christentum und Kultur konnten für ihn überhaupt nicht in einen Zusammenhang gebracht werden, also konnte es auch keine „christliche" Partei geben.

In einem Gespräch mit Radio Stuttgart machte Diem seine Vorbehalte einer breiteren Öffentlichkeit bekannt und warnte vor einer Kirche, die sich wieder in alte Abhängigkeiten begeben wollte: „Es geht einfach darum, dass die Kirche es wagt, zuerst für sich selbst, für ihre eigene Ordnung und ihre Stellung in der Welt, sich auf den Glauben zu verlassen, den sie predigt."[163] Daher müsse sich die Kirche „in allem allein auf das Wort des Evangeliums verlassen, das auch heute noch die Welt durch den Glauben überwinden wird."[164] Parteipolitisch hieß dies:

„Sie muß die Ausführung dessen, was sie verkündigt, dem Glauben ihrer Hörer überlassen, die es in den verschiedenen politischen Parteien verwirklichen können, darf sich selbst keines politischen Machtmittels bedienen, wozu auch eine christliche oder kirchliche Partei gehören würde. Die Kirche würde zudem auf diese Weise selbst Partei werden und sich auf einen bestimmten politischen Kreis festlegen. Wer nicht zu diesem Kreis gehört, würde damit automatisch zu einem Christen zweiter Klasse gestempelt werden. Die Kirche selbst könnte auf diese Weise gerade nicht mehr die Ver-

---

[160] DIEM, Ja, 149.
[161] Ebd.
[162] Vgl. Kap. 1.1.
[163] DIEM, Ja, 164f.
[164] Ebd., 165.

antwortung für das gesamte öffentliche Leben wahrnehmen, sondern würde nur noch als eine Interessengruppe auf dem politischen Feld erscheinen."[165]

In einer Grundsatzschrift „Restauration oder Neuanfang in der evangelischen Kirche?", die 1946 in erster und 1947 schon in zweiter Auflage erschien, kritisierte Diem die geschichtliche Anpassung kirchlicher Strukturen an das jeweilige politische System. Nun sah Diem für das kommende Verhältnis zwischen Staat und Kirche auch bei einer formalen Trennung beider Bereiche die Gefahr einer – und das später häufig benutzte Stichwort taucht hier zum ersten Male in diesem Zusammenhang auf – „Klerikalisierung der Gesellschaft"[166], zu der auch eine „eigene christliche Partei"[167] gehöre.

Diem forderte einen grundsätzlichen Neuanfang, den radikalen Verzicht auf die kirchlichen Privilegien in einer bürgerlichen Gesellschaft und die Zurückgewinnung kirchlicher Vollmacht, die darin begründet liege. Er warnte:

„Sie [die Kirche M.K.] kann die Glaubwürdigkeit, die sie gewonnen hat, nicht sicherer verlieren, als wenn sie jetzt wieder den Weg von vor 1933 weitergeht und sich für ihre Ansprüche womöglich noch darauf beruft, daß sie die ältesten Kämpfer für das vierte Reich [gemeint ist der 1945 noch zu gründende Nachfolgestaat M.K.] gestellt habe."[168]

Um Diem sammelte sich bald eine Gruppe von Theologen, die dem radikalen Erneuerungsanspruch der Bekennenden Kirche nun zum Durchbruch verhelfen wollten und sich somit gerade gegen die „Restauration" wandten, die sich für sie in Treysa manifestiert hatte und zu der auch das Konzept einer sich „christlich" nennenden Partei gehörte. Wie weit man hier vom Konzept des „christlichen Abendlandes" entfernt war, machte die Erklärung dieser „Kirchlich-Theologischen Sozietät" deutlich:

„Wir sind ernstlich besorgt, man könnte und möchte heute die Schwachheit der Vielen verdecken und rechtfertigen durch die Standhaftigkeit weniger und durch Steigerung der Tätigkeit, durch Pflege der Frömmigkeit und Befriedigung geistlicher Bedürfnisse der wirklichen Erneuerung der Kirche ausweichen. Wir warnen deshalb vor der Flucht in eine Volkskirche frommer Rhetorik, vor einer billigen Propaganda des Evangeliums als der bewährten Religion der Vorfahren und vor dem trügerischen Inflationsgewinn aus wohlmeinender Amnestie der Masse aller jeweils zeitgerechten Mitläufer. Wir sind ernstlich besorgt, man könnte und möchte heute die evangelischen Kirchen bauen nach dem bestechenden Vorbild des Katholizismus, hierarchisch und volkstümlich zugleich, liturgisch-sakramental und politisch einflussreich, weltflüchtig nach innen und welterobernd nach außen, geistlich anmaßend und weltlich klug."[169]

---

[165] Ebd., 167.
[166] DIEM, Restauration, 39.
[167] Ebd., 40.
[168] Ebd.
[169] BAK 1166/257.

Deshalb habe der Kampf einer Restauration „der internationalen und kulturellen Großmacht ‚Christentum‘"[170] zu gelten.

In ähnlicher Tendenz stand Diems Schrift „Kirche oder Christentum?". Diem setzte hier zu einer Generalkritik des Christen*tums* an und trieb seine Kritik am Wort „christlich" so weit, dass er vorschlug, auf die Verwendung des Begriffes „christlich" in all seinen Konnotationen überhaupt zu verzichten, um zu einer besseren gedanklichen Erfassung des Gemeinten zu gelangen. Dies war natürlich in besonderer Weise eine Kritik an der CDU. In einem Gedankenexperiment stellte er die Frage:

„Was könnte jene Partei daraufhin tun? Sie könnte auf jene ‚christliche‘ Selbstbezeichnung verzichten im Vertrauen darauf, daß das Gewicht ihres politischen Handelns an sich genügen würde, sie von den übrigen politischen Parteien abzuheben. Oder, wenn sie sich diese politische Gewichtigkeit nicht zutrauen würde, müßte sie den Anspruch, die Partei der Christen zu sein, auch offen erheben und sagen, daß man als rechter Christ nur in dieser Partei sein könne. Denn das hat sie gemeint. Die Kirche wäre gezwungen, zu diesem Anspruch ebenso offen Stellung zu nehmen. Die anderen Parteien wüßten wenigstens, woran sie mit der Kirche und mit jener Partei sind, und hätten es nicht mehr nötig, sich für ihren ‚christlichen‘ Ruf zu wehren."[171]

Ähnlich also wie bei Barth äußerte Diem seine Kritik an der Verbindung von Kirche und bürgerlicher Gesellschaft, die für ihn in der Etablierung einer „christlichen" Partei zum Ausdruck kam.

Auch der Religiöse Sozialist Günther Dehn kritisierte in seiner Schrift „Die Predigt der Kirche" die parteipolitische Entwicklung: Anstatt, wie mancher vielleicht gehofft hatte, „als eine Partei der anständigen Menschen [zu] versuchen, dem Lande nützlich zu sein",[172] sei nun unter den politisch Handelnden der alte parteipolitische Gegensatz wieder aufgebrochen. Bei der SPD finde sich weiterhin die weltanschauliche Verankerung und die Bezeichnung der Religion als Privatsache, bei der KPD weiter Kollektivismus und bei den „christlichen Parteigruppen"[173] weiter der alte Klerikalismus. Bei Dehn galt wie bei Diem die Hauptkritik eigentlich der evangelischen Kirche selbst, die keine theologische und daraus folgend politische Klarheit in den zurückliegenden Auseinandersetzungen gewonnen habe. Zunächst einmal hätten in der BK viele mitgekämpft „ohne eigentlich zu wissen, worum es eigentlich ging", vielmehr sei der Ärger über die Machtminderung der Kirchen die Motivation vieler gewesen.[174] Schließlich sei „Treysa" wiederum ein Sieg der vermittelnden, ausgleichenden Linie Bischof Wurms gewesen, und mittlerweile melde sich auch innerhalb der Kirchen der Konfessionalismus wieder.

---

[170] Ebd.
[171] DIEM, Kirche, 11f.
[172] DEHN, Predigt, 12.
[173] Ebd., 13.
[174] Ebd., 28.

Der Titel der Schrift Dehns macht deutlich, wo er den Neuansatz sah. In der Predigt, aus der heraus die Kirche gleichsam – und nun in geistlichen Fundamenten und nicht in weltlichen Machtpositionen wurzelnd – neu erwachsen sollte. Dehn ging auf die Frage einer „christlichen" Partei ein und kritisierte, dass keine kirchenoffizielle Stelle sich gegen diese Parteigründungen gewandt habe. Dabei äußerte er durchaus Verständnis für den Wunsch, nach dem Zusammenbruch 1945 nun eine auf christlichen Grundsätzen fundierte Partei zu begründen. Er gab aber zu bedenken, dass jede Partei Interessenpartei sein müsse. Die Wähler dieser „christlichen" Partei seien nach Lage der Dinge „– wer weiß denn nicht, was das für Leute sind, die diese Partei wählen ? –"[175] Kleinbürgertum, Bauerntum, Mittelstand und Nationalisten. Durch die CDU werde damit „das Evangelium Jesu Christi zu einer soziologisch schwer belasteten Parteisache"[176] gemacht. Mit der Nähe der Kirche oder doch zumindest der Christen zu solch einer Partei werde die Kirche selbst Partei und ihre Verkündigung eben auch Parteisache. Doch auch in dem Versuch, Christen in allen Parteien politisch aktiv tätig werden zu lassen, stecke ein „dialektisches, gefährliches und niemals mit direkter Selbstverständlichkeit zu leistendes Unternehmen"[177], da auch die anderen Parteien durch ihre Weltanschauungen, etwa Liberalismus oder Sozialismus, gebunden seien. So mündeten Dehns Überlegungen in eine grundsätzliche Parteienkritik: „Es wäre schon besser, es gäbe keine Parteien, sondern eben nur Menschen, die, wenn auch von verschiedenen Blickpunkten aus, der Stadt oder des Staates Bestes suchten"[178]. Ebenso wie bei Barth und Diem wurde hier die Anti-Parteien-Mentalität eines führenden Vertreters des bruderrätlichen Lagers deutlich.

Diese vehemente theologische Kritik verfehlte ihre Wirkung nicht. Besonders in den Landeskirchen, in denen die bruderrätlichen Kreise stark vertreten waren, fand sie Zustimmung. So formulierte etwa die Provinzialsynode der Evangelischen Kirche von Westfalen in einer Kundgebung im Sommer 1946:

„Wir verwerfen die Meinung, als müsse die Kirche die Anliegen einer bestimmten Partei vertreten und als dürften wir den umfassenden Anspruch Gottes mit den Doktrinen fehlsamer Menschen verwechseln."[179]

Der Verwerfungssatz, der nicht zufällig im Sprachstil an „Barmen" anknüpfte, machte deutlich, dass weite Teile des Protestantismus nicht bereit waren, eine „christliche" Partei zu akzeptieren. Dies sollte sich in der Folgezeit in vielen Bezügen zeigen. Die Begründung bei Barth, Diem und Dehn, die mit

---

[175] Ebd., 63.
[176] Ebd., 64.
[177] Ebd., 69.
[178] Ebd.
[179] KJ 1945/1949, 54.

ihren Schriften das Signal gegen die CDU gegeben hatten, war letztlich gleich. Es war die Sorge um die Kirche, die in Wahrnehmung ihrer politischen Verantwortung, die für Barth u.a. im Zeugendienst des Evangeliums bestand, Gefahr zu laufen drohte, sich wieder an eine konservative Partei – die sich noch darüber hinaus den Namen „christlich" anmaßte – zu binden. Damit musste die Kirche für diese Theologen ihre Freiheit verlieren und stattdessen wieder zum Bundesgenossen des Bürgertums werden. Diese Befürchtungen waren nicht aus der Luft gegriffen, das hatten u.a. die Barth bekannten Vorgänge in Freiburg deutlich gemacht. Und doch verstellte die ekklesiologisch-theologisch zentrierte Deutung des Geschehens den Blick für das weite Feld des politisch-kulturellen Gebietes. Der Neueinsatz, den die CDU gerade auch für die politisch engagierten Protestanten darstellte, der Versuch, aus christlicher Haltung nach den Zerstörungen des Nationalsozialismus wieder einen Neuanfang zu wagen, wurde als reaktionäres Treiben wahrgenommen, ohne ihn auf seine Ernsthaftigkeit hin zu überprüfen. Die Freund-Feind-Sichtweise des Kirchenkampfes wirkte fort. Theologisch-kirchenpolitische Annahmen und Befürchtungen überformten politische Erwägungen. Ob denn die „C"-Partei sich bei ihrem Anspruch behaften ließ, ob sie nicht vielleicht sogar offen war für den Gedanken der „Königsherrschaft Christi", wurde erst gar nicht in Erfahrung zu bringen versucht. Damit schwächten Barth und seine Weggefährten gerade die Protestanten in der Partei, die anderes als das von Barth Befürchtete zu leisten versuchten. Die Bruderräte führten damit teilweise selbst das herauf, was sie kritisiert hatten: Die CDU als katholisch dominierte, konservative Partei des Bürgertums. Die Gespräche mit der CDU, die hier noch dargestellt werden, sollten diese Entwicklung verstärken.[180]

Letztlich war die ablehnende Haltung zur CDU bei allen empirischen Ansatzpunkten für diese Kritik ein Ergebnis der barthianischen Theologie und der in ihr vorgenommenen Verhältnisbestimmung von Protestantismus und Kultur, die bekanntermaßen auf eine Diastase hinauslief. Hier zeigte sich in der innerevangelischen Diskussion ein theologisch nicht auflösbarer Konflikt, der auch in der Stellung zu den politischen Parteien deutlich wurde.

Die Kritik am Gedanken des „christlichen Abendlandes"[181], der so viele zu faszinieren schien, bestätigte dies. Einen wirklichen Anteil an der damals mit ungeheurer Intensität geführten Debatte um die geistig-moralische Neupositionierung Deutschlands und Europas[182] nahm man seitens der Bruderräte nicht. Während die „Abendländler" Nationalsozialismus, Krieg und – in einem damals noch nicht so explizit thematisierten Sinne – den Holocaust als Ergebnis eines Abfalls vom Christentum deuteten, dem nun

---

[180] Kap. 12.4.3.
[181] Vgl. SCHILDT, Abendland.
[182] Als ein Beispiel von vielen vgl. die „Gesellschaft Imshausen" (SCHWIEDRZIK, Träume) oder Steltzers Arbeitskreis „Mundus Christianus".

eine sittliche Erneuerung, eine „Rechristianisierung" auf eben den Grundlagen einer „christlichen" Gesellschaft folgen sollte, sahen die Bruderrätlichen gerade in der „christlichen" Gesellschaft des Abendlandes eine Mani-
pulation des Glaubens. Was den einen das Rezept war, erschien den anderen
als die eigentliche Krankheit!

Tatsächlich wurde das „christliche Abendland" bald zum Topos konserva-
tiv-katholischer Publizistik, in dem sich Altüberliefertes mit Modernem verband. Der Abendland-Gedanke machte allerdings aus nationalchauvinisti-
scher Enge auch den Weg nach „Europa" frei, indem die Frage europäischer
Einigung gezielt an die Stelle eines borussisch-kleindeutschen Nationalismus treten sollte.[183] Wie viel Kritik von bruderrätlicher Seite am „christlichen Abendland" hier theologisch, wie viel aber auch traditionell deutsch-
national begründet war, lässt sich schwer unterscheiden. Die Protestanten
bewahrten in besonderer Weise den Gedanken der deutschen Einheit, den
sie bei Adenauer in keinen guten Händen wähnten.[184] Vieles am prophetischen Element im Auftreten Niemöllers war in *diesem* Sinne zu deuten. Versteht man mit Michael Walzer die Propheten als herausragende Sprecher nationaler Selbstinterpretation,[185] war Niemöller im Unterschied zu Adenauer
eben auch solch ein Vertreter der alten deutsch-nationalen Deutung.[186] So
partizipierten die bruderrätlichen Protestanten an einem politischen Paradox: Während man sich im Konservatismus „internationalistisch" gab, blieb
das politisch linke Spektrum Hort des nationalen Gedankens. Die GVP und
die Annäherung an die SPD waren das logische Ergebnis dieser Haltung. Auf
der einen Seite befand sich für die Bruderrätlichen eine vermeintlich
„christliche" Partei, die ein katholisch dominiertes „karolingisches" Kleineuropa des Bürgertums wollte,[187] auf der anderen Seite die „Wächter" einer
freien Kirche, die der „Welt" das christliche Zeugnis von der „Königsherrschaft Jesu Christi" ausrichteten und im Übrigen den Gedanken der nationalen Einheit bewahrten. Die nun darzustellenden Gespräche mit den
Parteien werden diese These bestätigen.

---

[183] Vgl. WINKLER, Ankunft, 171ff.
[184] Ebd., 145ff.
[185] Vgl. WALZER, Gemeinsinn, 97; vgl. Kap. 7.4.2.
[186] WINKLER, Westen, 145.
[187] Vgl. z.B. die Kritik von Albertz, bzw. Beckmann Kap. 11.2.1., 12.4.2.

12.4. Das Scheitern der Entwicklung eines konstruktiven Verhältnisses zu den politischen Parteien

12.4.1. Oskar Hammelsbeck und der „Arbeitskreis Evangelische Akademie"

Neben der grundsätzlichen Absage an die „christlichen" Parteibildungen gab es auch Versuche, sich pragmatisch auf die entstandene Lage einzustellen und mit den politischen Parteien, die offenbar die entscheidenden Machtfaktoren zu werden schienen, ins Gespräch zu kommen. Eine treibende Kraft war hierbei Oskar Hammelsbeck,[188] ein Pädagoge und Theologe aus den Reihen der Bekennenden Kirche. Hammelsbeck unternahm es, Kirche und Parteien auf mehreren Tagungen ins Gespräch miteinander zu bringen. Von diesen Treffen soll hier berichtet werden.[189]

---

[188] Hammelsbeck wurde 1899 in Wuppertal-Elberfeld geboren und römisch-katholisch getauft, jedoch nach dem frühen Tod der Eltern evangelisch erzogen (zu den biographischen Angaben, vgl. ADAM, Bildungsverantwortung, 67ff. und HORN, Hammelsbeck). Nach dem Studium der Geschichte, Nationalökonomie und Philosophie promovierte er bei Alfred Weber in Heidelberg. Im Anschluss an eine Tätigkeit als Leiter einer Fabrik für Klavierfabrikation gründete er 1926 in Saarbrücken eine Volkshochschule, aus deren Leitung er allerdings nach der nationalsozialistischen Machtübernahme entlassen wurde. Er war als Gegner der Nationalsozialisten bekannt. Schon seit 1931 hatte Hammelsbeck einen so genannten „Silvesterkreis" – benannt nach dem ersten Zusammentreffen am 31.12.1931 – gegründet, in dem „sich alle 2 bis 3 Monate u.a. Ottoheinz von der Gablentz, Hermann Herrigel, Hellmuth Kittel, Adolf Reichwein und Erich Weniger [trafen], um zu erörtern, wie der Heraufkunft des Nationalsozialismus zu wehren sei. Eine Gesinnungsgemeinschaft, die Wilhelm Flitner als ein „Vorspiel zum Kreisauer Kreis" (HORN, Hammelsbeck, 3) wertete. Hammelsbeck ließ sich nach seiner Entlassung zum Realschullehrer ausbilden und organisierte seit 1937 den Aufbau des Katechetischen Seminars der BK in Berlin-Friedenau. 1944 wurde der Laie Hammelsbeck zum Pfarrer ordiniert. 1946 übernahm er die Professur für „Allgemeine Pädagogik" an der Pädagogischen Akademie Wuppertal. Hammelsbecks Hinwendung zu einem bewussten Christentum datierte er selbst auf die Tagung der Barmer Bekenntnissynode 1934, wenn er bekannte, „durch die 2. These kirchlich erweckt worden zu sein." (Ebd., 2) Gemeint ist also die These, die den Anspruch Jesu Christi auf den Menschen in allen seinen Existenzvollzügen begründet und damit auch den öffentlichen Charakter der Kirchen betont. Eine enge Freundschaft und Arbeitsgemeinschaft entstand in den nächsten Jahren mit Dietrich Bonhoeffer. Offensichtlich war Hammelsbeck zumindest an der Entstehung der „Ethik" Bonhoeffers beteiligt (Schreiben vom 22.4.1949, BAK 1367/138). Mit ihm und Hans Böhm war er zusammen zu „heimlichen Beratungen" (HORN, Hammelsbeck, 185) bei dem Theologen Ernst Wolf in Halle. Die Gespräche in Halle, die direkt aus der Gründung der „Gesellschaft für Evangelische Theologie" 1941 in Alpirsbach erwuchsen, waren nach Hammelsbecks Darstellung auch die Keimzelle der „Evangelischen Akademie" (Protokoll; BAK 1367/138; wo der Protokollant bei Hammelsbeck fälschlicherweise „Abrebach" hört), die nach dem Kriege installiert wurde, um kirchlicherseits das Gespräch mit den politischen und gesellschaftlichen Kräften zu suchen.

[189] In diesem Zusammenhang sei auch auf eine zwischenzeitlich erschienene Dissertation von Rulf Jürgen TREIDEL, „Evangelische Akademien im Nachkriegsdeutschland" verwiesen, in der im letzten Abschnitt ebenfalls diese Thematik behandelt wird.

Einen ersten Vorläufer hatten die späteren „großen" Gespräche mit den Parteien im Januar 1946 mit einer kulturpolitischen Tagung in Detmold. Hier zeigten sich auch die ersten Schwierigkeiten, die dann für die weiteren Gespräche charakteristisch werden sollten und die eine insgesamt misslungene Kommunikation zeitigten.

Hans-Joachim Iwand und der niedersächsische Kultusminister Adolf Grimme referierten in Detmold über das Thema „Die Möglichkeiten einer christlichen Begründung des Sozialismus"[190]. Dass man als Referent auf den Religiösen Sozialisten und Widerstandskämpfer Grimme gekommen war, bedeutete keinen Zufall. Grimme war als Mitglied des SPD-Parteivorstandes ein wichtiger Ansprechpartner in der SPD. Wie bedeutsam diese persönliche Verbindung war, zeigte die Vorgeschichte der Tagung. Nachdem Grimme seine zunächst gegebene Zusage der Teilnahme wieder zurückzog, es sei denn, es werde „direkt die Frage der geistlichen Begründung des Sozialismus"[191] besprochen, erklärte sich Hammelsbeck dazu bereit, nur um Grimme unbedingt bei der Tagung dabei zu haben.

Wenn man auch zunächst keine gemeinsame Formel fand, um zu solch einer Begründung des Sozialismus zu gelangen,[192] versuchte man doch, kirchlicherseits das Gespräch fortzusetzen. Außer einem allgemeinen Bezugspunkt im christlichen Glauben offenbarten sich jedoch in Detmold tiefgreifende Differenzen. Wie weit die Religiösen Sozialisten und der Bruderrat voneinander entfernt waren, zeigte Hammelsbecks Bericht an den Rat der EKD, der auch die eigentliche Motivation für die Tagung offenbarte:

„Ursache war die Beobachtung, dass auf dem Gebiete der Kulturpolitik staatliche Veranstaltungsstellen unter Führung von Staatsminister a.D. Grimme aktiv wurden, durch pädagogische Tagungen in Hannover, Hamburg und Bad Sachsa Massnahmen auf dem Gebiete des Bildungswesens zu beraten und zu verwirklichen, ohne dass auch nur daran gedacht wurde, die Kirche dabei um Rat zu fragen. Es erschien daher notwendig, die für die Kulturpolitik verantwortlichen staatlichen Stellen vor den neuen Oeffentlichkeitswillen der Kirche zu rufen und ihnen unübersehbar deutlich zu machen, welche Ansprüche und welche Angebote die evangel. Kirche auf Grund der sie wandelnden Ereignisse des letzten Jahrzehnts anzumelden habe. ... Unsere Mission erfolgt eigentlich von daher, dass wir erfahren haben, was Gemeinde unter dem Wort ist, auf diese Männer zu, die, weil sie diese Erfahrung nicht haben, an einer unverbindlichen Christlichkeit ohne Gemeinde festhalten wollen. Geduld und Lindigkeit sind uns für diese Arbeit geboten, ..."[193]

---

[190] MÖLLER, Kirche, 142.
[191] Schreiben an Hammelsbeck vom 31.10.1945, GStAPK NL Adolf Grimme, 2760.
[192] Ebd.
[193] Abschrift Bericht Hammelsbeck, GStAPK NL Adolf Grimme, 2760. Unterstreichungen von Grimme.

Doch gerade dieser auch von Barth bei anderer Gelegenheit abgelehnte Anspruch eines „Öffentlichkeitswillens"[194] stieß offensichtlich bei den sich nicht mehr als Gesprächs*partner* empfindenden Teilnehmern auf keine positive Resonanz. Grimme war über Hammelsbecks pastorale Attitüde in Detmold verärgert. Irritiert schrieb er an Iwand:

> „Das haben wir alle doch wohl nicht so aufgefasst, dass wir staatlichen Vertreter nun da in Detmold gleichsam vor ein kirchliches Forum hinzitiert worden wären. Auch sonst steckt in dem Ganzen eine mir höchst unbehagliche pastorale Überheblichkeit, die ich hinter Hammelsbeck nicht gesucht hätte."[195]

Zu dem Bericht, den Hammelsbeck dem Rat der EKD gegeben hatte und der ihm vorlag, konstatierte Grimme,

> „dass ich von dem Bericht sehr betroffen bin, dass ich aber um der Sache willen, und weil ich Herrn Hammelsbeck so sehr schätzen gelernt habe, unser Gespräch auf keinen Fall abreißen lassen möchte."[196]

Trotz dieser Differenzen unternahm Hammelsbeck sogar den Versuch, Grimme zur Mitarbeit im Arbeitskreis „Evangelische Akademie" zu bewegen, wozu sich Grimme aber nicht entschließen konnte. Dabei begründete er seine Ablehnung aus zwei Problemfeldern: Zunächst wies er auf die grundsätzlichen Auffassungsunterschiede in Glaubensfragen hin. Grimme selber gestand, sich mit dogmatischen Formulierungen schwer zu tun. Statt dessen entwickelte er seinen Glauben aus der Inspiration eines „reinen Jesutum[s]"[197]. Er glaubte, damit der Haltung der offiziellen Kirche und auch der Akademie zu wenig zu entsprechen. „Wenn diese Bedenken ausgeräumt werden könnten, wäre in der evang. Akademie für mich wohl Platz."

Ein zweiter Grund war für ihn bewusst „taktischer" Natur. Grimme fürchtete, in seiner Tätigkeit als Kultusminister zu sehr als Vertreter der evangelischen Kirche angesehen zu werden. Er nahm sogar an, als Vertreter konfessioneller Lehrerfortbildung – so konnte man den Namen „Akademie" auch interpretieren – eingeschätzt zu werden. Angesichts der damaligen heftigen Auseinandersetzungen um die weltanschaulich neutrale Schule war dies ein keineswegs unerheblicher Vorwurf. Schließlich gab er zu bedenken, er sei erst vor kurzem in der Parteivorstand der SPD gewählt worden: „Sie werden darin ein Kennzeichen der Tatsache sehen, dass sich in der weltanschaulichen Struktur der ursprünglich exklusiv marxistischen Partei ein bedeutungsvoller grundsätzlicher Wandel vollzogen hat." Auch hier sei es nun besser, um sozusagen den Bogen nicht zu überspannen, zunächst einmal weniger festgelegt zu arbeiten.

---

[194] BARTH, Christengemeinde, 31.
[195] Zit. in: SÄNGER/PAULY, Iwand, 129.
[196] Schreiben vom 23.3.1946, GStAPK NL Adolf Grimme, 2760.
[197] Schreiben vom 12. Mai 1946, BAK 1367/138, daraus auch die nachfolgenden Zitate.

Hammelsbeck antwortete mit viel Verständnis für Grimmes Bedenken, obgleich er nicht versäumte, die Hoffnung auszudrücken, „Gott möge Ihnen und anderen auch das Wunder geschehen lassen, sich mit der Erkenntnis der dogmatischen Wahrheit beschenkt zu entdecken"[198]. Andererseits machte er nochmals deutlich, um was es ihm und den anderen Mitgliedern der Akademie im Gespräch mit den Sozialisten ging. Es sei nötig, die berechtigten Anliegen der Arbeiterbewegung, die die Kirche zu lange vernachlässigt habe, aufzunehmen und das auch deutlich zu machen. Gleichzeitig sei auch hier der „Ewigkeitsanspruch des richtenden und vergebenden Christus zu verkündigen." Es gelte deshalb – paradoxerweise „um des berechtigten Kernes eines areligiösen Marxismus willen" – ihm in dieser Haltung des Ewigkeitsanspruchs Christi gegenüberzutreten und letztlich auch im Religiösen Sozialismus – am „sola cruce zerbricht jede Religiosität, auch der religiöse Sozialismus" – diesen in den geschilderten „Läuterungsprozess" mit hineinzunehmen, der für alles Religiöse nötig sei. Barths Kritik des Religionsbegriffes, auch Bonhoeffers Formel von der „nichtreligiösen Interpretation der Welt"[199] wird hier deutlich. Bei allem Verständnis für Grimmes taktische Haltung konnte Hammelsbeck „doch nicht verschweigen, daß mich auch der Gedanke bewegt, das Bekenntnis zu Christus könnte eines Tages auch Sie in die offene Linie zwingen". Damit war der erste Gesprächsversuch zunächst einmal gescheitert.

Hammelsbeck wollte die Arbeit jedoch nicht auf sich beruhen lassen, sondern sie in größerem Stile aufziehen. In der im Anschluss an die kulturpolitische Tagung verfassten Denkschrift an den Rat der EKD schlug Hammelsbeck vor, die in Detmold begonnene Arbeit im Rahmen des schon genannten „Arbeitskreises Evangelische Akademie" weiterzuführen. Der Rat stimmte diesem Gedanken auf seiner Sitzung im März 1946 zu.[200] Allerdings war die Gründung nicht unumstritten. Einige Tage zuvor hatte Hammelsbeck schon vom Bruderrat der EKD Unterstützung bekommen,[201] allerdings gegen die kritischen Einwände Asmussens, der das Projekt möglicherweise als Konkurrenz zu einem von ihm geplanten System beratender Kammern empfand.[202] In der Ratssitzung machte der hannoversche Bischof Hanns Lilje kritische Anmerkungen zu Hammelsbecks Projekt, da ihm Inhalt, Finanzierung und die „Kräfte, die die Arbeit tragen sollen"[203], noch

---

[198] Schreiben vom 27.5.1946; BAK 1367/138; daraus auch die nachfolgenden Zitate.
[199] Wobei allerdings nicht klar ist, ob der Freund Bonhoeffers, dessen Formel aus seinen Gefängnisbriefen 1945 schon kannte.
[200] Ratsprotokolle, 392.
[201] Ebd., 398, A. 62.
[202] Anders Treidel, Akademien, 183f., der zwar von „persönliche[n] Animositäten" zwischen Asmussen und Hammelsbeck spricht, aber im „Arbeitskreis Evangelische Akademie" wegen der losen Struktur des Kreises eine Ergänzung seiner Kammerkonzeption sehen will.
[203] Ratsprotokolle, 398.

unklar waren. Lilje machte damit deutlich, wo ein zukünftiges Konfliktfeld in dieser Arbeit lag. Denn tatsächlich verstand sich die Arbeit des „Arbeitskreises Evangelische Akademie", die auch die Genehmigung des Rates, also der Vertretung der ganzen evangelischen Kirche, bekam, dezidiert als Angelegenheit der *Bekennenden* Kirche.[204] Damit war eine Konfliktlinie vorgezeichnet, die in den nächsten Jahren das Gespräch mit den Parteien belasten sollte und sich in der Frage zuspitzte, in wessen Auftrag denn die „Akademie" eigentlich spreche: im Namen der EKD oder des Bruderrates?

Darüber hinaus stellte sich auch die Frage, ob die „Akademie" etwa die zentrale Einrichtung der EKD gegenüber den zwischenzeitlich auf landeskirchlicher Ebene entstandenen Akademien war. Auch hier wurden Konfliktlinien deutlich, die ihre Ursache in organisatorischer Unklarheit hatten, die wiederum in den ungeklärten Verfassungsverhältnissen der EKD in dieser Zeit wurzelten,[205] was seinerseits ein Ausdruck für die Machtkämpfe der verschiedenen Gruppen innerhalb des Protestantismus, besonders von Bruderrat und Lutherrat (VELKD), war.

Für die Mitglieder der „Akademie" war allerdings Stellung und Aufgabe des Arbeitskreises klar. In einem Sitzungsprotokoll hieß es:

„Sie [die Akademie M.K.] ist überzeugt, daß die Aufgabe der BK nicht erloschen ist, sondern daß sie immer mehr wächst im Wächteramt und in der brüderlichen Kritik gegenüber den Kirchenleitungen und den eigenen Brüdern in den Kirchenleitungen"[206].

Bei dieser dezidierten inhaltlichen Festlegung auf dem Hintergrund organisatorischer Unklarheit gab es bald schon erste Kritik. Anlass war ein Rundschreiben, das die Akademie im April 1946 verschickte. In diesem hieß es unter dem Briefkopf *„Evangelische Kirche in Deutschland. Arbeitskreis Evangelische Akademie"*, also mit dem Anspruch als Organisation der EKD aufzutreten:

„Der Rat der Evang. Kirche in Deutschland hat den ‚Arbeitskreis Evang. Akademie' beauftragt, Begegnungen und Aussprachen zwischen Männern und Frauen in Ämtern des öffentlichen Lebens und der Kirche zu veranstalten. … Es geht darum, dem neuen Öffentlichkeitswillen der Kirche und ihrer Mitverantwortung Ausdruck und Folge zu geben, nicht um eines Machtanspruchs willen, sondern um in der Freiheit eines Christenmenschen jedermann zu dienen, der für eine verantwortliche Ausübung von Amt und Beruf Besinnung, Rückhalt und Gehorsam an der heilsamen Lehre des Wortes Gottes sucht."[207]

Unterzeichnet hatten diese Mitteilung Peter Brunner, Hans-Joachim Iwand, Ernst Wolf, Rudolf Smend, Heinrich Held sowie Hammelsbeck selbst.

---

[204] Vgl. so auch TREIDEL, Akademien, 182f.
[205] Vgl. SMITH – VON OSTEN, Treysa.
[206] Zit. in: MÖLLER, Kirche, 142.
[207] Mitteilung April 1946; BAK 1166/257.

Mit der Inanspruchnahme der EKD für das Anliegen der „Akademie" beanspruchte Hammelsbeck offensichtlich auch deren Autorität. Beigelegt hatte er einen Entwurf, den er „Politischer Katechismus. Richtlinien und Weisungen für alle christlichen Amtsträger im öffentlichen Leben"[208] nannte. Gleich zu Anfang hieß es hier:

> „Die evangelische Kirche treibt keine Politik. Wo ihre Glieder in weltlichen Aufgaben und politischer Verantwortung tätig sind, hat sie auch ihnen Gottes heiliges Wort in Gesetz und Evangelium zu verkünden. "

Es folgte die zweite These der Theologischen Erklärung von Barmen, die hier als Ausgangspunkt der politischen Ethik den zentralen Ansatzpunkt darstellte. Danach entwickelte Hammelsbeck eine Art „Politikerspiegel":

> „Das Amt von Gottes Gnaden führen, heißt, die Zehn Gebote als tägliche Weisung für den eigenen Gehorsam und allen Gehorsam im Amtsbereich anerkennen. ..., darum ist für jedem Amtsträger eine vorbildliche Lebensführung gefordert. Unbestechlichkeit, Wahrhaftigkeit, Hilfsbereitschaft, Herzensgüte sind Voraussetzung für ein staatsbildendes Vertrauen seitens der Regierten. ... Parteipolitik darf nicht der Partei dienen. ... Stände und Parteien müssen wetteifern können in der pflegenden Sorgfalt gegenüber der Überlieferung in Kultur und Geistesleben, Sitte und Sittlichkeit, auch in Erkenntnis und Verwirklichung der ungelösten Aufgaben einer neuen lebensfördernden Ordnung. Echte Politik schafft Ehre, dem Ehre gebührt, ..."

Theologisch wurden diese Ausführungen auch verankert:

> „Die Kirche übt keine Macht über die Amtsträger aus, sie muß ihnen helfen, ihr Amt in der Verantwortung vor Gott zu führen. Diese Verantwortung fordert ein freies Gewissen. Die Gewissensfreiheit ist nicht selbstherrlich; sie muß daher Gottes Recht und die Königsherrschaft Christi in alle Politik hinein verkündigen. "

Damit war neben „Barmen II" das weitere entscheidende Stichwort der politischen Ethik, wie sie auf bruderrätlicher Seite entfaltet wurde, genannt: Die „Königsherrschaft (Jesu) Christi". Der politische Katechismus, der sich als Empfehlung der EKD ausgab, repräsentierte also keinesfalls die ganze Bandbreite der politischen Überlegungen innerhalb des deutschen Protestantismus. Widerspruch konnte nicht ausbleiben. Gerhard Ritter, mittlerweile Berater des Rates der EKD in gesellschaftlichen Fragen, dem Hammelsbeck diesen Katechismus zugesandt hatte, kritisierte ihn heftig. Letztlich fand kein Punkt seine Anerkennung, und er bezweifelte, ob „dieser politische Katechismus praktisch viel Nutzen stiften kann."[209] Ritter, der seine Tätigkeit in einer EKD-Kammer institutionalisieren wollte, erkannte auch das Konkurrenzverhältnis der „Akademie" zu seinen Plänen, was wohl seine Haltung gegenüber den Bestrebungen nicht günstiger machte. [210]

---

[208] BAK 1166/258; daraus auch die nachfolgenden Zitate.
[209] Schreiben vom 23.4.1946, BAK 1166/258.
[210] Vgl. dazu Ritters Schreiben an Asmussen vom 4.6.1946, EZA 2/272.

Doch die Kritik an Hammelsbeck betraf nicht nur den Katechismus. Zwischenzeitlich hatte dieser unter erneuter Verwendung des schon erwähnten Briefkopfes als Rundschreiben eine Einladung zu einem Gespräch an die politischen Parteien geschickt. Der Vorsitzende des Rates der EKD, Bischof Wurm, schrieb am 6. Mai 1946 an Hammelsbeck einen Brief, in dem er sein Missfallen an dem Schreiben des Arbeitskreises äußerte. Wurm kritisierte, dass der Briefkopf zur Annahme verleite,

„als handle es sich bei Ihrer Arbeit um eine Dienststelle des Rates der EKD. ... Durch die Art Ihres Rundschreibens könnte der Eindruck entstehen, als ob Ihrer Arbeit eine Art Führungsfunktion für ähnliche Arbeiten zukommt."[211]

Wurm empfahl, darüber nachzudenken, ob für den Arbeitskreis nicht eine andere Bezeichnung als die der „Evangelischen Akademie", die durch die Arbeiten auf Landesebene schon begrifflich geprägt wäre, möglich sei. Mit Wurms Brief war dem Arbeitskreis zwar intern die Legitimation, als offizielles Organ des Rates zu verhandeln, bestritten, äußerlich wurde der Anspruch aber unausgesprochen aufrecht erhalten, indem man Wurms Bedenken einfach überging und weder auf den beanstandeten Namen noch auf den Briefkopf verzichtete. In einem Schreiben an Wurm hatte Hammelsbeck dessen Vorwürfe zurückgewiesen und auf einer solchen Autorisierung durch den Rat beharrt, wie offensichtlich auch die Arbeit der Ev. Akademie Bad Boll durch Wurm als Bischof der württembergischen Kirche autorisiert sei.[212]

Es musste also weiter so erscheinen, als suche Hammelsbeck *seitens und im Auftrag des Rates* das Gespräch mit den verschiedenen Parteien[213] zu eröffnen, wenn er in seinem Einladungsschreiben an die politischen Parteien zu einer Tagung am 1. und 2. August 1946, das gleichzeitig eine Broschüre darstellte, formulierte: „Der Arbeitskreis Evangelische Akademie beim Rat der EKD (Oberste deutsche Kirchenleitung)" lade die „obersten deutschen Parteileitungen" ein, auf einem Treffen „Möglichkeiten und Grenzen für eine gemeinsame Politik in der deutschen Not" zu erörtern. Dass damit auch kirchlicherseits ein Neuanfang gemacht werden solle, machte folgender Hinweis deutlich, der gleichzeitig den Eindruck erweckte, als stehe die BK für die EKD, mit deren Briefkopf ja die Einladung versehen war:

„Führende Männer der Bekennenden Kirche werden versuchen, den deutschen Politikern den Wandel in der evangelischen Kirche zu politischer Verantwortung und politischem Urteil darzustellen. Wir möchten überholte Vorstellungen von der Kirche ausräumen und ein neues echtes Verhältnis zwischen Kirche und politischer Welt bauen."[214]

---

[211] Schreiben BAK 1367/138.
[212] TREIDEL, Akademien, 186.
[213] Vgl. MÖLLER, Kirche, 144ff.; HEITZER, Britische Zone, 700ff.
[214] Einladungsschreiben 21.6.1946; BAK 1367/138.

Zu der insgesamt 35-seitigen Einladung gehörte auch eine „Ansprache an die Vorstände der politischen Parteien", die Hammelsbeck entworfen hatte. Hier hieß es:

„Die oberste deutsche Kirchenleitung, der Rat der Evangelischen Kirche in Deutschland, hat einen kleineren Kreis von Theologen und Laien der Bekennenden Kirche autorisiert, diese Gespräche zu führen. Dennoch können und wollen wir nicht in Anspruch nehmen, den politischen Stand (!) der evangelischen Kirche überhaupt zu vertreten. Wir sind eine Minderheit, zwar nicht gegenüber einer ausdrücklich anders stehenden Mehrheit, sondern als eine solche, die eine aktive kirchliche Verantwortung in der Politik erst bewusst zu machen unternimmt. Allerdings sind wir überzeugt, dass wir sie vertreten wie es sein sollte, weil sie einen bestimmten Reifegrad der theologischen und kirchlichen Entwicklung im Wandel des letzten Menschenalters darstellt. Diese Entwicklung repräsentieren wir sozusagen selbst, sowohl gegenüber der politischen Welt, wie gegenüber der herkömmlichen Kirche, um deren Mitwandlung wir uns noch bemühen."[215]

Die Parteien sollten also mit einer Gruppe von Kirchenleuten sprechen, die dazu von einem Gremium autorisiert worden war, in dessen Namen die Gruppe aber keineswegs zu sprechen gedachte. Möglicherweise würde man sogar eine andere Meinung als die Institution, in deren Namen man handle, vertreten. Dieser formal seltsam anmutende Charakter des Gespräches wurde allerdings von der inhaltlichen Seite her schon deutlicher: Eine klare Distanz zur CDU war zu erkennen, wenn Hammelsbeck ausführte:

„Bei aller Sympathie, die man aus verschiedenen Gründen für die CDU und ihre Notwendigkeit im heutigen Parteiensystem haben kann, es wäre verhängnisvoll und dem Wesen der kirchlichen Verantwortung entgegen, wenn einerseits die Kirche, anderseits die Parteien sich darauf einrichteten, die kirchlichen Belange würden durch bestimmte Parteien vertreten. Das Vorhandensein einer besonderen ‚christlichen' Partei entspricht notgedrungen der politisch ungesunden Gesamtlage, dass die anderen großen Parteien herkömmlicherweise Kirche und Christlichkeit nicht hinreichend berücksichtigen."

Hammelsbeck forderte vielmehr:

„Die politische Großtat, die unserer Verantwortung gemäß über Heil und Unheil im öffentlichen Lebens entscheidet, wäre, dass alle Parteien diese Voraussetzung einer echten politischen Genesung bejahen: Über die Achtung der Zehn Gebote in unserem Volk zu wachen."

Trotzdem blieb Hammelsbeck dabei, bei dem Auftrag der Kirche, sich an alle Menschen zu wenden, sei die CDU „als größtes Hindernis auf diesem Weg an[zu]sehen, denn ihre sog. christliche Begründung verhindert die rückhaltlose Offenheit der anderen Parteien für das echt Christliche." Trotzdem bestritt er der Partei ihre „relative Daseinsberechtigung" nicht, weil eben die anderen „Parteien dem Christlichen nicht gebührenden Raum gönnen."

---

[215] BAK 1367/138; daraus auch die nachfolgenden Zitate.

Den Marxismus behaftete Hammelsbeck bei seinem skeptischen Menschenbild, dass in „Tyrannis" umzuschlagen drohe, „wenn die Kirche weiterhin versagt." Deshalb sei es hier die kirchliche Aufgabe, den Marxismus „lieben [zu] lernen und [zu] lieben." Er bilanzierte:

„Konservative Parteien kompromittieren das Christentum, in dem sie es, zweifellos gutwillig und in bester Meinung, zu ihrer moralischen Weltanschauung machen. Die Kirche muss sich gegen diese Freundschaft genauso wehren wie gegen die Feindschaft des Marxismus."

Die SPD und die CDU bekamen je fünf Einladungen zur Konferenz, KPD und FDP je drei. Unsicherheit bestand, ob auch das katholische Zentrum eingeladen werden sollte.[216]

Der SPD-Vorstand antwortete zurückhaltend. Einerseits war man durchaus für eine solche Aussprache, andererseits hielt man die gemeinsame Tagung mit CDU-Vertretern für wenig sinnvoll, da es auf solch einem Treffen, wie man befürchtete, zu einem Buhlen um die Gunst der Kirche kommen könne. Dem SPD-Vorsitzenden Schumacher erschien ein separates Treffen geeigneter.[217] Hammelsbeck antwortete Schumacher mit Verständnis für seine Argumentation, versuchte ihn aber zu bewegen, sich auf den skizzierten Weg einzulassen, denn die Kirche wolle dabei „unter allen Umständen nicht ‚Partei ergreifen' für diese oder jene Partei, wie sie sich umgekehrt dagegen wehren muß, dass Parteien, die sich ‚christlich' nennen, von der Kirche Partei ergreifen."[218]

Die CDU gab sich angesichts der gegen sie schon im Vorfeld gerichteten Bedenken reserviert.[219] Dazu hatte zusätzlich Hammelsbecks Form der Einladung, die Otto Schmidt übermittelt wurde, beigetragen. Hammelsbeck schlug seinerseits gleich zwei Wunschkandidaten aus der CDU vor: den westfälischen CDU-Politiker Heinrich Georg Raskop und den CDUD-Vorsitzenden Jakob Kaiser. Angesichts des auch der Öffentlichkeit kaum verborgenen Machtkampfes zwischen Adenauer und Kaiser[220] war dies eine deutliche Festlegung im innerparteilichen Streit der CDU und zugleich ein als Brüskierung empfundenes Vorgehen gegenüber dem konservativen CDU-Flügel, zu dem Schmidt selbst zählte. Schmidt missbilligte daraufhin gegenüber Hammelsbeck die Einladung Kaisers und die Nichterwähnung Adenauers, der – das Treffen sollte in Detmold stattfinden – schließlich CDU-Vorsitzender der Britischen Zone sei. Noch skeptischer äußerte sich der Leiter der „Evangelischen Tagung" in Westfalen, Otto Rippel, der die

[216] Schreiben vom 22.6.1946, BAK 1378/138.
[217] MÖLLER, Kirche, 144.
[218] Schreiben vom 31.7.1946, GStAPK NL Grimme, 2760.
[219] HEITZER, Britische Zone, 701ff.
[220] Vgl. Kap. 7.2.1.

ganze Aktion den „religiösen Sozialisten"[221] zuschrieb, was insofern unzutreffend war, als es sich eben weniger um Religiöse Sozialisten als um den Bruderrat der EKD handelte. Rippel gab zu bedenken, die Mitglieder der Akademie „würden mit unumstößlichen vorgefaßten Meinungen antreten, die sich mit der Einstellung der Sozialisten decken, so dass eine ehrliche Auseinandersetzung nicht möglich sei."[222] Er schlug statt dessen vor, mit der Aussprache bis nach den Landtagswahlen in Nordrhein-Westfalen zu warten, um „mit wirklich führenden"[223] Kirchenvertretern zusammenzutreffen. In der Union entschloss man sich dann, um eine Lösung zu finden, nur Mitglieder in privater Funktion zu dem Gespräch schicken zu wollen.

Ein Verhalten, dem gegenüber Hammelsbeck Otto Schmidt seine Enttäuschung ausdrückte.[224] Hammelsbeck bemühte sich unterdessen weiter um Kontakte zur SPD. Unterstützung fand er dabei bei Ernst Wolf. Dieser begrüßte ausdrücklich Hammelsbecks Vorgehen. Auch wenn das Treffen mit mehreren Parteien wohl zunächst nicht zustande komme, gelte es, Schumacher „und seine Partei nicht fahren zu lassen."[225] Gerade die BK müsse klar machen, „daß es eben nicht selbstverständlich ist, daß ein Pfarrer bzw. die Kirche CDU ist." Die Gefahren eines Herabgleitens der Landeskirchen „auf die falsche Seite" des „doch sehr kräftigen bourgeois-reaktionären Block[s]" sei groß.

Tatsächlich fanden die Treffen mit SPD und CDU getrennt und rund ein Jahr nach dem ursprünglichen Termin im Juli 1947 bzw. Oktober 1947 statt. Von der FDP antwortete offensichtlich niemand. Die KPD benannte einen Gesprächspartner, ob ein Gespräch zustande kam, ist unklar.[226]

Die innerkirchliche Diskussion über die Stellung zu den verschiedenen Parteien blieb natürlich wegen der sich verzögernden Gespräche nicht stehen, und so wandte sich Anfang des Jahres 1947 der Ratsvorsitzende Wurm an seinen Berater Ritter und bat diesen um klärende Hinweise zu den politischen Parteien. Wurm selbst war sich unsicher:

> „Es liegt an sich sehr nahe, eine Parole für die CDU auszugeben. Wenn ich solche Äußerungen wie die des Oberbürgermeisters von Darmstadt [Ludwig Metzger M.K.] lese, habe ich das Gefühl, dass wir eine hoffnungsvolle Entwicklung in der SPD abbrechen würden, wenn wir uns auf die CDU festlegen würden. Ich wäre sehr dankbar, wenn ich dazu Ihre Auffassung hören dürfte."[227]

---

[221] Zit. in: HEITZER, Britische Zone, 702.
[222] Ebd.
[223] Ebd.
[224] Ebd., 702ff.
[225] Schreiben vom 7.8.1946, BAK 1367/138; daraus auch die nachfolgenden Zitate.
[226] Sitzungsprotokoll des Arbeitskreises 29.4.1947, BAK 1367/38.
[227] Schreiben vom 3.1.1947, BAK 1166/258.

Ritter antwortete auf Wurms Anfrage mit dem Hinweis auf seine in Treysa entwickelten Sätze, gab aber auch seinerseits Bedenken gegenüber der CDU zu. Offensichtlich war die in Treysa ausgesprochene positive Bejahung der Union deutlich auf deren christlich-sozialistische Tendenzen bezogen.[228] So meinte Ritter, dass es richtig sei, den Kurs Jakob Kaisers zu unterstützen. Im Rheinland müsse man die „kapitalistischen Bestrebungen"[229] mit Sorge zur Kenntnis nehmen. Ritter äußerte dann auch scharfe Kritik an den bruderrätlichen Kreisen, Karl Barth und den „eifrigen Barthianer[n]", die insgesamt im Protestantismus „eine geradezu verheerende Wirkung" mit ihrer Kritik an der CDU zeitigen würden, … . Damit setzt ein verhängnisvoller Kreislauf ein, der nur dazu führt, daß die CDU umso katholischer wird."

Bei der SPD konstatierte Ritter Entwicklungen, die zu einer Annäherung an das Christentum – ähnlich etwa der englischen Labour-Party – führen könnten. Die religiös Gebundenen in der SPD müssten deshalb gerade auch kirchlicherseits unterstützt werden, leider seien Männer wie die „des trefflichen Oberbürgermeisters Dr. Metzger in Darmstadt … doch seltene Ausnahme." Ritter verhehlte auch nicht seine Bedenken, diesen Christen in der SPD könne es wie vordem den vermeintlich gutwilligen Christen in der NSDAP ergehen, die bald an den Rand der Partei gedrängt worden seien. Für die Kirche müsse nach wie vor gelten: Keine Festlegung auf eine bestimmte Partei, bei der CDU die ernste Mahnung, „nicht etwa zu einer neuen Schutzgarde des Besitzbürgertums zu entarten."

Umgehend bedankte sich Wurm bei Ritter. Seine Strategie, so teilte er diesem mit, laute nun: „Kirchliche Fühlungnahme mit allen Parteien und Ermunterung geeigneter Persönlichkeiten zu aktiver Mitarbeit in der CDU."[230]

Damit vertrat die EKD nach außen hin eine dem Betrachter kaum zu durchschauende politische „Richtung", die natürlich in den internen Streitigkeiten des Protestantismus und deren politischen Implikationen, wie sie hier schon dargestellt wurden,[231] wurzelte. Während der Ratsvorsitzende eine überparteiliche Linie zu halten gedachte, die aber gewisse Präferenzen für die CDU nicht ausschloss, gab sich die „Akademie", die ja nach außen hin geradezu als Ratsorgan zu fungieren schien, ebenfalls überparteilich, machte aber in der Person von Hammelsbeck u.a. aus ihrer Sympathie für die SPD und ihrer Kritik an der CDU keinen Hehl. Die politischen Konsequenzen aus der unterschiedlichen Interpretation der Wahrnehmung der öffentlichen Verantwortung der Kirche im Bereich des Politischen wurden dann in den noch darzustellenden eigentlichen „Kirche-Parteien-Gesprächen" deutlich. Doch be-

---

[228] Vgl. auch CORNELISSEN, Ritter, 423.
[229] Schreiben vom 9.1.1947, BAK 1166/258; daraus auch die nachfolgenden Zitate.
[230] 12.2.1947, BAK 1166/258.
[231] Vgl. Kap. 12.1.

vor es dazu kam, sollte sich der Bruderrat der EKD mit dem „Darmstädter Wort" auch öffentlich deutlich positionieren.

12.4.2. *Der Bruderrat der EKD und das „Darmstädter Wort"*

Die bruderrätlichen Kreise bemühten sich während der sich hinziehenden Bemühungen Hammelsbecks weiter, das Verhältnis zur SPD neu zu gestalten. Auf einem Treffen des „Arbeitskreises Evangelische Akademie" Ende April 1947 kam Hans-Joachim Iwand auf die geplanten Gespräche mit den politischen Parteien zu sprechen. Er forderte, die Christen innerhalb der SPD stärker zu stützen, da sie durch die Gründung der CDU enorm unter Druck geraten seien. Iwands Pläne gingen noch weiter: Möglicherweise müsse auch „eine christliche Mission unter den Sozialisten"[232] begonnen werden. Letztlich gelte es anzuknüpfen an die Erlebnisse der gemeinsamen Verfolgung, die man unter der NS-Herrschaft erlitten habe. Iwand lehnte die CDU dabei nicht rundweg ab. Er konzedierte durchaus die Möglichkeit einer solchen Partei, jedoch müsse diese sich etwa im Wahlkampf auch an den Maßstäben des Christlichen messen lassen. Doch gerade dagegen hatte die Partei nach seiner Meinung bisher schon in eklatanter Weise verstoßen. Ministerialdirektor Otto Koch, der auch in der „Arbeitsgemeinschaft für Christentum und Sozialismus"[233] aktiv war, ging in seinen Forderungen weiter. Er meinte, nur eine dringend notwenige Selbstkritik der Kirche könne „das Eis brechen", das zwischen Kirche und SPD bestehe.

Diesen Forderungen nach einem Ausgleich mit den sozialistischen Parteien sollte der Bruderrat mit seinem berühmt gewordenen „Darmstädter Wort" folgen. Auf der Tagung am 6./7.7.1947 in Darmstadt wurden die entscheidenden politischen Weichen gestellt, die in der Folge geradezu einen Paradigmenwechsel für weite Teile des Protestantismus in der Stellung zur Politik und den politischen Parteien markierten.

Es war Hans-Joachim Iwand, der am Abend des ersten Sitzungstages zunächst die Stellung des Bruderrates zum Problem des Nationalismus ansprach. Angesichts restaurativer Tendenzen, die nicht zuletzt in der Kirche selbst spürbar waren, forderte er ein deutliches Wort des Bruderrates, das gerade auch um der politischen Einheit Deutschlands willen nötig sei. Iwand kam zum Kern seiner Ausführungen:

„Die BK muß eine politische Linie haben, wir müssen eine politische Haltung als Christen haben, wir müssen heute vom Bruderrat aus sagen: Wir gehen einen neuen Weg. Die Gefahr besteht für uns heute darin, dass die gescheiterten Stände Deutschlands bei uns ein Rückzugsgebiet suchen. Die Arbeiterschaft hat noch kein rechtes

---

[232] Protokoll vom 29.4.1947, BAK 1367/138; daraus auch die nachfolgenden Zitate.
[233] Vgl. Kap. 11.1.1.
[234] Buchhaas, Leitbilder, 72.

Vertrauen, dass die Kirche ihr Anliegen soziologisch aufnimmt. Uns fehlt eine konkrete Tat!"[234]

Unter Hinweis auf seine in der Schrift „Christengemeinde und Bürgergemeinde" umrissene Position verantwortlicher christlicher Existenz im Raum des Politischen schlug Karl Barth vor, Iwand möge einen Entwurf für ein politisches Wort des Bruderrates zur gegenwärtigen Situation erstellen. Wilhelm Niesel unterstützte dies ausdrücklich mit dem Hinweis auf das bevorstehende Gespräch des „Arbeitskreises Evangelische Akademie" mit der SPD, wo ein deutliches Wort nötig sei. Am folgenden Tag trug Iwand seine erarbeiteten Thesen vor.[235] Sie bildeten neben drei anderen Entwürfen, einer stammte u.a. von Niemöller,[236] die Grundlage des späteren „Darmstädter Wortes" und bedeuteten für den bruderrätlichen Protestantismus den Durchbruch zu einem neuen Verhältnis zu Konservatismus und Marxismus. Indem Iwands Erklärung sich eindeutig aus der als Umklammerung empfundenen Verbindung mit den konservativen Kräften löste, wurde eine neue vorbehaltlose Begegnung mit dem Marxismus angestrebt.

In These 5 seines Entwurfes machte Iwand die konkreten Gefahren für Kirche und Volk deutlich:

„Noch immer werden nationalistische und politische Parolen, die den Ausgangspunkt für die Katastrophe von 1933 bildeten, weiter gepflegt und zur Selbstrechtfertigung gebraucht. Die Gemeinde Gottes auf Erden sollte sich reinigen von allen bösen Gedanken und frei bleiben im Spiel der weltlichen Mächte. Sie wird aber diese Reinheit ihres Dienstes und die Freiheit ihres Zeugnisses verlieren, wenn sie sich noch einmal bestimmen lässt von der Parole: Christentum oder Marxismus. Diese Parole hat uns dazu verführt zu schweigen, als wir zum Zeugnis für Recht und Freiheit gefordert waren, und denen politisch zu folgen, denen wir als Christen politisch widerstehen mussten."[237]

In These 7 hieß es bei Iwand programmatisch: „Nicht Rückkehr zum Christentum, sondern Umkehr zu Gott durch das Evangelium ist uns geboten."[238] Das Verhältnis zum Marxismus wurde von Iwand in These 3 angesprochen, die inhaltlich der dritten These des „Darmstädter Wortes" entsprach (s.u.).

Dass diese Ausführungen nicht ohne konkrete parteipolitische Auswirkungen bleiben konnte, war klar. Wilhelm Niesel gab zu bedenken: „Was von den konservativen Mächten gesagt wird, gilt für die Vergangenheit – es muß verstanden werden gegen die CDU."[239] Ähnlich – aber eindeutig positiv – sah Ludwig Metzger die Bedeutung des Wortes, auf das er, wie er hinzufügte, „schon lange gewartet habe"[240]. Er bat dringend darum, dieses Wort jetzt

---

[235] Vgl. auch KLAPPERT, Verantwortung, 341ff.
[236] LUDWIG, Wort, 28ff.
[237] Zit. in: Ebd., 28.
[238] Ebd.
[239] BUCHHAAS, Leitbilder, 100.
[240] Ebd.

nicht nur in kirchlichen Kreisen publik zu machen, sondern auch mit den vorwiegend sozialistisch gesonnenen Arbeitern, „die als Proletarier auch zur Gemeinde gehören müßten"[241], den Kontakt zu suchen. Ein Ausschuss, dem Iwand selbst und die Bruderratsmitglieder Niesel, Held, Dipper und Niemöller angehörten, wurde berufen, damit dieser vor der nächsten Bruderratssitzung das „Wort" in seiner endgültigen Fassung erarbeiten solle.

Auf der Sitzung des Bruderrates der EKD am 7./8. August 1947 wurde ein aus den verschiedenen Fassungen erarbeiteter Text verabschiedet.[242] Darin hieß es in der dritten These:

> „Wir sind in die Irre gegangen, als wir begannen, eine ‚christliche Front' aufzurichten gegenüber notwendig gewordenen Neuordnungen im gesellschaftlichen Leben der Menschen. … Wir haben das Recht zur Revolution verneint, die Entwicklung zur absoluten Diktatur geduldet und gutgeheißen. … Wir sind in die Irre gegangen, als wir meinten, eine Front der Guten gegen die Bösen, des Lichtes gegen die Finsternis, der Gerechten gegen die Ungerechten im politischen Leben und mit politischen Mitteln bilden zu müssen. … Wir sind in die Irre gegangen, als wir übersahen, dass der ökonomische Materialismus der marxistischen Lehre die Kirche an den Auftrag und die Verheißung der Gemeinde für das Leben der Menschen im Diesseits hätte gemahnen müssen. Wir haben es unterlassen, die Sache der Armen und Entrechteten gemäß dem Evangelium von Gottes kommendem Reich zur Sache der Christenheit zu machen."[243]

Dass diese Sätze ganz selbstverständlich bestrebt waren, auch zu den politischen Parteien ein neues Verhältnis aufzubauen, konnte, obwohl von ihnen nicht direkt gesprochen wurde, niemand übersehen. Was mit der ‚christlichen Front' gemeint war, machte das Mitglied der rheinischen Kirchenleitung, Joachim Beckmann, in seiner Interpretation des Wortes auf einer Vertrauensmännerversammlung der BK im Rheinland bald deutlich: „Es war selbstverständlich, dass das deutsche christliche Haus politisch konservativ war. Die Sozialdemokratie war von vornherein gerichtet."[244] Auch die ‚Front der Guten gegen die Bösen' usw. wollte Beckmann politisch verstanden wissen. Gerade das vergangene Parteienwesen und die kirchliche Unterstützung der restaurativen Kräfte hatten für ihn zu dieser Front beigetragen, so dass „die Kirche im wesentlichen eine Kirche des Mittelstandes geblieben"[245] sei.

Beckmann stellte eindrücklich fest, dass es dem „Darmstädter Wort" keineswegs um eine Art kirchlichen Frontwechsel hin zu den sozialistischen Parteien ginge, sondern vielmehr um die Wiederentdeckung des eigentlichen kirchlichen Auftrags der Evangeliumsverkündigung:

---

[241] Ebd.
[242] Zur Geschichte des Wortes vgl. LUDWIG, Darmstädter.
[243] Zit. in: MÜLLER, Dogmatik, 286f.
[244] NORDEN, 20. Jahrhundert, 283.
[245] Ebd., 283f.

„Überall tauchen die Gefahren neu auf, wenn wir hören von der Wiederherstellung der abendländischen Vergangenheit, dem Gedanken an ein neues Mittelalter. Es besteht die Gefahr eines neuen Bundes mit den sich jetzt wiederfindenden konservativen Mächten, die politisch links stehen möchten. … Was uns nottut, ist die Umkehr zu Gott und Hinkehr zum Nächsten, im Sinne der Barmer Erklärung".[246]

Mit dem „Darmstädter Wort" brach die schon seit jeher fragile Nachkriegseinheit des früheren Reichsbruderrates und jetzigen Bruderrates der EKD endgültig und öffentlich sichtbar auseinander. Dies machte nur wenige Tage nach der Veröffentlichung des Wortes Hans Asmussen, der an der Tagungen des Bruderrates nicht teilgenommen hatte, mit ungeheurer Verärgerung in einem Schreiben an seine Mitbrüder deutlich. Besonders die vermeintliche Verschiebung der politischen Präferenzen hin zu den Linksparteien und der SPD veranlasste Asmussen zu einer Auseinandersetzung von außerordentlicher Schärfe. Ohne die Nähe der Kirche zu den staatlichen und herrschaftlichen Strukturen in der Vergangenheit leugnen oder verharmlosen zu wollen, warnte er doch nun vor einem Pendelschlag zur Linken.

Scheinbar unwissend stellte sich Asmussen in seinem Brief zunächst bei der Exegese der Formulierung von der „Front der Guten gegen die Bösen, des Lichts gegen die Finsternis". Waren die Alliierten in ihrer Selbstdefinition gegen das nationalsozialistische Deutschland gemeint? „Oder" – so fragte Asmussen rhetorisch – sollte der Bruderrat „an dieser Stelle die CDU im Auge gehabt haben?"[247] Dagegen verwahrte sich Asmussen allerdings mit deutlichen Worten, indem er forderte: Wenn schon ein politisches Wort, dann doch eine Anerkennung derer, „die im Glauben sich der CDU zur Verfügung gestellt haben." Asmussen wollte damit keineswegs in Abrede stellen, dass dieses Engagement auch für einen Fehler gehalten werden könne, letztlich ging es ihm aber in seiner Philippika um die SPD. Denn, so meinte er, es sei doch so, dass „keinem Christen zugemutet werden kann, zu einer Partei zu stoßen, deren Grundlagen ausgesprochen antichristlich sind." Dass es allerdings auch in der SPD gleichsam ideologiefreie Kräfte gab, stand für ihn fest. Dies musste aber nichts heißen, denn – so fügte er hinzu – solche habe es auch in der NSDAP gegeben.

In der Ideologiekritik führte Asmussen diese Parallelisierung von Sozialismus und Nationalsozialismus weiter, wenn für ihn der Marxismus „nicht für einen Deut erträglicher anzusehen" war, als Rosenbergs Mythos des 20. Jahrhunderts. „Rosenberg war dümmer als Karl Marx, eine Steigerung bewusster Gottlosigkeit gibt es nicht." Dass gerade die politische Linke für Asmussen klaren Anteil an den Folgen der Säkularisierung und den für ihn diabolischen Folgen habe – „durch Proklamation des Massenmordes, der Verteufelung des Gegners, der Auflösung der menschlichen Gemeinschaft" – und dass dies im

---

[246] Ebd., 283.
[247] BUCHHAAS, Leitbilder, 107ff; daraus auch die nachfolgenden Zitate.

„Darmstädter Wort" nicht genannt werde, erinnerte ihn fatal an das Schweigen der kirchlichen Mittelparteien gegenüber dem Nationalsozialismus. Natürlich müsse, fügte Asmussen hinzu, auch mit dem Sozialismus gesprochen werden: „Wir sind ihm das Evangelium schuldig wie allen."

Asmussen drehte die Perspektive um, wenn er nun von der Schuld der Sozialisten sprach und meinte, gerade gegenüber dem Sozialismus und mit ihm auch gegenüber den Religiösen Sozialisten dürfe deren Mitschuld an der nationalsozialistischen Herrschaft nicht verschwiegen werden. Dieses Schuldigwerden setze sich nun im Osten fort. Hier sei auf die Ereignisse der Bodenreform in der SBZ hinzuweisen, in der die Gesinnung des Kommunistischen Manifestes und der Französischen Revolution, nicht die des Gebotes „Du sollst nicht stehlen" zu finden sei.

Wenige Tage später ging Asmussen mit seiner Kritik auch in die Öffentlichkeit. Am 28.8.1947 hielt er in Frankfurt einen Vortrag über „Die gegenwärtige Lage des Protestantismus". Deutlicher als im Schreiben an den Bruderrat wurde die Kritik hier nicht nur im Verhältnis zum Sozialismus geäußert, sondern in grundsätzlicherer Weise die Parteien als Forum der politischen Willensbildung und die Demokratie selbst als eine den Deutschen wenig angemessene Staatsform in Frage gestellt. Wie unter einem Brennglas sammelten sich in Asmussens Rede nochmals all die Vorbehalte und Vorurteile weiter Teile des Protestantismus gegenüber den Parteien und der Demokratie. Besonders über die politischen Parteien brach Asmussen ganz in der Form seiner Weimarer Kritik[248] den Stab: „… eine kleine Schicht mit großer Bedeutung, ohne Verbindung zum Volk. Sie erscheinen darum als Fremdkörper."[249] Die alte konservativ-organische Staatsvorstellung der christlichen Konservativen wurde wieder deutlich, wenn gerade das Wesen der parlamentarischen Demokratie als dauerhafter Streit und Zersplitterung des Ganzen aufgefasst wurde. Dem gegenüber stellte Asmussen die Forderung nach Einheit und Gemeinschaft angesichts der gegenwärtigen Nöte. Wieder wurde bei ihm „1789" zum Schlüsseldatum des allgemeinen Verfalls, als dessen Folge nun eben die Parteien zu sehen seien. Verhältnismäßig zurückhaltend ging Asmussen in seinem Vortrag mit dem Sozialismus ins Gericht. Grundsätzlich gehe es darum, den atheistischen Charakter des Marxismus zu entlarven. Dessen Kapitalismuskritik sei in einem „Volk von Bettlern" geradezu obsolet, meinte er.

Asmussen setzte in seinem Vortrag andere Akzente als in seinem zitierten Brief, wenn er sich grundsätzlich mit der Staatsform der Demokratie auseinander setzte. Dabei wurde das von den westlichen Alliierten in Gang gebrachte Demokratisierungsprogramm abgelehnt. Wieder wurde das Missverständnis der Demokratie deutlich, die Asmussen nicht primär als Staats-

---

[248] Vgl. Kap. 5.2.
[249] BUCHHAAS, Leitbilder, 111ff.; daraus auch die nachfolgenden Zitate.

form interpretierte, sondern als die Lebensart des westlichen Liberalismus, welche die Sieger nun Deutschland aufoktroyieren wollten. Die Kirche müsse sich hier wie ehedem im Nationalsozialismus als eine Gegenmacht verstehen. Nachdem man vom „deutschen" Christentum geheilt sei, brauche man nun ebenso wenig ein „demokratisches" Christentum, führte er aus. Nicht in Bindung an eine neue Ideologie, nicht im Aufrichten der Parteien, sondern allein im Glauben an Gott sei Hilfe und Rettung zu erwarten, ergänzte er. Letztlich reduzierte sich für Asmussen das „Darmstädter Wort" auf einen „Sozialisten-Beschluss des Bruderrates", zu dem er „je länger je mehr nur nein sagen"[250] konnte.

Seine Vorwürfe wiederholte er in der Rede über „Die Lage der Kirche innerhalb des politischen Geschehens" im Herbst 1947:

„Die Kirche innerhalb des Spieles und Wiederspieles politischer Kräfte zu sehen, ist ganz interessant. Wer die Kirche so sieht, der sieht sie nicht in ihrer wahren Situation. Die Situation der Kirche sehen, heißt von ihr wissen, daß sie mitten im politischen Spiel der Kräfte stehend nun gerade nicht entscheidend mit dem Generalissimus Szahlin(!), dem Präsidenten Trumann (!), dem englischen Ministerpräsidenten und der Regierung der französischen Republik zu tun hat, sondern mit Fürsten und Gewaltigen, deren menschliches Hirn weit übersteigende Klugheit sich im politischen Geschehen unserer Generation auswirkt. ... Denn das ist die politische Existenz der Kirche, daß sie jenes Spiel und Wiederspiel politischer Kräfte für das Unwesentliche hält, dagegen nur weiß, daß das Wesentliche in, mit und unter diesem Spiel sich ereignet, ohne daß die Hauptspieler davon wissen. Eine Kirche, die bei dem Spiel und Wiederspiel der Kräfte haften bleibt, ist politisierende Kirche, die bestenfalls die Höhen eines Innozenz III. erklimmt."[251]

Bei soviel Skepsis konnte es nicht verwundern, wenn Asmussen formulierte, dass „alle modernen Götter ... mit Nachnamen Ismus" heißen und die Politiker von ihm einfach als die „Straßenjungen der Geschichte" verächtlich gemacht wurden. Wenige Wochen zuvor hatte er in einem Vortrag „Um die Einheit der evangelischen Kirche"[252] formuliert:

„Die Demokratie ist zur Herrschaft gekommen. Nun steht die Kirche vor der Aufgabe, zu bewähren, was sie unter Adolf Hitler gelernt hat, auch und gerade der Demokratie gegenüber sich als Kirche zu bewähren. Denn die Kirche soll auch die Krisis der Demokratie sein. ... nie und nimmer darf die Kirche, weil sie im Kampf gegen den Nationalsozialismus stand, nun den Eindruck erwecken, die Demokratie sei die der Kirche gemäße Form des Staates."

Schon diese Äußerungen hatten einen konfessionellen Einschlag, wenn er weiter ausführte:

---

[250] Schreiben 22.8.47, ACDP I-398–005/1.
[251] ACDP I-398–005/1; daraus auch die nachfolgenden Zitate.
[252] ACDP I-398–005/1.

„Die Grenzen zwischen Presbyterium und Dorfparlament, Synode und Landtag dro-
hen zu verwischen. Reformiert droht politisch Trumpf zu werden, vor allem weil die
Sieger Demokraten sind und weil unter ihnen die reformiert bestimmten Christen einen beachtlichen Teil ausmachen. … Es muß der Welt deutlich werden, daß die Kirche
eine unvergleichliche und unnachahmliche Größe ist. … Die calvinistische Tradition
ist geeignet, den Gedanken aufkommen zu lassen, die Demokratie stehe außerhalb des
Gerichtes Gottes und sei im Grunde nichts anderes als Gottes Gemeinde.“

Nicht nur in der politischen Positionierung, auch in der theologischen Fundierung schien Asmussen das „Darmstädter Wort“ insgesamt bedenklich, da
es für ihn in einer falschen Zuordnung der bekannten theologischen Topoi
von Glaube und Werk bestand. Das als Werk verstandene politische Engagement schien ihm gerade in der Hinwendung zum für ihn nicht christlich
fundierten Sozialismus den Glauben in den Hintergrund zu drängen. Asmussen schloss mit einer unverhohlenen und prophetischen Mahnung: „Ich
hoffe stark, dass der Bruderrat seinen Beschluss revidieren wird. Sonst würden die sich bildenden Fronten sich bedauerlich schon im Entstehen ver-
festigen.“[253]

Auf der Sitzung des Bruderrates am 15./16.10.1947 in Darmstadt kam es
nochmals zu einer Aussprache über das politische Wort. Erstmals wurde auch
mit großer Deutlichkeit spürbar, wie die politische Trennung in Ost und
West das gegenseitige Verstehen behinderte. Gerade im Osten hatte man das
Wort offensichtlich ganz anders gelesen, als es von den ausschließlich westdeutschen Brüdern, die es verfasst hatten, gemeint war. Der Berliner Generalsuperintendent Jacobi wies auf die breite Ablehnung des Wortes in den
bruderrätlichen Kreisen in der SBZ hin. Zustimmung habe das Wort nur bei
zwei Stellen gefunden:

„1. beim FDGB. 2. bei der Zentralverwaltung der sowjetischen Zone. Ich glaube, Sie
kennen die Lage im Osten nicht. Wenn Sie die kennen würden, hätten Sie das Wort
nicht in der Fassung herausgegeben. … Die politischen Leute lesen: Die Kirche ist bereit, sich mit der marxistischen Lehre Arm in Arm zu bewegen.“[254]

Geistesgeschichtlich orientierte Kritik kam von Paul York von Wartenburg,
dem Bruder des im Zusammenhang mit dem 20. Juli 1944 hingerichteten
Peter Yorck von Wartenburg. Paul Yorck schrieb am 5.5.1948 an Joachim
Beckmann:

„Er [der Sozialismus M.K.] ist in erster Linie ein Ausdruck des Materialismus als Weltanschauung und insoweit ein absolutes Spiegelbild des Kapitalismus. Er ist bestimmt
durch die Idee des Klassenkampfes ebenso wie durch das Bekenntnis zum Atheismus.
Er ist unduldsam und sucht die Person in der Masse aufzulösen. In der politischen Auseinandersetzung mit Gegnern ist ihm jedes Mittel der Calomnie (!) und des Mordes
recht. Mit dieser Vielzahl von Prinzipien ist das soziale Anliegen zu einem unauflösba-

---

[253] Buchhaas, Leitbilder, 111.
[254] Ebd., 125.

ren Ganzen verschmolzen, und es heißt, einfach die Augen vor der Wirklichkeit verschließen, einen Sozialismus im luftleeren Raum konstruieren, wenn man bei diesem
Begriffe nicht an die geschichtliche Manifestation, sondern an die bloße Fiktion einer
neuen Sozialordnung denkt. Die heutigen sozialdemokratischen Führer mögen sich
dagegen verwehren, dass der Bolschewismus und der Nationalsozialismus Erscheinungsformen des marxistischen Sozialismus seien. Sie sind es eben doch, ... So mögen auch die elevierten (!) Geister unter den Sozialdemokraten heute getrost bekennen, dass die wissenschaftlichen Vorraussetzungen der marxistischen Lehre überholt
seien. Sie bleiben mit all diesen Verlautbarungen Privatleute, die es nicht riskieren
können, mit solchem Bekenntnis vor die Masse zu treten. ... Und so liegt auch der
Fehler früherer Generationen nicht in diesem Nein zum Sozialismus sondern in dem
Schweigen zum Kapitalismus, dem Schweigen zu allen anderen Formen des Götzen-
dienstes. Es ist gar nicht die Aufgabe der Kirche, über der Sozialordnung zu wachen.
Wohl aber ist es ihre Aufgabe, die Götzen zu stürzen ..., was aber sonst von der Offenheit gegenüber dem östlichen System gesagt wird, ist geradezu naiv, wenn man die Erfahrungen von 1933 hinter sich hat. Ganz zu schweigen von den Erfahrungen unserer
Bruderkirchen in Litauen, im Baltikum, in Polen und im Balkan. ... Ich empfinde es
geradezu als eine Schande, wenn diese Schrift als das Ergebnis des deutschen Kirchenkampfes der Amsterdamer Weltkonferenz präsentiert wird.“[255]

Die Kritik, die das „Darmstädter Wort“ bis hinein in die Kreise der Bekennenden Kirche, zu der ja auch Asmussen gehörte, erfuhr, macht die unterschiedliche Ausgangslage innerhalb der Fragen der politischen Ethik im Protestantismus deutlich. Karl Herbert resümiert, mit dem „Darmstädter Wort“
sei „ein Nerv in Gestalt einer für viele Kirchenleute ganz selbstverständli-
chen politischen Grundhaltung, die vermeintlich unpolitisch war, getroffen
worden“[256]. Zugespitzt hieß dies: Was getroffenen wurde, war eine Haltung
der politischen Romantik im Protestantismus, die Asmussen mit seinen
Äußerungen nach wie vor verkörperte. Tatsächlich bedeutete das „Darmstädter Wort“ in dem Sinne einen Modernisierungsschub innerhalb der protestantischen politischen Ethik, dass es weniger einen „Sozialistenbeschluss“
(Asmussen) darstellte, als eine klare Absage an die traditionelle Verbindung
zwischen Protestantismus und politischem Konservatismus. Allerdings über-
formte diese Absage eine eingehende Auseinandersetzung mit Chancen und
Möglichkeiten einer interkonfessionellen Partei, die die CDU ja auch war.
Niesels vorsichtige Warnungen blieben ungehört. Diese neue Haltung war
– zumal sie mit dem Wunsch eines verbesserten Verhältnisses zum Sozialismus durchaus verbunden blieb – innerhalb des Protestantismus so ungewohnt, dass sie gleich als eine Wendung um 180° interpretiert wurde. Dass
sie dies nicht war, sollte das bald folgende Gespräch mit der SPD zeigen.

---

[255] Abschrift ZAHN 36/72.
[256] HERBERT, Aufbruch, 101.

12.4.3. Die Gespräche mit SPD und CDU

Im engen zeitlichen Zusammenhang mit dem „Darmstädter Wort" stand das erste der von Hammelsbeck arrangierten Kirche-Parteien-Gespräche. Es wurde mit der SPD geführt. Vom 16.–18.7.1947, also *nach* der Anfertigung der ersten Entwürfe für das „Darmstädter Wort", aber *vor* der Verabschiedung desselben, traf man sich im Detmolder Diakonissenhaus. Seitens der SPD nahmen u.a. Schumacher, sein Stellvertreter Ollenhauer, Arno Hennig, Heinrich Albertz und Adolf Grimme teil. Zu den kirchlichen Teilnehmern gehörten nicht nur die Mitglieder der „Arbeitskreises" sondern auch Landesbischof Lilje[257] und Oberbürgermeister Metzger.[258]

Das Gespräch ist nicht dokumentiert worden, jedoch sind einige Stichwortzettel erhalten geblieben, die einen – wenngleich nur ungefähren – Aufschluss über den Gesprächsverlauf geben. So begann die Unterredung zwischen Kirchenvertretern und Sozialdemokraten zunächst einmal mit einer Andacht über den ungewöhnlichen Predigttext Sach 13,5.[259] Offensichtlich sollte durch diesen Text die Distanz zwischen Geistlichkeit und Arbeiterschaft abgebaut werden. Das Gespräch selbst hatte teilweise einen eher deklamatorischen Charakter, wie die folgenden Zitate zeigen.

Oskar Hammelsbeck leitete es ein, indem er auf Adolf Grimme hinwies, der die Kontakte ermöglicht hatte. Der Tenor seiner Ausführungen war: „Keine Restauration!", vielmehr lebe man in einer „apokalypt.[ischen] Zeit". Hans Iwand schritt dann in einer tour d'horizon das Verhältnis zwischen Christentum und Sozialismus in der Vergangenheit ab. Kurt Schumacher gab seinerseits eine Einschätzung der geschichtlichen Entwicklung: „Nach dem ersten Krieg die erste große Chance für die Kirche. – Kokettieren mit soz.[ialistischen] Gedanken." Nun habe die Kirche „eine zweite Chance." In seinen eigenen Notizen werden die Ausführungen noch etwas deutlicher:

„die Atmosphäre der Aufklärung vorüber ... Ressentiment, Misstrauen d. SPD-Funktionäre, Hindurchsehen durch e. Gemeinsamkeit von Ziel und Weg. ‚Vergebung', Vergangenes vergangen sein lassen. Wir müssen uns finden in einem neuen Ansatz. Unrecht einer christlichen Partei."[260]

Im Verlaufe des Gespräches stand dann die Bergpredigt als möglicherweise verbindendes Element zwischen Christen und Sozialisten im Mittelpunkt der Ausführungen. Sicherlich hatten Kurt Schumachers Ausführungen über

---

[257] Allerdings nur für kurze Zeit, wie aus einem Schreiben Hammelsbecks an die Kirchenkanzlei hervorgeht; Schreiben vom 26.7.1947, EZA 2/276.

[258] MÖLLER, Kirche, 146ff.

[259] „Ich bin kein Prophet, sondern ein Ackermann; denn Acker habe ich in meinem Erwerb von Jugend auf." ZAHN, Bestand 62/595; daraus auch die nachfolgenden Zitate.

[260] AdSD NL Kurt Schumacher, Nr. 348.

den „Geist der Bergpredigt", der eine legitime Motivation für die Mitarbeit in der SPD sei,[261] dazu einiges beigetragen.

Im Allgemeinen waren die Beiträge der Kirchenmänner rein theologisch gestimmt, wenn Martin Niemöller zum Beispiel von dem „Evangelium für die Kapitulierenden. Abgrund vor uns, ER kommt hinein ... Der Geist kein Theosophengeist"[262] sprach und er darauf hinwies, es gehe um eine „neue Geburt", um das „freie Werk Gottes, [dieses sei] darum nicht Ordnungsprinzip dieser Welt". Niemöller verband mit seinen Ausführungen auch eine „Warnung" an die SPD. Klassenhass müsse durch Liebe ersetzt werden, „kein Ressentiment" dürfe sich in der Partei breit machen. Er fügte eine „Bitte" hinzu: „Die Kirche muss sich ins Gewissen von BK treffen lassen, die SPD von Matth. = hungernd Durst nach der Gerechtigkeit."

Im weiteren Gesprächsverlauf kam man dann zu konkreten sozialpolitischen Forderungen. Heinrich Albertz sprach von einem Lastenausgleichsgesetz. Otto Koch regte eine Bodenreform an. Heinrich Held ergänzte: „Wir mühen uns, Verantwortung wahrzunehmen für das Leben der Menschen unseres Volkes." Auch der Gedanke von „runden Tischen" wurde erörtert.

Das mit so vielen Erwartungen angestrebte Treffen hatte über das Atmosphärische hinaus keine konkreten Auswirkungen. Allein diese atmosphärische Besserung war jedoch nicht zu unterschätzen. Sozialisten und Kirchenvertreter waren sich immerhin zum ersten Male in der deutschen Geschichte zu einem Gedankenaustausch begegnet. Dass das Misstrauen auch auf Seiten der bisher kirchenoffiziell eher angefeindeten Sozialisten nicht auf einen Schlag abgebaut wurde, war verständlich.

In einem Schreiben an Schumacher nach dem Treffen versuchte Hammelbeck auch im Namen der anderen kirchlichen Gesprächsteilnehmer eine positive Interpretation des Gesprächs. Selbstkritisch bemerkte Hammelsbeck, dass „manches Ihnen gegenüber hätte deutlicher werden müssen vom Wesen und Art der erneuerten Kirche."[263] Keineswegs sei man jedoch gesonnen, jetzt sozusagen auf die sozialistische Seite umzuschwenken. Hammelsbeck bestand darauf, dass es kirchlicher Auftrag bleibe, Politiker „in ihr politisches Tun hinein vom Worte Gottes her zu warnen". Bezüglich der Sozialdemokratie bedeute das eben auch, sie „von dem in allen irdischen Planungen lauernden Wahn" zu bewahren, als könne der Sozialismus die erstrebte klassenlose Gesellschaft erreichen. Doch gelte dies auch in anderer Weise für die Kirche, die „noch weithin in einer altbürgerlichen Religiosität" stecke. Die Bekennende Kirche, die Hammelsbeck repräsentierten wollte, er sprach Schumacher gegenüber von der „erneuerten Kirche" – wolle

---

[261] Vgl. Kap. 11.1.2.
[262] ZAHN 62/595; daraus auch die nachfolgenden Zitate.
[263] Schreiben vom 16.9.1947, AEKIR Best. 401; daraus auch die nachfolgenden Zitate.

jedenfalls in dem Sinne unpolitisch sein, als sie auf die bisherigen bürgerlichen Privilegien eben durchaus verzichte. Angestrebt sei nicht die alte Überparteilichkeit oder „Neutralität", sondern die „Autorität des Unbestechlichen" in der Verkündigung und Zuwendung zur Welt. In diesem Sinne, so schloss er, befinde man sich „auf gleicher Ebene im Kampf um die Freiheit des Geistes, um die Würde des Menschen und seinen echten Dienst in der Gemeinschaft."

Die unterschiedliche Interpretation der Gespräche macht die nicht überwundene Ausgangslage der Gesprächspartner deutlich: Wenn Iwand nachher sagte, man hätte gegenseitig die ‚Uniform'[264] abgelegt, so täuschte er sich: Theologen hatten mit Politikern gesprochen. Die für den Raum des Politischen zentrale Machtfrage hatten dabei nur letztere gestellt. Die Auswertung des Gespräches im Parteivorstand der SPD machte dies deutlich. Bei allem Wohlwollen meinte man,

„daß die Vertreter der Kirche ganz offensichtlich besorgt seien, noch eine dritte geschichtliche Möglichkeit zu versäumen. ... die Sozialdemokratie wird in toleranter Weise für die Freiheit der Verkündigung eintreten, wie der Rat der evangelischen Kirche aus christlicher Überzeugung die sozialen Forderungen der Sozialdemokratie unterstützen wird."[265]

Während Grimme, der den theologischen Prämissen der BK, wie gesehen, nicht folgen konnte, noch positiv zu deuten versuchte, man stehe „in einer Front gegen den Kollektivismus und in einer Front für die Freiheit der Person", gab Arno Hennig, ein Mann, der die SPD nach wie vor nicht nur als politische, sondern auch als geistige Heimat betrachtete, laut Parteivorstandsprotokoll zu bedenken,

„daß die Genossen draußen die Dinge nicht so sehen und erleben wie wir in diesem Kreise. Wir müßten versuchen, eine geistige Großmacht zu werden. Er weist noch auf die Gefahr hin, die darin liegt, daß heute schon wieder die konfessionellen Jugendorganisationen mit 250 000 Mitgliedern den 40 000 Falken gegenüber stehen."[266]

Gegenüber dem Rat der EKD fasste Hammelsbeck in einem Schreiben den Gesprächsverlauf so zusammen: Das „Urteil im Ganzen ist positiv; auf beiden Seiten besteht der Wunsch, die Begegnung nach einiger Zeit zu wiederholen und fortzusetzen."[267]

Dass auch der Rat der EKD dieser Begegnung trotz der Kritik Wurms an der Selbstbezeichnung des Arbeitskreises viel Interesse entgegenbrachte, zeigte das Dankesschreiben des Mitarbeiters der Kirchenkanzlei, Friedrich Merzyn, der Hammelsbeck mitteilte, man werde seitens des Rates die Arbeit

---

[264] MÖLLER, Kirche, 147.
[265] ALBRECHT, SPD, 252.
[266] Ebd.
[267] Schreiben vom 26.7.1947, EZA 2/275.

des Arbeitskreises „zusätzlich mit 6000 Reichsmark unterstützen."[268] Die Mitteilung Merzyns, dessen Vorgesetzter Asmussen war, zeigt, wie tief die Zerstrittenheit in politischen Fragen bis in die Kirchenkanzlei der EKD hinein reichte.

Wenn der SPD-Parteivorstand in der Nachbereitung des Gespräches vom „Rat der evangelischen Kirche" (s.o.) sprach, obwohl man formal mit der „Akademie" und (zeitweise) mit Bischof Lilje gesprochen hatte, macht dies deutlich, dass es Hammelsbeck offensichtlich gelungen war, die „Akademie" entsprechend der damaligen Einladung als Vertretung des Rates zu präsentieren.

Das Gespräch mit der CDU, das Anfang Oktober stattfand, war von dieser Ausgangsposition her jedoch schon im Vorfeld belastet. Im August 1947 schrieb der damalige Herforder Superintendent Hermann Kunst an Asmussen:

„Nach dem, was wir täglich mit der SPD erleben, ist das Misstrauen in weiten Kreisen bei uns gross, dass hier Unredlichkeiten eine Rolle spielen. Besonders übel vermerkt ist in den CDU-Kreisen, dass Dr. Adenauer in der vergangenen Woche geäussert hat, Bruder Hammelsbeck habe ihm mitgeteilt, dass das Gespräch mit den Vertretern der CDU noch hinaus geschoben werden müsste. Sie werden verstehen, welche Erbitterung diese Mitteilung unter den evangelischen Männern der CDU ausgelöst hat. … .
… man sollte den evangelischen Männern in der CDU, die uns jedenfalls hier im Westen nachweisbar hinreichende Dienste tun und guten Willens sind, nicht unnötige Schwierigkeiten machen."[269]

Während die Begegnung mit der SPD zu einem gegenseitig freundlicheren Verhältnis beitrug, endete das Treffen mit der CDU, das als klärendes Vorgespräch für eine Begegnung von CDU-Führung und Rat der EKD dienen sollte,[270] in einem Fiasko. Zunächst einmal war wegen einer von der CDU erbetenen kurzfristigen Terminverschiebung die Kirchenseite nicht gerade stark besetzt. Niemöller, Iwand, und Ernst Wolf sagten kurzfristig ab. Paul Schempp erschien nicht.[271] Lediglich Oskar Hammelsbeck, Götz Harbsmeier und ein Pastor Wolf aus Bethel[272] bildeten die kirchliche Gruppe. Von CDU-Seite nahmen u.a. Adolf Cillien, Arnold Fratzscher, Robert Lehr, Fritz Söhlmann, Emil Marx und Helmut Lauffs teil.

Hammelsbeck erläuterte in einem Referat zunächst den neuen Öffentlichkeitswillen der Kirche, der eben auch den Raum des Politischen betreffe, und ging dann sofort zum „Angriff" über: Dass auch Christen nun bewusst als solche in den Raum der Politik hineindrängten, sei verständlich. Sich dazu als eine christliche Partei zusammenzuschließen, könne jedoch nur als

---

[268] Schreiben vom 31.7.47, EZA 2/275.
[269] 14.8.47, EZA 2/276.
[270] HEITZER, Britische Zone, 704.
[271] Eilbrief, BAK 1367/138.
[272] HEITZER, Britische Zone, 704 A. 310 nimmt irrtümlich (Ernst) Wolf an.

ein Weg der „Absonderung" in der Welt interpretiert werden, meinte er. Gleichzeitig werde die Kirche durch eine solche sich christlich nennende Partei in den Raum der Politik eben parteiisch hineingezogen. Dies sei nicht die Aufgabe der Kirche, die dem Problem auf theologischer Ebene zu begegnen habe und die deshalb dem Marxismus genauso skeptisch gegenüber stehen müsse wie der „,christl.' Weltanschauung."[273] Eine christliche Partei könne nur „solange gewissermaßen als notwendiges Übel anzusehen" sein, solange andere Parteien sich christlichen Anliegen verschlössen. Gerade diese Haltung sei aufzubrechen. Die CDU führe aber nun durch ihre Existenz geradezu zu der Paradoxie, dass andere Parteien sich christlichen Anliegen verschlössen, weil es eine Partei gebe, die sich ausdrücklich als „christlich" verstünde. Schließlich kam Hammelsbeck zur Kritik der konkreten Politik und ihrer Methoden: „Wenn das im pol. Kuhhandel der Welt unvermeidbar scheint, darf jedenfalls unter keinen Umständen der Name Christi damit geschändet werden". Schließlich, so fügte er hinzu, sei die CDU eher eine Versammlung konservativer Kräfte. Man habe nichts gegen eine konservative Partei: „Muß sie sich deswegen ‚christl.' nennen?" Letzten Ende sei dies doch hier wieder nur eine Gestalt des „im Gewande unserer Bürgerlichkeit repräsentierten Christentums", bilanzierte er.

Hammelsbecks Referat verursachte einen Eklat. Robert Lehr dachte laut darüber nach, seine kirchlichen Ämter niederzulegen und auch seine Mitgliedschaft im Freundeskreis der evangelischen Akademie zu beenden.[274] Inhaltlich entgegnete Helmut Lauffs Hammelsbeck, indem er zunächst dessen Referat den Charakter eines „kirchlichen Bußrufes" bescheinigte.[275] Allerdings:

„Die ganze Art, wie die Kirche in Wort und Schrift einflußreicher Theologen und führender Kirchenmänner von Anfang an bis zu dieser Rede den christlichen Politikern in der CDU, ihrem Dasein, ihrem Anliegen und ihrem Tun begegnet"[276],

gebe doch Anlass zur Kritik. Lauffs fühlte sich in den Anklagezustand versetzt. „Welche beweisbaren konkreten politischen Taten oder Handlungen wirft man uns vor? … Wir haben bisher nur Vorurteile, keine echten Urteile vernommen!" Statt dessen würden im Verhältnis zur SPD „einige erfreuliche Wandlungen" unerhört überschätzt, während bei der CDU „nur alte Kirche und Abfall von der Haltung der Bekennenden Kirche, kirchliche, politische, wirtschaftliche und soziale Reaktion" vermutet werde. Lauffs betonte, man handle aus christlichem Anspruch: Ist „denn in dieser radikal säkularisierten Welt die Bemühung, die zehn Gebote im öffentlichen Leben als Maßstab zur Geltung zu bringen, dünkelhafter Pharisäismus?", fragte er.

---

[273] Referat, BAK 1367/138; daraus die nachfolgenden Zitate.
[274] Diskussionsbericht, BAK 1278/138.
[275] Ebd.
[276] Nachschrift HStAD, RW 130; daraus auch die nachfolgenden Zitate.

Schließlich sei das „C" kein exklusiver Anspruch. Man freue sich über die Christen in der SPD, im übrigen kenne man auch „den alten Adam, der sich im Parteigefüge, in der Parteitaktik, im Parteiapparat und in den Parteihäuptern verbirgt", insofern habe man auch gerade als Protestanten Sorge vor der politischen Reaktion. Deshalb sei man von „Barmen II" her auch in der CDU tätig. Längst nicht alle evangelischen Christen hätten solch eine dezidierte Sicht der Dinge, schob Lauffs nach. Gerade deshalb forderte er Unterstützung:

„Habt ihr nicht für die anderen Parteien suchende Liebe ... habt auch Barmherzigkeit mit den christlichen Politikern, die in einer christlichen Partei ihren Dienst tun wollen, verwirrt nicht ihre Gewissen, sondern helft ihnen, daß sie ihren Weg getrost gehen."

Weitere Redner schlossen sich ihm an. Wie unverstanden sich die CDU-Politiker fühlten, zeigte auch die Bemerkung des CDU-Mitgliedes Gustav Theill: Zunächst, so meinte er, habe man auch kirchlicherseits nach dem Kriege die Christen in den Raum des Politischen gerufen, jetzt „lässt man sie unbrüderlich im Stich und greift sie leterarisch (!) an und verwirrt die Gewissen."

Um die Begegnung nicht im Eklat enden zu lassen, beschloss man für den 6.11.1947 ein erneutes Treffen. Bei dieser Tagung, an der nun kirchlicherseits neben Hammelsbeck u.a. auch Hermann Diem, Gustav Heinemann, Martin Niemöller, Hermann Lutze sowie seitens der CDU u.a. Adolf Cillien, Emil Marx, Helmut Lauffs, Friedrich Holzapfel, Otto Boelitz und Johannes Kunze teilnahmen, kam es ebenfalls zu keiner inhaltlichen Annäherung.

Nach einer gemeinsamen Morgenandacht beleuchtete Hermann Diem in einem Referat die Schwierigkeit, überhaupt vom „Christlichen" zu sprechen.[277] Das NT kenne diesen Begriff nicht, es kenne nur den „Glauben", der eben nicht in Grundsätzen festzulegen sei. Gerade das unterscheide den Protestanten vom katholischen Ansatz eines Naturrechtes, das sehr wohl christliche Grundsätze kenne und deshalb auch unbefangen von einer christlichen Partei reden könne.

Die Aussprache offenbarte wiederum – wie auch das Gespräch mit der SPD – die unterschiedliche Ausgangslage der Gesprächspartner. Während in der Unterredung mit der SPD Theologen mit Politikern sprachen, war das Gespräch unter den Protestanten doch getrennt in die Ausführungen von Theologen und Laien.[278] Der Problematisierung des „Christlichen" konnten einige Laien offensichtlich nicht folgen. Friedrich Holzapfel gab offen zu erkennen, dass er diese Diskussion nicht verstehe, gelte es schließlich doch

---

[277] Diskussionsbericht, BAK 1278/163.

[278] TREIDEL, Akademien, 188, konstatiert „ein klares Inferioritätsgefühl" der CDU-Politiker wegen der offensichtlichen Bevorzugung der SPD durch den Arbeitskreis. Eher ist nach dem Duktus der Protokolle von einem Gefühl ungerechter Behandlung zu sprechen.

mit der politischen Arbeit der CDU „eine Ausrichtung auf die 10 Gebote [zu] fördern."[279] Andere wie Otto Boelitz, die den unterschiedlichen Zugang zur Problematik erkannten, gaben der Kirchenseite zu bedenken, „daß ihre Sprache vom Volk und in der Politik nicht verstanden"[280] werde. Für ihn sei die CDU einfach „eine Antwort auf das Ultimatum Gottes an Deutschland im 2. Weltkrieg."[281] Im übrigen machte der aus liberaler Tradition stammende Boelitz[282] darauf aufmerksam, dass man es sich kirchlicherseits mit der Verurteilung jedes menschlichen Idealismus etwas zu leicht mache, es gebe auch „einen echten theozentrischen Humanismus"[283].

Pragmatischer ging Heinemann vor. Er erkannte die Berechtigung der kirchlichen Kritik durchaus an, wenn er erklärte, die „christliche" Bezeichnung der Partei sei ihm persönlich „problematisch"[284] gewesen, trotzdem könne er aber konkret zur CDU „im Augenblick keine andere prakt. Lösung"[285] sehen. Die Kirche bat er deshalb zunächst, „in das politische Spiel nicht hineinzupfeifen, sondern die nächste Halbzeit abzuwarten."[286]

Hermann Diem verwies auf die Beeinträchtigung seiner pfarramtlichen Tätigkeit durch die CDU, bzw. den aus ihrem Namen resultierenden Anspruch, weshalb er sich der FDP angeschlossen habe.

In der Tat versuchte man entsprechend Heinemanns Anregung zu einer Art Stillhalteabkommen zu gelangen, indem man eine Entschließung verfasste, die etwas pathetisch die „Detmolder Sätze" hießen und in der Nr. 1 der „Mitteilungen des Arbeitskreises Evangelische Akademie beim Rat der Evangelischen Kirche in Deutschland" abgedruckt wurden.[287]

Im ersten „Satz" wurde dabei als Stellungnahme einerseits die Möglichkeit christlicher Parteien zur „Verwirklichung des Christentums" verneint, gleichzeitig der Zusammenschluss von Christen in einer Partei für den „Dienst … im politischen Leben" anerkannt. Weiter hieß es, die Kirche wisse sich „gerufen, die Menschen in allen Parteien in gleicher Weise vom Evangelium her anzusprechen." Im zweiten „Satz" bezeichneten die protestantischen CDU-Mitglieder ihre Partei als christlichen interkonfessionellen Zusammenschluss aus „gemeinsam erkannter Verantwortung" ohne „etwaigen Absolutheitsanspruch" oder gar „kirchliche Weisung".

In einem längeren Kommentar machte Hammelsbeck nochmals die Einstellung des Arbeitskreises deutlich. Der Beitrag war von einem offensichtlichen und ernsthaften Bemühen geprägt, die Position der CDU-Mitglieder

---

279 Diskussionsbericht, BAK 1367/138.
280 Ebd.
281 Ebd.
282 Vgl. Kap. 10.1.
283 Besprechungsprotokoll, BAK 1278/163.
284 Diskussionsbericht, BAK 1278/163.
285 Diskussionsbericht, BAK 1367/138.
286 Ebd.
287 Exemplar in BAK 1367/138; daraus auch die nachfolgenden Zitate.

zu würdigen und zu einer ausgewogenen und sachlichen Darstellung des Dissenses zu kommen. Hammelsbeck zeigte Verständnis für die, die ihrerseits nicht verstehen konnten, dass das christliche Anliegen nun gerade kirchlich-theologisch gesehen falsch sein solle. Es gelte, auch für diese Menschen einzusehen,

„daß der innerkirchliche Gewinn an theologischer Reifung eine Begriffssprache geformt hat, von der es um der Liebe willen erst eine Brücke zu schlagen gilt zu dem laienhaft ungebrochenen Verständnis des politisch tätigen Menschen, der noch nicht einzusehen vermag, warum sein ‚christliches‘ Vokabular so gefährlich und kirchlich wie politisch gleich verhängnisvoll sein soll.“

Dass gerade auch die „christliche“ Weltanschauung wie alle anderen Weltanschauungen auch zu den „gottlosen Bindungen“ gehöre, von denen „Barmen II“ spreche, müsse erkannt werden. In einem Nachwort redete Hammelsbeck noch – ohne dass dies als „Trostpreis“ verstanden werden sollte – von der Gefahr der „rabies theologorum“ und bat dahingehend auch die „Brüder in der CDU“ um Vergebung für gewisse Ungeschicklichkeiten im Gespräch. Die Stellung der Kirche zu diesen Dingen markiere auch keinen Vorrang anderer Parteien. Es sei noch nicht einmal zu bestreiten, „daß es auf dem Schachbrett der Gegenwart die Partei geben muss, die sich CDU nennt“. Trotzdem müsse die Wahrheitsfrage gestellt werden.

Die nicht zu überbrückenden Anschauungsunterschiede zwischen CDU-Mitgliedern und vorwiegend bruderrätlichen Kirchenmännern wurden in diesem Gespräch deutlich: Wer von der „Königsherrschaft Jesu Christi“ und „Barmen II“ ausgehend eine Neues pflügen wollte, dem musste die CDU, die ja parteipolitisch tatsächlich etwas Neues darstellte, offensichtlich trotzdem als ein tief verdächtiger, reaktionärer Club vorkommen, zu stark waren die theologischen Vorbehalte gegenüber dem „C“, zu schwach aber auch die Interpretation der Parteiwirklichkeit, deren programmatische Entwicklung in dieser Zeit noch im Fluss und deren regionale Ausprägungen außerordentlich facettenreich war. Hinzu kam ein weiteres: Indem die Kirchenvertreter faktisch auf einem Interpretationsmonopol des Begriffes „christlich“ beharrten, konnte eine gelungene Kommunikation,[288] in der andere Interpretationen, wie es sie im Protestantismus aber auch im Katholizismus gab, nicht stattfinden.

Das ursprüngliche Ziel, durch diese Gespräche ein Treffen des Rates der EKD mit der CDU-Führung vorzubereiten, war nach dem Ausgang der

---

[288] Unter kommunikationstheoretischen Gesichtspunkten bedeutete die Sachmitteilung „Es kann keine christliche Partei geben“ zugleich: „Wir, die Bruderrätlichen, bzw. allgemein die Geistlichen, haben die Interpretationshoheit über das Wort ‚christlich‘“ (Selbstoffenbarung); „Ihr, die CDU-Mitglieder seid Irrende oder gar Ketzer“ (Beziehung); „Lasst ab von eurem falschen Tun!“ (Appell); vgl. Schulz von Thun, Miteinander, 26ff.

Gespräche nicht mehr aufrecht zu erhalten. Innerhalb der CDU-Teilnehmer dachte man darüber nach, was nun zu tun sei. Es setzte sich die Meinung durch, die Legitimation der kirchlichen Vertreter bei diesem Gespräch seitens des Rates abzuklären. Man beschloss, eine Eingabe an den Rat der EKD zu schicken, „durch die wir ihn präzise fragen wollen, ob die Herren in Detmold (Hammelsbeck, Diem, Niemöller) autorisiert sind, im Namen der Kirche zu sprechen", wie Otto Boelitz an Friedrich Holzapfel schrieb.[289]

Doch auch *zwischen* den CDU-Teilnehmern und den Kirchenvertretern wurde das Gespräch nachbereitet. Emil Marx, Mitbegründer der CDU Wuppertals, schrieb an seinen Wuppertaler Mitbürger Hammelsbeck:

„Ich hatte um der Sache willen gewünscht, dass das Gespräch von jemand geleitet worden wäre, der nicht von vorneherein durch seine Kritik an der CDU in etwa belastet war. Dadurch wäre 1. gegenüber den Leuten der CDU, die nicht zur B.K. gehören, der Eindruck vermieden worden, als sei die evangelische Kirche gegenüber der CDU voreingenommen und 2. hätten auch die Herrn und Brüder, die glaubten, diese Kritik üben zu müssen, ihrerseits eine viel bessere Basis gehabt. So muss ich auch noch einmal auf das Außergewöhnliche in der Form dieses Gespräches hinweisen, das darin lag, dass man dem eingeladenen Gesprächspartner zuerst einmal eröffnete, dass er eigentlich unmöglich sei, also an einer an Schrift und Bekenntnis ausgerichteten Theologie als nichtexistent, sein Tun als schädlich (nämlich die Verkündigung hindernd) und sein Name als Missbrauch des Namens Gottes betrachtete werden müsse."[290]

Weiter fragte Marx:

„Ist die Theologie der B.K. in der Tat innerhalb der Kirche schon Allgemeingut geworden? Hier entsteht nun für mich die schwerwiegende Frage, sind wir in der Kirche nicht gerade hier in der Gefahr, uns menschlich sichern zu wollen, indem wir uns auf die theologische Insel der Barmer Erklärung zurückziehen und einfach diejenigen innerhalb der Kirche, die diesen Standort nicht oder noch nicht einnehmen können, als ‚Irrende Brüder' zu bezeichnen?"

Am 16. Januar 1948 richtete Otto Boelitz im Namen der übrigen CDU-Teilnehmer an den vorangegangenen Gesprächen einen Brief an den Rat der EKD, in dem er zunächst den Zusammenhang zwischen dem „Darmstädter Wort" und dem Detmolder Gespräch des Arbeitskreises „Evangelische Akademie" mit der SPD-Führung heraushob und betonte, beides sei von „der weitesten Öffentlichkeit des deutschen Volkes … in einem ursächlichen Zusammenhang"[291] gesehen worden. In dem Gespräch mit der CDU seien kirchlicherseits Teilnehmer erschienen, „deren ablehnende Haltung der CDU gegenüber nicht strittig war." Boelitz fragte den Rat nun nach der Vollmacht sowohl des „Arbeitskreises" als auch der einzelnen am Gespräch

---

[289] Schreiben vom 20.12.1947, BAK1278/151.
[290] Schreiben vom 10.11.1947, HStAD RWN 119/3; daraus auch die nachfolgenden Zitate.
[291] Abschrift, BAK 1278/220; daraus auch die nachfolgenden Zitate.

teilnehmenden Ratsmitglieder. Er drohte gleichzeitig, wenn die in der Diskussion zutage getretene Sichtweise der Kirche wirklich der Gesamtmeinung des Rates entspreche, „stehen wir vor schweren kirchlichen und politischen Entscheidungen".

Asmussen gab eine Abschrift des Schreibens an die leitenden Amtsträger der Landeskirchen weiter, nicht ohne hinzuzufügen: „Man wird nicht in Abrede stellen können, dass der ... Brief eine Sprache spricht, auf die die Kirche hören und deren Anliegen sie ernst nehmen muss."[292]

In einem persönlichen Antwortschreiben an Boelitz wurde Asmussen deutlicher, zumal dessen Brief seine Kritik am offensichtlich pro-sozialistischen Kurs der Bruderrätlichen bestätigte. Er bedauerte, „dass heute manche Kirchenmaenner in der Welt sich besonders solchen Parteien zugeordnet wissen, die gegen das Wort Gottes und gegen das Kreuz Jesu Christi sind."[293] Asmussen versuchte dies in dem Versagen der Kirche gegenüber der Arbeiterschaft in der Vergangenheit zu verstehen, hieß es jedoch nicht gut. Weiter schrieb er:

„Diese Antwort wird Ihnen ungenügend erscheinen. Das kann ich verstehen. Aber sie kann Ihnen doch ... zeigen: 1. Sie sind gehoert worden. 2. Es gibt mehr als einen Menschen in der EKD, welcher das Wort gehoert hat, dass er allermeist zu den Genossen des Glaubens zu stehen hat."[294]

1949, Asmussen war zwischenzeitlich im Streit aus der EKD-Kirchenkanzlei ausgeschieden, machte er seine Vorwürfe gegen den Arbeitskreis im „Deutschen Pfarrerblatt" auch öffentlich, wenn er davon sprach, den CDU-Politikern sei in diesen Gesprächen „der Stuhl vor die Tür gesetzt worden"[295].

Landesbischof Meiser bestätigte den Eingang des Schreibens und wies darauf hin, dass er dadurch „erstmalig von Tatbeständen erfahren habe, die sich bis dahin meiner Kenntnis entzogen haben."[296] Meiser wollte in der nächsten Ratssitzung auf eine Klärung des Sachverhaltes dringen. Das Gleiche stellte der Ratsvorsitzende Wurm in Aussicht, der dabei betonte, der Arbeitskreis habe in diesem Gespräch „in dieser Hinsicht ... selbstständig gehandelt"[297]. Hammelsbeck erhielt Kenntnis von dem Vorgehen der CDU und wandte sich am 17.2.1948 an Niemöller und bat ihn um Verteidigung der bruderrätlichen Linie in der Ratssitzung.[298]

Auf die Anliegen und den Brief von Boelitz ging der Rat offiziell jedoch nie ein. Wahrscheinlich ist dieser doch einigermaßen überraschende Tatbe-

---

[292] Schreiben vom 4.2.1948, EZA 4/507.
[293] Abschrift vom 4.2.1948, EZA 2/277.
[294] Ebd.
[295] Zit. in: TREIDEL, Akademien, 189 A. 919.
[296] Schreiben vom 26.1.1948, Abschrift BAK 1278/163.
[297] Schreiben vom 30.1.1948, Abschrift BAK 1278/163.
[298] Schreiben vom 17.2.1948, ZAHN 62/2024.

stand nur so zu erklären, dass die fragile Einheit des Rates der EKD eine solche Auseinandersetzung nicht überstanden hätte. Parteipolitische Fragen waren damit für die EKD existenzbedrohend geworden. Anderthalb Jahre vergingen, ohne dass es zu einem weiteren Kontakt mit der CDU oder zu einem offiziellen Antwortschreiben kam. Auf eine entsprechende Nachfrage des württembergischen EOK antwortete OKR Ranke mit der nicht gerade erhellenden Mitteilung: „Der Rat der EKD hat sich einmal informativ mit der Sache befasst, sie aber nicht weiter verfolgt."[299] Der württembergische EOK antwortete Boelitz allerdings. Man freute sich, „mitteilen zu können, dass die dort geäußerten Fragen und Bedenken unsere Landeskirche nicht betreffen."[300] Wie mit den anderen Parteien stehe man auch mit der CDU „in durchaus korrekten Beziehungen". Im übrigen habe man „ein klares Urteil über deren Bemühungen und Erfolge."

Die Arbeit des Kreises um Hammelsbeck hatte sich mit den Kirche-Parteien-Gesprächen scheinbar erschöpft. Der Rat der EKD lies die Akademiearbeit ganz offensichtlich austrocknen. Am 17.7.1948 fragte Hammelsbeck dann bei Flitner, Held, Iwand, Koch, Niemöller und Smend, die als Mitglieder des Arbeitskreises im Anschreiben aufgezählt wurden, an, ob man

„nach wie vor von der Dringlichkeit unserer Aufgabe überzeugt sei. Es hat ja nur Sinn, wenn Sie die weitere Mitarbeit nicht versagen. Nach den beiden Gesprächen mit der CDU ist nichts weiter von uns aus geschehen; es sollte abgewartet werden, was der Rat der EKD, an den sich die CDU mit der Frage gewandt hat, ob er offiziell unsere Stellungnahme billige, antwortet. Diese Anfrage liegt seit dem Januar beim Rat, ohne bisher bearbeitet zu sein. Die CDU-Vertreter sind darüber verständlicherweise befremdet."[301]

Erst ein Jahr nach Hammelsbecks Schreiben – am 7.7.1949 – konnte das CDU-Mitglied Johannes Kunze den Gesprächsteilnehmern auf CDU-Seite mitteilen, dass er aufgrund persönlicher Intervention erreicht habe, dass der Rat der EKD nun doch endlich zu einem Gespräch mit den CDU-Vertretern bereit sei. Es sollte im Zusammenhang mit den „Evangelischen Wochen", die Ende Juli 1949 in Hannover stattfanden, geführt werden. Allerdings hatte Kunze durchaus schon wahlkämpferische Absichten, wenn er in seinem Schreiben hinzufügte, „daß es für die Arbeit innerhalb der evangelischen Wählerschaft unmittelbar von Gewinn sein kann", wenn die Aussprache noch vor der Bundestagswahl im August 1949 stattfinde. Der Rat der EKD wollte nach eigener Formulierung für ein „Gespräch mit der CDU zur Verfügung stehen."[302] Allzu bedeutend sollte das Treffen, möglicherweise

---

[299] Schreiben Ranke vom 8.7.1948, EZA 2/277 und LKAS 126/2157.

[300] Schreiben Sautter vom 30.7.1948, LKAS 126/2157; daraus auch die nachfolgenden Zitate.

[301] Schreiben Hammelsbeck vom 17.7.1948, BAK 1367/138.

[302] Schreiben Ranke an Merzyn 15.7.1949, EZA 4/507.

ebenfalls wegen der Spannungen im Rat, aber nicht erscheinen. Als Datum wurde der 28.7.1948, 22 Uhr (!), vorgeschlagen. Ein Termin, den Kunze ablehnte und statt dessen „einen ganzen Tag in Ruhe und Besinnlichkeit"[303] empfahl.

Rund ein dreiviertel Jahr nach dem geplanten Treffen, am 21. März 1950, kam es dann zu dem Gespräch zwischen Kirchen- und CDU-Vertretern. Zwischenzeitlich hatte sich die erste westdeutsche Nachkriegsregierung mit Konrad Adenauer als Bundeskanzler etabliert. Jetzt stellte man sich auf die Gegebenheiten ein. Zudem war die Kritik an der CDU vis-a-vis mit dem Kanzler merklich schwächer. Die Begegnung wurde augenscheinlich von Adenauer dominiert. Zunächst war er aber jedoch noch nicht anwesend, so dass einige Ausführungen zur Stellung der evangelischen Kirche zur Politik überhaupt erfolgten. Dabei erklärte Landesbischof Lilje ganz offen, in der evangelischen Kirche sei „ein gewisser Temperaturwandel … gegenüber öffentlicher Arbeit festzustellen"[304]. Die politischen Vertreter bat er zudem einzusehen, dass der evangelischen Kirche „die Entscheidung, sich mit dem gegenwärtigen System der politischen Arbeit gleichzusetzen, schwerer falle als der katholischen Kirche". Fühlungnahmen mit der SPD verletzten keineswegs die parteipolitische Neutralität, man wolle jedoch verhindern, dass man der Kirche „bourgeoises" Verhalten vorwerfen könne. Während Paul Bausch gerade die Frage aufwarf, „Was denn eigentlich Christus im politischen Raum bedeute", kam Adenauer hinzu. Er setzte zu einer längeren Darlegung der Politik der Bundesregierung und der Stellung der CDU zum Christentum an, die offensichtlich ihre Wirkung nicht verfehlte. Zur deutschen Einheit gab er offen zu, man müsse zunächst

„zusehen, dass mindestens dafür gesorgt werden müsse, dass zunächst ‚die eine Hälfte' des deutschen Volkes, die westliche, ihr Leben entsprechend ihrer Kulturauffassung einrichten könne, bis, wie gehofft, und erstrebt werde, die andere eines Tages wieder hinzutreten könne unter das gleiche Lebensgesetz. … Unter dem Eindruck der Ansprache des Kanzlers, die wie ein müheloser aber doch sehr tiefgründiger Gesprächsbeitrag erfolgte, verstrichen einige Minuten, … ."

Kritische Nachfragen oder gar Widerrede der anwesenden Kirchenmänner, unter ihnen Niemöller, erfolgten nicht. Niemöller gab lediglich zu bedenken, er hoffe, dem deutschen Volke bleibe das Schicksal dauerhafter Teilung wie einst dem alten Israel erspart. Im übrigen war auch er um Ausgleich bemüht. Seine kritischen Äußerungen über die Bundesrepublik im „berühmten" Herald-Tribune-Interview („in Rom gezeugt und in Washington geboren") bezeichnete er selbstkritisch als „Torpedos gegen die eigene Flotte."

---

[303] Schreiben vom 11.7.1949, EZA 2/277.
[304] Vgl. Korrespondenz Holzapfel – Niemöller, BAK 1278/208; daraus auch die nachfolgenden Zitate.

Niemöllers friedfertige Haltung hielt jedoch nicht lange an. Im Spätherbst 1950 schlug er sich mit vehementen Angriffen gegen Adenauer auf die Seite Heinemanns. Nachdem das Gespräch mit Schumacher stattgefunden hatte,[305] suchte Niemöller über den stellvertretenden CDU-Vorsitzenden Friedrich Holzapfel und andere CDU-Mitglieder[306] auch die CDU für eine Unterredung mit dem Bruderrat zu gewinnen.[307] Holzapfel und Niemöller kannten und respektierten sich spätestens seit dem Kriegsende. 1946 hatte Holzapfel Niemöller gegen Angriffe aus der CDU verteidigt. Eugen Gerstenmaier versuchte Holzapfel von einem Gespräch abzubringen:

„Durch eine erneute von Niemöller geführte Debatte mit uns würden wir unsere evangelischen Wähler nur noch weiter verwirren. Niemöller hat sich auf die SPD festgelegt, soll er dabei bleiben, ja darauf festgenagelt werden."[308]

Ende Dezember kam es zu einer Aussprache, die aber ohne Einigung, ja sogar im Streit endete.[309] Trotzdem blieb noch im März 1951 Holzapfel Gesprächen mit Niemöller gegenüber durchaus offen.[310] Dazu sollte es jedoch nicht mehr kommen.

In der Folgezeit kam es immer wieder zu Gesprächen von Kirchenvertretern mit Adenauer. Doch galten diese Kontakte weniger dem CDU-Vorsitzenden als dem Bundeskanzler. Im übrigen wurden diese Treffen nun nicht mehr vom „Arbeitskreis Evangelische Akademie", der seine Arbeit zwischenzeitlich eingestellt hatte,[311] sondern von Eberhard Müller, dem Direktor der Evangelischen Akademie Bad Boll und Vorsitzenden des „Leiterkreises der Evangelischen Akademien", organisiert. Nach einem ersten gründlichen Misserfolg[312] 1947 hatte Müller offensichtlich als Vorsitzender des Leiterkreises eine Plattform gefunden, auf der diese Gespräche durchgeführt werden konnten. Die politische Zerstrittenheit des Protestantismus konnte Adenauer dabei ausnutzen, wenn er die Protestanten gegeneinander ausspielte. Müllers Nähe zur CDU war bekannt.[313] Ein als vertraulich deklariertes Gespräch des Bundeskanzlers mit Kirchenvertretern am 5.11.1951 wurde von Müller jedoch als eine Begegnung der „großen Kanonen"[314] publizistisch ausgeschlachtet, wobei Adenauer gebührend gewürdigt wurde und der Eindruck entstand, als stimme die EKD mit Adenauers Politik überein.

---

[305] Vgl. Kap. 11.2.1.
[306] Vgl. Korrespondenz Holzapfel – Niemöller, BAK 1278/208.
[307] Schreiben Mochalski an Beckmann vom 21.11.1950, ZAHN 36/40.
[308] Schreiben vom 23.12.1950, BAK 1278/208.
[309] Bösch, Adenauer-CDU, 125.
[310] Schreiben an Niemöller vom 22.3.1951, BAK 1278/206.
[311] Eine offizielle Beendigung der Tätigkeit lässt sich jedoch nicht ermitteln.
[312] Treidel, Akademien, 195.
[313] Ebd., 192.
[314] Zit. in: KJ 1951, 16.

Der rheinische Präses Held sah sich deshalb zu einem geharnischten Widerspruch der Darlegungen Müllers veranlasst.[315]

In der Folgezeit fanden Kirche-Parteien-Gespräche, wenn auch meist lokal geprägt, auf der Ebene der Akademien statt. Rulf Treidel hat diese dargestellt, so dass hier darauf verwiesen werden soll.[316] Die parteipolitischen Präferenzen der Akademieleiter bestimmten dabei auch die Gesprächspartner. Während bei Müller in Bad Boll eher die CDU eine freundliche Aufnahme erwarten konnte, waren die Verhältnisse in der Evangelischen Akademie Echzell (Hessen-Nassau) unter der Leitung von Hans Kallenbach umgekehrt. Kallenbach war wie Hammelsbeck ein heftiger Kritiker einer „christlichen" Partei, was sich in der abwertenden Verwendung des Begriffes „Abendländler"[317] für die Christdemokraten in Echzell niederschlug.

Insgesamt lassen sich die geschilderten Schwierigkeiten in den „Kirche-Parteien-Gesprächen" als Ergebnis unterschiedlich ablaufender Modernisierungsprozesse und misslungener Kommunikation interpretieren: Einmal war das die Absage an die Tradition politischer Romantik, die das „Darmstädter Wort" 1947 markierte. Diese zum damaligen Zeitpunkt aber erst ein paar Tage alte und darüber hinaus im Protestantismus keineswegs unumstrittene Position wurde im Gespräch mit der SPD von dieser nicht rezipiert. Dies lag vornehmlich an der inneren Unklarheit in der SPD, die sich über die Notwendigkeit eines eigenen Modernisierungsprozesses hinsichtlich der geistigen Grundlagen der Parteiarbeit, die dann auch das Verhältnis zu den Kirchen betreffen musste, zum damaligen Zeitpunkt noch ungewiss war.

Gleichzeitig ging es den Kirchenvertretern in diesem Gespräch nicht um die Möglichkeit politischer Kooperation, sondern um dem Versuch, zu einem gewissen Ausgleich mit der SPD zu kommen und sich selbst als erneuerte Kirche darzustellen, jedoch auch um die kritische Infragestellung des politischen bzw. allgemein „weltlichen" Tuns einer Partei. Die SPD aber deutete die von ihr ganz offensichtlich als weniger wichtig angesehenen Gespräche eher unter dem Gesichtspunkt kirchlicher Einflussnahme bzw. Lobbyistenarbeit.

In den Gesprächen mit der CDU begegnete man hingegen einer Partei, die als interkonfessionelle Unternehmung ihrerseits Ergebnis eines politischen Modernisierungsprozesses war, die aber in ihrer Orientierung am Konzept des „christlichen Abendlandes" schärfsten Widerstand hervorrief, weil gerade diesem Ansatz die Absage der politischen Ethik der Kirchenvertreter bruderrätlicher Richtung galt.

Während in der Unterredung mit der SPD Theologen mit Laien in Gestalt von der Kirche meist distanziert gegenüberstehenden Politikern spra-

---

[315] KJ 1951, 178ff.
[316] Treidel, Akademien, 193ff.
[317] Ebd., 207.

chen, redeten in den CDU-Gesprächen Theologen mit protestantischen
Laien, die in die Politik gegangen waren. Indem aber die *theologische* Interpretation des Politischen, wie sie die Theologen ausübten, als Diskussionsgrundlage von diesen vorgegeben wurde, kam ein wirklicher Austausch
nicht zustande. Die Gespräche offenbarten damit nicht nur eine unterschiedliche Ausgangsposition, sondern auch ein Gefälle, das in der erhellenden und
schon zitierten Äußerung Hammelsbecks, die Gesprächspartner seien „vor
den Öffentlichkeitswillen der Kirche zu rufen"[318] deutlich wurde. Die anderen sollten auf eine Linie gebracht werden, eben die der Bruderräte, deren
Theologie sich offensichtlich als maßgeblich und verbindlich für den Protestantismus verstand, was aber so nicht zutraf. Eine auch von den Vertretern
der Theologie der „Königsherrschaft Jesu Christi" durchaus gesehene, in
dieser Theologie angelegte Problematik einer Tendenz zur theologischen
Bevormundung[319] – erinnert sei noch einmal an die obigen Ausführungen
zum „Legislateur" bei Rousseau und dem hier historisch zumindest so verstandenen Vorbild Calvin – wird deutlich, wie auch ein „Monopolanspruch,
… eine Tendenz, die binnentheologische Sichtweise zum exklusiven Beur-
teilungsmaßstab"[320] zu machen. Wie kaum etwas anderes hinderte dieser
quasi-klerikale Anspruch der Bruderrätlichen einen kritischen Diskurs über
die geistigen Grundlagen der CDU, etwa die des politischen Konzeptes einer
„christlichen Demokratie".

Dass darüber hinaus die organisatorischen Unklarheiten in der EKD, etwa
die Frage, in wessen Auftrag denn die Kirchenvertreter in Detmold 1947
sprachen, nicht beseitigt wurden, verwirrte die verschiedenen Konfliktsträn-
ge zusätzlich.

Die Adenauer zugeschriebene Bemerkung, er verstehe nicht, warum die
Protestanten „immer alles so kompliziert machten", war deshalb kaum ein
böswilliges Missverstehen, denn die Außenwahrnehmung eines nicht direkt
Beteiligten, die dann zustande kommen musste, wenn innerprotestantische
Probleme die vielbeschworene Wahrnehmung des öffentlichen Auftrages
der Kirche fast unmöglich machten. Letztlich, dass zeigt das weitere Schicksal
solcher Gespräche in den Akademien, gelang es kaum, eine Äquidistanz zu
den politischen Parteien herzustellen. Politische Präferenzen der Kirchenvertreter prägten die dortige Gesprächskultur. Leonore Siegele-Wenschkewitz' Diktum von den Evangelischen Akademien als „Hofprediger[n] der
Demokratie"[321] findet hier seinen Anhaltspunkt.

---

[318] Vgl. Kap. 12.4.1.
[319] KRECK, Königsherrschaft, 76.
[320] WAGNER, Protestantismus, 171.
[321] SIEGELE-WENSCHKEWITZ, Hofprediger, 236ff.

12.5. Die „Kammer für Öffentliche Verantwortung"
und der Rat der EKD

12.5.1. Die Startschwierigkeiten der Kammerarbeit

Neben dem „Arbeitskreis Evangelische Akademie", der als vom linken Flügel des Bruderrates geprägtes Unternehmen die Wahnnehmung öffentlicher Verantwortung zu dominieren suchte, gab es noch einen weiteren Ansatz zur Organisation politischer Willensbildung im Bereich des Protestantismus. Dieser ist in besonderer Weise mit den Namen Hans Asmussen und Gerhard Ritter verbunden.

Um den innerhalb des Protestantismus unumstrittenen Öffentlichkeitsauftrag und Öffentlichkeitsanspruch der evangelischen Kirche auch sachgemäß vertreten zu können, entwickelte Asmussen als Präsident der Kirchenkanzlei bald nach der Treysaer Konferenz im Herbst 1945 und noch vor der Entstehung des „Arbeitskreises Evangelische Akademie" konkrete Pläne für ein System beratender Kammern, das die Urteilsbildung des Rates der EKD in öffentlichen Angelegenheiten fachlich fundieren sollte. Asmussen dachte z.B. an eine Theologische Kammer, eine Kammer für Rechtsfragen sowie eine Kammer für Mission und Ökumene, die zu gründen wären. Damit könnten „alle Gebiete des Lebens wieder ihr Gegenüber bekommen, mit dem ein echtes Gespräch möglich ist."[322]

Offensichtlich sollte die Arbeit personell und damit wohl auch inhaltlich in weitgehender Kontinuität zu dem Freiburger Kreis stehen, der die Denkschrift „Politische Gemeinschaftsordung" 1942 erarbeitet hatte.[323] Am 20.9.1945 wandte sich Asmussen an Gerhard Ritter, Constantin von Dietze, Erik Wolf und Theodor Steltzer, um sie für ihre Mitarbeit bei seinem Projekt zu gewinnen.[324] Steltzer blieb jedoch zurückhaltend. An Ritter schrieb er:

„Von Asmussen erhielt ich inzwischen einen Brief über die Bildung einer Kammer für das öffentliche Leben. Die Nachricht, dass man uns beiden einen Auftrag nach dieser Richtung hin geben will, erfüllt mich mit grosser Freude. Auf der anderen Seite erscheint es mir verfrüht und bedenklich, wenn die Kirche eine Reihe von Kammern z.B. für Recht, für Wirtschaft usw. nebeneinander stellen will, denn m.E. kommt es in diesem Stadium darauf an, die Gesamtarbeit von einer Stelle anzupacken und die verschiedenen Gebiete einzugliedern. Am liebsten wäre mir deshalb der Auftrag für eine Kammer, in der zusammenfassend alle Fragen behandelt werden, die die Stellung und die Aufgaben des Christen in der Welt betreffen."[325]

---

[322] Zit. in: NOWAK, Ritter, 241; Ratsprotokolle, 83ff.
[323] Vgl. Kap. 6.4.
[324] ACDP I-398–005/1.
[325] Schreiben vom 5.11.1945, BAK 1166/490.

Steltzer sollte diese Pläne später in seinem Arbeitskreis „Mundus Christianus", über den an anderer Stelle hier schon berichtet wurde,[326] verwirklichen. Ritter hatte ebenfalls zunächst andere Pläne:

> „An Asmussen habe ich inzwischen geschrieben, erstens, dass ich die Bildung einer gesonderten Kammer für das politische Leben nicht für zweckmässig halte... . Ich habe ihm vorgeschlagen, mich zunächst mit den Herren v. Dietze und Wolf hier in Freiburg als Kerntruppe einer Gesamtkammer zusammenarbeiten zu lassen. Diese Kammer würde dann auch für die badische Kirche funktionieren, ... Von Zeit zu Zeit müßten Vertreter anderer deutscher Landeskirchen als Gesamtkammer zusammenberufen werden. Zweitens möchte ich hier ein Pressebüro der Universität begründen, das uns laufend mit Nachrichten versorgt. Drittens möchte ich veranlassen, dass die Kirchenkanzlei die einzelnen Landeskichen auffordert, uns mit politisch wichtigen Nachrichten besonders über die Bildung politischer Parteien zu versorgen. Nur wenn eine solche Nachrichtenorganisation geschaffen ist, kann ich dem Wunsche Asmussens entsprechen und der EKD mit einiger Regelmässigkeit Denkschriften über die politische Lage vorlegen."[327]

Ritters Zurückhaltung war, wie seine Ausführungen zeigten, keineswegs grundsätzlicher Natur. Dass er eine Verständigung über die politische Ethik als eine Aufgabe von geradezu europäischer Dimension ansah, machte er im Jahr darauf in einem Grundsatzbeitrag zur „Politische[n] Ethik"[328] deutlich. Tatsächlich dauerte es noch bis 1949, bis die Kammern ins Leben gerufen wurden.[329] Möglicherweise waren es die gerade entstehenden Evangelischen Akademien, die das Kammersystem an seiner Entfaltung hinderten. Asmussen sah jedenfalls hinsichtlich der Akademien dieses Problem und wollte zumindest öffentlich hier kein Konkurrenzverhältnis aufkommen lassen: „Wir können nur sagen, dass wir dasselbe meinen und wünschen dem Unternehmen ein gutes Gelingen."[330] Dies war jedoch eine beschönigende Darstellung. Tatsächlich versandte Asmussen seine Briefe an Ritter und Steltzer nicht einmal eine Woche nach einem Gespräch mit Eberhard Müller, in dem dieser ihm die Akademie-Konzeption vorgestellt hatte und Asmussen seine Kritik an einem seines Erachtens zu starken missionarischen Ansatz nicht verhehlte.[331]

Der Rat der EKD behandelte auf seiner Sitzung am 18.10.1945 das von Asmussen vorgelegte Kammerprojekt nicht. Im Mai 1946 berichtete Asmussen auf einer Ratstagung von einer nicht näher bezeichneten Konferenz „über politische Tagesfragen"[332]. Hier sei die Bitte geäußert worden, bei der

---

[326] Kap. 7.2.2.
[327] Schreiben vom 24.11.1945, BAK 1166/490.
[328] RITTER, Ethik, 12ff., bes. 35ff.
[329] Protokollnotiz 9.3.1949, EZA 4/126.
[330] Ratsprotokolle, 85.
[331] TREIDEL, Akademie, 40.
[332] Ratsprotokolle 1945/46, 498.

EKD „ein politisches Referat"[333] einzurichten. Heinemann lehnte den Plan mit dem Hinweis ab, die entsprechenden Persönlichkeiten hätten dafür wohl keine Zeit. Eine, wie sich bald zeigen sollte, zutreffende Einschätzung.

Zwar sollte der Plan weiter verfolgt werden, es geschah jedoch nichts. Anstelle der vorgesehenen „Kammer für das öffentliche Leben" übernahm es der Freiburger Historiker Gerhard Ritter, für den Rat der EKD insgesamt fünf Gutachten zu verfassen, die eine sachlich abgewogene Stellungnahme zu vielen Fragen des öffentlichen Lebens ermöglichen sollten. Diese Gutachten erstrecken sich auf einen Zeitraum vom Dezember 1945 bis zum April 1949.[334] 1947 wurde Ritter auch offiziell zum Berater der EKD ernannt.[335] Der für eine solche Beratertätigkeit ebenfalls in Aussicht genommene Theodor Steltzer musste sich der praktischen Mitarbeit versagen, da er in der Kommunal- und später in der Landespolitik schnell Karriere machte und bald zum Ministerpräsidenten von Schleswig-Holstein ernannt wurde. Später ging er mit dem „Mundus Christianus" seine eigenen Wege.

Die Gutachten Ritters, ein zeitgeschichtliches Dokument ersten Ranges, sind leider bis heute nicht wissenschaftlich ediert und nur über Archive zugänglich, so dass hier seine Äußerungen zu den politischen Parteien in einem Exkurs ausführlicher dargestellt werden sollen. Sie spiegeln sehr aufschlussreich Ritters alte Vorbehalte gegenüber dem Parteiensystem und seinen damaligen Kenntnisstand über die Entstehungsprozesse der politischen Parteien wieder.

Exkurs: Die Gutachten Gerhard Ritters für den Rat der EKD

Ritter bot in seinen Berichten regelmäßig einen Gesamtüberblick über die weltpolitische Lage. Meist begann er bei einer umfassenden Schilderung der Konfliktpotentiale, die sich auf der Ebene der Weltpolitik zwischenzeitlich ergeben hatten, um dann die Situation der deutschen Innenpolitik zu schildern. In diesem Zusammenhang wurde die Entwicklung des deutschen Parteienwesens dargestellt.

In seiner ersten Denkschrift vom Dezember 1945 wollte Ritter „vor allem von den Anfängen eines neuen deutschen Parteilebens" sprechen.[336] Zunächst stellte er fest: „Das Echo der deutschen Öffentlichkeit ist sehr viel

---

[333] Ebd.

[334] Zu den Gutachten vgl. auch NOWAK, Berater, 235ff.; KAISER, Geschichtswissenschaft, 89ff.; JÄHNICHEN/FRIEDRICH, Verantwortung, 214ff. Alle, auch der bisher vermisste 4. Bericht, sind im Bundesarchiv Koblenz vorhanden. An den Berichten arbeitete auch Ritters Mitarbeiter Michael Freund mit. Der jeweilige Anteil der beiden an den Arbeiten ist nicht sicher festzustellen; vgl. CORNELISSEN, Ritter, 401 A. 114; der einen zunehmend stärkeren Anteil Freunds behauptet.

[335] NOWAK, Ritter, 242.

[336] Denkschriften, BAK 1166/288; daraus auch die nachfolgenden Zitate.

schwächer gewesen" als etwa in Italien, wo es auch zu einem Wiederaufbau der politischen Parteien gekommen sei:

„Mit gutem Grund. Denn erstens haben sich unsere alten bürgerlichen Parteien durch ihr klägliches Versagen 1933, wo sie fast widerstandslos die Selbstenthauptung im Reichstag vollzogen, hoffnungslos kompromittiert, zweitens, glaubt kein Mensch mehr in Deutschland an irgendwelche Parteiprogramme, Parteiversprechungen und Partei-Ideologien, vielmehr scheut alles die Parteipolitik, wie das gebrannte Kind das Feuer. Drittens hat die Neubildung demokratischer Massenparteien solange etwas Künstlich-Gewaltsames, als es noch gar keinen deutschen Staat, kein deutsches Parlament, keine wirkliche deutsche Freiheit im Sinne nationaler Selbstbestimmung gibt. … .Darüber hinaus muß man grundsätzlich – und wie ich meine, gerade vom christlichen Standpunkt aus – die Frage stellen, ob das moderne Parteiwesen überhaupt ein Segen und ob es überhaupt wirklich unentbehrlich ist. Sollte man die Massen überhaupt beständig in politische Bewegung bringen?"

So findet sich auch hier wieder bei Ritter tiefe Skepsis gegenüber einer Wiederbegründung des Parteiwesens und überhaupt gegenüber der repräsentativen Demokratie. Ritters alte Kritik an der Vermassung der Gesellschaft betraf in besonderer Weise auch die Massen-Parteien:

„Wenn die Bildung echter Gemeinschaft, der Persongemeinschaft anstelle der Hammelherde, die Hauptaufgabe der neuen Zeit ist, muß ein Weg gefunden werden, um die politische Verblödung und Verführung der Menschen durch verantwortungslose Massenagitation der Parteien zu vermeiden. Jede gesunde Staatsautorität ruht im Grunde auf einer Notablenschicht; alles kommt darauf an, nach der Zerstörung von Adel und höherem Bürgertum als kultur- und staatstragenden Schichten eine neue Elite herauszufinden, auf die sich das Vertrauen der Nation konzentrieren kann."

Dies waren Punkte, die von der Freiburger Denkschrift her nicht neu waren: Kritik an der Massengesellschaft, Hinwendung zu elitären Formen der Staatsbildung.

Nachdem Ritter diese von der Denkschrift her bekannten Thesen weiter entfaltet hatte, kehrte er nach seiner „programmatischen Abschweifung … [zur] Schilderung der tatsächlichen politischen Lage zurück. Wie hat sich der Neuaufmarsch der politischen Parteien bisher vollzogen?" Ritter schilderte zunächst, dass sich besonders KPD und SPD nach dem Zusammenbruch sehr schnell wieder organisiert hätten. Er wies dabei auf einen „bedeutsamen Unterschied" in den beiden Parteien gegenüber Weimar hin: Die feindselige Haltung zu den Kirchen scheine „nunmehr aufgegeben oder doch zurückgestellt". Danach habe „sich auch das katholische Zentrum wieder ans Licht gewagt". Allerdings sei hier besonders auf die neue Form der Organisation hinzuweisen, die eben darin bestehe, dass es sich jetzt um eine überkonfessionelle Partei handle. Ritter schilderte die Gründung der Union in Berlin „unter der Führung des Zentrumsministers und Bauernführers Dr. Hermes, meines Mitgefangenen im Zellengefängnis Lehrterstraße" und „unser[em] Freund Landrat (jetzt Oberpräsident) Steltzer". Ritter wies darauf hin, wie sich ähnliche Parteigründungen im ganzen ehemaligen Reichsgebiet vollzogen hätten, so auch in Freiburg: „Diese Spontaneität und Echtheit dieser Verständigungsbemühungen ist nicht zu bezweifeln." Ritter bestätigte, dass sich die Unionsparteien „auf einem ganz soliden geistig-religiösen Fundament" befänden: „Es gibt gemeinsame Kundgebungen der Union, die man als ergreifendes Zeugnis neu gewonnener Christengemeinschaft empfinden darf."

Nach diesem positiven Votum für die Union stellte Ritter die Frage, was insgesamt von den Parteibildungen, zu denen er auch noch die LDPD zählte, zu erwarten sei.

Für die Kommunisten sah er im Blick auf das ganze Reichsgebiet eigentlich keine klare Perspektive. Hinsichtlich der Sowjetischen Zone sei damit zu rechnen, dass der tatsächliche Anhang der Kommunisten gering bleibe. Die SPD bezeichnete er als „Sammelbecken breiter Schichten der Arbeiterschaft, auch des Bürgertums", zumindest in den Kreisen, in denen man christlich-sozialen Gedanken distanziert gegenüber stünde. Hinsichtlich der christlich-demokratischen Parteien sah er ihre Aufgabe darin, sich

„wirklich ganz vom alten Zentrumsgeist zu lösen, neuen Zielen zuzustreben und mit den jetzt ihr zuströmenden evangelischen Christen eine wirkliche Gemeinschaft zu bilden, in der sich beide Teile gleichberechtigt wissen und gleich heimisch fühlen. Leider spricht manches dafür, daß es trotz allen ehrlichen Eifers nicht gelingen wird. Die alten Zentrumspolitiker besitzen im allgemeinen die stärkeren Verbindungen, die größere Erfahrung in politischen Dingen, in katholischen Landesteilen den stärkeren Anhang, und sie sind sehr schwer von ihren Traditionen loszulösen."

Im zweiten Bericht vom März 1946 konnte Ritter differenzierter argumentieren:

„Inzwischen hat denn auch das deutsche Parteileben ein klares Gesicht gewonnen. Kommunisten, Sozialisten und Christlich-Soziale sind (wie in Österreich, Frankreich und den meisten Ländern Europas) als die führenden großen Parteien hervorgetreten, neben denen nur noch die Liberaldemokraten eine gewissen Rolle spielen, als Sammelgruppe verschiedenartiger Elemente des ehemaligen ,nationalen' Bürgertums."

Ritter ging auch auf das konkrete Verhältnis der Kirchen zu diesen Parteien ein, wobei er die Kirchenführer in ihrer bisher gehaltenen Linie bekräftigte:

„Die Kirche (darüber besteht seit Treysa wohl allgemein Einigkeit) wird sich mit keiner dieser Gruppen gleichsetzen, an keine binden dürfen; sie wird sich vielmehr bewußt bemühen müssen, Vertrauensmänner in allen Parteien zu besitzen, und sie, wie es mancherorts schon jetzt geschieht, zu regelmäßigen Besprechungen zu versammeln, um ihre besonderen Anliegen durch sie zu klären und in den Parteien zu vertreten. Praktischen Einfluß auf das politische Leben wird sie naturgemäß vor allem durch die CDU auszuüben in der Lage sein. Dafür scheint mir auch die Aussicht, im ganzen genommen, besser geworden zu sein, als ich in meinem ersten Bericht voraussehen konnte. Leider sind meine Nachrichten über die Entwicklung der CDU in den verschiedenen Ländern noch immer sehr unvollständig. Was mir davon zu Ohren kam, erweckt den Eindruck, daß der evangelische Volksteil bei genügender Regsamkeit doch keine schlechten Aussichten hat, einen einfachen Rückfall in die alte Zentrums-politik zu verhindern."

Doch auch hinsichtlich der SPD wagte Ritter eine positive Prognose:

„Hier eröffnet sich ein weites Feld für die Wirksamkeit wahrhaft christlicher Persön-lichkeiten, auch in der Arbeiterschaft. Dass sie so selten hervortreten – viel seltener als in der englischen Labour-Party – weist auf schwere Versäumnisse der Kirche in der Vergangenheit zurück. Es wird höchste Zeit, diese Versäumnisse heute auszugleichen, darüber hinaus die verhängnisvollen Abgründe zwischen Arbeitern und ‚Bürgerli-chen' zwischen ‚Gebildeten' und ‚Ungebildeten' zu überbrücken, soll nicht schweres neues Unheil entstehen."

In seinem dritten Bericht, abgefasst im Juli/August 1946, ging Ritter beson-ders auf die divergierenden parteipolitischen Entwicklungen in Ost und West, die durch einen – wie er formulierte – „europäische[n] Limes" geteilt worden seien, ein. Hinsichtlich der SPD verwies Ritter auf die dominieren-de Persönlichkeit Kurt Schumachers, der, wie er meinte, auf eine „deutsche Labour-Party hinzustreben" scheine. In der CDU/CSU sah er nun auch deutlicher die innerparteilichen Spannungen zwischen den christlich-so-zialen, den christlich-sozialistischen und den bürgerlich-liberalen Strömun-gen. Ein besonderes Licht warf Ritter auf die Auseinandersetzungen der CDU im Rheinland, die zwischenzeitlich auch zu einer Wiederbegründung des Zentrums geführt hatten.

Im vierten Bericht vom April 1947 beschäftigte sich Ritter wieder beson-ders mit CDU und CSU und sah in beiden Parteien „die konservativen, föderalistischen (z.T. partikularistischen) Kräfte an Boden gewinnen." Insge-samt trat die Analyse der innerparteilichen Entwicklungen in den Hinter-grund. Diese hatte mittlerweile einen gewissen Abschluss gefunden. Im fünf-ten Bericht vom Januar 1948 und im sechsten Bericht vom April 1949 ging es eher um die allgemeine Haltung der politischen Parteien insbesondere zur Frage der deutschen Einheit. Die fortwährende Auseinanderentwicklung zwischen den Westzonen und der Ostzone führte Ritter auch auf die

„Unfähigkeit der deutschen Parteien und der deutschen Regierung" zurück, „eine gemeinsame Stellungnahme zu den drängenden deutschen Fragen zu finden. Der von der SED ins Leben gerufene ‚Volkskongress' mit der Parole der deutschen Einheit ist allzu sehr mit dem Makel einer Bewegung behaftet, die im Dienst einer Partei, einer Besatzungsmacht steht, und nur auf die Annektion (!) der westlichen Besatzungszonen an die Ostzone gerichtet scheint … . Als Gefahr steht am Horizont, daß sich eines Ta-ges zwei deutsche Regierungen gegenüber stehen würden."

In gewisser Weise sah Ritter neben der wirtschaftlichen Trennung

„auch die politische Spaltung in einer tiefgehenden Form schon vollzogen. Alle, die einmal die Grenze zwischen der Ost-Westzone überschritten haben, bezeugen, dass man in eine andere Welt kommt, wenn man diese Grenze überschreitet. Drüben und

hüben herrscht ein anderes politisches Klima. Die politische Spaltung wird am schärfsten durch die Tatsache unterstrichen, dass auf der einen Seite der Grenze die sozialdemokratische Partei die Regierungspartei ist und auf der anderen Seite der Grenze eine
verfolgte Untergrundbewegung.[337]

Die Spaltungstendenzen, die bei der SPD schon vollzogen waren, sah Ritter
nun auch bei der CDU und der LDPD. Ritter wies besonders auf die Absetzung Jakob Kaisers und Ernst Lemmers hin, die als Anzeichen für die Trennung zwischen West- und Ost-CDU zu werten sei.

Die Grundtendenz von Ritters Berichten hinsichtlich der politischen
Parteien lässt sich auf den Nenner bringen: wohlwollende Haltung gegenüber der CDU, ohne damit die Gefahren einer alten „Zentrumspolitik" zu
unterschätzen, Aufgeschlossenheit gegenüber der SPD, insgesamt bei aller
parteipolitischen Neutralität aber eine Affinität zur CDU.

Ritters Ausführungen verfehlten ihre Wirkungen nicht. Nicht nur ließ
OKR Merzyn ihm mitteilen, dass „uns ihre Denkschrift immer ganz besonders wertvoll ist"[338], offensichtlich befand sich auch der EKD-Ratsvorsit-
zende Bischof Wurm ganz im Einklang mit den Ritter'schen Anschauungen,
wenn er in einem Aufsatz zum Thema „Das religiöse Problem" feststellte, in
der CDU/CSU handele es sich um eine Partei, in der

„Männer tätig sind, denen wir nicht bloß auf religiösem, sondern auch auf sozialem
und wirtschaftlichem Gebiet volles Vertrauen schenken können. … Der [Ansatz der
CDU] verdient ernste Beachtung und Würdigung. Nur darf er nicht mit dem Anspruch verbunden sein, alle christlich Gesinnten müßten sich dieser Organisation anschließen und die Entscheidungen gut heißen, die die christlich-demokratische Partei
im einzelnen trifft. … Es ist zudem zu erwägen, daß sich ganz naturgemäß dieser Partei
die meisten von denen anschließen, die in wirtschaftlichen und sozialen Fragen eine
mehr konservative zögernde Haltung einnehmen, während alle Besitzlosen stärker zu
radikalen Experimenten geneigt sind. Es ist deshalb die Gefahr sehr groß, daß die
CDU eine die Interessen des Bürgertums einseitig wahrende Partei wird! Es muß unter allen Umständen auch nur der Anschein vermieden werden, als ob die Kirche für
die Belange des Arbeiterstandes weniger Verständnis besitze. … Deshalb sehen wir der
künftigen Entwicklung nicht ohne Sorge entgegen. Jedenfalls würden wir dreierlei
sehr begrüßen: 1. Wenn die anderen Parteien den bewußten Christen die Möglichkeit
hervorzutreten verschaffen würden, 2. Wenn die CDU zur Besprechung wichtiger
Fragen, vor allem Fragen der Erziehung, der Gesundheit und Wohlfahrtspflege auch
ernstgerichtete Mitglieder anderer Parteien heranziehen würde und 3. Wenn die Presse der Linksparteien Kundgebungen der Kirchen oder einzelner christlicher Persönlichkeiten etwas ernster nehmen und sachlicher behandeln würde, als dies bisher geschehen ist."[339]

---

[337] Unter der „Deutschen Regierung" verstand Ritter offensichtlich den Alliierten
Kontrollrat. Wenn Ritter die SPD in der Regierungsverantwortung sah, dachte er wahrscheinlich an die Regierungsbeteiligung in einzelnen Ländern.
[338] Schreiben vom 22.7.1968, BAK 1168/288.
[339] ACDP I-398–005/1.

Ritters Beratungstätigkeit zeigte ihre Wirkung in den Stellungnahmen des Ratsvorsitzenden, die deutlich von denen des „Arbeitskreises Evangelische Akademie" abwichen. Die grundsätzlich positive Haltung gegenüber der CDU war unverkennbar. Die Uneinheitlichkeit der politischen Auffassungen innerhalb der EKD zeigte sich auch in den unterschiedlichen „Denkschulen": auf der einen Seite der der bruderrätlichen Fraktion nahe stehende und sich als Organ des Rates der EKD bezeichnende „Arbeitskreis Evangelische Akademie", auf der anderen Seite Gerhard Ritters Beratertätigkeit für den Rat der EKD. Ein neues Organ sollte bald hinzukommen und Ritters Tätigkeit ablösen: Die „Kammer für öffentliche Verantwortung."

Die Frage einer solchen Kammer wurde erst wieder von Gustav Heinemann, der damals noch CDU-Mitglied war, auf der Ratssitzung am 22.3. 1949 aufgegriffen und gleichzeitig vorangetrieben. Heinemann hatte zuvor die praktischen Möglichkeiten einer solchen Einrichtung sehr skeptisch eingeschätzt (s.o.). Die Gründe für den Sinneswechsel Heinemanns können nicht mehr erhellt werden. Möglicherweise war die Schlussphase der Beratungen im Parlamentarischen Rat und das hier noch darzustellende völlig unkoordinierte Vorgehen der Evangelischen Kirche[340] hinsichtlich der Frage von Einflussmöglichkeiten auf den Beratungsprozess ein auslösender Grund. Die Bildung der Kammer wurde jedenfalls jetzt forciert, doch stand die Arbeit unter keinen günstigen Bedingungen.

Als Vorsitzenden gewann man das Berliner CDU-Mitglied Robert Tillmanns. Tillmanns selbst nahm die Berufung zum Kammervorsitzenden wegen seiner Arbeitsbelastung und der schwierigen Reiseverbindung zwischen Ost und West nur mit Bedenken an.[341] Als weitere Mitglieder wurden Otto Bleibtreu, Dr. Fricke/Hannover, Oskar Hammelsbeck, Konsistorialpräsident Hofmann, Generalsuperintendent Jacob, Dr. Krüger/Dortmund, Walther Künneth, OKR Hans Meinzolt, Ludwig Metzger, OKR Manfred Müller, Gerhard Ritter und Kirchenpräsident Stempel berufen, wobei Heinemann offensichtlich die Kontakte mit den betreffenden Personen herstellte.[342] Mit Hammelsbeck, dem bisherigen Geschäftsführer des „Arbeitskreises Evangelische Akademie", und Ritter, dem politischen Berater des Rates der EKD, trafen in diesem Gremium die bisherigen „Meinungsbildner" mit ihren unterschiedlichen politischen Standpunkten aufeinander. Ritter, einstmals einer der Väter der Kammeridee, nahm die Berufung als einfaches Mitglied mit „verbindlichem Dank" an, bezweifelte aber gleichzeitig, ob er wohl kontinuierlich werde mitarbeiten können.[343]

Die erste geplante Sitzung der Kammer am 2. August 1949 musste wegen zahlreicher Absagen der Mitglieder ausfallen. Damit war in organisatorischer

---

340 Vgl. Kap. 12.5.2.
341 Schreiben vom 29.6.1949, EZA 2/1345.
342 Ebd.
343 Vermerk 29.3.1949, EZA 4/126.

Weise das Schicksal der „Kammer für öffentliche Verantwortung" bereits vorgezeichnet. In der Tat gelang es in den ersten Jahren nicht, zu einer kontinuierlichen Sacharbeit zu gelangen. Schon am 23.8.1950 musste OKR Ranke resignierend an Tillmanns schreiben, es sei „fast unmöglich, die beteiligten Herren zu einem Termin zu bekommen."[344]

So beschwerlich also die äußeren Bedingungen waren, versuchte Robert Tillmanns trotzdem, die Kammer zu einem effektiv arbeitenden Gremium zu entwickeln. Ihm schwebte dabei zum einen eine umfassende politische Sacharbeit vor, zum anderen forderte er eine gezielte theologische Fundierung der Beschlüsse der Kammer. Diese Arbeit sollte geleistet werden, damit der so vielstimmige Protestantismus in politischen Dingen einheitlich auftreten konnte. Dem theologischen Laien Tillmanns war daran so gelegen, dass er selbst Vorschläge für die theologische Studienarbeit machte. Hierzu bat er die Mitglieder der Kammer etwa zu einer der ersten Sitzungen Jacques Elluls „Kirche und Recht",[345] ein Werk, das in seiner theologischen Ausrichtung ganz der Theologie von der „Königsherrschaft Jesu Christi" verpflichtet war, vorbereitend zu lesen. Noch vor der Diskussion traten die politisch und theologisch weit auseinanderliegenden Auffassungen der Kammermitglieder deutlich hervor. Gerhard Ritter schrieb an die Kanzlei zu Elulls Buch:

„Ich habe es sorgfältig und mit großen Erwartungen, mit wachsender Enttäuschung, um nicht zu sagen mit Widerwillen, gelesen . … Da wird zuerst noch einmal alles christliche ‚Naturrecht' radikal abgelehnt …, kehrt am Schluß doch wieder: als ‚Phänomen der Institutionen (alias Schöpfungsordnungen)', der ‚Menschenrechte' (ohne faßbare Begründung) und der natürlichen Gerechtigkeit als eine Art Verkehrsordnung".[346]

Für Ritter war diese theologische Rechtsbegründung ein Dokument, in dem „höchst bedenkliche theologisch klerikale Machtansprüche"[347] zum Ausdruck kamen. In der Kammersitzung kam es dementsprechend auch zu einer Auseinandersetzung zwischen Ernst Wolf, der Elluls Position darstellte, und Ritter. Ritter bestritt den Zusammenhang zwischen Rechtfertigung und Recht, wie ihn Ellul im Gefolge Barths betonte. „Aufgabe der Kammer" war es für ihn vielmehr, „unter Benutzung der praktischen Vernunft und der Naturgegebenheiten ohne Anspruch auf Unfehlbarkeit zu formulieren, was die kirchliche Aufgabe im öffentlichen Leben ist."[348] Die tiefgreifende Diastase im Ansatz der politischen Ethik war damit auch im Rahmen der Kammerarbeit sofort deutlich geworden: Auf der einen Seite die durch den Gedanken der „Königsherrschaft Jesu Christi" entwickelte neue politische Ethik, wie sie Barth in „Rechtfertigung und Recht" sowie „Chris-

---

[344] Schreiben EZA 2/1346.
[345] Jacques ELLUL, Die theologische Begründung des Rechts, 1948.
[346] Schreiben 29.12.1949, EZA 2/1345; daraus auch die nachfolgenden Zitate.
[347] Ebd.
[348] Notizen, EZA 2/1345.

tengemeinde und Bürgergemeinde" vorbereitet hatte, auf der anderen Seite
das auch von Ritter differenziert vertretene Konzept der Rechristianisierung[349] und der Rekurs auf die „praktische Vernunft" sowie die „Naturgegebenheiten", die in dieser Form an Luthers Auffassungen vom „natürlichen
Gesetz" erinnerten.[350]

Neben bzw. als Folge dieser grundsätzlichen theologischen Divergenzen
entstanden die ersten handfest praktischen Streitigkeiten. Darauf wies Ritters Anmerkung, die er unter „PS." in einem Brief an die Kirchenkanzlei
weitergab, hin: Wer war berufen für den deutschen Protestantismus zu sprechen? Ritter bezog sich auf Martin Niemöllers berühmt-berüchtigtes Interview,[351] das er Margaret Higgins von der New York Herald Tribune gegeben
hatte. Ritter wetterte:

> „Wozu haben wir eine ‚Kammer für öffentliche Verantwortung‘, wenn derartige öf-
> fentliche Entgleisungen maßgeblicher Kirchenführer trotzdem möglich sind? Diese
> Erfahrung bestätigt von neuem die Hoffnungslosigkeit unserer ‚Kammer‘. Herr Dr.
> Tillmanns dürfte hiernach kaum etwas anderes übrigbleiben, als sein Amt als Kammer-
> vorsitzender niederzulegen, falls N. nicht desavouiert wird."[352]

Ritter betätigte sich in der Folgezeit als Generalkritiker der Kammer. In einem Schreiben an OKR Ranke bezeichnete er die Arbeit wenig später als
„praktisch nutzlos."[353] Er distanzierte sich nun bald von der Kammerarbeit
und stellte seine Mitarbeit auf allen Ebenen der EKD 1951 ein.[354]

Ritters frühe Kritik war nur wenige Monate nach Aufnahme ihrer praktischen Arbeit bereits ein äußerst ernüchterndes Ergebnis. Sollte Tillmanns
gemeint haben, eine ruhige und kontinuierliche Arbeit in und mit der Kammer entwickeln zu können, war dies tatsächlich nicht möglich.

Auch Tillmanns Bemühungen um eine bessere Verbindung der Kammer
und des Rates zu den politischen Parteien endeten ergebnislos. Er plante zunächst, die Frage des Verhältnisses der Kirche zu den politischen Parteien auf
eine breite organisatorische Grundlage zu stellen. Tillmanns, vielleicht auch
Ritter – die Quellenlage gibt das nicht her – versuchte deshalb nochmals an
das schon in Treysa entwickelte Konzept der „Vertrauensmänner" anzuknüpfen und die Kammer zu einer Art überparteilicher Arbeitgemeinschaft
zu entwickeln. Es wurde deshalb gleich auf der ersten Sitzung beschlossen:

[349] So auch CORNELISSEN, Ritter, 400.
[350] Vgl. BRUNNER, Gerechtigkeit 48ff.; WOLF, Naturrecht, bes. 334ff.
[351] Die Bundesrepublik als „in Rom gezeugt und in Washington geboren"; vgl. Niemöllers Schreiben an Adenauer vom 25.1.1950 (Abschrift) BAK 1278/208.
[352] Schreiben vom 29.12.1949, EZA 2/1345.
[353] Schreiben vom 21.2.1950, EZA 2/1346. Cornelißen datiert Ritters Kritik an der
Kammer auf „spätestens" März 1951; CORNELISSEN, Ritter, 415.
[354] CORNELISSEN, Ritter, 415.

„Die Kammer hält es für zweckmäßig, wenn besonders ausgewählte evang. Abgeordnete der verschiedenen politischen Parteien (Vertrauensmänner) den Auftrag erhalten, den Rat der EKD bzw. die Kirchenkanzlei jeweils über die Kirche bedeutsamen Ereignisse in der Partei zu unterrichten. ... Die Fühlungnahme der evang. Abgeordneten des Bundestages empfiehlt die Kammer durch Zuwahl einiger Abgeordneter des Bundestages zur Kammer für öffentliche Verantwortung herzustellen. Besonders genannt werden hierzu 1. Ministerialrat Arndt, Wiesbaden, SPD[355], 2. Dr. Wellhausen, FDP[356]. Die Kammer empfiehlt, bei der evang. luth. Landeskirche Hannovers wegen eines weiter hinzu zu wählenden Abgeordneten der Deutschen Partei anzufragen.[357] ... Die Kammer hält es für dringlich, daß der Rat der EKD das geplante Gespräch mit der CDU abhält. Die Kammer bittet, der Rat möge doch gleichzeitig auch Gespräche mit den anderen Parteien durchführen. Die Kammer bittet, der Rat möge bei dem Gespräch mit der CDU die Ergebnisse des bereits früher geführten von Detmold berücksichtigen. Sie bittet des weiteren, der Rat möge allen Parteien gegenüber zum Ausdruck bringen, daß die Kirche sich nicht mit einer politischen Partei identifizieren kann, daß sie es begrüßt, wenn ihre Glieder sich im politischen Leben einsetzen."[358]

Dieser Beschluss war der Kammer ganz offensichtlich ein wichtiges Anliegen. Auch Oskar Hammelsbeck, der Jahre zuvor im Auftrag des „Arbeitskreises Evangelische Akademie" Gespräche mit den politischen Parteien geführt hatte, vertrat jetzt die Meinung, die Initiative der EKD zum Gespräch mit den politischen Parteien solle bei der „Kammer für öffentliche Verantwortung" liegen. Er begründete dies mit der Auffassung, es sei hier ihre besondere Aufgabe, „sich für die Auflockerung der Parteigegensätze und für die Stärkung ihrer reformatorischen Mitglieder einzusetzen."[359] Die „Stärkung der reformatorischen Mitglieder" war dabei für Hammelsbeck zumindest ein Anliegen, bei dem er selbst um die Schwierigkeiten wissen musste, da er früher zumindest in der CDU, letztlich aber auch in der SPD – dass zeigte Grimmes schwierige Position in der Nachbereitung des Partei-Kirche-Gesprächs[360] – zu deren Schwächung beigetragen hatte.

Zu den Vorschlägen der Kammer, Politiker zur Mitarbeit einzuladen, äußerte der Rat sich am 30.11.1949 negativ, allerdings wurde Tillmanns freigestellt, gelegentlich Parteipolitiker als Gäste zur Kammerarbeit heranzuziehen.[361] Am 12.12.1949 teilte OKR Ranke Tillmanns mit, der Rat der EKD habe beschlossen, die Kammer könne die genannten Abgeordneten „zunächst für eine gewisse Zeit als Gäste"[362] einladen. Ranke fügte jedoch hinzu:

---

[355] Adolf Arndt, vgl. Kapitel 11.
[356] Hans Wellhausen, vgl. Kapitel 7 und 10.
[357] Entsprechend der Bitte der Kammer wurde von der Kanzlei Landesbischof Liljes für die DP Hans-Joachim von Merkatz vorgeschlagen; Schreiben vom 14.11.1949, EZA 2/1345.
[358] Protokoll 3.10.1949, EZA 2/1345.
[359] Protokollentwurf 9.11.1949, EZA 2/1345.
[360] Kap. 12.4.3.
[361] Schreiben Ranke vom 12.12.1949, EZA 2/1345.
[362] Ebd.

„Da ich die Sache persönlich im Rat vorgetragen habe, glaube ich den Beschluss insofern modifizieren zu können, als es Ihnen als Vorsitzenden der Kammer durchaus freisteht, auch andere als die in dem Protokoll namentlich aufgeführten Abgeordneten an der Arbeit der Kammer als Gäste zu beteiligen."[363]

Ein schon auf der nächsten Kammersitzung am 3./4.12.1949[364] wahrscheinlich in Kenntnis der einige Tage vorher stattgefundenen Ratssitzung gefasster Beschluss, zu den Parlamentariern Kontakt aufzunehmen, blieb aber offensichtlich folgenlos.[365] Keiner der in Aussicht genommenen Politiker kam – auch nur als Gast – in die Kammer. Eine Korrespondenz mit ihnen lässt sich nicht feststellen.

Die Krise der Kammerarbeit wurde immer offensichtlicher. Schon im Frühjahr 1950 äußerte ein Mitglied, Kirchenrat Müller, die Auffassung, dass die Kammer, wenn es ihr nicht endlich gelinge, „beratendes Organ zur aktuellen politischen Erklärungen"[366] zu werden, „keine Daseinsberechtigung mehr habe". Tatsächlich geschah nichts.

Der Rat selbst blieb gegenüber den politischen Parteien in einer Haltung, die von Carsten Nicolaisen und Nora Andrea Schulze als „vollends indifferent"[367] bezeichnet wird. Zwar wurde zur Ratssitzung am 9. März 1948 mit einer Tagesordnung eingeladen, die auch den Punkt „Kirche und Parteien"[368] behandeln sollte, tatsächlich kam dieser Problemkreis überhaupt nicht zur Sprache. Für die Sitzung am 27./28. April 1948 wurde die „CDU-Eingabe"[369], gemeint war der Brief von Otto Boelitz, den dieser nach den gescheiterten Gesprächen zwischen der CDU und dem „Arbeitskreis Evangelische Akademie" geschrieben hatte,[370] wieder auf die Tagesordnung genommen. Wiederum wurde der Punkt nicht behandelt.

Abermals wurde die organisatorische Unklarheit im Aufbau und in den Zuordnungsverhältnissen innerhalb der EKD deutlich. Sie bildete in gewisser Weise die hier schon mehrfach dargestellten Spannungen in politischen Fragen innerhalb des Protestantismus ab. Die „Kammer für öffentliche Verantwortung" konnte unter diesen Umständen nicht zu einer konstruktiven Arbeit kommen, da die Positionen zu festgelegt waren und eine Überbrückung bzw. Synthese der Auffassungen offensichtlich nicht möglich erschien. Die von Tillmanns angestrebte politische Grundlagenarbeit sowie der Kontakt mit Politikern aus verschiedenen Parteien scheiterte daran, dass letztlich keine

---

[363] Ebd.

[364] Entwurf einer Protokollniederschrift 12.12.1949, EZA 2/1345.

[365] Ebd. Statt dessen wurden der Präsident des Kirchentages, Reinold von Thadden-Trieglaff, und die OKR Elisabeth Schwarzhaupt kooptiert.

[366] Schreiben Tillmanns vom 7.3.1950, EZA 2/1346.

[367] Ratsprotokolle 1947/48, X.

[368] Ebd.,1947/48, 393.

[369] Ebd., 442.

[370] Vgl. Kap. 12.4.2.

wirkliche Verständigung *innerhalb* des Protestantismus zu erzielen war, eine *innerprotestantische* Willensbildung im Sinne einer politischen Meinungsbildung nicht gelang, ja aufgrund der unterschiedlichen politischen Konzepte und Traditionen im deutschen Protestantismus auch nicht gelingen konnte. Das frühe Scheitern der Kammerarbeit belegt dies. Abermals zeigte sich damit, dass im Protestantismus, zumindest was die Fragen politischer Ethik betraf, seit 1848 faktisch zwei Konfessionen vorhanden waren.

Die Parallelen zum Jahre 1848 drängen sich in der Tat auf: Wie 1848 hatte letztlich ein ekklesiologisches Problem die abermalige politische Spaltung des Protestantismus verursacht. So wie damals die Frage der freien Volks- oder staatlichen Behördenkirche liberale und konservative Protestanten auch politisch spaltete, so lautete jetzt die Alternative zwischen den Bruderräten und den ihnen nahestehenden kirchlichen Kreisen und Gemeinden sowie (vorwiegend) dem konfessionellen Luthertum: Christengemeinde in diakonischer Existenz (Barmen II) unter Wahrnehmung eines „Wächteramtes" in der Bürgergemeinde oder aber: Kirche mit gesichertem Öffentlichkeitsanspruch und gleichzeitig Stütze der bürgerlichen Gesellschaft des „christlichen Abendlandes". Ein Ausgleich zwischen beiden Positionen war im Sinne einer synthetischen Lösungen nicht möglich, dass zeigt die Vielstimmigkeit des Protestantismus in den politischen Fragen dieser Zeit.

12.5.2. Das „Büro Kunst" als Verbindungsstelle des Rates der EKD zu den politischen Parteien

Die Kammer selbst geriet schon in der Frühphase ihrer Arbeit in eine Interessenskollision mit dem „Büro Kunst", das die Aufgaben einer Verbindungsherstellung zu den staatlichen Behörden der jungen Bundesrepublik übernehmen sollte. Ungefähr zeitgleich mit der Arbeitsaufnahme der Kammer wurde der Präsident der Kirchenkanzlei gebeten, dem Rat einen Vorschlag zu machen, „wie eine Verbindung der EKD zu den Organen der Bundesrepublik hergestellt und eine Sammlung der evangelischen Abgeordneten des Bundestages herbeigeführt werden kann"[371]. Diese Aufgabe sollte der bisherige Superintendent von Herford, Hermann Kunst, übernehmen. Die Arbeit von Kunst war zunächst nicht länger als für ein halbes Jahr angelegt. Dass Provisorien manchmal dauerhafter sind als Festgeplantes, erwies sich auch hier. Kunst blieb bis 1977 Bevollmächtigter des Rates und wurde eine „Institution" des politischen Lebens in der Bundesrepublik. [372]

Während also die Kammer das Konzept einer breitangelegten Kontaktierung der Parteien verfolgte und eben auch zu einer theologischen wie politischen Fundierung ihrer Arbeit gelangen wollte, entschloss man sich seitens

---

[371] Protokoll der Ratssitzung vom 6./7. 9. 1949, EZA 4/43.
[372] Vgl. HAUSCHILD, Kunst, 69ff.

des Rates, doch eher die Form persönlicher Kontakte, informeller Intervention usw. – auf der Verbandsebene würde man von „Lobbyistenarbeit" sprechen – zu bevorzugen. Der Bevollmächtigte übernahm dabei wertvolle Vermittlerdienste. Kunst hat es selbst so formuliert: „Das Entscheidende geschah, … unter vier Augen. Darüber gibt es auf kirchlicher Seite keine Aktennotizen."[373] Kunst gelang damit der

> „Aufbau eines umfangreichen, weitverzweigten Kontaktnetzes, bei weitgehender Flexibilität in der Wahl des jeweiligen Interessenvehikels. Die Vielzahl dieser Kontakte bildete gleichsam das ‚Unterfutter' für die offizielle Arbeit des ‚Evangelischen Büros'."[374]

An die Stelle einer neuen Grundlagenbildung für das Verhältnis der Kirche zu den Parteien trat die alte Kirchendiplomatie. Dass Kunst diese, wie ihm von allen Seiten bestätigt wurde, äußerst erfolgreich ausübte, mag mit dazu beigetragen haben, dass es der „Kammer für öffentliche Verantwortung" nicht gelang, sich in dieser Richtung zu profilieren. Alle Einwände und Vorbehalte gegen eine „‚Nuntiatur' nach katholischem Vorbild"[375], die die Kammer äußerte, wurden jedenfalls vom Rat der EKD nicht so gesehen.[376] Tatsächlich hatte der Rat der EKD mit Hermann Kunst einen „Nuntius" gefunden, der den darin wesentlich geschulteren Prälaten nicht nachstand. Kunst gelang es mit den Jahren, in Bonn eine bedeutende Stellung einzunehmen. Dass der Nachlass von Hermann Kunst bis heute nicht einsehbar ist, bestätigt die These, dass er im Stile des geistlichen Beraters seine Arbeit in seelsorglicher Manier betrieb, der sich dabei ausdrücklich am Vorbild Luthers orientierte.[377] Mit seiner Tätigkeit als „Berater" der „Obrigkeit" versuchte er, diese behutsam in die Richtung zu lenken, die auch seinem eigentlichen Auftraggeber, der Evangelischen Kirche in Deutschland, richtig erscheinen musste. Es ist daher kein Zufall, dass Kunst seine Arbeit in Bonn mit einer Studie unter dem Titel „Evangelischer Glaube und politische Verantwortung" abschloss. Darin ging es, wie es im Untertitel hieß, um „Martin Luther als politischer Berater seiner Landesherren und seine Teilnahme an den Fragen des öffentlichen Lebens". Den Einwand, seit Luthers Zeit habe sich doch vieles verändert, wehrte Kunst in einer „Schlußbemerkung" ab:

---

[373] Kunst, Redebeitrag, 99.
[374] Buchhaas, Leitbilder, 27.
[375] Protokoll vom 3.10.1949, EZA 2/1345.
[376] Mit dem „Büro Kunst" hatte der Protestantismus zunächst einen Vorsprung vor dem Katholizismus in Bonn erreicht. Prälat Böhler konnte erst zum 1. April 1950 – nicht ohne Verweis auf die Aktivitäten der evangelischen Kirche – ein Pendant erreichen, das dann bald von weiteren Institutionen, besonders dem „Klubhaus Bonn" und dem „Politischen Arbeitskreis" umkränzt wurde, Gauly, Kirche, 127ff.
[377] Vgl. dazu auch Kunst Studie über „Martin Luther als politischer Berater", Kunst, Verantwortung. Zu Luthers diesbezüglicher Praxis vgl. auch Ritter, Dämonie, 113.

„Haben wir nicht eine im Prinzip gleiche Hierachie: die Städte bzw. Kreise mit den dazugehörigen Gremien, die Länder mit den Landesparlamenten, den Bund mit Bundestag und Bundesrat?"[378]

Offensichtlich blieb es für Kunst nur ein gradueller Unterschied, ob ein von Kurfürsten gewählter Kaiser, ein den Ständen zumindest rechenschaftspflichtiger Fürst oder ein indirekt – durch den Bundestag – vom Volk gewählter Kanzler regierte.

Der Ansatz von Kunst blieb streng personal mit einem Schwerpunkt im Bereich der Exekutive. Seine umfangreichen Gespräche mit den Parteien bestätigen diese Deutung durchaus. Er sprach als Vertreter der EKD mit im eigentlichen Wortsinne *entscheidenden* Mitgliedern der Partei, um so Einfluss auf diese ausüben zu können, zumal wenn sie Protestanten waren, bzw. um über die Willensbildung innerhalb der Partei informiert zu sein. Das war etwas anderes, als wenn Parteimitglieder als Protestanten innerhalb der Partei an der Meinungsbildung selbst mitwirkten, bzw. eine Kammer in ihren Beratungen idealtypisch versuchte, die parteipolitischen Konflikte in protestantischer Perspektive zu bearbeiten und von daher in die Parteien zurückzuwirken.

Der Ansatz von Kunst blieb damit streng auf der durch Luthers eigene Praxis vorgegebenen Linie. Damit unterschied er sich natürlich gravierend von der bruderrätlichen Vorgehensweise. Ein „Wächteramt" auszuüben oder eine „Richtung und Linie" vorzugeben, wie Barth es in „Christengemeinde und Bürgergemeinde" empfahl, wäre Kunst nicht in den Sinn gekommen, er hätte es zumindest nicht *öffentlich* getan.

Die Arbeit von Kunst bleibt so ambivalent. Durch sein gutes Verhältnis zu Adenauer gelang es ihm, im modernen Sinne erfolgreich eine theologisch allerdings angreifbare[379] Lobbyistenarbeit zu betreiben. Andererseits war diese durchaus modern. Die entscheidende Politik wurde im Kanzleramt und nicht im Bundestag[380] bzw. in den vom Bundeskanzleramt scharf beaufsichtigten[381] Ministerien gemacht. Insofern handelte Kunst zielorientiert. Andererseits ging der Kunst'sche Ansatz in die alte Richtung, es auf den Einfluss bei den Mächtigen anzulegen und an deren Willensbildung mitzuwirken. Politische Willensbildung des *Protestantismus* als einer Grundlage für einen Öffentlichkeitsanspruch war dies jedoch nicht. Man wird dabei sehen müssen, das die Aufgabe von Kunst tatsächlich die war, die er auf diese Weise auch erfüllte. Doch – und dies war in der Schwäche der Kammer begründet – wurde diese Arbeit nicht von einer ihn begleitenden politischen Willens-

---

[378] KUNST, Verantwortung 399.
[379] BARTH, Christengemeinde, 30f.
[380] So richtete der BDI zwischen 1949 und 1958 83 % seiner Eingaben an den Bundeskanzler und nur 7 % an den Bundestag oder Bundesrat (LAURIEN, Kultur 27).
[381] Vgl. dazu etwa DOERING-MANTEUFFEL, Westintegration, 13.

bildung des Protestantismus unterstützt. Die Gründe dafür sind im vorigen Abschnitt dargelegt worden.

12.5.3. Das Verhältnis des Rates der EKD zu den politischen Parteien im Parlamentarischen Rat

Als sich am 1. September 1948 der Parlamentarische Rat zur Ausarbeitung eines Grundgesetzes für die noch zu gründende westdeutsche Teilrepublik konstituierte,[382] galt es auch für die EKD, eine Haltung zu diesem Vorgang zu entwickeln und sich im übrigen darüber klar zu werden, wie und in welcher Weise sie für die Wahrnehmung ihrer Interessen sorgen wollte.

Von einem koordinierten Vorgehen konnte jedoch keine Rede sein. Das zeigte schon die Entsendung eines Verbindungsmannes in den Parlamentarischen Rat, der mit erheblicher Verspätung bestimmt wurde. Die Wahl fiel auf den rheinischen Präses Heinrich Held.[383] Dies geschah am 22.2.1949, also knapp ein Vierteljahr vor der Verkündigung des Grundgesetzes und fast ein halbes Jahr nach Zusammentritt des Rates.[384] Während die katholische Kirche, vertreten u.a. durch Prälat Böhler, ganz unverhohlen und offensiv ihre Interessen im Parlamentarischen Rat zu vertreten suchte,[385] hielt sich die Evangelische Kirche zurück, was die so späte Benennung eines Beauftragten deutlich machte.

Allerdings ließ sich diese Zurückhaltung doch nicht völlig aufrecht erhalten. So formulierten die Landeskirchen in der Britischen Zone im Oktober 1948 auf einer Konferenz in Bethel Wünsche und Vorschläge an den Parlamentarischen Rat, die darauf hinausliefen, dass dieser sich hinsichtlich des Staat-Kirche-Verhältnisses „möglichst eng an die in Betracht kommenden Artikel der Weimarer Verfassung anschließen solle, da sich diese Artikel in der Praxis gut bewährt haben"[386]. Seitens des Rates des EKD wollte man von einer ähnlichen Eingabe absehen, da es dafür schon zu spät sei.[387] Am 9. November 1948 richtete der Ratsvorsitzende Wurm dann doch ein Schreiben „An den parlamentarischen Rat", in dem er darum bat, man möge davon absehen, „ohne vorherige Fühlungnahme mit der Kirche grundlegende Bestimmungen über das Verhältnis von Staat und Kirche zu formulieren, die danach unter Umständen Schwierigkeiten und Enttäuschungen hervorrufen, die vermieden werden könnten."[388]

---

[382] Vgl. dazu FELDKAMP, Parlamentarische Rat.

[383] Zu Held vgl. HELD, Mensch, 511ff.

[384] SPOTTS', Kirchen, 342, Vorwurf, Held sei bei dieser Arbeit überhaupt nicht in Erscheinung getreten, trifft nicht zu. Vgl. zu dem Folgenden ANSELM, Verfassungsdiskussion, 67; SCHMEER, CDU, 171ff., der allerdings die spezielle Beauftragung Helds nicht erwähnt.

[385] SCHEWICK, Verfassungen; ANSELM, Verfassungsdiskussion, 68f.

[386] Zit. in: NOORMANN Mandat II, 241.

[387] Ratsprotokolle 1947/48, XI.

[388] Zit. in: NOORMANN Mandat II, 243; vgl. auch Ratsprotokolle 1947/58, 686ff.

Am 8.12.1948 machte dann auch seinerseits Niemöller in seiner Eigenschaft als Vorsitzender der Arbeitsgemeinschaft Christlicher Kirchen eine weitere Eingabe, die im Wesentlichen die der Kirchen in der Britischen Zone und die Wurms unterstrich.[389] Tatsächlich kam es nach diesen vielstimmigen Voten des Protestantismus am 14.12.1948 zu einer Besprechung der Vertreter der christlichen Kirchen mit den im Rat vertretenen Parteien. Die evangelische Delegation wurde von Präses Koch angeführt.[390] Zuvor war man auf landeskirchlicher Ebene schon aktiv geworden. Am 10.12.1948 waren Joachim Beckmann und Karl Mensing als Verbindungsleute der Evangelischen Kirche im Rheinland zum Parlamentarischen Rat abgeordnet worden.[391]

Die Besprechung brachte im eigentlichen Sinne kein Ergebnis, sie machte jedoch deutlich, dass sich von den Parteien die CDU, das Zentrum und die DP aufmerksam gegenüber dem kirchlichen Anliegen zeigten, während die SPD und die FDP diesen gegenüber stark distanziert blieben. Dies bedeutete insofern ein Dilemma, da mit CDU und DP Parteien sich der kirchlichen Anliegen annahmen, die innerhalb der evangelischen Kirche heftig umstritten waren. Auf der anderen Seite hatte die Annäherung von Protestanten an die SPD offensichtlich noch keine Früchte getragen.

Insgesamt muss gesagt werden, dass die evangelische Kirche in dieser Zeit völlig im Windschatten der katholischen Kirche segelte. Gerade hinsichtlich der Schulfrage[392] wurde dabei die unsichere Rolle der evangelischen Kirche deutlich.[393] Mehr gezogen als freiwillig folgte sie hier der katholischen Kirche, die ihre Interessen für die Errichtung und Sicherung von Konfessionsschulen dadurch abzusichern suchte, dass der Parlamentarische Rat durch eine Fülle von Eingaben von Elternausschüssen, Pfarreien, Verbänden und Einzelpersonen regelrecht „bombardiert" wurde.

Während der FDP-Vorsitzende Heuss die Eingaben der Kirchen für „eine Wichtigtuerei, die weit über das Maß hinausgeht"[394], hielt, bot die DP, die sich bewusst als Sachwalterin evangelischer Interessen verstand,[395] von sich aus der EKD ihre Dienste an, stieß aber hier auf Zurückhaltung. Als der Abgeordnete Joachim von Merkatz am 21.2.1949 im Auftrag des DP-Vorsitzenden Seebohm an Dibelius als Ratsvorsitzenden Änderungsanträge der DP für die Fassung des Grundgesetzes übersandte, wurde dies deutlich. In diesen Anträgen wurde etwa die „Verankerung des Naturrechtes als von Gott gegebene und daher von Menschenmeinungen nicht abwendbare Grund-

---

[389] Ratsprotokolle 1947/48, 688f.
[390] FELDKAMP, Rat, 115.
[391] SCHMEER, CDU, 172.
[392] BÖSCH, Adenauer-CDU, 127ff.
[393] Vgl. zur Thematik MÜLLER-ROLLI, Schulpolitik.
[394] PIKART/WEINER, Parlamentarische Rat, 764.
[395] Vgl. Kap. 9

ordnung" verlangt. In der Präambel verlangte die DP den Zusatz „Das Deutsche Volk bekennt sich darum zu den unverletzlichen und unveräußerlichen Menschenrechten als der von Gott gegebenen Grundlage jeder menschlichen Gemeinschaft des Friedens und der Gerechtigkeit in der Welt." Als Antwort Dibelius' ist nur bekannt, dass Konsistorialrat Benn in dessen Auftrag Merkatz am 9.3.1949 mitteilte, der Bischof habe sein Schreiben „mit besonderem Interesse Kenntnis genommen"[396].

Doch auch auf anderen Ebenen funktionierte die Zusammenarbeit nicht reibungslos. Nachdem Held mit erheblicher Verspätung Verbindungsmann geworden war, versuchte er, die Methoden der katholischen Kirche zumindest teilweise zu übernehmen. Er ließ Eingaben der Evangelischen Frauenhilfe und des Evangelischen Männerwerkes entwerfen, die an den Rat weitergeleitet wurden. U.a. ging es um das Elternrecht in der Schulfrage.[397] Dass nun gerade Frauenhilfe und Männerwerk sich äußerten, hatte seine Absicht sicher darin, nicht im eigentlichen Sinne kirchliche Forderungen zu erheben, sondern sie als Wünsche des „Volkes" darzustellen.

Darüber hinaus knüpfte Held Kontakte zu den ihm bekannten Politikern wie Robert Lehr, den er aus der Zeit des Düsseldorfer Widerstandskreises[398] kannte, und zu dem Westfalen Adolf Blomeyer.[399] Robert Lehr erwartete allerdings für seinen Einsatz im Sinne Helds eine freundliche Propagierung der CDU in den Kreisen der evangelischen Pfarrerschaft, da er sich davon „eine günstige Auswirkung bei den bevorstehenden, schwerwiegenden Wahlkämpfen"[400] erwartete. Er musste sich darin getäuscht sehen. Lehr, der von Held eine Aufstellung geeigneter evangelischer Kandidaten für den Bundestag wünschte, ärgerte sich darüber, dass Held diese Bitte an die Superintendenten der rheinischen Kirche mit der Aufforderung weitergeleitet hatte, Kandidaten für *alle* demokratischen Parteien zu benennen. Eine für Lehr „sachlich unnötige Aufzählung"[401]. Trotz dieser Trübung im beiderseitigen Verhältnis konnte Held noch über Lehr eine Liste mit geeigneten evangelischen Kandidaten für Posten in den neu zu schaffenden Bundesministerien an die Bundesregierung lancieren, die Lehr an Adenauer weiterreichte und diesen um Rücksprache bat.[402] Ob diese Liste eine Wirkung gehabt hat, ist allerdings unbekannt.

Trotz der Pragmatik in Einzelfällen war das Vorgehen der EKD im Parlamentarischen Rat insgesamt, wie sich zeigte, äußerst unkoordiniert. Dass es sich dabei nun nicht einfach um „technische" Probleme handelte, liegt auf

---

[396] Schreiben vom 9.3.1949; EZA 4/507.
[397] SCHMEER, CDU, 172.
[398] Vgl. Kap. 6.1.2.
[499] Ebd.
[400] Zit. in: SCHMEER, CDU, 175.
[401] Ebd., 180.
[402] Ebd., 177.

der Hand. Im Hintergrund stand ein theologisches Dilemma. Anders als die katholische Kirche, die ihre Anliegen, etwa in der Schulfrage, durchzusetzen suchte, war man sich im Protestantismus unsicher, ob dies überhaupt legitim sei. Barth u.a. hatten sich grundsätzlich gegen eine solche Vorgehensweise ausgesprochen. In „Christengemeinde und Bürgergemeinde" hatte Barth entschieden davor gewarnt, dass sich die Kirche „im politischen Raum ... für ihre eigenen ‚Belange' und ‚Anliegen'"[403] einsetze. Zum anderen tat man sich auch im theologisch eher konservativen Raum damit schwer, kirchliche Ansprüche nicht nur zu „erheben", wie Wurm dies tat, sondern sich auch massiv dafür einzusetzen. Die Katholiken, die lange Zeit gegen den Staat ihre Interessen hatten durchsetzen müssen, besaßen hier mehr Erfahrung. Nichts zeigte die Unentschiedenheit und Unklarheit in Fragen der politischen Ethik innerhalb des Protestantismus und seine Distanz zum Feld des Politischen und den hier zum ersten Male in ihrer Bedeutung hervortretenden Parteien deshalb mehr, als das Verhältnis zum Parlamentarischen Rat.[404] Wirklich offensiv wie die katholische Kirche auftreten mochte man nicht; die von ihr errungenen Vorteile und Privilegien für die Kirche nahm man jedoch an.

Die evangelische Kirche wahrte auch in anderen Punkten ihre Distanz zur entstehenden Bundesrepublik. Dies wurde aus einer Entschließung der Kirchenkonferenz der EKD „Zur Mitarbeit der Kirche am politischen Leben" deutlich, die sich der Rat der EKD zu eigen machte. Darin bat man die evangelischen Christen, sich „der Mitarbeit an den Aufgaben der Parlamente und Parteien und in den öffentlichen Ämtern nicht zu versagen." Ein Aufruf zu entschiedener Mitarbeit an der im Entstehen begriffenen westdeutschen Demokratie hätte aber wohl anders ausgesehen.

Intern beurteilte man die Parteien mittlerweile durchaus differenziert, aber insgesamt in alter Anti-Parteien-Mentalität nicht positiv. Bischof Lilje fand im Rat der EKD trotzdem anerkennende Worte für die SPD:

„Absetzen gegen Ostmarxismus schwierig. Staatspartei mit Köpfen und Verantwortung. In Hannover keine Ausnutzung der Mehrheit. Obere Führung aufgeschlossen. In mittlerer Hierarchie unbekümmerte Rückkehr zur Vergangenheit, insbesondere Freidenkerei, Überschreitung der Grenzen des Staates. Kritik gegen Dibelius, Religiöse Sozialisten rückläufig im Einfluss, dennoch nicht mißachten."[405]

Zur CDU hieß es:

„Christl. Politik im Ansatz fragwürdig, dazu auch andere Kräfte, z.B. konservative. Ehrliches Bemühen in Durchsetzung christl. Gedankensgutes. Im Wahlkampf starke Kulturparolen zur erwarten. Kirche darf sich nicht mit CDU identifizieren."

---

[403] BARTH, Christengemeinde, 30f.
[404] Vgl. auch GRESCHAT, Christenheit, bes. 381.
[405] Protokoll der EKD-Ratssitzung vom 3.5.1949, AdSD NL Heinemann II 0489; daraus auch die nachfolgenden Zitate.

Zur FDP hieß es lediglich: „Ungereinigter Kapitalismus. Kirchlich atembe-
raubende Trends. Ausweiche gegenüber kath. CDU".

Als Verhaltensweisen empfahl Lilje: „Mangels absoluter Mehrheit Erziehung zur Rücksichtnahme. Nicht Rom einfach nachmachen, ... Personelle
Führung der Politiker. Nur K(irche) spricht uneigennützig. Publizität!"

Auch die Haltung der EKD zu den Wahlen 1949 machte noch einmal diese Distanz der Kirchen zum neuen Staat, zum parlamentarischen System und
den Parteien deutlich, zumal wenn in alter Manier weiter von „Obrigkeit"
gesprochen wurde. Allerdings war der Gesamtduktus nicht völlig ablehnend.
In dem „Wort zu den politischen Wahlen"[406] hieß es zunächst:

> „Die neue Staatsordnung in Deutschland umfasst die Wahl politischer Parlamente
> durch das Volk. Aus den Parlamenten soll Obrigkeit in Stadt und Land erwachsen. ...
> Wir mahnen die evangelischen Männer und Frauen, sich als tragende Glieder in dieser
> Ordnung zu betätigen und die ihnen als Christen von Gott gegebenen Gaben darin
> einzusetzen. ... Es ist Aufgabe der evangelischen Männer und Frauen, sich an der Bil-
> dung der politischen Parlamente zu beteiligen und ihren Christenstand auch in solcher
> Mitarbeit glaubwürdig zum Ausdruck zu bringen. ... Wer die Gabe des Dienstes in
> Parlamenten und Obrigkeit hat, sollte sich der ihm darin von Gott gestellten Aufgabe
> mit selbstloser Hingabe widmen."

Der Rat der EKD sah sich jedoch außerstande, dieses Wort zu verabschieden,
wenn es für ganz Deutschland gelten sollte. Er legte es den westdeutschen
Landeskirchen seinerseits nahe, „ein ähnliches Wort zu den Wahlen in Westdeutschland zu sagen."

Die entsprechenden Worte wurden dann auch veröffentlicht. Die rheinische Kirche rief alle Christen auf, „nüchtern und gehorsam ihre evangelische Christenpflicht durch Beteiligung an der Wahl zu erfüllen."[407] Doch
hatte es fast den Anschein, als handle es sich um eine reine Personalwahl,
wenn es weiter hieß:

> „Wir wollen solche Persönlichkeiten wählen, zu denen wir als bewusst evangelische
> Männer und Frauen das Vertrauen haben, dass sie für das Wohl unseres ganzen Volkes,
> für die Heimat- und Erwerbslosen, für Gerechtigkeit und Frieden eintreten und in ih-
> rem politischen Dienst ihre christliche Ueberzeugung und ihr christliches Gewissen
> nicht verleugnen."

Von den Parteien war jedenfalls nicht in positivem Sinne die Rede, wenn es
darin weiter hieß, man erkenne „mit vielen, daß unsere Parteien vielleicht
allzu rasch gebildet sind und bei allem ernsten Wollen noch weithin im Zeichen eines Überganges stehen." Diese hohe Ton bezüglich der Bemühungen Tausender von Demokraten, dass politische Leben in Deutschland wieder aufzurichten, wurde fortgesetzt, wenn verlautete: „Im vollen Bewußtsein
dieser Belastungen nehmen wir im Dienst an unserem Volk die Verantwor-

---

[406] Rundschreiben 16.7.1949, EZA 2/278; daraus auch die nachfolgenden Zitate.
[407] Aufruf vom August 1949, EZA 2/278; daraus auch die nachfolgenden Zitate.

tung für den Neubau unseres staatlichen Lebens auf uns." Kaum etwas
konnte stärker als dieses „Wort", in dem man sich selbst die Verantwortung
für den staatlichen Aufbau zumaß, deutlich machen, wie weit die evangelische Kirche von der politischen Realität noch entfernt war. Die Kirche musste ihre Rolle im gesellschaftlichen System einer parlamentarischen Demokratie und ihr Verhältnis zu den seit Erlass des Grundgesetzes in den Rang
einer Verfassungsinstitution erhobenen Parteien erst finden.

Nach der ersten Bundestagswahl 1949 interpretierte Lilje dann auf einer
EKD-Ratssitzung die Ergebnisse. In der spröden Sprache der Stichworte
hieß dies:

„Wahlergebniss: Erstaunliche Mässigung. Keine Radikalisierung. … Das Wahlresultat
zwingt zur Verständigung. Weltanschauliche Unterscheidung der Parteien ist vordergründig. – Verbindung der EKD mit Bonn suchen? (Personalpolitik)".[408]

Entscheidend war der letzte Hinweis. Anders als beim Parlamentarischen
Rat, wollte man nun schneller sein. Die „Verbindung mit Bonn" wurde dann
durch Hermann Kunst hergestellt.

12.5.4. Der Versuch eines Neubeginns der Kammerarbeit in den Fragen politischer Ethik nach der EKD-Synode von Elbingerode 1952

Zu einer Art neuem Aufbruch in Fragen der politischen Ethik sollte es Ende
1952 mit der EKD-Synode von Elbingerode kommen. Der Verlauf und die
politische Bedeutung der Synode ist von Johanna Vogel ausführlich dargestellt worden, so dass hier nur die für dieses Kapitel wichtigen Ergebnisse genannt werden.[409]

Mit dem Tagungstitel „Die öffentliche Verantwortung des Christen" war
in Elbingerrode zwar ein politisches Thema genannt worden, allerdings sollte durch die allgemein gehaltene und gleichzeitig personal zugespitzte Formulierung eine einseitige Fokussierung auf die Wiederbewaffnungsproble-
matik und die Haltung der Kirche als organisatorischer Größe dazu vermieden werden. Zwei Grundsatz-Referate von Walther Künneth und Martin
Fischer, bei der Künneth eine an der Zwei-Reiche-Lehre orientierte Auffassung und Fischer die politische Position der barthianischen Theologie vortrugen, bildeten den Mittelpunkt der Synode, in deren Gefolge die innerkirchlichen Auseinandersetzungen in politischen Fragen sich merklich entspannten. Zu einer einheitlichen Auffassung in politischen Fragen konnte
man allerdings nicht gelangen. In einem „Wort an die Gemeinden" hieß es
denn auch: „Wir haben keine gemeinsame Weisung für das, was die Verant-

---

[408] Protokoll der Ratssitzung 6.9.1949, AdSD NL Heinemann II, 0489.
[409] PERMIEN, Wiederbewaffnung, 171ff.

wortlichen, denen Gott in der Welt die Macht gegeben hat, heute und morgen, hüben und drüben tun müssen."[410] Gustav Heinemann, Präses der Synode, der wenig später aus der CDU austreten sollte,[411] stellte fest, das Mögliche sei geleistet worden, solange der „Synode keine einheitliche Erkenntnis
des uns von Gott gebotenen Weges geschenkt"[412] sei. Und weiter hieß es:
„Die Gemeinschaft hält der Belastung stand, welche sich aus der Verschie-
denheit der Erkenntnisse offensichtlich ergibt."[413] Dieses „agree, that we
disagree" und insbesondere die offene Aussprache, die Heinemann hier –
anders als damals in der CDU – erlebte, war nach seiner Meinung der Beitrag, den der Protestantismus zur politischen Willensbildung leisten konnte,
ohne das er selbst deswegen eine einheitliche Auffassung in politischen Dingen entwickelte. Konnte „Elbingerode" darin ein Modell für die Arbeit an
einer politischen Ethik werden? Zunächst sah es danach aus.

Auf der Synode war auch ein „Synodalausschuß für öffentliche Verantwortung" gebildet worden, dem u.a. von der Gablentz und Iwand angehörten. In der gemeinsamen Tagung von Synodalausschuss und Kammer am
25./26.11.1952 – kurz darauf wurden die Mitglieder des Synodalausschus-
ses in die Kammer kooptiert[414] – beschäftigte man sich mit der Obrigkeits-
problematik und überhaupt mit der Frage der Verhältnisbestimmung der
Kirche zur modernen Staatlichkeit. Doch hier offenbarten sich erneut die
bekannten Spannungen in den Fragen politischer Ethik innerhalb des Protestantismus.

Der berlin-brandenburgische Oberkonsistorialrat Dr. Klamroth hielt ein
Referat über „Das Wesen des modernen Staates und sein Verhältnis zur Obrigkeit". Dieses wurde durch Korreferate von Iwand und von der Gablentz
ergänzt. Während Klamroth eine allgemein konservative Staatsethik vortrug
und in seinem Referat u. a. Gierkes, Müllers und Stahls Staatslehre positiv
wertete, äußerte er seine Skepsis gegenüber Barths politisch-theologischer
Konzeption. Klamroth hielt ganz im konservativen Gedankengut politischer
Romantik, daran fest, dass eine „organische Lebenseinheit der Nation" weiter bestehe, dass der Staat „als geschichtlich gewachsene Lebenseinheit weiter existiert, auch wenn sie zeitweilig durch eine destruktiv wirkende, art-
fremde (!) Regierungsgewalt überfremdet ist."[415]

Von der Gablentz versuchte hingegen die Ergebnisse der Weltkirchenkonferenz von Amsterdam 1948 positiv auf die politische Ethik des Protestantismus in Deutschland zu beziehen. Ihm war wichtig, dass eine Politik
praktiziert würde, „die unseren modernen Staat umwandelt in das, was wir in

---

[410]   Zit. in: LOTZ, Kirche, 124.
[411]   Vgl. Kap. 7.3.2.
[412]   Zit. in: LOTZ, Kirche, 127.
[413]   Ebd.
[414]   Ratsbeschluss 5.12.1952, EZA 2/1348.
[415]   Referat Klamroth, EZA 2/1348.

Amsterdam ‚responsible society' genannt haben."[416] Grundsätzlich lehnte er den Gedanken eines „christlichen Staates" ab und hielt diesen für eine Chimäre. Auch hinsichtlich des Verhältnisses von Protestantismus und politischen Parteien entfaltete Gablenz seine Vorstellung. Er vertrat jetzt die Auffassung, dass christliche „Lebensgruppen" als „Zellen in [den] Parteien" wirken sollten. Dies erinnerte nochmals an seinen eigenen persönlichen Weg, der ihn gleichsam aus der „Berneuchener Bewegung" in die CDU hineingeführt hatte.

Das Referat „Obrigkeit und moderner Staat" von Iwand ist in Stichworten erhalten.[417] Der christlichen Gemeinde wird hier – ganz im Sinne der Lehre von der „Königsherrschaft Jesu Christi" eine hohe Bedeutung für den Staatsaufbau zugewiesen. Sie ist die eigentliche Trägerin der politischen Willensbildung. Iwand skizzierte zunächst die Problematik des modernen Staates, der entweder Züge zum totalitären Despotismus oder zur Auflösung in die Gesellschaft hinein aufweise. Damit stellte sich für ihn auch das „Problem der modernen Massendemokratie (Stimmzettel, Gleichwertigkeit aller, auch der „unechten" Parteien, Staatsbürger = unterschiedslose Einheit aller in bezug auf den Staat)."

In diesem Zusammenhang deutete Iwand „Röm XIII", das heißt also die christliche Staatsauffassung. Für ihn stellte sich die

„Frage: Wer bestimmt *Gut* und *Böse*? Der Staat? Keineswegs. Röm XIII 2: Die Gemeinde kennt to thelyma tou *theou*! Tun des Guten heißt *Sieg* über das *Böse*! Was bedeutet das? a) Unterziehung der *exousia* in das Heilsgeschehen der Gemeinde. Der Staat wird nicht aufgehoben oder entwertet, sondern gehört ebenfalls zu den zu bejahenden Setzung der Gnade Gottes! ... b) Keine Begründung des Staatsgehorsams von dem Satz der *bösen* Welt aus (aus Sünde) .... bedeutsam, dass der *Staat* von der syneidesis als diakonos theou angesehen werden darf."

Allgemein war vorgesehen, alle drei Referate zu vervielfältigen und sie den Mitgliedern des Rates, der Kirchenkonferenz, evtl. sogar allen Synodalen zuzuschicken, um ihnen „Material zur eigenen Urteilsbildung über das behandelte Thema" zu ermöglichen.[418] Da aber Iwand trotz mehrfach wiederholter Aufforderung sein gehaltenes Referat nicht zusandte, scheiterte dieser erneute Versuch, zu einer theologisch fundierten Bearbeitung der politischen Ethik und des Verhältnisses zu den politischen Parteien zu gelangen. Die Verständigung der Kammer über die zukünftig zu leistende Arbeit, die sogar in ein „vorläufiges Programm" mündete, wurde nicht verwirklicht. Das galt besonders für den Punkt „Die Mitarbeit des Christen in den politischen Parteien: Begründung, Begrenzung, konkrete kirchlich verbindliche Weisung".

---

[416] Referat von der Gablentz; EZA 2/1348, daraus auch die nachfolgenden Zitate.
[417] Referatsskizze BAK 1528/92; daraus auch die nachfolgenden Zitate. Biblische Zitate sind im Original in griechischen Buchstaben; Kursivdruck im Original unterstrichen.
[418] Niederschrift 25./26.11.1952, EZA 2/1348; daraus auch die nachfolgenden Zitate.

Sieben Jahre nach dem Zusammenbruch der nationalsozialistischen Herrschaft blieb die Klärung des Verhältnisses des Protestantismus zu den politischen Parteien nach wie vor ein dringendes Desiderat. Innerhalb der Arbeit
der „Kammer für öffentliche Verantwortung" wurde sie nicht eingelöst.

Auch in den folgenden Jahren gelang es der „Kammer für öffentliche Verantwortung" nicht, in dieser Hinsicht konzeptionell zu wirken. Dies schloss
einzelne Erfolge nicht aus, wie eine klare Stellungnahme gegen die „Sozialistische Reichspartei" des ehemaligen Wehrmachts-Majors Ernst-Otto Remer,
der an der Niederschlagung des „20. Juli 1944" herausgehoben mitgewirkt
hatte.[419] Diese erzielte bei der Landtagswahl in Niedersachsen 1951 11 %.[420]
In Form eines „Ratsamen Gutachten[s] der ‚Kammer für öffentliche Verantwortung' über die der Kirche aus dem Auftreten des politischen Radikalismus
und der Soldaten-Bünde erwachsenden Aufgaben"[421] gab die Kammer hier
eine deutliche Stellungnahme gegen die bald verbotene Partei ab.

Ritters groß angelegte Konzeption, die von verschiedenen lokalen Arbeitsgemeinschaften ausging, deren Mitglieder sich aus den unterschiedlichen politischen Parteien rekrutierten und deren Dach die „Kammer für öffentliche Verantwortung" bilden sollte, war ebenso gescheitert wie Tillmanns Plan einer Kammer, in der der Kontakt zu den politischen Parteien
gepflegt werden sollte, um so die politische Willensbildung innerhalb des
Protestantismus voranzutreiben.

Die Gründe für dieses Scheitern dürften in den zu unterschiedlichen
Ausgangspositionen hinsichtlich der Fragen politischer Ethik liegen. Ein
„christlicher Konservatismus", den Klamroth in seinem Referat faktisch bot,
und eine dem Geist der „Königsherrschaft Jesu Christi" verpflichtete Auffassung des Politischen, die Iwand in seinem Referat ausführte, waren offensichtlich nicht in die Form einer fruchtbaren Synthese zu bringen, die dann
als protestantischer Beitrag zur politischen Ethik hätte gelten können. Dass
deshalb aber auch eine konstruktive Stellungnahme zu den politischen Parteien offensichtlich nicht möglich war, musste sich nicht zwangsläufig ergeben. Das beredte Schweigen der Kammer in diesen Dingen zeugt eher von
einem Konsens in der Negation, d.h. der skeptischen Haltung zu den Parteien, die beide Seiten hier noch immer verband. Der Beitrag von der Gablentz', der ja einen differenzierten Zugang zumindest eröffnete, blieb ebenfalls ohne Nachhall. Politische Parteien waren nach wie vor kein *Thema* des
politischen Protestantismus.

Ob aus dem Geiste politischer Romantik, vorwiegend des konservativen
Luthertums, oder aus radikaldemokratischer Perspektive, wie sie Barth eröffnet hatte: Immer noch brachte der Protestantismus den politischen Parteien

---

[419] Vgl. SCHWERIN, Köpfe, 406ff.
[420] HOFMANN, Parteien, 276f.
[421] Gutachten, EZA 2/1347; daraus auch die nachfolgenden Zitate.

wenig Akzeptanz entgegen. Hier lag noch eine erhebliche Modernisierungs-
aufgabe. Doch zunächst sollte es „einen Schritt zurück" gehen.

12.5.5. Die „Obrigkeitsschrift" von Otto Dibelius

Wie wenig die Tatsache, dass die Bundesrepublik Deutschland ein Parteienstaat war, in das kirchliche Bewusstsein mancher führender Repräsentanten gedrungen war, zeigte schlaglichtartig der Streit um eine kleine
Schrift des EKD-Ratsvorsitzenden Dibelius mit dem Titel „Obrigkeit", die
1959 und 1960 in der kirchlichen Öffentlichkeit hohe Wellen schlug. Obwohl die Auseinandersetzungen im Wesentlichen um die Frage gingen, inwieweit die Regierung der DDR im Sinne von Röm 13 als „Obrigkeit"
anzusehen sei, wurde doch auch indirekt das Verhältnis zum westdeutschen
Staatssystem thematisiert.

In einem als privat deklarierten Büchlein hatte Dibelius die Frage aufge-
worfen, wie die biblische Rede von der „Obrigkeit" zeitgemäß zu überset-
zen sei. Doch war diese Frage nicht „wertfrei". Dibelius trauerte ganz im Stil
der politischen Romantik[422] der „Obrigkeit" nach:

> „Obrigkeit – das ist ein schönes Wort. In dem Wort ist Seele und Gemüt. Es ist etwas
> von väterlicher Autorität darin – wie denn auch Martin Luther nicht müde geworden
> ist, die Parallele zu ziehen zwischen der väterlichen Autorität und der Obrigkeit. Die
> Obrigkeit findet man vor, wenn man zur Welt kommt."[423]

Dass es hier nicht nur um eine semantisch bedingte Trauer beim Ratsvorsitzenden der EKD ging, sondern um das Bedauern des Verlustes einer überkommenen, Jahrhunderte alten Staatsform, machten seine weiteren Ausführungen deutlich, die sich indirekt gegen die demokratischen Parteien wandten:

> „Ob der Wasserbauinspektor Müller sich zur CDU oder zur Sozialdemokratie rechnet,
> wird mir wahrscheinlich sehr gleichgültig sein. … Um es ganz konkret zu sagen: Der
> Regierende Bürgermeister von Berlin [damals Willy Brandt M.K], wenn er zu einer
> anderen Partei gehört als ich, kann für mich nicht in dem Sinne Autorität sein, wie es
> für Martin Luther der Kanzler Brück war, und der Kurfürst, der hinter seinem Kanzler
> stand."[424]

Was Dibelius hier bot, war noch einmal das, was Horst Zilleßen als „offizielle
christliche Gleichgültigkeit gegenüber der politischen Form"[425] bezeichnet
hat, das zur theologischen Indifferenz erhobene Desinteresse am demokratischen Staat und seinen Verfahrenstechniken.

---

[422] Vgl. auch HONECKER, Grundriß, 335f.
[423] Hier zitiert nach MOCHALSKI/WERNER, Obrigkeit, 25.
[424] Ebd.
[425] ZILLESSEN, Form, 232.

Besonders auf der Provinzialsynode der Evangelischen Kirche von Berlin-Brandenburg 1960 musste sich Dibelius heftige Angriffe wegen seines Staatsverständnisses gefallen lassen. Diese zeugten, auch wenn dies nicht der Hauptpunkt der Kritik war, davon, dass sich mittlerweile auch die Haltung zu den politischen Parteien zu wandeln begonnen hatte. Obwohl die Bruderrätlichen mit der Politik der Regierung Adenauer keineswegs übereinstimmten, verteidigten sie doch die parlamentarische Demokratie gegen das CDU-Mitglied Dibelius. Martin Fischer brachte die Vorwürfe gegen Dibelius in einer persönlichen Stellungnahme auf den Punkt, wenn er erklärte, Dibelius habe „auch der westlichen Demokratie den Charakter der Obrigkeit aberkannt, da sie aus dem Mehrheitswillen der Parteien entstanden sei und umkämpft bleibe."[426] Auch Heinrich Otto von der Gablentz wandte sich in einer Stellungnahme ausdrücklich gegen Dibelius, dem er vorwarf: „Dibelius irrt, wenn er das Ende der Obrigkeit mit der Herrschaft der Parteien gleichsetzt."[427]

Dibelius verteidigte sich uneinsichtig :

„Wenn jemand bei der Wahl mit seiner Partei in der Minderheit bleibt, dann sieht er sich einer Regierung gegenüber, die er nicht wollte und für die er vielleicht auch weiterhin weder Sympathie noch Zustimmung aufbringen kann. Das ergibt ein anderes Verhältnis zwischen Obrigkeit und Untertan – um Luthers Sprache zu gebrauchen – , als es damals bestehen sollte und als es noch zu Luthers Zeiten bestand. Dieser Unterschied zwischen damals und heute kann nicht übersehen werden, wenn man über Röm 13 nachdenkt."[428]

Die breite Ablehnungsfront, auf die Dibelius stieß, machte jedoch deutlich, dass sein politisches Verständnis mittlerweile innerhalb der Kirche von einer moderneren Staatsauffassung abgelöst zu werden begann und kaum noch als repräsentativ gelten konnte.

Der nur wenige Jahre als Adenauer jüngere Dibelius schied 1961 aus dem Amt des EKD-Ratsvorsitzenden und 1966 im Alter von 86 Jahren aus seiner Funktion als Bischof von Berlin-Brandenburg aus. In beiden Ämtern wurde Kurt Scharf sein Nachfolger. Scharf war ein Mann, der stärker in den Kirchlichen Bruderschaften verankert war und Adenauer kritisch gegenüberstand.[429] Das Obrigkeitsverständnis des Altbischofes von Berlin-Brandenburg konnte er nicht teilen. Scharf ging es nur noch bedingt um die Frage der Obrigkeit, viel mehr interessierte ihn die „Politische Diakonie"[430] der Kirche. In seinem Rats-Amt schied Dibelius vor Adenauer aus, dessen Ära sich mit dem Mauerbau 1961 und der SPIEGEL-Affäre 1962 unübersehbar

---

426 MOCHALSKI, Obrigkeit, 120.
427 Ebd., 84.
428 KJ 1960, 67.
429 ZIMMERMANN, Scharf, 93ff.
430 SCHARF, Brücken, 172ff.

dem Ende zuneigte. In seinem Bischofsamt amtierte Dibelius noch die Amtszeit von Bundeskanzler Erhard hindurch weiter. So erstrecken sich seine beiden Amtszeiten einmal auf die „kurze" Interpretation der „Ära Adenauer" und einmal auf die „lange" Deutung. Die Todestage[431] von Dibelius und Adenauer im Jahr 1967 liegen kein Vierteljahr auseinander. Ohne diese Aspekte überstrapazieren zu wollen, fällt eines auf: Bei aller persönlicher Distanz von Adenauer und Dibelius[432] standen beide für eine der Moderne gegenüber skeptische Geisteshaltung und für eine Ära, die Autorität und Ancienität bevorzugte. Persönliche Loyalitätsverhältnisse überwogen bei Dibelius weiterhin gegenüber der Frage des grundsätzlichen Verhältnisses zur parlamentarischen Demokratie. Dibelius hatte sich zudem offensichtlich kaum mit dem Gedanken vertraut gemacht, dass auch eine Regierung der gewünschten politischen Couleur im Sinne einer parlamentarischen Demokratie nicht „Obrigkeit" aus der Perspektive politischer Romantik sein konnte. Adenauer und sein autoritärer Führungsstil hatten darüber zunächst hinweggetäuscht. Beide, Adenauer und Dibelius, ragten am Ende ihrer Tätigkeit gleichsam aus einer anderen Epoche in die sich modernisierende Gesellschaft hinein.

12.6. Die Stellung besonders der konfessionell-lutherischen Theologie zu den politischen Parteien nach der Konstituierung der Bundesrepublik

12.6.1. Ablehnung und bedingte Akzeptanz einer „christlichen" Partei

Die Frage der Zulässigkeit einer „christlichen" Partei, also faktisch der CDU bzw. CSU, blieb hinsichtlich des theologisch-ethischen Zuganges zu den politischen Parteien der dominierende Zug in der Diskussion.[433] Hier waren die Stellungnahmen weit überwiegend negativ. Dies war bei den Theologen, die der bruderrätlichen Richtung um Karl Barth verpflichtet waren, nach den diesbezüglichen Äußerungen in den Jahren 1946/47, die hier schon dargestellt wurden, nicht überraschend. Doch auch in der Theologie, die den Positionen des konfessionellen Luthertums näher stand, blieb es weitgehend bei einer Ablehnung.

Zunächst sei aber noch einmal ein Blick auf die bruderrätliche Richtung geworfen. Als Beispiel soll der Theologe Ernst Wolf dienen, der maßgeblich zu der Entwicklung von der Lehre der „Königsherrschaft Jesu Christi" beigetragen hatte.[434] Wolf ordnete das Phänomen der CDU in die ungeklärte

---

[431] Dibelius starb am 31.1. und Adenauer am 19.4.1967.

[432] Bösch, Adenauer-CDU, 325.

[433] Vgl. bes. Fischer, Kirche, 64ff.

[434] Als Quelle dient die von Theodor Strohm posthum herausgegebene „Sozialethik", die als Vorlesung erstmals 1959 gehalten wurde, vgl. Wolf, Sozialethik, VII.

ekklesiologische Fragestellung innerhalb der evangelischen Kirche ein und bestimmte es weitgehend von dem Versuch der Kirche her, doch wieder über Einflussnahme und Bündnisse mit den Herrschenden Macht zu erlangen. Gerade dieses wurde unter dem Stichwort der „Königsherrschaft Jesu Christi" entschieden abgelehnt. Für Wolf konnte die Kirche nicht das „Gesetz" oder die „Norm" des Staates bzw. der Gesellschaft sein. Im Gefolge der Lehre von der „Königsherrschaft Jesu Christi" durfte die Kirche „kein Programm [haben], weil sie keinerlei eigene Interessen zu vertreten hat, während eine Partei es haben muß, mag sie es auch noch so oft verändern."[435] Die Kirche müsse nach Wolf vielmehr lernen,

„dann und wann wieder als ‚politisch untragbar' zu gelten, indem sie unter anderem auch einmal deutlich erklärt, daß sie nicht dazu da ist, ‚christliche' Parteiprogramme zu sanktionieren und sich so *indirekt* doch zum Gesetz der Gesellschaft zu machen. Ich kenne auch kein Programm ‚christlicher Politik', dessen Christlichkeit einleuchtend und überzeugend widerspruchsfrei formuliert wurde, jedenfalls nicht von evangelischer Seite…. An dieser inneren Unmöglichkeit einer christlichen Parteiprogrammatik bewährt sich unser … Satz, daß die Kirche nicht das Gesetz der Gesellschaft sei."[436]

Diese Aussagen blieben in dem vorgezeichneten theologischen Rahmen, der durch die „Königsherrschaft Jesu Christi" gegeben war.

Inzwischen hatte sich aber auch die lutherische Theologie, die sich unmittelbar nach 1945 mit dem Entwurf einer politischen Ethik noch schwer getan hatte, konzeptionell weiter entwickelt und dabei das Modell der von Barth so bezeichneten und von Luther inhaltlich umrissenen „Zwei-Reiche-Lehre" in differenziertem Rückbezug auf den Reformator und in Abgrenzung gegen die Wirkungsgeschichte im Luthertum entfaltet.[437]

Walter Künneth erhob in seiner Politischen Ethik „Politik zwischen Dämon und Gott" „schwerwiegende prinzipielle Bedenken"[438] gegen eine „C"-Partei. Er bestritt genau wie Wolf rundweg die Möglichkeit einer „christlichen" Politik. Deshalb führte für ihn auch aus der „Zwei-Reiche-Lehre" kein positiver Weg zu der Möglichkeit einer „christlichen" Partei. Die Politik sei „eine überaus komplexe Größe",[439] die sich nicht mit der Option einer grundsätzlich „christlichen" Lösung auf einfache und klare Sachverhalte reduzieren lasse. Trotzdem fand Künneth einen positiven Weg zur Interpretation der bundesdeutschen CDU. Sie war für ihn

---

[435] Ebd., 163.
[436] Ebd., 164f.
[437] Diese Thematik kann im Rahmen dieser Arbeit nicht nachgezeichnet werden, zumal dies an anderer Stelle schon geschehen ist, verwiesen sei auf die diesbezüglichen Arbeiten von Johannes Heckel, Franz Lau, Paul Althaus und Heinrich Bornkamm, vgl. auch zur Traditionsgeschichte DUCHROW, Christenheit.
[438] KÜNNETH, Dämon, 475.
[439] Ebd.

„eine ausgesprochene Notmaßnahme. Diese *Notlösung* ist um der politischen Verantwortung der Christen in der Öffentlichkeit willen gerechtfertigt, wenn für die Wirksamkeit von Christen in anderen Parteien kein Raum besteht oder so begrenzt wird,
daß der Gewissenskonflikt zu einem Regelfall wird."[440]

Künneth, der damit die „Fragwürdigkeit"[441] einer solchen Partei bekräftigte
und ihr im übrigen auch nur einen bedingten zeitlichen Existenzgrund zu-
billigte, schaffte mehr Probleme als er auflösen konnte. Die Mitarbeit von
Christen in anderen Parteien, die auch zum Zeitpunkt des Erscheinens des
Buches 1954 durchaus üblich war, hätte konsequenterweise die Frage aufge-
worfen werden müssen, wann eine solche Partei, die sich des „Christlichen"
bemächtigte, aufgelöst werden müsse. Dazu gab Künneth keine Antwort. Indem er 1954 grundsätzlich noch die Möglichkeit bestritt, dass Christen in
anderen Parteien ohne Gewissenskonflikte mitwirken konnten, traf er kein
theologisches, sondern ein politisches Urteil.

Anders versuchte Helmut Thielicke eine „christliche" Partei theolo-
gisch-ethisch zumindest bedingt zu rechtfertigen: Zwar bestritt auch er
grundsätzlich die theologische Legitimität einer solchen Parteiformation,
doch wie Künneth konnte er sich trotz aller „Vorbehalte"[442] zu einer relativen Akzeptanz des Faktischen verstehen. Gerade Thielicke leugnete nicht,
dass Christen auch in anderen Parteien politisch wirksam sein konnten. Er
sah auch die Gefahr, die drohte, wenn einer „christlichen" Partei eine Monopolstellung in Fragen vermeintlich „christlicher" Politik zufiel. Mit einem Hinweis auf den Kampf der Kirchlichen Bruderschaften gegen die
Atomrüstung und die umstrittene Frage, welches denn nun die eigentlich
„christliche" Lösung dieser politischen Frage sei, begründete er dies. Letztlich habe diese Problematik durch die Politik der „C"-DU eine Provozie-
rung eines christlich motivierten Gegenentwurfes geradezu herausgefordert. Es sei „zumindestens ein Wagnis, die Bezeichnung ‚christlich' in die
Titulatur einer Partei aufzunehmen"[443], meinte er. Thielicke beharrte darauf: „Das Adjektiv ‚christlich' eignet nach protestantischem Urteil nicht
der Institution, sondern den Menschen."[444] Der eigentliche Grund für die
Anerkennung der CDU war für ihn folgender: Zwar bestritt Thielicke wie
Künneth nicht grundsätzlich die Möglichkeit, dass es notwendig sein könne, dass sich Christen, weil sie in anderen Parteien ihre politischen Vorstellungen nicht durchsetzen könnten, in einer „christlichen" Partei zusam-
menschlössen. Doch war diese Möglichkeit nach dem vorher Ausgeführten
für ihn eher theoretischer Natur. Der eigentliche Grund war historisch zu
verstehen: Im Falle eines Zusammenbruches von Staat und Gesellschaft so-

---

[440] Ebd., 474.
[441] Ebd.
[442] Thielicke, Ethik II/2, 692.
[443] Ebd., 694.
[444] Ebd., 693.

wie aller moralischen Ordnungen könne die Situation eintreten, dass sich Christen dezidiert als solche zusammenfänden, um die „‚Kräfte des Christentums‘ als letzte widerstandsfähige Substanzen politisch in einer Unmittelbarkeit mobil zu machen, die der ‚normalerweise‘ zu fordernden Mittelbarkeit nicht entspricht.“[445] In diesem Zusammenhang sei die Entstehung der CDU nach dem Kriege zu verstehen.

Im Unterschied zu Künneth ging Thielicke auch auf die Frage ein, was mit einer solchen Partei zu geschehen habe, wenn sich die Notlage aufgelöst habe. Thielicke hielt solch eine Auflösung für unzumutbar.

> „Denn es entspricht aller psychologischen und historischen Wahrscheinlichkeit, dass der gemeinsame Kampf der entsprechenden Persönlichkeiten und Gruppen nicht nur eine Kommunikation, sondern auch gewisse Gemeinsamkeiten der Zielsetzung und der Methoden zeitigen wird, die auf Fortbestand und fernere Bewährung drängen.“[446]

Für Thielicke war nun entscheidend, nicht mehr die grundsätzliche Frage des „Christlichen“ in der Partei zu erörtern, sondern kritisch zu prüfen, „welche *Politik* sie treibe und ob man diese Politik bejahen könne oder verneinen müsse.“[447] Im Rahmen dieser kritischen Prämissen konnte Thielicke von einer „bedingten Bejahung einer christlichen Partei“[448] sprechen.

Einzig der Kieler Systematiker und CDU-Mitglied Martin Redeker machte den Versuch, die Möglichkeit einer „christlichen“ Politik theologisch zu begründen. Doch selbst er wagte nicht, direkt eine „christliche“ *Partei* theologisch zu legitimieren. Der Angriff gegen eine „christliche“ Politik war für ihn allerdings das Produkt barthianischer „Eiferer“[449], die „christlich“ mit „klerikal“ verwechselten. Auch Redeker gestand zu: „Klerikalismus ist nicht christliche Politik“[450]. Er deutete vielmehr die Möglichkeit einer solchen christlich geprägten Politik im Rahmen einer „evangelischen Verantwortung“ und setzte beide Begriffe geradezu synonym.[451] Grundsätzlich bestritt Redeker die radikale Infragestellung des „Christlichen“, wie sie im Gefolge Kierkegaards und dann durch die Dialektische Theologie so weit verbreitet worden sei. Wenn man die hohen Maßstäbe der barthianischen Theologie anlege, stelle sich die Frage

> „was ist auf Erden noch christlich? Schon die christliche Kirche ist somit in ihrer weltlichen, äußeren Gestalt nicht mehr im vollen Sinne christlich, sondern nur als Kirche des Geistes und des Glaubens. Und wer darf noch wagen, sich Christ zu nennen?“[452]

---

[445] Ebd., 697.
[446] Ebd.
[447] Ebd., 698.
[448] Ebd.
[449] Redeker, Verantwortung, 9.
[450] Ebd.
[451] Redekers Beitrag erschien denn auch in der EAK–Zeitschrift „Evangelische Verantwortung“.
[452] Redeker, Verantwortung, 10.

Redeker fand auch einen positiven Zugang zu der Theologie der Schöpfungsordnungen. Diese waren für ihn Ausfluss eines im göttlichen Recht begründeten Ordnungswillens Gottes. Im Gehorsam gegen diesen Willen Gottes konnte für Redeker durchaus eine christliche Politik betrieben werden. Von daher fand sich nun für ihn auch ein positiver Zugang zur christlichen Demokratie, die er stärker aus der Christian Democracy[453] Englands herleitete. In diesem christlichen Demokratieverständnis war die Möglichkeit einer christlichen Politik eingeschlossen. Dies ergab für ihn auch – nun wiederum im Sinne einer theologisch übergreifenden Ordnungstheologie – die Möglichkeit, die Demokratie positiv zu werten. Aus nicht allzu weiter Entfernung klang nun im demokratischen Gewande Stahls „christlicher Staat" an, wenn es hieß:

„Eine demokratische Regierung darf also nicht bloß Beauftragter und Geschäftsführer sein, sondern muß als Amtsträger dem übergeordneten Rechtsganzen zur Herrschaft verhelfen, die Vielheit der Einzelinteressen zu einer pluralistischen Wirklichkeitseinheit verbinden und dem Staat in Freiheit gelebte Gemeinschaft ermöglichen. … aus der Überzeugung, daß die Gerechtigkeit ein Volk erhöht und die Furcht des Herrn der Anfang aller Weisheit, auch der politischen Weisheit ist. Nur wenn solche übergreifenden Verbindlichkeiten anerkannt, geachtet und geehrt werden, kann der moderne Staat funktionstüchtig bleiben und ein wahrhaft menschlicher Staat werden. … das ist die christliche Verantwortung in der modernen Demokratie. Sie will helfen, daß die Demokratie sich auch wirklich als Staat versteht – als ein Amt, das seine Autorität und seine Verpflichtung aus überpolitischen Bindungen erhält, und als eine Rechts- und Kulturgemeinschaft, die gleichfalls nicht von den aufklärerischen Grundlagen ausgeht, sondern aus den Segenskräften eines christlichen Amts-, Ordnungs-, und Gemeinschaftsdenkens lebt."[454]

Paul Althaus ging in seinem „Grundriß der Ethik" nur mit kurzen Worten auf die faktische Unmöglichkeit einer „christlichen" Partei ein. Althaus war der Meinung, dass auf christlicher Grundlage verschiedenste politische Auffassungen denkbar seien. Deshalb ergäben sich auch in politicis unterschiedliche Entscheidungen.

„Man kann sich für sie nicht auf das Christentum berufen. Daher ist es in der Regel nicht geraten, daß die Christenheit oder eine Konfessionskirche als solche eine politische Partei bildet bzw. stützt. … Und keine politische Partei darf als solche das Monopol, die christlichen Überzeugungen zu vertreten, für sich in Anspruch nehmen."[455]

Insgesamt zeigte also auch die konfessionell-lutherische Theologie gegenüber der C-Partei eine ablehnende Haltung. Doch im Unterschied zur bruderrätlichen Theologie erkannte sie zumindest eine relative Berechtigung solch einer Partei, sei es als Notmaßnahme (Künneth), als historische Beson-

---

[453] Vgl. dazu Staedtke, Traditionen, 360ff.
[454] Redeker, Verantwortung, 14.
[455] Althaus, Ethik, 143.

derheit (Thielicke), als Rekurs auf die Schöpfungsordnungen (Redeker) oder als bedingte Regelabweichung (Althaus), an. Alle Argumente, darüber waren sich die Verfasser offensichtlich selbst im Klaren, überzeugten aus protestantisch-theologischer Sicht[456] nicht recht und ließen theologische Stringenz vermissen. Der heftigen Kritik an der CDU von bruderrätlicher Seite konnte so nicht wirklich eine andere theologische Konzeption entgegengesetzt werden. Eine vertiefte theologische Auseinandersetzung, eine kritische Erforschung der Reichweite eines Konzeptes „Christlicher Demokratie", dass als „Christian Democracy" historisch dem Puritanismus entsprungen war,[457] blieb aus.

12.6.2. Das Unterbleiben einer theologischen Parteienethik

Im Rahmen der Entfaltung einer Ethik des Politischen blieb die protestantische Theologie, wenn es um die politischen Parteien ging, weitgehend in einer Bestreitung bzw. relativen Akzeptanz der Möglichkeit einer „christlichen" Partei haften. Neben der diesbezüglichen Mangel- oder Negativdiagnose kam es kaum zu einer positiven Aufnahme des Parteienstaates. Dies war ein Indiz dafür, dass sich in der Staatsauffassung in theologisch-ethischer Sicht noch wenig geändert hatte. Zwar wurde nun auf lutherischer Seite kaum noch vom Staat als einer „Schöpfungsordnung", sondern relativierend von einer „Erhaltungs"- oder „Notordnung"[458] gesprochen, aber grundsätzlich beließ man es dabei, sich politisch-romantisch mit dem *Wesen* des Staates zu beschäftigen. Eine Auseinandersetzung mit den Mechanismen und Strukturen der parlamentarischen Demokratie unterblieb weitgehend. Die meisten Beschreibungen des Verhältnisses zwischen Protestantismus und politischen Parteien blieben deshalb in den gewohnten Bahnen: So empfahl Paul Althaus, dass die Kirche dafür sorgen möge,

---

[456] Die Problematik der christlichen Partei war allerdings auch innerhalb der katholischen Kirche bzw. der katholischen Theologie relevant. Oswald von Nell-Breuning sprach sich gegen solche „christliche" Parteien aus, da sie letzten Endes eher an dem Gedanken einer „christlichen Weltanschauung" orientiert seien; NELL-BREUNING, Programmatik, 22. Pragmatischer und wohl auch für das Verhältnis der katholischen Kirche zur CDU maßgebender waren Überlegungen, die der spätere Kardinal Joseph Höffner anstellte. In seinem Aufsatz „Kirche und Partei" gestand er dem weltlichen Raum zwar eine „relative Eigengesetzlichkeit" zu, trotzdem sicherte er den kirchlichen Einfluß. In „sieben Sätzen" entwarf er praktische Verhaltensmaßregeln für das Verhältnis zwischen Kirche und „christlicher" Partei. Darin hieß es zum Beispiel: „Da erfahrungsgemäß die (freilich irrige) Gleichsetzung einer ‚christlichen' Partei mit Kirche und Christentum nicht verhütet werden kann, haben die Politiker – auch von dieser Sicht her – die schwere Verantwortung, in ihrer Politik und in ihrem Privatleben alles zu vermeiden, was Ärgernis geben könnte." HÖFFNER, Kirche, 355.

[457] MAIER, Demokratie, 234.

[458] So Elert und Thielicke, vgl. WAGNER, Protestantismus, 167.

„daß sie die Christen aus allen Parteien zusammenführt und zusammenhält. Damit hilft sie zur Entgiftung des politischen Kampfes, zur Ritterlichkeit der Auseinandersetzungen, zur Zusammenarbeit bei den Lebensfragen des Volks-Ethos und der Kirche."[459]

Dies war die übliche Minimalbeschreibung im gegenseitigen Verhältnis. Wie diese Zusammenführung konkret aussehen konnte, blieb offen. Letztlich hatte sich hier seit der Zwischenkriegszeit keine Änderung in dieser Frage ergeben.

Walter Künneth[460], der in seiner „Politischen Ethik" immerhin einen ganzen Abschnitt der Frage „Parteipolitik und Ethos"[461] widmete, blieb weitgehend in einer distanziert-negativen Deutung der politischen Parteien haften. Die Parteien fasste er unter den Stichworten des „Parteiegoismus"[462] und besonders der „Parteiideologie"[463] zusammen. Gegen diese negative Tendenz der immer sich weiter steigernden Machtentfaltung der Parteien sollte nun der „Christ in der Partei"[464] antreten. Künneth hielt es für wichtig, dass sich christliche Politiker aus verschiedensten Parteien in einer Art „Querverbindung"[465] zusammenfänden, um über die Ebene der parteipolitischen Entscheidungen zu einer gemeinsamen „überparteiliche[n] staatspolitische[n] Verpflichtung"[466] zu kommen. Auch hier blieb das konkrete „Wie" dieser Verbindung unklar. Künneth sah die politischen Parteien

„vom ersten Augenblick [an] in Abhängigkeit von hintergründigen Bekannten oder auch anonymen Mächten, welche über die für eine Partei lebensnotwendige finanzielle Substanz und die öffentlichen Machtmittel verfügen".[467]

Diese gewiss nicht unzutreffende Erkenntnis, blieb allerdings in der Negativbeschreibung haften. Wie etwa Christen in der Politik zu einer größeren Transparenz der Partei bzw. gar zu einer inneren Demokratisierung des Parteiensystems beitragen konnten, blieb völlig offen.

Graduell positiver sah Helmuth Thielicke die politischen Parteien, indem er vorschlug, sie „nicht nur als ein notwendiges Übel"[468] zu betrachten: „Denn die Alternative zu ihnen wären die bloßen Interessengruppen."[469] Indem er über die notwendigen „Korrektive"[470] im Parteienstaat sprach,

---

[459] ALTHAUS, Ethik, 143.
[460] Zu Künneth vgl. MAASER, Demokratieverständnis, 225ff.
[461] KÜNNETH, Dämon, 462ff.
[462] Ebd., 465ff.
[463] Ebd., 468ff.
[464] Ebd., 473f.
[465] Ebd., 473.
[466] Ebd.
[467] Ebd., 664.
[468] THIELICKE, Ethik, 276.
[469] Ebd., 277.
[470] Ebd.

konnte er immerhin zu einer differenzierteren Analyse der Parteien kommen. Stichworte wie „Opposition, Koalition, Legislaturperiode"[471] ermöglichten einen konstruktiven Ansatz für die Interpretation der Parteien im politischen System. Allerdings sah Thielicke die mit dem Konzept der Gewaltenteilung beschriebene positive Funktion der Parteien dadurch beeinträchtigt, dass gerade Parteien versuchen würden, diese Gewaltenteilung durch Personalidentität in den verschiedenen Ebenen zu überbrücken. Der Fraktionszwang als der Unabhängigkeit der Abgeordneten widersprechend kam als negatives Moment hinzu. Letzten Endes blieb auch Thielicke in der negativen Beschreibung des Parteiensystems haften, indem er sich im Wesentlichen mit seinen Gefährdungen und den Möglichkeiten der Machtbegrenzung der Parteien beschäftigte. So trifft nicht nur für Thielicke Falk Wagners Feststellung zu, in der frühen Bundesrepublik hätten sich die lutherischen Ethiker weniger „mit den Chancen der jungen Demokratie, sondern mit ihren Gefahren und Schwächen" [472] beschäftigt.

Allerdings wurden die theoretischen Vorbehalte in der Praxis nicht immer durchgehalten, wie das Beispiel Thielickes zeigt: Er hielt 1958 ein zentrales Referat auf dem CDU-Bundesparteitag zum Thema „Verantwortung und Gewissen im Atomzeitalter", in dem er auch auf die grundsätzliche Kritik an den Parteien einging. Thielicke zeigte sich hier den grundsätzlichen Schwierigkeiten der politischen Parteien gegenüber bemerkenswert verständnisvoll, besonders was die von ihm theoretisch bekämpfte Fraktionsdisziplin betraf. Mit einem Churchill-Zitat verwies er auf die „Meinungsopfer, die man ihr gerechterweise bringen darf"[473]; gleichzeitig wandte er sich – offensichtlich etwas betört von der Nähe zur Macht[474] – gegen die kirchlichen „Zwischenrufer im Parkett der Geschichte."[475]

Auch bei den der bruderrätlichen Fraktion im Protestantismus verbundenen Theologen sah die Haltung gegenüber den Parteien nicht wesentlich anders aus. Zwar wandte man sich gegen eine metaphysische Staatsbegründung,[476] doch im Gefolge der Parteienkritik Barths kam es hier ebenfalls nicht zu einer positiven Aufnahme des Gedankens der parlamentarischen Demokratie. Die Überlegungen blieben auf die Kirche zentriert. „Es geht um das Zeugnis der *Gemeinde!*" [477], schärfte Ernst Wolf in seiner „Sozialethik" ein. Obwohl die politische Ethik einen ganz wesentlichen Teil sei-

---

[471] Ebd.
[472] WAGNER, Protestantismus, 168.
[473] THIELICKE, Verantwortung, 102.
[474] Dass Adenauer dies bei ihm genau erkannt hatte, hat Thielicke in seinen Memoiren später offenherzig eingestanden, THIELICKE, Stern, 361ff.
[475] THIELICKE, Verantwortung, 104.
[476] WOLF, Sozialethik, 249.
[477] Ebd., 253.

ner ethischen Überlegungen ausmachte,[478] unterblieb eine Reflektion der politischen Parteien.

Einzig Heinz-Dietrich Wendland entwarf – in deutlicher Abkehr von seinen skeptischen Ansichten aus der Zeit der Weimarer Republik[479] – in seiner Sozialethik einen positiven Zugang zum Parteienstaat:

„Auch die immer noch anzutreffende traditionelle christliche Abneigung gegen die Parteien und die Mitarbeit von Christen in diesen muß überwunden werden. … Die Mängel der Parteien-Demokratien sind leicht zu kritisieren und oft kritisiert worden, doch das Ende der Parteien ist heute auch das Ende der Demokratie, was die Entwicklung der sog. ‚Volks-Demokratie‘ unwiderleglich beweist. Schließlich ist es ein auffallender Widerspruch, daß die ‚Parteipolitik‘ von Christen als unmoralisch verurteilt wird, die doch gegen die energische Vertretung der *ökonomischen* Interessen ihrer eigenen gesellschaftlichen Gruppe durchaus keine moralischen Bedenken erheben."[480]

Wendland entfaltete das Konzept einer „gesellschaftlichen" oder „politischen Diakonie", das schon Ende der 50iger Jahre vertreten und von ihm wesentlich theologisch ausformuliert wurde.[481] Was Wendland unter gesellschaftlicher Diakonie, die er als zeitgemäße Fassung des Verhältnisses von Kirche und Staat bzw. Gesellschaft verstand,[482] meinte, formulierte er in dem griffigen Satz:

„Die gesellschaft[liche] D[iakonie] dient dem zeitl[ichen] Wohl des Menschen; sie arbeitet an der Herstellung von Gerechtigkeit, Freiheit und Frieden um des Menschen willen als des Geschöpfes, das Gott zu seinem Partner gemacht hat."[483]

Wendland war der erste evangelische Theologe, der die Modernisierung der Gesellschaft, wie sie sich in der Einführung eines parlamentarischen Systems ausdrückte, auch theologisch zu verarbeiten suchte. Wie schwer man sich sonst dabei tat, zeigte das Misstrauen Künneths oder die am Ideal des nur seinem Gewissen verpflichteten Abgeordneten kontrastierend zu den Parteien entworfenen Äußerungen Thielickes. Dass dieser sie selbst auf einem Parteitag relativierte, zeigte die theoretische Ratlosigkeit, mit der die protestantische Ethik den politischen Parteien immer noch gegenüberstand. Ein pragmatisches Vorgehen, sei es seitens der bruderrätlichen Theologen im Blick auf die GVP oder später die SPD, sei es von konfessionell-lutherischer Seite hinsichtlich der CDU, hinderte dies nicht. Es galt weiterhin das unausgesprochene Motto: Anti-Parteien-Mentalität im parteipolitischen Engagement.

---

[478] Ebd., 226ff.
[479] Nowak, Kirche, 242ff.
[480] Wendland, Sozialethik, 91.
[481] Bismarck, Diakonie; Wendland, Gesellschaft.
[482] Darstellung und Kritik bei Huber, Öffentlichkeit, 465ff.
[483] Wendland, Art.: Diakonie, 260.

Der praktischen Anpassung kirchlichen Handelns stand allerdings keine theoretische Modernisierung gegenüber. Weniger die kritischen Äußerungen gegenüber den Parteien waren dabei überraschend, als die Tatsache, dass die Einsicht in die Strukturnotwendigkeit politischer Parteien in den modernen Demokratien nur erst in Anfängen zu finden war.

Schluss

Winston Churchill wird eine Behauptung zugeschrieben, nach der er sinngemäß gesagt haben soll, die Demokratie sei zwar eine sehr schlechte Staatsform, ihm falle aber keine bessere ein.[1] Zu diesem pragmatischen Verständnis der Demokratie passt sein Umgang mit den politischen Parteien: Churchill startete seine Karriere bei den konservativen Tories, avancierte zu hohen Staatsämtern als Mitglied der Liberalen, um nach deren Niedergang wieder ins konservative Lager zurück zu wechseln und schließlich britischer Premierminister und ein Staatsmann von weltgeschichtlicher Größe zu werden.[2] Am Beispiel Churchills, der hier idealtypisch für den englischen Parlamentarismus genannt werden soll, lässt sich wohl am augenfälligsten der Unterschied zur deutschen politischen Kultur und der Partizipation des Protestantismus daran aufzeigen. Dem äußerst pragmatischen Verständnis der liberalen Demokratie englischer Prägung stand in Deutschland lange ein völlig anderes politisches Konzept gegenüber, das in der Geisteshaltung der politischen Romantik mit ihrem organologischen Staatsverständnis und der metaphysischen Beschreibung eines Wesens des Staates seinen Ausdruck fand. Parteien hatten in der im vorpolitischen Raum wurzelnden vermeintlichen Einheit von „Obrigkeit" und Volk keinen sachgemäßen Platz. Der Protestantismus partizipierte stark an dieser Entwicklung, zumal er in seiner dominierenden konservativen Form bis zum Ende des Zweiten Weltkrieges zweifelsohne die politische „Leitkultur" in Deutschland stark beeinflusste. Im Verständnis des „christlichen Staates" der Rechtshegelianer um Stahl und andere wurde aber eine Entwicklung eingeleitet, die gerade nur vordergründig protestantisch war. Luther, der geistige Bezugspunkt der meisten deutschen Protestanten, hatte einen solchen „christlichen" Staat immer abgelehnt und für unmöglich gehalten.[3] Die differenzierte Zuordnung von Staat und Kirche beim Reformator ging im Konzept des „christlichen" Staates verloren. So begab sich der politische Protestantismus in Aporien, die er nicht auflösen konnte. Er blieb die Frage schuldig, wie denn das Wesen eines solchen „christlichen Staates" über das an Röm 13 orientierte formale Obrigkeitsverständnis hinaus *inhaltlich* zu beschreiben sei.

---

[1] Vgl. SCHMIDT, Staatsverfassung, 187.
[2] Vgl. als umfassendste Biographie: JENKINS, Churchill.
[3] Vgl. dazu HOLL, Sittlichkeit, 225

Die politische Romantik war somit auch eine Fluchtbewegung vor den Herausforderungen der Moderne, die nach dem Zerbrechen der feudalen Strukturen eine politische Organisation unterschiedlicher gesellschaftlicher Interessen zu leisten verlangten. Paradox blieb deshalb auch das Verhältnis zu den Parteien. Obwohl sie in Deutschland im theologischen Bereich entstanden waren, offenbarten sie gerade die Spaltung des Protestantismus, da sie der politisch-romantischen Anschauung vom organischen Wesen des Staates diametral entgegen standen. Dies verhinderte eine positive Rezeption. Politische Parteien waren in Deutschland zunächst kaum Organisationen zur politischen Willensbildung, sondern Ausfluss unterschiedlicher Weltanschauungen, an denen der Protestantismus besonders partizipierte. Dieser letztlich religiöse Zug des Politischen machte in Deutschland den ideologisch hochgradig aufgeladenen Charakter der Parteien erklärlich. Unter diesen Bedingungen wie Churchill von den Konservativen zu den Liberalen hin und her zu wechseln, war fast unmöglich, weil es hier auch die Aufgabe einer Weltanschauung bedeutet hätte. So entstand die eigentümliche Konstellation von Anti-Parteien-Mentalität im parteipolitischen Engagement: Anti-Parteien-Mentalität deshalb, weil es eigentlich um das „Ganze", den „christlichen Staat" oder später das „Volk" bzw. „Deutschland" gehen sollte und die „Partei" schon im Wortsinne von „pars" dem widersprach; parteipolitisches Engagement paradoxerweise ebenfalls, weil es galt, das politisch als richtig Erkannte als Ergebnis der „wahren" Weltanschauung gleichsam „missionarisch" voranzutreiben. Das zumindest nicht ausreichende Modernisierungspotential in der deutschen politischen Kultur führte massiv mit dem Ersten Weltkrieg zu einer zunehmenden politisch-ideologischen Verhärtung. Hatte Stahl noch den englischen Parlamentarismus durchaus anerkannt und das monarchische Prinzip „keineswegs als das absolut Bessere"[4] bezeichnet, wurde nun ein weltanschaulich überhöhter Gegensatz zum „Westen" entwickelt, der sich besonders auch als antiparlamentarisch verstand und als die „Ideen von 1914"[5] verstärkt okzidentale Züge des Hasses auf den „Westen" annahm.

Wenn alles und jedes in politicis aber letztlich Folge der Weltanschauung war, konnte es keine Kompromisse geben. Gustav Radbruchs Mahnung, dass es im Bereich des Politischen keine unwiderlegbaren Richtigkeiten gebe,[6] war in dieser politischen Kultur und für ihre Mentalität völlig unverständlich. Wenn überall in der Politik „letzte Fragen" im Hintergrund standen, war so etwas unmöglich. Politik nahm in Deutschland immer mehr religiöse Züge an, bis sie in die „Politische Religion" des Nationalsozialismus mündete.[7]

---

[4] STAHL, Philosophie, 485.
[5] Vgl. LÜBBE, Ideen.
[6] Vgl. ZIEGERT, Republik, 31.
[7] Zur Diskussion um „Totalitarismus und Politische Religionen" vgl. den gleichnamigen von Hans MAIER herausgegebenen Band, bes. 217ff. Zum in diesem Problemkreis ge-

Der in sich vielgestaltige politische Protestantismus war nicht in der Lage, zur politischen Willensbildung in dem Sinne beizutragen, dass er zu einer weltanschaulichen „Abrüstung" der Politik beigetragen hätte. Statt dessen fungierte er in seinen unterschiedlichen Strömungen als Verstärker der faktischen Auffassung von der Politik als einer säkularisierten Theologie mit den Ideologien als ihren Konfessionen. Besonders dort, wo die protestantische Theologie selbst politische Begriffe, wie etwa den des „Volkes", zu „Schöpfungsordnungen" aufwertete, wurde dieser Entwicklung entgegengearbeitet.[8]

Die Parlamentarismuskritik in Weimar hatte im Protestantismus mit seiner Anti-Parteien-Mentalität trotz allen parteipolitischen Engagements so eine starke Stütze.

Nach der nationalsozialistischen Diktatur und dem Zweiten Weltkrieg stand die westdeutsche politische Kultur und mit ihr der politische Protestantismus vor einer Situation, die weder einen Neuanfang noch eine Restauration ermöglichte. Statt dessen kam es zu einem Konstellationswechsel. Im westdeutschen Teilstaat waren die großen Konfessionen zahlenmäßig ungefähr ausgeglichen, die parlamentarische Demokratie wurde wieder eingeführt und die Bundesrepublik Deutschland entwickelte sich zum Parteienstaat. Wie schwer es war, sich in dieser neuen – nun nicht mehr protestantisch dominierten – Kultur zurecht zu finden und eine konstruktive Einstellung zu ihr zu entwickeln, ist in der Arbeit gezeigt worden.

Dominierend blieb einstweilen die alte Form der Anti-Parteien-Mentalität im parteipolitischem Engagement. Unterschiedlich waren jedoch die Verhältnisse zu den politischen Parteien. Während die SPD nur mühsam ihren weltanschaulichen Ballast abwerfen konnte, zu dem auch eine religiöse Indifferenz gehört hatte, verlor die FDP fast völlig den Kontakt zum Protestantismus. Ein Verlust, der sich bald schmerzlich bemerkbar machte. Eine neue Partei stellte die CDU/CSU dar, indem sie in die nun konfessionell ausgewogene Situation in Westdeutschland als interkonfessionelle Partei gleichsam „passte". Die Konflikte zwischen Protestanten und Katholiken in der Partei sind in dieser Arbeit auch als Ergebnis pragmatisch-erfahrenen katholischen Umgangs mit dem Instrument einer politischen Partei begriffen worden, dem die letztlich hemmende Anti-Parteien-Mentalität und die oft mangelnde Erfahrung im parteipolitischen Engagement im Protestantismus gegenüber stand. Trotz dieser Konflikte stellte die CDU als interkonfessionelle Partei eine erhebliche Modernisierungsleistung dar. Während aber weltanschaulich die Orientierung am „Christlichen" den Katholiken selbstverständlich war, öffnete sich hier eine Konfliktlinie zum Protestantismus, der sich des „Christlichen" im Bereich des Politischen bzw. des Gesellschaft-

---

brauchten Begriff der „Politischen Theologie" bei Carl Schmitt auch BÖCKENFÖRDE, Theorie, 16ff.; LÜBBE, Theologie, 45ff.

[8] Vgl. etwa KLEIN, Dorfkirchenbewegung.

lichen unsicher geworden war. Der Bezugspunkt in diesen Dingen war nun
für viele Protestanten nicht mehr Friedrich Julius Stahl, sondern Sören Kierkegaard mit seiner heftigen Kritik an einem bürgerlich-konventionellen
Christentum. Indem die bruderrätliche Richtung des Protestantismus, die
den theologischen Liberalismus als Antipode des konfessionellen Luthertums abgelöst hatte, diese Kritik unüberhörbar machte, blieb für weite Teile
des Protestantismus die CDU das eigentliche Übel im Nachkriegsdeutschland, während andere Evangelische in ihr die sachgemäße Antwort auf die
Folgen des Nationalsozialismus sahen, der seinerseits als Ergebnis der Säkularisierung begriffen wurde. Die Konflikte um die angemessene Interpretation
der Säkularisierung und damit um das Verständnis des „Christlichen", wie
sie sich im „C" der CDU und in der umstrittenen Beschwörung des „christlichen Abendlandes" äußerten, sind deshalb hier auch als Ausfluss dieses
innerprotestantischen Dissenses verstanden worden. Wo mit der politischen
Romantik des protestantischen Konservatismus radikal Schluss gemacht
wurde, wie in der bruderrätlichen Theologie und in der GVP, konnte
„christlich" kein politischer Begriff mehr sein.

Diese erneute Spaltung des politischen Protestantismus ist in der Arbeit
beschrieben worden. Ihr ging bereits die aus dem alten Konflikt zwischen
Konservativen und Liberalen im Protestantismus her resultierende Unmöglichkeit zu Bildung einer großen bürgerlichen Partei nach 1945 voraus, so
dass die Entstehung von CDU und FDP hier auch wesentlich aus dieser Differenz heraus interpretiert wurde. Hier wie dort lagen die Wurzeln der Auseinandersetzung in einem ungeklärten Verständnis des Christlichen, wobei
dieses wiederum als Ergebnis der unterschiedlichen ekklesiologischen Vorstellungen erschien, die sich zeitgleich mit der Entstehung der großen politischen Strömungen 1848 offenbart hatten.

Dass sich der Protestantismus bei solch ungünstigen Voraussetzungen
trotzdem relativ rasch mit dem politischen System der Bundesrepublik zunächst abfand, dann sogar zur Mitarbeit in ihm bereit fand, lag an den historischen Entwicklungen, die in der demokratischen aber auch autoritären
Führung Adenauers und der „christlichen" Union als stärkster Regierungspartei einen verzögerten, milden Abschied von der Mentalität der politischen Romantik als dominierender protestantischer Sicht der politischen
Dinge erlaubten. Die bruderrätliche Richtung fand schließlich nach dem
Zwischenspiel von Notgemeinschaft und GVP in der SPD eine parteipolitische Alternative zur CDU, so dass auch sie sich in den westdeutschen Parteienstaat integrierte.

Die enorme gesellschaftliche Rolle, welche die Kirchen noch einmal,
gleichsam in einer historischen Nachblüte, in den Fünfziger Jahren in der
politischen Kultur der Bundesrepublik spielten, hat das Arrangement mit der
zweiten deutschen Republik zweifelsohne erleichtert. In der Arbeit wurde
geschildert, wie sich besonders SPD und FDP um Akzeptanz bei den Kir-

chen bemühten, gegen die offensichtlich in dieser Zeit nur schwer politische Erfolge zu erzielen waren.

Diese Annäherung an das politische System wurde jedoch zu keinem Zeitpunkt theoretisch fundiert. Trotz der erneuten politischen Spaltung des Protestantismus waren sich beide Lager in der Distanz zu den Parteien einig. Der protestantische Konservatismus speiste sich immer noch aus der politischen Romantik, die Parteienkritik Karl Barths entwickelte sich nicht minder romantisch aus einer radikaldemokratischen Perspektive nach Rousseau'schem Vorbild. Erst die praktischen Erfahrungen schliffen diese theoretischen Vorbehalte ab. Zu einer theoretischen Fundierung und Reflexion der politischen Parteien als der zentralen Institutionen in den Mechanismen der parlamentarischen Demokratie der Bundesrepublik kam es jedoch nur in rudimentären Ansätzen, was als ein stilles Weiterwirken der Anti-Parteien-Mentalität beider protestantischer Lager hier abschließend interpretiert werden soll. Das Ausbleiben einer politisch-theologischen Ethik der Parteien bis zum heutigen Tage dürfte darin seine Wurzeln haben.

Die parlamentarische Demokratie ist immer verbesserungsfähig und -würdig, das gilt auch für die politischen Parteien. Wo aber deren Ablehnung letztlich von der Suche nach der „blauen Blume" der perfekten Staatsform in diesem Bereich des „Vorletzten"[9] noch immer herrührt, bleibt die politische Romantik untergründig am Werk. Wohl ist im Sinne Churchills die parlamentarische Demokratie durchaus eine sehr mangelhafte Staatsform, eine bessere Alternative hat aber auch der deutsche Protestantismus nicht gefunden.

---

[9] Vgl. BONHOEFFER, Ethik, 133ff.

Literaturverzeichnis

ABELSHAUSER, WERNER: Wirtschaft und Gesellschaft der Fünfziger Jahre (Studienbrief 6 des Deutschen Instituts für Fernstudien an der Universität Tübingen), Tübingen 1987.

ABROMEIT, HEIDRUN: Sind die Kirchen Interessenverbände?, in: Dies./Göttrik Wewer (Hgg.), Die Kirche und die Politik. Beiträge zu einem ungeklärten Verhältnis, Opladen 1989, 244–260.

ADAM, GOTTFRIED: Bildungsverantwortung wahrnehmen. Beiträge zur Religionspädagogik (Bd. 3), Würzburg 1999.

ADAM, UWE DIETRICH: Politischer Liberalismus im deutschen Südwesten von 1945–1978, in: Paul Rothmund/Erhard R. Wiehn (Hgg.), Die F.D.P./DVP in Baden-Württemberg und ihre Geschichte. Liberalismus als politische Gestaltungskraft im deutschen Südwesten (Schriften zur politischen Landeskunde Baden-Württembergs, Bd. 4) Stuttgart u.ö. 1979, 220–253.

ADENAUER, KONRAD: Briefe 1945–1947, bearb. und hg. von Hans Peter Mensing, Berlin 1985.

–: Erinnerungen 1945–1953, Stuttgart 1965.

–: Maximen für die Gegenwart, hg. von Klaus-Otto Skibowski, Bergisch-Gladbach 1987.

–: ‚Seid wach für die kommenden Jahre‘. Grundsätze, Erfahrungen, Einsichten, hg. von Anneliese Poppinga, Bergisch Gladbach 1997.

ALBERTIN, LOTHAR: Liberalismus und Demokratie am Anfang der Weimarer Republik. Eine vergleichende Analyse der Deutschen Demokratischen Partei und der deutschen Volkspartei (Beiträge zur Geschichte des Parlamentarismus und der politischen Parteien, Bd. 45), Düsseldorf 1972.

–: /LINK, WERNER (HGG.): Politische Parteien auf dem Weg zur parlamentarischen Demokratie in Deutschland. Entwicklungslinien bis zur Gegenwart, Düsseldorf 1981.

–: /GRINGMUTH, HANS F. W.: Politischer Liberalismus in der britischen Besatzungszone 1946–1948 (Quellen zur Geschichte des Parlamentarismus und der politischen Parteien, 4. Reihe: Bd. 10), Düsseldorf 1995.

ALBERTZ, HEINRICH: Der Besiegte besinnt sich, Neuer Vorwärts 25.9.1954.

ALBRECHT, WILLY (BEARB.): Die SPD unter Kurt Schumacher und Erich Ollenhauer 1946 bis 1963. Sitzungsprotokolle der Spitzengremien, Bonn 2000.

ALEMANN, ULRICH VON: Das Parteiensystem der Bundesrepublik Deutschland, Bonn 2000.

ALTHAUS, PAUL: Grundriß der christlichen Lehre, Erlangen 1936.

–: Grundriß der Ethik, Gütersloh ²1953.

–: Staatsgedanke und Reich Gottes, Langensalza 1928.

ANDERSON, MARGARET: Windthorsts Erben, in: Winfried Becker/Rudolf Morsey (Hgg.), Christliche Demokratie in Europa, Köln/Wien 1988, 69–90.

ANSELM, RAINER: Verfaßte Grundwerte – letztlich wertlos? Zur Haltung des Protestantismus in der Rechts- und Verfassungsdiskussion 1943 und 1949, Mitteilungen der Evangelischen Arbeitsgemeinschaft für Kirchliche Zeitgeschichte 9 (1989), 34–86.

ARNDT, ADOLF: Politische Reden und Schriften, hg. v. Horst Ehmke und Carlo Schmid, Berlin u.ö. 1976.

ASMUSSEN, HANS: Der Christ in der politischen Verantwortung, Freiburg 1961.

–: Politik und Christentum, Hamburg 1933.

AUGUSTIJN, CORNELIS: Abraham Kuyper, in: Martin Greschat (Hg.), Gestalten der Kirchengeschichte (Bd. 9,2), Stuttgart u.ö. ²1994, 289–307.

BACKES, UWE/JESSE, ECKARD: Merkmale und Aufgaben der Parteien, in: Parteiendemokratie (Informationen zur politischen Bildung, H. 207), hg. von der Bundeszentrale für Politische Bildung, Bonn 1996, 4–7.

–: Parteien in der Bundesrepublik Deutschland, in: Parteiendemokratie (Informationen zur politischen Bildung, H. 207) hg. von der Bundeszentrale für Politische Bildung, Bonn 1996, 16–26.

BALFOUR, MICHAEL: Vier-Mächte-Kontrolle in Deutschland 1945–1946, Düsseldorf 1959.

BARCLAY, DAVID E.: Anarchie und guter Wille. Friedrich Wilhelm IV. und die preußische Monarchie, Berlin 1995.

BARTH, KARL: Christengemeinde und Bürgergemeinde, in: Theodor Strohm/Heinz Dietrich Wendland (Hgg.), Kirche und moderne Demokratie (Wege der Forschung, Bd. 205), Darmstadt 1973, 14–54.

–: ,Der Götze wackelt'. Zeitkritische Aufsätze, Reden und Briefe von 1930 bis 1960, hg. von Karl Kupisch, Berlin 1961.

–: Die Deutschen und wir, in: Ders., Eine Schweizer Stimme 1938–1945, Zürich 1945, 334–370.

–: Die evangelische Kirche in Deutschland nach dem Zusammenbruch des Dritten Reiches, Zürich 1945.

–: Wie können die Deutschen gesund werden?, in: Ders., Eine Schweizer Stimme 1938–1945, Zürich 1945, 371–381.

BARZEL, RAINER: Es ist noch nicht zu spät. München/Zürich 1976.

–: Im Streit und umstritten. Anmerkungen zu Adenauer, Erhard und den Ostverträgen, Frankfurt/M. u.ö. 1986.

–: Untersuchungen über das geistige und gesellschaftliche Bild der Gegenwart und die künftigen Aufgaben der CDU (Denkschrift), masch. 1962.

BAUSCH, PAUL: Lebenserinnerungen und Erkenntnisse eines schwäbischen Abgeordneten, (Selbstverlag) Korntal o.J. (1969).

BECKER, WINFRIED: CDU und CSU 1945–1950. Vorläufer, Gründung und regionale Entwicklung bis zum Entstehen der CDU – Bundespartei (Studien zur politischen Bildung, Bd. 13), Mainz 1987.

–: Katholizismus und Widerstand, in: Peter Steinbach/Johannes Tuchel (Hgg.), Widerstand gegen den Nationalsozialismus (Schriftenreihe der Bundeszentrale für politische Bildung, Bd. 323), Bonn 1994, 235–245.

–: /BUCHSTAB, GÜNTHER/DOERING-MANTEUFFEL, ANSELM/MORSEY, RUDOLF (HGG.): Lexikon der Christlichen Demokratie, Paderborn u.ö. 2002.

BECKMANN, JOACHIM: Im Kampf für die Kirche des Evangeliums. Eine Auswahl von Reden und Aufsätzen aus drei Jahrzehnten, Gütersloh 1961.

–: Art.: Parteien VI. (Kirchliche Parteien in Deutschland), ³RGG V, 128–130.

BENTLEY, JAMES: Martin Niemöller. Eine Biographie, München 1985.

BENZ, WOLFGANG: Die Gründung der Bundesrepublik. Von der Bizone zum souveränen Staat, München ⁵1999.

BERLIN, ISAIAH: Das krumme Holz der Humanität. Kapitel der Ideengeschichte, Frankfurt/M. 1992.

–: Wider das Geläufige. Aufsätze zur Ideengeschichte, Frankfurt/M. 1982.

BESIER, GERHARD: ,Christliche Parteipolitik' und Konfession. Zur Entstehung des Evangelischen Arbeitskreises der CDU/CSU, in: Ders., Die evangelische Kirche in den Umbrüchen des 20 Jahrhunderts (Historisch-Theologische Studien zum 19. und 20. Jahrhundert, Bd. 5/2), Neukirchen- Vluyn 1994, 108–130.

–: /LUDWIG, HARTMUT/THIERFELDER, JÖRG: Der Kompromiß von Treysa. Die Entstehung der Evangelischen Kirche in Deutschland (EKD) 1945. Eine Dokumentation (Schriftenreihe der Pädagogischen Hochschule Heidelberg, Bd. 24), Weinheim 1995.

–: Hermann Ehlers. Ein evangelischer CDU-Politiker zur Frage der deutschen Einheit, in: Wolfgang Huber (Hg.), Protestanten in der Demokratie, München 1990, 93–121.

–: Parteien in Europa und Nordamerika, in: Ders., Die evangelische Kirche in den Umbrüchen des 20 Jahrhunderts (Historisch-Theologische Studien zum 19. und 20. Jahrhundert, Bd. 5/2), Neukirchen-Vluyn, 133–154.

BETHGE, EBERHARD: Dietrich Bonhoeffer. Theologe – Christ – Zeitgenosse, München 1978.

BEYME, KLAUS VON: Die politische Willensbildung der Bundesrepublik Deutschland der 50er Jahre im internationalen Vergleich, in: Axel Schildt/Arnold Sywottek (Hgg.), Modernisierung im Wiederaufbau. Die westdeutsche Gesellschaft der 50er Jahre, Bonn 1998, 819–833.

–: Parteien in westlichen Demokratien, München/Zürich ²1984.

BIEDENKOPF, KURT u.a. (HGG.): Franz Böhm. Beiträge zu Leben und Werk, Melle 1980.

BISMARCK, KLAUS VON: Aufgabe der gesellschaftlichen Diakonie, Kirche im Volk, Heft 25/1960.

BLEISTEIN, ROMAN (HG.): Dossier: Kreisauer Kreis. Dokumente aus dem Widerstand gegen den Nationalsozialismus, Frankfurt/M. 1987.

BLUMENBERG-LAMPE, CHRISTINE: Das wirtschaftspolitische Programm der ,Freiburger Kreise'. Entwurf einer freiheitlich-sozialen Nachkriegswirtschaft. Nationalökonomen gegen den Nationalsozialismus, Berlin 1973.

–: Art.: Franz Böhm, in: Günter Buchstab/Klaus Gotto, Die Gründung der Union. Traditionen, Entstehung, Repräsentanten, München/Wien 1981, 234–247.

BLUMENWITZ, DIETER u.a. (HG.): Konrad Adenauer und seine Zeit. Politik und Persönlichkeit des ersten Bundeskanzlers (Bd. 2), Stuttgart 1976.

BÖCKENFÖRDE, ERNST-WOLFGANG: Der deutsche Typ der konstitutionellen Monarchie im 19. Jahrhundert, in: Werner Conze (Hg.), Beiträge zur deutschen und zur belgischen Verfassungsgeschichte im 19. Jahrhundert, Stuttgart 1967, 70–92.

BÖSCH, FRANK: Die Adenauer-CDU. Gründung, Aufstieg und Krise einer Erfolgspartei 1945–1969, Stuttgart 2001.

Börner, Weert: Hermann Ehlers, Hannover 1963.

Bonhoeffer, Dietrich: Ethik, zusammengestellt von Eberhard Bethge, München [10]1984.

Booms, Hans: Die deutschkonservative Partei, Düsseldorf 1954.

Botzenhart, Manfred: Deutscher Parlamentarismus in der Revolutionszeit 1848–1850, Düsseldorf 1977.

Boyens, Armin: Treysa 1945. Die evangelische Kirche nach dem Zusammenbruch des Dritten Reiches, Zeitschrift für Kirchengeschichte 82 (1971), 29–53.

Brakelmann, Günter/Jähnichen, traugott: Die protestantischen Wurzeln der sozialen Marktwirtschaft. Ein Quellenband, Gütersloh 1994.

–: /Greschat, Martin/Jochmann, Werner: Protestantismus und Politik. Weg und Wirkung Adolf Stoeckers, Hamburg 1982.

Brandt, Peter/Ammon, Herbert (Hgg.): Die Linke und die nationale Frage, Hamburg 1981.

Brandt, Willy: Plädoyer für die Zukunft. Zwölf Beiträge zur deutschen Frage, Frankfurt/M. 1961.

Breipohl, Renate (Hg.): Dokumente zum religiösen Sozialismus in Deutschland, München 1972.

–: Religiöser Sozialismus und bürgerliches Geschichtsbewußtsein zur Zeit der Weimarer Republik (Studien zur Dogmengeschichte und Systematischen Theologie, Bd. 32), Zürich 1971.

Brickwede, Friedrich: Die Frühgeschichte der westfälischen CDU (Mag. masch.), Münster 1978.

Broermann, hans/Grobbel, Karl: Unterm Zentrumsbanner. Werden und Wirken der Zentrumspartei. o.O. o.J.

Broszat, Martin (Hg.): Zäsuren nach 1945. Essays zur Periodisierung der deutschen Nachkriegsgeschichte, München 1990.

Bruch, Rüdiger vom (Hg.): Friedrich Naumann in seiner Zeit, Berlin 2000.

Brunner, Emil: Das Gebot und die Ordnungen. Entwurf einer protestantischen-theologischen Ethik, Zürich [4]1978.

–: Gerechtigkeit. Eine Lehre von den Grundgesetzen der Gesellschaftsordnung, Zürich [3]1981.

Buchhaas, Dorothee: Die Volkspartei. Programmatische Entwicklung der CDU 1950–1973 (Beiträge zur Geschichte des Parlamentarismus und der politischen Parteien, Bd. 68), Düsseldorf 1981.

Buchhaas-Birkholz, Dorothee: ‚Zum politischen Weg unseres Volkes'. Politische Leitbilder und Vorstellungen im deutschen Protestantismus 1945–1952. Eine Dokumentation, Düsseldorf 1989.

Buchheim, Karl: Geschichte der christlichen Parteien in Deutschland, München 1953.

Buchheim, hans: Die Richtlinienkompetenz unter der Kanzlerschaft Konrad Adenauers, in: Dieter Blumenwitz u.a. (Hg.), Konrad Adenauer und seine Zeit. Politik und Persönlichkeit des ersten Bundeskanzlers (Bd. 2), Stuttgart 1976, 339–351.

Buchstab, Günter (bearb.): Adenauer: ‚Wir haben wirklich etwas geschaffen.' Die Protokolle des CDU– Bundesvorstandes 1953–1957, Düsseldorf 1990.

–: Adenauer: ‚Um den Frieden zu gewinnen.' Die Protokolle des CDU-Bundesvorstandes 1957–1961, Düsseldorf 1994.

–: Art.: Albert Schmidt, in: Ders./Klaus Gotto (Hgg.), Die Gründung der Union. Traditionen, Entstehung und Repräsentanten, München 1981, 120–128.

–: Art.: Andreas Hermes, in: Ders./Klaus Gotto (Hgg.), Die Gründung der Union. Traditionen, Entstehung und Repräsentanten, München 1981, 103–119.

–: /KAFF, BRIGITTE/KLEINMANN, HANS-OTTO (HGG.): Keine Stimme dem Radikalismus. Christliche, liberale und konservative Parteien in den Wahlen 1930–1933, Berlin 1984.

BÜCHNER, FRANZ: Die ‚Christliche Arbeitsgemeinschaft‘ (1945) als Wegbereiterin einer christlichen Partei beider Bekenntnisse, in: Paul-Ludwig Weinacht (Hg.), Gelbrote Regierungsjahre. Badische Politik nach 1945, Sigmaringendorf 1988, 89–96.

BÜCKER, VERA: Art.: Stegerwald, Adam, in: Hugo Maier (Hg.), Who is Who der Sozialen Arbeit, Freiburg i. Brsg. 1998, 566–567.

BÜHRER, WERNER (HG.): Die Adenauer-Ära. Die Bundesrepublik Deutschland 1949–1963, München 1993.

(BUNDESPARTEITAG): Christlich Demokratische Union Deutschlands: 12. Bundesparteitag in Karlsruhe 1962, Hamburg 1962.

BURGSMÜLLER, ALFRED (HG.): Zum politischen Auftrag der christlichen Gemeinde (Barmen II), Gütersloh 1974.

BURRIDGE, TREVOR: Clement Attlee. A Political Biography, London 1985.

BURUMA, IAN/MARGALIT, AVISHAI: „Occidentalism“, The New York Review of Books (49) 2002, 4–7.

BUSCH, EBERHARD: Karl Barths Lebenslauf. Nach seinen Briefen und autobiographischen Texten, München [4]1986.

CHRIST, HERBERT: Der Politische Protestantismus in der Weimarer Republik. Eine Studie über die politische Meinungsbildung durch die evangelische Kirche im Spiegel der Literatur und Presse, Diss. phil. Bonn 1967.

CHRIST, JÜRGEN: Staat und Staatsraison bei Friedrich Naumann, Heidelberg 1969.

CHRISTLICHE DEMOKRATEN DER ERSTEN STUNDE, hg. v. d. Konrad-Adenauer-Stiftung, Bonn 1966.

COLLMER, PAUL: Art.: Wohlfahrtsstaat, Evangelisches Soziallexikon, Stuttgart u.ö. [5]1965, 1372–1375.

CONZE, WERNER: Jakob Kaiser. Politiker zwischen Ost und West 1945–1949, Stuttgart u.ö. 1969.

CORNELISSEN, CHRISTOPH: Gerhard Ritter, Geschichtswissenschaft und Politik im 20. Jahrhundert, Düsseldorf 2001.

DAHLHAUS, HORST: Art.: Christlich-sozial, Evangelisches Soziallexikon, Stuttgart u.ö. [5]1965, 241–243.

DAHM, KARL-WILHELM: Pfarrer und Politik. Soziale Position und politische Mentalität des deutschen evangelischen Pfarrerstandes zwischen 1918 und 1933, Köln/Opladen 1965.

DAHRENDORF, RALF: Gesellschaft und Demokratie in Deutschland, München 1966.

DANYEL, JÜRGEN: Zwischen Nation und Sozialismus: Genese, Selbstverständnis und ordnungspolitische Vorstellungen der Widerstandsgruppe um Arvid Harnack und Harro Schulze-Boysen, in: Peter Steinbach/Johannes Tuchel (Hgg.), Widerstand gegen den Nationalsozialismus (Studien zur Geschichte und Politik, Bd. 323), Bonn 1994, 468–487.

(GODESBERGER PROGRAMM): Protokoll der Verhandlungen des Außerordentlichen

Parteitages der Sozialdemokratischen Partei Deutschlands vom 13.–15. November 1959 in Bad Godesberg, Bonn o.J.

DIBELIUS, OTTO: Das Jahrhundert der Kirche. Geschichte, Betrachtung, Umschau und Ziele, Berlin 1927.

–: Ein Christ ist immer im Dienst. Erlebnisse und Erfahrungen in einer Zeitwende, Stuttgart 1961.

–: Grenzen des Staates, Berlin 1949.

–: So habe ich's erlebt. Selbstzeugnisse hg. von Wilhelm Dittmann, Berlin 1980.

DIECKWISCH, HEIKE: Preußischer Konservatismus zwischen Reform und Reichsgründung 1800–1876 (Kurs 4143 der FernUniversität Hagen), Hagen 1999.

DIEM, HERMANN: Der Abfall der Kirche Christi in die Christlichkeit, Zürich 1947.

–: Ja oder Nein. 50 Jahre Theologie in Kirche und Staat, Berlin 1974.

–: Kirche oder Christenheit, Stuttgart 1947.

–: Restauration oder Neuanfang in der Evangelischen Kirche?, Stuttgart 1946.

DIRKS, WALTER/SCHMIDT, KLAUS/STANKOWSKI, MARTIN (HGG.): Christen für den Sozialismus (Bd. 2), Stuttgart u.ö. 1975.

DÖHN, LOTHAR: Art.: Liberalismus, in: Franz Neumann (Hg.), Politische Theorien und Ideologien, Baden-Baden [2]1977, 9–52.

DÖNHOFF, MARION GRÄFIN: „Um der Ehre willen". Erinnerungen an die Freunde vom 20. Juli, Berlin [6]1996.

DOEHRING, BRUNO: Mein Lebensweg. Zwischen den Vielen und der Einsamkeit, Gütersloh 1952.

DÖRING, HERBERT: Skeptische Anmerkungen zur deutschen Rezeption des englischen Parlamentarismus 1917/18, in: Lothar Albertin/Werner Link (Hgg.), Politische Parteien auf dem Weg zur parlamentarischen Demokratie in Deutschland. Entwicklungslinien bis zur Gegenwart, Düsseldorf 1981, 127–176.

DOERING-MANTEUFFEL, ANSELM: Die Bundesrepublik in der Ära Adenauer. Außenpolitik und innere Entwicklung 1949–1963, Darmstadt 1983.

–: Die ‚Frommen' und die ‚Linken' vor der Wiederherstellung des bürgerlichen Staats. Integrationsprobleme und Interkonfessionalismus in der frühen CDU, in: Jochen-Christoph Kaiser/Anselm Doering-Manteuffel (Hgg.), Kirchen im Nachkriegsdeutschland (Konfession und Gesellschaft, Bd. 2), Stuttgart u.ö. 1990, 88ff.

–: /NOWAK, KURT (HGG.): Kirchliche Zeitgeschichte. Urteilsbildung und Methoden (Konfession und Gesellschaft, Bd. 8), Stuttgart u.ö. 1996.

–: Westintegration und nationale Frage 1949–1963 (Deutsche Geschichte nach 1945, Teil 1, Studienbrief 4 des Deutschen Instituts für Fernstudien an der Universität Tübingen), Tübingen 1988.

–: Wie westlich sind die Deutschen? Amerikanisierung und Westernisierung im 20. Jahrhundert, Göttingen 1999.

DOHSE, RAINER: Der Dritte Weg. Neutralitätsbestrebungen in Westdeutschland zwischen 1945 und 1955, Hamburg 1974.

DONNER, HERBERT: Geschichte des Volkes Israel und seiner Nachbarn in Grundzügen (Bd. 2), Göttingen [2]1995.

EBBINGHAUSEN, RALF: Die Krise der Parteiendemokratie und die Parteiensoziologie. Eine Studie über Moisie Ostrogorski, Robert Michels und die neuere Entwicklung der Parteienforschung, Berlin 1969.

EGEN, PETER: Die Entstehung des Evangelischen Arbeitskreises der CDU/CSU, (Diss. masch.) Bochum 1971.

EHLERS, HERMANN: Wesen und Wirkungen eines Reichslandes Preußen, Bonn/Leipzig 1929.

EHMER, HERMANN: Karl Hartenstein und Helmut Thielicke. Predigt in der Grenzsituation, in: Rainer Lächele/Jörg Thierfelder (Hgg.), Das evangelische Württemberg zwischen Weltkrieg und Wiederaufbau, Stuttgart 1995, 71–88.

(ELBINGERRODE): Elbingerode 1952. Bericht über die vierte Tagung der ersten Synode der Evangelischen Kirche in Deutschland vom 6.– 10. Oktober 1952, hg. im Auftrage des Rates von der Kirchenkanzlei der EKD 1954.

ELLWEIN, THOMAS: Klerikalismus in der deutschen Politik, München 1955.

ENCKE, HANS: Warum wir 1945 kamen, in: 10 Jahre CDU Köln, Köln 1955, 41–43.

ENDERS, ULRICH/REISER, KONRAD: Die Kabinettsprotokolle der Bundesregierung (Bd. 1: 1949) Boppard 1982.

ENGELBEG, ERNST: Bismarck (Bd. 1: Urpreuße und Reichsgründer; Bd. 2: Das Reich in der Mitte Europas), Berlin 1998.

EPPLER, ERHARD: Komplettes Stückwerk. Erfahrungen aus fünfzig Jahren Politik, Frankfurt/M. u.ö. ²1996.

ERDMANN, KARL DIETRICH (HG.): Hermann Ehlers. Präsident des Deutschen Bundestages. Ausgewählte Reden, Aufsätze und Briefe 1950–1954, Boppard 1991.

ERLER, FRITZ: Rede im Deutschen Bundestag, in: Verhandlungen des deutschen Bundestages, 2. Wahlperiode, 1953, Stenographische Berichte (Bd. 22), Bonn 1954.

EVANGELISCHE KIRCHE UND FREIHEITLICHE DEMOKRATIE. Der Staat des Grundgesetzes als Angebot und Aufgabe. Eine Denkschrift der Evangelischen Kirche in Deutschland, hg. vom Kirchenamt im Auftrag des Rates der Evangelischen Kirche in Deutschland, Göttingen ³1986.

FALTER, JÜRGEN/LINDENBERGER, THOMAS/SCHUMANN, SIEGFRIED: Wahlen und Abstimmungen in der Weimarer Republik. Materialien zum Wahlverhalten 1919–1933, München 1986.

FAUL, ERWIN: Verfemung, Duldung und Anerkennung des Parteiwesens in der Geschichte des politischen Denkens, Politische Vierteljahresschriften 5/1 (1964), 60ff.

FELDKAMP, MICHAEL F.: Der Parlamentarische Rat 1948–1949, Göttingen 1998.

FENSKE, HANS U.A. (HGG.): Geschichte der politischen Ideen. Von der Antike bis zur Gegenwart, Frankfurt/M. 1996.

FEST, JOACHIM C.: Hitler. Eine Biographie, Frankfurt/M. u.ö. ⁶1996.

FESTSCHRIFT „2 JAHRE CDU WUPPERTAL", Wuppertal 1966.

FISCHER, HANS-GERHARD: Evangelische Kirche und Demokratie nach 1945. Ein Beitrag zum Problem der politischen Theorie (Historische Studien, Bd. 407), Lübeck/Hamburg 1970.

FISCHER, HERMANN: Art.: Protestantismus I./II. (Begriff und Wesen), TRE 27, 542–551.

–: Systematische Theologie, in: Georg Strecker (Hg.), Theologie im 20. Jahrhundert, Tübingen 1983, 289–388.

FISCHER, MARTIN: Edo Osterloh, in: Ders., Geschichte in Gestalten, Stuttgart 1975, 130–132.

–: Heinrich Vogel, in: Ders., Geschichte in Gestalten, Stuttgart 1975, 62–75.

FOCKE, FRANZ: Sozialismus aus christlicher Verantwortung. Die Idee eines Sozialismus in der katholisch-sozialen Bewegung in der CDU, Wuppertal 1978.

FÖHSE, ULRIKE: Entstehung und Entwicklung der Christlich-Demokratischen Union in Wuppertal 1945– 1950, (masch.) Wuppertal 1970.

FÖRST, WALTER: Robert Lehr als Oberbürgermeister. Ein Kapitel deutscher Kommunalpolitik, Düsseldorf/Wien 1962.

FOERSTER, ERICH: Art.: Parteien II (Politische Parteien und Christentum), ²RGG IV, 973–977.

FRIEDENSBURG, FERDINAND: Es ging um Deutschlands Einheit. Rückschau eines Berliners auf die Jahre nach 1945, Berlin 1971.

–: Lebenserinnerungen. Frankfurt/M. u.ö. 1969.

FRIEDRICH, NORBERT: „Die christlich-soziale Fahne empor!" Reinhard Mumm und die christlich– soziale Bewegung (KuG 14), Stuttgart u.ö. 1997.

FRITZ, HARTMUT: Otto Dibelius. Ein Kirchenmann in der Zeit zwischen Monarchie und Diktatur (Arbeiten zur Kirchlichen Zeitgeschichte, Reihe B: Darstellungen, Bd. 27), Göttingen 1998.

FRITZSCHE, KLAUS: Art.: Konservatismus, in: Franz Neumann (Hg.), Politische Theorien und Ideologien, Baden-Baden ²1977, 53–85.

FROMMEL, REINHARD: Die CDU und das liberale Erbe, in: Wulf Schönbohm (Hg.), CDU-Programmatik. Grundlagen und Herausforderungen, München 1981, 17–33.

–: Art.: Ferdinand Friedensburg und Ernst Lemmer, in: Günter Buchstab/Klaus Gotto (Hgg.), Die Gründung der Union. Traditionen, Entstehung und Repräsentanten, München 1981, 208–221.

FÜGEN, HANS NORBERT: Max Weber, Hamburg 1985.

GABLENTZ, OTTO HEINRICH VON DER: Die versäumte Reform. Zur Kritik der westdeutschen Politik, Köln/Opladen 1960.

–: Art.: Macht, Evangelisches Kirchenlexikon, Stuttgart u.ö. ⁵1965, 821–826.

–: Art.: Masse, Evangelisches Kirchenlexikon, Stuttgart u.ö. ⁵1965, 838–843.

–: Politische Gesittung, in: Heinz– Dietrich Wendland/Theodor Strohm (Hgg.), Politik und Ethik (WdF 139), Darmstadt 1969, 38–60.

–: Protest oder Union?, Neue Zeit 8.1.1946.

–: Texte zur Gesellschaftsreform. Zeugnisse aus zwei Jahrhunderten 1750–1950, Frankfurt/M. u.ö. 1972.

–: Über Marx hinaus, Berlin 1946.

GABRIEL, KARL: Die Katholiken in den 50er Jahren: Restauration, Modernisierung und beginnende Auflösung eines konfessionellen Milieus, in: Axel Schildt/Arnold Sywottek (Hgg.), Modernisierung im Wiederaufbau. Die westdeutsche Gesellschaft der 50er Jahre, Bonn 1998, 418–430.

GABRIEL, OSCAR W./NIEDERMAYER, OSKAR/STÖSS, RICHARD (HGG.): Parteiendemokratie in Deutschland (Schriftenreihe der Bundeszentrale für politische Bildung, Bd. 338), Bonn 1997.

GAULY, THOMAS M.: Kirche und Politik in der Bundesrepublik Deutschland 1945–1976, Bonn 1990.

GEHRING, HEINRICH: Leben in einer bekennenden Gemeinde. Gustav Heinemann und Friedrich Graeber in der Essener Altstadt-Gemeinde, in: Rudolf Mohr (Hg.), ‚Alles ist euer, ihr aber seid Christi' [FS Dietrich Meyer] (SVRKG 147), Köln 2000, 681–689.

GERSTENMAIER, EUGEN: Art.: Brunstädt, Friedrich, Evangelisches Soziallexikon, Stuttgart u.ö. ⁵1965, 226f.

–: 10 Jahre Politik für Deutschland, in: Christlich Demokratische Union Deutschlands: 6. Bundesparteitag Hamburg 26. – 29.4.1956, Hamburg 1956, 30–46.

–: Staatsordnung und Gesellschaftsbild, in: Christlich Demokratische Union Deutschlands: 8. Bundesparteitag Kiel 18. – 21. 9.1958, Hamburg 1958, 90–108.

–: Streit und Friede hat seine Zeit. Ein Lebensbericht, Frankfurt/M. u.ö. ²1982.

GEYER, HANS-GEORG: Die dialektische Theologie und die Krise des Liberalismus, in: Rudolf von Thadden (Hg.), Die Krise des Liberalismus zwischen den Weltkriegen, Göttingen 1978, 155–170.

GOLLWITZER, HEINZ: Vorüberlegungen zu einer Geschichte des politischen Protestantismus nach dem konfessionellen Zeitalter, Opladen 1981.

GRAF, FRIEDRICH WILHELM: ,Der Götze wackelt?' Überlegungen zu Barths Liberalismuskritik, Evangelische Theologie 46 (1986), 422–441.

–: Der Weimarer Barth – ein linker Liberaler?, Evangelische Theologie 47 (1987), 555–566.

–: /RUDDIES, HARTMUT: Ernst Troeltsch, in: Friedrich Wilhelm Graf (Hg.), Profile des neuzeitlichen Protestantismus (Bd. 2), Göttingen 1993.

–: Art.: Protestantismus II. (Kulturbedeutung), TRE 27, 551–580.

GREBING, HELGA: Der „deutsche Sonderweg" in Europa 1806–1945. Eine Kritik. Stuttgart u.ö. 1986.

–: Die Parteien, in: Wolfgang Benz (Hg.), Die Geschichte der Bundesrepublik Deutschland (Bd. 1), Frankfurt/M. 1989, 71–150.

–: Der Revisionismus. Von Bernstein bis zum „Prager Frühling", München 1977.

GREIFFENHAGEN, MARTIN: Das Dilemma des Konservatismus in Deutschland, München 1971.

GRESCHAT, MARTIN: Bekenntnis und Politik. Voraussetzungen und Ziele der Barmer Bekenntnissynode, in: Ders., Protestanten in der Zeit. Kirche und Gesellschaft in Deutschland vom Kaiserreich bis zur Gegenwart, Stuttgart u.ö. 1994, 99–116.

–: Der deutsche Protestantismus im Revolutionsjahr 1918/19, Witten 1974.

–: Kirche und Öffentlichkeit in der deutschen Nachkriegszeit (1945–1949), in: Armin Boyens (Hg.), Kirchen in der Nachkriegszeit (Arbeiten zur Kirchlichen Zeitgeschichte, Reihe B/8) Göttingen 1979, 100–124.

–: Konfessionelle Spannungen in der Ära Adenauer, in: Thomas Sauer (Hg.), Katholiken und Protestanten in den Aufbaujahren der Bundesrepublik (Konfession und Gesellschaft, Bd. 21), Stuttgart u.ö. 2000, 19–34.

–: Protestanten in der Zeit. Kirche und Gesellschaft in Deutschland vom Kaiserreich bis zur Gegenwart, Stuttgart u.ö. 1994.

–: ,Rechristianisierung und Säkularisierung'. Anmerkungen zu einem europäischen interkonfessionellen Interpretationsmodell, in: Jochen-Christoph Kaiser/Anselm Doering-Manteuffel (Hgg.), Christentum und politische Verantwortung (KuG 2), Stuttgart u.ö. 1990, 1–24.

–: Weder Neuanfang noch Restauration. Zur Interpretation der deutschen evangelischen Kirchengeschichte nach dem Zweiten Weltkrieg, in: Ursula Büttner (Hg.), Das Unrechtsregime (FS Werner Jochmann), Hamburg 1986, 326–357.

–: Zwischen Aufbruch und Beharrung – Die evangelische Kirche nach dem Zweiten Weltkrieg, in: Victor Conzemius/Martin Greschat/Hermann Kocher, Die Zeit nach 1945 als Thema kirchlicher Zeitgeschichte, Göttingen 1988, 99–126.

GRIMME, ADOLF: Briefe, hg. v. Dieter Sauberzweig, Heidelberg 1967.

–: Rettet den Menschen!, Braunschweig u.ö. 1949.

–: Selbstbesinnung, Braunschweig 1947.

–: Sinn und Widersinn des Christentums, hg. von Eduard Avé-Lallemant, Heidelberg 1969.

GRÜBER, HEINRICH: Erinnerungen aus sieben Jahrzehnten, Köln u.ö. 1968.

GUMBEL, KARL: Hans Globke – Anfänge und erste Jahre im Bundeskanzleramt, in: Klaus Gotto (Hg.), Der Staatssekretär Adenauers. Persönlichkeit und politisches Wirken Hans Globkes, Stuttgart 1980, 73–98.

GUTSCHER, JÖRG-MICHAEL: Die Entwicklung der FDP von ihren Anfängen bis 1961, Meisenheim/Glan 1967.

GURLAND, ARCADIUS R. L.: Die CDU/CSU. Ursprünge und Entwicklungen bis 1953, hg. v. Dieter Emig, Frankfurt/M. 1980.

HAHN, KARL-ECKARD, Politisches Profil eines christlichen Konservativen. Hermann Ehlers (1904–1954), in: Hans-Christof Kraus (Hg.), Konservative Politiker in Deutschland. Eine Auswahl biographischer Porträts aus zwei Jahrhunderten, Berlin 1995, 291–314.

HAHN, WILHELM: Ich stehe dazu. Erinnerung eines Kultusministers, Stuttgart 1981.

HAMM-BRÜCHER, HILDEGARD: Freiheit ist mehr als ein Wort. Eine Lebensbilanz 1921–1996, München ²1999.

–: Mut zur Politik, Göttingen 1993.

HAMMELSBECK, OSKAR: Politische Notgemeinschaft Deutschlands als dritte Kraft?, Die Stimme der Gemeinde 1952, 356ff.

–: Um Heil oder Unheil im öffentlichen Leben, München 1946.

HARTWEG, FREDERIC: Kurt Schumacher, die SPD und die protestantisch orientierte Opposition gegen Adenauers Deutschland- und Europapolitik, in: Kurt Schumacher als deutscher und europäischer Sozialist, Bonn o.J., 188ff.

HASPEL, MICHAEL: Politischer Protestantismus und gesellschaftliche Transformation. Ein Vergleich der Rolle der evangelischen Kirchen in der DDR und der schwarzen Kirchen in der Bürgerrechtsbewegung in den USA, Tübingen/Basel 1997.

HAUG, THEODOR: Die politische Verantwortung der Kirche, o.O. o.J [1947].

HAUPT, UDO: Reaktion und Neuordnung, in: Heinrich Pleticha (Hg.), Deutsche Geschichte (Bd. 9), Gütersloh 1993, 243–297.

HAUSCHILD, WOLF-DIETER: Nachruf auf Hermann Kunst (1907–1999), Mitteilungen der Evangelischen Arbeitsgemeinschaft für Zeitgeschichte 19 (2001), 69–72.

–: (HG.): Profile des Protestantismus. Biographien zum 20. Jahrhundert, Gütersloh 1998.

–: Volkskirche und Demokratie. Evangelisches Kirchenverständnis und demokratisches Prinzip im 20. Jahrhundert, in: Dieter Oberndörfer/Karl Schmitt (Hgg.), Kirche und Demokratie, Paderborn 1983, 33–49.

HAUSS, FRIEDRICH: Art.: Christoph Friedrich Blumhardt, in: Ders., Väter der Christenheit, Wuppertal u.ö., 366–369.

HEIMERL, DANIELE: Evangelische Kirche und SPD in den fünfziger Jahren, Kirchliche Zeitgeschichte 3 (1990), 187–200.

HEIN, DIETER: Zwischen liberaler Milieupartei und nationaler Sammlungsbewegung. Grundlagen, Entwicklung und Strukturen der Freien Demokratischen Partei 1945–1949 (Beiträge zur Geschichte des Parlamentarismus und der politischen Parteien, Bd. 76), Düsseldorf 1985.

HEINE, GUNNAR: Eivind Berggrav. Eine Biographie, Göttingen 1997.

HEINEMANN, GUSTAV W.: Abschied von der CDU, in: Es gibt schwierige Vaterländer

... . Reden und Aufsätze 1919–1969 (Reden und Schriften, Bd. 3), hg. von Helmut Lindemann, Frankfurt/M. 1977, 190–194.

–: Christus ist nicht gegen Karl Marx gestorben, in: Es gibt schwierige Vaterländer ... . Reden und Aufsätze 1919–1969 (Reden und Schriften, Bd. 3), hg. von Helmut Lindemann, Frankfurt/M. 1977, 275–293.

–: Der Weg der Sozialdemokratie, in: Ders., Es gibt schwierige Vaterländer ... . Reden und Aufsätze 1919–1969 (Reden und Schriften, Bd. 3), hg. von Helmut Lindemann, Frankfurt/M. 1977, 242–254.

–: Die christliche Sache – ein Wort zum Parteitag der CDU, Stimme der Gemeinde 4/1953, 156f.

–: Die Stunde des freien Wortes, Stimme der Gemeinde 10/1951, 1–2.

–: Ein Wort an den Evangelischen Arbeitskreis der CDU, in: Ders., Es gibt schwierige Vaterländer ... . Reden und Aufsätze 1919–1969 (Reden und Schriften, Bd. 3), hg. von Helmut Lindemann, Frankfurt/M. 1977, 218–228.

–: Es gibt schwierige Vaterländer ... . Reden und Aufsätze 1919– 1969 (Reden und Schriften, Bd. 3), hg. von Helmut Lindemann, Frankfurt/M. 1977.

–: Glaubensfreiheit – Bürgerfreiheit. Reden und Aufsätze zu Kirche – Staat – Gesellschaft 1945–1975 (Reden und Schriften, Bd. 2), hg. von Diether Koch, Frankfurt/M. 1976.

–: Notgemeinschaft für den Frieden Europas, Stimme der Gemeinde 12/1951, 3.

–: Präseswahl – zweierlei Maß?, in: Ders., Glaubensfreiheit – Bürgerfreiheit. Reden und Aufsätze zu Kirche – Staat – Gesellschaft 1945–1975 (Reden und Schriften, Bd. 2), hg. v. Diether Koch, Frankfurt/M. 1976, 141–147.

–: Politik ohne Parteien verhängnisvoll, in: Ders., Es gibt schwierige Vaterländer ... . Reden und Aufsätze 1919–1969 (Reden und Schriften, Bd. 3), hg. von Helmut Lindemann, Frankfurt/M. 1977, 84–87.

–: Warum ich zurückgetreten bin, in: Ders., Es gibt schwierige Vaterländer ... . Reden und Aufsätze 1919– 1969 (Reden und Schriften, Bd. 3), hg. von Helmut Lindemann, Frankfurt/M. 1977, 97–107.

–: Zur theologischen Bemühung um Politik aus christlicher Verantwortung, Stimme der Gemeinde 5/1951, 5f.

HENCHE, HEINZ: Art.: Michaelsbruderschaft, in: TRE 22, 714–717.

HEITZER, HORSTWALTER: Die CDU in der Britischen Zone. Gründung, Organisation, Programm und Politik (Forschungen und Quellen zur Zeitgeschichte, Bd. 12), Düsseldorf 1988.

HELD, HEINZ JOACHIM: Heinrich Held (1897–1957). Der Präses, der Gemeindepastor, der Mensch und Christ, MEKGR 45/46 (1996/97), 511–528.

HENKE, KLAUS-DIETMAR/WOLLER, HANS (HGG.): Lehrjahre der CSU. Eine Nachkriegspartei im Spiegel vertraulicher Berichte an die amerikanische Militärregierung (Schriftenreihe der Vierteljahreshefte für Zeitgeschichte, Bd. 48), Stuttgart 1984.

HENKELS, WALTER: Ludwig Metzger, Frankfurter Allgemeine Zeitung 9.12.1954.

HENNIG, ARNO: Christentum unmodern – Sozialismus unchristlich? o.O. 1946.

HERBERT, KARL: Kirche zwischen Aufbruch und Tradition – Entscheidungsjahre nach 1945, Stuttgart 1989.

HERBSTRITT, GEORG: Ein Weg der Verständigung? Die umstrittene Deutschland- und Ostpolitik des Reichskanzlers a.D. Dr. Joseph Wirth in der Zeit des Kalten Krieges (1945/51– 1955), Frankfurt/M. u.ö. 1993.

HERMANN, INGO: Hardenberg. Der Reformkanzler, Berlin 2003.

HERRE, ALFRED: Die Freidenker, in: Wilfried van der Wil/Rob Burns (Hgg.), Arbeiterkulturbewegung in der Weimarer Republik (Bd 2: Texte – Dokumente – Bilder), Frankfurt/M. u.ö. 1982, 154–158.

HETT, ULRIKE/TUCHEL, JOHANNES: Die Reaktion des NS-Staates auf den Umsturzversuch vom 20. Juli 1944, in: Peter Steinbach/Johannes Tuchel (Hgg.), Widerstand gegen den Nationalsozialismus (Studien zur Geschichte und Politik, Bd. 323), Bonn 1994, 377–389.

HEUSS, THEODOR: Friedrich Naumann. Der Mann, das Werk, die Zeit, München u.ö. ³1968.

–: Aufzeichnungen 1945–1947, hg. v. Theodor Pikart, Tübingen 1966.

HEYDE, LUDWIG: Art.: Arbeiterbewegung, katholische, Evangelisches Soziallexikon, Stuttgart u.ö. ⁵1965, 43f.

HOCKERTS, HANS GÜNTER: Vorsorge und Fürsorge: Kontinuität und Wandel der sozialen Sicherung, in: Axel Schildt/Arnold Sywottek (Hgg.), Modernisierung im Wiederaufbau. Die westdeutsche Gesellschaft der 50er Jahre, Bonn 1998, 223–241.

HÖFFNER, JOSEPH: Kirche und Partei, Trierer Theologische Zeitschrift 56 (1947), 353ff.

HÖLSCHER, LUCIAN: Kirchliche Demokratie und Frömmigkeitskultur im deutschen Protestantismus, in: Martin Greschat/Jochen-Christoph Kaiser (Hgg.), Christentum und Demokratie im 20. Jahrhundert (KuG 4), Stuttgart u.ö., 187–205.

HOFFMANN, ROBERT: Geschichte der deutschen Parteien. Von der Kaiserzeit bis zur Gegenwart, München 1993.

HOFMANN, GUNTER/PERGER, WERNER A. (HGG.): Die Kontroverse. Weizsäckers Parteienkritik in der Diskussion, Frankfurt/M. 1992.

HOLL, KARL: Der Neubau der Sittlichkeit, in: Ders., Gesammelte Aufsätze zur Kirchengeschichte (Bd. 1), Tübingen 1921, 131–244.

HOMRICHSHAUSEN, CHRISTIAN: Evangelische Christen in der Paulskirche 1848/49. Vorgeschichte und Geschichte der Beziehung von Theologie und politisch-parlamentarischer Aktivität 1848/49. Diss. Heidelberg 1980.

HONECKER, MARTIN: Grundriß der Sozialethik, Berlin u.ö. 1995.

–: Evangelische Kirche vor dem Staatsproblem, Opladen 1981.

HORN, HERMANN (HG.): Oskar Hammelsbeck – Zeuge der Zeit. Briefe als Dokumente unseres Jahrhuhnderts, o.O. o.J.

HORNE, JOHN/KRAMER, ALAN: German Atrocities 1914. A History of Denial. Yale 2001.

HUBER, ERNST RUDOLF: Deutsche Verfassungsgeschichte seit 1789 (Bd. 1– 7), Stuttgart u.ö. 1960ff.

–: /HUBER, WOLFGANG: Staat und Kirche im 19. und 20. Jahrhundert (Bd. 3), Berlin 1976.

HUBER, WOLFGANG: Folgen christlicher Freiheit. Ethik und Theorie der Kirche im Horizont der Barmer Theologischen Erklärung, Neukirchen-Vluyn ²1985.

–: Gerechtigkeit und Recht. Grundlinien christlicher Rechtsethik, München 1996.

–: Kirche und Öffentlichkeit, Stuttgart 1973.

–: (HG.): Protestanten in der Demokratie, München 1990.

HÜBINGER, GANGOLF: Kulturprotestantismus und Politik. Zum Verhältnis von Liberalismus und Protestantismus im wilhelminischen Deutschland, Tübingen 1994.

HÜTTENBERGER, PETER: Nordrhein-Westfalen und die Entstehung seiner parlamentarischen Demokratie (Veröffentlichungen der Staatlichen Archive des Landes Nordrhein-Westfalen, Reihe C/1), Siegburg 1973.

ICH ÜBER MICH. 50 prominente Wuppertaler erzählen, Wuppertal 1969.

IGGERS, GEORG C.: Geschichtswissenschaft im 20. Jahrhundert. Ein kritischer Überblick im internationalen Zusammenhang, Göttingen 1993.

IN DER STUNDE NULL. Die Denkschrift des Freiburger „Bonhoeffer-Kreises": Politische Gemeinschaftsordnung. Ein Versuch zur Selbstbesinnung des christlichen Gewissens in den politischen Nöten unserer Zeit, Tübingen 1979.

INACKER, MICHAEL: Zwischen Transzendenz, Totalitarismus und Demokratie. Die Entwicklung des kirchlichen Demokratieverständnisses von der Weimarer Republik bis zu den Anfängen der Bundesrepublik Deutschland (1918–1959) (Historisch-Theologische Studien zum 19. und 20. Jahrhundert, Bd. 8), Neukirchen-Vluyn 1994.

JACOBS, MANFRED: Religion und Partei. Zum Problem der politischen Identität der Kirchen nach 1919, in: Richard Ziegert (Hg.), Die Kirchen und die Weimarer Republik, Neukirchen-Vluyn 1994, 69–104.

JACOBS, PAUL: Evangelische Kirche und Liberalismus – Geistesgeschichtliche Grundfragen, in: Paul Luchtenberg/Walter Erbe (Hgg.), Politischer Liberalismus und Evangelische Kirche (Schriftenreihe der Friedrich-Naumann-Stiftung zur Politik und Zeitgeschichte, Bd. 11), Köln u.ö. 1967, 13ff.

JÄHNICHEN, TRAUGOTT: „Die Stunde der Begegnung von Christentum und Sozialismus" – Der Weg des Pfarrers Hans Lutz zur Sozialdemokratie, in: Günter Brakelmann (Hg.), Kirche im Ruhrgebiet, Essen 1998, 121f.

–: /FRIEDRICH, NORBERT (HGG.): Protestantismus und Soziale Frage. Profile in der Zeit der Weimarer Republik, Münster 2000.

–: Art.: Stahl, Friedrich Julius, in: TRE 32, 107–110.

JAESCHKE, WALTER (HG.): Philosophie und Literatur im Vormärz. Der Streit um die Romantik (1820–1854), Hamburg 1995.

JENKINS, ROY: Churchill. A Biography, New York 2001.

JOCHMANN, WERNER: Der deutsche Liberalismus und seine Herausforderung durch den Nationalsozialismus, in: Rudolf von Thadden (Hg.), Die Krise des Liberalismus zwischen den Weltkriegen, Göttingen 1978, 115–128.

–: Evangelische Kirche und politische Neuorientierung in Deutschland nach 1945, in: Immanuel Geiss/Bernd Jürgen Wendt (Hgg.), Deutschland in der Weltpolitik des 19. und 20. Jahrhunderts (FS Fritz Fischer), Düsseldorf 1973, 545–562.

JÜRGENSEN, KURT: Die Stunde der Kirche. Die Ev.-Luth. Landeskirche Schleswig-Holsteins in den ersten Jahren nach dem Zweiten Weltkrieg (Schriften des Vereins für Schleswig-Holsteinische Kirchengeschichte I/24), Neumünster 1976.

KAACK, HEINO: Geschichte und Struktur des deutschen Parteiensystems, Opladen 1971.

KACZMAREK, NORBERT: Robert Tillmanns, in: Christliche Demokraten der ersten Stunde, Bonn 1966, 383–401.

KÄGI, WERNER: Einleitung, in: Emil Brunner, Gerechtigkeit, Zürich [3]1981, V – XXXIV.

KAFF, BRIGITTE: Art.: Robert Lehr, in: Günter Buchstab/Klaus Gotto (Hgg.), Die Gründung der Union. Traditionen, Entstehung und Repräsentanten, München 1981, 191–207.

KAISER, JOCHEN-CHRISTOPH: Eugen Gerstenmaier in Kirche und Gesellschaft nach

1945, in: Wolfgang Huber (Hg.), Protestanten in der Demokratie. Positionen und Profile im Nachkriegsdeutschland, München 1990, 69–92.

–: Geschichtswissenschaft und Politik. Gerhard Ritter und die deutsche Frage 1945–1949, Pietismus und Neuzeit (13) 1987, 89–102.

–: /DOERING-MANTEUFFEL, ANSELM (HGG.): Christentum und politische Verantwortung (KuG 2), Stuttgart u.ö. 1990.

KALTEFLEITER, WERNER: Die Entwicklung des deutschen Parteiensystems in der Ära Adenauer, in: Dieter Blumenwitz u.a. (Hgg.), Konrad Adenauer und seine Zeit. Politik und Persönlichkeit des ersten Bundeskanzlers (Bd. 2), Stuttgart 1976, 285–293.

KANDEL, JOHANNES: Protestantischer Sozialkonservatismus am Ende des 19. Jahrhunderts. Pfarrer Rudolf Todts Auseinandersetzung mit dem Sozialismus im Widerstreit der kirchlichen und politischen Lager (Politik und Gesellschaftsgeschichte, Bd. 32), Bonn 1993.

KANTZENBACH, FRIEDRICH-WILHELM: Politischer Protestantismus. Historische Profile und typische Konstellationen seit 1800, Saarbrücken 1987.

KARRENBERG, FRIEDRICH: Art.: Eigengesetzlichkeit, Evangelisches Soziallexikon, Stuttgart u.ö. [5]1965, 306–308.

KIESSLING, ANDREAS: Politische Kultur und Parteien in Deutschland. Sind die Parteien reformierbar?, Aus Politik und Zeitgeschichte 10/2001, 29–37.

KIERKEGAARD, SÖREN: Der Augenblick. Eine Zeitschrift, Neudr. Nördlingen 1988.

KIRCHHEIMER, OTTO: Der Wandel des westeuropäischen Parteiensystems, Politische Vierteljahresschriften 6 (1965), 20–41.

KIRN, HANS-MARTIN: Art.: Protestantenverein, TRE 27, 538–542.

KLÄN, WERNER: Reinold von Thadden-Trieglaff, in: Wolf-Dieter Hauschild (Hg.), Profile des Luthertums. Biographien zum 20. Jahrhundert, Gütersloh 1998, 691–700.

KLAPPERT, BERTOLD: Die ökumenische Bedeutung des Darmstädter Wortes (1947), in: Andreas Baudis (Hg.), Richte unsere Füße auf den Weg des Friedens (FS Helmut Gollwitzer) 1979, 629–656.

–: Hören und Fragen. Georg Eichholz als theologischer Lehrer, Evangelische Theologie 36 (1976), 101–121.

–: Versöhnung, Reich Gottes und Gesellschaft. Hans Joachim Iwands theologische Existenz im Dienst der einen Menschheit, Evangelische Theologie 49 (1989), 341–369.

–: /NORDEN, GÜNTHER VAN: Tut um Gottes willen etwas Tapferes! Karl Immer im Kirchenkampf, Neukirchen-Vluyn 1989.

KLEIN, HANS HERMANN: Gerhard Leibholz (1901– 1982). Theoretiker der Parteiendemokratie und politischer Denker – ein Leben zwischen den Zeiten, in: Friedrich Loos (Hg.), Rechtswissenschaft in Göttingen. Göttinger Juristen aus 250 Jahren, Göttingen 1987, 528ff.

KLEIN, ILONA K.: Die Bundesrepublik als Parteienstaat. Zur Mitwirkung der politischen Parteien an der Willensbildung des Volkes 1945-1949 (Europäische Hochschulschriften, Reihe XXXI/Bd. 167) Frankfurt/M. u.ö. 1990.

KLEIN, MICHAEL: Leben, Werk und Nachwirkung des Genossenschaftsgründers Friedrich Wilhelm Raiffeisen (1818–1888). Dargestellt im Zusammenhang mit dem deutschen sozialen Protestantismus (SVRKG 122), Köln [2]1999.

–: Evangelische Kirche und Siedlungsarbeit im Osten, Kirche im ländlichen Raum 1/1997, 18–24.

–: Zwischen Eigenkirchenrecht und Dorfkirchenbewegung. Historische Studien zum Verhältnis von Kirche und Land. Berlin 2003.

KLESSMANN, CHRISTOPH: Die doppelte Staatsgründung. Deutsche Geschichte 1945– 1955, Göttingen 1982.

–: Ein stolzes Schiff und krächzende Möwen. Die Geschichte der Bundesrepublik und ihrer Kritiker, Geschichte und Gesellschaft 11 (1985), 476–494.

KLÖCKNER, ALOIS: Konfession und sozialdemokratische Wählerschaft, in: Otto Büsch (Hg.), Wählerbewegungen in der deutschen Geschichte, Berlin 1978, 197–208.

KLOTZBACH, KURT: Der Weg zur Staatspartei. Programmatik, praktische Politik und Organisation der deutschen Sozialdemokratie 1945 bis 1965, Berlin u.ö. 1982.

KOCH, DIETHER (HG.): Karl Barth. Offene Briefe 1945–1968, Zürich 1970.

–: Heinemann und die Deutschlandfrage, München 1972.

KOCH, GRIT: Adolf Stoecker (1835– 1909). Ein Leben zwischen Politik und Kirche (Erlanger Studien, Bd. 101), Erlangen 1993.

KOCH, PETER: Willy Brandt. Eine politische Biographie, Berlin u.ö. [2]1992.

KOERFER, DANIEL: Kampf ums Kanzleramt. Erhard und Adenauer, Stuttgart [2]1988.

KÖRNER, KLAUS: Die Ära Adenauer, in: Heinrich Pleticha (Hg.), Deutsche Geschichte (Bd. 12), Gütersloh 1993, 71–108.

KRAUS, HANS-CHRISTOF: Ernst Ludwig von Gerlach. Politisches Denken und Handeln eines preußischen Altkonservativen (2 Bde.), Göttingen 1994.

–: (HG.): Konservative Politiker in Deutschland. Eine Auswahl biographischer Porträts aus zwei Jahrhunderten, Berlin 1995.

–: (HG.): Ein altkonservativer Frondeur als Parlamentarier und Publizist – Ernst Ludwig von Gerlach (1795–1877), in: Ders., (Hg.), Konservative Politiker in Deutschland. Eine Auswahl biographischer Porträts aus zwei Jahrhunderten, Berlin 1995,13–35.

KRECK, WALTER: Das Verständnis von Barmen II unter dem Stichwort „Königsherrschaft Jesu Christi", in: Alfred Burgsmüller (Hg.), Zum politischen Auftrag der christlichen Gemeinde (Barmen II), Gütersloh 1974, 65–80.

KROCKOW, CHRISTIAN GRAF VON: Bismarck. Eine Biographie, Stuttgart 1997.

KRONE, HEINRICH: Der Berater Adenauers, in: Klaus Gotto (Hg.), Der Staatssekretär Adenauers. Persönlichkeit und politisches Wirken Hans Globkes, Stuttgart 1980, 21–26.

KÜHNEL, FRANZ: Die CSU und der fränkische Protestantismus 1945 bis 1953, (masch.) Erlangen- Nürnberg, 1981.

KÜNNETH, WALTHER: Politik zwischen Dämon und Gott. Eine christliche Ethik des Politischen, Berlin 1954.

KUHNE, WILHELM: Ländliche Heimvolkshochschulen in der Weimarer Zeit, in: Karlheinz Gaasch u.a., Geschichte des Verbandes Ländlicher Heimvolkshochschulen Deutschlands (Bd. 2), Hermannsburg 1991, 35–99.

KUNST, ARNOLD: Christliche Demokraten in Bremen, Eine Chronik über 30 Jahre CDU-Geschichte in der Freien Hansestadt Bremen seit 1946, masch. Bremen 1976.

KUNST, HERMANN: Evangelischer Glaube und politische Verantwortung. Martin Luther als politischer Berater, Stuttgart 1976.

–: Grußwort für Gerhard Schröder, in: Ders. (Hg.), Dem Staate verpflichtet (FS Gerhard Schröder), Stuttgart u.ö. 1980,13–20.

–: Redebeitrag, in: Konrad Adenauers Regierungsstil, Rhöndorfer Gespräche (Bd. 11), Bonn 1991, 94–99.

–: u.a. (HG.): Dem Staate verpflichtet (FS Gerhard Schröder), Stuttgart u.ö. 1980.

KUNZE, OTTO: Der politische Protestantismus in Deutschland, München 1926.

KUPISCH, KARL: Art.: Kulturprotestantismus, Evangelisches Soziallexikon, Stuttgart u.ö. [5]1965, 747.

LÄCHELE, RAINER / THIERFELDER, JÖRG (HGG.): Das evangelische Württemberg zwischen Weltkrieg und Wiederaufbau, Stuttgart 1995.

LAUFFS, HELLMUT: Mein Leben in Familie, Schule, Kirche und Politik, Hilden 1983.

LAURIEN, INGRID: Die politische Kultur der Fünfziger Jahre (Deutsche Geschichte nach 1945, Teil 1, Studienbrief 5 des Deutschen Instituts für Fernstudien an der Universität Tübingen), Tübingen 1986.

LEHMANN, HARTMUT: Pietismus und weltliche Ordnung in Württemberg vom 17. bis zum 20. Jahrhundert, Stuttgart u.ö. 1969.

LEHMANN, WOLFGANG: Hans Asmussen. Ein Leben für die Kirche, Göttingen 1988.

LEHNER, FRANZ: Vergleichende Regierungslehre (Kurs Nr. 4659 der FernUniversität Hagen), Hagen 1995.

LEMKE-MÜLLER, SABINE: Ethischer Sozialismus und soziale Demokratie. Der politische Weg Willi Eichlers vom ISK zur SPD, Bonn 1988.

LEMMER, ERNST: Manches war doch anders. Erinnerungen eines deutschen Demokraten, Frankfurt/M. 1968.

LENK, KURT: Zum westdeutschen Konservatismus, in: Axel Schildt/Arnold Sywottek (Hgg.), Modernisierung im Wiederaufbau. Die westdeutsche Gesellschaft der 50er Jahre, Bonn 1998, 636–645.

LEPP, CLAUDIA: Protestantisch-liberaler Aufbruch in die Moderne: Der deutsche Protestantenverein in der Zeit der Reichsgründung und des Kulturkampfes, Gütersloh 1976.

LIEBE, WERNER: Die Deutschnationale Volkspartei 1918–1924 , Düsseldorf 1956.

LINDT, ANDREAS: Das Zeitalter des Totalitarismus. Politische Heilslehren und ökumenischer Aufbruch (Christentum und Gesellschaft, Bd. 13), Stuttgart u.ö. 1981.

LÖSCHE, PETER / WALTER, FRANZ: Die SPD: Klassenpartei – Volkspartei – Quotenpartei. Zur Entwicklung der Sozialdemokratie von Weimar bis zur deutschen Vereinigung, Darmstadt 1992.

LOHMAR, ULRICH: Innerparteiliche Demokratie. Eine Untersuchung der Verfassungswirklichkeit politischer Parteien in der Bundesrepublik Deutschland, Stuttgart 1963.

LOTZ, MARTIN: Evangelische Kirche 1945–1952. Die Deutschlandfrage – Tendenzen und Positionen, Stuttgart 1992.

LUCHTENBERG, PAUL / ERBE, WALTER (HGG.): Politischer Liberalismus und Evangelische Kirche (Schriftenreihe der Friedrich-Naumann-Stiftung zur Politik und Zeitgeschichte, Bd. 11), Köln u.ö. 1967.

LUCKEMEYER, LUDWIG: Wilhelm Heile 1881–1981. Föderativer liberaler Rebell in DDP und FDP und erster liberaler Vorkämpfer Europas in Deutschland, Korbach 1981.

LUDWIG, HARTMUT: Die Entstehung des Darmstädter Wortes, Junge Kirche 8/9 [Beiheft 8](1977).

LÜBBE, HERMANN: Die philosophischen Ideen von 1914, in: Ders., Politische Philosophie in Deutschland, München 1963, 173–238.

–: Säkularisierung. Geschichte eines ideenpolitischen Begriffs, Freiburg/Brsg. 1965.

LÜCK, WOLFGANG: Das Ende der Nachkriegszeit. Eine Untersuchung zum Begriff der Säkularisierung in der ‚Kirchentheorie' Westdeutschlands 1945–1965, Bern 1976.

–: Die Volkskirche. Kirchenverständnis als Norm kirchlichen Handelns, Stuttgart u.ö. 1980.

–: Lebensform Protestantismus. Reformatorisches Erbe in der Gegenwart, Stuttgart u.ö. 1992.

Luhmann, Niklas: Die Unbeliebtheit der Parteien. Wie soll es ohne Organisation gehen?, in: Gunter Hofmann/Werner A. Perger (Hgg.), Die Kontroverse. Weizsäckers Parteienkritik in der Diskussion, Frankfurt/M., 177–186.

Lutz, Hans: Protestantismus und Sozialismus heute, Berlin 1947.

Lutze, Hermann: Halt im Wetterwind. Erlebnisse und Erfahrungen aus acht Jahrzehnten (SVRKG 73), Köln ²1983.

–: Ist in evangelischer Sicht eine christliche Partei nötig oder möglich? (Schriftenreihe der CDU Rheinland, Heft 6) Bergisch Gladbach o.J. (1945).

Maaser, Wolfgang: Ständisches Demokratieverständnis und konservative Ordnungstheologie. Das Beispiel Walter Künneth, in: Günter Brakelmann/Norbert Friedrich/Traugott Jähnichen (Hgg.), Auf dem Weg zum Grundgesetz. Beiträge zum Verfassungsverständnis des neuzeitlichen Protestantismus (Entwürfe zur christlichen Gesellschaftswissenschaft, Bd. 10), 225–232.

Machiavelli, Niccolo: Vom Staate – Vom Fürsten – Kleine Schriften. Hauptwerke in einem Band, hg. v. Alexander Ulfig, Köln 2000.

Maier, Hans (Hg.): Deutscher Katholizismus nach 1945, München 1964.

–: Herkunft und Grundlagen der christlichen Demokratie, in: Theodor Strohm/ Heinz-Dietrich Wendland (Hgg.), Kirche und moderne Demokratie (Wege der Forschung, Bd. 205), Darmstadt 1973, 230–256.

–: Politische Religion – Staatsreligion – Zivilreligion – politische Theologie, in: Ders., Totalitarismus und Politische Religionen (Bd. III: Deutungsgeschichte und Theorie), Paderborn u.ö. 2003, 217–221.

– (Hg): Totalitarismus und Politische Religionen (Bd. III: Deutungsgeschichte und Theorie), Paderborn u.ö. 2003.

Maier, Reinhold: Ein Grundstein wird gelegt. Die Jahre 1945–1947, Tübingen 1964.

–: Erinnerungen 1948–1953, Tübingen 1966.

Marquardt, Friedrich Wilhelm: Sozialismus bei Karl Barth, in: Ingrid Jacobsen (Hg.), War Barth Sozialist? Ein Streitgespräch um Theologie und Sozialismus bei Karl Barth (Radikale Mitte, Bd. 13), Neumünster 1975.

Martin, Anne: Die Gründung der CDU in Rheinland-Pfalz, MRKG 47/48 (1998/ 99), 167–182.

Matz, Klaus-Jürgen: Reinhold Maier (1889–1971). Eine politische Biographie (Beiträge zur Geschichte des Parlamentarismus und der politischen Parteien, Bd. 89), Düsseldorf 1987.

Mayer, Gustav: Johann Baptist von Schweitzer, Bonn – Bad Godesberg 1969.

Mee, Charles L.: Das Ende des Zweiten Weltkrieges. Die Potsdamer Konferenz 1945, München 1995.

Mehlhausen, Joachim: Theologie und Kirche in der Zeit des Vormärz, in: Walter Jaeschke (Hg.), Philosophie und Literatur im Vormärz. Der Streit um die Romantik (1820– 1854), Hamburg 1995, 67–85.

–: Art.: Parteien, in: TRE 26, 26–37.

Mehnert, Gottfried: Evangelische Kirche und Politik 1917– 1919. Die politischen Strömungen im deutschen Protestantismus von der Julikrise 1917 bis zum Herbst

1919 (Beiträge zur Geschichte des Parlamentarismus und der politischen Parteien, Bd. 16), Düsseldorf 1959.

–: Von Siegen nach Wittenberg. Werden, Wirken und Wollen des Evangelischen Arbeitskreises der CDU/CSU 1952–1992, Bonn – St. Augustin 1992.

MEHRINGER, HARTMUT: Sozialdemokratischer und sozialistischer Widerstand, in: Peter Steinbach/Johannes Tuchel (Hgg.), Widerstand gegen den Nationalsozialismus (Schriftenreihe der Bundeszentrale für politische Bildung, Bd. 323), Bonn 1994, 126–143.

MEIER, ANDREAS: Hermann Ehlers. Leben in Kirche und Politik, Bonn 1991.

MEIER, KURT: Evangelische Kirche in Gesellschaft, Staat und Politik 1918–1945. Aufsätze zur Kirchlichen Zeitgeschichte, Berlin(- Ost) 1987.

MEINECKE, FRIEDRICH: Weltbürgertum und Nationalstaat, hg. v. Hans Herzfeld, Darmstadt 1969.

MEINHOLD, PETER: Ökumenische Kirchenkunde. Lebensformen der Christenheit heute, Stuttgart 1962.

MEISSNER, KURT: Zwischen Politik und Religion. Adolf Grimme. Leben, Werk und geistige Gestalt, Berlin 1993.

MENSING, HANS PETER: Adenauer und der Protestantismus, in: Adenauer und die Kirchen, Rhöndorfer Gespräche (Bd. 17), Bonn 1991, 43–60.

MERKATZ, HANS-JOACHIM VON, Die konservative Funktion. Ein Beitrag zur Geschichte des politischen Denkens, München 1957.

MERSEBURGER, PETER: Kurt Schumacher. Der schwierige Deutsche, Stuttgart 1995.

METZGER, LUDWIG: In guten und in schlechten Tagen. Berichte, Gedanken und Erkenntnisse aus der politischen Arbeit eines aktiven Christen und Sozialisten, Darmstadt 1980.

MEWS, STUART: Art.: Moralische Aufrüstung, TRE 23, 291–294.

MEYER-ZOLLITSCH, ALMUTH: Nationalsozialismus und Evangelische Kirche in Bremen (Veröffentlichungen aus dem Staatsarchiv der freien Hansestadt Bremen, Bd. 51), Bremen 1985.

MEYN, HERMANN: Die Deutsche Partei. Entwicklung und Problematik einer national–konservativen Rechtspartei nach 1945 (Beiträge zur Geschichte des Parlamentarismus und der politischen Parteien, Bd. 29), Düsseldorf 1965.

MICHELS, ROBERT: Zur Soziologie des Parteiwesens in der modernen Demokratie. Untersuchungen über die Oligarchien des Gruppenlebens, Leipzig 1911.

MILLER, SUSANNE: Das Problem der Freiheit im Sozialismus. Freiheit, Staat und Revolution in der Programmatik der Sozialdemokratie von Lassalle bis zum Revisionismusstreit, Frankfurt/M. ³1964.

–: Widerstand und Exil. Bedeutung und Stellung des Arbeiterwiderstandes nach 1945, in: Gerd R. Ueberschär (Hg.), Der 20. Juli 1944. Bewertung und Rezeption des deutschen Widerstandes gegen das NS-Regime, Köln 1944, 235–249.

MINTZEL, ALF: Die CSU. Anatomie einer konservativen Partei 1945–1972, Opladen 1977.

MOCHALSKI, HERBERT/WERNER, HERBERT: Dokumente zur Frage der Obrigkeit. „Violett-Buch" zur Obrigkeitsschrift von Bischof D. Dibelius, Darmstadt 1960.

MÖLLER, MARTIN: Das Verhältnis von Evangelischer Kirche und Sozialdemokratischer Partei in den Jahren 1945 bis 1950. Grundlagen der Verständigung und Beginn des Dialoges, Göttingen 1984.

MOELLER VAN DEN BRUCK, ARTHUR: Das Dritte Reich, Berlin 1923.

MOHLER, ARMIN: Die konservative Revolution in Deutschland 1918–1932, Darmstadt ²1972.

MOLTKE, ALBRECHT VON: Die wirtschafts- und gesellschaftspolitischen Vorstellungen des Kreisauer Kreises innerhalb der deutschen Widerstandsbewegung, Köln 1989.

MOMMSEN, HANS: Die künftige Neuordnung Deutschlands und Europas aus der Sicht des Kreisauer Kreises, in: Peter Steinbach/Johannes Tuchel (Hgg.), Widerstand gegen den Nationalsozialismus (Studien zur Geschichte und Politik, Bd. 323), Bonn 1994, 246–261.

MOMMSEN, WILHELM (HG.): Deutsche Parteiprogramme (Deutsches Handbuch der Politik, Bd. 1), München 1960.

MORGENTHAU, HANS J.: Macht und Frieden – Grundlegung einer Theorie der internationalen Politik, Gütersloh 1963.

MORSEY, RUDOLF: Die Bundesrepublik Deutschland. Entstehung und Entwicklung bis 1969, München 2000.

–: Die deutsche Zentrumspartei 1917–1923 (Beiträge zur Geschichte des Parlamentarismus und der politischen Parteien, Bd. 32), Düsseldorf 1966.

–: Katholizismus, Verfassungsstaat und Demokratie. Vom Vormärz bis 1933, Paderborn 1988.

MÜHLENFELD, HANS: Politik ohne Wunschbilder. Die konservative Aufgabe unserer Zeit, München 1952.

MÜLLER, EBERHARD: Widerstand und Verständigung. Fünfzig Jahre Erfahrungen in Kirche und Gesellschaft 1933–1983, Stuttgart 1987.

MÜLLER, HANFRIED: Evangelische Dogmatik im Überblick (Bd. 2), Berlin(-Ost) ²1989.

MÜLLER, JOSEF: Bis zur letzten Konsequenz. Ein Leben für Frieden und Freiheit, München 1975.

MÜLLER, JOSEF: Die Gesamtdeutsche Volkspartei. Entstehung und Politik unter dem Primat nationaler Wiedervereinigung, Diss. Regensburg 1987.

N.N., Pfarrer lic. theol. Otto Fricke zum Gedächtnis, Stimme der Gemeinde 8/1954.

NAGEL, ANNE CHRISTINE: Martin Rade – Theologe und Politiker des Sozialen Liberalismus. Eine politische Biographie (Religiöse Kulturen der Moderne, Bd. 4), Gütersloh 1996.

NAUMANN, FRIEDRICH: Jesus als Volksmann, in: Ders., Werke I, Köln/Opladen 1964, 371–388.

NARR, WOLF-DIETER: CDU– SPD. Programm und Praxis seit 1945, Stuttgart 1966.

– (Hg.): Auf dem Weg zum Einparteienstaat, Opladen 1977.

NELL-BREUNING, OSWALD VON: Zur Programmatik politischer Parteien, Köln 1946.

NEUMANN, FRANZ (HG.): Politische Theorien und Ideologien, Baden-Baden ²1977.

NEUMANN, SIGMUND: Die Parteien in der Weimarer Republik, Stuttgart u.ö. 1973.

NICLAUSS, KARLHEINZ: „Restauration" oder Renaissance der Demokratie? Die Entstehung der Bundesrepublik Deutschland 1945–1949, Berlin 1982.

NIEBUHR, REINHOLD: Christlicher Realismus und politische Probleme, Stuttgart 1956.

–: Die Kinder des Lichts und die Kinder der Finsternis. Eine Rechtfertigung der Demokratie und eine Kritik ihrer herkömmlichen Verteidigung, München 1947.

NIEDERMAYER, OSKAR: Das gesamtdeutsche Parteiensystem, in: Oscar W. Gabriel/ Oskar Niedermayer/Richard Stöss (Hgg.), Parteiendemokratie in Deutschland

(Schriftenreihe der Bundeszentrale für politische Bildung, Bd. 338), Bonn 1997, 106–130.

–: Innerparteiliche Partizipation, Opladen 1989.

–: /Stöss, Richard (Hgg.): Stand und Perspektiven der Parteienforschung in Deutschland, Opladen 1993.

NIEMÖLLER, WILHELM: Kampf und Zeugnis der Bekennenden Kirche, Bielefeld 1947.

NIPPERDEY, THOMAS: Die Organisation der deutschen Parteien vor 1918, Düsseldorf 1961.

–: Deutsche Geschichte 1800–1866, München 1983/1998.

–: Deutsche Geschichte 1866–1918 (Bd. 1: Arbeitswelt und Bürgergeist), München 1990/1998.

–: Deutsche Geschichte 1866–1918 (Bd. 2: Machtstaat vor Recht), München 1992/1998.

–: 1933 und Kontinuität der deutschen Geschichte, Historische Zeitschrift 227 (1978), 86–111.

NOORMANN, HARRY: Protestantismus und politisches Mandat 1945–1949 (Bd. 1: Grundriß; Bd. 2: Dokumente und Kommentare), Gütersloh 1985.

NORDEN, GÜNTHER VAN (HG.): Das 20. Jahrhundert (Quellen zur rheinischen Kirchengeschichte, Bd. 5) Düsseldorf 1990.

–: Die Barmer Theologische Erklärung und ihr historischer Ort in der Widerstandsgeschichte, in: Peter Steinbach/Johannes Tuchel (Hgg.), Widerstand gegen den Nationalsozialismus (Schriftenreihe der Bundeszentrale für politische Bildung, Bd. 323) Bonn 1994, 170–181.

NORDEN, JÖRG VAN: Kirche und Staat im preußischen Rheinland 1815–1838. Die Genese der Rheinsch-Westfälischen Kirchenordnung vom 5.3.1835 (SVRKG 102), Köln 1990.

NOVALIS (HARDENBERG, FRIEDRICH VON): Die Christenheit oder Europa, in: Paul Michael Lützler (Hg.), Europa. Analysen und Visionen der Romantiker, Frankfurt/M. u.ö. 1982.

NOWAK, KURT: Allgemeine Zeitgeschichte und kirchliche Zeitgeschichte. Überlegungen zur Interpretation historischer Teilmilieus, in: Anselm Doering-Manteuffel/Kurt Nowak (Hgg.), Kirchliche Zeitgeschichte. Urteilsbildung und Methoden (Konfession und Gesellschaft, Bd. 8), Stuttgart u.ö. 1996, 60–78.

–: Evangelische Kirche und Weimarer Republik. Zum politischen Weg des deutschen Protestantismus zwischen 1918 und 1932, Göttingen 1981.

–: Gerhard Ritter, in: Wolf-Dieter Hauschild (Hg.), Profile des Luthertums. Biographien zum 20. Jahrhundert, Gütersloh 1998, 581–590.

–: Gerhard Ritter als politischer Berater der EKD (1945–1949), in: Victor Conzemius u.a. (Hgg.), Die Zeit nach 1945 als Thema kirchlicher Zeitgeschichte, Göttingen 1988, 235–290.

–: Geschichte des Christentums in Deutschland. Religion. Politik und Gesellschaft vom Ende der Aufklärung bis zur Mitte des 20. Jahrhunderts, München 1995.

–: Machtstaat und Rechtsstaat. Protestantisches Staatsverständnis in Deutschland im Wandel der politischen Systeme zwischen 1789 und 1989, in: Joachim Mehlhausen (Hg.), Recht – Macht – Gerechtigkeit (Veröffentlichungen der Wissenschaftlichen Gesellschaft für Theologie, Bd. 14), Gütersloh 1998, 55–74.

–: Protestantismus und Demokratie in Deutschland. Aspekte der politischen Moderne, in: Martin Greschat/Jochen-Christoph Kaiser (Hgg.), Christentum und Demokratie im 20. Jahrhundert (Konfession und Gesellschaft, Bd. 4), Stuttgart u.ö. 1992, 1–18.

NUDING, ALBRECHT: Karl Hartenstein, in: Rainer Lächele/Jörg Thierfelder (Hgg.), Wir konnten uns nicht entziehen. 30 Porträts zu Kirche und Nationalsozialismus in Württemberg, Stuttgart 1998, 265–285.

OBERMAN, HEIKO A.: Werden und Wertung der Reformation. Vom Wegestreit zum Glaubenskampf, Tübingen 1977.

OPITZ, GÜNTHER: Der christlich-soziale Volksdienst. Versuch einer protestantischen Partei in der Weimarer Republik (Beiträge zur Geschichte des Parlamentarismus und der politischen Parteien, Bd. 37), Düsseldorf 1965.

OPPELLAND, TORSTEN: ‚Politk aus christlicher Verantwortung‘ Der Evangelische Arbeitskreis der CDU/CSU in der Ära Adenauer, in: Thomas Sauer (Hg.), Katholiken und Protestanten in den Aufbaujahren der Bundesrepublik (Konfession und Gesellschaft, Bd. 21), Stuttgart u.ö. 1998, 35–64.

OSTROGORSKI, MOISEI: Democracy and the Organization of Political Parties (2 Bde.), 1902 Neudr. Chicago 1964.

PAULSEN, INGWER: Victor Aimée Huber als Sozialpolitiker, Berlin 1956.

PERMIEN, ANDREAS: Protestantismus und Wiederbewaffnung 1950–1955 (SVRKG 112), Köln 1994.

PETER, ULRICH: Die Aktivierung evangelischer Laien in der religiös-sozialistischen Bewegung (BRSD), in: Traugott Jähnichen/Norbert Friedrich (Hgg.), Protestantismus und Soziale Frage. Profile in der Zeit der Weimarer Republik, Münster 2000, 231–241.

PETERS, ALBRECHT: Ringen um die einigende Wahrheit – Zum Gedenken an Professor D. Peter Brunner, Kerygma und Dogma 29 (1983), 197–224.

PITTMANN, ANDREAS: Ein ‚Ja, Aber‘ zur Bonner Demokratie – Die EKD-Denkschrift ‚Evangelische Kirche und freiheitliche Demokratie. Der Staat des Grundgesetzes als Angebot und Aufgabe‘ (1985), Zeitschrift für Politik 36 (1989), 75–87.

PLATO, ALEXANDER VON/LEH, ALMUTH: „Ein unglaublicher Frühling“. Erfahrene Geschichte im Nachkriegsdeutschland 1945–1948, Bonn 1997.

PLESSNER, HELLMUTH: Die verspätete Nation. Über die politische Verführbarkeit bürgerlichen Geistes, Stuttgart 1962.

POLLMANN, KLAUS ERICH: Landesherrliches Kirchenregiment und soziale Frage. Der evangelische Oberkirchenrat der altpreußischen Landeskirche und die sozialpolitische Bewegung der Geistlichen nach 1890, Berlin 1973.

POSSER, DIETHER: Rückblick auf zwei Wahlen, Stimme der Gemeinde 9/1953, 295–296.

PRÄTORIUS, WILLI: Konturen der Erinnerung. Ein Lebensbericht, Düsseldorf 1969/70.

PRIEBE, HERMANN: Kirchliches Handbuch für die evangelische Gemeinde, Berlin ³1929.

PROLINGHEUER, HANS: Der ‚rote Pfarrer‘ von Köln. Georg Fritze (1874–1939), Christ – Sozialist – Antifaschist, Wuppertal 1981.

PÜTZ, HELMUT: Konrad Adenauer und die CDU in der Britischen Zone 1946–1949, Opladen 1975.

(RATSPROTOKOLLE): Die Protokolle des Rates der Evangelischen Kirche in Deutschland (Arbeiten zur Kirchlichen Zeitgeschichte, Bd. 5 u. 6), bearb. von Carsten Nicolaisen und Nora Andrea Schulze, Göttingen 1995 u. 1997.

REDEKER, MARTIN: Die evangelische Verantwortung in der Demokratie, Evangelische Verantwortung 7/1959, 9ff.

REITZ, RÜDIGER/ZABEL, MANFRED (HGG.): Johannes Rau. LebensBilder, Gütersloh 1992.

RENDTORFF, TRUTZ: Ethik. Grundelemente, Methodologie und Konkretionen einer ethischen Theologie (Bd. 2), Stuttgart u.ö. ²1991.

RENGER, ANNEMARIE: Fasziniert von Politik. Beiträge zur Zeit, Stuttgart ²1981.

RENNER, MICHAEL: Nachkriegsprotestantismus in Bayern. Untersuchungen zur politischen und sozialen Orientierung der Evangelisch-Lutherischen Kirche Bayerns und ihres Landesbischofs Hans Meiser in den Jahren 1945–1955, München 1991.

RENNHOFER, FRIEDRICH: Ignaz Seipel. Mensch und Staatsmann. Eine biographische Dokumentation, Wien 1978.

RICH, ARTHUR: Glaube in politischer Entscheidung. Beiträge zur Ethik des Politischen, Zürich/Stuttgart 1962.

RICHTER, MICHAEL: Die Ost-CDU 1948–1952. Zwischen Widerstand und Gleichschaltung (Forschungen und Quellen zur Zeitgeschichte, Bd. 19), Düsseldorf ²1991.

RINK, SIGURD: Der Bevollmächtigte. Propst Grüber und die Regierung der DDR (Konfession und Gesellschaft, Bd. 10), Stuttgart u.ö. 1996.

RITTER, GERHARD: Carl Goerdeler und die deutsche Widerstandsbewegung, München 1954/1964.

–: Die Dämonie der Macht. Betrachtungen über Geschichte und Wesen des Machtproblems im politischen Denken der Neuzeit, München ⁶1948.

–: Politische Ethik. Vom historischen Ursprung ihrer Problematik, in: Heinz-Dietrich Wendland/Theodor Strohm (Hgg.), Politik und Ethik, Darmstadt 1969, 12–37.

RITTER, GERHARD A.: Parlament und Demokratie in Großbritannien. Studien zur Entwicklung und Struktur des politischen Systems. Göttingen 1972.

RIVINIUS, KARL-JOSEF (HG.): Die soziale Bewegung im Deutschland des 19. Jahrhunderts, München 1989.

ROEDER, WERNER: Die deutschen sozialistischen Exilsgruppen in Großbritannien 1940–1945. Ein Beitrag zur Geschichte des Widerstandes gegen den Nationalsozialismus, Bonn – Bad Godesberg 1973.

ROEGELE, OTTO B.: Konrad Adenauer und das Christentum, Die politische Meinung 12/2000, 79–88.

ROGGENKAMP-KAUFMANN, ANTJE: Magdalene von Tiling, in: Wolf-Dieter Hauschild (Hg.), Profile des Luthertums. Biographien zum 20. Jahrhundert, Gütersloh 1998, 721–741.

ROHE, KARL: Parteien und Parteisystem, in: Hans Kastendiek/Karl Rohe/Angelika Volle (Hgg.), Länderbericht Großbritannien. Geschichte – Politik – Wirtschaft – Gesellschaft, Bonn 1998, 239–256.

ROLFES, HELMUTH: Jesus und das Proletariat. Die Jesustradition der Arbeiterbewegung und des Marxismus und ihre Funktion für die Bestimmung des Subjekts der Emanzipation, Düsseldorf 1982.

ROON, GER VAN: Neuordnung im Widerstand. Der Kreisauer Kreis innerhalb der deutschen Widerstandsbewegung, München 1967.

ROSENKRANZ, ALBERT: Das Evangelische Rheinland (Bd. 2: Die Pfarrer) [SVRKG 7], Düsseldorf 1958.

ROTHFELS, HANS: Die deutsche Opposition gegen Hitler. Eine Würdigung, Frankfurt/M. u.ö. ²1960.

ROTHMUND, PAUL/WIEHN, ERHARD (HGG.): Die F.D.P./DVP in Baden-Württemberg und ihre Geschichte. Liberalismus als politische Gestaltungskraft im deutschen Südwesten (Schriften zur politischen Landeskunde Baden-Württembergs, Bd. 4) Stuttgart u.ö. 1979.

RÜRUP, REINHARD: Der ‚Geist von 1914' in Deutschland. Kriegsbegeisterung und Ideologie des Krieges im Ersten Weltkrieg, in: Bernd Hüppauf (Hg.), Ansichten vom Krieg. Vergleichende Studien zum Ersten Weltkrieg in Literatur und Gesellschaft, Königsstein/Taunus 1984, 1ff.

RÜSCHENSCHMIDT, HEINRICH: Die Entstehung der hessischen CDU 1945/46. Lokale Gründungsvorgänge und Willensbildung im Landesverband, masch. o.J.

SAALFELD, THOMAS: Parteisoldaten und Rebellen. Fraktionen im Deutschen Bundestag 1949–1990. Untersuchungen zur Geschlossenheit der Fraktionen im Deutschen Bundestag (1949–1990), Opladen 1995.

SÄNGER, PETER/PAULY, DIETER (HGG.): Hans Joachim Iwand – Theologie in der Zeit. Lebensabriß und Briefdokumentation, München 1992.

SALZMANN, RAINER: Art.: Jakob Kaiser, in: Günter Buchstab/Klaus Gotto (Hgg.), Die Gründung der Union. Traditionen, Entstehung und Repräsentanten, München 1981, 171–190.

SASSIN, HORST R.: Liberalismus und Widerstand, in: Peter Steinbach/Johannes Tuchel (Hgg.), Widerstand gegen den Nationalsozialismus, Bonn 1994, 208–218.

SAUER, THOMAS (HG.): Katholiken und Protestanten in den Aufbaujahren der Bundesrepublik (Konfession und Gesellschaft, Bd. 21), Stuttgart u.ö. 2000.

–: Westorientierung im deutschen Protestantismus. Vorstellung und Tätigkeit des Kronberger Kreises (Ordnungssysteme: Studien zur Ideengeschichte der Neuzeit, Bd. 2), München 1999.

SCHACHTNER, RICHARD: Die deutschen Nachkriegswahlen. Wahlergebnisse in der Bundesrepublik Deutschland, in den deutschen Bundesländern, in West-Berlin, im Saarland und in der Sowjetzone (DDR) 1946– 1956, München 1956.

SCHARF, KURT: Brücken und Breschen. Biographische Skizzen, hg. v. Wolf-Dieter Zimmermann, Berlin 1977.

SCHEMPP, PAUL: Die Stellung der Kirche zu den politischen Parteien und das Problem einer christlichen Partei, Stuttgart 1946.

SCHIFFERS, RAINER (BEARB.): FDP-Bundesvorstand: Die Liberalen unter dem Vorsitz von Erich Mende. Sitzungsprotokolle 1960–1967 (Quellen zur Geschichte des Parlamentarismus und der politischen Parteien, 4. Reihe, Bd. 7/III), Düsseldorf 1993.

SCHILDT, AXEL: Ankunft im Westen. Ein Essay zur Erfolgsgeschichte der Bundesrepublik, Frankfurt/M. 1999.

–: Ende der Ideologien? Politisch-ideologische Strömungen in den 50er Jahren, in: Ders./Arnold Sywottek (Hgg.), Modernisierung im Wiederaufbau. Die westdeutsche Gesellschaft der 50er Jahre, Bonn 1998, 627–635.

–: /SYWOTTEK, ARNOLD (HGG.): Modernisierung im Wiederaufbau. Die westdeutsche Gesellschaft der 50er Jahre, Bonn 1998.

–: Zwischen Abendland und Amerika. Studien zur Ideenlandschaft der 50er Jahre, München 1999.

SCHLANGE-SCHÖNINGEN, HANS: Am Tage danach, Hamburg 1945.

SCHLATTER, ADOLF: Die christliche Ethik, Stuttgart 4. Aufl. o.J.

SCHLINGENSIEPEN, JOHANNES, Widerstand und verborgene Schuld. Erinnerungen aus dem Kampf der Bekennenden Kirche, Wuppertal ²1977.

SCHMÄDEKE, JÜRGEN: Militärische Umsturzversuche und diplomatische Oppositions-bestrebungen zwischen der Münchener Konferenz und Stalingrad, in: Peter Stein-bach/Johannes Tuchel (Hg.), Widerstand gegen den Nationalsozialismus, Bonn 1994, 294–318.

SCHMEER, REINHARD: Die Evangelische Kirche im Rheinland und die CDU 1945–1949, MRKG 41 (1992), 315–341.

–: Die Evangelische Kirche und CDU im Rheinland 1945–1949 (Mag. masch.) Münster 1973.

–: Volkskirchliche Hoffnungen und der Aufbau der Union. Evangelische Kirche und CDU/CSU in den ersten Nachkriegsjahren (SVRKG 150), Köln 2001.

SCHMID, CARLO: Erinnerungen, Augsburg 1981.

SCHMID, HEINZ DIETER (HG.): Fragen an die Geschichte (Bd. 4), Frankfurt/M. o.J.

SCHMIDT, KLAUS: Protestanten für den Sozialismus, in: Walter Dirks/Klaus Schmidt/ Martin Stankowski (Hgg.), Christen für den Sozialismus II, Stuttgart u.ö. 1975, 19ff.

SCHMIDT, MANFRED G.: Demokratietheorie, (Kurs 3217 der FernUniverstität Hagen), Hagen 2001.

–: Ist die Demokratie wirklich die beste Staatsverfassung? Österreichische Zeitschrift für Politikwissenschaft 2/1999, 187ff.

SCHMIDT, MANFRED/SCHWAIGER, GEORG (HGG.): Kirchen und Liberalismus im 19. Jahrhundert, Göttingen 1976.

SCHMIDT, OTTO: Anspruch und Antwort. Gedanken zur Geschichte der Christlich Demokratischen Union Rheinland, Bergisch Gladbach 1975.

–: Christlicher Realismus – Ein Versuch zu sozialwirtschaftlicher Neuordnung (Schriftenreihe der CDU Rheinland, Heft 7), Bergisch Gladbach o.J. (1945/46).

–: Von der Demokratie als Form zur Demokratie als gestaltender Gemeinschaft (Schriftenreihe der CDU Rheinland, Heft 12) Bergisch Gladbach 1950.

SCHMIDT, UTE: Zentrum oder CDU?, Opladen 1987.

SCHMIDTCHEN, GERHARD: Was den Deutschen heilig ist. Religiöse und politische Strömungen in der Bundesrepublik Deutschland, München 1979.

SCHMITT, KARL: Die CDU im Landesbezirk Nordwürttemberg, in: Paul-Ludwig Weinacht (Hg.), Die CDU in Baden-Württemberg und ihre Geschichte (Schriften zur politischen Landeskunde Baden-Württembergs, Bd. 2), Stuttgart/Berlin/Köln/ Mainz 1978.

–: Konfessionsverhalten und Wahlverhalten in der Bundesrepublik Deutschland (Ordo Politicus, Bd. 27), Berlin 1989.

SCHMOLLINGER, HORST W.: Art.: Deutsche Partei, in: Richard Stöss (Hg.), Parteien-Handbuch (Bd. 1), Opladen 1983, 1024–1111.

SCHNABEL, FRANZ: Deutsche Geschichte im 19. Jahrhundert (Bd. 8: Die protestanti-schen Kirchen in Deutschland), Freiburg i. Brsg. 1965.

SCHNABEL, THOMAS: Protestantismus und Parteiengründung nach 1945, in: Rainer Lächele/Jörg Thierfelder (Hgg.), Das evangelische Württemberg zwischen Welt-krieg und Wiederaufbau, Stuttgart 1995, 133–151.

SCHNEIDER, MICHAEL: Unterm Hakenkreuz. Arbeiter und Arbeiterbewegung 1933 bis 1939 (Geschichte der Arbeiter und der Arbeiterbewegung in Deutschland seit dem Ende des 18. Jahrhunderts, Bd. 12), Bonn 1999.

SCHNEIDER-LUDORFF, GURY: Christliche Politik oder christliche Partei? Die sozialkonservative Magdalene von Tiling in der Weimarer Republik, in: Traugott Jähnichen/Norbert Friedrich (Hgg.): Protestantismus und Soziale Frage. Profile in der Zeit der Weimarer Republik, Münster 2000, 202–216.

SCHÖNFELDT, RUDOLF: Die Deutsche Friedensunion, in: Richard Stöss (Hg.), Parteien-Handbuch (Bd. 1), Opladen 1983, 848–878.

SCHOEPS, HANS-JOACHIM: Art.: Konservatismus, in: Evangelisches Soziallexikon, Stuttgart u.ö. ⁵1965, 719–722.

–: Preußen. Geschichte eines Staates. Frankfurt/M. u.ö. 1966/1992.

SCHOLDER, KLAUS: Neuere deutsche Geschichte und protestantische Theologie. Aspekte und Fragen, Evangelische Theologie 23 (1963), 510–536.

SCHOLTYSEK, JOACHIM: Robert Bosch und der liberale Widerstand gegen den Hitler 1933 bis 1945, München 1999.

SCHRÖDER, KARSTEN: Die F.D.P. in der britischen Besatzungszone 1946– 1948. Ein Beitrag zur Organisationsstruktur der Liberalen im Nachkriegsdeutschland (Beiträge zur Geschichte des Parlamentarismus und der politischen Parteien, Bd. 77), Düsseldorf 1985.

SCHULT, RICHARD: Partei wider Willen. Kalküle und Potentiale konservativer Parteigründer in Preußen zwischen Erstem Vereinigtem Landtag und Nationalversammlung (1847/49), in: Dirk Stegmann u.a. (Hgg.), Deutscher Konservatimus im 19. und 20. Jahrhundert (FS Fritz Fischer), Bonn 1983, 33–68.

SCHULZ VON THUN, FRIEDEMANN: Miteinander reden. Störungen und Klärungen. Allgemeine Psychologie der Kommunikation (Bd. 1), Reinbek 1990.

SCHULZE, MANFRED: Fürsten und Reformation. Geistliche Reformpolitik weltlicher Fürsten vor der Reformation (Spätmittelalter und Reformation/Neue Reihe, Bd. 2), Tübingen 1991.

SCHULZE, WINFRIED: Deutsche Geschichtswissenschaft nach 1945, München 1993.

SCHULZE-BILDINGMAIER, INGRID: Joseph Wirth, in: Wilhelm von Sternburg (Hg.), Die deutschen Kanzler, Berlin 1998, 217–229.

SCHUMACHER, KURT: Die Chance des Christentums, in: Arno Scholz/Gerd Olischewski (Hgg.), Turmwächter der Demokratie. Kurt Schumacher – Reden und Schriften (Bd. 2), Berlin 1953, 311ff.

SCHWABE, KLAUS/REINHARD ROLF (HGG.): Gerhard Ritter. Ein politischer Historiker in seinen Briefen (Schriften des Bundesarchivs 33), Boppard 1984.

SCHWARZ, HANS-PETER: Adenauer (Bd. 1: Der Aufstieg; Bd. 2: Der Staatsmann), München 1994.

–: Britische Reformer: Clement Attlee und Ernest Bevin, in: Ders., Das Gesicht des Jahrhunderts. Monster, Retter und Mediokritäten, Berlin 1998, 501–505.

–: Ein Jahrhundert der Parteiführer: Robert Michels ‚Soziologie des Parteiwesens‘, in: Ders., Das Gesicht des Jahrhunderts. Monster, Retter und Mediokritäten, Berlin 1998, 68–73.

–: Vom Reich zur Bundesrepublik. Deutschland im Widerstreit der außenpolitischen Konzeptionen in den Jahren 1945–1949, Neuwied/Berlin ²1980.

SCHWERIN, DETLEF GRAF VON: „Dann sind's die besten Köpfe, die man henkt". Die junge Generation im deutschen Widerstand, München ²1994.

SCHWERING, LEO: Die Entstehung der CDU, Köln 1946.

SCHWIEDRZIK, WOLFGANG M.: Träume der ersten Stunde. Die Gesellschaft Imshausen, Berlin 1991.

SCHWÖBEL, CHRISTOPH: Gottes Stimme und die Demokratie. Theologische Unterstützung für das neue demokratische System, in: Richard Ziegert (Hg.), Die Kirchen und die Weimarer Republik, Neukirchen-Vluyn 1994, 37–68.

SEIM, JÜRGEN: Hans-Joachim Iwand im Jahre 1945, MRKG 41 (1992), 273–292.

SEITERS, JULIUS: Adolf Grimme. Ein niedersächsischer Bildungspolitiker, Hannover 1990.

SELLIN, VOLKER: Mentalität und Mentalitätsgeschichte, Historische Zeitschrift 241 (1985), 555–589.

SIEGELE-WENSCHKEWITZ, LEONORE: „Hofprediger der Demokratie". Evangelische Akademien und politische Bildung in den Anfangsjahren der Bundesrepublik Deutschland, Zeitschrift für Kirchengeschichte 108 (1997), 236–251.

SIEMENS, ANDREAS: Hans Asmussen, in: Wolf-Dieter Hauschild (Hg.), Profile des Luthertums. Biographien zum 20. Jahrhundert, Gütersloh 1998, 27–45.

SIEPMANN, HEINZFRIED: Brüder und Genossen. Ansätze für einen genossenschaftlichen Gemeindeaufbau (SVRKG 89), Köln 1987.

SMEND, RUDOLF: Protestantismus und Demokratie, in: Theodor Strohm/Heinz-Dietrich Wendland (Hgg.), Kirche und moderne Demokratie, Darmstadt 1973, 1–13.

SMITH – VON OSTEN, ANNEMARIE: Von Treysa 1945 bis Eisenach 1948. Zur Geschichte der Grundordnung der Evangelischen Kirche in Deutschland, Göttingen 1980.

SÖHLMANN, FRITZ (HG.): Treysa 1945. Die Konferenz der evangelischen Kirchenführer, Lüneburg o.J. (1946).

SOELL, HARTMUT: Fritz Erler – Eine politische Biographie (Bd. 1), Berlin u.ö. 1976.

SOMMER, KARL-LUDWIG: Gustav Heinemann und die SPD in den sechziger Jahren. Die Entwicklung politischer Zielsetzungen in der SPD in den Jahren 1960 bis 1969, dargestellt am Beispiel der politischen Vorstellungen Gustav Heinemanns, München 1980.

SONTHEIMER, KURT: Antidemokratisches Denken in der Weimarer Republik. Die politischen Ideen des deutschen Nationalismus zwischen 1918 und 1933, München [4]1994.

SOZIALISMUS AUS DEM GLAUBEN. Verhandlungen der sozialistischen Tagung in Heppenheim a.B., Pfingstwoche 1928, Zürich und Leipzig 1929.

SPOTTS, FREDERIC: Kirchen und Politik in Deutschland, Stuttgart 1976, (engl.: The Churches and Politics in Germany, Middeltown/Connecticut 1973).

STAEDTKE, JOACHIM: Demokratische Traditionen im westlichen Protestantismus, in: Theodor Strohm/Heinz-Dietrich Wendland (Hgg.), Kirche und moderne Demokratie, Darmstadt 1973, 346–369.

STÄHLIN, WILHELM: Via Vitae, Kassel 1968.

STAHL, FRIEDRICH JULIUS: Der christliche Staat und sein Verhältnis zu Deismus und Judentum, Berlin 1847.

–: Die Philosophie des Rechts (Bd. 2), Neudr. Hildesheim 1963.

STEINBACH, PETER: Der Widerstand gegen die Diktatur. Hauptgruppen und Grundzüge der Systemopposition, in: Karl Dietrich Bracher/Manfred Funke/Hans-Adolf Jacobsen (Hgg.), Deutschland 1933–1945. Neue Studien zur nationalsozialistischen Herrschaft (Studien zur Geschichte und Politik, Bd. 314), Bonn [2]1993, 452–467.

STEINBACH, PETER/TUCHEL, JOHANNES (HGG.): Widerstand gegen den Nationalsozialismus (Schriftenreihe der Bundeszentrale für politische Bildung, Bd. 323), Bonn 1994.

STELTZER, THEODOR: Reden, Ansprachen, Gedanken 1945–1947. Grundlegende Ausführungen des letzten Oberpräsidenten und ersten Ministerpräsidenten Schleswig-

Holsteins, hg. v. Kurt Jürgensen (Quellen und Forschungen zur Geschichte Schleswig-Holsteins, Bd. 88), Neumünster 1986.

–: Sechzig Jahre Zeitgenosse, München 1966.

–: Von deutscher Politik. Dokumente, Aufsätze und Vorträge, Frankfurt/M. 1949.

STEPHAN, WERNER: Aufstieg und Verfall des Linksliberalismus 1918–1933. Die Geschichte der Deutschen Demokratischen Partei, Göttingen 1973.

STERNBURG, WILHELM VON: Adenauer. Eine deutsche Legende. Frankfurt/M. 1987

STÖSS, RICHARD (HG.): Parteien-Handbuch (Bd. 1), Opladen 1983.

–: Deutsche Gemeinschaft, in: Ders. (Hg.), Parteien-Handbuch (Bd. 1), Opladen 1983, 877ff.

STRATHMANN, HERRMANN : Was heißt christliche Politik?, Bayerische Rundschau 1/1946.

STRELOW, HEINZ-SIEGFRIED: Konservative Politik in der frühen Bundesrepublik – Hans Joachim von Merkatz (1905–1982), in: Hans-Christof Kraus (Hg.), Konservative Politiker in Deutschland. Eine Auswahl biographischer Porträts aus zwei Jahrhunderten, Berlin 1995, 315–334.

STROHM, CHRISTOPH: Theologische Ethik im Kampf gegen den Nationalsozialismus. Der Weg Dietrich Bonhoeffers mit den Juristen Hans von Dohnanyi und Gerhard Lebholz in den Widerstand, München 1989.

STROHM, THEODOR: Die evangelische Kirche in der parlamentarischen Parteiendemokratie, Neue Gesellschaft 6 (1964), 461–471.

–: Evangelische Sozialethik und Godesberger Programm. masch o.O. o.J.

–: Kirche und demokratischer Sozialismus, Studien zur Theorie und Praxis politischer Kommunikation, München 1968.

– /WENDLAND, HEINZ-DIETRICH (HGG.): Kirche und moderne Demokratie (Wege der Forschung, Bd. 205), Darmstadt 1973.

- : Theologie im Schatten politischer Romantik. Eine wissenschafts-soziologische Anfrage an die Theologie Friedrich Gogartens, München/Mainz 1972.

STUBBE – DA LUZ, Helmut: Union der Christen – Splittergruppe – Integrationspartei. Wurzeln und Anfänge der Hamburger CDU bis 1946. Diss. Hamburg 1989.

–: Von der „Arbeitsgemeinschaft" zur Großstadtpartei – 40 Jahre Christlich Demokratische Union in Hamburg (1945–1985), Hamburg o.J.

STUPPERICH, ROBERT: Otto Dibelius. Ein evangelischer Bischof im Umbruch der Zeiten, Göttingen 1989.

SUCKUT, SIEGFRIED: Parteien in der SBZ/DDR 1945–1952, Bonn 2000.

TANNER, KLAUS: Art.: Konservatismus, in: Volker Drehsen u.a. (Hgg.), Wörterbuch des Christentums, 668–670.

–: Protestantische Demokratiekritik in der Weimarer Republik, in: Richard Ziegert (Hg.), Die Kirchen und die Weimarer Republik, Neukirchen-Vluyn 1994, 23–38.

THADDEN, RUDOLF VON (HG.): Die Krise des Liberalismus zwischen den Weltkriegen, Göttingen 1978.

–: /KLINGEBIEL, THOMAS: Art.: Protestantimus, in: Volker Drehsen u.a. (Hgg.), Wörterbuch des Christentums, 1008f.

THIELICKE, HELMUT: Die Evangelische Kirche und die Politik. Ethisch-politischer Traktat über einige Zeitfragen, Stuttgart 1953.

–: Ethik II/2 (Ethik des Politischen), Tübingen 1956.

–: Verantwortung und Gewissen im Atomzeitalter, in: Christlich Demokratische

Union Deutschlands: 7. Bundesparteitages der CDU Hamburg 11.-15.5.1957, Hamburg 1957, 100–130.

–: Zu Gast auf einem schönen Stern. Erinnerungen. Hamburg ³1984.

–: Zur religiösen Lage in Deutschland, in: Ders., Theologie der Anfechtung, Tübingen 1949, 256–270.

THIERFELDER, JÖRG: Das Kirchliche Einigungswerk des württembergischen Landesbischofs Theophil Wurm (Arbeiten zur Kirchlichen Zeitgeschichte, Reihe B/ Bd. 1), Göttingen 1975.

–: Die Kirchenpolitik der Besatzungsmacht Frankreich und die Situation der evangelischen Kirche in der französischen Zone, Kirchliche Zeitgeschichte 2 (1989), 221–238.

–: Theophil Wurm, in: Wolf-Dieter Hauschild (Hg.), Profile des Luthertums. Biographien zum 20. Jahrhundert, Gütersloh 1998, 743–758.

THIMME, ANNELIESE: Flucht in den Mythos. Die Deutschnationale Volkspartei und die Niederlage von 1918, Göttingen 1969.

THIMME, FRIEDRICH/ROLOFFS, FRIEDRICH (HGG.): Revolution und Kirche, Berlin 1919.

THRÄNHARDT, DIETRICH: Das Demokratiedefizit in den deutschen evangelischen Kirchen, in: Gotthard Jasper (Hg.), Tradition und Reform in der deutschen Politik (GS Waldemar Besson), Frankfurt/M. 1976, 286–332.

–: Geschichte der Bundesrepublik Deutschland, Frankfurt/M. 1996.

THURNEYSEN, EDUARD: Christoph Blumhardt, Zürich u.ö., ²1962.

TÖDT, HEINZ EDUARD: Karl Barth, der Liberalismus und der Nationalsozialismus. Gegendarstellung zu Friedrich Wilhelm Grafs Behandlung dieses Themas, Evangelische Theologie 46 (1986), 536–551.

TREIDEL, RULF: Evangelische Akademien im Nachkriegsdeutschland. Gesellschaftliches Engagement in kirchlicher Öffentlichkeitsverantwortung (KuG 22), Stuttgart 2001.

TRITTEL, GÜNTHER J.: Hans Schlange-Schöningen. Ein vergessener Politiker der „ersten Stunde", Vierteljahresschrift für Zeitgeschichte 35 (1987), 25–63.

–: Hunger und Politik. Die Ernährungskrise in der Bizone (1945–1949), Frankfurt/ M. u.ö. 1990.

TROELTSCH, ERNST: Naturrecht und Humanität in der Weltpolitik, in: Heinrich Baron (Hg.), Deutscher Geist und Westeuropa, Tübingen 1925, 3–27.

TUCHEL, JOHANNES: Das Ende der Legenden. Die Rote Kapelle im Widerstand gegen den Nationalsozialismus, in: Gerd R. Ueberschär (Hg.), Der 20. Juli 1944. Bewertung und Rezeption des deutschen Widerstandes gegen das NS-Regime, Köln 1944, 277–279.

TYRA, RALF: Treysa 1945. Neue Forschungsergebnisse zur ersten deutschen Kirchenversammlung nach dem Krieg, Kirchliche Zeitgeschichte 2 (1989), 239–276.

UERTZ, RUDOLF: Christentum und Sozialismus in der frühen CDU. Grundlagen und Wirkungen der christlich-sozialen Ideen in der Union 1945–1949 (Schriftenreihe der Vierteljahreshefte für Zeitgeschichte 43), Stuttgart 1981.

ULLRICH, VOLKER: Der Frontkämpfer als Historiker, DIE ZEIT 8/2002, 42.

VOGEL, JOHANNA: Kirche und Wiederbewaffnung. Die Haltung der Ev. Kirche in Deutschland in den Auseinandersetzungen um die Wiederbewaffnung der Bundesrepublik 1949–1956 (AKZG/B 4), Göttingen 1978.

VOGT, MARTIN: Gustav Adolf Bauer, in: Wilhelm von Sternburg, Die deutschen Kanzler. Von Bismarck bis Kohl, Berlin 1998, 177–190.

VOLLMER, ANTJE: Die Neuwerkbewegung 1919–1935. Ein Beitrag zur Geschichte der Jugendbewegung, des religiösen Sozialismus und der Arbeiterbewegung, Diss. masch. Berlin 1973.

VOLLNHALS, CLEMENS: Die Evangelische Landeskirche in der Nachkriegspolitik. Die Bewältigung der nationalsozialistischen Vergangenheit, in: Wolfgang Benz (Hg.), Neuanfang in Bayern 1945 bis 1949, München 1988, 143ff.

–: Kirchliche Zeitgeschichte nach 1945. Schwerpunkte, Tendenzen, Defizite, in: Jochen-Christoph Kaiser/Anselm Doering-Manteuffel (Hgg.), Christentum und politische Verantwortung. Kirchen im Nachkriegsdeutschland (KuG 2), Stuttgart u.ö. 1990, 176–191.

WAGNER, FALK: Zur gegenwärtigen Lage des Protestantismus, Gütersloh ²1995.

WALLACE, STEPHEN: War and the Image of Germany. British Academics 1914–1918, Edinburgh 1988.

WALLMANN, JOHANNES: Kirchengeschichte Deutschlands seit der Reformation, Tübingen ³1988.

WALTER, FRANZ: Die deutschen Parteien: Entkeimt, ermattet, ziellos, Aus Politik und Zeitgeschichte 10/2001, 3–6.

WALZ, HANS HERMANN: Art.: Säkularisation, Weltkirchenlexikon, Stuttgart 1960, 1289–1292.

WEBER, PETRA: Carlo Schmid 1896–1978. Eine Biographie, München 1996.

WEILING, CHRISTOPH: Heinrich Rendtorff, in: Wolf-Dieter Hauschild (Hg.), Profile des Luthertums. Biographien zum 20. Jahrhundert, Gütersloh 1998, 559–580.

WEINACHT, PAUL-LUDWIG: BCSV und CDU in Baden, in: Ders. (Hg.), Die CDU in Baden- Württemberg und ihre Geschichte (Schriften zur politischen Landeskunde Baden-Württembergs, Bd. 2), Stuttgart u.ö. 1978, 83.

–: Die Christliche Arbeitsgemeinschaft in Freiburg i. Br., Freiburger Universitätsblätter 102 (1988), 53–68.

– (Hg.): Die CDU in Baden-Württemberg und ihre Geschichte (Schriften zur politischen Landeskunde Baden-Württembergs, Bd. 2), Stuttgart u.ö. 1978.

WENDLAND, HEINZ-DIETRICH: Art.: Diakonie, gesellschaftliche, in: Evangelisches Soziallexikon, Stuttgart u.ö. ⁵1965, 259–261.

–: Einführung in die Sozialethik, Berlin 1963.

–: /STROHM, THEODOR (Hgg.): Politik und Ethik (Wege der Forschung 139), Darmstadt 1969.

WENGST, UDO (BEARB.): FDP– Bundesvorstand. Die Liberalen unter dem Vorsitz von Theodor Heuß und Franz Blücher. Sitzungsprotokolle 1949–1954. (Quellen zur Geschichte des Parlamentarismus und der politischen Parteien, 4. Reihe, Bd. 7/1, 1. Halbband), Düsseldorf 1998.

–: Thomas Dehler 1897– 1967. Eine politische Biographie, München 1967.

WERBLOWSKY, ZWI: Die Krise der liberalen Theologie, in: Rudolf von Thadden (Hg.), Die Krise des Liberalismus zwischen den Weltkriegen, Göttingen 1978, 147–154.

WIECK, HANS-GEORG: Christliche und Freie Demokraten in Hessen, Rheinland-Pfalz, Baden und Württemberg 1945/46, Düsseldorf 1958.

–: Die Entstehung der CDU und die Wiedergründung des Zentrums im Jahre 1945, Düsseldorf 1953.

WIESE, LEOPOLD VON: Art: Parteien, ¹RGG IV, 1227–1229.

WIL, WILFRIED VAN DER/BURNS, ROB (HGG.): Arbeiterkulturbewegung in der Weimarer Republik (Bd 1: Eine historisch-theoretische Analyse der kulturellen Bestrebungen der sozialdemokratisch organisierten Arbeiterschaft; Bd 2: Texte – Dokumente – Bilder), Frankfurt/M. u. ö. 1982.

WINKLER, HEINRICH AUGUST: Der lange Weg nach Westen (2 Bde.), München 2000.

–: Weimar 1918–1933. Die Geschichte der ersten deutschen Demokratie, München 1993.

WITTE, BARTHOLD C.: ‚Freie Kirche im freien Staat‘. Die evangelischen Kirche und die Freie Demokratische Partei, MRKG 47/48 (1998/1999), 203–216.

VINCKE, HERMANN: Gustav Heinemann, Hamburg 1979.

WOLF, ERNST: Kirche, Staat, Gesellschaft, in: Ders., Peregrinatio. Studien zur reformatorischen Theologie, zum Kirchenrecht und zur Sozialethik (Bd. 2), München 1965, 261–283.

–: Königsherrschaft Christi und lutherische Zwei-Reiche-Lehre, in: Ders., Peregrinatio. Studien zur reformatorischen Theologie, zum Kirchenrecht und zur Sozialethik (Bd. 2), München 1965, 207–229.

–: Ordnung und Freiheit. Zur politischen Ethik des Christen (Unterwegs, Bd. 19), Berlin 1962.

–: Peregrinatio. Studien zur reformatorischen Theologie, zum Kirchenrecht und zur Sozialethik (Bd. 2), München 1965.

–: Art.: Protestantismus I, ³RGG 5, 649–661.

–: Sozialethik. Theologische Grundfragen, hg. von Theodor Strohm, Göttingen ³1988.

–: Volk, Nation und Vaterland im protestantischen Denken von 1930 bis zur Gegenwart, in: Horst Zilleßen (Hg.), Volk – Nation – Vaterland. Der deutsche Protestantismus und Nationalismus (Veröffentlichungen des Sozialwissenschaftlichen Instituts der Evangelischen Kirche in Deutschland, Bd. 2), Gütersloh 1970, 172–212.

WOLFES, MATTHIAS: Art.: Göhre, Paul, Biblisch-Biographisches Kirchenlexikon XVI, Herzberg 1989, 562–575.

WOLLSTEIN, GÜNTHER: Die evangelische Kirche Kölns um 1945. Deformation und Neuanfang, MRKG 45/46 (1996/97), 485–510.

WRIGHT, JONATHAN C.: „Über den Parteien". Die politische Haltung der evangelischen Kirchenführer 1918– 1933 (Arbeiten zur Kirchlichen Zeitgeschichte, Reihe B, Bd. 2), Göttingen 1977.

WURM, THEOPHIL: Erinnerungen aus meinem Leben, Stuttgart 1953.

ZEUNER, BODO: Innerparteiliche Demokratie, Berlin 1969.

ZIEGERT, RICHARD (HG.): Die Kirchen und die Weimarer Republik, Neukirchen-Vluyn 1994.

ZILLESSEN, HORST: Dialektische Theologie und Politik. Eine Studie zur politischen Ethik Karl Barths (Kölner Schriften zur Politischen Wissenschaft, N.F. Bd. 3), Berlin 1970.

–: Protestantismus und politische Form. Eine Untersuchung zum protestantischen Verfassungsverständnis, Gütersloh 1971.

ZIMMERMANN, WOLF-DIETER: Kurt Scharf. Ein Leben zwischen Vision und Wirklichkeit, Göttingen 1992.

ZSCHOCH, HELLMUT (HG.): Protestantismus und Kultur. Wirkungen, Spannungen, Perspektiven, (Veröffentlichungen der Kirchlichen Hochschule Wuppertal, Bd. 6) Neukirchen-Vluyn 2002.

Zur Geschichte der CDU. Gründungsaufrufe, Zeittafel, Literaturauswahl, Wahlplakate, hg. vom Archiv für Christlich-Demokratische Politik, St. Augustin o.J.

Archivalien

Archiv Christlich-Demokratischer Politik (ACDP)
der Konrad-Adenauer-Stiftung, St. Augustin

Nachlass Hans Asmussen, I-398:
005/1

Nachlass Constantin von Dietze, I-345:
015/1

Nachlass Hermann Ehlers, I-369:
007/1

Nachlass Otto Heinrich von der
Gablentz, I-155:
001/1, 002/3, 003/1, 003/2, 022/5,
030/5

Nachlass Eugen Gerstenmaier, I-210:
002, 018/1, 035/1

Nachlass Ernst Lemmer, I-280:
014/4; 038/4

Nachlass Hans-Joachim von Merkatz,
I-147: 098/1

Nachlass Gerhard Schröder, I-483:
054/1, 060/2

Nachlass Robert Tillmanns, I-229:
004/1

Bestand: Evangelischer Arbeitskreis der
Union, IV-001:
002/1, 008/1, 040/2, 042/3

Archiv der Sozialen Demokratie (AdSD)
der Friedrich-Ebert-Stiftung, Bad Godesberg

Nachlass Heinrich Albertz:
Mappen Nr. 144, 145, 148, 149, 151

Nachlass Gustav Heinemann
Bestand I (Allgemeine Korrespondenz);
Bestand II: 0556, 0695, 0750

Nachlass Adolf Scheu:
Mappen Nr. 10, 65, 481, 498

Nachlass Kurt Schumacher:
Mappen Nr. 75, 76, 79, 83

Bestand: SPD-Parteivorstand (PV):
Pressemappe; Mappen 51, 91, 93

Archiv der Evangelischen Kirche im Rheinland (AEKIR), Düsseldorf

Handakten Joachim Beckmann:
Nr. A58

Handakten Heinrich Held:
Nr. 401

Archiv des Liberalismus (AdL) der Friedrich-Naumann-Stiftung, Gummersbach

Nachlass Thomas Dehler N1; N53:
N1: Nr.30/9; 1505; 1188; 3602
N53: Nr. 112

Bundesarchiv (BAK) Koblenz

Nachlass Paul Bausch, N 1391:
Nr. 1, 13, 18

Nachlass Otto Dibelius, N 1493·
Tagebuch

Nachlass Ferdinand Friedensburg,
N 1114:
Nr. 24, 48

Nachlass Wilhelm Heile, N 1132:
Nr. 39

Nachlass Theodor Heuss, N 1221:
Nr. 209

Nachlass Friedrich Holzapfel, N 1278:
Nr. 142, 151, 163, 190, 206, 208, 220,
313

Nachlass Hans Iwand, N 1528:
Nr. 92

Nachlass Jakob Kaiser, N 1018:
Nr. 9, 58, 129, 151, 208

Nachlass Gerhard Ritter, N 1166:
Nr. 257, 287, 288, 290, 356, 490

Nachlass Hans Schlange- Schöningen,
N 1071:
Nr. 21

Nachlass Ernst Wolf, N 1367:
Nr. 138

Evangelisches Zentralarchiv (EZA), Berlin

Best.: 2/246, 275, 276, 1345, 1346, 1348

Best.: 87/656, 820, 822

Best.: 4/43, 138, 507

Hauptstaatsarchiv Düsseldorf (HStAD)

Nachlass Klaus Brauda, RWN 71:
Fragebogen zur CDU-Frühgeschichte

Nachlass Friedrich Holzapfel RWN 99:
Gespräch vom 17.4.1968

Nachlass Helmut Lauffs, RW 130

Nachlass Otto Schmidt, RWN 119:
3, 5

Hauptstaatsarchiv Stuttgart (HStAS)

Nachlass Wilhelm Simpfendörfer, Q 1/14:
Büschel 1, 8

Karl-Barth-Archiv, Basel

Schriftwechsel mit Erik Wolf 1945/46

Landeskirchliches Archiv Stuttgart (LKAS)

Nachlass Karl Hartenstein, Best. D23:	Generalia, A 126:
Nr. 57	Nr. 2156, 2157, 2174

Geheimes Staatsarchiv Preußischer Kulturbesitz, Berlin (GStAPK)

VI. Hauptabteilung; NL Adolf Grimme,
Nr. 2760, 3201, 3206.

Zentralarchiv der Evangelischen Kirche in Hessen und Nassau (ZAHN)

Best. Martin Niemöller, 62:	Best. Reichsbruderrat, 36:
Nr. 2024	Nr. 19, 22, 72, 40, 41, 90

Zeitschriften und Periodika

Berliner Sonntagsspiegel; Christ und Welt; Deutsche Woche; Deutsches Allgemeines Sonntagsblatt; Der Abend; Der Aufbau; Der Sonntagsspiegel; DER SPIEGEL; Der Tagesspiegel; Die Freie Presse; Die Stimme der Gemeinde (StdG); Die Tat; DIE WELT; Evangelisch-Lutherische Kirchenzeitung; Evangelische Verantwortung (EV); Evangelischer Pressedienst (epd); Fränkische Tagespost; Frankfurter Allgemeine Zeitung (FAZ); Frankfurter Rundschau (FR); Hamburger Abendblatt; Inforamtions- und Materialdienst Paul Bausch; Junge Kirche (JK); Junge Stimme; Kirchliches Jahrbuch (KJ); Neue Zeit; Neue Zürcher Zeitung (NZZ); Neuer Vorwärts; Pariser Kurier; Politische Verantwortung – Evangelische Stimmen (PV-ES); Rhein-Echo; Schleswig-Holsteinische Volkszeitung; sopade-Informationsdienst; Süddeutsche Zeitung; Telegraf; Union-Informations- Dienst (UID); Vorwärts; Westfälische Rundschau.

Namenregister

Adenauer, Konrad (1876–1967), 1917–1933 und 1945 Oberbürgermeister von Köln, 1946 Vorsitzender der CDU in der Britischen Zone sowie der CDU im Rheinland, 1948/49 Präsident des Parlamentarischen Rates, 1949–1963 Bundeskanzler, 1949–1955 Bundesaußenminister, 1950–1966 CDU-Bundesvorsitzender   8, 62, 107, 116, 123, 125–127, 129, 129 Anm. 175, 133, 136–138, 141, 150, 177–181, 184–187, 190, 192, 194–196, 199f, 205–212, 215 Anm. 524, 216, 220f, 223f, 226, 228–231, 233–236, 238–240, 242f, 246, 248–256, 258, 260–264, 266, 268, 275, 279–282, 295, 303f, 314–316, 320, 340, 345f, 349f, 353– 355, 357, 362 Anm. 19, 394, 403, 417, 425f, 428, 443, 446, 454f

Albers, Johannes (1890–1963), Gewerkschaftler, Mitbegründer der rheinischen CDU und der Sozialausschüsse der CDA, 1949–1963 CDU-MdB   124, 180

Albertz, Heinrich (1915–1993), ev. Pfarrer, 1948–1955 Minister in Niedersachsen, 1961–1967 Mitglied des Berliner Senats, 1966/67 Regierender Bürgermeister, SPD   202, 281, 334, 337–340, 342–344, 350, 414f

Althaus, Paul (1888–1966), lutherischer Theologe, 1919 Professor in Rostock, 1925–1956 in Erlangen   69, 70, 204, 456 Anm. 437, 459, 460f

Altmeier, Peter (1899–1977), 1949–1969 Ministerpräsident von Rheinland-Pfalz   239

Andersch, Alfred (1914–1980), Schriftsteller, Gründungsmitglied der Gruppe '47   182

André, Josef (1879–1950), 1945–1948 Vors. CDU Nordwürttemberg   161, 306

Arnim, Hans von, Jurist, 1933–1958 Mitglied ab 1945 Präs. des Konsistoriums der Ev. Kirche in Berlin-Brandenburg   91, 95, 101f

Arndt, Adolf (1904–1974), 1949–1963 MdB-SPD und Geschäftsführer der SPD-Bundestagsfraktion   216, 281, 327, 329, 339, 348, 350–352, 439, 439 Anm. 355

Arnold, Karl (1901–1958), 1947–1956 Ministerpräsident von Nordrhein-Westfalen, CDU   75, 121, 190, 196, 228, 249

Asmussen, Hans (1898–1968), 1945–1949 Präsident der Kanzlei der EKD, 1949–1955 Propst in Kiel   69, 84, 223–225, 246, 347, 366, 368f, 376, 378, 380, 398, 409, 410, 412, 417, 423, 429, 430

Attlee, Clement (1883–1967), 1933–1955 Vors. der Labour-Party, 1942–1945 stellv. Premierminister, 1945–1951 Premierminister Großbritanniens   89, 330

Bach, Ernst (1902–1965), DNVP- dann CSVD-Mitglied, 1948–1956 Oberbürgermeister von Siegen, 1950–1959 Bundesschatzmeister der CDU, 1958–1965 CDU-MdB NRW   118f, 194 Anm. 444, 233– 235, 279

Bachem, Julius (1845–1918), Publizist und Zentrumspolitiker   61

Bagehot, Walter (1826–1877), brit. Politischer Ökonom und Publizist   209

Barth, Karl (1886–1968), reformierter Theologe, Prof. 1921–1925 Göttingen, 1925–1930 Münster, 1930–1935 Bonn, 1935–1962 Basel   48, 59, 70, 85, 102, 105f, 133,

Hoffmann, Adolph (1858–1930), SPD bzw. USPD-Politiker, 1918/1919 preuß. Kultusminister 64

Holzapfel, Friedrich (1900–1969), Jurist und Politiker, 1937 „aus politischen Gründen" aus Gerichtsdienst entlassen, Kontakte zum Widerstand, 1945 Oberbürgermeister von Herford, 1945 Mitbegründer der westf. CDU, 1946 stell. Vors. der CDU Britische Zone, 1950–1952 stellv. Vors. Bundes-CDU, 1952–1958 Gesandter bzw. Botschafter in der Schweiz 117–119, 124, 139, 149, 179, 181, 190, 201, 212 Anm. 513, 213–215, 257, 419, 422, 426

Huber, Victor Aimée (1800–1869), Sozialpolitiker, Mitbegr. der preuss. kons. Partei 19, 27

Hugenberg, Alfred (1865–1951), 1920–1933 DNVP-MdR, 1928–1933 DNVP-Vors 33, 34, 44, 80, 143 Anm. 233, 174

Hundeshagen, Karl Bernhard (1810–1872), ev. Kirchenhistoriker, Prof. ab 1834 Bern, ab 1847 Heidelberg, ab 1867 Bonn 22

Hundhammer, Alois (1900–1974), Mitglied der BVP, 1945 Mitbegründer der CSU, 1946–1950 und 1957–1969 bayer. Minister, 1950–1954 bayer. Landtagspräsident 171–173, 175

Immer, Karl (1916–1984), 1948–1968 Pfarrer in Duisburg, 1971–1981 Präses der Evangelischen Kirche im Rheinland 289, 348f

Iwand, Hans-Joachim (1899–1960), 1936 Mitglied RBR, 1945–1952 Professor in Göttingen, 1952–1960 Professor in Bonn 222 Anm. 562, 281, 289, 332, 338–340, 342f, 347f, 367f, 372, 396f, 399, 406–408, 414, 416, 417, 424, 450, 451

Jaeger, Samuel (1864–1927), Pfarrer in Bethel und Publizist 33– 37

Jacobi, Gerhard (1891–1971), ev. Theologe, 1933–1939 Präses der BK Berlin, ab 1945 Superintendent bzw. Generalsuperintendent von Berlin 412

Juchacz, Marie (1879–1956), Sozialpolitikerin, 1917–1933 Mitglied SPD-PV, Begr. der „Arbeiterwohlfahrt" 281

Jung, Edgar (1894–1934), Konservativer Publizist, im Zusammenhang des sog. Röhm-Putsches ermordet 2

Kahl, Wilhelm (1849–1932), Politiker und Kirchenrechtler, seit 1918 Mitglied im Vorstand der DVP, 1918–1932 DVP-MdR, 1922–1932 Mitglied im DEKA 66

Kaiser, Jakob (1888–1961), 1945–1947 CDUD-Vorsitzender, 1949–1957 Bundesminister für Gesamtdeutsche Fragen 9, 75, 80, 91f, 94, 96, 99, 101, 103–105, 107, 123, 154, 177–179, 181, 190, 201, 210, 249, 269, 298, 323, 403, 405, 435

Kannegießer, Johannes, westf. CDU-Politiker 117f

Kapler, Hermann (1867–1941), 1925–1933 Präses des EOK Berlin und des DEKA 50

Kather, Linus (1893–1983), 1949–1957 MdB (bis 1954 CDU, dann BHE) ab 1961 NPD 136

Keudell, Walther von (1884–1973), 1924–1929 MdR-DNVP, Übertritt zur Christlichen Landvolkpartei 34

Kierkegaard, Sören (1813–1855), dän. Theologe, Philosoph und Schriftsteller 25, 389, 458, 468

Kiesinger, Kurt-Georg (1904–1988), 1958–1966 Ministerpräsident Baden-Württemberg, 1966–1969 Bundeskanzler 8, 213

Kloppenburg, Heinz (1903–1986), 1945–1953 OKR Oldenburg, 1953 Übergang in die Ev. Kirche von Westfalen, Vorstandsmitglied der Kirchlichen Bruderschaften in der EKD 222 Anm. 562, 289, 348

Schmitt, Carl (1888–1985), Staatsrechtler, Prof. 1916 Straßburg, 1921 Greifswald, 1922 Bonn, 1928 Berlin, 1945 amtsenthoben   3, 43, 212 Anm. 514, 467 Anm. 7

Scholder, Klaus (1930–1985), ev. Theologe, in den Fünfziger Jahren Kulturpolitischer Referent der Bundes-FDP, Professor in Tübingen 1968–1985, Mitglied der FDP   318, 321

Schöffel, Simon (1880–1959), 1933/34 und 1946–1954 Landesbischof von Hamburg   141, 374

Scholl, Robert (1891–1973), Politiker, 1945–1948 OB Ulm, Vorstandsmitglied der GVP   274

Schrader, Karl (1834–1913), Jurist und Politiker 1881–1893, 1898–1912 MdR für verschiedene liberale Parteien, Gründer und erster Vors. des Deutschen Protestantenvereins   46

Schreiber, Walther (1884–1958), 1945 stellv. CDUD-Vorsitzender, 1953–1955 Reg. Bürgermeister Berlin   92, 95f, 179, 298f, 378

Schröder, Gerhard (1910–1989), 1953–1961 Bundesinnenminister, 1961–1966 Bundesaußenminister, 1966–1969 Bundesverteidigungsminister, 1955–1978 Vors. EAK   194f, 250, 252f, 258

Schröder, Gerhard (*1944), 1990–1998 Ministerpräsident von Niedersachsen, seit 1998 Bundeskanzler 261 Anm. 761

Schroeder, Louise (1870–1957), 1947/48 amt. Oberbürgermeisterin von Berlin, 1949–1951 Bürgermeisterin von West-Berlin   298

Schröter, Carl (1887–1952), Pädagoge und Politiker, 1924–1933 DVP-MdPL, 1945 Mitbegr. der DU Schleswig-Holstein, 1946 Landesvors. DU, 1946 Anschluss an CDU und Landesvors., ab 1949 CDU-MdB   146, 152

Schulze-Boysen, Harro (1901–1942), Widerstandskämpfer, hingerichtet   83

Schumacher, Kurt (1895–1952), 1930–1933 SPD-MdR, 1933–1944 KZ-Haft, 1946–1952 SPD-Bundesvorsitzender   9, 118 Anm. 123, 192, 266, 269, 328–333, 335, 339, 341, 345, 373, 403f, 414f, 434

Schuschnigg, Kurt von (1897–1977), österr. Politiker, 1934–1938 Bundeskanzler   77

Schwarzhaupt, Elisabeth (1901–1986), OKR, 1953–1969 CDU-MdB, 1961–1966 Bundesgesundheitsministerin   138 Anm. 213, 440 Anm. 365

Schwering, Leo (1883–1971), Politiker, 1921–1932 Z-MdR, Mitbegründer und erster Vors. der rheinischen CDU   116, 124

Seeberg, Reinhold (1859–1935), ev. Theologe, 1917/1918 Meinungsführer der Vaterlandspartei, seit 1909 Vors. der FSK bzw. des KSB   32

Seipel, Ignaz (1876–1932), österr. Theologe und Politiker, 1922–1924, 1926–1929 Bundeskanzler   6 A. 36

Semler, Johannes, Jurist und Politiker, 1947/1948 Bizonen-Direktor für Wirtschaft, 1950–1953 CSU-MdB   172

Senfft-Pilsach, Heinrich von , CDAP-Politiker   144–146, 148, 151

Siegmund-Schulze, Friedrich (1885–1969), ev. Theologe, 1914 Mitbegr. des Weltbundes für Internationale Friedensarbeit, 1926 Hon.-Prof. in Berlin, 1933 Emigration, ab 1946 Prof. Münster   281

Siemer, Hermann, Landwirt und Politiker, 1946–1951 CDU-MdL Oldenburg bzw. Niedersachsen   136

Simpfendörfer, Wilhelm (1888–1972), 1929–1933 Vors. CSVD , Mitbegr. der nordwürtt. CDU, 1946/1947 Kultusminister Nordwürttemberg-Nordbaden, 1953–

Sachregister

Beiträge zur historischen Theologie

Herausgegeben von Albrecht Beutel
Alphabetische Übersicht

Albrecht, Christian: Historische Kulturwissenschaft neuzeitlicher Christentumspraxis. 2000. *Band 114.*
Alkier, Stefan: Urchristentum. 1993. *Band 83.*
Appold, Kenneth G.: Abraham Calov's Doctrine of Vocatio in Its Systematic Context. 1998. *Band 103.*
– Orthodoxie als Konsensbildung. 2004. *Band 127.*
Axt-Piscalar, Christine: Der Grund des Glaubens. 1990. *Band 79.*
– Ohnmächtige Freiheit. 1996. *Band 94.*
Bauer, Walter: Rechtgläubigkeit und Ketzerei im ältesten Christentum. [2]1964. *Band 10.*
Bayer, Oswald / Knudsen, Christian: Kreuz und Kritik. 1983. *Band 66.*
Betz, Hans Dieter: Nachfolge und Nachahmung Jesu Christi im Neuen Testament. 1967. *Band 37.*
– Der Apostel Paulus und die sokratische Tradition. 1972. *Band 45.*
Beutel, Albrecht: Lichtenberg und die Religion. 1996. *Band 93.*
Beyschlag, Karlmann: Clemens Romanus und der Frühkatholizismus. 1966. *Band 35.*
Bonhoeffer, Thomas: Die Gotteslehre des Thomas von Aquin als Sprachproblem. 1961. *Band 32.*
Bornkamm, Karin: Christus – König und Priester. 1998. *Band 106.*
Brandy, Hans Christian: Die späte Christologie des Johannes Brenz. 1991. *Band 80.*
Brecht, Martin: Die frühe Theologie des Johannes Brenz. 1966. *Band 36.*
Brennecke, Hanns Christof: Studien zur Geschichte der Homöer. 1988. *Band 73.*
Bultmann, Christoph: Die biblische Urgeschichte in der Aufklärung. 1999. *Band 110.*
Burger, Christoph: Aedificatio, Fructus, Utilitas. 1986. *Band 70.*
Burrows, Mark Stephen: Jean Gerson and 'De Consolatione Theologiae' (1418). 1991. *Band 78.*
Butterweck, Christel: 'Martyriumssucht' in der Alten Kirche? 1995. *Band 87.*
Campenhausen, Hans von: Kirchliches Amt und geistliche Vollmacht in den ersten drei Jahrhunderten. [2]1963. *Band 14.*
– Die Entstehung der christlichen Bibel. 1968 (unveränd. Nachdruck 2003). *Band 39.*
Claussen, Johann Hinrich: Die Jesus-Deutung von Ernst Troeltsch im Kontext der liberalen Theologie. 1997. *Band 99.*
Conzelmann, Hans: Die Mitte der Zeit. [7]1993. *Band 17.*
– Heiden – Juden – Christen. 1981. *Band 62.*
Deppermann, Andreas: Johann Jakob Schütz und die Anfänge des Pietismus. 2002. *Band 119.*
Dierken, Jörg: Glaube und Lehre im modernen Protestantismus. 1996. *Band 92.*
Drecoll, Volker Henning: Die Entstehung der Gnadenlehre Augustins. 1999. *Band 109.*
Elliger, Karl: Studien zum Habakuk-Kommentar vom Toten Meer. 1953. *Band 15.*
Evang, Martin: Rudolf Bultmann in seiner Frühzeit. 1988. *Band 74.*
Friedrich, Martin: Zwischen Abwehr und Bekehrung. 1988. *Band 72.*
Gestrich, Christof: Neuzeitliches Denken und die Spaltung der dialektischen Theologie. 1977. *Band 52.*
Gräßer, Erich: Albert Schweitzer als Theologe. 1979. *Band 60.*
Graumann, Thomas: Die Kirche der Väter. 2002. *Band 118.*

Grosse, Sven: Heilsungewißheit und Scrupulositas im späten Mittelalter. 1994. Band 85.

Gülzow, Henneke: Cyprian und Novatian. 1975. *Band 48.*

Hamm, Berndt: Promissio, Pactum, Ordinatio. 1977. *Band 54.*

– Frömmigkeitstheologie am Anfang des 16. Jahrhunderts. 1982. *Band 65.*

Hammann, Konrad: Universitätsgottesdienst und Aufklärungspredigt. 2000. *Band 116.*

Hoffmann, Manfred: Erkenntnis und Verwirklichung der wahren Theologie nach Erasmus von Rotterdam. 1972. *Band 44.*

Holfelder, Hans H.: Solus Christus. 1981. *Band 63.*

Hübner, Jürgen: Die Theologie Johannes Keplers zwischen Orthodoxie und Naturwissenschaft. 1975. *Band 50.*

Hyperius, Andreas G.: Briefe 1530–1563. Hrsg., übers. und komment. von G. Krause. 1981. *Band 64.*

Jacobi, Thorsten: „Christen heißen Freie": Luthers Freiheitsaussagen in den Jahren 1515–1519. 1997. *Band 101.*

Jetter, Werner: Die Taufe beim jungen Luther. 1954. *Band 18.*

Jorgensen, Theodor H.: Das religionsphilosophische Offenbarungsverständnis des späteren Schleiermacher. 1977. *Band 53.*

Jung, Martin H.: Frömmigkeit und Theologie bei Philipp Melanchthon. 1998. *Band 102.*

Kasch, Wilhelm F.: Die Sozialphilosophie von Ernst Troeltsch. 1963. *Band 34.*

Kaufmann, Thomas: Die Abendmahlstheologie der Straßburger Reformatoren bis 1528. 1992. *Band 81.*

– Dreißigjähriger Krieg und Westfälischer Friede. 1998. *Band 104.*

– Das Ende der Reformation. 2003. *Band 123.*

Kleffmann, Tom: Die Erbsündenlehre in sprachtheologischem Horizont. 1994. *Band 86.*

Klein, Michael: Westdeutscher Protestantismus und politische Parteien. 2005. *Band 129.*

Koch, Dietrich-Alex: Die Schrift als Zeuge des Evangeliums. 1986. *Band 69.*

Koch, Gerhard: Die Auferstehung Jesu Christi. ²1965. *Band 27.*

Koch, Traugott: Johann Habermanns „Betbüchlein" im Zusammenhang seiner Theologie. 2001. *Band 117.*

Köpf, Ulrich: Die Anfänge der theologischen Wissenschaftstheorie im 13. Jahrhundert. 1974. *Band 49.*

– Religiöse Erfahrung in der Theologie Bernhards von Clairvaux. 1980. *Band 61.*

Korsch, Dietrich: Glaubensgewißheit und Selbstbewußtsein. 1989. *Band 76.*

Kraft, Heinrich: Kaiser Konstantins religiöse Entwicklung. 1955. *Band 20.*

Krause, Gerhard: Andreas Gerhard Hyperius. 1977. *Band 56.*

– Studien zu Luthers Auslegung der Kleinen Propheten. 1962. *Band 33.*

– siehe *Hyperius, Andreas G.*

Krauter-Dierolf, Heike: Die Eschatologie Philipp Jakob Speners. 2005. *Band 131.*

Krüger, Friedhelm: Humanistische Evangelienauslegung. 1986. *Band 68.*

Kuhn, Thomas K.: Der junge Alois Emanuel Biedermann. 1997. *Band 98.*

– Religion und neuzeitliche Gesellschaft. 2003. *Band 122.*

Lindemann, Andreas: Paulus im ältesten Christentum. 1979. *Band 58.*

Mädler, Inken: Kirche und bildende Kunst der Moderne. 1997. *Band 100.*

Markschies, Christoph: Ambrosius von Mailand und die Trinitätstheologie. 1995. *Band 90.*

Mauser, Ulrich: Gottesbild und Menschwerdung. 1971. *Band 43.*

Mostert, Walter: Menschwerdung. 1978. *Band 57.*

Nottmeier, Christian: Adolf von Harnak und die deutsche Politik 1890 bis 1930. 2004. *Band 124.*

Ohst, Martin: Schleiermacher und die Bekenntnisschriften. 1989. *Band 77.*
– Pflichtbeichte. 1995. *Band 89.*
Osborn, Eric F.: Justin Martyr. 1973. *Band 47.*
Osthövener, Claus-Dieter: Erlösung. 2004. *Band 128.*
Pfleiderer, Georg: Theologie als Wirklichkeitswissenschaft. 1992. *Band 82.*
– Karl Barths praktische Theologie. 2000. *Band 115.*
Raeder, Siegfried: Das Hebräische bei Luther, untersucht bis zum Ende der ersten Psalmenvorlesung. 1961. *Band 31.*
– Die Benutzung des masoretischen Textes bei Luther in der Zeit zwischen der ersten und zweiten Psalmenvorlesung (1515–1518). 1967. *Band 38.*
– Grammatica Theologica. 1977. *Band 51.*
Sallmann, Martin: Zwischen Gott und Mensch. 1999. *Band 108.*
Schaede, Stephan: Stellvertretung. 2004. *Band 126.*
Schäfer, Rolf: Christologie und Sittlichkeit in Melanchthons frühen Loci. 1961. *Band 29.*
– Ritschl. 1968. *Band 41.*
Schröder, Markus: Die kritische Identität des neuzeitlichen Christentums. 1996. *Band 96.*
Schröder, Richard: Johann Gerhards lutherische Christologie und die aristotelische Metaphysik. 1983. *Band 67.*
Schwarz, Reinhard: Die apokalyptische Theologie Thomas Müntzers und der Taboriten. 1977. *Band 55.*
Sockness, Brent W.: Against False Apologetics: Wilhelm Herrmann and Ernst Troeltsch in Conflict. 1998. *Band 105.*
Sträter, Udo: Sonthom, Bayly, Dyke und Hall. 1987. *Band 71.*
– Meditation und Kirchenreform in der lutherischen Kirche des 17. Jahrhunderts. 1995. *Band 91.*
Strom, Jonathan: Orthodoxy and Reform. 1999. *Band 111.*
Tietz-Steiding, Christiane: Bonhoeffers Kritik der verkrümmten Vernunft. 1999. *Band 112.*
Thumser, Wolfgang: Kirche im Sozialismus. 1996. *Band 95.*
Trelenberg, Jörg: Das Prinzip „Einheit" beim frühen Augustinus. 2004. *Band 125.*
Voigt, Christopher: Der englische Deismus in Deutschland. 2003. *Band 121.*
Wallmann, Johannes: Der Theologiebegriff bei Johann Gerhard und Georg Calixt. 1961. *Band 30.*
– Philipp Jakob Spener und die Anfänge des Pietismus. ²1986. *Band 42.*
Waubke, Hans-Günther: Die Pharisäer in der protestantischen Bibelwissenschaft des 19. Jahrhunderts. 1998. *Band 107.*
Weinhardt, Joachim: Wilhelm Hermanns Stellung in der Ritschlschen Schule. 1996. *Band 97.*
Werbeck, Wilfrid: Jakobus Perez von Valencia. 1959. *Band 28.*
Wittekind, Folkart: Geschichtliche Offenbarung und die Wahrheit des Glaubens. 2000. *Band 113.*
Ziebritzki, Henning: Heiliger Geist und Weltseele. 1994. *Band 84.*
Zschoch, Hellmut: Klosterreform und monastische Spiritualität im 15. Jahrhundert. 1988. *Band 75.*
– Reformatorische Existenz und konfessionelle Identität. 1995. *Band 88.*
ZurMühlen, Karl H.: Nos extra nos. 1972. *Band 46.*
– Reformatorische Vernunftkritik und neuzeitliches Denken. 1980. *Band 59.*

Einen Gesamtkatalog sendet Ihnen gerne der Verlag Mohr Siebeck · Postfach 2040 · D-72010 Tübingen.
Neueste Informationen im Internet unter www.mohr.de